LETTRES DE PRISON

...nd not so physical + psychol... to the
...to it. The man who says: I will ...
already half-way through to victory. Of the
...e most is your courage & determination. This
...courage & will in the end bring you. The
...keep this constantly in mind.
...e Chief Butelezi, cousin of ...
...e Royal family ...
Ree...

LES LETTRES DE PRISON DE

NELSON MANDELA

Édité par Sahm Venter
Préface de Zamaswazi Dlamini-Mandela

Traduit de l'anglais (Afrique du Sud)
par Jean Guiloineau

Robert Laffont

Titre original : THE PRISON LETTERS OF NELSON MANDELA

Book design : Cameron Gibb
www.blackwellandruth.com
Traduction française : Éditions Robert Laffont, S.A.S., Paris, 2018

ISBN 978-2-221-21643-9
(édition originale ISBN 978-1-63149-117-7, Norton, New York)
Dépôt légal : juillet 2018

NELSON MANDELA FOUNDATION
Living the legacy

www.nelsonmandelafoundation.org

PRÉFACE

Quand je suis née, mon grand-père était en prison depuis dix-sept ans déjà. Dans une lettre à ma grand-mère, Winnie Madikizela-Mandela, peu après son soixante-deuxième anniversaire, il dresse la liste des personnes dont il a reçu des télégrammes et des cartes, y compris tante Zindzi, ma sœur Zaziwe et moi, et les gens dont il attendait et espérait avoir des nouvelles. « Jusqu'ici, je n'ai pas reçu toutes les cartes que des amis m'ont envoyées du monde entier, disait-il en plaisantant. Pourtant, c'est très réconfortant de savoir qu'un si grand nombre d'amis pensent encore à nous après tant d'années. » C'est un des nombreux exemples dans ce livre qui montrent comment la communication avec le monde extérieur l'a soutenu tout au long des vingt-sept années de prison et à quel point il avait besoin de ces lettres.

Pendant son incarcération, mon grand-père a écrit des centaines de lettres. Le choix présenté dans ces pages renseigne le lecteur non seulement sur Nelson Mandela militant politique et prisonnier, mais aussi sur Nelson Mandela avocat, père, mari, oncle et ami, et ce choix montre comment cette détention interminable, loin de la vie quotidienne, le menaçait dans ces différents rôles. Ce livre revisite une sombre époque de l'histoire de l'Afrique du Sud où ceux qui étaient arrêtés parce qu'ils s'opposaient au système du gouvernement d'apartheid et à l'oppression d'une partie entière de la population subissaient de terribles châtiments. Dans ses lettres, il témoigne de la persécution permanente dont a souffert ma grand-mère et il nous donne un aperçu de ce qu'a dû représenter pour ses enfants, Thembi, Makgatho, Makaziwe, Zenani et Zindzi, d'avoir un père absent avec lequel ils pouvaient à peine communiquer ou même – je trouve cela intolérable – rendre visite avant l'âge de seize ans. Quels que furent ses efforts pour être un père pour ses enfants depuis la prison, cela lui était impossible.

Ce qui m'a particulièrement touchée, une fois que je suis devenue mère, c'est de me rendre compte à travers les lettres de mon grand-père de ce que ma mère Zenani et ma tante Zindzi ont vécu quand elles étaient enfants. Elles se retrouvaient sans parents lorsque ma grand-mère était emprisonnée elle aussi, parfois à cause de son engagement dans des activités antiapartheid mais très souvent simplement parce qu'elle était la femme d'un des prisonniers politiques les plus connus d'Afrique du Sud.

Le plus déchirant, c'est l'optimisme volontaire de nombreuses lettres à ma grand-mère et à ses enfants, quand mon grand-père imagine « Peut-être qu'un jour nous ferons… » et « Un jour, nous irons… ». Ce jour-heureux-d'après n'est jamais venu pour mes grands-parents, pour ma maman, mes tantes et mes oncles. Ce sont les enfants qui ont le plus souffert et, en fin de compte, perdre une famille stable au nom de ses idéaux a été un sacrifice avec lequel mon grand-père a dû faire la paix.

Mon grand-père nous demandait toujours de ne jamais oublier d'où nous venions. La société démocratique pour laquelle mes deux grands-parents et leurs camarades ont lutté n'a vu le jour qu'après nombre de souffrances et le sacrifice de leur vie. Ce livre nous rappelle que nous pourrions facilement retomber dans ce pays de haine, mais il nous montre aussi que la résistance personnelle peut vaincre des situations insupportables. Dès le premier jour de prison, mon grand-père a décidé qu'il ne flancherait ni n'hésiterait jamais ; au contraire, il insisterait pour que ses compagnons prisonniers et lui soient traités avec dignité. Dans une lettre à ma grand-mère de 1969, il lui recommande de retrouver le moral en lisant le best-seller de 1952, *La Puissance de la pensée positive* du psychologue Norman Vincent Peale. Il écrit : « Je n'attache aucune importance aux aspects métaphysiques de ses arguments, mais je trouve valables ses conceptions sur les questions physiques et psychologiques.

« Pour lui, le point fondamental n'est pas tant l'incapacité dans laquelle on se trouve à cause de cette souffrance, mais l'attitude que l'on a devant la souffrance. L'homme qui dit : "je vais vaincre ma maladie et être heureux" est déjà à mi-chemin de la victoire. »

Cette vision a soutenu mon grand-père dans son combat inébranlable pour la justice et pour l'égalité entre tous les Sud-Africains, et je pense qu'on peut l'appliquer à beaucoup de défis de la vie.

Ce choix de lettres répond à de nombreuses questions qui m'ont toujours déconcertée : Comment mon grand-père a-t-il pu survivre à vingt-sept années de prison ? Qu'est-ce qui lui a permis de continuer ? C'est à travers ses mots que nous pouvons trouver les réponses.

Zamaswazi Dlamini-Mandela

INTRODUCTION

La liste de règles draconiennes concernant le courrier des prisonniers politiques sud-africains et appliquées aléatoirement par des gardiens tatillons avait pour but de contrôler l'aspect le plus précieux de l'âme d'un prisonnier : le contact avec ceux qu'il aime et les nouvelles du monde extérieur[1].

Après leur condamnation par le tribunal, les détenus étaient assignés à une prison afin d'y purger leur peine. En ce qui concerne Nelson Mandela, sa vie de prisonnier commença au pénitencier de Pretoria après sa condamnation à cinq ans d'emprisonnement, le 7 novembre 1962[2], pour avoir quitté le pays sans passeport et avoir incité des ouvriers à faire grève. Alors qu'il était prisonnier, il a été à nouveau traduit devant le tribunal en 1963 pour actes de sabotage et, le 12 juin 1964, il a été condamné à la prison à vie. Son épouse, Winnie Mandela, lui a rendu visite ce jour-là à Pretoria et quelques heures plus tard, sans avertissement, lui et six de ses camarades condamnés en même temps que lui ont été emmenés depuis Pretoria dans un long vol en avion militaire vers la célèbre prison de Robben Island[3]. Ils arrivèrent par un matin glacial, le 13 juin 1964. Contrairement aux prisonniers de droit commun coupables de crimes – viol, vol, agression – qui étaient

1. Mac Maharaj (éd.), *Reflections in Prison*, Le Cap, musée de Robben Island et Zebra Press, 2001, p. XI.

2. Voir chronologie en fin d'ouvrage.

3. Robben Island – voir Glossaire en fin d'ouvrage.

classifiés grade C et parfois grade B lors de leur arrivée, les prisonniers politiques étaient classifiés grade D, le grade qui donnait le moins de droits. Ils n'étaient autorisés à recevoir qu'un visiteur tous les six mois et ne pouvaient écrire ou recevoir qu'une lettre de cinq cents mots tous les six mois. L'envoi et la réception du courrier étaient tellement imprévisibles que six ans après avoir été emprisonné Mandela rencontra ses avocats à Robben Island et leur donna la liste d'« exemples de comportements et de conduites vexatoires des autorités ». Il leur dit que les perturbations de sa correspondance « indiquaient une volonté et une politique délibérées de la part des autorités de me couper et de m'isoler de tous contacts avec l'extérieur, de me frustrer et de me démoraliser, pour m'amener au désespoir et éventuellement me briser[1] ».

Plus tard, quand les censeurs furent fatigués de compter les mots, ils commencèrent à accepter des lettres d'une page et demie[2]. Les lettres des prisonniers à leurs avocats et aux autorités de la prison ne comptaient pas dans leur quota. Les visites avaient lieu le samedi et le dimanche et les lettres étaient distribuées le samedi. Les prisonniers pouvaient renoncer à une visite en échange de la réception de deux lettres. Au début, les visites et la correspondance devaient concerner « le premier cercle de la famille ». Les prisonniers n'avaient pas le droit de mentionner d'autres prisonniers dans leurs lettres, de parler des conditions de vie dans la prison ni de tout ce que les autorités avaient défini comme étant « politique[3] ». À Robben Island, chaque lettre passait par le bureau du censeur, où le courrier partant et arrivant était contrôlé[4]. Des décennies plus tard, Mandela se souvenait :

---

1. Nelson Mandela, déclaration résumée et consignée à la prison de Robben Island, Robben Island, 11 décembre 1968.

2. Robert Vassen, « Life as a Political Prisoner », *Afrique du Sud : Vaincre l'Apartheid, construire la démocratie*, un projet de MATRIX : Centre des arts, des lettres et des sciences sociales ; Centre des études africaines ; Département d'histoire, université d'État du Michigan.

3. Walter Sisulu, Introduction aux *Letters from Robben Island*, Ahmed Kathrada (éd. Robert Vassen), Le Cap, Mayibuye Books and East Lansing, Michigan State University Press, 1999, p. XVI.

4. Eddie Daniels, *There and Back : Robben Island. 1964-1979*, Le Cap, CTP Book Printers, 3e édition, 2002, p. 160.

> « Ils ne voulaient pas qu'on parle d'autre chose que de questions familiales et ils jugeaient eux-mêmes si c'était ou non de nature politique. C'est pour cela qu'on devait s'enfermer soi-même dans des problèmes familiaux. Puis il y avait l'ignorance de la langue. Si l'on utilisait le mot "guerre", peu importait le contexte, ils disaient, "enlève ça", parce qu'ils ne comprenaient pas très bien la langue. Et la guerre, c'est la guerre ; le mot ne peut avoir d'autre sens. Si l'on disait "la guerre des idées", il s'agissait de quelque chose qu'on n'était pas autorisé à dire[1]. »

Dans son livre, sur les quinze années passées comme prisonnier à Robben Island, dans la même section que Mandela, Eddie Daniels fait le tableau d'une censure « frustrante » arbitraire, incompétente et « vindicative » qui retenait les lettres[2].

Les conditions ont commencé à s'améliorer à partir de 1967, sans doute grâce à l'intervention d'Helen Suzman[3] – députée, membre de l'opposition parlementaire – à qui Mandela avait parlé d'un « règne de terreur » sur l'Île. Le Comité international de la Croix-Rouge et les réactions des prisonniers ont aussi contribué à ces changements. On les a alors autorisés à écrire et recevoir une lettre tous les trois mois et à recevoir une visite également tous les trois mois[4].

Un prisonnier était censé rester au même grade pendant deux ans, c'est-à-dire qu'après six ans au grade D, les prisonniers passaient au grade A, avec le plus de droits. Cependant Mandela est resté au grade D pendant dix ans. Dans ses lettres, il écrit parfois son grade (les prisonniers parlaient aussi de « groupe ») et on peut voir qu'il était au grade B en 1972, et que finalement il a reçu sa désignation au grade A en 1973, ce qui lui permettait d'écrire et de recevoir six lettres par mois[5].

Avant qu'un prisonnier ne passe au grade supérieur, sa conduite devait être évaluée par la direction de la prison qui menait les discus-

1. Nelson Mandela, entretien avec Richard Stengel, Johannesburg, 14 décembre 1992, CD 6, Fondation Nelson Mandela, Johannesburg.

2. *Ibid.*

3. Helen Suzman (1917-2009), universitaire, militante antiapartheid, femme politique et députée – voir Glossaire.

4. Elinor Sisulu, *In Our Lifetime : Walter & Albertina Sisulu*, Le Cap, David Philip Publishers, 2002, p. 200.

5. Nelson Mandela, déclaration résumée et consignée à la prison de Robben Island, Robben Island, 11 décembre 1978.

sions avec les prisonniers, et Mandela dit que cela avait pour but de « victimiser » les prisonniers politiques[1].

Malgré la censure permanente des bureaucrates, le prisonnier Nelson Mandela est devenu un épistolier prolifique. Il recopiait ses lettres dans des carnets, ce qui l'aidait à les réécrire lorsque les censeurs refusaient de les envoyer s'il n'enlevait pas certains paragraphes ou quand les lettres disparaissaient. Il aimait aussi tenir la liste de ce qu'il avait envoyé et à qui. Emprisonné du 5 août 1962 au 11 février 1990, il a écrit des centaines de lettres. Mais toutes ne sont pas arrivées entières à destination. Certaines étaient censurées au point de devenir illisibles, d'autres étaient retardées sans raison, et certaines n'étaient pas envoyées du tout. Il réussit à en faire passer en fraude dans les affaires de prisonniers libérés.

Les prisonniers étaient rarement informés si une lettre n'avait pas été envoyée et en général ils ne le découvraient que lorsque le destinataire se plaignait de n'avoir rien reçu. Par exemple, on ne sait pas si toutes les lettres qu'il écrivit à Adelaide et Oliver Tambo[2], président de l'African National Congress (ANC)[3] et ancien avocat associé de Mandela, arrivèrent à Londres où le couple était exilé. Nous savons grâce à un codétenu, Michael Dingake, que Mandela avait « exigé le droit de correspondre avec O. R. Tambo afin d'échanger sur la lutte de libération[4] ».

Père de cinq enfants quand il est entré en prison, Mandela n'a pas été autorisé à les voir avant qu'ils aient seize ans. Les lettres sont devenues un outil vital de relation parentale.

Dans un courrier de réclamation aux autorités, après douze ans d'emprisonnement, Mandela écrit : « Je souhaite parfois que la science invente des miracles et que ma fille reçoive ses cartes d'anniversaire disparues, qu'elle ait le plaisir de savoir que son père l'aime, pense à elle et fait des efforts pour lui parler quand c'est nécessaire. Il est

1. Voir sa lettre au directeur de l'Administration pénitentiaire du 12 juillet 1976, p. 375.

2. Adelaide et Oliver Tombo – voir Glossaire.

3. ANC – voir Glossaire.

4. Michael Dingake, « Camarade Madiba », in *Nelson Mandela : The Struggle is My Life*, Londres, Idaf, 1986, p. 224.

significatif que ses tentatives répétées pour me joindre et les photos qu'elle m'a envoyées aient disparu sans laisser de traces. »

Les lettres de Mandela les plus douloureuses appartiennent à la série des « lettres spéciales », en plus de son quota, écrites après la mort de sa mère tant aimée, Nosekeni, en 1968, et celle de son fils aîné, Thembi, un an plus tard. Empêché d'assister à l'enterrement, il en est réduit à consoler ses autres enfants et les membres de la famille dans cette période terrible et à remercier les plus âgés de s'assurer que sa mère et son fils aient les adieux qu'ils méritaient.

Avocat de profession, Mandela utilisait habituellement les lettres afin d'obtenir des autorités le respect des droits de l'homme pour les prisonniers et, à deux occasions, il écrivit aux autorités pour exiger qu'on les libère, lui et ses camarades.

Dingake décrit le rôle de Mandela en prison depuis le début des années 1960 comme celui d'un « battant[1] ». Dans des conditions « atroces », il était impossible de l'ignorer, « pas seulement à cause de son statut mais parce qu'il ne voulait pas *les laisser faire* ». Sa campagne inlassable pour les droits des prisonniers a fini par briser la volonté des autorités qui voulaient que chaque prisonnier présente ses plaintes individuellement. Mandela continua à défier les autorités pour décrire les « conditions générales » dans des lettres adressées au directeur de l'Administration pénitentiaire, et les autres prisonniers commencèrent à faire part personnellement de leurs plaintes « à chaque occasion ». Pour les gardiens, il était « impossible », écrit Dingake, d'enregistrer les « plaintes individuelles de plus d'un millier de prisonniers ». Le règlement était « annulé par la pratique » et des individus ou des groupes de chaque section de la prison furent autorisés à parler au nom de tous les prisonniers.

À la fin des années 1980, pendant ces discussions et dans des lettres à des officiels gouvernementaux, Mandela insista pour qu'on libère ses camarades. Voir, par exemple, ses lettres au directeur de l'Administration pénitentiaire du 9 septembre et du 10 octobre 1989. Finalement, les efforts de Mandela portèrent leurs fruits quand les cinq

---

1. *Ibid.*, pour toutes les citations de ce paragraphe.

hommes condamnés avec lui à la prison à vie et encore prisonniers furent libérés le 15 octobre 1989. (Denis Goldberg[1] avait été libéré en 1985 et Govan Mbeki[2] en 1987.) Il est sorti de prison moins de quatre mois plus tard.

Avec ses lettres, Nelson Mandela nous a laissé de précieuses archives, véritables documents sur ses vingt-sept années de prison, qui disent sa colère, sa maîtrise de soi et son amour pour sa famille et son pays.

1. Denis Goldberg (1933-), militant politique et antiapartheid – voir Glossaire.
2. Govan Mbeki(1910-2001), historien et militant antiapartheid – voir Glossaire.

NOTE SUR LES LETTRES

Les lettres de prison de Nelson Mandela ne sont pas toutes de même nature et les réunir dans ce livre a pris près de dix ans. Elles ont été prélevées dans différentes collections : les dossiers de prison de Mandela tenus par les Archives nationales d'Afrique du Sud, les dossiers d'Himan Bernadt et ceux de Meyer De Waal, de Morabo Morojele, de Fatima Meer[1], de Michael Dingake, d'Amina Cachalia, de Peter Wellman et de Ray Carter. Certaines lettres ont également été prises dans les dossiers de Donald Cart, nom de l'ancien membre de la Police de sécurité qui, en 2004, a rendu à Mandela les carnets à couverture rigide dans lesquels il recopiait ses lettres avant de les remettre pour qu'elles soient envoyées. Les collections Himan Bernadt et Donald Gard sont toutes deux les propriétés de la fondation Nelson Mandela. Ces carnets ont été pris dans sa cellule le 4 avril 1971.

Les Archives nationales et le Service des enregistrements d'Afrique du Sud conservent la grande majorité des lettres de prison de Mandela. Réunies avec d'autres documents officiels, reliées en grosses liasses, assemblées dans des dossiers cartonnés, elles remplissent cinquante-neuf classeurs. Les lettres du département des Prisons sont celles qu'il a écrites et reçues. Dans certains cas, les originaux sont la preuve qu'elles n'ont jamais été envoyées.

1. Fatima Meer (1928-2010), écrivaine, universitaire et militante antiapartheid et du droit des femmes – voir Glossaire.

Étant donné que ces lettres sont des copies des lettres originales, leur lisibilité dépend de la façon dont elles ont été photocopiées, du papier utilisé et de la manière dont l'encre a pâli avec le temps. Dans certaines lettres, sur les bords, il manque des mots qui n'ont pas été photocopiés par les employés de la prison ou qui ont été supprimés par la censure. Dans certains cas, nous ne saurons jamais exactement ce que Mandela a écrit.

De façon déchirante, une longue lettre d'amour à sa plus jeune fille, Zindziswa, encore nettement pliée dans son enveloppe blanche intacte, a été découverte dans ses archives de prison dix-neuf ans après sa libération. Elle était accompagnée d'une note écrite par un employé de la prison, disant que Mandela n'était pas autorisé à envoyer une lettre plus une carte de Noël. Écrite le 9 décembre 1979, cette lettre est une magnifique tentative pour un père de toucher sa fille qui lui manque. Elle était censée la recevoir à temps pour son dix-neuvième anniversaire, de la part d'un père qu'elle avait perdu quand elle n'était qu'un bébé de vingt mois. Tel était le contrôle cruel et arbitraire de la correspondance.

Les lettres du département des Prisons ont été reproduites dans leur intégralité, sauf dans plusieurs cas où nous avons omis certaines informations pour respecter l'intimité des personnes. Afin d'éviter les répétitions, nous avons aussi enlevé l'adresse de Mandela de presque toutes les lettres – le livre est divisé en sections en fonction des quatre prisons différentes dans lesquelles il a été interné et des deux hôpitaux où il a été admis.

Nous avons reproduit le texte exactement comme Mandela l'a écrit, sauf quand il s'agit d'étonnantes fautes d'orthographe sur des mots ou des noms (très rares), et nous avons parfois ajouté ou supprimé des signes de ponctuations pour faciliter la lecture, ou enlevé les premiers chiffres des dates. Nous avons gardé ses différents styles pour l'écriture des dates et certaines abréviations. Nous ne savons pas précisément pourquoi il écrit fréquemment *yr* pour *year* (année) et *chdn* pour *children* (enfants), peut-être était-ce pour se limiter à une page et demie, après quoi les censeurs de la prison arrêtaient de compter le nombre de mots. Quand il parlait de livres, Mandela écrivait les titres entre guillemets. Quand il ne le fait pas, nous les avons ajoutés en italique selon les conventions éditoriales. Mandela utilise souvent des crochets au lieu de parenthèses. Cependant, pour éviter les confusions entre son texte original et les interventions éditoriales, nous avons remplacé les crochets par des parenthèses sauf mention contraire.

Nous avons retenu les mots ou les passages soulignés comme cela apparaît dans certaines lettres. En général, ces soulignements sont le fait des censeurs de la prison qui s'interrogeaient sur certaines personnes ou certains événements dont il est question dans les lettres. Parfois, Mandela souligne quelques passages lui-même. Nous avons indiqué si ces mots ou ces passages soulignés semblent être le fait du censeur ou le fait de Mandela, et quand cela est trop difficile à affirmer. Mandela écrit souvent des lettres en afrikaans et en isiXhosa, sa langue maternelle, et nous avons indiqué quelles lettres ont été traduites en anglais pour les inclure dans cette publication. Certaines lettres étaient tapées à la machine par des employés de la prison, nous l'avons également indiqué.

Mandela signe ses lettres de différentes façons selon le destinataire. Dans la correspondance officielle, il signe « NR Mandela », le R est l'initiale de son prénom de naissance, Rolihlahla. Dans ses lettres à sa femme, Winnie Mandela, et à certains membres de sa famille, il signe souvent Dalibunga, le prénom qui lui a été donné après l'initiation traditionnelle du passage à l'âge adulte, à seize ans. Pour les autres destinataires, il est Nelson ou Nel, le prénom qui lui a été donné par son institutrice, Mlle Mdingane, lors de son entrée à l'école primaire, d'après la coutume de l'époque qui voulait qu'on donne un prénom anglais aux enfants africains. Dans ses lettres à ses enfants, il est Tata, « père » en isiXhosa, et à ses petits-enfants, il est Khulu, « papy » en isiXhosa.

Il n'a pas été possible d'identifier chaque personne mentionnée dans les lettres mais, le plus fréquemment, les notes de bas de page renseignent sur les individus, les lieux et les faits cités. À la fin du livre, un glossaire important donne des informations complémentaires sur les nombreux événements et personnes évoqués par Mandela.

La première fois que quelqu'un est cité dans une lettre, nous avons intégré une note de bas de page pour expliquer de qui il s'agit. Et pour éviter au lecteur de devoir rechercher parmi la foule d'individus auxquels se réfère Mandela, dont beaucoup sont souvent connus sous plusieurs noms, la même référence peut parfois apparaître dans des lettres suivantes ou précédentes. Nous avons également appliqué cette méthode aux événements et aux lieux.

LES NUMÉROS DU PRISONNIER NELSON MANDELA

Plutôt que de les identifier par leur nom, on donnait aux prisonniers des numéros avec lesquels on s'adressait toujours à eux et qu'ils devaient utiliser dans leur correspondance. La première partie du numéro représente le nombre de prisonniers admis dans une prison particulière cette année-là ; la seconde partie du numéro indique l'année d'entrée du prisonnier. Le numéro de prison de Nelson Mandela le plus connu est le 466/64. Des années plus tard, lors d'un concert au Cap pour le lancement d'une campagne de sensibilisation contre le VIH qui utilisait ses numéros de prisonnier, il a dit : « J'étais censé être réduit à ce numéro[1]. »

Mandela est allé deux fois à Robben Island, ce qui signifie qu'on lui a attribué deux numéros différents pour cette seule prison. Au cours de ses vingt-sept années d'incarcération, il fut détenu dans quatre pénitenciers et six numéros différents lui furent attribués.

19476/62	Prison de Pretoria : 7 novembre 1962-25 mai 1963
191/63	Robben Island : 27 mai 1963-12 juin 1963
11657/63	Prison de Pretoria : 12 juin 1963-12 juin 1964
466/64	Robben Island : 13 juin 1964-31 mars 1982
D220/82	Prison de Pollsmoor[2] : 31 mars 1982-12 août 1988
	Tygerberg Hospital : 12 août 1988-31 août 1988
	Constantiaberg MediClinic : 31 août 1988-7 décembre 1988
1335/88	Prison Victor Verster[3] : 7 décembre 1988-11 février 1990

1. Nelson Mandela, discours au Concert 46664, Le Cap, 29 novembre 2003, http://db.nelsonmandela.org.

2. Pollsmor, prison de haute sécurité – voir Glossaire.

3. Victor Verster, prison au régime normal – voir Glossaire.

PRETORIA
PRISON LOCALE

IIIIIIIIIII

NOVEMBRE 1962 – MAI 1963

Pendant six mois seulement, en 1962, lors de son voyage clandestin hors d'Afrique du Sud dans plusieurs pays africains et à Londres, Mandela a vécu la vie d'un homme libre qui n'est pas soumis aux lois de l'apartheid et qui peut aller où il le décide. Le jeudi 11 janvier 1962, il est sorti clandestinement d'Afrique du Sud et a entamé un voyage dans les pays d'Afrique nouvellement indépendants, les responsables de l'organisation clandestine African National Congress (ANC) lui ayant demandé de prendre la parole à la conférence des Nations africaines en Éthiopie et de chercher des fonds et un soutien pour la lutte armée à venir. L'ANC, interdit depuis 1960, avait choisi la lutte armée en 1961 pour obtenir l'égalité des droits et la démocratie en Afrique du Sud et créé Umkhonto we Sizwe[1] (le fer de lance de la nation). Connue aussi sous l'abréviation MK, cette branche armée organisa une série d'attentats contre des cibles stratégiques avec la volonté d'éviter toute perte de vie humaine.

Si cet opposant connu au régime d'apartheid avait demandé un passeport, on le lui aurait refusé. En outre, Mandela était recherché par la police parce qu'il continuait dans la clandestinité ses activités au sein de l'ANC interdit.

Avec de faux passeports fournis par l'Éthiopie et le Sénégal, il voyageait sous le nom de David Motsamayi, nom emprunté à un client de son cabinet d'avocats.

1. Voir Glossaire.

Ce voyage le conduisit pendant six semaines dans seize pays africains indépendants. Au Maroc et en Éthiopie, il suivit un entraînement militaire. Il se rendit aussi à Londres où il retrouva de vieux amis et des camarades, y compris Oliver Tambo et sa femme Adelaide. Tambo, qui devint président de l'ANC en 1967 après la mort du chef Albert Luthuli[1], avait rejoint Mandela dans plusieurs pays au cours de son voyage en Afrique.

La liberté de Mandela prit fin un dimanche après-midi sur une route de campagne près de Howick, une petite ville dans l'est de l'Afrique du Sud. C'était le 5 août 1962. Mandela et un militant antiapartheid blanc, le directeur de théâtre Cecil Williams, étaient en route pour Johannesburg. Mandela était allé dans la région pour rendre compte de son voyage au président Luthuli et à d'autres camarades. Le jour précédent, il avait participé à un repas avec des amis – sa dernière fête pour près de trente ans.

Parmi ses couvertures, Mandela se faisait souvent passer pour le chauffeur d'un Blanc. Mais ce jour-là, c'est Williams qui était au volant de son Austin quand le conducteur d'une Ford V8 les doubla brusquement et ordonna à Williams de s'arrêter. C'était la police. Vêtu d'un manteau, d'une casquette et portant des lunettes noires, Mandela soutint qu'il s'appelait David Motsamayi, mais les policiers étaient sûrs de tenir leur homme et ils avaient raison. Il pensa un instant se sauver en courant mais il savait que la partie était finie, si l'on ose dire. Quand il évoque la scène, trente ans plus tard, Mandela écrit : « J'étais très en forme à ce moment-là et j'aurais pu escalader n'importe quel mur. Puis j'ai regardé dans le rétroviseur. J'ai vu qu'il y avait deux voitures derrière nous et j'ai senti que ce serait ridicule d'essayer de se sauver car ils m'abattraient. Et nous nous sommes arrêtés[2]. »

Les deux hommes ont été rapidement menottés et les policiers les ont ramenés une dizaine de kilomètres en arrière, à Pietermariztburg où Mandela fut détenu toute la nuit et présenté rapidement à un magistrat

1. Le chef Albert Luthuli (1898-1967), président général de l'ANC, 1952-1967 – voir Glossaire.

2. Nelson Mandela, entretien avec Richard Stengel, Johannesburg, 16 avril 1993, CD 51, Fondation Nelson Mandela, Johannesburg.

local le lendemain matin. Puis on le conduisit à Johannesburg où on l'enferma dans le Fort, devenu aujourd'hui un musée, dans l'enceinte de la Cour constitutionnelle d'Afrique du Sud. Au cours des dix jours suivants, Mandela parut deux fois devant les juges de Johannesburg et son procès fut reporté au 15 octobre. Le samedi 13 octobre, on l'informa qu'il allait être transféré à Pretoria où il paraîtrait pour son procès dans l'ancienne synagogue, temporairement appelée « cour spéciale régionale ». Son arrivée stupéfia le public ainsi que les officiels. Sur ses larges épaules, il portait un kaross, sorte de manteau fait d'un grand nombre de peaux de chacal cousues ensemble pour former une grande pièce de tissu. Le reste de ses vêtements comprenait un T-shirt, un pantalon kaki, des sandales et un serre-tête jaune et vert. Il voulait qu'on le voie comme un Africain dans une société fondée sur l'inégalité[1].

Mandela qui, après avoir passé l'examen d'admission obligatoire pour la profession d'avocat en 1952, avait exercé dans son propre cabinet pendant plusieurs années, assura lui-même sa défense, conseillé par son avocat Bob Hepple[2] qui, de façon ironique, le rejoindrait l'année suivante avec neuf autres personnes, dans un procès pour sabotage. Mandela utilisa la technique qui consiste à parler depuis le banc des accusés, ce qui lui évitait de témoigner dans un contre-interrogatoire. Dans sa première déclaration à la cour, le 22 octobre 1962, il demanda la récusation du magistrat, M. W. A. Van Helsdingen, en disant qu'en tant que Noir il ne pouvait obtenir un procès équitable[3]. Après avoir entendu ses arguments Van Helsdingen refusa de se désister.

Mandela se souvenait comment le dernier jour du procès, le 7 novembre 1962, le procureur, M. D. Bosch, qu'il avait connu quand il exerçait en tant qu'avocat, était venu le voir dans sa cellule pour s'excuser auprès de lui parce qu'il avait dû demander sa condamnation. « Il m'a simplement pris dans ses bras, il m'a embrassé sur les deux

1. « Mandela Wins Week's Adjournment », *Cape Times*, 16 octobre 1962.
2. Bob Hepple (1934-2015), avocat, universitaire et militant antiapartheid – voir Glossaire.
3. Nelson Mandela, déclaration au tribunal, ancienne synagogue, Pretoria, 22 octobre 1962, http://db.nelsonmandela.org

joues et il m'a dit : "Aujourd'hui, je ne voulais pas aller au tribunal. Pour moi, venir au tribunal et demander une condamnation contre vous est quelque chose qui me bouleverse." Alors, je l'ai remercié[1]. »

Hepple se souvient : « Quand Bosch est sorti de la cellule cinq minutes plus tard, j'ai vu qu'il avait les joues baignées de larmes. J'ai demandé à Mandela : "Bon Dieu ! Qu'est-ce qu'il se passe ?" Il m'a répondu : "Tu ne vas pas me croire mais il m'a demandé de lui pardonner." Je me suis écrié : "Nel, j'espère que tu lui as dit d'aller se faire foutre." À ma grande surprise, Mandela m'a répondu : "Non, je lui ai dit que je savais qu'il ne faisait que son boulot, et je l'ai remercié pour ses bons vœux[2]." »

Dans son jugement, Van Helsdingen a déclaré qu'il était évident que Mandela avait été le « cerveau » de la grève de mai 1961 contre le projet de l'Afrique du Sud d'abandonner son statut de membre du Commonwealth pour devenir une république[3].

Mandela a prononcé un autre discours assez long depuis son banc après avoir été condamné dont voici un extrait : « Quelle que soit la peine que vous prononcerez contre moi, vous pouvez être sûrs que lorsque je l'aurai accomplie, je serai toujours animé par mon refus de la discrimination raciale et je reprendrai le combat contre les injustices afin qu'elles soient une fois pour toutes abolies[4]. »

Van Helsdingen considérait le procès comme « déprimant et difficile » et il déclara que les actes de Mandela « devraient être écrasés d'une main ferme ». Il était clair, maintenait-il, qu'en réalité, « Mandela essayait simplement de renverser le gouvernement[5] ».

À la fin du très court procès dans lequel il n'avait pas organisé de défense à part ses deux déclarations, Mandela fut condamné à trois ans de prison pour avoir incité à la grève et deux ans supplémentaires

1. Nelson Mandela, entretien avec Richard Stengel, 16 et 17 avril 1993, CD 52, Fondation Nelson Mandela, Johannesburg.

2. Bob Hepple, *Young Man with a Red Tie. A Memoir of Mandela and the Failed Revolution. 1960-1963*, Johannesburg, Jacana, 2013, p. 48.

3. « Mandela Gets 5 Years : Described as Mastermind », *The Argus*, 7 novembre 1962.

4. « Shouts, Clenched Fists, Songs, as Mandela is Gaoled » (« Cris, poings serrés, chants, alors que Mandela est emprisonné »), *Cape Times*, 8 novembre 1962.

5. *Ibid.*

pour avoir quitté le pays sans passeport sud-africain. Il avait quarante-quatre ans.

Immédiatement après avoir été condamné, Mandela vit son statut changer dans la même prison, de celui de prisonnier en attente de procès à celui de condamné. Il fut détenu avec Robert Mangaliso Sobukwe[1], lecteur à l'université et ancien camarade de l'ANC qui avait créé une scission dans le parti pour fonder le Pan Africanist Congress (PAC)[2], et plusieurs membres de cette organisation. Sobukwe et ses camarades avaient été condamnés deux ans plus tôt pour leur participation à une manifestation dans laquelle soixante-neuf manifestants non armés avaient été tués par la police : le « massacre de Sharpeville ».

Les Lettres de prison de Nelson Mandela s'ouvrent sur un courrier que Mandela écrivit, la veille de son procès et de sa condamnation, à M. Louis Blom-Cooper, un avocat britannique, envoyé comme observateur par l'organisation connue alors sous le nom d'« Amnesty ». Pendant le procès, Mandela demanda une seconde fois la récusation du juge après que Blom-Cooper l'eut informé qu'il avait vu Van Helsdingen quittant le tribunal en voiture en compagnie de l'officier instructeur. Van Helsdingen rejeta une nouvelle fois cette requête en disant qu'il n'avait pas communiqué avec l'officier instructeur[3].

Après sa libération, Mandela décrivit Blom-Cooper comme un individu « formidable », et il dit de l'incident : « Il se conduisit comme un Anglais, vous savez, leur désir de provoquer ceux qui semblent dans leur tort. Pendant mon contre-interrogatoire des témoins présentés par l'accusation, on avait vu le juge quitter le tribunal en compagnie d'un enquêteur et immédiatement Blom-Cooper prépara un affidavit et alla trouver le greffier pour qu'il le signe avant le greffier de la Cour suprême. Et il vint me trouver avec le document et il me dit "C'est un affidavit"[4]. »

---

1. Robert Sobukwe (1924-1978), avocat, militant antiapartheid et prisonnier politique – voir Glossaire.

2. Pour le Pan Africanist Congress (PAC), voir Glossaire.

3. « On demande à Mandela de ne pas devenir "difficile" », *Rand Daily Mail*, 25 octobre 1962.

4. Nelson Mandela, entretien avec Richard Stengel, Johannesburg, 16 avril 1993, CD 51, Fondation Nelson Mandela, Johannesburg.

Au secrétaire d'Amnesty

6.11.62

Nelson Mandela 19476/62
Le secrétaire d'Amnesty
LONDRES

Cher Monsieur,

Nous vous sommes très reconnaissants d'avoir envoyé M. Blom-Cooper pour assister au procès.

Sa seule présence, ainsi que l'aide qu'il m'a apportée, ont été une grande source d'inspiration et d'encouragement pour nous.

Le fait qu'il se soit assis à nos côtés nous fournit une preuve supplémentaire que des hommes honnêtes et droits ainsi que des organisations démocratiques dans le monde civilisé sont près de nous dans notre lutte pour une Afrique du Sud démocratique.

Enfin, je dois vous demander d'accepter cette lettre comme une poignée de main ferme, chaleureuse et cordiale.

Sincèrement,
Nelson

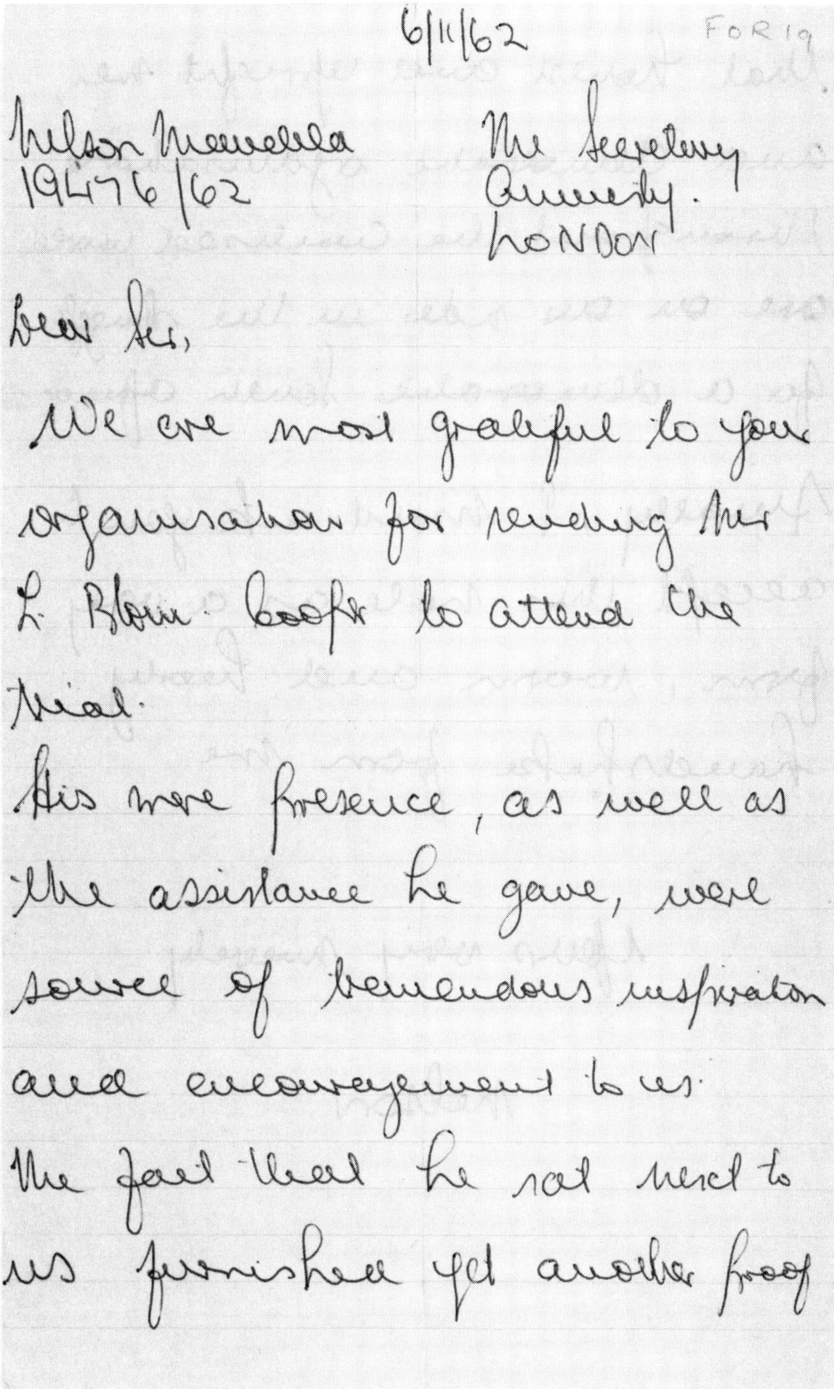

6/11/62 FOR 19

Nelson Mandela
19476/62

The Secretary
Amnesty.
LONDON

Dear Sir,

We are most grateful to your organisation for sending Mr L. Blom-Cooper to attend the trial.

His mere presence, as well as the assistance he gave, were source of tremendous inspiration and encouragement to us.

The fact that he sat next to us furnished yet another proof

Lettre au secrétaire d'Amnesty, écrite la veille de sa condamnation en novembre 1962.

ROBBEN ISLAND
PRISON
DE HAUTE SÉCURITÉ

MAI 1963 – JUIN 1963

Fin mai 1963, Mandela est transféré, sans qu'on s'y attende, de Pretoria à Robben Island avec trois prisonniers du PAC.

Entassés à l'arrière d'un fourgon de police, ils sont conduits pendant un jour et demi jusqu'au Cap où ils embarquent sur un ferry. Ils arrivent sur la célèbre île de Robben Island le 27 mai 1963. Dans le vent sinistre, brutal et glacial.

On enferma les quatre hommes dans une seule cellule et on leur demanda de se déshabiller. Les gardiens fouillèrent chaque vêtement qu'ils jetèrent ensuite sur le sol humide. Mandela se plaignit mais un gardien fonça sur lui l'air menaçant. L'histoire de cet incident que raconta Mandela devint par la suite le symbole de sa relation avec les autorités de la prison. Il refuserait de se laisser intimider : « Alors, j'ai dit : "Si tu oses me toucher je te traîne devant la haute cour et quand j'en aurai fini avec toi, tu seras aussi pauvre qu'une souris de sacristie." Il s'est arrêté. Il avait peur, pas moi ; pas parce que j'étais courageux mais il fallait fixer une limite et il s'est arrêté[1]. »

Moins de trois semaines après, on demanda à Mandela de ranger ses affaires et on le ramena à Pretoria. On ne lui a jamais donné d'explication et plus tard il pensa que ce n'était pas en relation avec le procès de Rivonia[2], parce que ses camarades avaient été arrêtés après son transfert – deux emprisonnés le 24 juin 1963 à Soweto et les autres le 11 juillet 1963.

1. Nelson Mandela, entretien avec Richard Stengel, Johannesburg, 3 décembre 1992, CD 2, Fondation Nelson Mandela, Johannesburg.

2. Procès de Rivonia – voir Glossaire.

Retour à Pretoria

En juin 1963, Mandela se retrouva dans une cellule de la prison de Pretoria. Quelques semaines plus tard, il découvrit que ses compagnons de la branche armée MK, Andrew Mlangeni[1] et Elias Motsoaledi[2], avaient été arrêtés à leur retour de Chine où ils avaient suivi un entraînement militaire. La scène eut lieu un matin, tandis que Mandela montait l'escalier pour aller prendre son petit déjeuner (à Pretoria on lui donnait la même nourriture qu'aux prisonniers blancs et il disait qu'il l'attendait avec impatience), il reconnut parmi un groupe de détenus ses compagnons de la ferme de Liliesleaf, planque de MK. « Ça m'a coupé complètement l'appétit[3]. »

Dans *Un long chemin vers la liberté*, il raconte sa rencontre avec Thomas Mashifane, le contremaître de la ferme de Liliesleaf : « Je l'ai salué chaleureusement tout en me rendant compte que les autorités l'avaient sans aucun doute conduit sur mon passage pour voir si je le reconnaissais. Je n'ai pas pu m'empêcher de faire autrement. Sa présence ne pouvait signifier qu'une chose : les autorités avaient découvert Rivonia[4]. »

Le pire restait à venir. Après avoir passé près de trois mois seul dans sa cellule, Mandela se retrouva avec un groupe de proches camarades. « J'ai été convoqué au bureau de la prison où j'ai trouvé Walter [Sisulu], Govan Mbeki, Ahmed Kathrada, Andrew Mlangeni, Bob Hepple, Raymond Mhlaba, un membre du haut commandement de MK qui (lui aussi) venait de rentrer de Chine où il avait suivi un entraînement militaire, Elias Motsoaledi, également membre de MK, Denis Goldberg, un ingénieur membre du Congrès sud-africain des Démocrates, Rusty Bernstein, un architecte

1. Andrew Mlangeni (1926-), militant antiapartheid, prisonnier politique et député – voir Glossaire.

2. Elias Motsoaledi (1924-1994), syndicaliste, militant antiapartheid et prisonnier politique – voir Glossaire.

3. Nelson Mandela, entretien avec Richard Stengel, Johannesburg, 16 et 17 avril 1993, CD 52, Fondation Nelson Mandela, Johannesburg.

4. Nelson Mandela, *Un long chemin vers la liberté*, Librairie Arthème Fayard, 1995, trad. de Jean Guiloineau. Rivonia est une ville de la banlieue de Johannesburg qui abritait la ferme de Liliesleaf, une planque de MK – voir Glossaire.

membre du COD, et Jimmy Kantor, un avocat… Nous étions tous accusés de sabotage et nous devions comparaître le lendemain au tribunal[1]. »

Au cours de cette nouvelle période, dans l'attente du procès, Mandela écrivit régulièrement aux autorités de la prison – une habitude qui allait devenir la marque de son emprisonnement.

Mandela, Walter Sisulu, Govan Mbeki, Ahmed Kathrada, Denis Goldberg, Raymond Mhlaba, Elias Motsoaledi, Andrew Mlangeni, Rusty Bernstein, James Kantor et Bob Hepple[2] comparurent au palais de justice, un tribunal de Pretoria, le 9 octobre 1963. Le procès fut reporté au 20 octobre et, ce jour-là, la défense demanda le rejet de l'acte d'accusation regroupant plus de 235 actes de sabotage et dénonçant un vaste plan de « révolution violente[3] ».

La défense avait décidé de s'y opposer parce qu'elle considérait qu'il s'agissait d'« un document mal conçu et imprécis » qui « rendait impossible de discerner » quels étaient les chefs d'inculpation et qui en était accusé[4]. L'avocat Joel Joffe écrivit que l'équipe de la défense avait décidé « de rendre clair dès le début, pour la cour et pour l'accusation, qu'elle ne se laisserait pas influencer par l'hystérie qui régnait dans le pays » et qu'elle n'abandonnerait « aucun des droits légaux normaux[5] ».

Le 30 octobre, la demande de la défense fut acceptée et tous les prévenus (sauf Bob Hepple dont on annula les accusations et qui fut libéré) furent à nouveau arrêtés et accusés de sabotage. Hepple avait convaincu l'accusation qu'il comparaîtrait en tant que témoin à charge, mais il refusa finalement de témoigner contre des gens qu'il « admirait et respectait[6] ». Lui et sa femme s'enfuirent du pays.

Un nouvel acte d'accusation fut présenté le 12 novembre. Le 25 novembre, les 199 actes de sabotage maintenus avaient été réduits à 193 et la défense demanda à nouveau que cet acte soit rejeté. Cette

---

1. *Ibid.*
2. Pour des détails sur ces personnes, voir Glossaire.
3. Joel Joffe, *The State vs. Nelson Mandela. The Trial That Changed South Africa*, Londres, One World Publications, 2007, p. 41.
4. *Ibid.*, p. 42.
5. *Ibid.*, p. 42.
6. « Sir Bob Hepple Obituary », *The Guardian*, 26 août 2015, www.theguardian.com/law/2015/aug/26/sir-bob-hepple.

demande fut refusée le 26 novembre, les accusés parurent une nouvelle fois le 3 décembre et tous plaidèrent non coupables.

Le jour de la sentence, le 11 juin 1964, Mandela et sept autres accusés furent reconnus coupables. Bernstein fut acquitté. Kantor avait été acquitté le 4 mars.

Peu de temps avant qu'ils soient conduits au tribunal pour ce procès qui dura huit mois, connu sous le nom de « procès de Rivonia », Mandela écrivit aux autorités pour demander l'autorisation d'envoyer un télégramme à sa femme pour son anniversaire. Il signa « Dalibunga », le nom qu'on lui avait donné après son initiation traditionnelle de passage à l'âge adulte. Ce nom signifie « fondateur du Bunga », l'organe traditionnel de commandement de son territoire natal, le Transkei[1] *(réuni en 1994 à la province du Cap-Oriental). Il écrivit plus tard dans son autobiographie,* Un long chemin vers la liberté, *que pour les traditionalistes xhosa ce prénom était beaucoup plus acceptable que Rolihlahla – « fauteur de troubles » – ou que le prénom Nelson qu'on lui avait donné à l'école primaire selon l'habitude consistant à donner des noms « chrétiens » à tous les enfants. « J'étais fier d'entendre prononcer ce nouveau prénom », dit-il à propos de Dalibunga*[2].

À l'officier commandant, prison de Pretoria

[Traduite de l'afrikaans]

23 septembre 1963

L'officier commandant
Prison
Pretoria

L'anniversaire de mon épouse est le 26 de ce mois. Ayez la bonté de m'autoriser à lui envoyer le télégramme ci-dessous[3] :

1. Région d'Afrique du Sud – voir Glossaire et Carte en fin d'ouvrage.
2. *Un long chemin vers la liberté, op. cit.*, p. 33.
3. Le texte du télégramme est écrit en anglais.

« NOBANDLA MANDELA, 8115 ORLANDO WEST[1],

JOHANNESBURG

BON ANNIVERSAIRE MA CHÉRIE DES TONNES D'AMOUR ET UN MILLION DE BAISERS.
DALIBUNGA »

Nelson Mandela, Pretoria

Bien à vous,

NR Mandela
Prisonnier 11657/63

À l'officier commandant, prison de Pretoria

8 octobre 1963

L'officier commandant
Prison locale de Pretoria

J'aimerais que vous ayez l'obligeance de me prendre un rendez-vous avec un spécialiste des yeux.

Je lis avec des lunettes depuis 1945 et celles que j'utilise actuellement ne sont apparemment plus adaptées. Mes yeux sont irrités et malgré le traitement prescrit par le médecin de la prison que j'ai consulté au cours des trois dernières semaines, ma vue continue à se dégrader.

Le spécialiste qui m'a soigné les yeux auparavant est le DR HANDELSMAN[2] de Johannesburg et je vous serais reconnaissant de m'autoriser à le consulter à nouveau. Je me permets d'ajouter que l'opticien auprès duquel je propose de me procurer des lunettes et qui m'en avait fourni

1. 8115 Orlando West, la maison familiale à Soweto – voir Glossaire.

2. Le docteur Gordon Handelsman était un ophtalmologue très réputé, installé à Johannesburg. Il comptait le shah d'Iran parmi ses patients. On ne sait pas si Mandela a été autorisé à le consulter.

autrefois est le DR BASMAN, également de Johannesburg. Pour de nouvelles lunettes, je pourrais naturellement bénéficier d'une réduction.

Je suis en mesure de payer la consultation et les lunettes avec les fonds qui sont en votre possession. Je me permets également de signaler que je fais cette demande sur la recommandation du médecin-officier de la prison.

[Signé NR Mandela]
Prisonnier n° 11657/64

À l'officier commandant, prison de Pretoria

25 octobre 1963

L'officier commandant
Prison
Pretoria

Je vous rappelle ma lettre du 8 courant dans laquelle je demandais à voir un spécialiste pour mes yeux.

Dans la lettre mentionnée ci-dessus, j'indiquais que ma démarche faisait suite à la recommandation du médecin-officier de la prison. Je dois ajouter que l'état de mes yeux s'altère très rapidement et je dois vous prier d'apporter toute votre attention à cette question urgente.

Je dois en outre ajouter que je suis gravement handicapé pour la préparation de mon prochain procès, le 29 de ce mois. Ces préparatifs impliquent la lecture de nombreux documents ainsi que la rédaction de beaucoup de textes. Je trouve tout cela pénible et dangereux pour ma santé.

Enfin, je dois vous demander de me permettre d'utiliser mes propres vêtements pour paraître devant la cour le 29 de ce mois.

[Signé NR Mandela]
Prisonnier n° 11657/63

Tout comme il l'a fait la veille de sa condamnation en 1962, Mandela écrivit une autre lettre de remerciement la veille de sa condamnation pour sabotage.

Il exprima ainsi sa gratitude à M. Coen Stork, ambassadeur des Pays-Bas en Afrique du Sud, qui avait assisté comme observateur au procès de Rivonia.

La peine de mort était une éventualité tout à fait vraisemblable et ses camarades avaient décidé que, si elle était prononcée, ils ne feraient pas appel[1].

S'il avait peur, il ne le montrait pas. En fait, Mandela observa que lorsque le juge De Wet commença à lire le jugement, c'était lui qui semblait nerveux[2].

Après huit mois de procès, les huit hommes furent condamnés à la prison à vie. Mandela avait déjà séjourné 678 jours en prison.

À l'époque, en Afrique du Sud, pour les prisonniers politiques, une condamnation « à vie » signifiait une perpétuité réelle. À quarante-cinq ans, il allait passer le reste de ses jours en prison.

Il ne connut le nom de la prison où il serait détenu qu'en y arrivant le lendemain matin de bonne heure.

À Coen Stork, ambassadeur des Pays-Bas en Afrique du Sud

11 juin 1964

Cher Monsieur Stork,

Je vous écris avant l'issue du procès parce que, ensuite, il ne me sera plus possible de le faire.

Mes collègues et moi avons très sincèrement apprécié l'assistance inestimable que vous nous avez apportée. L'intérêt personnel que vous avez manifesté au cours de ce procès et le soutien puissant que nous recevons de toutes parts de la population hollandaise renforcent puissamment notre courage et notre force.

1. *Un long chemin vers la liberté*, *op. cit.*, p. 444.
2. *Ibid.*, p. 445.

Il faut que vous sachiez que nous vous considérons comme l'un de nos plus grands amis et nous sommes persuadés que vous continuerez à aider notre peuple dans sa lutte contre la discrimination raciale.

UNGADINWA NANGAMSO[1]

Avec mes meilleurs sentiments,

[Signé NR Mandela]

1. Phrase en langue isiXhosa, langue du Transkei, qui signifie : « Ce que vous avez fait est exceptionnel ; s'il vous plaît continuez à faire de même. » Mandela écrit aussi *Nangomso.*

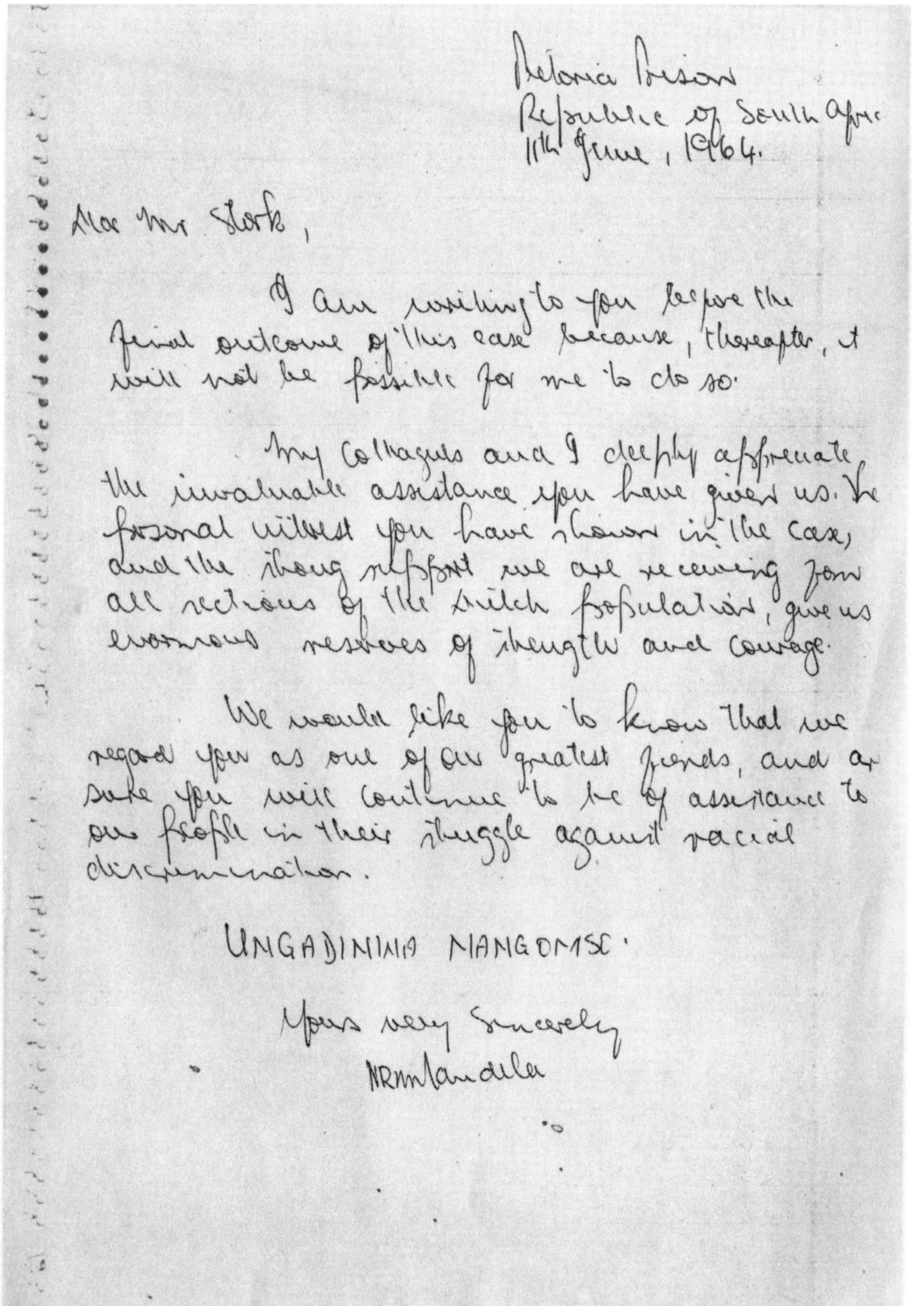

Pretoria Prison
Republic of South Africa
11th June, 1964.

Dear Mr Stork,

I am writing to you before the final outcome of this case because, thereafter, it will not be possible for me to do so.

My colleagues and I deeply appreciate the invaluable assistance you have given us. The personal interest you have shown in the case, and the strong support we are receiving from all sections of the Dutch population, give us enormous reserves of strength and courage.

We would like you to know that we regard you as one of our greatest friends, and are sure you will continue to be of assistance to our people in their struggle against racial discrimination.

UNGADINIWA NANGOMSO.

Yours very sincerely
NRMandela

Lettre à Coen Stork, ambassadeur des Pays-Bas en Afrique du Sud, 11 juin 1964.

ROBBEN ISLAND PRISON DE HAUTE SÉCURITÉ

JUIN 1964 – MARS 1982

Dans les heures qui ont suivi la lecture de leur condamnation à la prison à vie, Nelson Mandela et six de ses camarades ont été extraits de leurs cellules de la prison de Pretoria, menottés et conduits dans une base aérienne militaire proche. Ils arrivèrent à Robben Island tôt le lendemain matin, samedi 13 juin 1964. Denis Goldberg, le seul Blanc condamné avec eux, resta à Pretoria pour y exécuter sa peine – les lois de l'apartheid interdisaient qu'il soit incarcéré avec des prisonniers noirs.

C'était la seconde fois que Mandela venait dans la prison de haute sécurité de Robben Island. Il rappela à ses amis l'importance de garder intacte leur dignité car les quelques semaines passées ici en 1963 l'avaient préparé à la dureté des conditions.

En 1963, en effet, les gardiens de prison avaient hurlé à Mandela et à ses quatre camarades de se mettre immédiatement en rang par deux et les avaient emmenés comme du bétail. Comme ils marchaient lentement, les gardiens les avaient menacés. Mandela se souvient de ce qu'ils leur ont dit : « Écoutez bien, on va vous tuer ici – et vos parents, votre peuple, ne sauront jamais ce qui vous est arrivé. » Mandela et Steve Tefu, un prisonnier membre du PAC, en tête du rang, s'étaient mis à marcher encore plus lentement. « J'étais bien décidé à imposer clairement notre rythme, dès le tout premier jour nous devions lutter parce que cela déterminerait la façon dont nous serions traités. Si on flanchait le premier jour, ils nous traiteraient avec mépris. Aussi nous

nous sommes mis au premier rang et nous avons marché encore plus lentement. Ils ne pouvaient rien faire, ils n'ont rien fait[1]. »

Les conditions de vie sur Robben Island étaient terribles. Les prisonniers ne furent autorisés à arrêter les travaux forcés que quatorze années plus tard, en 1978. Jusqu'à cette date, leur existence sur l'île ne fut éclairée que par les visites et les lettres de leur famille ainsi que par l'attitude de Mandela et de ses camarades.

Au début, la nourriture était à peine mangeable[2] et partagée selon la politique raciste. Pour un prisonnier africain, cela consistait en 500 grammes de porridge au maïs et une tasse de café dit noir, les prisonniers indiens avaient 550 grammes de porridge au maïs avec du pain et du café[3]. Il n'y avait pas de prisonniers blancs sur l'île.

« Nous étions comme du bétail nourri avec de maigres rations pour paraître plus minces au marché, écrit le prisonnier Indres Nadoo. Des corps maintenus en vie, pas des êtres humains avec des goûts ni le plaisir du repas[4]. »

Sur l'île, les conditions atmosphériques étaient extrêmes – « chaleur étouffante l'été » et, en hiver, « un froid de loup, de la pluie ou du crachin la plupart du temps », se souvient le prisonnier Mac Maharaj[5]. Au début, les prisonniers africains portaient des bermudas et des sandales toute l'année, alors qu'on fournissait des pantalons et des chaussettes aux Indiens et aux métis. Les prisonniers recevaient un fin tricot le 25 avril qu'on leur reprenait le 25 septembre[6].

---

1. Nelson Mandela, entretien avec Richard Stengel, Johannesburg, 3 décembre 1992, CD 2, Fondation Nelson Mandela, Johannesburg.

2. Dans un mémorandum au directeur de l'Administration pénitentiaire de janvier 1970, Mandela écrit : « En mai 1967, on nous a fourni une tenue qui a duré longtemps pour répondre aux exigences stipulées dans la réglementation ci-dessus. Mais nous n'avons pas pu profiter de cette amélioration à cause des ordres nous demandant de rendre les pantalons et les pulls en été, mais sans tenir compte des conditions atmosphériques. » Il ajoute : « À de nombreuses occasions depuis 1964, nous avons insisté pour dire que notre régime alimentaire n'est pas correct sur le plan nutritionnel, insuffisamment varié et sans goût. »

3. Christo Brand, *Doing Life with Mandela*, Johannesburg, Jonathan Ball, 2014, p. 46.

4. Indres Naidoo à Albie Sachs, *Island in Chains : Ten Years on Robben Island by Prisoner 885/63*, Harmondsworth, Penguin Books, 1982, p. 87.

5. Mac Maharaj, « Interview avec Mac Maharaj », 1978, in *The Struggle Is My Life*, London : International Defence and Aid Fund for Southern Africa, p. 208.

6. *Ibid.*

Les dix premières années, il n'y avait pas de lits – les prisonniers couchaient sur une natte en sisal posée sur un sol en ciment, avec trois couvertures « inconsistantes ». Il faisait si froid en hiver qu'ils dormaient tout habillés. Mandela et ses camarades prenaient des bains d'eau froide.

La semaine, les prisonniers travaillaient dans la cour. Ils cassaient des pierres avec un marteau. Le week-end, ils étaient enfermés dans leur cellule vingt-quatre heures sur vingt-quatre, sauf s'ils recevaient une visite. Début 1965, ils furent emmenés dans la carrière de chaux[1]. C'était un travail exténuant et l'éclat du soleil sur la chaux blanche leur brûlait les yeux. Pendant trois ans, leurs demandes répétées aux autorités de la prison pour qu'on leur fournisse des lunettes noires sont restées vaines. Lorsqu'on leur donna enfin la permission d'en porter, les yeux de nombreux prisonniers, dont ceux de Mandela, avaient été abîmés de façon irrémédiable.

En 1968, la mère de Mandela, Nosekeni[2], mourut. On refusa à Mandela l'autorisation d'assister à l'enterrement. L'année suivante, son fils aîné, Thembi[3], fut tué dans un accident de voiture. À nouveau, sa demande d'aller sur sa tombe fut ignorée. Il resta incarcéré pendant que ses amis et ses parents tenaient sa place à l'enterrement. Les lettres qu'il écrivit à cette époque disent sa profonde angoisse devant ces pertes terribles.

À peu près à la même époque, sa femme tant aimée, Winnie[4], fut détenue par la police et passa quatorze mois en garde à vue. Les lettres pour elle et pour d'autres à propos de cet emprisonnement montrent sa frustration et son anxiété. Il est dans l'impossibilité d'aider sa femme et ses enfants pendant ce cauchemar.

Il a entretenu une correspondance régulière avec les autorités de la prison pour affirmer ses droits en tant que prisonnier. Il alla même jusqu'à demander sa libération et celle de ses camarades ou que leur soit donné un statut de prisonniers de guerre (voir ses lettres à L. Le Grange, le ministre des Prisons et de la Police, 4 septembre 1979, p. 489).

1. Dans le mémo de 1970, Mandela écrit : « Nous avons été forcés de faire un travail pénible et non créatif qui sapait notre énergie et qui, dans certains cas, affectait notre santé. »

2. Nosekeni Mandela – voir Glossaire.

3. Madiba Thembekile Mandela (1945-1969), fils aîné de Mandela et de sa première femme, Evelyn – voir Glossaire.

4. Nomzamo Winifred Madikizela-Mandela (1963-2018) – voir Glossaire.

En 1975, à l'initiative de ses camarades, il commença à écrire secrètement ses mémoires avec l'aide de Walter Sisulu, Ahmed Kathrada, Mac Maharaj[1] et Laloo Chiba[2]. Ils avaient le projet de faire publier cette autobiographie à l'étranger pour son soixantième anniversaire, le 18 juillet 1978. Lors de sa libération, fin 1976, Maharaj sortit en fraude une version transcrite, dissimulée dans la couverture de carnets de notes. Quand, en 1977, une partie du manuscrit original fut découverte cachée dans une boîte en fer enterrée près d'un bâtiment, Mandela et ses camarades furent privés du droit qui leur permettaient d'étudier depuis le début de 1976. Finalement, le manuscrit arriva à Londres mais il ne fut pas publié avant 1994, sous le titre *Un long chemin vers la liberté.*

À Frank, Bernadt et Joffe, ses avocats

[Cachet de la poste 15-6-64 avec le mot « Spécial » en afrikaans dans une autre écriture[3]]

Messieurs Frank, Bernadt et Joffe
85 St George's Street
Le Cap

Chers Messieurs,

L'ÉTAT CONTRE NELSON MANDELA ET D'AUTRES

Auriez-vous l'amabilité d'informer notre avocat, M. Joffe, de Johannesburg, que ses clients, à l'exception de DENIS GOLDBERG, sont actuellement à Robben Island.

1. Mac Maharaj (1935-), universitaire, militant politique et antiapartheid, prisonnier politique et député – voir Glossaire.
2. Laloo Chiba, prisonnier ANC – voir Glossaire.
3. Les « lettres spéciales » n'étaient pas comprises dans le quota des prisonniers.

Il est possible que M. B. FISCHER[1], avocat qui dirige l'équipe de la défense, soit actuellement en vacances en ville, et nous vous serions reconnaissant de l'en informer si vous savez où il se trouve.

Cordialement,

[Signé NR Mandela]
NELSON MANDELA

Bram Fischer était un avocat blanc qui avait défendu Mandela et ses camarades dans le « procès de la trahison » en 1961[2] *et dans le procès de Rivonia. Mais plus que ça, c'était un camarade et un bon ami. Il fut le premier à rendre visite aux accusés du procès de Rivonia à Robben Island pour confirmer leur première décision de ne pas faire appel de leurs condamnations et de leurs peines.*

Mandela et certains de ses compagnons avaient bien connu Bram Fischer et sa femme Molly, ils avaient passé de joyeuses soirées chez eux à Johannesburg. Mais lors de cette visite en prison, quand Mandela lui demanda des nouvelles de Molly, Fischer tourna la tête et quitta le parloir. Un officiel de la prison raconta à Mandela que Molly Fischer s'était noyée, sa voiture avait quitté la route et était tombée dans une rivière. Le commandant autorisa Mandela à écrire une lettre de condoléances à Fischer. Elle ne lui a jamais été remise.

La lettre à Fischer est formelle – une correspondance du prisonnier à son avocat – et dans ce cas, d'un prisonnier qui était aussi avocat. Comme les prisonniers bénéficiaient d'une dispense spéciale pour écrire à leurs conseils, il était préférable de ne pas donner l'impression qu'il s'agissait d'une lettre personnelle qu'il n'avait peut-être pas l'autorisation d'écrire.

1. Bram Fischer (1908-1975), avocat et militant antiapartheid – voir Glossaire.

2. Le procès de la trahison (1956-1961) est une tentative du gouvernement d'apartheid d'étouffer le pouvoir de l'Alliance des Congrès (voir Glossaire), une coalition d'organisations antiapartheid. Le matin du 5 décembre 1956, 156 personnes furent arrêtées et accusées de haute trahison. À la fin du procès, en mars 1961, tous les accusés virent leurs accusations annulées ou, dans le cas des vingt-huit accusés restants (dont Mandela), furent acquittés – voir Glossaire.

En 1965, Fischer fut arrêté et jugé l'année suivante pour avoir défendu les objectifs du Parti communiste[1] et avoir conspiré pour renverser le gouvernement. Il a été condamné à perpétuité. Alors qu'il était emprisonné à Pretoria, on lui a diagnostiqué un cancer et il est tombé gravement malade en 1974. Sous la pression publique, les autorités ont accepté qu'il s'installe dans la maison de son frère d'où il lui était interdit de sortir. Il est mort en 1975 et l'Administration pénitentiaire l'a fait incinérer. On n'a jamais su où ses cendres avaient été répandues.

À Bram Fischer, son camarade et son avocat au procès de Rivonia

2 août 1964

Cher M. Fischer,

Vous vous souvenez que, lorsque vous avez visité l'Île la dernière fois, vous avez parlé avec le major Visser pour savoir si vous seriez autorisé à me faire parvenir le *South African Law Journal.*

Jusqu'à ce jour, je n'ai rien reçu et j'ai pensé qu'il serait utile de vous le rappeler, votre travail a dû vous rendre difficile de régler l'affaire avec Juta's & Co.

Je n'ai pas reçu non plus la conférence du Wolsey Hall[2] à Londres ainsi que les livres de droit, et je serais heureux si vous pouviez vérifier auprès de M. Joffe.

Fidèlement,

[Signé NR Mandela] Prisonnier n° 466/64

Maître A. Fischer, SA
c/o Innes Chambers
Angle Von Brandis & Pritchard Streets
Johannesburg

1. Le Parti communiste sud-africain, créé en 1921 pour s'opposer à l'impérialisme et à la domination raciste – voir Glossaire.
2. Centre d'enseignement à distance situé à Oxford et crée en 1894 – voir Glossaire.

Tout au long de sa détention, Mandela persévéra dans ses études, entamées jeune homme en 1943, pour passer une licence en droit. Il était autorisé à exercer en tant qu'avocat avec un simple diplôme en droit, mais il voulait à tout prix atteindre le but qu'il s'était fixé quand il était jeune militant et étudiant à l'université de Witwatersrand à Johannesburg. Il avait commencé ses trois années de formation en tant que stagiaire au cabinet Witkin, Sidelsky et Eidelman. Un an plus tard, il avait adhéré à l'ANC en participant à la création de la Ligue de la jeunesse. En 1944, il s'était marié avec Evelyn Mandela, et la famille s'était rapidement agrandie, malgré ses maigres ressources. Sa demande d'inscription à l'université en décembre 1944, pour repasser les derniers examens qu'il avait déjà ratés trois fois, fut rejetée.

Même après avoir réussi l'examen d'admission des avocats le 8 août 1951, il continua sa licence en droit. Malgré son rôle de premier plan dans la Campagne de défi en 1952[1]*, il essaya à nouveau de persuader l'université de Witwatersrand de le reprendre jusqu'à son trente-quatrième anniversaire. Glyn Thomas, de l'université, lui écrivit pour l'informer qu'il était exclu jusqu'à ce qu'il paie les 27 £ qu'il devait.*

Incarcéré à la prison de Pretoria en 1962, il s'inscrivit à l'université de Londres pour continuer ses études – un défi permanent. Étudier la nuit après huit heures de travail dans la carrière, à piocher des blocs de chaux de 1965 à 1978, ne fut pas le plus grand obstacle. Sa correspondance nous apprend que souvent il ne recevait pas les documents de travail à temps. Le cas pratique qu'il ébaucha pour les responsables de l'université de Londres, et pendant ses études suivantes à l'université d'Afrique du Sud[2]*, s'étala sur des années. Il obtint enfin son diplôme en 1989, quelques mois avant sa sortie de prison.*

---

1. Initiée par l'ANC en décembre 1951 et lancée avec le Congrès sud-africain indien (SAIC) le 26 juin 1952, contre six lois d'apartheid, la Campagne de défi contre les Lois injustes impliquait des individus qui ne respectaient pas ces lois, par exemple en entrant dans des lieux « Whites Only » (réservés aux Blancs), en ne respectant pas le couvre-feu et en recherchant l'arrestation. Mandela a été nommé volontaire en chef, avec Maulvi Cachalia comme suppléant. Plus de 8 500 volontaires ont été emprisonnés pour leur participation à la Campagne de défi – voir Glossaire.
2. Université d'Afrique du Sud (Unisa) – voir Glossaire.

À l'officier commandant, Robben Island

30 novembre 1964

L'officier commandant
Robben Island

URGENT

Je dois régler aujourd'hui 16 rands à l'attaché culturel britannique, Hill Street, Pretoria, pour les frais d'inscription à l'examen d'entrée, première partie, de l'épreuve finale de la licence en droit de l'université de Londres.

Le mois dernier, j'ai écrit à l'université pour demander les formulaires d'inscription et à mon épouse pour les fonds nécessaires. Le 9 de ce mois, j'ai écrit une autre lettre à l'attaché culturel pour lui demander ces formulaires. Je n'ai reçu ni réponse ni accusé de réception.

Je vous écris pour vous demander d'envoyer aujourd'hui même un télégramme à l'attaché culturel afin de le prier de m'adresser ces formulaires et clore le dossier. Je n'ai peut-être pas suffisamment d'argent mais Ahmed Kathrada, prisonnier n° 468, si vous en êtes d'accord, peut couvrir les frais d'inscription et payer le télégramme.

Étant donné que les inscriptions à cet examen sont closes aujourd'hui, je vous serais reconnaissant de régler cette affaire de façon extrêmement urgente.

Nelson Mandela
[Signé NR Mandela]
Prisonnier n° 466/64

[Une note en anglais, en rouge, d'une autre écriture] Je n'ai aucune objection contre le virement de 16 rands mais je ne suis pas disposé à accepter que des prisonniers puissent se prêter de l'argent. [Paraphé et daté 30.11]

Mandela a étudié la langue afrikaans en prison pour mieux comprendre l'histoire et la culture du Parti national[1] *au pouvoir et celle de ses partisans. Il pensait que cela l'aiderait à communiquer plus efficacement avec ses ennemis.*

Cela l'a effectivement aidé à faire tomber des barrières avec les gardiens de prison et, plus tard, avec le président du pays, P. W. Botha[2].

En faisant la liste de toutes ses demandes légitimes qui sont souvent ignorées, il réitère son argument selon lequel il doit pouvoir préparer ses examens en étudiant d'anciens journaux d'une organisation qui promouvait l'afrikaans, une langue officielle depuis 1925, et il demande d'anciens numéros d'un magazine féminin en langue afrikaans, Huisgenoot.

Au commandant Visser

[Cachet de la poste 25-8-1965]

Commandant Visser,

Au cours de l'inspection du 14 août 1965, j'ai tenté de vous parler mais vous ne m'en avez pas donné l'occasion. Lors de cette inspection, le gardien-chef Van Tonder, qui vous accompagnait, m'a promis de vous dire que j'avais quelques demandes à formuler, mais vous êtes parti sans m'avoir vu. Je vous écris aujourd'hui parce que la question devient urgente.

1. Je prépare un examen écrit qui aura lieu le 29 octobre 1965. En mars de cette année et début mai, j'ai adressé des demandes écrites au commandant pour réclamer d'anciens résultats d'examen au Saamwerk-Unie du Natal, comme faisant partie de ce prochain examen. Vous n'avez cessé de me répéter que vous aviez écrit à la SWU pour demander les journaux nécessaires et que vous attendiez leur réponse. Bien que l'examen ait lieu dans deux mois, je n'ai toujours pas reçu ces journaux.

1. Voir Glossaire.
2. P. W. Botha, Premier ministre de 1978 à 1984, et président d'Afrique du Sud de 1984 à 1989 – voir Glossaire.

2. Je dois à l'université d'Afrique du Sud la somme de 40 rands, complément des droits pour un cours de licence que j'avais l'intention de passer en février 1966. D'après le contrat, cette somme doit être payée le 1er septembre 1965. La dernière fois que je vous en ai parlé vous m'avez dit que vous aviez écrit à l'université. Il y a quelques jours, j'ai reçu un rappel pour cette somme et j'ai peur que cette question ne soit pas réglée à temps. À ce sujet, je me permets d'ajouter que j'ai demandé des livres d'étude chez Juta & Co. Je leur ai dit de me les commander s'ils ne les avaient pas en stock et de m'informer quand ils seraient disponibles afin que je puisse planifier mon travail. Je n'ai plus entendu parler d'eux et je vous serais reconnaissant de m'informer pour que je sache si l'on s'est occupé de cette affaire.
3. Vous m'avez également dit que vous aviez commandé les anciens numéros de l'*Huisgenoot* dont j'ai besoin pour mes études et je tiens à vous rappeler que je ne les ai toujours pas reçus.
4. Plusieurs fois, au cours de l'an dernier et au début de cette année, j'ai demandé un prêt de livres à la Bibliothèque nationale et des formulaires d'inscription. Je n'en ai plus entendu parler.

Je me demande sérieusement si, au regard des difficultés que j'ai mentionnées ci-dessus, je dois ou non passer les prochains examens, et je serais ravi si vous me fournissiez l'opportunité de m'en entretenir avec vous.

[Signé NR Mandela]

Au directeur de l'Administration pénitentiaire[1]

Le directeur de l'Administration pénitentiaire
PRETORIA

Je vous remercie de m'avoir accordé une autorisation le 13 octobre 1965 et de m'avoir m'informé que vous n'aviez aucune objection au fait

1. Il existe deux versions de cette lettre. Une version tapée à la machine, qui est vraisemblablement celle envoyée au directeur, datée du 10 octobre 1965. La date de la lettre manuscrite a été enlevée sans doute à la photocopie.

que nous échangions entre nous des livres d'étude. Cette aide réduira considérablement les dépenses pour les livres au programme que la plupart d'entre nous ne peuvent acheter et cela permettra, à ceux qui étudient, l'accès à de meilleures sources d'information et de référence.

Si le privilège de pouvoir étudier doit avoir quelque valeur, certaines conditions sont absolument essentielles. Leur importance concerne tous ceux qui étudient, en particulier ceux qui doivent poursuivre leurs études par correspondance et qui, par conséquent, manquent de contact direct entre professeur et étudiant. L'aide universitaire sous forme de recommandation de lectures, d'échanges d'idées, de critiques et de bilans constants et personnels sont naturels chez les étudiants qui ont la possibilité d'avoir une communication libre avec leurs professeurs et leurs camarades étudiants. En effet, les études par correspondance, tout comme à l'université d'Afrique du Sud, essaient dans une certaine mesure de supprimer ce handicap dont souffrent les étudiants en organisant des cours de vacances annuels et en insistant sur leur importance.

Pour les prisonniers qui préparent les mêmes examens que les étudiants, qui eux peuvent bénéficier de ces cours de vacances et d'autres formes d'échange direct avec leurs tuteurs, leurs professeurs et d'autres étudiants, l'assistance mutuelle autorisée et encouragée entre prisonniers sera une mesure positive de compensation tout à fait compatible avec le règlement des prisons. Une telle aide mutuelle impliquera les discussions libres du prisonnier avec ceux capables de l'aider. Cela concernera en particulier celui qui étudie la langue, le droit et les humanités. La discussion aiguise l'intérêt sur tout sujet et par conséquent entraîne des lectures et la correction de ses propres erreurs. L'effet cumulatif aidera à retenir ce qu'on a lu.

En outre, la préparation des exercices et des compositions pour corriger et conseiller sera un stimulant permanent pour l'étudiant qui sans cela n'aurait aucun contrôle véritable de ses progrès. Sous ces deux aspects, les prisonniers, en particulier dans cette prison, connaissent un énorme désavantage et cela les empêchera de se retrouver à égalité avec les autres étudiants qui, eux, ont accès à des méthodes adéquates. Dans cet esprit, j'aimerais signaler qu'en 1963, dans la prison de Pretoria, j'ai commencé à suivre un cours de langue et j'ai profité de l'école de la prison. Cela m'a beaucoup aidé à corriger mes fautes et à progresser rapidement.

L'autorisation de la discussion libre et des autres formes d'aide évoquées ci-dessus, auxquelles s'ajoute la permission que vous avez déjà donnée, permettent grandement de résoudre nos difficultés actuelles.

À cet égard, j'aimerais vous rappeler l'engagement que j'ai pris auprès de vous le 13, selon lequel nous ne tenterons pas d'utiliser ou de détourner les autorisations que vous nous avez déjà accordées ainsi que celles que vous serez amené à décider.

Enfin, j'aimerais vous rappeler la requête que j'ai faite le 14 mars 1965 et que vous avez rejetée, à propos de l'examen de mes yeux. On ne m'a fourni aucune raison justifiant ce refus et je suis incapable de vous donner d'autres motifs pour justifier ma demande. Je tiens cependant à vous prier de reconsidérer la question et de m'accorder l'assistance que j'ai demandée.

[Signé NR Mandela]

En dehors des lettres qu'ils étaient autorisés à écrire aux officiels et à leurs avocats, au début, les prisonniers ne pouvaient écrire qu'aux membres directs de leurs familles. Une lettre de cinq cents mots tous les six mois. Ils n'avaient droit également qu'à une visite de leurs familles tous les six mois. Les enfants ne pouvaient rendre visite à leur père qu'à l'âge de seize ans. Au moment du premier emprisonnement de Mandela en 1962, ses cinq enfants – deux garçons et trois filles – avaient entre vingt-deux mois et dix-sept ans. Il parle de ses cinq enfants dans cette lettre : Thembi, Makgatho (Kgatho), Maki (Makaziwe), Zeni (Zenani) et Zindzi (Zindziswa). Les trois premiers étaient nés de son mariage avec Evelyn Mase et les plus jeunes de son mariage avec Winnie Madikizela[1].

1. Voir Glossaire pour les enfants et les épouses de Mandela.

À Winnie Mandela, son épouse

[D'une autre écriture : « Lettre spéciale »]

Dans votre réponse indiquez en haut de votre lettre : « Réponse à une lettre spéciale[1] ».

NELSON MANDELA N° 466/64 17 février 1966

Ma chérie,

Je te serais reconnaissant de bien vouloir informer messieurs Hayman & Aronsohn de ne pas poursuivre l'action intentée contre les autorités de la prison.

Le 8 février 1966, j'ai eu un entretien avec le procureur du Cap qui est venu sur instruction du ministre de la Justice. Il m'a demandé de lui fournir un affidavit énumérant tous les sujets de plainte que je souhaite faire concernant mon traitement en prison. J'ai été incapable de le lui fournir mais je lui ai transmis une déclaration dans laquelle j'indiquais que je désirais saisir l'opportunité de répéter mes plaintes aux plus hautes autorités. Toutefois j'ai fait remarquer que je désirerais consulter mon avocat sur cette question.

Le 14 février, j'ai eu un autre entretien, cette fois avec le directeur de l'Administration pénitentiaire, au cours duquel il m'a promis de transmettre ma requête au ministre de la Justice. Cela a été mon attitude depuis le début, m'efforcer d'explorer toutes les voies possibles dans le ministère. J'ai donc décidé de prendre avantage de ce que mes démarches puissent être présentées au ministre. Par conséquent, je serais heureux que tu puisses avertir M. Hayman de cet arrangement, lui demander de ne pas poursuivre, lui dire que je lui suis très reconnaissant de sa prompte réaction et que je lui serre chaleureuse-

1. Comme pour les lettres spéciales, les réponses aux lettres spéciales n'étaient pas déduites du quota des prisonniers.

ment la main. Tu as réagi toi aussi avec la même promptitude, ce dont je te complimente.

J'ai reçu deux télégrammes de Niki[1], j'ai été peiné par les nouvelles concernant la maladie de C.K.[2] et j'ai été soulagé d'apprendre sa guérison. Écris-lui pour lui dire que je lui souhaite un rétablissement complet et de longues années de bonne santé et de prospérité. L'officier commandant m'a donné l'autorisation de recevoir une lettre de Niki et je serais heureux si tu lui demandais de m'écrire.

J'ai passé le Hoër Afrikaanse Taaleksamens[3] et je me suis inscrit en Afrikaans-Nederlands[4] à l'université d'Afrique du Sud. Les frais d'inscription et les livres de cours sont prohibitifs et je n'ai plus d'argent.

On n'a pas retrouvé ta carte de Noël, Mhlope[5]. J'espère que tu as reçu ma lettre de janvier. J'ai écrit à Nkosikazi Luthuli[6] pour la nouvelle année et j'ai reçu une merveilleuse réponse. Je la garde pour toi.

Les examens de droit commencent le 13 juin, la veille de notre huitième anniversaire de mariage. C'est une période très difficile de bachotage dur et épuisant. Ce sera un vrai soulagement quand tout cela sera enfin fini. J'espère que tu n'as pas abandonné tes études et que dans ta prochaine lettre tu pourras me parler de tes progrès[7].

Mon amour à Niki et à Oncle Marsh[8], Nali[9], Bantu et Hubby[10], Nyanya[11] et à tous tes parents et amis. Dis à Nali de transmettre mon meilleur souvenir à Sefton[12].

---

1. Niki Xaba (1932-1985), sœur aînée de Winnie Mandela – voir Glossaire.
2. Columbus Kokani Madikizela, le père de Winnie Mandela – voir Glossaire.
3. Examen le plus élevé en langue afrikaans.
4. Cours plus traditionnel de langue néerlandaise.
5. Un des prénoms de Winnie Mandela.
6. *Nkosikazi* signifie « Madame », en isiXhosa. Pour Nokhukhanya Luthuli – épouse du chef Albert Luthuli – voir Glossaire.
7. Winnie Mandela avait un diplôme d'assistante sociale et étudiait la sociologie.
8. Marshall Xaba, époux de Niki Xaba, sœur aînée de Winnie Mandela.
9. Nali Nancy Vuleta, sœur de Winnie Mandela.
10. Nobantu Mniki, sœur de Winnie Mandela, et son mari, Earl Mniki.
11. Nonyaniso (Nyanya Madikizela), la plus jeune sœur de Winnie Mandela.
12. Sefton Vuleta, mari de Nali.

Des tonnes d'amour pour toi ma chérie et un million de baisers. Dis à Thembi, Kgatho, Maki, Zeni et Zindzi qu'ils me manquent tellement et que je leur envoie mon amour.

Fidèlement,
Dalibunga

Nkosikazi Nobandla Mandela
8115 Orlando West
Johannesburg

Dans sa lutte pour recevoir les manuels d'étude, Mandela écrit directement au secrétaire de l'Unisa, en employant la langue maternelle de son correspondant, l'afrikaans. Cette lettre implique qu'il sait avoir le droit de faire une telle requête et montre qu'il a réussi à conserver la dignité malgré la grande rudesse du système carcéral. Il devait aussi savoir que cette lettre dirait clairement aux gardiens, en particulier ceux du bureau de censure, qu'il n'était pas disposé à abandonner la bataille.

Au secrétaire, université d'Afrique du Sud

[Lettre traduite de l'afrikaans]

22 août 1966

Le secrétaire
Université d'Afrique du Sud
PO Box 392
Pretoria

Référence n° MB072

Cher Monsieur,

Je vous prie d'avoir l'amabilité de reporter l'examen AFRIKAANS-NEDERLANDS jusqu'à l'année prochaine. Je me débats pour obtenir certains livres prescrits et je trouve dangereux de tenter l'examen sans ces livres.

Salutations,
[Signé NR Mandela]

Au secrétaire de la Société américaine de droit international

31.8.66

Le secrétaire
American Society of International Law
2223 Massachusetts Avenue, NW
WASHINGTON D.C. 2008
20008

Cher Monsieur,

Je n'ai pas reçu le numéro de juillet 1966 de l'*American Journal of International Law,* sans doute parce que mon abonnement a pris fin.

Je pensais joindre à ma lettre le montant de l'abonnement annuel mais malheureusement je ne le connais pas parce qu'à l'origine un ami l'avait réglé pour moi.

Je passe bientôt un examen écrit de droit public international et, par conséquent, je vous serais reconnaissant de m'indiquer par retour si mon abonnement est arrivé à expiration et quel est le nouveau tarif.

Salutations,

[Signé NR Mandela]

À l'officier commandant, Robben Island

NELSON MANDELA 466/64 8 septembre 1966

L'officier commandant
Robben Island

J'ai cassé les verres de mes lunettes de lecture et je serais heureux que vous les envoyiez au docteur Sachs du Cap qui me les avait prescrites.

Veuillez déduire le prix de la réparation de mon compte.

[Signé NR Mandela]
NELSON MANDELA

On ne sait pas exactement si la lettre suivante est passée en fraude à cette adresse, Cecil Eprile[1] *n'étant pas membre de la famille Mandela ou si, à cette époque, il était autorisé à écrire à des amis. Eprile était un ami de Mandela et ancien rédacteur en chef du* Golden City Post, *un journal de Johannesburg destiné aux Sud-Africains noirs. Le fils d'Eprile, Tony, est convaincu que son père n'a jamais reçu cette lettre. Elle a été écrite à l'époque où la famille d'Eprile avait quitté l'Afrique du Sud pour Londres et où Cecil travaillait comme rédacteur en chef de* Forum World Features. *La famille s'installa aux États-Unis début 1972.*

À Cecil Eprile, ami et ancien directeur du *Golden City Post*

466/64 11/2/67

Cher Cecil,

J'ai besoin de 150 rands pour mes études ; j'abuse peut-être. Au cours des quatre dernières années, j'ai profité de Winnie. Elle n'a plus de

1. Voir Glossaire.

travail depuis avril 65 et je n'ai pas le cœur de continuer à l'exploiter. L'an dernier elle m'a envoyé 100 rands et tout a disparu.

Je dois aussi t'ennuyer avec un autre de mes problèmes personnels. Mon fils Makgatho a été renvoyé de Saint Christophe Manzini, apparemment après une grève des étudiants. Heureusement, il a réussi à passer en première et je crois qu'il est maintenant dans une école locale. J'ai peur que ce brusque changement n'affecte ses résultats. Il peut aussi se sentir seul et malheureux parce que ses sœurs et ses amis sont loin. Peux-tu essayer de l'aider en le faisant réadmettre ou en l'inscrivant dans un autre pensionnat ? C'est un garçon intelligent et il devrait pouvoir rattraper les autres même s'il commence l'année plus tard. Je crois que sa santé est assez médiocre et dans les circonstances présentes il serait peut-être bon qu'il ne soit pas loin du Baragwanath Hospital. Il serait certainement bon que tu lui demandes de venir dans ton bureau pour que vous parliez de tout ça ensemble et que tu t'assures de ce qu'il en pense. Tu peux aussi en parler avec Winnie ; je te laisse libre de décider.

J'ai été désolé d'apprendre la mort de Nat[1]. Ça a été un rude coup pour nous qui avions beaucoup d'affection pour lui. C'était un homme de grande compétence et un de nos atouts. Souvent, après avoir lu ses articles, je me disais qu'en vérité la plume était plus puissante que l'épée. J'espère que tu trouveras quelqu'un d'aussi capable que lui pour le remplacer.

J'ai été heureux d'apprendre le développement rapide de l'entreprise que tu as dirigée avec autant de compétence, ainsi que tes propres progrès et ta réussite. Je sais que tout cela va t'embarrasser. Mais [tache d'eau sur le mot] que je ne sois pas là pour te voir rougir est ma consolation. Quant à moi, je me sens au sommet du monde dans plus d'un sens. Je vais bien, de corps et d'esprit, et je pense au jour où je te reverrai et où je retrouverai les moments heureux que nous avons vécus ensemble dans le passé.

---

1. Nat Nakasa qui écrivait pour le *Golden City Post* et qui était un ami d'Eprile. Nakasa a quitté l'Afrique du Sud pour les États-Unis et il est mort le 14 juillet 1965 à New York. Mandela a dû apprendre la mort de Nat quelque temps après car les détenus n'avaient pas accès aux nouvelles du monde extérieur jusqu'en 1980.

Mes plus chaleureuses pensées à toi et à Leon et toute mon affection à ta femme[1] et à Zelda[2].

Cordialement,
Nelson

P.-S. : S'il te plaît, dis à Winnie qu'en préparant sa prochaine visite, elle donne la préférence à Madiba ou à Makgatho[3] si elle ne peut venir elle-même.

Cecil Eprile
c/o Mme Winnie Mandela
Maison n° 8115 Orlando West
Johannesburg

À l'officier commandant, Robben Island

27 février 1967

L'officier commandant
Robben Island

Je dois passer un examen écrit le 10 juin 1967. L'ambassade de Grande-Bretagne doit avoir reçu les inscriptions au plus tard le 1er décembre 1966. J'ai remis le formulaire d'inscription en novembre 1966, en demandant que ce formulaire et la somme de 8 rands soient envoyés à Pretoria[4]. J'ai posé la question plusieurs fois mais je ne sais toujours pas si mon inscription a été acceptée.

En février 1966, j'ai commandé les manuels d'étude dans une maison d'édition de Londres pour me préparer à cet examen, et bien que je me sois assuré que l'argent nécessaire pour les livres et les frais postaux

1. Liesl Eprile, réfugiée qui avait fui l'Allemagne nazie. Mariée avec Eprile en Afrique du Sud.

2. Leon et Zelda Streets, amis et voisins des Eprile qui habitaient dans le même immeuble, Riviera Mansions. Dans la clandestinité, Mandela habitait dans la chambre de leur fille, Laura. Il resta chez eux pendant quelques semaines.

3. Fils de Mandela.

4. Les passages soulignés de cette lettre sont de la même plume et sans doute de la main de Mandela.

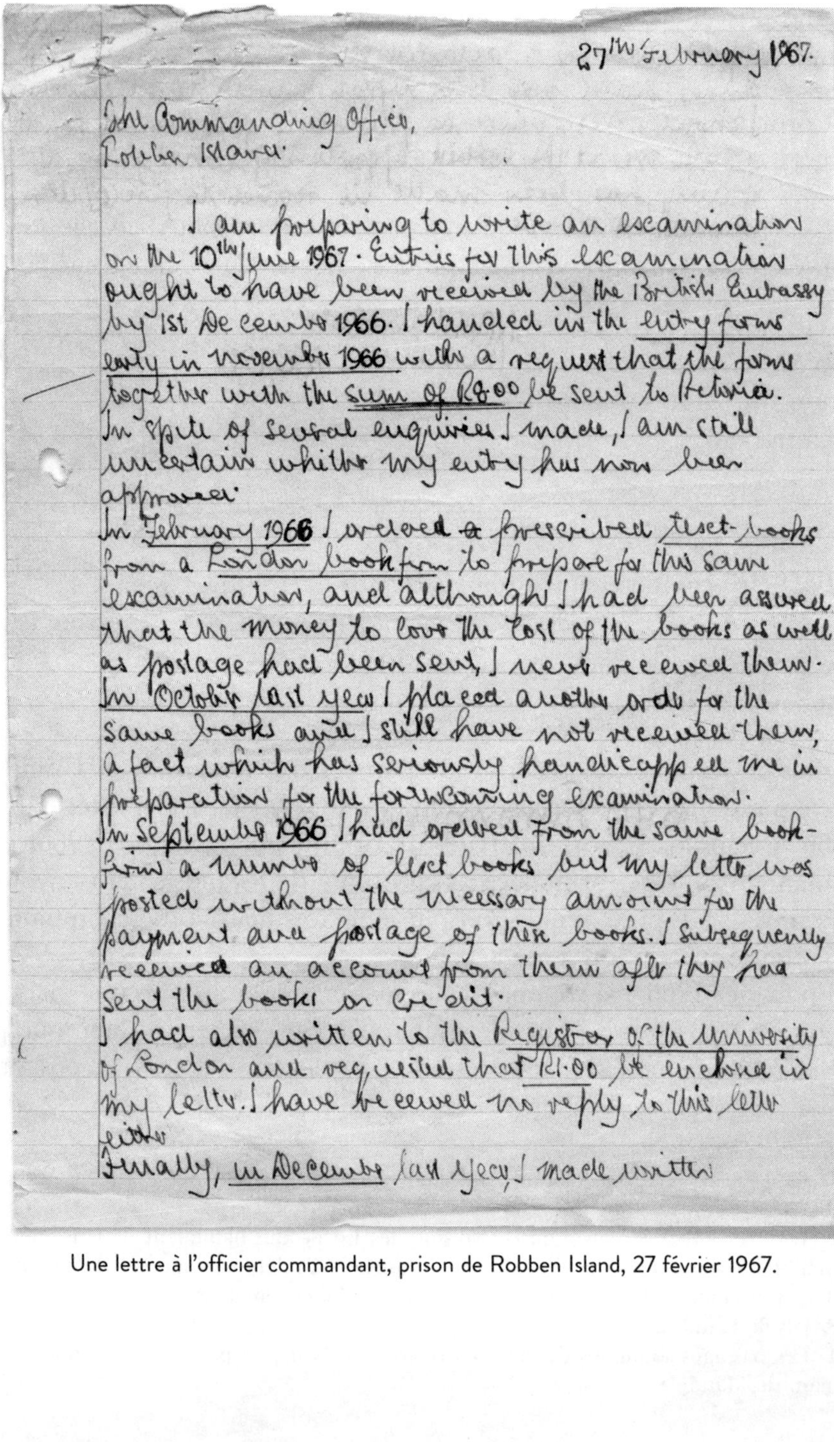

27th February 1967.

The Commanding Officer,
Robben Island.

I am preparing to write an examination on the 10th June 1967. Entries for this examination ought to have been received by the British Embassy by 1st December 1966. I handed in the entry forms early in November 1966 with a request that the forms together with the sum of R8.00 be sent to Pretoria.
In spite of several enquiries I made, I am still uncertain whether my entry has now been approved.
In February 1966 I ordered a prescribed text-books from a London bookfirm to prepare for this same examination, and although I had been assured that the money to cover the cost of the books as well as postage had been sent, I never received them.
In October last year I placed another order for the same books and I still have not received them, a fact which has seriously handicapped me in preparation for the forthcoming examination.
In September 1966 I had ordered from the same book-firm a number of text books but my letter was posted without the necessary amount for the payment and postage of these books. I subsequently received an account from them after they had sent the books on credit.
I had also written to the Registrar of the University of London and requested that R1.00 be enclosed in my letter. I have received no reply to this letter either.
Finally, in December last year, I made written

Une lettre à l'officier commandant, prison de Robben Island, 27 février 1967.

application for a detailed statement of accounts (from 2nd Jan. 1965)
and I have not been supplied with this information.
I should accordingly be pleased if you would kindly advise me at the earliest opportunity what progress, if any, has been made in regard to five (5) items mentioned above.

NRMandela:
Prisoner no: 466/64.

ait bien été envoyé, je n'ai jamais rien reçu. En octobre de l'an passé j'ai commandé une nouvelle fois ces livres et je ne les ai toujours pas reçus, ce qui m'a sérieusement handicapé pour le futur examen.

En septembre 1966, j'ai commandé chez le même éditeur un certain nombre de livres d'étude mais ma lettre a été postée sans la somme nécessaire pour les livres et les frais postaux.

J'ai aussi écrit au service d'inscription de l'université de Londres et j'ai demandé qu'on joigne 1 rand à ma lettre. Je n'ai toujours pas reçu de réponse.

Enfin, en décembre de l'an dernier, j'ai demandé par écrit un état détaillé de mon compte à partir du 2 janvier 1965, information qu'on ne m'a pas fournie. En conséquence, je vous serais reconnaissant de me faire savoir le plus tôt possible les progrès faits en regard des cinq [5] points mentionnés ci-dessus.

[Signé NR Mandela]
Prisonnier n° 466/64

À Frank, Bernadt & Joffe

Copie[1]

21 mars 1967

MM. Frank, Bernadt & Joffe
PO Box 252
Le Cap

À l'attention de M. Brown

Chers messieurs,

Je suis paresseux, insouciant et négligent dans mon travail[2], et mon procès a été fixé le 4 avril 1967. Aussi, je serais heureux que M. Brown me représente.

1. Le mot « copie » est de la main de Mandela.

2. Mandela était incriminé avec Eddie Daniels, Laloo Chiba et Neville Alexander (voir Glossaire) de ce qu'il appelait « une accusation forgée de toutes pièces » (entretien

Pour ma défense, je dirai que je souffre d'hypertension et que je suis sous traitement depuis le 14 juin 1964 dans cette prison, et que, dans ces circonstances, travailler avec une pioche et une pelle, ce que je fais dans la carrière de chaux, est extrêmement dangereux pour ma santé.

Je propose qu'on fasse appel à un témoin, un médecin du Cap, le docteur Kaplan, qui m'a examiné dans son cabinet le 15 avril 1966. J'en ai parlé au fonctionnaire qui m'a donné les tarifs et je lui ai dit que je n'avais pas l'argent nécessaire pour payer la consultation. J'ai demandé que les services de la prison prennent ces frais en charge. Ma demande a été rejetée et j'ai envisagé la possibilité de faire appel d'urgence à la Cour suprême afin qu'elle donne l'ordre aux services de la prison de régler ces frais, si vous considérez qu'une telle demande a une chance de succès. Le médecin de la prison, qui m'a toujours traité avec considération, prend ma tension régulièrement et me donne un traitement pour le cœur et pour mes pieds enflés, mais il ne sera évidemment pas en position de fournir la preuve de mon examen par le médecin le 15 avril car ce ne serait que par ouï-dire.

Finalement, étant donné l'atmosphère qui règne ici, dont je vous fournirai des détails si nécessaire lors de notre entretien, je considère qu'il n'est pas dans l'intérêt de la justice que mon procès se tienne sous la direction d'un officiel de la prison et je demande que vous exigiez qu'il soit jugé par un magistrat.

Je pourrai trouver les fonds pour régler vos honoraires[1].

Salutations distinguées,

[Signé NR Mandela]

---

avec Richard Stengel, décembre 1992, CDS, Fondation Nelson Mandela, Johannesburg) parce qu'on les considérait comme les porte-paroles des autres prisonniers. Ils ont été condamnés à une période d'isolement et à un régime d'eau de riz (de l'eau dans laquelle avait bouilli du riz trois fois par jour pendant trois jours).

1. Au cours de son incarcération, Mandela a reçu un soutien financier de gens comme l'éditeur d'un journal britannique, David Astor (1912-2001), lady Eleanor Birley et son mari sir Robert Birley (1903-1982), l'ancien directeur d'Eton College et, à l'époque, professeur d'éducation à l'université de Witwatersrand.

Cette lettre est la première de ce qui va devenir une guerre de longue haleine avec les responsables de l'État qui ont voulu faire radier du barreau l'avocat Mandela. Dans leur première tentative, les autorités se sont appuyées sur sa condamnation de 1952 au titre de la loi sur l'Interdiction du communisme[1] *qui rendait illégal le Parti communiste sud-africain. Le rôle secondaire de cette loi a été de rendre communistes tous les opposants à l'apartheid afin de les punir et de les neutraliser. Le 2 décembre 1952, Mandela et dix-neuf autres personnes ont été condamnés pour leur participation à la Campagne de défi. C'était une création de l'ANC et du Congrès sud-africain indien*[2] *ainsi qu'une initiative populaire qui avait pour but de dénoncer six des lois que le Parti national avait créées après son arrivée au pouvoir en 1948, première étape de la politique d'apartheid.*

Lorsqu'il s'en souvient quelque vingt-cinq ans plus tard dans une conversation avec l'Américain Richard Stengel, Mandela dit que Walter Pollak, le président du barreau, l'a jugé non passible de radiation. « Le tribunal a rejeté la demande de la société des Lois sur la base qu'être condamné pour vos convictions politiques ne vous rend pas inapte à la profession d'avocat[3]*. »*

La seconde tentative de radiation du barreau s'appuyait sur sa condamnation pour sabotage, essentiellement aux termes d'une section de la loi sur la Sécurité intérieure. À cette occasion, Mandela décida d'assurer lui-même sa défense et exigea d'être libéré du travail forcé pour préparer son procès. « Je veux des tables et des chaises correctes, un éclairage correct pour me préparer. Je veux également qu'on me conduise à Pretoria où l'affaire doit être entendue afin que je puisse avoir accès à la bibliothèque[4]*. »*

Après de nombreuses lettres, la plainte a été retirée. Les autorités de la prison avaient refusé à Mandela d'être dispensé du travail éreintant dans la carrière de chaux, de 7 h 30 à 16 heures les jours de semaine, elles refusèrent de fournir une meilleure nourriture pour aider à la concentration, et elles refusèrent aussi de le conduire à Pretoria pendant la durée du procès.

« Tout au long de mon emprisonnement, quand je les menaçais d'aller au tribunal, les autorités reculaient. Peu leur importait que j'écrive à un avocat,

1. Une loi votée le 26 juin 1950, d'après laquelle l'État interdisait le Parti communiste et toutes les activités qu'il jugeait communistes, en définissant le communisme de façon si large que toute personne qui protestait contre l'apartheid entrait dans le cadre de la loi – voir Glossaire.

2. South African Indian Congress, créé en 1923 pour s'opposer aux lois de discrimination – voir Glossaire.

3. Mac Maharaj, « Interview avec Mac Maharaj » 1978, in *The Struggle Is My Life, op. cit.*

4. *Un long chemin vers la liberté, op. cit.*, p. 458.

peu leur importait que j'aie un avocat pour me représenter, mais quand je disais je ne veux pas d'avocat, je veux me représenter seul devant la cour, elles ne voulaient plus et elles faisaient machine arrière. »

« Parce qu'elles avaient peur de la publicité ? » « Oui, elles voulaient que les gens m'oublient, autant que c'était possible[1]*. »*

À Joel Carlson[2]

Son avocat
[Note d'une autre écriture] 466/64 Nelson Mandela lettre à un avocat

[Cachet de la poste 1967]

M. J. Carlson
PO Box 8533
Johannesburg

Cher Monsieur,

Le 19 juin 1967, une heure après notre entretien, un membre de l'équipe de sécurité m'a donné une lettre signée d'un huissier, nommé aux termes de la loi sur l'Interdiction du communisme (loi n° 44 de 1950), attirant mon attention sur un jugement prononcé le 2-12-1952 par Justice Rumpff, au tribunal local de Witwatersrand. D'après cet huissier, les conclusions et le verdict de cette affaire stipulaient que j'avais contrevenu à la section 11 de cette loi[3]. Une copie de ce jugement était jointe. Sur la base de ce jugement, il proposait d'inclure mon nom dans la liste, en tant que responsable, membre ou soutien actif du Parti communiste sud-africain, et il m'invitait à me présenter dans les trente jours à partir de la date de la lettre (c'est-à-dire à partir du 23 mai 1967).

---

1. Nelson Mandela, entretien avec Richard Stengel, Johannesburg, mars 1993, CD 21, Fondation Nelson Mandela, Johannesburg.

2. Joel Carlson (1926-2001) – voir Glossaire.

3. La loi sur l'Interdiction du communisme. La section 11 (b) déclare que des peines seront infligées à toute personne qui « défend, conseille, ou encourage l'accomplissement d'un tel objet ou tel acte ou omission, prévu pour aider la réalisation d'un tel objet », l'objet étant le communisme.

Je vous demande de vous occuper de cette affaire en mon nom. J'aurais préféré en parler de vive voix avec vous. En fait, le jour même où j'ai reçu la lettre de cet huissier, j'écrivais à l'officier commandant pour le prier de vous téléphoner de toute urgence et à mes frais, afin de vous demander de revenir dans l'Île pour que je puisse vous consulter sur cette affaire, mais ce n'est qu'hier qu'on m'a autorisé à vous contacter. Je ne peux vous donner d'instructions utiles par correspondance et je vous serais reconnaissant d'organiser une consultation. Mais je pense qu'il ne vous sera pas possible de venir ici et j'aimerais que vous demandiez à votre correspondant du Cap, M. Brown, de Frank, Bernadt et Joffe, de venir me voir. Je serais aussi très satisfait si vous pouviez prendre contact avec cet huissier pour l'informer que vous vous occupez maintenant de cette affaire.

Cordialement,

[Signé NR Mandela]
NELSON MANDELA

P.-S. : Le jugement dont parle l'huissier est celui dans lequel j'ai été reconnu coupable avec dix-neuf autres personnes pour le rôle que nous avons joué dans l'organisation de la Campagne de défi des Lois injustes.
[Initiales NRM]

Au liquidateur, ministère de la Justice

[Cachet service du courrier de Robben Island : 23 octobre 1967]
Ministère de la Justice
Pretoria

Monsieur,

Affaire : Parti communiste d'Afrique du Sud

J'ai bien reçu votre lettre du 23 mai 1967 à laquelle vous joignez une copie d'un jugement prononcé le 2 décembre 1962 par le juge Justice Rumpff de la division locale du Witwatersrand de la Cour suprême, procès dont j'étais un des vingt accusés.

Vous affirmez que les conclusions et le verdict de ce procès impliquaient dans votre esprit que j'avais contrevenu à la loi n° 44, section 11 (b) de 1950, comme accusé.

Finalement vous m'avez informé que je pouvais vous soumettre d'autres informations à ce sujet.

Pour commencer je tiens à répéter la déclaration que j'ai faite dans une précédente correspondance avec vous, que je n'ai jamais été dirigeant, membre du comité directeur ou soutien actif du Parti communiste d'Afrique du Sud. En outre, je refuse que ma condamnation dans ce procès vous autorise à inclure mon nom dans la liste des personnes qui étaient membres ou soutiens actifs du Parti communiste, et je contesterai énergiquement tout effort de votre part pour le faire. Je suis intimement persuadé que l'affirmation selon laquelle j'étais un membre ou un soutien actif du Parti communiste est un acte de persécution et une manœuvre de propagande pour dénaturer mes convictions politiques et pour justifier le retrait de mon nom du barreau. Ce n'est en aucune façon inspiré par l'idée sincère que je suis communiste. Une étude de la correspondance sur les faits confirmera mon point de vue.

Dans votre lettre du 1er juillet 1966, vous m'informez que le ministre de la Justice, aux termes de la sous-section (10) de la section 4 de la loi n° 44 de 1950, vous avait demandé d'établir une liste de personnes qui étaient ou avaient été, à un moment quelconque avant ou après l'application de la loi, des responsables, des membres ou des soutiens actifs du Parti communiste, déclaré organisation illégale par la sous-section (1) de la section 2 de ladite loi. Dans cette lettre vous m'informiez en outre qu'on vous avait fourni des preuves que j'avais été un membre et un soutien actif dudit Parti communiste. Vous m'avez alors proposé la possibilité, aux termes de la section 4, de démontrer pourquoi mon nom ne devait pas être inclus dans la liste mentionnée ci-dessus.

Dans ma lettre du 15 juillet 1966, j'ai nié catégoriquement avoir été membre du Parti communiste. Je faisais remarquer que si vous ne fournissiez aucun élément pour soutenir cette allégation, je ne pouvais rien faire de plus à ce stade que nier simplement. Je vous ai demandé de me fournir tous les éléments de preuve dont vous aviez connaissance. Dans votre réponse du 27 juillet 1966 vous disiez expressément qu'on vous avait présenté des preuves déterminantes qui montraient que j'avais été membre du Parti communiste depuis 1960 et que j'avais pris part à ses activités, par exemple en assistant aux conférences du Parti. Le ... [*sic*] août je vous ai écrit pour vous demander des éléments détaillés. Après un silence de près de quatre mois, j'ai reçu votre lettre du 15 décembre 1966 dans laquelle vous m'informiez qu'à ce stade, il avait été décidé de ne pas inclure mon nom dans la liste des dirigeants, des responsables ou des militants actifs du Parti communiste. Aucune référence n'a été faite à ma lettre du... [*sic*] août 1966 et aux éléments que j'avais demandés.

Cinq mois plus tard, j'ai reçu votre lettre du 21 mai 1967 dans laquelle vous m'accusiez, à partir d'une allégation totalement nouvelle. Désormais, on se proposait de m'accuser à cause de ma condamnation du 2 décembre 1952, pour avoir contrevenu à la section 11 (b) de la loi citée ci-dessus. La première allégation selon laquelle j'avais été membre du Parti communiste depuis 1960 était abandonnée et je n'avais plus la possibilité de réhabiliter mon nom en démontrant publiquement que cette accusation était fausse. Maintenant on affirmait par déduction que j'avais été membre du PCA depuis 1952. Si l'on nie sérieusement que le jugement de 1952 ait fait de moi un membre ou un soutien actif du Parti communiste, alors était-il nécessaire de me poursuivre parce que j'avais été membre depuis 1960 ?

Je soutiens que la première affirmation a été abandonnée parce que, depuis le début, elle était fausse et qu'on ne m'a jamais présenté d'éléments à charge. Je constate en outre que le fait qu'il ait fallu quinze ans avant qu'on entame les procédures pour porter mon nom sur la liste me laisse penser que pendant toute cette période on n'a pas envisagé de m'inclure dans la liste des personnes qui avaient été membres ou partisans du Parti communiste. Je me sens obligé d'affirmer que la proposition d'inclure mon nom dans cette liste est un acte de victimisation et n'a absolument rien à voir avec l'accomplissement d'un devoir comme l'impose la section 4 de ladite loi.

La copie du jugement, jointe à votre lettre du 23 mai 1967, en dit plus encore, à propos des dix-neuf autres et moi-même qui avons été condamnés pour le rôle joué dans l'organisation de la Campagne de défi contre les Lois injustes. Cette campagne a été organisée et dirigée par un Conseil national d'action, composé de représentants du Congrès national africain et du Congrès national indien et elle était fondée sur les principes de non-violence adoptés par Mahatma Gandhi et Pandit Nehru en Inde. C'était une manifestation qui s'opposait à certaines dispositions de la loi d'apartheid que nous considérions comme violentes et injustes. Les véritables manifestations ont été pacifiques et disciplinées et c'est pour cela que le juge informé a décidé de suspendre la condamnation [*sic*]. La campagne n'avait absolument rien à voir avec le communisme. Son but était de soutenir les revendications justes et légitimes des Africains, des Indiens et des métis de ce pays.

Autant que je sache, sur les vingt accusés de ce procès, dix avaient déjà été jugés d'après cette même loi et ont été condamnés le 2 décembre 1952, tous ayant été membres du Parti communiste avant sa dissolution en 1950. Pour les dix autres, à l'exception de moi-même, je ne connais aucune poursuite dirigée contre aucun d'entre eux à cause de cette condamnation. On m'a distingué et traité différemment de mes coaccusés, certains ayant tenu à l'époque des postes plus importants que moi dans l'organisation. La seule conclusion que je peux tirer de cette différence de traitement, c'est que, dans mon cas, la condamnation est considérée comme m'ayant rendu membre ou partisan actif du Parti communiste, alors que la même condamnation n'a pas entraîné les mêmes implications pour le reste des accusés concernés.

Même dans mon cas, pendant les quinze années qui ont suivi la condamnation, on n'a apparemment pas jugé nécessaire de mettre mon nom sur la liste. Ce n'est qu'aujourd'hui, alors que je suis prisonnier et condamné à la prison à vie, qu'on a jugé utile de le faire. Je suis amené à en conclure qu'en faisant cette allégation, on prend avantage de mon handicap comme personne incarcérée et qu'apparemment on a pensé que je serais dans l'incapacité de la contester. J'ai la conviction intime qu'on a recours à la condamnation de 1952 uniquement pour sauver la face.

De toute façon, le Parti communiste a été dissous en 1950, peu de temps avant que la loi n° 44 de 1950 soit promulguée et il s'est reformé en 1953. Cette information m'a été fournie par MM. Govan

Mbeki[1], Raymond Mhlaba[2] et Elias Motsoaledi, qui sont tous prisonniers et purgent leur peine à Robben Island. M. Mhlaba m'informe que, jusqu'en juin 1950, quand le Parti communiste a été dissous à la conférence réunie au Cap, il était secrétaire du district de Port Elizabeth, et qu'il a assisté à la conférence de dissolution. M. Motsoaledi, qui était à l'époque secrétaire de la section de Johannesburg, a confirmé les dires de M. Mhlaba. M. Mbeki, membre du comité de Port Elizabeth, avant son arrestation en juillet 1963, m'informe qu'un nouveau Parti communiste a été formé en 1953, sous le même nom de Parti communiste d'Afrique du Sud. Ainsi, il n'existait pas de Parti communiste entre juin 1950 et 1953. Par conséquent, je n'ai pas pu être membre ou soutien actif d'une organisation qui n'existait pas. J'en conclus que la condamnation précédente ne vous permet pas d'inclure mon nom dans la liste des personnes qui étaient membres ou partisans actifs de ce parti.

Le procès de R. V. Adams, 1959 (1) S.A. 646 (cour spéciale), connu sous le nom de procès de la trahison et dans lequel j'étais un des accusés, est significatif. La cour, comme elle était alors, prétendit qu'il existait une conspiration dont le but était de renverser l'État existant par la violence et de le remplacer par un État communiste. L'accusation, autant que je m'en souvienne, a défini cette période du 1er décembre 1952 à décembre 1956, et a inclus le chef d'accusation sous la loi n° 44 de 1950. Parmi les organisations impliquées dans ce procès, il y avait l'ANC, le Congrès sud-africain indien, les mêmes organisations qui ont préparé la Campagne de défi en 1952. J'étais un des témoins appelés pour la défense et j'ai été interrogé par la cour. Le verdict a été rendu le 29 mars 1961, avec l'acquittement de tous les accusés. Les raisons de ce procès ont été données un mois plus tard. Je n'ai jamais vu aucun rapport, officiel ou autre, qui expliquait les raisons de ce jugement. Mais j'ai lu des comptes rendus dans la presse d'après lesquels le même Justice Rumpff, qui m'a condamné le 2 décembre 1952 (et c'est sur ce jugement que vous vous appuyez aujourd'hui), a

1. Govan Mbeki (1910-2001), militant de MK et accusé au procès de Rivonia, emprisonné avec Mandela – voir Glossaire.

2. Raymond Mhlaba (1920-2005), militant de MK et accusé au procès de Rivonia, emprisonné avec Mandela.

fait certaines observations semblant indiquer qu'il ne me considérait pas comme un communiste. Si cela est correct, j'en déduis qu'une telle conclusion impliquerait que je n'ai pas été, pendant la période couverte par l'interdiction, membre ou partisan actif du Parti communiste.

En ce qui concerne la question de mes engagements politiques je me suis toujours considéré, d'abord et avant tout, comme un nationaliste, et tout au long de ma carrière j'ai été influencé par l'idéologie du nationalisme africain. Ma seule ambition dans la vie est et a toujours été de jouer un rôle dans la lutte de mon peuple contre l'oppression et l'exploitation par les Blancs. Je lutte pour le droit du peuple africain à se gouverner lui-même dans son propre pays.

Bien que je sois un nationaliste, je ne suis en aucun cas raciste. J'accepte tout à fait le principe exprimé dans le rapport du Conseil commun d'organisation du Congrès national africain et du Congrès sud-africain indien, cité en page 5 du jugement joint à votre lettre du 23 mai 1967, selon lequel tous les peuples, quel que soit le groupe auquel ils appartiennent, ont le droit de mener une vie libre sur la base d'une égalité absolue.

J'ai lu la littérature marxiste et j'ai été impressionné par l'idée d'une société sans classes. Je suis intimement convaincu que seul le socialisme peut vaincre pauvreté, maladie et analphabétisme, répandus parmi notre peuple, et que le développement industriel maximum est le résultat d'une planification des industries clés du pays. Mais je ne suis pas marxiste. Tant qu'il s'agit de l'Afrique du Sud, je crois que la tâche la plus immédiate à laquelle le peuple opprimé fait face aujourd'hui, ce n'est pas l'introduction d'ouvriers dans le gouvernement ni la construction d'une société communiste. Notre tâche principale consiste à vaincre la domination blanche et toutes ses ramifications et à créer un gouvernement démocratique dans lequel tous les Sud-Africains, indépendamment de leur situation dans la vie, de la couleur de leur peau ou de leurs convictions politiques, vivront côte à côte en parfaite harmonie.

La seule organisation qui m'a semblé le mieux à même d'entreprendre la tâche d'unir le peuple africain et qui, finalement, nous rendra notre liberté, était le Congrès national africain. Je l'ai rejoint en 1944 et, en 1952, je suis devenu président de l'ANC pour le Transvaal et président national adjoint. En 1953, aux termes de la loi citée ci-dessus, on m'a signifié de démissionner de l'ANC et de ne plus prendre part à ses activités. L'ANC a été créé en 1912 afin de lutter pour la libération du peuple africain. Tout au long de son histoire, le Congrès a été inspiré par l'idée du nationalisme africain. En 1956, il a adopté la Charte de la liberté[1], un document politique qui incarne les principes sur lesquels l'ANC construira une nouvelle Afrique du Sud. Au procès de la trahison, la cour a prétendu que la Charte était un projet pour un État communiste et a fait appel à des experts pour le prouver. Pour sa part, la défense a affirmé que la Charte n'était pas un document communiste mais qu'elle incarnait les exigences d'un mouvement de libération nationale.

Parmi les preuves avancées par la défense afin de réfuter l'allégation du procureur, il y avait un article que j'avais écrit dans le mensuel *Liberation* de juin 1956 dans lequel je posais précisément la même question, à savoir, la Charte était-elle un projet pour un État communiste[2] ? Dans cet article, j'avais tenté de montrer que, à part le passage où je parlais de la nationalisation des mines, des banques et autres monopoles, la Charte était basée sur le principe de la libre entreprise et, quand elle serait mise en œuvre, le capitalisme se développerait parmi les Africains comme jamais auparavant. Dans les comptes rendus de la presse cités plus haut, on disait que M. Justice Rumpff avait expressément fait référence à cet article sur lequel il s'était appuyé pour affirmer que la cour n'avait pas prouvé que la Charte était un document communiste. Le Congrès national africain est

1. Une déclaration des principes de l'Alliance du Congrès (voir Glossaire) adoptée au Congrès du peuple à Kliptown, Soweto, le 26 mars 1955. Cette alliance avait réuni des milliers de volontaires de toute l'Afrique du Sud pour noter les demandes du peuple. La Charte de la liberté reconnaissait des droits égaux pour tous les Sud-Africains sans tenir compte de leur race, une réforme de la terre, l'amélioration des conditions de travail, la juste répartition de la richesse, l'enseignement obligatoire et des lois justes. Il s'agit d'un outil puissant dans la lutte contre l'apartheid. Pour la Charte de la liberté – voir Glossaire.

2. L'article écrit par Mandela porte le titre « Pendant notre vie » (« In Our Lifetime »). Il écrit : « Si la Charte de la liberté proclame des changements démocratiques de portée considérable, elle n'est en aucun cas un plan pour établir un État socialiste mais un programme pour l'unification des différentes classes et groupes parmi le peuple sur une base démocratique. », *Liberation, Journal de débats démocratiques* (il était vendu 1 shilling).

une organisation nationaliste et non marxiste et, contrairement au Parti communiste dont l'adhésion est ouverte à tous les groupes nationaux, c'est une organisation exclusivement ouverte aux Africains[1].

Bien que ce ne soit pas une organisation marxiste, l'ANC a souvent collaboré avec le Parti communiste sur des sujets communs, une telle coopération étant devenue possible parce que le Parti communiste soutenait la lutte du peuple africain. On trouve des exemples d'une telle coopération entre des mouvements nationaux et des partis communistes dans le monde entier. Par exemple dans la lutte pour l'indépendance de l'Inde, l'All-India National Congress a coopéré avec le Parti communiste de l'Inde.

Les communistes ont toujours été libres de rejoindre l'ANC et beaucoup d'entre eux en sont membres, certains même sont membres des comités nationaux, provinciaux ou locaux. À l'intérieur de l'ANC et dans mon travail politique en général, j'ai travaillé étroitement avec des communistes, en particulier MM. Moses Kotane[2], J. B. Marks[3] et Dan Tloome[4]. Il est aisé de comprendre pourquoi les communistes sont admis en tant que membres de l'ANC si l'on prend en compte que le Congrès national africain n'est pas un parti mais une organisation politique dans laquelle des différences d'opinion sont possibles. C'est un parlement du peuple africain. Tout comme il y a des parlementaires communistes en France, en Italie et dans d'autres pays occidentaux, nous trouvons des communistes membres de l'ANC. Mais la coopération dont j'ai parlé entre les communistes et moi s'est limitée à des questions que je considérais comme entrant dans le cadre de la politique de l'ANC ou favorisant la lutte générale contre l'oppression. Mais en aucune façon des communistes, en tant qu'organisation ou individus, n'ont exercé un contrôle de mes opinions ou activités politiques, comme à aucun moment je n'ai soutenu leurs objectifs ou leur programme.

---

1. L'ANC a ouvert l'adhésion aux non-Africains en 1969.

2. Moses Kotane (1905-1978), membre de l'ANC et secrétaire général du Parti communiste sud-africain.

3. J. B. Marks (1903-1972), membre et responsable dans la Campagne de défi – voir Glossaire.

4. Dan Tloome (1919-1992), membre de l'ANC et du Parti communiste sud-africain. Il vécut en exil en Zambie plusieurs dizaines d'années. Il s'éleva dans des postes de responsabilité dans l'ANC et il est devenu président du Parti communiste sud-africain.

Avant d'être assigné à résidence en 1953, j'ai aussi pris part aux activités du Conseil sud-africain pour la paix[1] dont j'étais un des vice-présidents. À l'époque, le révérend D. C. Thompson en était le président national et son but était la préservation de la paix dans le monde. Le Conseil menait des campagnes centrées sur cette question ; par exemple la campagne pour inciter les cinq grandes puissances à conclure un pacte de paix. Ce n'était pas un mouvement communiste mais des communistes comme MM. Fischer, A. M. Kathrada et Mlle Hilda Watts[2], faisaient partie de ses comités. En 1953, le ministre de la Justice m'a obligé à démissionner du Conseil.

Le 2 mars 1961, j'étais le principal orateur lors de la All-in African Conference qui s'est tenue à Pietermaritzburg. La conférence s'était réunie pour protester contre la décision du gouvernement d'établir une république sans consulter les Africains. Des Africains aux parcours très différents – sportifs, hommes d'Église et politiques – assistaient à la conférence. Une résolution a été adoptée demandant au gouvernement de convoquer une Convention nationale composée de tous les Sud-Africains, blancs et noirs, afin de rédiger une nouvelle constitution démocratique pour le pays. La résolution a appelé à des manifestations de masse les 29, 30 et 31 mai 1961, si le gouvernement refusait de convoquer la Convention. J'étais le secrétaire honoraire de la conférence et j'ai pris la tête de l'organisation d'une grève générale le soir de la proclamation de la république. Un an plus tard, j'ai été accusé et condamné à trois ans de prison pour avoir organisé la grève et je suis en prison depuis cette date. Dans la conférence, on ne pouvait rien trouver de communiste et il était impossible de soutenir que la résolution défendait quoi que ce soit de communiste.

J'ai joué un rôle déterminant dans la création d'Umkhonto we Sizwe en novembre 1961, qui a préparé et dirigé des actes de sabotage dans le pays. La formation d'Umkhonto était le résultat direct de la politique du

---

1. Créé dans les années 1950, le Conseil sud-africain pour la paix militait pour la paix, à la fois en Afrique du Sud et sur le plan international. Il mena des campagnes contre le développement de la bombe atomique, la militarisation de l'Afrique du Sud, le réarmement de l'Allemagne et les guerres de Corée et du Kenya.

2. Hilda Bernstein (née Watts) (1915-2006), auteur, artiste et militante pour les droits des femmes et contre l'apartheid. Une des fondatrices du Conseil sud-africain pour la paix et de la Fédération sud-africaine des femmes. Après l'acquittement de son mari Lionel (Rusty) dans le procès de Rivonia, ils traversèrent à pied la frontière du Botswana voisin.

gouvernement qui avait choisi de diriger le pays par la force, une politique rendant impossible toute forme de lutte constitutionnelle. Le Parti communiste était représenté dans le Haut Commandement national, l'instance dirigeante d'Umkhonto. Mais sa représentation était minoritaire et, en aucun cas, il ne dirigeait directement sa politique.

Au début de janvier 1962, j'ai quitté le pays pour assister à la conférence du Mouvement de libération de l'Afrique centrale, orientale et australe qui se tenait à Addis-Abeba en février de cette année. Il s'agissait d'une conférence d'Africains nationalistes réunie pour examiner les problèmes et formuler des plans pour la libération des peuples opprimés de la région de la zone Pafmecsa[1]. Après la conférence, j'ai voyagé en Afrique et je suis allé à Londres. Je n'ai visité aucun pays communiste. En 1962, j'ai été condamné à deux ans de prison pour avoir quitté le pays sans passeport.

Une étude de mon passé politique démontre que je n'ai jamais été membre ni soutien actif du Parti communiste d'Afrique du Sud ou de celui qui lui a succédé. Ce passé montre au contraire que je suis un nationaliste. Une seule ambition a dominé ma pensée, mes croyances et mes actions politiques. C'est l'idée de faire exploser le mythe de la suprématie blanche et de reprendre le pouvoir aux Blancs. De vaincre les Blancs et de regagner notre pays. La seule organisation qui a permis à notre peuple de construire notre lutte pour la liberté dans le passé a toujours été le Congrès national africain, avec sa foi dynamique dans le nationalisme africain. C'est à travers l'ANC que j'ai mis tous mes efforts pour faire avancer la lutte du peuple. Si, à certaines occasions, je me suis engagé dans d'autres organisations, c'est parce que j'ai considéré que celles-ci et leur action pouvaient accélérer la libération du peuple africain.

Pour finir, je réfute le fait que ma condamnation du 2 décembre 1952 vous autorise à inclure mon nom dans la liste des personnes qui ont été des membres ou des soutiens actifs du Parti communiste.

Salutations,

NR Mandela

1. Sigle pour : Pan-African Freedom Movement of East, Central and South Africa (Mouvement panafricain pour la libération de l'Afrique de l'Est, centrale et du Sud).

Au greffier de la Cour suprême

[Lettre tapée à la machine]
Sac privé
ROBBEN ISLAND
PROVINCE DU CAP

6 décembre 1967

Le greffier de la Cour suprême
PRETORIA

Cher Monsieur,

Concernant : MINISTRE DE LA JUSTICE contre NELSON ROLIHLAHLA MANDELA : DEMANDE DE RADIATION DU BARREAU. M 1529/1967

Je tiens à vous informer que je m'oppose à la radiation mentionnée ci-dessus et j'ai l'intention d'assister à l'audience afin de présenter mes arguments en personne. Le formulaire officiel sera rempli en temps voulu.

Comme indiqué au paragraphe 2 de la déclaration sous serment, je purge actuellement une peine d'emprisonnement à vie à Robben Island. Le matériel dont j'ai besoin pour préparer la réponse sous serment et mes arguments se trouve dans la province du Transvaal et je ne pourrai donc pas préparer le procès depuis Robben Island.

Il me sera également impossible d'assister aux audiences sauf si les autorités de la prison prennent les dispositions nécessaires pour que je m'y rende. En conséquence, j'ai écrit aujourd'hui au directeur de l'Administration pénitentiaire pour lui demander qu'il me transfère immédiatement à Pretoria afin que je prépare ladite déclaration sous serment. J'ai également demandé au directeur qu'il prenne les mêmes dispositions pour que j'assiste à l'audience.

À ce sujet, je vous adresse copie de lettres écrites à [l']avocat du requérant ~~et au directeur~~[1] pour que le tribunal soit informé de mes difficultés, et je souhaite particulièrement attirer l'attention sur la lettre adressée à cet avocat dans laquelle je demande qu'on m'accorde un délai afin de pouvoir remplir la déclaration sur l'honneur.

S'il se trouvait que l'avocat refuse ma demande, je n'aurai d'autre possibilité que de m'adresser à la cour afin qu'on m'accorde plus de temps[2].

Salutations,

[Signé Nelson R Mandela]

D'après la correspondance qui se trouve dans le dossier Mandela des services pénitenciers, conservé par les Archives nationales et le Service des enregistrements d'Afrique du Sud, il est clair que Mandela a écrit plusieurs fois à Adelaide Tambo, l'épouse de son ancien avocat associé et président de l'ANC, Oliver Tambo, qui vivait en exil avec sa famille à Londres, et qui dirigeait l'organisation de l'étranger. Il est peu vraisemblable qu'Adelaide Tambo ait reçu ces lettres avant la dernière partie de l'emprisonnement de Mandela. En 1968, il lui écrivit aux bons soins de son épouse et il utilisa son nom africain, Matlala, et le sien. Une note en afrikaans à la fin d'une des lettres montre que les autorités de la prison avaient décrypté la vraie identité du destinataire car quelqu'un a noté « A. Tambo » sur la lettre. Cette simple information aurait suffi pour retenir ce courrier. Il est tout à fait probable que toutes les phrases soulignées dans cette lettre sont le travail des censeurs de la prison qui voulaient attirer l'attention sur des personnes qu'ils connaissaient ou qu'ils cherchaient à identifier.

---

1. Ces mots ont été rayés et signés par quelqu'un d'autre.
2. Dans sa réponse du 13 décembre 1967, J. H. Du Toit accepta qu'on lui accorde plus de temps, jusqu'à fin mars 1968, la période pendant laquelle Mandela dut rendre son affidavit. Il ajouta que ce temps supplémentaire devait être soumis à « l'approbation » de la cour. Mandela signa cette réponse en reconnaissant qu'il l'avait reçue le 14 décembre 1967.

À Adelaide Tambo, amie et épouse de son ami, camarade et ancien avocat associé, Oliver Reginald Tambo

5.3.68

[Une note d'une autre écriture : « Ma sœur »]

Kgaitsedi yaka[1],
Je t'envoie ma plus tendre affection. Toi, Reginald[2], Thembi, Dalindleda, le bébé[3], vous êtes dans mes pensées depuis les cinq dernières années, et cela me procure un grand plaisir de pouvoir te le dire.

J'espère que vous allez bien. Zami[4] me donne quelques nouvelles dans ses lettres et quand elle descend ici, mais la dernière fois que j'ai entendu parler de toi directement, c'est quand j'ai reçu le télégramme de Reggie[5] pendant mon premier procès. Cela m'avait donné énormément de courage. Il est arrivé presque en même temps que celui du regretté chef et les deux messages ont donné une autre dimension aux problèmes.

Les nouvelles des efforts faits par toute notre maison[6] pendant la première moitié de 1964 ont joué le même rôle. De tels efforts nous ont donné de la force et ont atténué l'aspect sinistre de cette période.

Je dois revenir vers toi Matlala[7]. Mais par où commencer ? Certainement pas par ce jour, au début des années cinquante, où Reggie et moi nous sommes allés en voiture rencontrer Helping Hand[8] et où tu lui as offert un joli pull que tu avais spécialement tricoté pour cette occasion. Cela nous ramènerait très loin. Il suffit de dire que j'ai trouvé que tu jouais très bien aux cartes. Je ne rappellerai pas non plus les observations pertinentes que tu avais l'habitude de faire au

---

1. « Ma sœur » en seSotho et en seTswana.
2. Oliver Reginald Tambo, ami de Mandela, ancien avocat associé et président de l'ANC – voir Glossaire. Son deuxième prénom était Reginald.
3. Les trois enfants Tambo.
4. Zami est un des prénoms de Winnie Mandela.
5. Oliver Reginald Tambo (Reggie, diminutif de son deuxième prénom).
6. « Notre maison », nom de code pour ANC.
7. Surnom d'Adelaide Tambo.
8. Adelaide Tambo et Winnie Mandela séjournaient toutes deux à l'Helping Hand Hostel, dans Hans Street, à Jeppestown, quand elles venaient à Johannesburg.

cours des nombreuses auditions auxquelles nous assistions ensemble avec les regrettés Rita, Effie[1] et autres, sur des sujets qui affectaient de façon vitale les intérêts de votre profession[2], les merveilleux repas quand je te rendais visite dans l'est, peu après ton mariage, ainsi qu'en juin 62, là-bas[3]. La correspondance que nous entretenions en 61 était stimulante et nous en parlions largement entre nous à cette époque. Cela et les nombreuses autres occasions que j'ai plaisir à me rappeler.

J'ai été désolé d'apprendre que tu avais abandonné tes études[4]. En juillet 62 j'en avais parlé à Xamela[5] et à d'autres, et les nouvelles qu'ils approuvaient pleinement les avaient impressionnés. En fait, l'autre jour, nous calculions que tu avais soit terminé soit que tu achevais la dernière année. De toute façon, je suis sûr que Reggie et toi vous avez soigneusement pesé le pour et le contre et qu'il y avait une bonne raison pour que tu arrêtes tes études.

Thembi, Dali et le bébé doivent avoir grandi et j'aimerais avoir de leurs nouvelles. Dis-leur, s'il te plaît, que je les aime. J'espère que Thembi se souvient encore du samedi matin où, toi et elle, vous avez visité Chancellor House[6]. Dans le bureau, quand tous les clients autour de moi la félicitaient pour sa nouvelle robe, elle l'a rapidement [soulevée] et a dit pour se vanter « elle pas raide » au grand amusement de ceux qui étaient là.

1. Peut-être Effie Schultz, médecin et militante.

2. Il fait sûrement référence au métier d'infirmière d'Adelaide Tambo.

3. Il fait référence à son séjour à Londres où il a rencontré les Tambo en juin 1962 pendant son voyage clandestin hors d'Afrique du Sud.

4. Adelaide Tambo était infirmière en chef dans l'hôpital où elle travaillait. Elle avait obtenu une maîtrise en gérontologie à l'université d'Oxford et, après avoir été encouragée par les médecins de son hôpital, s'était inscrite pour étudier la médecine. Elle a abandonné ses études quand il est devenu évident qu'elle aurait dû renoncer à son travail, la seule source de revenus sur laquelle comptait sa famille (Dali Tambo dans un e-mail à Sahm Venter, le 28 novembre 2017). Il est possible que ces références aux études d'Adelaide Tambo soient un code pour un message secret que Mandela tient à cacher aux censeurs de la prison. (N.d.T.)

5. Walter Sisulu (1912-2003), militant de l'ANC et de MK et compagnon au procès de Rivonia. Emprisonné avec Mandela – voir Glossaire. Mandela fait référence à lui avec son nom de clan Xamela (parfois écrit par Mandela Xhamela) parce que les prisonniers n'ont pas le droit d'écrire au sujet d'autres prisonniers.

6. Chancelor House, l'immeuble dans lequel Mandela et Oliver Tambo ont ouvert leur cabinet d'avocats, en 1952.

Je pense aussi à Malume et au poids lourd de l'Ouest[1] et j'espère qu'ils trouvent encore le temps de se teindre les cheveux. À propos, pendant notre séjour avec Reggie, je lui ai fait remarquer que ses cheveux commençaient à grisonner et cela m'a valu la réponse suivante : « Ne m'en parle pas, s'il te plaît, ne m'en parle pas. » Je suis sûr que mon bon ami Gcwanini[2] toujours poli et tranquille pendant les [cinq] premiers jours de la semaine et qui se permet toujours d'abandonner un peu ces vertus et de se dévergonder pendant les week-ends, se souviendra encore de la soirée que nous avons passée chez Peter. Il y a l'oiseau de nuit Ngwali qui n'était jamais fatigué de nous réveiller à minuit pour nous accabler de ses nombreux soucis et l'omniprésent Bakwe[3]. Je crois que les problèmes de poids ont ralenti leurs activités. Madiba d'Orlando East, les deux Gambu, Alfred, Mzwayi, Tom, Dinou, Maindy[4], et Gabula, je me souviens de tous. J'espère que tu vois toujours le Sale Type et Hazel. A-t-il produit autre chose depuis « The Road to… » ? Aucun nouveau livre de Tood et Esme[5], ou composition musicale ? As-tu des nouvelles de Cousin, Mlahleni et Mpumi[6] ? J'aimerais leur adresser mon meilleur souvenir.

Notre famille accordait une très grande importance à l'éducation et au progrès, et l'analphabétisme général nous a toujours préoccupés. Les efforts pour résoudre ce problème ont été entravés par un manque de fonds et d'équipements pour l'enseignement et la formation des maîtres. Maintenant ces problèmes sont pris à bras-le-corps et résolus, et de plus en plus de jeunes scolarisés vont dans les internats et les collèges techniques. Cela flatte l'orgueil de savoir que ceux qui ont terminé leurs études et se sont vu attribuer des postes et des affectations réussissent aussi bien. Sincères félicitations et mon meilleur souvenir à tous.

1. Peut-être Mandela parle-t-il d'autres personnes en code.

2. Duma Nokwe (1927-1978), avocat militant politique – voir Glossaire. Gcwanini est peut-être son nom de clan.

3. Bakwe (Joe) Matthews (1929-2010), militant politique et fils de Frieda et Z. K. Matthews – voir Glossaire.

4. Maindy Msimang, aussi connu comme Mendi Msimang, agent administratif de l'ANC à Londres.

5. Todd Matshikiza (1920-1968), écrivain et musicien qui a composé la musique du succès international sud-africain *King Kong* (1959), et sa femme Esme Matshikiza, assistante sociale.

6. Mlahleni, professeur, et son épouse Mpumi.

On a beaucoup vu le pronom « je » dans cette lettre. J'aurais préféré le « nous ». Mais je suis contraint d'utiliser une terminologie acceptable pour le fonctionnement de cet établissement, cependant il peut être incompatible avec mon [goût] personnel. Je suis sûr que tu me pardonneras mon égotisme.

À nouveau, je voudrais que tu saches que toi, Reggie, les enfants et tous mes amis vous êtes en permanence dans mes pensées. Je sais combien mon incarcération doit t'inquiéter. Mais laisse-moi te dire que je vais bien, au mieux de ma forme et rien ne me ferait plus plaisir que d'avoir de tes nouvelles.

Dans cette attente, mon bon et meilleur souvenir à vous tous.

Sincèrement,
Nel

[Autre écriture en afrikaans] (Contenu de l'intérieur de l'enveloppe)
[Enveloppe]
Miss Matlala Mandela[1]
8155 Orlando West
Johannesburg

À l'officier commandant, Robben Island

29 avril 1968

L'officier commandant
Robben Island

À l'attention du capitaine Naude

Comme il apparaît clairement dans la lettre jointe adressée à l'attaché culturel, Ambassade de Grande-Bretagne, Pretoria, j'ai décidé de retirer mon nom de la liste des candidats pour cette année. J'ajoute que d'après les règlements de l'université de Londres, je devais passer la

1. En utilisant le surnom d'Adelaide Tambo et le nom Mandela, il indique qu'il veut cacher son identité.

seconde partie dans les deux années qui ont suivi la première partie que je n'ai terminée qu'en 1967. J'avais envisagé d'essayer d'achever la première partie en un an. Cependant, dans l'attente des livres d'étude, j'ai choisi de reporter l'examen jusqu'en juin 1969.

[Signé NR Mandela]
NELSON MANDELA 466/64

À l'attaché culturel, ambassade de Grande-Bretagne

Copie
L'attaché culturel
Ambassade de Grande-Bretagne — 29 avril 1968
Pretoria

À l'attention de Mrs S. Goodspeed[1]

Cher Monsieur,

Je suis dans l'impossibilité de me présenter à l'examen de docteur en droit de l'université de Londres, deuxième partie, de la dernière année. Le 25 janvier 1968, j'ai commandé à la librairie de MM. Sweet & Maxwell, Spoon, certains livres de droit dont j'avais besoin afin de préparer l'examen cité ci-dessus. Ces livres ne m'ont été livrés que le 23 avril 1968 et je juge aujourd'hui peu judicieux de me présenter à l'examen.

Je propose de me présenter en juin 1969 et je vous serais reconnaissant de bien vouloir retirer mon nom de la liste de l'examen de cette année.

Salutations distinguées,

[Signé NR Mandela]
NELSON MANDELA

1. Secrétaire de l'attaché culturel.

À l'officier commandant, Robben Island

16 septembre 1968

L'officier commandant
Robben Island

À l'attention du major Kellerman

Je vous serais reconnaissant de m'autoriser à écrire au général Aucamp[1] à propos des questions exposées ci-dessous.

J'avais l'intention de demander au secrétaire de l'université d'Afrique du Sud la permission de reporter les examens en cours d'afrikaans I, que je devais passer le 15 octobre à la session de février 1969 pour raisons de santé. Selon le règlement de l'université, une telle demande doit être accompagnée d'un certificat médical spécifiant la nature de la maladie. Le médecin de la prison est d'accord pour me fournir ce certificat[2], mais le gardien-chef de l'hôpital, H/W Combrink, a attiré son attention sur le fait qu'un tel certificat ne peut être délivré sans l'accord du capitaine Naude. Quelques jours plus tard, H/W Combrink m'a informé que le capitaine Naude lui avait dit qu'il ne m'était pas nécessaire de fournir un certificat médical pour reporter le prochain examen. Le 30 août 1968, et en exécution de l'information qui m'a été donnée par le gardien-chef cité plus haut, j'ai écrit au capitaine Naude pour lui demander d'autoriser la délivrance du certificat médical. Le 9 septembre, le capitaine Naude m'a informé que la délivrance d'un certificat médical était de la responsabilité entière du médecin et qu'il n'avait rien à voir avec lui – une affirmation qui contredisait totalement le gardien-chef Combrink. Le même jour, j'ai consulté le docteur et je l'ai informé de la position du capitaine Naude et

1. Général Aucamp, officier commandant de Robben Island – voir Glossaire.
2. Apparemment souligné par les autorités.

il m'a promis de prendre l'affaire en main. À la suite de quoi, le gardien-chef m'a dit qu'il discuterait de l'affaire avec le capitaine Naude. Je n'en ai plus entendu parler depuis.

Le 4 septembre, j'ai discuté de cette question avec le général Aucamp qui a adopté une attitude raisonnable et efficace, et m'a assuré au cours de la conversation qu'il avait déjà traité de telles demandes à Pretoria, et il m'a promis de régler cette affaire avec le capitaine. Je dois supposer qu'il a oublié à cause de sa charge de travail et en conséquence je serais heureux que vous me laissiez porter à nouveau l'affaire devant lui.

[Signé NR Mandela]
NELSON MANDELA 466/64

À l'attention du major Kellerman
L'officier commandant
Robben Island

[Notes en afrikaans de la part des autorités de la prison]

Major,

Pour votre information [signé] 16/9/68
Lieutenant Good. Il peut écrire au général Aucamp. Doit être envoyé courrier non officiel.

[Signé] 17/9/68

Pour Nelson Mandela, 1968 a marqué le début de la période la plus atroce de son séjour en prison. Le 26 septembre, sa mère, Nosekeni, est décédée et on ne l'a pas autorisé à se rendre à l'enterrement malgré une demande mesurée et pesée adressée aux autorités, dans laquelle il s'engageait à revenir en prison après les funérailles. Il n'a pas pu écrire à tous ceux qui avaient assisté à l'enterrement pour leur présenter sa profonde gratitude.

À K. D. Matanzima[1], son neveu, chef thembu[2] et président du Transkei

[D'une autre écriture] 466/64 Nelson Mandela

[Cachet de la poste Bureau de Robben Island 14.10.1968]

AVEC ACCUSÉ DE RÉCEPTION, VEUILLEZ ÉCRIRE LES MOTS SUIVANTS EN TÊTE DE VOTRE LETTRE :
« RÉPONSE À LETTRE SPÉCIALE »

Nyana Othandekayo[3],

Mon beau-frère, Timonthy Mbuzo, m'a rendu visite il y a quelques jours et m'a dit que tu avais assisté à l'enterrement de ma mère. Ta présence au cimetière, malgré tes nombreuses occupations, me touche beaucoup et je voudrais que tu saches que je l'apprécie énormément.

J'ai vu ma mère pour la dernière fois le 9 septembre de l'an dernier. Après notre rencontre, j'ai pu l'observer alors qu'elle se dirigeait vers le bateau qui la ramènerait sur le continent et l'idée que je ne la reverrais plus m'a traversé l'esprit. Ses visites m'ont toujours bouleversé et la nouvelle de sa mort m'a durement frappé. Je me suis brusquement senti seul et abandonné. Mais mes amis ici, dont la sympathie et l'affection ont toujours été pour moi une force, m'ont aidé à supporter ma douleur et m'ont redonné le moral. Ce qu'on m'a dit de l'enterrement a renforcé mon courage. J'ai éprouvé un grand plaisir d'apprendre que mes parents et mes amis étaient présents en grand nombre pour honorer de leur présence cette journée et j'ai été heureux de pouvoir te compter parmi ceux qui lui ont rendu un dernier hommage. *Nangomso*[4] !

---

1. K. D. Matanzima (1915-2003) – voir Glossaire.
2. Voir Glossaire.
3. « Fils bien-aimé » en xhosa.
4. Terme d'isiXhosa qui exprime une profonde gratitude pour ce qui va au-delà du devoir.

À ce sujet, tu dois savoir qu'on m'a informé de l'intérêt que tu portes à mes affaires et à celles de la famille depuis ces six dernières années. Au cours de l'une de ses visites, ma mère m'a parlé des deux voyages que tu as faits à Qunu[1] pour la conseiller à propos de ma condamnation. Tes visites chez moi à Johannesburg et d'autres actes d'hospitalité envers la famille m'ont été rapportés par Nobandla[2]. Cet intérêt ne tient pas seulement à notre étroite relation mais aussi à la longue et profonde amitié que nous avons développée depuis que nous étions étudiants *kuwe la kwa Rarabe*[3].

J'ai écrit à ton frère, chef de la maison royale Xumbu, Jonguhlanga[4], pour le remercier d'avoir entrepris la lourde tâche d'organiser l'enterrement et pour les importantes dépenses qu'il a personnellement engagées à cette occasion malgré sa santé chancelante et [?] responsabilités. Son souci permanent et l'attention qu'il a portés à la santé de ma mère au cours de ces six dernières années ainsi que son dévouement touchant m'ont profondément impressionné et je lui suis immensément redevable. J'espère seulement que sa santé va s'améliorer.

J'écris aussi à M. Guzana[5].

Il s'agit d'une « lettre spéciale » qui n'est autorisée que pour te remercier d'avoir assisté à l'enterrement et dans laquelle il ne m'est pas possible d'aborder d'autres sujets. Je te demande seulement de transmettre mes meilleurs sentiments à Amakhosikazi Nozuko, Nobandla, No-Gate[6], et Mthetho[7], Camagwini[8] et Wanda ; transmets mon meilleur souvenir au chef Mzimvubu[9], Thembekile, à l'héritier de Dalubuhle,

---

1. Village rural d'Afrique du Sud – voir Glossaire.
2. Nobandla est un des prénoms de Winnie Mandela.
3. *Kuwe* – à toi ; *la kwa* – « de Rarabe ». Rarabe est un sous-groupe de la nation xhosa, maison de Phalo.
4. Le roi Sabata Jonguhlanga Dalindyebo (1928-1986), chef suprême du homeland du Transkei et leader du Parti progressiste et démocratique, parti d'opposition du Transkei qui s'opposait aux lois d'apartheid – voir Glossaire.
5. Knowledge Guzana (1916-), avocat et leader du nouveau Parti démocratique du Transkei – voir Glossaire.
6. Épouses de Matanzima. *Amakhosikazi* signifie « femmes mariées », forme plurielle en isiXhosa et isiZulu.
7. Chef Mthetho Matanzima (décédé en 1972), fils de K. D. Matanzima et chef de la région de Noqayi – voir Glossaire.
8. Fille de K. D. Matanzima.
9. George Matanzima, frère de K. D. Matanzima.

Manzezulu, Gwebindlala et Siyabalala ; au frère Wonga, Thembekile, au chef Mfebe et à M. Sihle.

J'aurais aimé écrire à mon beau-père et à Ma[1] pour les remercier directement de leur participation en cette occasion, mais ce ne sera pas possible, par conséquent je dois te demander de le faire en mon nom.

Très cordialement
Dalinbunga

Chef K. D. Matanzima
Premier ministre du Transkei
Umtata[2]

À Knowledge Guzana, procureur et chef du Nouveau Parti démocratique du Transkei[3]

[Cachet de la poste 14.10.1968]

AVEC ACCUSÉ DE RÉCEPTION, VEUILLEZ ÉCRIRE LES MOTS SUIVANTS EN EN-TÊTE DE VOTRE LETTRE : « RÉPONSE À LETTRE SPÉCIALE »

Cher Dambisa[4],

Il y a deux jours, mon beau-frère Timothy Mbuzo[5] m'a dit que vous aviez assisté à l'enterrement de ma mère et je voudrais vous remercier de ce geste plein d'égards.

1. Il se réfère probablement à sa belle-mère.
2. Umtata (actuellement Mthatha) était la capitale du homeland du Transkei.
3. Le Parti démocratique, formé en 1963, rejetait l'« indépendance » des homelands noirs ou bantoustans et représentait l'opposition officielle dans le Transkei. Guzana a dirigé le parti de 1966 à 1976.
4. Nom de clan de Knowledge Guzana.
5. Sibali Timothy Mbuzo, proche parent du beau-frère de Mandela Daniel Timakwe et longtemps membre responsable de l'ANC dans le homeland du Transkei.

Seul un sens aigu de ses responsabilités publiques permet à un homme dans votre position et sur qui reposent de lourdes charges de trouver le temps de se consacrer au bien public et je veux que vous sachiez combien je vous suis reconnaissant.

Il n'a jamais été facile pour personne de perdre sa mère tant aimée. Derrière les barreaux, un tel malheur peut être un désastre destructeur. Cela aurait pu m'arriver quand j'ai été informé de cette sinistre nouvelle le 26 septembre qui, de façon tout à fait ironique, était aussi l'anniversaire de mon épouse. Heureusement pour moi, mes amis, qui ont plus de mérites que je ne peux espérer en avoir moi-même, sont remarquables par leur capacité à penser et à ressentir pour les autres. Je me suis toujours appuyé sur leur camaraderie et leur solidarité. Leur offre de bonne volonté et leurs encouragements m'ont permis de faire face avec résignation à cette perte tragique.

Sibali[1] Mkhuze m'a dit que mes parents et mes amis ont admirablement réagi et se sont réunis autour de sa tombe. C'était une magnifique démonstration de solidarité qui a agi sur moi comme un stimulant et une source extraordinaire d'inspiration et je vous compte parmi ceux qui m'ont réconforté.

J'ai aussi écrit à votre ami et chef de la famille royale[2] des Tembus[3], Jonguhlanga, pour le remercier d'avoir assuré la lourde tâche d'organiser l'enterrement malgré sa santé déclinante et ses engagements. Son dévouement touchant pour sa famille, ses amis et les gens a créé partout une profonde impression. J'espère que sa santé va s'améliorer.

Il s'agit d'une « lettre spéciale », autorisée seulement pour vous remercier d'avoir assisté à l'enterrement et vous dire mon bonheur de savoir que l'intérêt que vous avez montré aux affaires publiques en tant qu'étudiant il y a trente ans à SANC[4] n'a pas fléchi. Dans cette lettre j'espère avoir réussi à exprimer non seulement ma gratitude envers

1. Sibali signifie « beau-frère » en isiXhosa.

2. Mandela était membre de la famille royale des Thembus. Dans une lettre à Fatima Meer, datée du 14 juin 1989, Mandela dit que l'orthographe correcte est Thembu.

3. Plus couramment écrit Thembu.

4. South African Native College, nom d'origine de l'université de Fort Hare – voir Glossaire.

vous pour avoir honoré de votre présence cette cérémonie mais aussi la considération que j'ai pour vous et votre famille. *Bulisa elusasheni nu ku*[1] [*un nom difficile à déchiffrer*]. *Na ngomso !*

Très cordialement,
Nelson

K Guzana
Ncambedlana
PO Umtata
Transkei

À Mangosuthu Buthelezi[2], ami de la famille et prince zoulou

[D'une autre écriture] 466/64 Nelson Mandela

[Cachet de la poste daté et signé] Bureau du censeur 4-11-1968

Chef mon ami,

Je te serais reconnaissant de transmettre à la famille royale ma plus profonde sympathie à propos de la mort du roi Cyprian Bhekuzulu[3]. Sa disparition m'a totalement surpris car je n'avais absolument pas connaissance de la maladie fatale du roi. Il y a quelques années, j'avais entendu dire qu'il avait quelques problèmes de santé, mais un ami m'avait assuré qu'il allait beaucoup mieux, ce que semblaient confirmer les photos que j'avais vues dans différentes publications et sur lesquelles il apparaissait en bonne santé. Aussi, cette nouvelle inattendue m'a profondément bouleversé, depuis je pense à la famille royale en deuil.

1. « Mes amitiés à la famille. »
2. Voir Glossaire.
3. Le roi Cyprian Bhekuzulu kaSolomon, roi de la nation zouloue – voir Glossaire.

Le roi et toi vous étiez parents et étroitement liés par une longue et fructueuse amitié, et sa mort a dû être un choc terrible pour toi. Je ne l'ai rencontré que deux fois : à mon domicile à Johannesburg et à mon bureau, et chaque fois tu l'accompagnais. J'avais beaucoup de plaisir à savoir qu'il attachait autant de prix à votre amitié et à tes conseils. En lui, nous reconnaissions la sagesse et le courage qui étaient à la source de tant d'exploits de ses célèbres ancêtres. En l'accompagnant comme tu le faisais, tu continuais la tradition établie par mes chefs, Ngqengelele et Mnyamana, tes ancêtres, dont le rôle magnifique au service de la nation est largement reconnu.

Les foules immenses qui ont dû assister aux funérailles, les paroles de réconfort prononcées devant la tombe et les messages de sympathie des organisations et des personnes individuelles de tout le pays ont dû démontrer que la famille royale n'est pas seule à pleurer cette perte immense pour le pays.

La mort d'un être humain, quelle que soit sa place dans la vie, est toujours triste et douloureuse ; celle d'une figure publique n'apporte pas seulement le deuil et la douleur à sa famille, mais très souvent elle entraîne des implications de plus grande importance. Elle peut fausser des positions établies et en introduire de nouvelles avec toutes les incertitudes qui accompagnent normalement un changement de personnalités à la tête du pays. En temps voulu, les Amazulu [Zoulous] seront sans aucun doute convoqués à la capitale royale pour délibérer de la situation générale et pour prendre les décisions nécessaires. Je suis sûr que les hommes d'État et les anciens, dont les vastes et riches sagesse, aptitude et expérience ont guidé dans le passé les réussites de cette célèbre maison, sauront à cette occasion proposer des solutions nourries par la conviction que les intérêts et le bien-être de tous nos compatriotes sont la préoccupation absolue. À cet égard, ton immense connaissance et tes avis seront essentiels aujourd'hui comme ils l'ont été dans le passé.

Incidemment, en décembre 1965, j'ai écrit une lettre spéciale à Nkosikazi Nokhukhanya[1] dans laquelle je lui demandais, entre autres

1. Nokhukhanya Luthuli, veuve du chef Albert Luthuli – voir Glossaire.

choses, qu'elle me rappelle au bon souvenir de votre regretté cousin et au tien. Je lui disais qu'après ma libération j'irais au Zoulouland pour présenter mes respects à mon chef traditionnel. J'espère que le message a bien été reçu. Cette volonté demeure inchangée et même si je n'ai plus le privilège de saluer personnellement le regretté roi, ce sera pour moi un honneur de rendre visite à Nongoma[1] et ensuite à Mahlabatini[2].

Enfin, sache que je pense à toi et à Umndlunkulu[3] agréablement et chaleureusement, je vous souhaite avec sincérité, bonheur et santé. Mon meilleur souvenir à Umntwana[4], à ta mère et à ta belle-mère.

Cordialement,

[Signé NR Mandela]
NELSON MANDELA

Chef Mangosuthu Buthelezi
Boîte postale 1, Mahlabatini
Zoulouland

À Zenani et Zindzi Mandela, sa fille cadette et sa plus jeune fille

4.2.69

Mes chéries,

J'ai bien reçu la jolie lettre de Zindzi et j'ai été très heureux d'apprendre son passage en terminale. Quand Maman est venue me voir en décembre dernier, elle m'a dit que vous aviez réussi toutes deux vos examens et que Zeni était maintenant en première. Je sais que Kgatho et Maki ont réussi eux aussi. Je suis vraiment heureux que tous mes enfants travaillent si bien.

1. Résidence du roi zoulou et siège de la famille royale.
2. Lieu de naissance et résidence de Buthelezi.
3. Référence royale à l'épouse de Mangosuthu Buthelezi, Irene Buthelezi.
4. « L'enfant » en isiZulu.

J'espère que ce sera encore mieux en fin d'année.

J'ai été heureux d'apprendre que Zeni savait faire cuire des chips, du riz, de la viande et plein d'autres choses. J'attends le jour où je pourrai goûter sa cuisine.

Zindzi dit qu'elle a de la peine parce que je ne suis pas à la maison et elle veut savoir quand je reviendrai. Je ne sais pas, mes chéries. Vous vous souvenez de la lettre que je vous ai écrite en 1966, dans laquelle je vous disais que le juge blanc a dit qu'il voulait que je sois en prison pour le reste de ma vie.

Il peut se passer beaucoup de temps avant que je rentre ; c'est peut-être bientôt. Personne ne sait quand, même pas le juge qui a dit que je devrai rester ici. Mais je suis certain qu'un jour je reviendrai à la maison pour vivre dans le bonheur avec vous jusqu'à la fin de mes jours.

Ne vous inquiétez pas pour moi. Je suis heureux, plein de force et d'espoir. La seule chose dont j'ai envie, c'est vous voir mais chaque fois que je me sens seul je regarde votre photo qui est toujours devant moi. Elle est dans un cadre blanc avec une marge noire. C'est une très belle photo. Depuis deux ans, je demande à Maman de m'envoyer une photo de groupe avec Zindzi, Zeni, Maki, Kgatho, Nomfundo[1] et Kazeka[2]. Mais je ne l'ai pas encore reçue. Elle me rendra encore plus heureux que je ne le suis en ce moment.

Merci pour la merveilleuse carte de Noël que vous m'avez envoyée. J'en ai reçu une de Kgatho et une autre de Maman. J'espère que vous en avez reçu plus encore.

Maman vient me voir deux ou trois fois par an. Le père Long de l'Église catholique Saint Patrick à Mowbray, au Cap, me rend toujours visite une fois par mois. En plus, j'ai le droit de recevoir et d'écrire une lettre par mois. Toutes ces choses me rendent heureux et me remplissent d'espoir.

Transmettez mes pensées les plus chaleureuses au père Borelli et assurez la mère supérieure[3] de toute ma reconnaissance, à elle et aux

1. Olive Nomfundo Mandela, nièce de Mandela.
2. Jeune parente des Mandela.
3. Zindzi et Zenani étaient dans une école catholique au Swaziland, pays voisin.

sœurs, pour l'aide et les conseils qu'elles vous donnent. Un jour, je pourrai modestement les récompenser de leur gentillesse.

Le 1er décembre, j'ai reçu une lettre de Zeni qui me demandait elle aussi de rentrer à la maison, tout comme Zindzi dans la sienne. Son anglais était bon et son écriture très soignée. Mais j'ai été très surpris de recevoir une lettre de Zindzi. Vous réussissez très bien mes chéries. Continuez ainsi.

Avec beaucoup, beaucoup d'amour et un million de baisers.

Toute mon affection,
Tata[1].

Mlles ZENI & ZINDZI MANDELA
MAISON n° 8115 ORLANDO WEST
JOHANNESBURG

À Makaziwe Mandela, sa seconde fille

16.2.69

Ma chérie,

J'ai été très heureux d'apprendre que toi, Kgatho, Zeni et Zindzi avez tous été reçus à vos examens respectifs. Acceptez, s'il vous plaît, mes plus chaleureuses félicitations. Vos succès dans tous les examens que vous avez passés jusqu'à aujourd'hui montrent que vous avez tous la capacité d'étudier et j'espère vraiment que cela vous incitera à travailler encore plus cette année. Vous terminez toutes deux votre première année et j'ai le sentiment que, lorsque le moment sera venu de vous asseoir pour passer les épreuves finales, vous réussirez à nouveau à condition de travailler dur et régulièrement dès le début. J'attends que, dans ta réponse, tu me donnes les sujets de cette année et les titres des exercices en anglais et en xhosa/zoulou. J'aimerais les lire. Mais pour l'instant je dis « Bravo ! ».

1. « Père » en isiXhosa.

Je croyais que toi, Tembi[1] et Kgatho, vous deviez aller à Umtata sur la tombe de Makhulu[2] afin de lui rendre un dernier hommage. Y êtes-vous allés ? J'ai été très triste de recevoir la nouvelle de sa mort car j'espérais pouvoir veiller sur elle pendant ses derniers jours sur cette terre et l'enterrer après son décès. Mais Maman et les autres m'ont dit que des parents et des amis, conduits par le chef suprême[3] Sabata[4], avaient assisté en nombre à l'enterrement qui a fait naître de profonds sentiments. Je sais que Zeni et Zindzi y ont assisté et je serais heureux si tu avais pu y aller toi aussi.

J'espère que tu as reçu la carte de Noël que je vous ai envoyée, à toi et à Kgatho, et que tu as passé un bon Noël et un bon jour de l'an. J'ai été vraiment heureux de recevoir ta lettre non datée en novembre 1967. La langue et le style étaient bons et l'écriture soignée. J'ai beaucoup aimé que tu me dises que tu te plaisais à l'école et que tu préférais l'anglais. J'ai été heureux d'apprendre que tu avais l'ambition de devenir médecin ou professeur de science. Ces deux professions sont difficiles et tu dois travailler dur et régulièrement pendant l'année scolaire pour te reposer pendant les vacances. Je vois que tu as peur d'être kidnappée un jour depuis que tu as découvert une drogue dangereuse. Ne t'inquiète pas ma chérie à propos des kidnappeurs. Leur monde devient de plus en plus petit et ils ont de moins en moins d'amis. Un jour, dans un monde nouveau, nous vivrons tous dans le bonheur et la paix. Ce monde, nous allons le créer, toi et moi ; Kgatho, Zeni et Zindzi ; nos amis et nos compatriotes. Quand tu seras médecin ou professeur de science, quand tu utiliseras tes connaissances, ta formation et ton talent pour aider ton peuple pauvre et misérable qui n'a pas la chance de progresser, tu lutteras pour ce monde nouveau.

1. Mandela surnomme souvent son fils aîné « Thembi » ou « Tembi ».

2. « Grand-mère » en isiXhosa. Mandela fait ici référence à sa mère, Nosekeni Mandela, décédée en 1968.

3. *Paramount Chief*, titre développé par les colonisateurs britanniques comme le plus haut titre dans une région avec un système de pouvoir fondé sur un chef. Le chef suprême Sabata était vraiment roi. Les Britanniques affirmaient que seul un monarque britannique pouvait porter ce titre.

4. Le roi Sabata Jonguhlanga Dalindyebo (1928-1986), chef suprême du homeland du Transkei et leader du parti progressiste et démocratique, le parti d'opposition du Transkei, opposé aux lois d'apartheid.

Dans ta lettre, tu me dis que Kgatho est en première année de bac et qu'il est très bon élève. Les nouvelles qu'on m'a données avant et après ta lettre confirment ce que tu dis. Je suis heureux d'apprendre qu'il aime beaucoup les études et qu'il fait des progrès. Tu me dis aussi que Thembi travaillait et qu'il a un bébé de deux ans, potelé et adorable. Tu termines ta lettre en me signalant que Thembi t'aide, qu'il t'achète des vêtements et tout ce dont tu as besoin. Je suis heureux de l'apprendre. Tout ce qui t'aide à réduire tes difficultés et qui ajoute à ton bonheur remplit mon cœur de joie et j'en suis reconnaissant à Thembi.

Cependant, je suis désolé d'apprendre qu'il a décidé de quitter l'école avant même d'avoir obtenu l'examen de première. Je lui avais écrit en 1967 pour lui conseiller de reprendre ses études avec sa femme ou de continuer par correspondance. Je n'ai pas reçu de réponse et je n'ai aucune information sur la nature de son travail.

Merci de m'avoir appris que But' Sitsheketshe[1] est marié et qu'il habite à Pimville[2].

Au cours de ces deux dernières années j'ai essayé d'avoir une photo de groupe de toi, Kgatho, Zeni, Zindzi, Nomfundo et la fille du chef Mdingi[3]. Je te serais reconnaissant de tout organiser pour que cette photo soit prise et que tu me l'envoies aussitôt.

Demande s'il te plaît à Mme Ngakane[4] de me donner, par ton intermédiaire, les qualifications respectives de profession ou de commerce de Mookamedi[5] Makgatho, Letanka, Msane et Mabaso. Tu me fourniras ces informations dans ta réponse.

Les sentiments très doux que tu exprimes dans le dernier paragraphe de ta lettre m'ont donné courage et force, ma chérie. Tu as

1. Cousin de Mandela.

2. Faubourg de Soweto.

3. Le chef Mdingi est un parent de Mandela et le chef thembu qui a donné leurs prénoms aux deux plus jeunes filles de Mandela. Celui de l'aînée, Zenani, signifie « Qu'as-tu apporté ? » et les Madikizela (la famille de Winnie Mandela) l'ont appelée « Nomadabi Nosizwa », « Champ de bataille de la nation ». Mdingi a nommé la plus jeune fille Mantu Nobutho Zindziswa.

4. Une voisine des Mandela.

5. « Président » en seSotho. Mais nous n'avons pas pu identifier quelle est la personne dont parle Mandela. Ce n'est sans doute pas un véritable président.

maintenant quatorze ans et le jour n'est pas loin où tu pourras me rendre visite. On m'a dit que tu avais grandi, que tu étais jolie et j'ai hâte de te voir. En attendant, sache que chaque jour je pense à toi, à Kgatho, à Zeni et à Zindzi, et que je suis heureux et fier de tes progrès à l'école.

Avec tout mon amour,
Tata

29.7.69

J'ai écrit la lettre ci-dessus et je l'ai remise pour qu'elle te soit postée le 16 février de cette année mais pour une raison quelconque, elle n'a pas été envoyée. J'ai déjà écrit à ta mère, à Kgatho, à Zeni et à Zindzi pour qu'ils t'assurent de ma profonde affection, ma chérie. L'autorisation d'assister à l'enterrement ne m'a pas été accordée et j'espère que Kgatho et toi avez pu y aller.

En mars j'ai reçu la photo de groupe que je t'avais demandée, et tu n'as plus à t'en occuper. On m'avait promis une photo de Thembi et de sa famille, je vais écrire à Molokazana[1] dès que Kgatho m'aura donné les renseignements que je lui ai demandés.

Avec mon amour,
Tata

Tout à sa douleur après le décès de sa mère et en s'assurant qu'il avait bien écrit à tous ceux qu'il devait consoler ou remercier, Mandela continue sa vie derrière les barreaux et ses luttes quotidiennes.

Son affrontement sans fin avec les autorités pour obtenir les livres nécessaires à ses études lui prenait beaucoup de temps. Ce problème persista tout au long

1. « Belle-fille » en isiXhosa. Il fait référence à Thoko Mandela, la femme de son fils Thembi – voir Glossaire.

des années qu'il passa à Robben Island et il refusa de cesser d'en appeler aux autorités obligées de respecter les règlements.

Au capitaine Huisamen, officier commandant, Robben Island

[D'une autre écriture] Dossier

28.2.69

L'officier commandant
Robben Island

À l'attention du capitaine Huisamen

Le 25 février 1969, le gardien De Jager m'a informé que des instructions avaient été reçues de Pretoria selon lesquelles, à l'avenir, nous ne pourrions commander que les livres prescrits pour les études mais pas les livres conseillés.

À ce propos, nous souhaitons vous rappeler que ces mêmes instructions nous ont été fournies précisément fin 1965. En février 1966, en présence de l'officier commandant de l'époque, le major Kellerman, j'ai parlé de toute cette affaire avec le directeur de l'Administration pénitentiaire, le général Steyn, et je lui ai demandé de revenir sur sa décision. Pour soutenir ma demande j'ai attiré son attention sur le fait que j'étudiais pour une licence en droit de l'université de Londres et, qu'en accord avec les règlements de cette université, aucun livre n'était prescrit pour ce cours, tous les livres que je devais lire n'étaient que conseillés. Je lui ai fait remarquer qu'en ce qui concernait la licence, les étudiants étaient informés qu'ils devaient lire largement et ne pas s'en tenir à la liste de livres fournie. J'ai ajouté que les études n'avaient pas pour seul but de préparer les gens à passer des examens ; leur principale fonction était de les rendre capables d'être spécialistes dans leurs domaines respectifs, ce qui les obligeait à lire énormément. J'ai invité le directeur à garder à l'esprit qu'à notre sortie de prison nous devrions prendre des rendez-vous avec des gens qui avaient un accès totalement libre à toutes les sources d'information sur un sujet particulier et que la mise en application des nouvelles instructions serait pour nous un sérieux handicap. Le directeur a accepté ces arguments et a donné l'ordre au major Kellerman de nous permettre d'obtenir des livres recommandés. Par la suite, nous n'avons rencontré aucune difficulté sur cette question.

Cependant, au début de 1967, l'officier en charge des études a repris l'instruction et nous a informés que nous ne serions plus autorisés à nous procurer ces livres. Le 15 février de la même année, j'ai à nouveau parlé de ce sujet avec le directeur et le droit nous a de nouveau été accordé.

Nous pensons que vous n'êtes pas au courant de ces faits et nous vous demandons de reconsidérer l'affaire.

[Signé NR Mandela]
NELSON MANDELA 466/64

[Note d'une autre écriture en afrikaans] Discuter. Ne pas accepter de responsabilité pour livres prescrits et ils peuvent très bien être examinés lorsqu'ils sont conseillés. [Signé] 2/3/69

Il apparaît qu'à la fin des années 1960, Mandela fut autorisé à écrire en dehors de son cercle familial. Mais cette correspondance n'était pas exempte des obstacles devenus la marque de sa vie de prisonnier et de son rapport avec le monde extérieur. Dans cette série, Mandela a réécrit ses lettres avec la date originale et il l'a expliqué au destinataire en post-scriptum.

À Lilian Ngoyi[1], amie et camarade

3.3.69

Kgaitsedyaka, yaratehang[2]

Je t'ai écrit avant ma condamnation en novembre 1962. Tu as eu aussi de mes nouvelles quand je t'ai demandé, en tant qu'aînée de la famille, de toujours jouer le rôle de conciliatrice. Depuis, j'ai toujours voulu t'écrire mais tu ne pouvais pas me répondre[3]. Maintenant tu es libre de communiquer avec moi et sache que j'ai toujours pensé à toi, à la Vieille Dame[4], à Hlaste[5] et à Oupa[6] avec beaucoup d'affection. J'espère que vous allez bien et que j'aurai de vos nouvelles.

J'ai été désolé d'apprendre la mort de Percy[7] et encore plus de ne pouvoir aller à l'enterrement. Il ne s'agissait pas seulement de ton frère mais aussi d'un ami que la gentillesse et le charme me le rendaient cher et j'ai été profondément touché quand j'ai appris sa disparition. Même si les années ont passé, je serais heureux que tu transmettes toutes mes condoléances à la Vieille Dame.

C'était très gentil de ta part d'envoyer Hlaste au procès de Rivonia. Nous avons beaucoup apprécié qu'elle ait pris la peine de parcourir les 50 kilomètres jusqu'à Pretoria et nous avons accueilli sa présence dans le tribunal comme un acte de solidarité de ta part et de la part de ta famille, cela nous a donné courage et force. Dans toutes les situations importantes que nous avons vécues, tu étais toujours au premier rang, partageant les épreuves communes avec tes amis en leur donnant de l'espoir. Tu as humblement contribué à la Campagne de défi, au COP[8],

1. Lilian Ngoyi (1911-1980), femme politique et militante antiapartheid et pour les droits des femmes – voir Glossaire.

2. « Ma chère sœur » en seSotho ou en seTswana.

3. Elle ne pouvait pas répondre parce qu'elle n'était pas membre de la famille. C'était en outre une militante politique connue.

4. Annie, la grand-mère de Lilian Ngoyi.

5. La fille de Lilian Ngoyi.

6. Le fils d'Edith Tegobo et neveu de Lilian Ngoyi.

7. Le frère de Lilian Ngoyi.

8. Le Congrès du peuple – voir Glossaire – s'est tenu les 25 et 26 juin 1955 à Kliptown, près de Johannesburg. Trois mille délégués y assistaient. Ce fut le point

à la marche des femmes à Pretoria[1] et au procès de la trahison, pour ne citer que quelques exemples.

Tu ne pouvais être présente en personne mais nous savons que tu étais néanmoins avec nous par l'esprit dans ce procès mémorable et nous avons vraiment été heureux de voir Hlaste. Sonny[2] se porte-t-il bien ?

Tu n'as peut-être pas la possibilité de transmettre toute mon estime à Helen[3]. Qu'elle sache que je pense à elle. Je l'ai toujours respectée pour la noblesse de ses idées et pour son immense courage. Nous avons voyagé ensemble presque quotidiennement pour aller et revenir de Pretoria pendant le procès de la trahison et nous sommes devenus très proches. Nous avons travaillé ensemble dans la prison de Pretoria pour préparer sa déposition pendant l'état d'urgence[4] et je l'ai vue, harcelée sans pitié par l'accusation pendant plusieurs jours[5]. Elle s'en est très bien sortie et ma confiance en elle en a été encore renforcée. Sa formation d'assistante sociale et sans aucun doute son expérience en tant qu'officier de l'armée l'ont rendue très sensible au bien-être de ses collègues dans le besoin et elle a toujours été disposée à offrir une aide matérielle. De temps en temps, j'ai des bribes d'information la concernant et je suis heureux de savoir que

---

culminant d'une campagne de toute une année pendant laquelle les membres du Congrès recueillirent les demandes du peuple sud-africain. Elles furent incluses dans la Charte de la liberté adoptée le deuxième jour du Congrès du peuple qui demandait des droits égaux pour tous les Sud-Africains sans tenir compte de la race, avec une réforme de la terre, de meilleures conditions de travail, une juste distribution de la richesse, l'enseignement obligatoire et des lois égales pour tous.

1. Le 9 août 1956, vingt mille femmes ont marché jusqu'à Union Building, siège du gouvernement, pour protester contre l'extension des *pass* (passeports intérieurs) aux femmes africaines.

2. Le mari d'Edith Ngoyi.

3. Helen Joseph (1905-1992), enseignante, assistante sociale, militante antiapartheid et pour les droits des femmes – voir Glossaire.

4. Décrété le 30 mars 1960 à la suite du massacre de Sharpeville, l'état d'urgence de 1960 a été marqué par des arrestations de masse et l'emprisonnement de presque tous les leaders africains – voir Glossaire.

5. Quand le gouvernement sud-africain a déclaré l'état d'urgence en 1960, les accusés au procès de la trahison qui étaient en liberté conditionnelle ont été placés en garde à vue. Leurs avocats se sont retirés en signe de protestation et les accusés qui étaient avocats ont représenté leurs collègues dans la préparation du procès. Mandela fournit une assistance légale à Helen Joseph.

ma confiance en elle était justifiée. Mon seul regret est que je n'ai pas pu lire son livre sur le procès de la trahison après sa publication[1]. J'ai eu le privilège de lire le manuscrit que j'ai trouvé stimulant. J'aurais aimé avoir le texte fini. Maintenant qu'elle vit dans une semi-retraite, sans doute peut-elle utiliser son talent et écrire encore.

Mon plus tendre souvenir à Ntsiki[2], Greta[3], Doreen, Muriel, Joana, Caroline, Catherine, à Mme Tauyane, Lily Seroke, Virginia[4], Onica et Dorcas, et à mes cousines Nobelungu et Hilda. Ce sont toutes des femmes courageuses et je considère comme un privilège d'avoir été associé à elles dans le passé.

Je lis actuellement quelque chose sur les grands chefs africains, Sekukuni, Mampuru, les fils de Sekwati[5] et leur lutte pour le trône. Même avec des critères modernes, il s'agissait d'hommes intelligents et capables qui aimaient leur pays et leur peuple. Le rôle de Sekukuni dans l'histoire de ce pays est bien connu, mais je me demande souvent quelle aurait été cette histoire si eux ou d'autres chefs du pays avaient abandonné leurs différences et tenté de résoudre leurs problèmes dans des efforts communs. Ngoanna waKgosi Godfrey[6] avait tout à fait raison d'être fier des réalisations de son célèbre grand-père. J'espère que lui et sa famille se portent bien. Il y a longtemps que je n'ai entendu parler de Motsoala John. Puisse-t-il être lui aussi en bonne santé et aussi actif que nous l'avons connu.

En juin 1966, j'ai reçu une lettre agréable et encourageante de Ma Nokhukhanya[7], dans laquelle elle me disait que nous étions toujours dans ses pensées. Ses mots d'encouragement nous ont fait beaucoup de bien. Quand le chef est mort, on m'a autorisé à écrire une « lettre

1. Helen Joseph, *If This Be Treason*, Le Cap, Kwangga Publishers, 1963.

2. Albertina Sisulu (1918-2011), militante antiapartheid et du droit des femmes, épouse du camarade de Mandela, Walter Sisulu – voir Glossaire.

3. Greta Ncapayi, une activiste de la ligue des femmes de l'ANC et amie d'Albertina Sisulu.

4. Virginia Mngoma, militante politique.

5. Sekukuni ou Matsebe Sekhukhune (1814-1882) et Mampuru étaitent les fils de Bapedi, roi sekwati, et ils sont devenus rivaux après sa mort en 1861. Sekhukhune a été tué par Mampuru en 1882, et Mampuru a été exécuté l'année suivante. Ses restes n'ont jamais été retrouvés.

6. Godfrey Mogaramedi Sekhukhune est devenu combattant de la liberté dans la branche militaire de l'ANC, Umkhonto we Ziswe, et a été emprisonné à Robben Island.

7. Nokhukhanya Luthuli, veuve du chef Albert Luthuli.

spéciale » de condoléances, mais elle n'est jamais arrivée. J'ai entendu dire que son gendre est à l'hôpital et j'aimerais savoir comment il va. À nouveau, je voudrais que tu saches que j'ai gardé de toi et de toute ta famille de tendres souvenirs et rien ne me ferait plus plaisir que d'avoir de tes nouvelles.

Avec affection,
Très sincèrement,
Nel

Mme Lilian Ngoyi
c/o Mme Nonyaniso Madikizela[1]
Maison n° 8115 Orlando West
Johannesburg

29.7.69

Cette lettre a été écrite et remise pour être postée le 3 mars de cette année. Je sais que tu ne l'as jamais reçue. La voici à nouveau et malgré tout ce qui s'est passé depuis, j'ai préféré la reproduire exactement comme je l'avais écrite. Je peux seulement espérer que cette fois tu la recevras.

Merci pour ton émouvant message de condoléances qui m'a donné force et inspiration. J'ai reçu la tragique nouvelle le 16 juillet et ma réaction a été la même que la tienne. Je ne pouvais pas croire que Thembi était vraiment parti. Ma demande pour assister à l'enterrement a été rejetée, exactement comme à l'occasion de la mort de ma mère, il y a dix mois. Dans les deux cas, on m'a refusé la possibilité de rendre hommage à ceux qui m'étaient les plus chers. Mais mes camarades ont fait tout ce qu'ils ont pu pour adoucir le choc et me rendre heureux. Ton message a été très important pour moi et les sentiments que tu exprimes m'ont donné du courage. Une fois encore, je me sens parfaitement bien et prêt à faire face à tout ce que le destin garde en réserve pour moi. Nel

1. Sœur de Winnie Mandela.

À Gibson Kente[1], son neveu, auteur dramatique et compositeur renommé

Pour le mois de février 1969 B.I.P.V.B.[2]

Mon cher neveu,

Zami m'a parlé de ma nièce, Evelyn[3], ton épouse. Malheureusement, le temps autorisé pour les visites n'a jamais été assez long pour que nous puissions épuiser, comme nous le voudrions, des questions familiales et, en conséquence, elle n'a pas pu me donner toutes les informations la concernant que j'avais besoin de connaître. Je n'avais pas eu le privilège de la rencontrer auparavant mais je suis sûr que ce doit être une jeune fille talentueuse et charmante puisqu'elle a gagné ton affection et je serais heureux de connaître le passé de sa famille. J'espère vous voir un jour tous les deux. En attendant, je vous souhaite un mariage fructueux et un avenir heureux.

J'aimerais savoir si le Syndicat des artistes sud-africains[4] se développe toujours. Qui sont les responsables actuels et quel est le titre de leur publication (si elle existe) et le prix de l'abonnement ? Je fais collection d'albums de chansons africaines[5] – sotho, zouloues et

1. Gibson Kente (1932-2004), auteur dramatique, compositeur et directeur de théâtre – voir Glossaire.

2. Ces initiales sont de la main de Mandela. Leur signification n'est pas claire.

3. Nomathemba Evelyn Kasi, top model, épouse de Gibson Kente, son second mari, de 1969 à 1974. Plus tard, elle émigra aux États-Unis où elle épousa Alan Jackman, connu comme Thembi Jackman. Elle a disparu en Afrique du Sud en 2008, présumée morte sur décision du tribunal en 2012.

4. Le Syndicat des artistes sud-africains créé en 1952. En 1958, c'était un des organismes promotionnels pour les spectacles les plus connus d'Afrique du Sud.

5. Quand on lui a demandé si, à Robben Island, les prisonniers avaient accès à la musique, le compagnon de détention et ancien camarade de Mandela, Mac Maharaj (voir Glossaire) se souvenait qu'« il y eut une brève (très brève) période à la fin des années 60 (je crois) pendant laquelle les autorités installèrent une sonorisation dans notre section qu'elles utilisèrent pour diffuser de la musique depuis la salle de contrôle du bureau principal. Si je me souviens bien, nous avons demandé l'autorisation de choisir et d'acheter des disques que les officiers pouvaient diffuser pour nous. Les disques étaient gardés par les autorités de la prison et nous demandions quelles chansons passer. Les autorités y mirent fin au bout de quelques mois. Mais jusqu'à mon départ (1976) nous n'étions pas autorisés à

xhosa – mais c'est difficile. Je connais la collection de Mohapeloa[1] mais je suis incapable de l'obtenir auprès de la société du Cap spécialisée dans ce domaine. J'ai réussi à jeter un coup d'œil à des recueils de chansons populaires par Williams & Maselwa[2], mais les albums de musique africaine moderne m'intéressent davantage. Peut-être peux-tu me dire comment faire.

J'apprends de diverses sources que tu te débrouilles bien dans le théâtre et que *Sikalo*[3] et *Lifa*[4] ont eu beaucoup de succès. C'est une belle réussite, je t'adresse mes plus chaleureuses félicitations et te souhaite bonne chance pour l'avenir. J'aurais aimé voir ces deux pièces ; peut-être qu'un jour il me sera possible au moins de les lire. D'après les comptes-rendus, on ne pouvait pas savoir si tu avais écrit et produit les pièces et si le public était composé principalement d'Africains ou de Blancs. J'aimerais connaître l'impact du théâtre sur les Africains en général. Je crois que la pièce *Nongqawuse*[5] a été saluée par la critique ; qui a écrit le texte ? Des éditions sont-elles disponibles ?

Je crois que Miriam[6] continue à réussir à l'étranger et qu'elle est fiancée ou mariée avec Carmichael[7]. Elle a montré un grand talent et ses

---

acheter et garder des albums de musique dans nos cellules » (Mac Maharaj dans un e-mail à Sahm Venter).

1. Joshua Pulumo Mohapeloa (1908-1982), parolier qui a travaillé avec Gibson Kente (Sahm Venter, conversation téléphonique avec la nièce de Kente, Vicky Kente, 23 juillet 2017).

2. H. C. N. Williams et J. N. Maselwa, *Choral Folk Songs of the Bantu, for Mixed Voices*, New York, G. Schirmer, 1960.

3. *Sikalo* (chant funèbre), succès musical, produit par Gibson Kente en 1965. L'histoire d'un jeune homme qui essaie d'échapper à un gang mais finit en prison.

4. Spectacle à succès produit par Gibson Kente en 1967.

5. On a beaucoup écrit sur la figure légendaire de Nongqawuse. C'était une jeune prophétesse xhosa qui, en 1856, a donné instruction de tuer le bétail et de brûler les réserves de grain pour que les morts reviennent à la vie afin d'aider les Xhosa à se libérer des Européens. Mais après avoir exécuté son ordre, le peuple xhosa a connu une terrible famine et les Britanniques ont renforcé le pouvoir colonial. La première pièce écrite sur Nongqawuse, *uNongqause*, par Mary Waters fut jouée en 1925. Mandela doit faire référence à une version contemporaine de cette histoire.

6. Zenzile Miriam Makeba (1941-2008), chanteuse et actrice sud-africaine, militante et ambassadrice de bonne volonté des Nations unies.

7. Stokely Carmichael (1941-1998), américain originaire de la Trinité, engagé dans la lutte pour les droits civils aux États-Unis et le mouvement panafricain, devenu « Premier

conceptions sur les questions sociales semblent plus avancées que ce que je connaissais. On m'a dit que Dolly[1] est aussi aux États-Unis. J'espère qu'elle aura de la chance et qu'elle fera une aussi forte impression que Miriam. À Londres, j'ai rencontré Dambuza, Joe et Rufus[2]. À l'époque ils avaient l'intention de faire une tournée en Afrique, j'espère qu'ils ont réussi. J'ai été désolé pour M. Gwigwi[3] qui a beaucoup plu à nos amis de l'étranger et j'aimerais qu'on me rappelle à son bon souvenir s'il est de retour. Nous ne savons à peu près rien de Peggy Phango[4] et de Hugh Masekela[5], et j'espère qu'ils vont bien. Ce sont tous des artistes talentueux pour lesquels nous avons la plus grande estime et rien ne nous ferait plus plaisir que d'apprendre qu'ils utilisent pleinement les possibilités qui leur sont offertes maintenant.

Qui sont les nouvelles vedettes chez nous et sont-elles vraiment bien ? Qui sont les secrétaires respectifs du BMSC[6] et du DOCC[7] et

---

ministre honoraire du parti des Black Panther » et plus tard de l'All-African Peoples Revolutionary Party.

1. Dolly Rathebe (1928-2004), chanteuse de jazz et actrice sud-africaine.

2. Nathan « Dambuzza » Mdledle (1923-1995), Joe (Kolie) Mogotsi (1924-2011) et Rufus Khoza – trois des quatre membres des Manhattan Brothers, groupe populaire de jazz sud-africain des années 1940 et 1950 qui incorporaient les harmonies zouloues et le chant choral sud-africain dans leur musique. Premier groupe en haut de l'affiche aux États-Unis avec leur chanson « Lovely Lies » en 1956.

3. Gwigwi Mrwebi (1936-1973), fondateur de l'Union des artistes sud-africains, saxophoniste, membre des Jazz Maniacs, Harlem Swingsters et Jazz Dazzlers.

4. Peggy Phango (1928-1998), sud-Africaine, chanteuse de jazz et actrice. Elle tenait le premier rôle féminin dans la comédie musicale *King Kong* dans le West End à Londres en 1961.

5. Hugh Ramopolo Masekela (1939-2018), trompettiste, chanteur et compositeur sud-africain, a écrit des chansons antiapartheid dont « Bring Him Back Home », enregistré en 1986, qui demande la libération de Nelson Mandela. Il s'exila à la suite du massacre de Sharpeville en 1960, quand 69 manifestants furent tués. Il étudia la musique à Londres puis à New York.

6. Le Bantu Men's Social Centre (Centre social pour les hommes bantous), fondé à Sophiatown, Johannesburg, en 1924, était un important centre social, politique et un lieu de rencontre pour Sud-Africains noirs. Il comprenait une salle de gym et une bibliothèque et y avaient lieu des matches de boxe, ainsi que des meetings politiques et des soirées dansantes. Mandela et quatre camarades y ont fondé la ligue de la Jeunesse de l'ANC en 1944.

7. Le Donaldson Orlando Community Centre (Centre communautaire Donaldson Orlando), espace de Soweto qui accueillait des soirées dansantes, des concerts et des matches de boxe. Mandela y boxait entre 1940 et 1950.

des Moroka Centres ? Pendant plusieurs années j'ai siégé au Conseil d'administration du DOCC et je pouvais avoir une idée de la valeur de certaines institutions à condition que le secrétaire soit un homme capable.

De temps en temps, Zami me donne des détails sur la façon dont tu l'aides, elle et ses enfants, et je voudrais que tu saches que j'apprécie vraiment l'intérêt que tu continues à manifester. *Nangomso !* Je garde de toi des souvenirs chaleureux et agréables. Toute mon affection à Evelyn, Zami et les enfants.

Bien à toi,
Oncle Nel

29.7.69 P.-S. : Temba se souvient de toi.

M. Gibson Kente
c/o Mme Nobandla Mandela,
Maison n° 8115 Orlando West,
Johannesburg

29.7.69 P.-S. : Cette lettre a été écrite et donnée pour t'être envoyée, le 3 mars de cette année. Je sais que tu ne l'as jamais reçue. La voici à nouveau et, bien que beaucoup de choses se soient passées depuis que je l'ai écrite, j'ai préféré la recopier exactement comme elle était. J'espère seulement que cette fois tu la recevras.
Oncle Nel

Au chef Mthetho Matanzima, un parent

[Note en rouge en afrikaans d'une autre écriture] Lettre spéciale à son neveu
[En rouge, de l'écriture de Mandela] DANS LA RÉPONSE METS S'IL TE PLAÎT AU DÉBUT DE TA LETTRE LES MOTS « RÉPONSE À LETTRE SPÉCIALE ».

17-3-69

Mntan'omhle[1],

Ma femme m'informe que tu as été installé et je t'écris pour te féliciter, te souhaiter un règne heureux et fructueux. Les anciens qui ont parlé à la cérémonie ont dû te donner beaucoup de conseils sur la façon d'exercer le pouvoir et de rendre la justice à ton peuple. Peut-être même t'ont-ils rappelé que tu exerçais ta fonction dans une situation bien meilleure que la plupart des chefs, car tu as à ton crédit une formation en droit et une éducation qui devraient normalement te rendre capable d'affirmer une pensée indépendante et de voir loin dans l'avenir. D'autres avis sur ces matières seraient certainement redondants. Il me suffit de dire que j'ai été très heureux d'apprendre que Jonguhlanga a honoré la cérémonie de sa présence et qu'il t'a personnellement intronisé. Le regretté chef Jongintaba[2] ne s'est jamais lassé de mettre en avant l'importance de relations bonnes et harmonieuses entre Jonguhlanga et Daliwonga et je suis heureux de voir qu'une parfaite collaboration entre les deux maisons de Mtirara[3] sur des questions relevant de la tribu est possible. J'espère que cette collaboration continuera à se développer pour devenir une étroite association et je la considère comme faisant partie de l'idéal plus large d'union que nous désirons tous.

Je pense souvent à l'impact fait par ton célèbre ancêtre Matanzima qui, au cours de son règne pittoresque, a vécu l'honneur et l'humiliation,

1. « Bel enfant » en isiXhosa.
2. Le chef Jongintaba Dalindyebo (décédé en 1942), chef et régent du peuple thembu. Il est devenu le tuteur de Mandela après la mort de son père – voir Glossaire.
3. Famille royale du peuple thembu. Les différentes maisons font référence aux familles de différentes femmes.

l'aisance et la pauvreté. Il a connu le plaisir et la responsabilité d'être le symbole de l'unité de la tribu, le centre de la loyauté et de l'affection de son peuple.

Il a aussi connu la nostalgie et la solitude de celui qui a toujours été loin de chez lui, de sa famille et de son peuple et de tout ce qui était cher à son cœur. Bien qu'il ait vécu au XIXe siècle et qu'il n'ait pas connu les opportunités de l'éducation comme la génération actuelle, c'était un patriote sage et talentueux, inspiré par de nobles idéaux. Lui, Siqungathi[1], Gungubele et Dalisile[2] comptent parmi les nombreux leaders traditionnels de notre pays qui ont apporté une contribution de grande valeur à la tâche monumentale consistant à réveiller notre orgueil national en nous rendant fiers de notre histoire, de notre culture et de tout ce qui nous appartient. Ce sont les efforts et les réalisations d'hommes comme eux qui font de l'histoire et des aspirations des Thembu une part des idées et des espoirs de la famille humaine.

Quand le roi Cyprien est mort j'ai envoyé une lettre de condoléances à la Maison royale. J'ai reçu un courrier très intéressant d'un chef bien connu du Zoulouland et proche ami du roi défunt. Parmi les documents joints, il y avait une carte qui portait les armoiries royales et, à nouveau, j'ai compris quelque chose de l'esprit de la conscience nationale grâce à laquelle on se souviendra de cette célèbre maison royale.

Incidemment, une des toutes premières remarques qu'a faites Léopold Senghor[3] quand je l'ai rencontré dans sa capitale en 1962, a été qu'il étudiait l'histoire fascinante du fondateur de la nation zouloue. Notre histoire est riche de héros nationaux et ceux qui sont destinés à des carrières publiques ont de nombreux modèles sur lesquels former leurs perspectives et leur pensée.

Tout ce qui me reste à faire c'est de te souhaiter une nouvelle fois un règne heureux et fructueux.

---

1. Frère du roi Ngangelizwe (1846-1884) qui chercha à unir les clans thembu. Il ne combattit jamais contre les Britanniques, contrairement à ses frères Siqungathi et Mtirara. K. D. Matanzima était le petit-fils de Ngangelizwe.

2. Un chef thembu.

3. Président du Sénégal de 1960 à 1980.

La lettre de la Maison royale m'informait que la santé de Jonguhlanga causait beaucoup d'inquiétude. La dernière lettre que j'ai reçue de lui avait été écrite dans un hôpital de Durban et il me disait que son état s'était beaucoup amélioré. J'espère que cela continue. J'ai dit mes soucis à ce sujet à Jonguhlanga et à Daliwonga quand je leur ai écrit le 14.10.1968 en relation avec la mort et l'enterrement de ma mère. Je ne sais pas s'ils ont reçu ces lettres.

J'aimerais envoyer mon meilleur souvenir aux chefs Daliwonga, Mzimvubu, au fils de Dalubuhle, Thembekile, Vulindlela, Manzezulu, Gwebindlala, au chef Mfebe et à Thembekile et *Kulo lonke ikomkhulu*[1]. Mon meilleur souvenir à Amakhosikazi[2] Nobandla, Nozuko, Nogate et à Nkosazana Camagwini[3] qui, je crois, est aujourd'hui enseignante.

Dis à Nobandla[4] que je n'ai pas oublié comme elle a été utile la dernière fois que je suis descendu ; elle est allée jusqu'à Ezibeleni[5]. Sa préoccupation était l'expression de la gentillesse et de l'amour chaleureux qu'elle a toujours manifestée envers ceux qui lui sont proches. Je penserai toujours à elle.

Bayete[6],
Dalibunga

CHEF MTHETHO MATHANZIMA[7], DEMEURE ROYALE, QAMATA, COFIMVABA

1. « Toute la maison royale » en isiXhosa.
2. *Amakhosikazi* signifie « femmes mariées » en isiXhosa et isiZulu.
3. *Nkosazana* signifie « mademoiselle » ou « princesse » en isiXhosa.
4. Mandela ne fait pas référence à Winnie Mandela, sa femme, qu'on appelle aussi Nobandla mais à une des cinq épouses de K. D. Matanzima. Nobandla est un prénom isiXhosa courant.
5. Ville du Transkei.
6. Salut royal traditionnel zoulou.
7. L'orthographe correcte est Matanzima mais Mandela l'écrit parfois Mathanzima.

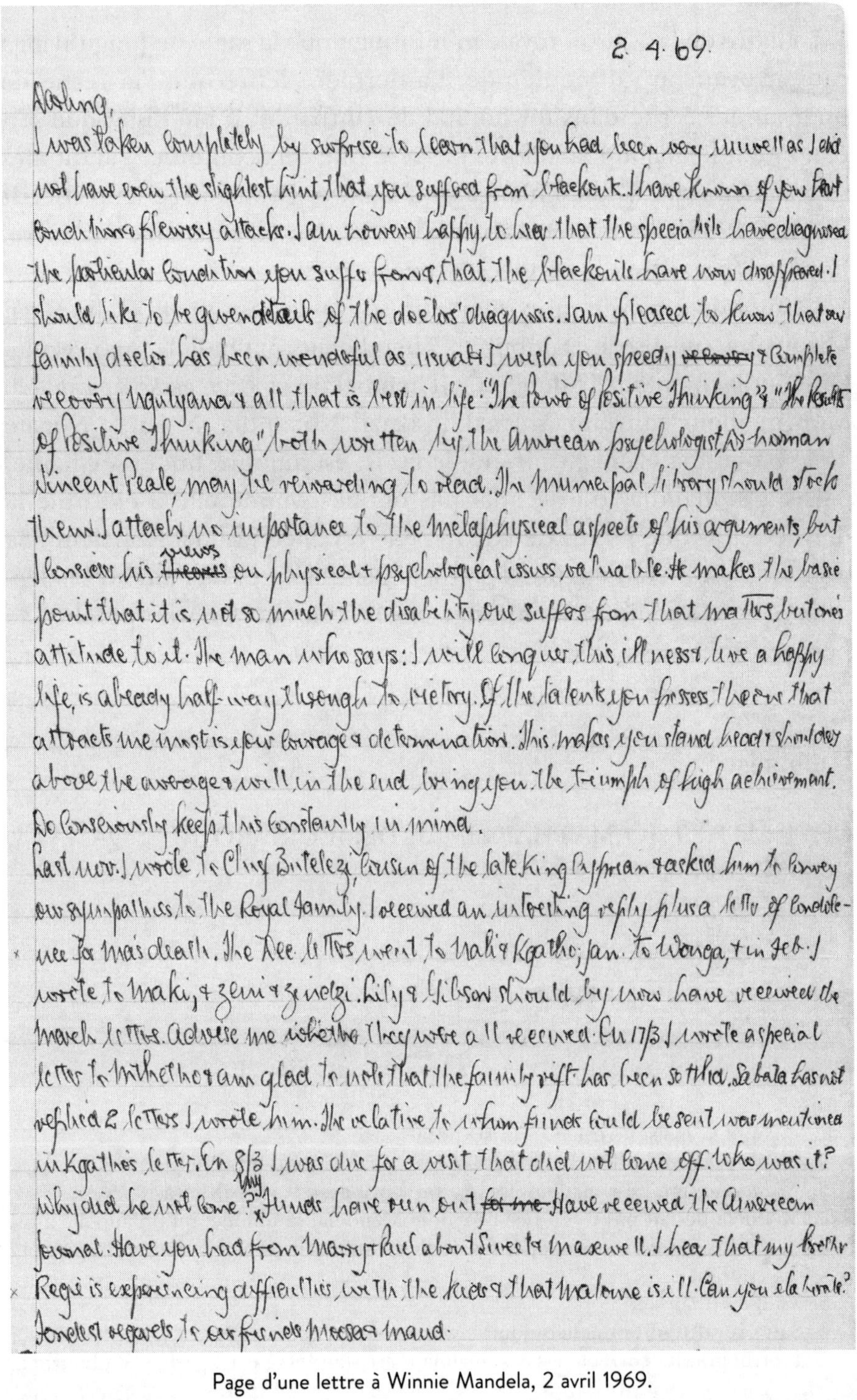

2.4.69.

Darling,

I was taken completely by surprise to learn that you had been very unwell as I did not have even the slightest hint that you suffered from blackouts. I have known of your bouts of pleurisy attacks. I am however happy to hear that the specialists have diagnosed the particular condition you suffer from & that the blackouts have now disappeared. I should like to be given details of the doctors' diagnosis. I am pleased to know that our family doctor has been wonderful as usual & I wish you speedy ~~recovery~~ & complete recovery Ngutyana & all that is best in life. "The Power of Positive Thinking" & "The Results of Positive Thinking" both written by the American psychologist, Dr Norman Vincent Peale, may be rewarding to read. The municipal library should stock them. I attach no importance to the metaphysical aspects of his arguments, but I consider his ~~theories~~ views on physical & psychological issues valuable. He makes the basic point that it is not so much the disability one suffers from that matters but one's attitude to it. The man who says: I will conquer this illness & live a happy life, is already half-way through to victory. Of the talents you possess the one that attracts me most is your courage & determination. This makes you stand head & shoulders above the average & will in the end bring you the triumph of high achievement. Do consciously keep this constantly in mind.

Last Nov. I wrote to Chief Buthelezi, cousin of the late King Cyprian & asked him to convey our sympathies to the Royal Family. I received an interesting reply plus a letter of condolence for Ma's death. The Dec. letters went to Nali & Kgatho; Jan. to Wonga, & in Feb. I wrote to Maki, & Zeni & Zindzi. Lily & Gibson should by now have received the March letters. Advise me whether they were all received. On 17/3 I wrote a special letter to Mthetho & am glad to note that the family rift has been settled. Sabata has not replied 2 letters I wrote him. The relative to whom funds could be sent was mentioned in Kgatho's letter. On 8/3 I was due for a visit that did not come off. Who was it? Why did he not come? My funds have run out ~~for me~~. Have received the American Journal. Have you had from Marcy & Paul about Sweet & Maxwell. I hear that my brother Regie is experiencing difficulties with the kids & that Malome is ill. Can you elaborate? Fondest regards to our friends Moosa & Maud.

Page d'une lettre à Winnie Mandela, 2 avril 1969.

À Winnie Mandela, son épouse

2.4.69

Ma chérie,

J'ai été tout à fait surpris d'apprendre que tu avais été malade et j'ignorais totalement que tu avais des problèmes de mémoire. Je ne connaissais que tes problèmes cardiaques et les attaques de pleurésie.

Cependant, je suis heureux d'apprendre que les spécialistes ont diagnostiqué ce dont tu souffrais et que, maintenant, tes trous de mémoire ont disparu. J'aimerais avoir des détails sur le diagnostic des médecins.

Je suis heureux aussi d'apprendre que notre médecin de famille a été merveilleux comme d'habitude et j'espère que tu te remets rapidement, je te souhaite une prompte et complète guérison, Ngutyana[1], et tout ce qu'il y a de mieux dans la vie.

The Power of Thinking[2] et *The Results of Positive Thinking*[3] écrits par le psychologue américain Vincent Peale valent sans doute la peine d'être lus. La bibliothèque municipale devrait les avoir. Je n'attache aucune importance aux aspects métaphysiques de ses arguments, mais je trouve intéressantes ses vues sur les questions physiques et psychologiques.

Pour lui, le point fondamental n'est pas tant l'incapacité dans laquelle on se trouve à cause de ce dont on souffre, mais l'attitude que l'on a face à la maladie. L'homme qui dit « Je vais vaincre ma maladie et être heureux » est déjà à mi-chemin de la victoire.

Parmi tous tes talents, celui qui m'attire le plus en toi est ton courage et ta détermination. Tu dépasses de la tête et des épaules la moyenne des gens et cela te mènera à une très grande réussite. Garde cela à l'esprit.

En novembre dernier, j'ai écrit au chef Butelezi [*sic*], le cousin du regretté roi Cyprien, et je lui ai demandé de transmettre notre

---

1. Un des noms de Winnie Mandela. Elle descend du clan amaNgutyana.
2. Édition originale 1952, Prentice-Hall, New York. Édition française : *La Puissance de la pensée positive* (Éditions de l'Homme, 2013).
3. Édition originale 1959, Fawcett Crest, New York.

compassion à la famille royale. J'ai reçu une réponse intéressante plus une lettre de condoléances pour la mort de Maman.

Les lettres de décembre ont été pour Nali et Kgatho ; celles de janvier pour Wonga[1] et, en février, j'ai écrit à Maki, Zeni et Zindzi. Lily et Gibson ont dû recevoir les lettres de mars. Dis-moi si elles sont toutes arrivées…

Sabata n'a pas répondu [aux] deux lettres que je lui ai écrites.

Les parents à qui on peut envoyer des fonds sont mentionnés dans la lettre à Kgatho.

Le 8/3, je devais avoir une visite qui ne s'est pas manifestée. Qui était-ce ? Pourquoi n'est-il pas venu ? Je n'ai plus d'argent. J'ai reçu l'*American Journal*.

As-tu des nouvelles de Mary[2] et de Paul[3] à propos de Sweet et de Maxwell[4] ? J'ai appris que mon frère Regie[5] [*sic*] a des problèmes avec les enfants et que Malome[6] est malade. Peux-tu me donner des détails ?

Mon meilleur souvenir à nos amis Moosa et Maud[7]…

Enfin une photo de famille, « quel chef-d'œuvre ». Kgatho et ses sœurs sont incroyables et j'ai éprouvé une immense joie en voyant la photo de Maman. Ton petit portrait a presque créé une émeute. « *Ayingo Nobandla Lo*[8] *!* » « N'est-ce pas sa jeune sœur ! » « Madiba est resté trop longtemps en prison, il ne connaît pas sa belle-sœur », on m'a lancé toutes ces remarques et d'autres de partout.

Ce portrait a soulevé en moi différents sentiments. Tu as l'air un peu triste, comme absente et souffrante, mais en même temps toujours

1. K. D. Matanzima. Son second nom était Daliwonga abrégé en Wonga.
2. Mary Benson (1919-2000), amie, écrivaine, journaliste et militante antiapartheid – voir Glossaire.
3. Paul Joseph.
4. Libraire de Londres à qui Mandela commandait ses livres de droit pour ses études.
5. Oliver Reginald Tambo (1917-1993) – ami de Mandela, ancien associé du cabinet d'avocats et président de l'ANC. Son second prénom était Reginald et Mandela l'appelle Reggie.
6. « Oncle » en isiXhosa.
7. Moosa Dinath et sa femme Maud Katzenellenbogen. Mandela a rencontré Moosa Dinath, qui était membre du Congrès indien du Transvaal et homme d'affaires, à Johannesburg. Ils se sont retrouvés en prison en 1962 quand Mandela attendait son procès et que Dinath purgeait une peine de prison pour fraude. Lui et Maud, devenus amis avec Winnie, ont élaboré un plan pour libérer Mandela de prison, qui fut abandonné quand Winnie eut des soupçons.
8. « Ce n'est pas Nobandla ! » en isiXhosa.

adorable. La grande photo est une magnifique étude qui représente tout ce que j'aime en toi, la beauté ravageuse et le charme que dix années de vie conjugale et orageuse n'ont pas refroidis. Je soupçonne que tu voulais que cette photo m'envoie un message spécial qu'aucun mot ne pourra jamais exprimer. Sois sûre que je l'ai bien reçu. Tout ce que je veux dire, c'est que cette photo a réveillé en moi de tendres sentiments et atténué la saleté qui m'entoure. Elle a réveillé le désir que je ressens pour toi et pour notre douce et paisible maison.

Ces derniers jours, beaucoup de choses m'ont traversé l'esprit ; à Hans St[1] où une amie sautait dans une camionnette bleue et abandonnait tous les vœux solennels qu'on attend d'une fiancée envers son fiancé et, immédiatement après, se précipitait de l'autre côté vers un vieillard avec des vœux tout aussi doux et rassurants ; l'adresse avec laquelle elle expédiait ses « cours » du soir à Chancellor House[2], ce qui lui rendait possible de recevoir et d'accueillir un certain nombre d'anciens amis dès que de nouveaux se dirigeaient vers une salle de boxe. Je n'ai cessé de repenser à tout cela en examinant ton portrait[3].

Finalement Mhlope, j'aimerais que tu saches que si, jusqu'ici, dans mes lettres, je ne me suis pas montré passionné, c'est parce que je n'avais pas besoin d'insister sur ce que je devais à une femme qui, malgré de formidables difficultés et un manque d'expérience, a néanmoins réussi à garder allumé le feu du foyer et à répondre aux besoins les plus modestes de son compagnon emprisonné à vie. Être l'objet de ton amour et de ton affection m'a rendu humble. Souviens-toi que l'espoir est une arme formidable même quand tout le reste est perdu.

---

1. Winnie Mandela habitait le Helping Hand Hostel dans Hans Street, Jeppestown, quand elle est venue à Johannesburg. Mandela se souvient d'elle quand il voulait l'enlever.

2. Winnie étudiait dans le cabinet de Chancellor House pendant qu'il travaillait le soir.

3. Nelson et Winnie Mandela se sont rencontrés en 1956 et ont eu leur premier rendez-vous le 10 mars 1957. Ils se sont mariés le 14 juin 1958, à Bizana, la ville de Winnie, dans le Transkei. Dans une lettre à Fatima Meer datée du 14 juin, il écrit : « La fête du mariage a quitté Johannesburg à minuit le 12 juin et nous sommes arrivés à Bizana le lendemain dans l'après-midi. Nous étions attendus chez la fiancée, Mbongweni, le soir nous avons passé un moment chez Gordon Mabuya, où lui et sa femme Nontobeko nous ont reçus. »

Cependant, toi et moi, nous avons gagné plus encore au cours des années et nous sommes en avance dans des secteurs importants. Tu es dans mes pensées à chaque moment de ma vie. Rien ne t'arrivera, ma chérie. Tu te remettras et tu te relèveras.

Un million de baisers et des tonnes d'amour,
Dalibunga

NKOSIKAZI NOBANDLA MANDELA
MAISON N° 8115 ORLANDO WEST
JOHANNESBURG

[P.-S.] Bonne chance à Kgatho pour ses examens et dis à Mtshana Nomfundo[1] que je suis heureux de noter qu'elle ne se décourage pas. Rappelle-lui que la persévérance est la clé du succès. J'espère que tu pourras passer cette lettre à Cecil.

Mandela travaillait ses relations avec les autorités de la prison sur la base du respect, tout en observant, désabusé, qu'un gardien ordinaire n'imaginait pas ce que représentait une couverture supplémentaire en hiver. Cependant, à la base de ces interactions, il y avait la reconnaissance de l'humanité de l'autre, et la certitude de maintenir sa dignité et de protéger ses droits.

Ses nombreuses lettres adressées aux autorités de la prison pour demander à voir un spécialiste des yeux ou un dentiste, ou pour obtenir plus de droits pour étudier n'étaient pas obligatoires. Les prisonniers avaient chaque semaine la possibilité de présenter oralement des plaintes ou des demandes à un officier. Mais si l'on en croit son camarade et compagnon de prison Mac Maharaj, si les prisonniers avaient l'occasion de faire des demandes orales, ils ne pouvaient pas les développer ni se procurer d'informations pour les étayer. Mandela voulait probablement conserver un dossier écrit de ses demandes et,

1. *Mtshana* signifie « neveu » ou « nièce » en isiXhosa. Il parle d'Olive Nomfundo Mandela, sa nièce.

en parallèle, il s'arrangeait astucieusement pour que ses requêtes bénéficient aux autres prisonniers[1].

Il écrivait aussi avec une certaine audace aux officiers supérieurs et, dans certains cas, au ministre de la Justice lui-même. Moins de cinq ans après sa condamnation, il écrivit à ce dernier pour lui demander qu'on les libère, ses camarades et lui, ou qu'on les traite comme des prisonniers politiques d'après la convention de Genève. À l'appui de ses arguments, il faisait appel à sa connaissance des batailles historiques entre les Afrikaners et le pouvoir colonial britannique.

En comparant sa situation et celle de ses compagnons prisonniers avec la façon dont avaient été traités en prison les combattants afrikaners, Mandela présentait un solide dossier pour leur libération. Mais ceux qui l'avaient arrêté n'étaient pas les Britanniques ; et le régime d'apartheid, qui dirigeait le pays par la force et l'oppression, avait peur d'être taxé de faiblesse par ses soutiens en libérant Mandela.

Au ministre de la Justice, c/o directeur de l'Administration pénitentiaire

[Tapée à la machine]

Le Directeur de l'Administration pénitentiaire
PRETORIA

Je vous serais reconnaissant d'approuver cette lettre adressée au ministre de la Justice.

22.4.69

Le ministre de la Justice
Parlement
Le Cap

Cher Monsieur,

Mes camarades m'ont demandé de vous écrire pour vous demander de nous libérer de prison et, dans l'attente de votre décision, de nous

1. Mac Maharaj, entretien téléphonique avec Sahm Venter, le 27 juin 2017.

accorder le traitement réservé aux prisonniers politiques. Tout d'abord, nous souhaitons signaler qu'en faisant cette demande nous ne demandons aucune indulgence mais que nous exerçons le droit inhérent à toute personne incarcérée pour ses opinions politiques.

Les personnes dont les noms apparaissent sur la liste ci-jointe vivent dans la section des cellules individuelles de la prison de Robben Island et sont totalement isolées des autres prisonniers détenus sur l'Île. Pour cette raison, nous sommes dans l'incapacité de vous fournir la liste complète des personnes détenues sur cette île et dans d'autres prisons au nom de qui est faite cette demande.

Avant notre condamnation et notre emprisonnement, nous sommes[1] membres d'organisations politiques bien connues qui luttaient contre la persécution politique et raciale et nous demandions de pleins droits politiques pour les Africains, les métis et les Indiens de ce pays.

Nous rejetions, comme nous le faisons encore aujourd'hui, toutes les formes de domination blanche et, en particulier, la politique de développement séparé, et nous exigions une Afrique du Sud débarrassée des maux nés de l'oppression de la couleur, dans laquelle tous les Sud-Africains, sans tenir compte de leur couleur ou de leurs opinions, vivraient ensemble dans la paix et l'harmonie sur la base de l'égalité.

Tous, sans exception, nous avons été jugés et condamnés pour les activités politiques dans lesquelles nous nous sommes engagés afin de lutter pour la victoire du droit de notre peuple à l'autodétermination, reconnu dans le monde civilisé comme le droit de naissance inaliénable de tous les êtres humains. Ces activités nous ont été inspirées par le désir de résister aux politiques raciales et aux lois injustes qui violent le principe des droits de l'homme et des libertés fondamentales, à la base de tout gouvernement démocratique.

Dans le passé, les gouvernements sud-africains ont traité les personnes reconnues coupables de délits de cette nature comme des contrevenants qui, dans certains cas, ont été libérés de prison long-

1. La lettre a été tapée à la machine par un fonctionnaire de la prison et le présent « nous sommes » plutôt que « nous étions » a dû être tapé par erreur.

temps avant d'avoir purgé leur peine. À cet égard, nous vous renvoyons aux cas des généraux Christiaan De Wet et J. C. G. Kemp et d'autres, condamnés pour haute trahison dans la révolte de 1914. Sous bien des aspects, leur cas était plus grave que le nôtre. 12 000 rebelles ont pris les armes et il y a eu pas moins de 322 morts et blessés. De nombreuses villes ont été occupées, on a constaté des dégâts considérables sur les installations gouvernementales, et les plaintes pour dommages aux biens privés représentaient 500 000 rands. Ces actes de violence ont été commis par des Blancs qui jouissaient de tous les droits politiques, qui étaient membres de partis politiques légaux, qui avaient des journaux leur permettant de rendre publiques leurs idées. Ils pouvaient se déplacer librement et trouver des soutiens du nord au sud du pays qui épousaient leur cause. Ils n'avaient aucune justification de quelque nature que ce soit pour avoir recours à la violence. Le leader des rebelles de l'État libre d'Orange, De Wet, a été condamné à six ans d'emprisonnement et à une amende de 4 000 rands. Kemp a été condamné à sept ans d'emprisonnement et à une amende de 2 000 rands. Les autres ont été condamnés à des peines comparativement moins lourdes.

En dépit de la gravité de leurs crimes, De Wet a été libéré six mois après sa condamnation et les autres au bout d'un an. Ces événements ont eu lieu il y a un peu plus d'un demi-siècle et, cependant, le gouvernement de l'époque s'est montré moins intransigeant dans la façon de traiter cette catégorie de prisonniers que le gouvernement actuel semble prêt à le faire cinquante-quatre ans plus tard, avec des hommes politiques noirs qui avaient plus de raisons d'avoir recours à la violence que les rebelles de 1914. Ce gouvernement a systématiquement rejeté nos aspirations, interdit nos organisations politiques et imposé de sévères restrictions aux militants connus et aux ouvriers.

Jeter en prison des centaines de personnes, innocentes en dehors de leurs engagements, a causé des souffrances et brisé des familles. Et finalement cela a créé un règne de terreur sans précédent dans l'histoire de notre pays et fermé toutes les voies de la lutte constitutionnelle. Dans une telle situation, le recours à la violence était une alternative inévitable pour des combattants de la liberté qui avaient le courage de leurs convictions. Aucun homme de principe et d'intégrité n'aurait pu faire autrement[1]. Se croiser les bras aurait signifié se rendre à un gouvernement de la minorité et trahir notre cause. L'histoire du monde en général et celle de l'Afrique du Sud en particulier nous enseignent que, dans certains cas, le recours à la violence est parfaitement légitime.

En libérant les rebelles peu après leur condamnation, le gouvernement de Botha et de Smuts a reconnu ce fait vital. Nous sommes persuadés que notre cas n'est pas différent et, en conséquence, nous vous demandons de faire que ce privilège nous soit accessible. Comme indiqué ci-dessus, il y a eu 322 victimes dans la rébellion.

Par contraste, nous attirons votre attention sur le fait qu'en commettant des actes de sabotage nous avons pris des précautions particulières pour éviter la perte de vies humaines, un fait qui a été expressément reconnu à la fois par le juge[2] et par l'accusation dans le procès de Rivonia[3].

L'examen de la liste jointe montre que, si l'on utilise le cas de De Wet comme modèle, chacun d'entre nous devrait déjà avoir été libéré. Sur les 23 personnes dont les noms figurent sur la liste, 8 sont

---

1. Au moment de l'arrestation de Mandela, Umkhonto we Sizwe (MK) avait commencé depuis le 16 décembre 1961 à poser des bombes dans des endroits comme des bureaux municipaux et des postes, des bureaux pour les *pass*, un bureau pour le déplacement de populations et une centrale électrique, après les heures de fermeture pour éviter de faire des victimes. À ce stade il n'y avait eu aucune perte humaine. Mandela était à l'étranger du 11 janvier au 24 juillet 1962.

2. « L'avocat de la défense a réussi à convaincre le juge que MK – et par conséquent les accusés – n'était pas responsable de tous les actes de sabotage », écrit Kenneth S. Broun dans *Saving Nelson Mandela. The Rivonia Trial and the Fate of South Africa*, Oxford University Press, 2012, p. 147. « Ce fait a également été reconnu par le tribunal pendant le dernier débat et soutient un autre point – peut-être encore plus important –, l'impossibilité pour le juge de demander la peine de mort. En réalité, aucun acte de sabotage attribué aux accusés ou à leur organisation n'a entraîné la mort ou la blessure de quelqu'un. »

3. L'avocat Joel Joffe a écrit que son collègue Arthur Chaskalson avait montré que « sur 193 actes de sabotage dont l'État avait prouvé la réalité, seulement une douzaine avaient été prouvés légalement » et « aucun n'avait impliqué un danger pour une vie humaine ». Joel Joffe, *The State vs Nelson Mandela. The Trial that Changed South Africa*, *op. cit.*

condamnées à un emprisonnement à vie, 10 exécutent une peine de dix à vingt ans, et 5 ont été condamnées à une peine allant de deux à dix ans de prison.

Parmi les condamnés à la prison à vie, 7 ont accompli quatre ans et dix mois, et l'un d'eux a accompli quatre ans et quatre mois. L'homme condamné à la sentence la plus lourde, parmi ceux qui ont une peine allant de dix à vingt ans, est Billy Nair[1] qui a déjà accompli le quart de sa peine. Joe Gqabi[2], Samson Fadana et Andrew Masondo[3], les premiers à avoir été condamnés dans ce groupe, ont chacun accompli six ans de leur peine respective de douze, huit et treize ans. Les derniers de ce même groupe étaient Jackson Fuzile[4] et Johannes Dangala, ils ont été condamnés respectivement à douze et sept ans. Fuzile a accompli un quart de sa peine alors que Dangala aura purgé exactement la moitié de la sienne le 19 mai 1969. Chaque homme condamné entre deux et dix ans a exécuté au moins un quart de sa peine.

L'examen des cas de Robey Leibbrandt[5], Holm[6], Pienaar, Strauss[7] et autres ne fait que renforcer notre demande de libération. Leibbrandt,

1. Billy Nair (1929-2008), militant antiapartheid accusé de sabotage pour ses activités à MK en 1963. Il était emprisonné en section B avec Mandela sur Robben Island. Il a été libéré en 1984 – voir Glossaire.

2. Joe Gqabi (1929-2008), condamné pour sabotage et pour ses activités à MK, emprisonné à Robben Island pendant dix ans sur treize.

3. Andrew Masondo (1936-2008), condamné pour sabotage et pour ses activités à MK, emprisonné sur Robben Island pendant treize ans.

4. Jackson Fuzile, condamné pour sabotage à douze ans d'emprisonnement.

5. Sidney Robey Leibbrandt (1913-1966), boxeur olympique d'origine allemande et écossaise, partisan du nazisme qui, après s'être entraîné dans l'armée allemande, est devenu un élément central de l'opération Weissdorn, approuvée par Hitler, ayant pour but d'assassiner le général Jan Smuts, chef du gouvernement sud-africain, et de faire un coup d'État en Afrique du Sud. Il a été condamné à la peine de mort pour trahison, mais Smuts a commué sa peine en prison à vie. Quand le Parti national est arrivé au pouvoir en 1948, il a été gracié et libéré.

6. Eric Holm, engagé par la Zeesen Radio qui diffusait de la propagande nazie en Afrique du Sud.

7. Mandela fait peut-être référence à Strauss von Moltke, ancien leader de Greyshirts (Chemises grises), une organisation fasciste sud-africaine qui sympathisait avec les nazis allemands et qui a remis aux éléments antisémites du Parti national sud-africain des documents volés au Bureau juif des députés.

citoyen de l'Union sud-africaine[1], était originaire d'Allemagne, à une époque où ce pays était en guerre avec l'Union sud-africaine. Il a mis sur pied une organisation paramilitaire clandestine dans le but de renverser le gouvernement et de le remplacer par un gouvernement conçu sur le modèle de l'Allemagne nazie. Il a été reconnu coupable de haute trahison et condamné à la peine de mort, plus tard commuée en peine de prison à vie. Holm, Pienaar et Strauss ont été emprisonnés pour haute trahison, parce qu'on a prétendu qu'ils avaient collaboré avec l'ennemi en dénonçant la guerre de l'Union sud-africaine et de ses alliés. Cependant, en arrivant au pouvoir, le gouvernement actuel les a libérés ainsi que d'autres prisonniers condamnés pour trahison et sabotage, en dépit du fait qu'ils avaient été arrêtés dans des circonstances qui les faisaient apparaître aux yeux de nombreux Sud-Africains comme des traîtres à leur propre pays. À nouveau, par contraste, nous attirons votre attention sur le fait que nos activités ont toujours été fondées sur le plus noble des idéaux que l'homme peut chérir, à savoir le désir d'aider notre peuple dans sa juste lutte pour se libérer d'un gouvernement fondé sur l'injustice et l'inégalité.

En outre, nous tenons à vous rappeler qu'en 1966, votre prédécesseur a libéré Spike De Keller[2], Stephanie Kemp[3], Allan Brooks[4] et Tony Trew[5] dont les noms (cités dans la liste jointe) sont apparus à l'origine avec celui de Edward Joseph Daniels[6] sous l'accusation de sabotage. Kemp, Brooks et Trew ont plaidé coupables d'une autre accusation et on a ordonné la séparation des procès. Celui de Daniels

1. L'Union sud-africaine a été formée en 1910 à partir des quatre colonies autonomes du Cap, du Natal, du Transvaal et de la colonie du fleuve Orange.

2. David « Spike » De Keller, membre de l'African Resistance Movement et du Parti libéral, qui a passé un an en prison.

3. Stephanie Kemp (1941-), membre de l'African Resistance Movement et du Parti communiste qui a passé un an en prison.

4. Allan Brooks (1940-2008), membre de l'African Resistance Movement et du Parti communiste qui a passé un an en prison.

5. Tony Trew (1941-), membre de l'African Resistance Movement qui a passé un an en prison.

6. Eddie Daniels (1928-2017), membre de l'African Resistance Movement qui a passé quinze ans à Robben Island – voir Glossaire.

et de De Keller s'est poursuivi sous l'accusation principale et, le 17 novembre 1964, ils ont été reconnus coupables et condamnés respectivement à quinze et dix ans. Kemp, Brooks et Trew ont été reconnus coupables dans l'autre procès et condamnés respectivement à cinq, quatre et quatre ans de prison, chacun en partie avec sursis. On nous dit que De Keller a été libéré après avoir purgé environ deux ans, voire moins, de sa condamnation à dix ans de prison, alors que Kemp, Brooks et Trew étaient aussi libérés avant d'avoir purgé la totalité de leur peine.

Nous n'en voulons absolument pas à ces hommes, assez chanceux pour avoir été libérés et avoir ainsi échappé à l'épreuve de la prison et être heureux de mener maintenant une vie normale. Mais nous citons leur cas dans le seul but de montrer que notre requête est raisonnable, et aussi pour insister sur le fait qu'on attend d'un gouvernement de se montrer cohérent dans sa politique et d'accorder le même traitement à tous ses citoyens.

Il existe une différence importante entre notre affaire et celle de De Wet et Leibbrandt. Ils n'ont été libérés qu'après l'écrasement de leur rébellion et la défaite de l'Allemagne, alors qu'ils ne représentaient plus aucune menace pour la sûreté de l'État. Cependant, dans notre cas, on peut soutenir que notre révolution est préparée pour l'avenir et que des considérations de sécurité nécessitent que nous soyons traités différemment. En outre, nos convictions n'ont pas changé, nos rêves sont toujours les mêmes que lors de notre condamnation. Tout cela semble confirmer l'opinion que notre affaire est distincte des précédentes. Cependant, nous sommes sûrs que vous ne serez pas tenté de suivre ce raisonnement, car un tel débat impliquerait de sinistres conséquences. Cela signifierait que, si des considérations de sécurité exigent aujourd'hui que nous restions en prison, nous ne serons pas libérés avant d'avoir purgé la totalité de nos peines, à condition que la situation actuelle reste inchangée ou qu'elle s'aggrave. La vérité, c'est que le conflit racial qui menace sérieusement le pays est dû uniquement aux politiques à courte vue et aux crimes commis par ce gouvernement.

La seule façon d'éviter le désastre n'est pas de maintenir des hommes innocents en prison mais d'abandonner vos actions provocatrices et de mener des politiques raisonnables et éclairées. Si des troubles et des bains de sang se produisaient dans ce pays, le gouvernement en serait entièrement responsable. La répression permanente de nos aspirations et le recours à la coercition conduisent notre peuple à de plus en plus de violence. Ni vous ni moi ne pouvons prédire quel prix le pays aura encore à payer jusqu'à la fin de ces dissensions. La solution évidente consiste à nous libérer et à nous réunir autour d'une table ronde pour trouver une issue.

Notre principale demande est que vous nous libériez et, dans l'attente de votre décision, que nous soyons traités comme des prisonniers politiques. Cela signifie que l'on devrait nous fournir de la nourriture, des vêtements et des lits corrects, des journaux, des postes de radio, des bioscopes[1] [et] des contacts directs avec notre famille et nos amis, d'ici et de l'étranger. Le traitement en tant que prisonniers politiques implique la liberté d'accéder à toute lecture qui n'est pas interdite et d'écrire des livres destinés à la publication. Nous aimerions avoir le choix de travailler si nous le désirons et celui d'étudier les matières que nous préférons. À ce sujet, nous souhaitons signaler que les rebelles de 1914, ainsi que Leibbrandt et ses compagnons, qui tous étaient traités comme des prisonniers politiques, bénéficiaient de certains de ces privilèges.

Les autorités de la prison tentent de répondre à nos demandes pour que nous soyons traités comme des prisonniers politiques, en nous faisant remarquer que nous avons été condamnés par les tribunaux pour avoir violé les lois de ce pays, que nous sommes comme les autres criminels et que, par conséquent, nous ne pouvons être traités comme des politiques.

Il s'agit d'un argument fallacieux qui est un défi aux faits. Si l'on s'en tient là, De Wet, Kemp, Martitz, Leibbrandt et les autres étaient des criminels ordinaires. La trahison, le sabotage, l'appartenance à une organisation étaient des crimes comme aujourd'hui. Pourquoi ont-ils

1. Ancêtre du cinéma.

été traités différemment ? Il nous semble que l'unique différence entre les deux affaires est celle de la couleur de la peau.

De sérieuses différences d'opinion sur une question spécifique sont apparues entre les Blancs, et ceux qui échouent dans cette opposition née de ces différences, se retrouvent eux aussi derrière les barreaux. Sur toutes les autres questions, en particulier la question majeure de la couleur de la peau, vainqueurs et vaincus étaient d'accord. Le conflit ayant été résolu, il était possible pour le gouvernement d'adopter une attitude de conciliation et de se montrer indulgent envers les prisonniers. Mais aujourd'hui, la position est totalement différente. Cette fois, le défi vient non pas d'hommes blancs, mais principalement d'hommes politiques noirs qui ne sont pas d'accord avec le gouvernement sur presque tous les sujets. La victoire de notre cause signifie la fin de la loi des Blancs.

Dans cette situation, le gouvernement ne considère pas la prison comme une institution de réhabilitation mais comme un instrument de châtiment. Elle n'a pas pour but de nous préparer à mener une vie respectable et industrieuse après notre libération, et à jouer notre rôle en tant que membres dignes de la société. Elle a pour seul objet de nous punir et de nous écraser afin que nous n'ayons plus le courage ni la force de défendre nos idéaux. C'est notre punition pour avoir élevé la voix contre la tyrannie de la couleur. C'est la véritable explication pour les mauvais traitements que nous recevons en prison – pioche et pelle en permanence pendant les cinq dernières années, une nourriture misérable, le refus d'éléments culturels essentiels et l'isolement du monde extérieur à la prison. C'est la raison qui explique pourquoi les privilèges normalement accordés aux autres prisonniers, y compris les coupables de meurtre, de viol et de crimes impliquant la déloyauté, sont refusés aux prisonniers politiques.

Nous n'obtenons aucune remise de peine. Alors que les prisonniers ordinaires sont classés dans le groupe C au moment de leur admission, les prisonniers politiques sont mis dans le groupe D, ce qui implique le minimum de privilèges. Ceux qui parmi nous ont réussi à être dans le groupe A se voient refuser les privilèges dont profitent normalement les criminels du même groupe. Ils sont contraints de travailler avec une pioche et une pelle, ils n'ont pas le droit de recevoir de journaux, d'avoir une radio, du cinéma, des visites contact, et l'épicerie elle-même leur est donnée à contrecœur.

Comme indiqué au deuxième paragraphe ci-dessus, je fais cette demande au nom de mes camarades qui sont sur l'Île et dans d'autres prisons, et je suis persuadé que toute concession qui pourra être faite concernera tous les prisonniers sans exception.

La loi sur les prisons de 1959 vous donne les pouvoirs nécessaires pour nous accorder le soulagement que nous recherchons. D'après les dispositions de cette loi vous êtes habilité à nous libérer sur parole ou sous probation. C'est ainsi que De Wet et les autres condamnés ont été libérés.

En conclusion, nous notons que les années que nous avons passées sur cette île ont été des années difficiles[1]. Chacun d'entre nous ou presque a eu, d'une façon ou d'une autre, plus que sa part des épreuves que doivent affronter les prisonniers non blancs. Ces souffrances ont été parfois le résultat de l'indifférence de l'administration à nos problèmes, et parfois même d'une persécution évidente. Cela a quelque peu cessé et nous espérons même connaître des jours meilleurs. Nous tenons à ajouter que nous sommes persuadés que, lorsque vous examinerez cette demande, vous garderez à l'esprit que les idées qui nous inspirent et les convictions qui donnent forme et direction à nos activités constituent la seule solution aux problèmes de notre pays et que nous sommes en accord avec les conceptions éclairées de la famille humaine.

Nous vous prions, monsieur le ministre, d'agréer nos salutations distinguées,

[Signé N. Mandela]

---

1. En 1969, Mandela et les accusés du procès de Rivonia incarcérés sur Robben Island s'y trouvaient depuis près de cinq ans.

À Mme P. K. Madikizela, belle-mère de Winnie Mandela[1]

466/64 : Nelson Mandela : lettre en lieu de visite pour avril 1969.

4-5-69

Chère Maman,

Je peux enfin vous écrire ! J'avais prévu de le faire vers la fin de l'année dernière, mais la terrible nouvelle de la mort de Maman a totalement bouleversé ces plans. Zami[2] m'a écrit immédiatement après son retour et m'a donné d'amples détails de l'aide que vous et Bawo[3] lui avez apportée et de tout ce que vous avez fait en relation avec l'enterrement. Le 12 octobre, Sibali Timothy Mbuzo[4] est venu d'Umtata pour me voir. Dans son récit, il a particulièrement attiré mon attention sur votre présence à cette occasion.

Cela m'a apporté un peu de réconfort et de paix. Je n'avais jamais imaginé que je serais incapable d'enterrer Maman. Au contraire, j'avais toujours gardé l'espoir d'avoir le privilège de veiller sur elle dans son grand âge et d'être à ses côtés quand sonnerait l'heure fatale. Zami et moi, nous nous étions efforcés de la convaincre de venir vivre avec nous à Johannesburg, en lui faisant remarquer qu'elle serait plus près de l'hôpital de Baragwanath où elle pourrait avoir un suivi médical correct, et que venir dans le Reef[5] permettrait à Zami de veiller sur elle. J'en avais parlé avec Maman quand elle était venue me voir le 6/3/66 et à nouveau le 9/9/67. Mais elle avait toujours vécu à la campagne et restait attachée aux plaines et aux collines, aux gens merveilleux et à la vie simple. Elle avait passé plusieurs années à Johannesburg mais il lui était difficile de quitter la maison et les tombes de la famille.

1. La mère de Winnie Mandela mourut quand Winnie avait dix ans. Son père se remaria neuf ans plus tard avec une directrice d'école, Nophikela Hilda Madikizela.

2. Winnie Mandela.

3. Colombus Kokani Madikizela, le père de Winnie Mandela – voir Glossaire.

4. Sibali Timothy Mbuzo, proche parent du beau-frère de Mandela, Daniel Timakwe, leader de l'ANC dans le homeland du Transkei.

5. *Reef* signifie « filon ». À Johannesburg le Reef désigne l'or découvert en 1886 par l'Australien George Harrison. La ruée vers l'or est à l'origine de Johannesburg, aujourd'hui dans la province du Gauteng.

Je comprenais parfaitement ses vues et ses sentiments mais j'espérais encore réussir à la persuader de monter [jusqu'à Johannesburg].

Sa dernière visite a fait naître des sentiments mêlés en moi. J'avais toujours attendu ces visites et j'étais très heureux de la revoir une nouvelle fois. Mais son état physique m'avait inquiété. Elle avait perdu beaucoup de poids et ne se sentait pas bien.

Je l'ai regardée s'en aller lentement vers le bateau qui devait la ramener sur le continent et j'ai eu peur de la voir pour la dernière fois. Ensuite, je lui ai écrit pour la persuader de repenser à mon conseil d'aller dans le Rand[1]. Dans une réponse gaie et charmante elle m'a assuré qu'elle allait bien et elle a réussi à apaiser mes craintes. Je commençais à croire que mes inquiétudes étaient infondées quand j'ai reçu la tragique nouvelle. Mais les récits de Zami et de Sibali Timothy et particulièrement le fait de savoir que la famille et les amis étaient venus en nombre à l'enterrement, tout cela m'a soulagé. Ta présence ce jour-là et l'intérêt personnel que tu as manifesté ont pour moi une signification qu'aucun stylo ne peut décrire avec précision. Tout ce que je veux que tu saches, c'est que je pense à toi et à Bawo avec une grande affection.

J'ai été heureux d'apprendre que Bawo avait pris sa retraite. Les devoirs de sa charge très fatigants nous souciaient, Zami et moi, et nous avons été véritablement soulagés quand il s'est arrêté pour trouver un repos bien mérité qui, je l'espère, lui permettra de guérir complètement. Cela te donnera aussi la possibilité de le soigner et de lui fournir toute l'aide et l'attention nécessaires pour contenir la maladie. Je suis sûr que Sibali Mpumelelo, Nyawusa, Niki et Marsh[2], Nali et Sef[3], Bantu et Hubby[4], Lunga, Nyanya, Msutu et Tanduxolo[5], partagent assurément ces sentiments. Dans une de ses lettres, Zami m'a dit que tu n'allais pas bien toi non plus. J'attends ta lettre avec impatience dans laquelle tu me diras que tu es parfaitement remise.

---

1. Witwatersrand, une crête de 56 kilomètres dans la province du Gauteng.
2. Niki Xaba (1932-1985), sœur aînée de Winnie Mandela, et son mari Marshall Xaba.
3. Nancy Vutela, une sœur de Winnie Mandela, et son mari Sefton Vutela.
4. Nobantu Mniki, sœur de Winnie Mandela, et son mari Earl Mniki.
5. Msutu et Tanduxolo, frères de Winnie Mandela.

En mars de l'année dernière, Bawo m'a écrit et m'a dit qu'il avait l'intention de venir me voir quand il aurait pris sa retraite. Dans les circonstances présentes, il faut avoir été soi-même derrière les barreaux pour apprécier vraiment l'importance et la valeur d'une visite, en particulier de la famille. Rien ne me ferait un plus grand plaisir que de voir Bawo. Mais je me demande si, compte tenu de sa santé et de son âge, il ne serait pas trop risqué pour lui de faire ce voyage épuisant. Je serais heureux si vous pouviez réfléchir à la question à la lumière de ce que je viens de te dire.

Zami m'informe que Bawo a reçu une lettre spéciale de son ministère lui conseillant de ne pas envoyer les rapports que je lui ai demandés. À réception de cette information, j'ai immédiatement contacté le major Kellerman qui, à l'époque, était l'officier commandant de Robben Island. Il m'avait donné l'autorisation d'obtenir ces rapports, et il m'a assuré qu'il n'était absolument pas au courant de cette affaire et qu'il allait se renseigner à Pretoria. Malheureusement, il a été transféré quelques jours plus tard. Comme je ne veux pas importuner le nouvel officier commandant avec cette histoire, j'ai décidé de renoncer et je propose que nous considérions l'affaire comme close. Je suis désolé pour les dépenses que Bawo a pu engager et les soucis que cela a pu lui donner. Je crois que Msutu et Tanduxolo ont été interdits de séjour à Johannesburg. Où sont-ils maintenant et que font-ils ? Cette nouvelle m'a inquiété parce qu'ils aidaient beaucoup Zami. J'ai pensé à elle, aux pénibles expériences qu'elle a connues et aux nombreux problèmes auxquels elle a dû faire face à cause de mon absence. J'ai une très grande confiance en elle et ma sympathie pour elle n'a jamais été aussi forte. Mon seul espoir, c'est que je puisse un jour lui apporter la paix, le confort et le bonheur qui compenseront ses épouvantables épreuves.

À propos, et malgré la nature tragique de l'occasion, cela a été pour elle merveilleux de revenir chez elle et de te revoir, toi, Bawo et les membres de la famille. Elle et les enfants ont ressenti une affection et un amour authentiques qui leur ont fait du bien.

J'ai appris que la lettre que j'avais envoyée à Mpumelo avant que Nyawuza me rende visite le 30/12/67, et dans laquelle je parlais de questions familiales et d'amis, n'est jamais arrivée. Je n'ai pas eu de réponse à celle que j'ai écrite au docteur Mbekeni de Tsolo, en décembre dernier. Je prends la précaution d'envoyer celle-ci en recommandé pour être sûr que vous la recevrez.

Et maintenant, Maman ; j'aimerais que tu saches que je pense à toi et aux enfants avec affection. Mon meilleur souvenir à Mpumelolo et à Nyawusa, à Oncle Silas[1], Mleni, le chef Madikizela, et à Amlasogutya Onke[2], et, bien sûr, sans oublier Bawo.

Ton fils affectionné,
Nelson

Mme P. K. MADIKIZELA
MBONGWENI BUS SERVICE
BIZANA
TRANSKEI

En mai 1969, Winnie a été arrêtée dans sa maison de Soweto plongée dans l'obscurité, devant ses deux petites filles terrorisées. Elle a passé les quatorze mois suivants en détention, seule, ce qu'elle a appelé un « supplice mental détourné[3] *». En prison, elle a souffert d'anémie, de bronchite et de problèmes cardiaques.*

Pendant cette période, les parents ne savaient pas qui s'occupait des deux petites filles ni dans quelles conditions elles vivaient. Mandela ne pouvait être assuré que Winnie recevait bien ses lettres. Et l'on ne pouvait être sûr qu'une lettre était reçue que si une réponse y faisait référence. Alors que Winnie était harcelée par la police, on peut imaginer l'angoisse des deux parents prisonniers, tentant de prendre soin de leurs enfants.

Mandela écrivait à sa femme, à ses enfants et à différents membres de la famille dans une tentative désespérée de savoir ce qu'était la vie des petites filles en dehors de la prison.

1. Oncle de Winnie Mandela.
2. Toute la famille de Winnie Mandela.
3. Winnie Madikizela-Mandela. Sahm Venter et Zamawazi Dlamani Mandela, *Un cœur indompté*, Michel Lafon, 2014.

À Frank, Bernadt et Joffe, ses avocats

[D'une autre écriture] N. Mandela S.B.[1]

[Cachet] Réception de Robben Island, 20 mai 1969

MM. Frank, Bernadt et Joffe
PO Box 252
Le Cap

Chers messieurs,

À l'attention de M. Brown

J'apprends que ma femme a été arrêtée avec plusieurs autres personnes à Johannesburg et qu'elle est présentement en détention.

Dans ce contexte, je vous serais reconnaissant de demander à votre correspondant de Johannesburg de me fournir les informations suivantes :

1. La date de l'arrestation et la nature de l'accusation.
2. A-t-elle été libérée sous caution et quel en est le montant ?
3. Les noms et adresses de ses codétenus.
4. A-t-elle reçu ma lettre du 4 avril ?
5. Le nom de la personne, s'il y en a une, qui s'occupe de notre maison de Johannesburg.

Votre prompte attention sera grandement appréciée.

Sentiments les meilleurs,

[Signé NR Mandela]
NELSON MANDELA

1. S.B. indique qu'il s'agit d'une lettre spéciale. B pour « lettre » en afrikaans.

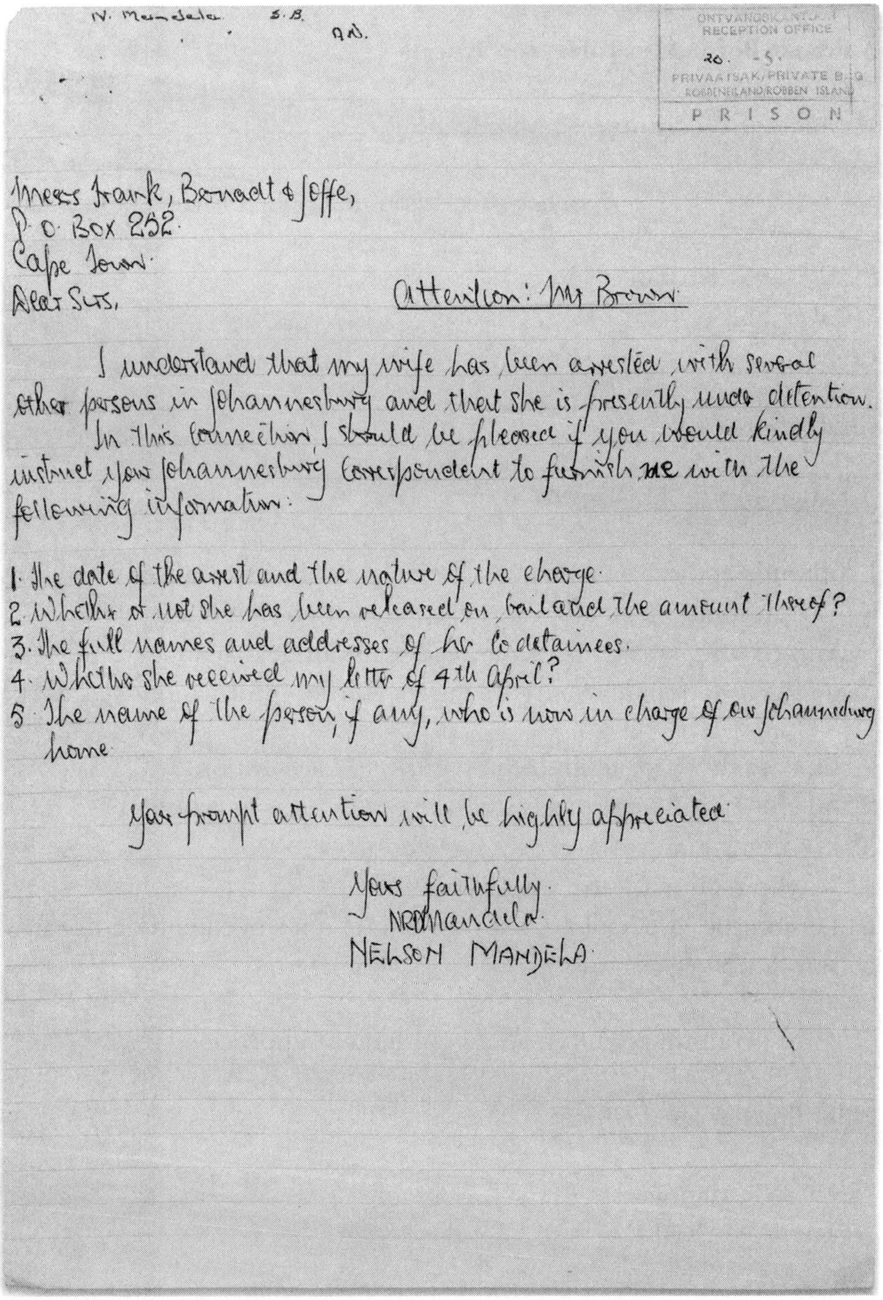

N. Mandela S.B.

A.D.

ONTVANGSKANTOOR
RECEPTION OFFICE
20 - 5 -
PRIVAATSAK/PRIVATE BAG
ROBBENEILAND/ROBBEN ISLAND
PRISON

Messrs Frank, Bernadt & Joffe,
P. O. Box 252.
Cape Town.

Dear Sirs, Attention: Mr Brown

I understand that my wife has been arrested, with several other persons in Johannesburg and that she is presently under detention.

In this connection, I should be pleased if you would kindly instruct your Johannesburg correspondent to furnish me with the following information:

1. The date of the arrest and the nature of the charge.
2. Whether or not she has been released on bail and the amount thereof?
3. The full names and addresses of her co-detainees.
4. Whether she received my letter of 4th April?
5. The name of the person, if any, who is now in charge of our Johannesburg home.

Your prompt attention will be highly appreciated.

Yours faithfully.
NRMandela.
NELSON MANDELA.

Lettre aux avocats Frank, Bernadt et Joffe, 20 mai 1969.

À Zenani et Zindzi Mandela, sa fille cadette et sa plus jeune fille

23.6.69

Mes chéries,

À nouveau, votre mère bien-aimée a été arrêtée par la police et aujourd'hui, Maman et Papa sont en prison. Mon cœur saigne quand je pense à elle, assise dans une cellule de commissariat loin de la maison, peut-être seule, sans personne à qui parler et sans rien à lire. Vingt-quatre heures sur vingt-quatre à penser à ses petites filles. Il peut se passer des mois, peut-être des années avant que vous puissiez la revoir. Pendant longtemps vous allez être comme des orphelines sans maison ni parents, sans l'amour, l'affection et la protection que Maman vous donnait. Vous n'aurez plus de fête d'anniversaire, ni de Noël, plus de cadeaux, de nouveaux vêtements, de nouvelles chaussures ni de jouets. Les jours ne sont plus quand, le soir, après avoir pris un bain chaud, vous alliez vous asseoir à table avec Maman pour déguster ses plats simples et succulents. Adieu les lits confortables, les chaudes couvertures et les draps propres qu'elle vous offrait. Elle ne sera plus là pour demander à des amis de vous emmener au cinéma, aux concerts et au théâtre ou pour vous raconter de belles histoires le soir, vous aider à lire des livres difficiles et répondre aux questions que vous aurez envie de lui poser. Impossible pour elle de vous donner l'aide et les conseils dont vous aurez besoin en grandissant et quand vous aurez de nouvelles difficultés. Peut-être que Maman et Papa ne vous rejoindront plus jamais dans notre maison, 8115 Orlando West, l'endroit du monde le plus cher à nos cœurs.

Ce n'est pas la première fois que Maman va en prison. En octobre 1958, quatre mois seulement après notre mariage, elle a été arrêtée avec deux mille femmes qui manifestaient contre les *pass* à Johannesburg[1] et elle

1. Au milieu des années 1950, le gouvernement national commença à attribuer des *pass* aux femmes noires. Elles devaient les porter en permanence. Ce fut suivi d'une série de manifestations et de campagnes qui entraînèrent des milliers d'arrestations. À l'époque, Winnie Mandela déclara : « Nous devons porter des *pass* que nous haïssons parce que nous ne pouvons avoir de maisons sans cela, nous ne pouvons avoir de travail sans cela, nous sommes chassées des villes sans cela, nous ne pouvons déclarer les naissances sans cela et nous ne sommes même pas censées mourir sans cela. »

est restée deux semaines en prison. L'année dernière, elle y est restée quatre jours mais maintenant qu'elle y est repartie, je ne peux pas vous dire combien de temps elle sera absente. Tout ce que je souhaite c'est que vous gardiez en mémoire votre mère courageuse et déterminée, qui aime le peuple de tout son cœur. Elle a abandonné le plaisir et le confort pour une vie pleine d'épreuves et de misères à cause de l'amour qu'elle a pour son peuple et son pays. Quand vous serez adultes et penserez aux désagréables expériences qu'a connues votre Maman et l'obstination avec laquelle elle est restée fidèle à ses opinions, vous commencerez à réaliser l'importance de sa contribution dans la bataille pour la vérité et la justice, pour lesquelles elle a sacrifié ses intérêts et son bonheur personnels.

Maman vient d'une famille riche et respectée. C'est une assistante sociale diplômée et, à l'époque de notre mariage, en juin 1958[1], elle avait un très bon emploi au Baragwanath Hospital. Elle y travaillait quand elle été arrêtée pour la première fois et, fin 1958, elle a perdu son travail. Plus tard, elle a travaillé dans la Société de protection de l'enfance, un emploi qu'elle aimait beaucoup. C'est à ce moment-là que le gouvernement lui a donné l'ordre de quitter Johannesburg, de rester à son domicile de 6 heures à 18 heures, avec interdiction d'assister à des réunions, d'entrer dans tout hôpital, école, université, tribunal, quartier, foyer et dans tout township africain, à part Orlando où elle habitait. Cet ordre lui a rendu difficile de continuer à travailler à la Société de protection de l'enfance, emploi qu'elle a aussi perdu.

À partir de ce moment-là, Maman a mené une vie compliquée en essayant de faire tourner la maison sans avoir de revenu fixe. Pourtant elle a réussi à vous acheter de quoi manger et de quoi vous habiller, à payer les frais de scolarité, le loyer et à m'envoyer régulièrement de l'argent.

J'ai quitté la maison en avril 1961, quand Zeni avait deux ans et Zindzi trois mois. Début janvier 1962, j'ai voyagé en Afrique, j'ai visité Londres pendant dix jours et je suis revenu en Afrique du Sud vers la fin juillet de la même année. J'ai été bouleversé quand j'ai revu Maman. Je l'avais quittée en bonne santé et brusquement elle avait perdu du poids, elle n'était plus que l'ombre d'elle-même. J'ai compris la tension que mon

1. Ils se sont mariés le 14 juin 1958 à Bizana, le village natal de Winnie Mandela dans le Transkei.

absence lui avait causée. J'attendais d'avoir le plaisir de lui raconter mon voyage, les pays que j'avais visités et les gens que j'avais rencontrés. Mais mon arrestation, le 5 août, a mis un terme à mon rêve.

Quand Maman a été arrêtée en 1958, je lui ai rendu visite chaque jour et je lui apportais de la nourriture et des fruits. J'étais fier d'elle, en particulier parce qu'elle avait pris la décision de rejoindre les autres femmes dans une manifestation contre les *pass*, décision prise librement sans que je lui aie suggéré quoi que ce soit. Mais je l'ai mieux connue au moment de ma propre arrestation. Immédiatement après, nos amis ici et dans le monde lui ont offert des bourses en lui conseillant de quitter le pays pour étudier à l'étranger. J'ai accueilli ces propositions avec plaisir car je pensais que des études l'empêcheraient de penser à ses ennuis. J'en ai parlé avec elle quand elle est venue me voir à la prison de Pretoria en octobre 1962. Elle m'a dit qu'elle serait probablement arrêtée et envoyée en prison, comme tout militant politique luttant pour la liberté devait s'y attendre, mais elle resterait dans le pays et souffrirait avec son peuple. Est-ce que vous comprenez maintenant comme votre Maman est courageuse ?

Ne vous faites pas de souci mes chéries, nous avons beaucoup d'amis ; ils prendront soin de vous et, un jour, Maman et Papa reviendront et vous ne serez plus des orphelines sans maison. Alors nous vivrons dans la paix et le bonheur comme toutes les familles normales. En attendant, vous devez bien travailler à l'école et passer vos examens en vous conduisant comme de gentilles filles. Maman et moi, nous vous écrirons souvent. J'espère que vous avez reçu la carte de Noël que je vous ai envoyée en décembre ainsi que les lettres que je vous écrites à toutes les deux le 4 février de cette année.

Avec tout mon amour et un million de baisers.

Affectueusement,
Papa

MLLES ZENI ET ZINDZI MANDELA
C/O MME IRIS NIKI XABA
PO BOX 23
DUBE VILLAGE
SOWETO,
JOHANNESBURG

À Winnie Mandela, son épouse

23.6.1969

Ma chérie,

La chose la plus précieuse que je possède ici, c'est la première lettre que tu m'as écrite le 20 décembre 1962, peu après ma première condamnation. Pendant ces derniers six ans et demi, je n'ai cessé de la lire et la relire et les sentiments qu'elle exprime me sont aussi chers et nouveaux que le jour où je l'ai reçue. Avec les aspirations et les conceptions que tu manifestes et le rôle que tu joues dans la bataille actuelle des idées, j'ai toujours su que tu serais arrêtée tôt ou tard. Mais quand je pense à tout ce que j'ai vécu, j'avais vaguement espéré qu'une telle calamité te serait épargnée et que tu ne connaîtrais pas le malheur et la douleur de la vie en prison. Aussi, quand la nouvelle de ton arrestation m'est parvenue le 17 mai, en pleine préparation de mes examens vingt-cinq jours plus tard, je me suis senti pris au dépourvu, glacé et seul. Que tu sois libre et que tu aies la possibilité de te déplacer dans certaines limites, a pour moi beaucoup d'importance. J'attends tes visites avec impatience ainsi que celles des membres de la famille et des amis que tu organisais avec ta compétence et ton enthousiasme habituels, sans compter tes merveilleuses cartes d'anniversaire, de mariage et de Noël que tu ne manquais jamais de m'envoyer, et l'argent que tu réussissais à réunir en dépit des difficultés. Ce qui rend ce désastre encore plus accablant, c'est le fait que ta dernière visite date du 21 décembre et que j'espérais que tu viendrais le mois dernier ou en juin. J'attendais aussi ta réponse à ma lettre du 2 avril dans laquelle je parlais de ta maladie et je te faisais des suggestions.

Pendant quelque temps, après avoir reçu cette nouvelle, mon esprit m'a semblé cesser de fonctionner et je suis revenu presque instinctivement vers ta lettre comme je l'ai toujours fait dans le passé chaque fois que ma résolution faiblissait ou chaque fois que j'ai voulu détourner mon esprit de problèmes qui me harcelaient.

« La plupart des gens ne se rendent pas compte que ta présence physique n'aurait rien signifié pour moi si les idéaux auxquels tu as consacré ta vie n'avaient pas été réalisés. Je trouve que vivre avec l'espoir est une chose merveilleuse. Nos vies brèves ensemble, mon amour, ont toujours été remplies d'espérance... Dans ces années terribles et violentes, je t'ai aimé comme jamais auparavant... Rien ne peut être aussi précieux que de prendre part à la formation de l'histoire d'un pays. »

Ce sont quelques diamants que contient cette lettre et, après l'avoir lue le 17 mai, je me suis senti à nouveau aux anges. Les désastres arriveront et s'en iront, laissant toujours leurs victimes soit complètement brisées, soit renforcées et plus expérimentées, capables de faire face à une nouvelle vague de défis. C'est précisément dans le moment présent qu'on doit se souvenir que l'espoir est une arme puissante qu'aucun pouvoir sur terre ne peut vous enlever ; rien ne peut être aussi précieux que de prendre part à la formation de l'histoire d'un pays. Les valeurs éternelles de la vie sociale et de la pensée ne peuvent être créées par des gens indifférents ou hostiles aux véritables aspirations d'une nation. Ceux qui n'ont ni âme ni sens de l'orgueil national ni aucun idéal ne peuvent supporter l'humiliation ou la défaite. Ils ne peuvent élaborer aucun héritage national, ils ne sont inspirés par aucune mission sacrée et ne peuvent faire naître ni martyrs ni héros nationaux. Aucun nouveau monde ne naîtra grâce à ceux qui se tiennent à distance, les bras croisés ; il naîtra grâce à ceux qui sont dans l'arène, dont les vêtements sont déchirés par les tempêtes et dont le corps est mutilé par l'affrontement. L'honneur appartient à ceux qui ne renoncent jamais à la vérité même quand tout semble sombre et menaçant, qui essaient encore et encore, que les insultes, l'humiliation ou la défaite ne découragent jamais. Depuis l'aube des temps, l'humanité a respecté et honoré les hommes courageux et honnêtes, des hommes et des femmes comme toi, ma chérie – une jeune fille ordinaire née dans un village de campagne à peine indiqué sur les cartes[1], femme d'un *kraal*[2] le plus humble même selon les critères paysans.

1. Le village de Winnie Mandela est Mbongweni, Bizana, Transkei.
2. Le *kraal*, en afrikaans, est un groupe de huttes entouré d'une clôture pour garder le bétail.

Ma dévotion à ton égard m'empêche d'en dire plus en public que je ne l'ai fait dans cette lettre qui doit passer dans de nombreuses mains. Un jour, nous aurons l'intimité qui nous permettra de partager les tendres pensées restées enfouies au fond de nos cœurs pendant ces huit dernières années.

En temps voulu, tu seras accusée et certainement condamnée. Je te propose d'en parler avec Niki dès que tu seras accusée afin de prendre les arrangements nécessaires pour l'argent en pensant aux études, à la toilette, aux provisions pour Noël et autres dépenses personnelles. Tu dois aussi prévoir qu'elle t'envoie dès que tu seras condamnée des photos avec un cadre de cuir. Par expérience, j'ai trouvé qu'une photo de famille est la chose la plus importante en prison et tu dois en avoir une dès le début. De mon côté tu auras toutes mes lettres mensuelles, ma chérie. J'ai écrit une longue lettre à Zeni et Zindzi, aux bons soins de Niki, en leur expliquant la situation pour tenter de les informer et les maintenir de bonne humeur. J'espère seulement qu'elles ont reçu ma lettre du 4 février. Le mois dernier, j'ai écrit à Maman[1] à Bizana et à Sidumo[2]. Ce mois-ci, j'écrirai à Tellie[3] et à oncle Marsh[4]. Je n'ai pas de nouvelles de Kgatho[5], Maki[6], Wonga[7], Sef[8], Gibson[9], Lily[10], Mthetho[11], et Amina[12] à qui j'ai écrit entre décembre et avril.

Il m'a été possible d'écrire cette lettre grâce à l'autorisation du général Aucamp et je suis sûr qu'il aura à cœur de t'aider si tu désirais y répondre, au cas où tu serais encore en détention. Si tu peux le faire, dis-moi si tu as reçu ma lettre d'avril. Dans cette attente, je veux que tu

1. La mère de Winnie Mandela.
2. Sidumo Mandela, un cousin.
3. Sœur traditionnelle de Mandela.
4. Le mari de Niki Xaba.
5. Makgatho Mandela (1950-2005), second fils de Mandela.
6. Makaziwe Mandela (1954-), fille aînée de Mandela.
7. K. D. Matanzima.
8. Sefton Vutela, son beau-frère.
9. Gibson Kente.
10. Lilian Ngoyi.
11. Le chef Mthetho Matanzima.
12. Amina Cachalia (1930-2013), amie et militante antiapartheid et pour le droit des femmes.

saches que je pense à toi à chaque instant de la journée. Bonne chance, ma chérie. Un million de baisers et des tonnes d'amour.

Avec dévouement,
Dalibunga

À Niki Xaba, sœur de son épouse

15.7.69

Ma chère Niki,

J'avais pensé écrire cette lettre à Oncle Marsh. Mais je te considère comme la mère de Zami et pas seulement comme sa sœur aînée, alors quand j'ai appris la détention de Nyanya[1], en plus de celle de Zami, je me suis rendu compte que tout cela avait dû te perturber. Dans ces circonstances, j'ai décidé de t'adresser cette lettre, à toi.

Dans la lettre que j'ai écrite à Maman, à Bizana, le 4 mai, je lui ai raconté que j'avais passé beaucoup de temps à penser à Zami, aux douloureuses expériences qu'elle vivait et aux nombreux problèmes qui l'attendaient à cause de mon absence. Je lui ai fait remarquer que la confiance que j'avais en elle ainsi que mon estime s'étaient grandement renforcées et que mon seul espoir était qu'un jour je pourrais lui apporter la paix, le bien-être et le bonheur pour compenser ces terribles épreuves. Je ne savais pas à ce moment-là que, huit jours plus tard seulement, Zami retournerait en prison. Son arrestation est un véritable malheur pour la famille et je dois avouer que je suis très inquiet. Elle ne va pas bien et la prison ne peut qu'aggraver son état[2]. Quand j'ai été arrêté, j'ai eu la chance qu'elle soit libre. Avant d'être condamnée, elle est venue me voir chaque jour de visite sans exception, elle m'apportait des plats délicieux et des vêtements propres, elle m'écrivait des lettres charmantes et elle n'a jamais manqué une seule

1. La plus jeune sœur de Winnie Mandela, Nonyaniso Madikizela, qu'on appelle aussi Nyanya.

2. Winnie Mandela était cardiaque.

journée lors de mes deux procès, auxquels elle amenait de nombreux amis et des parents, y compris ma mère. Je n'oublierai jamais le jour de la sentence lors du procès de Rivonia car, en plus de l'immense foule de partisans et de sympathisants, il y avait, assis derrière nous, Zami, Maman, Nali[1] et Nyanya. Ce fut un moment exceptionnel qui a rarement lieu dans la vie d'un homme et cela a renforcé mon amour et mon respect pour Zami et m'a rapproché de sa famille – Maman, Nali, Nyanya et vous tous. Pendant les cinq années passées sur cette île, Zami m'a rendu visite pas moins de neuf fois et elle a organisé dix autres visites qui m'ont maintenu en contact avec ma famille et avec les amis que j'estime et respecte énormément. Même quand elle avait de plus en plus de difficultés, plus de travail, des ennuis de santé, elle pensait d'abord et avant tout à mon bonheur et elle n'a jamais manqué de m'envoyer de l'argent, de merveilleuses lettres et des cartes pour mon anniversaire et notre anniversaire de mariage. Tout cela a signifié énormément de choses pour moi. Il faut avoir été détenu pour apprécier pleinement la vraie valeur de tout ce que nous considérons comme garanti dans la vie hors de la prison. Depuis presque sept ans que je suis ici, Zami est vraiment restée à mes côtés. Aujourd'hui, c'est son tour et elle a besoin de tout mon amour, de toute mon affection, de toute ma sympathie et de toute mon aide, mais je ne peux absolument rien faire pour elle. Aucune visite qui lui apporterait un peu de changement, toujours bienvenu dans cette routine déprimante à laquelle on est soumis, pas de bonnes provisions qui conviendraient à sa santé, aucune lettre chaleureuse et affectueuse pour lui rappeler d'heureux souvenirs. Si, en définitive, elle devait être condamnée, il me serait impossible de lui manifester ma solidarité par ma présence physique et je serais incapable de faire pour elle rien de ce qu'elle a fait pour moi qui étais prisonnier.

Le tendre visage des petits enfants déformés par la peur ou le sommeil, voyant leur mère chérie emmenée en pleine nuit, incapables de comprendre la situation, est un souvenir qui hante la plus intrépide des mères. Ajouté à cela que pendant des années ses enfants vont peut-être

1. Nali Nancy Vutela, sœur de Winnie Mandela.

vivre comme des orphelines et qu'elle n'aura absolument pas la possibilité de leur donner l'aide et les conseils dont ils auraient absolument besoin dans les années les plus critiques de leur vie. Je connais le dévouement de Zami pour ses filles et si quelque chose peut mettre en cause sa santé, c'est bien l'incertitude et l'insécurité qui les menacent aujourd'hui. Autant de raisons pour lesquelles je considère son arrestation comme un malheur pour la famille, Niki. Je ne suis pas en position de faire des prédictions et encore moins des prophéties. Mais, jusqu'ici, elle a montré qu'elle était une femme de grand courage restée fidèle à ses principes en dépit d'importants procès. Mon seul espoir, c'est qu'il lui sera possible de survivre à celui-ci, malgré sa santé médiocre. Je suis également fier de Nyanya et je l'aime beaucoup plus que par le passé. Je me dis parfois que si j'avais été à la maison ces huit dernières années, elle aurait fait de vrais progrès à la fois dans ses études et dans ses idées sur la vie. Dans ma dernière lettre à Bawo, je lui ai fait part de mes soucis concernant le fait qu'elle restait à la maison à ne rien faire et je lui ai dit qu'elle devrait au moins suivre une formation. J'espère qu'elle en bénéficiera.

Au moment d'écrire à Maman, j'attendais vraiment une visite de Zami car je ne l'avais vue qu'en décembre et je n'avais eu aucune visite depuis. Notre ami Radebe (Mgulwa[1]) devait venir me voir en février mais, pour des raisons qui me sont inconnues, il ne l'a pas fait. J'avais espéré cette visite parce qu'elle m'offrait la seule possibilité d'entendre parler de Zami et des enfants et apparemment aucune des lettres que je lui avais écrites depuis décembre dernier ne lui était parvenue. Le 28 juin, un autre ami proche, Moosa Dinath[2], qui venait de Johannesburg dans le but précis de me parler des problèmes de famille causés par la détention de Zami, n'est pas venu lui non plus et, à nouveau, les autorités de la prison ont été incapables de me fournir une explication pour cette conduite mystérieuse de mes visiteurs. Je sais maintenant qu'avant le 12 mai, Zami avait demandé un permis pour Kgatho pour le 24 mai.

1. Alfred Mgulwa (Radebe est son nom de clan), un oncle de Winnie Mandela.

2. La première fois que Mandela a rencontré Moosa Dinath, il était membre du Congrès indien du Transvaal et homme d'affaires à Johannesburg. Ils se sont retrouvés en prison en 1962 quand Mandela attendait son procès et que Dinath purgeait une peine pour fraude.

Les autorités ne m'ont même pas parlé de cette visite particulière. Le résultat, c'est que j'ai été complètement coupé de ma famille et de mes amis à un moment où un tel contact était absolument essentiel. Le 23 juin, j'ai écrit une longue lettre à Zeni et Zindzi que j'ai envoyée au général Aucamp, du quartier général à Pretoria, dans laquelle je lui demandais de te la transmettre. J'espère au moins que tu l'as reçue. En décembre, j'ai écrit à Nali, en février à Zeni et Zindzi, en mars à mon neveu Gibson Kente et à Lilian[1]. Toutes ces lettres étaient adressées au 8115 Orlando West. Le fait que je n'aie reçu aucun signe de réception m'amène à conclure que personne n'a reçu mes lettres et peut-être qu'Oncle Marsh fera une enquête et te le dira. J'ai écrit aussi à Tellie pour lui demander qu'elle se renseigne à propos des lettres à Kgatho et à Maki, de janvier et de février. J'ai été désolé d'apprendre que tu avais eu un accident de voiture et que tu as une jambe cassée. J'espère que tu vas mieux et j'attends d'avoir quelques détails dans ta prochaine lettre. Comment vont les enfants et quels sont leurs prénoms ? Quel âge ont-ils ? Combien d'enfants a Bantu ? Mon affection et mon meilleur souvenir à Marsh, Bantu et son mari, Tellie, Mfundo, etc.

Sincèrement,
Nel

MME NIKI IRIS XABA 8115 ORLANDO WEST, JOHANNESBURG

À Tellie Mtirara, une parente

Lettre à la place d'une visite en juin 1969.

15.7.69

Ma chère Nkosazana[2],

Je ne connais personne qui accueille favorablement les difficultés. C'est compréhensible parce que les problèmes interfèrent souvent avec les pro-

1. Lilian Ngoyi.
2. « Mademoiselle » en isiXhosa.

jets, le plaisir et le bonheur. Pire encore, ils peuvent apporter douleur et souffrance. La détention de Nobandla m'a vraiment ébranlé, précisément parce qu'elle entraîne tous ces dangers. Il se peut qu'elle reste en prison sans procès pendant des années. Si elle est enfin jugée, elle peut se voir infliger une lourde peine. Dans tous les cas, cela signifie de nombreuses années de séparation forcée d'avec ses enfants, sa famille, ses amis, ainsi que de nombreuses années de dur travail, de sueur et de refus des privilèges d'une personne libre. C'est un prix très lourd à payer. Mais, bien qu'ils soient toujours douloureux et désagréables, les problèmes peuvent avoir l'avantage de nous rappeler un des membres de la famille, fidèle et dévoué, vers lequel on se tourne instinctivement quand arrivent les difficultés. Depuis que je t'ai vue au tribunal au cours du procès de Rivonia, et en particulier quand tu as accompagné Nobandla au Cap en août 1964, j'ai eu l'intention de t'écrire pour te remercier de l'aide inépuisable que tu nous as donnée. Mais le fait même que tu sois un membre de la famille me conduit à considérer que tu as toujours su que j'avais pour toi la plus haute estime et tout à fait conscience du rôle important que tu joues à la maison en mon absence. Cela m'a donné l'excuse d'avoir quelque chose d'urgent à te dire pour t'écrire. Mais l'arrestation de Nobandla m'a coupé de la maison, de mes amis et de la famille, et maintenant je dois compter sur toi et sur Niki. Vous allez devoir toutes deux organiser mes visites et celles de Nobandla quand elle y aura droit.

J'ai déjà écrit à Niki pour lui demander qu'elle se renseigne pour savoir si Zeni et Zindzi, Nali, Gibson et Lilian avaient bien reçu les lettres que je leur ai envoyées. J'aimerais que tu me dises si Kgatho, Maki et Mme Amina Cachalia ont bien reçu les lettres que je leur ai aussi envoyées, respectivement en janvier, février et avril. J'aimerais avoir quelques informations supplémentaires à propos de Kgatho : comment se porte-t-il ? Est-il allé pour la circoncision[1] ? A-t-il été reçu aux examens qu'il a passés en mars ? Quel est actuellement son travail et quels sont ses projets d'avenir ? Peut-être peut-on lui conseiller de venir ici afin que nous en parlions. J'aimerais aussi savoir si Nobandla possède toujours la voiture et le téléphone de la maison et quelles dispositions

1. Rite traditionnel de passage à l'âge adulte. Mandela a été circoncis à seize ans.

ont été prises, si c'est le cas, pour le règlement des charges ? Comme tu le sais, dans la famille, nous avons un avocat qui, dans le passé, s'est occupé des problèmes de Nobandla et je te serais reconnaissant de me donner les noms du ou des avocats qui s'occupent de ses intérêts aujourd'hui et qui la défendront quand elle sera jugée. Dans ma lettre à Niki, je disais que cette année, j'espérais les visites de Kgatho, Moosa Dinath[1] et Alfred Mgulwa, mais aucun d'eux n'est venu et j'aimerais savoir pourquoi. En décembre, j'ai écrit au docteur Wonga Mbekeni[2], B. P. Tsolo[3], pour le remercier d'avoir assisté à l'enterrement de ma mère et pour sa contribution aux dépenses de la cérémonie. Je lui ai aussi présenté mes condoléances pour la mort de Nkosazana Nozipho[4] et je lui ai demandé de m'envoyer quelques informations que je lui ai indiquées. Comme il ne m'a pas répondu, j'ai pensé qu'il n'avait jamais reçu cette lettre importante. Mais il faut que tu me répondes tout de suite, sans attendre la réponse de Wonga. Tu pourras me l'envoyer plus tard quand tu auras eu de ses nouvelles.

Saurais-tu où est détenue Nyanya ? Si tu peux communiquer avec elle, dis-lui que je l'aime et qu'elle sache que je suis très fier d'elle. Transmets aussi tout mon amour et toute mon estime à Amakhosazana Nombulelo et à Nobatembu[5], et dis-moi si Nombulelo travaille toujours dans la fabrique d'édredons de Selby. Puis il y a Nkosazana Nqonqi[6] pour qui j'ai la plus grande admiration et le plus grand respect. Elle a toujours été pour moi ferme comme un roc. En 1942, elle habitait près de la centrale électrique à Orlando East. Puis elle a déménagé à côté de la mairie, plus tard à Jabavu, et enfin à Killarney. Je suis allé

1. Moosa Dinath et sa femme, Maud Katzenellenbogen, devenue l'amie de Winnie Mandela, ont mis au point un plan pour faire évader Mandela mais il a été mis en sommeil parce que Winnie a eu des soupçons.

2. Cousin de Mandela qui a négocié son mariage avec Winnie Madikizela, avec ses oncles et autres anciens de la famille et qui était, à l'époque, président de l'association médicale du Transkei.

3. Boîte postale de Tsolo au Transkei.

4. Nozipho Mbekeni était infirmière et sœur de Wonga Mbekeni, un cousin de Mandela.

5. *Amakhosazana* signifie « demoiselle ». Nombulelo Judith Mtirara est une sœur de Sabata Jonguhlanga Dalindyebo et Nobatembu est la sœur du cousin de Mandela.

6. Nqonqi Mtirara, cousine de Mandela.

dans ces trois endroits et elle se montrait très chaleureuse comme avec les membres de la famille. Quand j'ai épousé Nobandla elle vivait avec elle à Killarney. Un de mes souhaits, c'est qu'elle vive assez longtemps pour que je sois libéré et qu'ainsi j'aie la possibilité de la remercier pour ce qu'elle a fait pour moi et pour Nobandla. Tu me parleras bien sûr de l'enfant qui doit être grand maintenant.

L'année dernière, j'ai reçu des lettres extraordinaires de Jonguhlanga, Nkosikazi, NoEngland[1] et du chef Vulindlela[2]. Au cours des presque sept années que j'ai passées en prison, j'ai reçu plusieurs lettres d'amis qui se trouvaient dans différents endroits du pays et que j'estimais beaucoup. Mais les lettres de la famille ont pour moi une signification particulière surtout quand elles viennent de gens comme Abahlekazi[3] et Nkosikazi[4], cités plus haut, qui ont fait d'énormes sacrifices pour moi et en qui j'ai entièrement confiance. Quant à toi, Nkosana[5], il me suffit de dire que j'ai vécu avec toi depuis le début des années cinquante, et parmi tes qualités il y a l'honnêteté, l'amour et le dévouement envers la famille. La liberté et la franchise avec lesquelles tu abordais les problèmes avec moi et tes critiques constructives m'ont laissé une profonde impression que je n'ai toujours pas oubliée. Avec des gens comme toi et Niki près de la maison, je n'ai pas à m'inquiéter. Je suis sûr que tous les deux vous ferez tout votre possible pour que tout se passe bien. Mon affection et mon estime à Nkosazana Samela[6] et son mari, et à Mtsobise[7].

Cordialement,
Tat'omncinci[8]

Mlle TELLIE MTIRARA
8115 ORLANDO WEST, JOHANNESBURG

---

1. Épouse du chef régent Jongintaba Dalindyebo.
2. Le chef Vulindlela Mtirara/Matanzima, chef thembu et parent de Mandela.
3. « Ceux cités plus haut » en isiXhosa, Jonguhlanga et le chef Vulindlela Mtirara.
4. « Madame » en isiXhosa.
5. « Mademoiselle » en isiXhosa.
6. Samela Mtirara, une parente de Mandela. *Nkosazana* siginifie « mademoiselle » ou « princesse » en isiXhosa.
7. Olive Nomfundo Mandela, la fille de la sœur de Mandela, Notancu.
8. « Plus jeune oncle » ou « descendant du même clan » en isiXhosa.

Comme si l'année 1969 ne pouvait être pire, un télégramme est arrivé contenant une nouvelle dévastatrice. Le fils aîné de Mandela, Madiba Thembekile « Thembi », venait d'être tué dans un accident de voiture au Cap. Sa femme, Thoko, avait survécu à la collision mais la mort laissait deux petites filles orphelines de leur père. Mandela n'avait pas encore rencontré sa belle-fille ni ses deux petites-filles, Nandi[1] *et Ndileka. Il devrait pour cela attendre qu'elles aient seize ans, l'âge requis pour les visites.*

Winnie Mandela était toujours en prison et il laissa éclater sa douleur auprès d'elle, de la mère de Thembi – sa première femme Evelyn – et auprès de beaucoup d'autres membres de la famille. Les lettres restaient le dernier moyen de tenir son lointain rôle de père et elles ne suffisaient pas, sans compter leur parcours imprévisible dans le monde extérieur. Incapable de consoler quelqu'un physiquement ou de se tenir près de la tombe lors de l'enterrement de son fils, Mandela dut s'appuyer sur le soutien de ses camarades et sur sa propre force.

Quand ils ont été libérés, les camarades de Mandela purent parler de leur angoisse en le voyant drapé dans une couverture blanche de la prison, assis dans sa cellule, avec son ami Walter Sisulu à ses côtés.

À Winnie Mandela, son épouse

Lettre spéciale à Zami

16.7.69

Ma chérie,

Cet après-midi, l'officier commandant a reçu le télégramme suivant, envoyé par l'avocat Mendel Levin[2] :

1. Nandi Mandela, deuxième petite-fille de Nelson Mandela – voir Glossaire.

2. Mendel Levin était l'avocat que Maud Katzenellenbogen avait proposé pour la défense de Winnie Mandela. Après consultation avec Mandela elle ne fit pas appel à

« SVP Informer Nelson Mandela que son [fils] Thembekile est mort 13 heures suite accident voiture au Cap. »

Il m'est difficile de croire que je ne reverrai jamais Thembi. Le 23 février de cette année il avait eu vingt-quatre ans. Je l'avais vu fin juillet 1962, quelques jours après mon retour de voyage à l'étranger. C'était un garçon vigoureux de dix-sept ans que je n'ai jamais pu associer à la mort. Il portait un de mes pantalons légèrement trop grand et trop long pour lui. Cela était significatif et m'a fait réfléchir. Comme tu le sais, il possédait beaucoup de vêtements et n'avait aucune raison de porter les miens. J'ai été profondément touché par les éléments affectifs qui expliquaient manifestement son geste. Pendant les jours qui ont suivi, j'ai été bouleversé en me rendant compte de la pression et du stress que mon absence de la maison avait imposés à mes enfants. Je me suis souvenu d'un incident qui avait eu lieu en décembre 1956 alors que j'étais prisonnier au Fort de Johannesburg et que j'attendais mon procès. À l'époque, Kgatho avait six ans et vivait à Orlando East. Il savait parfaitement que j'étais en prison et il est pourtant venu à Orlando West et a dit à Maman[1] que je lui manquais. Cette nuit-là, il a dormi dans mon lit.

Mais revenons à ma rencontre avec Thembi. Il était venu me dire au revoir alors qu'il allait en pension. Lors de son arrivée, il m'a dit un bonjour très chaleureux et m'a tenu fermement la main pendant quelque temps. Ensuite, nous nous sommes assis et nous avons parlé. Nous avons évoqué ses études et il m'a donné, vu son âge, ce que j'ai considéré comme une très intéressante analyse du *Jules César* de Shakespeare et cela m'a beaucoup plu. Nous avons correspondu régulièrement depuis qu'il allait en classe à Matatiele et plus tard quand il est allé à Wodehouse[2]. En décembre 1960, je suis allé assez loin en voiture pour le rencontrer. Pendant toute cette période, je le considérais comme un enfant et je le voyais surtout sous cet angle. Notre conversation de 1962 m'a rappelé que je ne parlais plus à un enfant mais à quelqu'un qui devenait responsable dans la vie. Brusquement cet enfant était devenu un ami. J'étais un peu triste quand nous

lui et préféra Joel Carlson – voir Glossaire.

1. Il parle vraisemblablement de sa mère Nosekeni Fanny Mandela qui est restée chez eux pendant quelque temps.

2. Lycée de Cofimvaba, Transkei.

nous quittions. Je ne pouvais jamais l'accompagner à un arrêt de bus ni à la gare, car un hors-la-loi, ce que j'étais à l'époque, devait être prêt à abandonner même un important devoir paternel. Ainsi, c'était mon fils, non ! un ami, qui s'en allait seul pour se débrouiller dans un monde où je ne pouvais que le rencontrer secrètement et rarement. Je savais que tu lui avais acheté des vêtements et que tu lui avais donné de l'argent, mais j'ai quand même vidé mes poches et je lui ai donné toutes les pièces que peut se permettre de posséder un fugitif. Pendant le procès de Rivonia, un jour, il s'est assis derrière moi. Je n'arrêtais pas de me retourner, de lui faire des signes et un grand sourire. À l'époque, on croyait généralement que nous serions condamnés à la peine maximale et c'était clairement écrit sur son visage. Il me répondait d'un mouvement de la tête mais il ne me rendait pas mon sourire. Je n'ai jamais imaginé que je ne le reverrais plus. C'était il y a cinq ans.

Au cours des années qui ont suivi, dans tes lettres et tes visites, tu m'as donné d'intéressantes nouvelles de lui. J'étais particulièrement ravi de noter son attachement à la famille et l'intérêt personnel qu'il prenait à tout ce qui affectait ses relations. Cela apparaît dans la lettre chaleureuse qu'il m'a envoyée en juin 1967, quand il t'a rencontrée à l'aéroport et que tu es venue me voir le même mois, alors qu'il s'occupait de Maman au Cap, qu'il l'a conduite sur le port afin qu'elle embarque pour Robben Island et qu'il te rende visite quand il est monté à Johannesburg avec sa famille et qu'il a sorti Zeni et Zindzi. Je ne sais pas s'il a réussi à descendre pour voir la tombe de Maman. Il m'a envoyé des messages par l'intermédiaire de Kgatho et m'a fait l'honneur de me demander de choisir un prénom pour son bébé. Maki m'a dit aussi qu'il avait acheté des vêtements et des choses dont ils avaient besoin, à Kgatho et à elle. Je sais combien sa mort est un choc écrasant pour toi, ma chérie, et je t'écris pour t'assurer de ma plus profonde sympathie. J'ai envoyé nos condoléances à Ntoko[1]. Bien qu'emporté si tôt, il reposera en paix parce qu'il a fait son devoir envers ses parents, ses frère et sœurs et ses amis. Il va nous manquer. Quelle tristesse que, ni toi ni moi, ne puissions lui rendre les derniers hommages que des parents doivent rendre au fils

1. Evelyn Ntoko Mase, première épouse de Mandela et mère de Thembi.

bien-aimé qui nous a quittés. Perdre sa mère et son fils aîné et avoir sa compagne emprisonnée pour une période indéfinie, tout cela en l'espace de dix mois, est un fardeau trop lourd à porter pour un homme même encore jeune. Mais je ne me plains pas ma chérie. Tout ce que je veux, c'est que tu saches que tu es ma fierté et celle de toute la famille.

Tu ne m'as jamais autant manqué qu'en ce moment. C'est bon de s'en souvenir en ce jour de malheur et d'échec amer. L'écrivain P. J. Schoeman a raconté l'histoire d'un commandant en chef africain qui emmena à la chasse son armée de magnifiques guerriers noirs. Pendant la partie de chasse, le fils du commandant fut tué par une lionne et le commandant lui-même fut grièvement blessé par le fauve. On cautérisa la blessure avec une épée chauffée à blanc et le dignitaire blessé s'est tordu de douleur quand on soignait sa plaie. Plus tard, Schoeman demanda comment il se sentait et il répondit que la blessure invisible était plus douloureuse que l'autre. Je sais ce qu'a voulu dire le commandant. Je pense à toi à chaque moment de la journée. Tout mon amour et des millions de baisers, Mhlope.

Avec ferveur,
Dalibunga

NKOSIKAZI NOBANDLA MANDELA, 8115 ORLANDO WEST, JOHANNESBURG

À Evelyn Mandela, sa première épouse, mère de Thembi

16.7.69

Lettre spéciale
Chère Evelyn,

Cet après-midi l'officier commandant m'a dit que j'avais reçu un télégramme de l'avocat Mendel Levin de Johannesburg qui m'annonçait la mort de Thembi dans un accident de voiture au Cap, le 13 juillet.

Je t'écris pour te dire, à toi, à Kgatho et à Maki toute ma compassion. Je sais mieux que personne combien ce choc cruel doit t'accabler

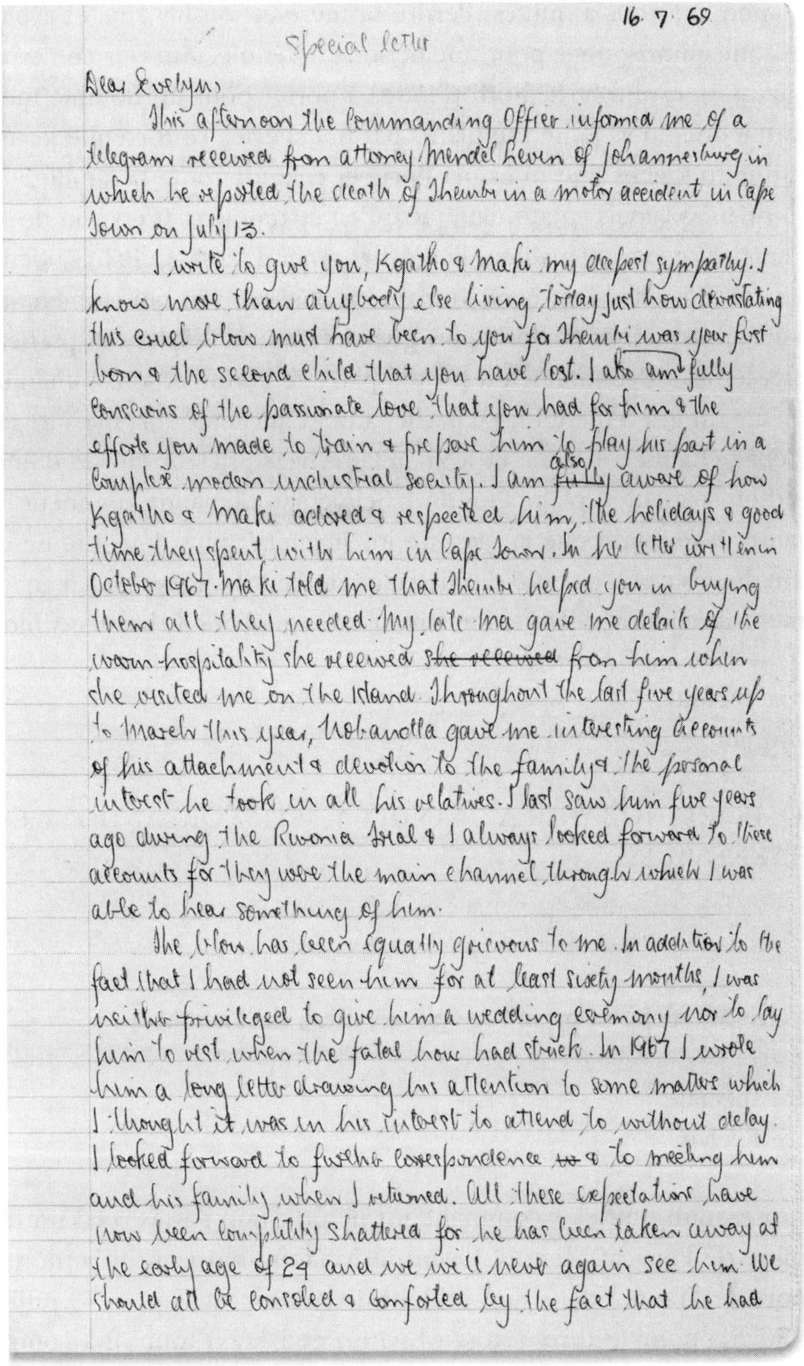

16.7.69

Special letter

Dear Evelyn,

This afternoon the Commanding Officer informed me of a telegram received from attorney Mendel Levin of Johannesburg in which he reported the death of Thembi in a motor accident in Cape Town on July 13.

I write to give you, Kgatho & Maki my deepest sympathy. I know more than anybody else living, today just how devastating this cruel blow must have been to you for Thembi was your first born & the second child that you have lost. I also am fully conscious of the passionate love that you had for him & the efforts you made to train & prepare him to play his part in a complex modern industrial society. I am also ~~fully~~ aware of how Kgatho & Maki adored & respected him, the holidays & good time they spent with him in Cape Town. In her letter written in October 1967 Maki told me that Thembi helped you in buying them all they needed. My late Ma gave me details of the warm hospitality she received ~~she received~~ from him when she visited me on the Island. Throughout the last five years up to March this year, Nobandla gave me interesting accounts of his attachment & devotion to the family & the personal interest he took in all his relatives. I last saw him five years ago during the Rivonia Trial & I always looked forward to these accounts for they were the main channel through which I was able to hear something of him.

The blow has been equally grievous to me. In addition to the fact that I had not seen him for at least sixty months, I was neither privileged to give him a wedding ceremony nor to lay him to rest when the fatal blow had struck. In 1967 I wrote him a long letter drawing his attention to some matters which I thought it was in his interest to attend to, without delay. I looked forward to further correspondence ~~to~~ & to meeting him and his family when I returned. All these expectations have now been completely shattered for he has been taken away at the early age of 24 and we will never again see him. We should all be consoled & comforted by the fact that he had

Lettre spéciale à Evelyn Mandela, 16 juillet 1969.

many good friends who join with us in mourning his passing away. He fulfilled all his duties to us as parents and has left us with an inheritance for which every parent is proud – a charming Molokazana & two lovely babies. Once more I extend to you, Kgatho & Maki my sincere condolences and trust that you will muster enough strength and courage to survive this painful tragedy. Fondest regards to Sam & Tshezi, to Nomanage, Lulu, Phindi, Nosisi, Nisco, Mangezi & Waza. Nobandla joins me in this message of sympathy.

Yours very sincerely,
Nelson.

parce que Thembi était ton premier enfant et le second que tu as perdu[1]. Je suis aussi tout à fait conscient de l'amour passionné que tu éprouvais pour lui et des efforts que tu as faits pour l'éduquer et le préparer à jouer son rôle dans une société moderne et industrielle complexe. Je sais aussi que Kgatho et Maki l'adoraient et le respectaient, les vacances et le bon temps qu'ils passaient avec lui au Cap. Dans la lettre qu'elle m'a écrite en octobre 1967, Maki me disait que Thembi t'aidait à leur acheter ce dont ils avaient besoin. Maman m'a donné des détails sur son hospitalité chaleureuse quand elle était venue me voir à Robben Island.

Au cours des cinq dernières années et jusqu'à ce mois de mars, Nobandla m'a parlé de son attachement et de son dévouement pour la famille ainsi que de l'intérêt personnel qu'il manifestait pour tous ses parents. La dernière fois que je l'ai vu, c'était pendant le procès de Rivonia et j'ai toujours attendu ces récits avec impatience car ils me permettaient d'apprendre quelque chose sur lui.

Cette nouvelle m'a aussi été cruelle. En plus du fait que je ne l'avais pas vu depuis au moins soixante mois, je n'ai pas eu le privilège de lui offrir une cérémonie de mariage ni de le coucher pour son dernier repos quand l'heure fatale a sonné. En 1967, je lui avais écrit une longue lettre pour attirer son attention sur certains sujets qu'il était dans son intérêt de prendre en compte sans délai. J'espérais que l'on correspondrait et que je le rencontrerais, lui et sa famille. Toutes ces attentes sont maintenant vaines car il a été emporté si jeune, à vingt-quatre ans, et nous ne nous reverrons jamais. Nous devrions être consolés et réconfortés par le fait qu'il avait beaucoup de bons amis qui nous rejoignent pour pleurer sa disparition. Il a rempli ses devoirs envers nous et il nous laisse un héritage qui fait la fierté de tous les parents – une charmante Molokazana[2] et deux bébés adorables. Une nouvelle fois, je vous adresse, à toi, à Kgatho et à Maki, mes sincères condoléances et je suis sûr que vous aurez assez de force et de courage pour survivre à cette douloureuse tragédie.

1. La première fille d'Evelyn est morte de maladie à neuf mois. Elle se prénommait Makaziwe, prénom qu'ils ont donné à leur seconde fille.

2. « Belle-fille » en isiXhosa. Il parle de la femme de Thembi, Thoko Mandela.

Mon meilleur souvenir à Sam et à Tshezi[1], à Nomanage, Lulu, Phindi, Nosisi, Mxolisi, Mongezi et Wasa[2]. Nobandla se joint à moi pour vous assurer de toute sa sympathie.

Sincèrement,
Nelson

Au colonel Van Aarde, officier commandant, Robben Island

22 juillet 1969

L'officier commandant
Robben Island

À l'attention du colonel Van Aarde

Mon fils aîné, Madiba Thembelike, âgé de vingt-quatre ans, est mort au Cap le 13 juillet 1969, suite aux blessures dues à un accident de voiture.

Je souhaite assister, à mes frais, à la cérémonie d'enterrement afin de rendre un dernier hommage à sa mémoire. Je ne sais pas où il sera enterré mais je suppose que ce sera au Cap, à Johannesburg ou à Umtata. En conséquence je vous serais reconnaissant de bien vouloir me donner la permission de me rendre immédiatement, avec ou sans escorte, là où il sera inhumé. S'il a déjà été enterré quand vous recevrez cette demande, je vous demanderais d'être autorisé à me rendre sur sa tombe pour « déposer la pierre tombale », la cérémonie traditionnelle réservée aux personnes qui n'ont pu assister à l'enterrement.

Mon plus fervent espoir, c'est qu'à cette occasion il vous soit possible de considérer cette demande avec plus d'humanité que vous avez traité une demande semblable adressée il y a à peine dix mois, en septembre 1968, pour assister à l'enterrement de ma mère. Une acceptation aurait été un acte généreux de votre part qui m'aurait laissé une très forte impression.

1. Frère et belle-sœur d'Evelyn Mandela.
2. Membres de la famille d'Evelyn Mandela.

Un tel geste humanitaire aurait considérablement apaisé le choc et le malheur d'un homme emprisonné qui perd sa mère et cela lui aurait donné la possibilité d'être présent au bord de sa tombe. Je dois ajouter que je n'ai pas revu mon fils décédé depuis cinq ans et vous comprendrez immédiatement à quel point je suis désireux d'assister à son enterrement.

Enfin, je voudrais attirer votre attention sur le fait que des précédents existent et que des gouvernements ont donné une suite favorable à des demandes de cette nature[1].

NELSON MANDELA[2]

À Makgatho Mandela, son plus jeune fils

28.7.69

Mon cher Kgatho,

J'ai reçu ton télégramme du 17 juillet m'annonçant la mort de Thembi dans un accident de voiture. La veille, l'officier commandant avait reçu le même télégramme envoyé par l'avocat Mendel Levin de Johannesburg. J'espère que ta mère[3] a reçu maintenant la lettre que je lui ai envoyée le 16 juillet pour lui présenter mes condoléances ainsi qu'à toi et à Maki.

C'est une loi sage de ne pas remâcher les malheurs passés, même s'ils peuvent sembler désastreux et nous devons essayer de nous réconcilier avec nous-mêmes malgré cette sinistre nouvelle que Thembi, ton frère bien-aimé, n'est plus et que nous ne le reverrons jamais. Quoi qu'il en soit, sa disparition est pour toute la famille une perte terrible qui laissera une blessure profonde et douloureuse et mettra des années à guérir.

Je pense à ta mère pour qui perdre un fils si jeune a dû être un choc terrible, un fils qui avait commencé à prendre en charge certains

1. Il fait vraisemblablement référence au premier Premier ministre de l'Inde, Jawahareal Nehru (1889-1964) et développe plus longuement ses arguments dans sa lettre à Nolusapho Irene Mkwayi du 29 septembre 1969. Voir ci-dessous et la note qui l'accompagne.

2. Dans sa lettre à Nolusapho Irene Mkwayi du 29 septembre 1969 (voir p. 175), il écrit que sa demande d'assister à l'enterrement a été « simplement ignorée ».

3. Evelyn Ntoko Mase.

devoirs très lourds et qui maintenant vont retomber sur elle. Je pense plus particulièrement à Maki parce que je me rends compte quel choc la mort de Thembi a dû être pour vous deux. Il vous aimait sincèrement et vous, en retour, l'aimiez beaucoup. Ce n'était pas seulement un frère pour vous, mais la personne vers laquelle vous vous tourniez pour trouver conseils et aide. Il était le bouclier qui vous protégeait des dangers et qui vous aidait à construire en vous la confiance et le courage dont vous avez besoin pour régler les nombreux problèmes que vous rencontrez en grandissant. Vous pouviez le prendre comme confident pour tout ce qu'un enfant hésite à confier à ses parents et, maintenant qu'il n'est plus, vous devez vous sentir perdus, seuls et tristes. Au Cap, il vous fournissait un toit où vous pouviez passer de belles vacances, rencontrer de nouveaux amis et apprendre des choses sur votre pays et votre peuple. Sa mort signifie que vous ne pourrez plus profiter de ces avantages et qu'à partir de maintenant vous devrez vous battre et remporter vos propres batailles en ne comptant que sur vous-mêmes.

Je pense qu'il est juste de mettre en avant une de ses principales qualités qui m'a profondément impressionné. Son amour et son dévouement à ton égard, et à l'égard de Maki, Zeni, Zindzi et les autres membres de la famille, ont façonné l'image d'un homme qui respectait les liens familiaux et qui était destiné à jouer un rôle important dans l'éducation et le développement des enfants. Il avait déjà acquis une position où il était devenu l'objet de l'amour de ses sœurs et l'admiration, le respect et un motif de fierté pour toute la famille.

Depuis le 8115[1], j'étais informé de son intérêt infatigable pour nous tous et des détails de son hospitalité lors des visites récentes de sa famille à Johannesburg. Sa grand-mère disparue[2] ne manquait jamais l'occasion de faire des compliments sur lui chaque fois qu'elle venait me voir et je regrette sincèrement que sa mort lui ait ôté l'opportunité de développer cette magnifique qualité au service de la famille.

Je déteste faire des sermons, Kgatho, même à mes propres enfants, et je préfère parler avec les gens sur une base d'égalité parfaite pour que mes opinions soient exprimées comme des conseils que la personne concernée

1. La maison de Mandela, Vilakazi Street, Orlando West, Johannesburg.
2. La mère de Mandela.

est libre d'accepter ou de rejeter, comme il lui plaît. Mais je manquerais à mes devoirs si je ne te disais pas que la mort de Thembi te donne une lourde responsabilité. Maintenant tu es l'aîné, tu dois garder la famille unie et être un exemple pour tes sœurs, la fierté de tes parents et de toute la famille. Cela signifie qu'il va te falloir travailler plus dur dans tes études, ne jamais te laisser décourager par les difficultés ou les revers et ne jamais abandonner la bataille même aux heures les plus noires. Souviens-toi que nous vivons une époque nouvelle d'exploits scientifiques, dont la plus stupéfiante est l'atterrissage d'un homme sur la Lune. C'est un événement extraordinaire qui enrichira la connaissance que l'homme a de l'univers et qui peut même aboutir à un changement ou une modification de nombreuses hypothèses dans le champ de la connaissance. La jeune génération doit se préparer afin de pouvoir saisir facilement les répercussions lointaines du développement de la conquête de l'espace. C'est un champ de compétition intense et violente, dans lequel les plus riches récompenses sont réservées à ceux qui ont suivi la formation la plus exigeante et qui ont atteint les plus hautes qualifications universitaires dans leurs domaines respectifs. Les questions qui agitent l'humanité aujourd'hui exigent des esprits formés et celui qui est en retard est handicapé parce qu'il ne possède pas les outils et l'équipement nécessaires pour assurer le succès et la victoire au service de son pays et de son peuple. Mener une vie réglée et disciplinée, renoncer aux plaisirs étincelants qui attirent le garçon moyen, travailler dur et méthodiquement dans tes études tout au long de l'année finiront par te faire obtenir des prix convoités et beaucoup de bonheur personnel. Cela donnera à tes sœurs l'envie de suivre l'exemple de leur frère bien-aimé et elles bénéficieront de tes connaissances scientifiques, de ta grande expérience, de ton assiduité et de tes résultats. En outre, les êtres humains aiment être associés à une personne travailleuse, disciplinée et qui réussit et, en cultivant ces qualités, tu te feras de nombreux amis. C'est sur cela que je voulais mettre l'accent. Peut-être voudras-tu en parler avec Sisi[1] Tellie au 8115 qui t'obtiendra un permis[2] afin que tu puisses venir et que nous discutions de l'avenir et de ta formation.

1. *Sisi* signifie « sœur » en isiXhosa et le mot est souvent utilisé pour désigner une personne du même âge.
2. Les visiteurs devaient obtenir un « permis ».

En janvier dernier, je t'ai écrit une longue lettre pour aborder précisément ce sujet et d'autres questions. J'ai écrit une lettre semblable à Maki le 16 février. Vous ne m'avez pas répondu, ce qui me fait suspecter que vous n'avez pas reçu mes lettres. J'ai fait une petite enquête et j'ai découvert que rien ne prouvait qu'elles vous aient été envoyées. J'ai été scandalisé d'apprendre que mes lettres ne vous soient pas parvenues, à vous, à d'autres membres de la famille et des amis, car ce sont les seuls moyens de communication que j'ai avec vous. J'espère enfin que tu recevras celle-ci. Fais-moi connaître, s'il te plaît, tes résultats.

Je dois aussi te remercier très sincèrement de m'avoir informé de la mort de Thembi et je penserai à toi dans cette tragédie familiale. Donne-moi le nom complet de Molokazana, son adresse actuelle ainsi que les noms d'Abazukulu[1].

Mes pensées à vous tous.

Avec mon affection,
Tata

M. MAKGATHO LEWANIKA MANDELA, 8115 ORLANDO WEST, JOHANNESBURG.

À Sefton Vutela, mari de Nancy (Nali) Vutela, sœur de son épouse Winnie Mandela

28.7.69

Mon cher Sef,

J'ai été scandalisé de découvrir que presque toutes les lettres que j'avais envoyées depuis décembre dernier aux membres de ma famille, à des relations et des amis, ne sont pas arrivées à destination, y compris celle que je t'ai écrite il y a sept mois. J'espère que celle-ci te parviendra

1. « Petits-enfants » en isiXhosa et en isiXulu ; Mandela fait référence aux enfants de Thembi et de Thoko Mandela, Ndileka (1965-) et Nandi (1968-) Mandela – voir Glossaire.

sans encombres et que les forces invisibles qui sont responsables de ces disparitions mystérieuses mais systématiques de ma correspondance et qui m'ont complètement coupé de ma famille et de mes amis, auront envie de se montrer beaux joueurs pour m'accorder un temps de repos et laisseront passer celle-ci.

J'ai une dette envers toi que j'aurai du mal à honorer. Le jour où mes camarades et moi avons été condamnés dans le procès de Rivonia[1], Nali, Zami, ma défunte mère et Nyanya étaient dans le public. Le crime dont nous avions été reconnus coupables la veille pouvait entraîner la peine capitale et beaucoup craignaient qu'au bout du compte nous soyons condamnés à rejoindre les légions innombrables des morts. En effet, le premier jour des délibérations, l'avocat s'est senti obligé de nous informer que l'accusation lui avait indiqué qu'elle demanderait la peine capitale contre certains accusés. La gravité de la situation était suffisamment pesante et on nous a informés que nous devions nous préparer à cette fin sinistre et cruelle de tous nos rêves. Je ne suis ni courageux ni audacieux et, depuis ma jeunesse, j'étais furieux de vivre et de n'être qu'un faible témoin des développements radicaux contre lesquels mes compatriotes avaient lutté avec tant de courage au cours des trois derniers siècles. Alors que des camarades disciplinés et consciencieux luttaient pour une noble cause, nous devions nous préparer à entreprendre toute tâche que l'histoire pouvait nous assigner, quel que soit le prix à payer. Tel était le principe qui a guidé nos carrières politiques et cela, même pendant les différentes étapes de notre procès. Cependant, je dois avouer que, pour ma part, la perspective de la mort ne m'a pas incité à jouer un rôle de martyr. Pourtant, j'étais décidé à le faire si nécessaire. Mais l'angoisse de vivre était toujours là. La familiarité ne nous entraîne pas à mépriser la main hideuse de la mort. La phase critique n'a duré que quelques heures et j'étais un homme inquiet et épuisé quand je suis allé me coucher le jour où j'ai compris la descente de police à Rivonia[2]. Mais, quand je me suis levé le lendemain matin, le pire était passé et j'avais retrouvé assez de force

1. Voir Glossaire.

2. Descente de police à la ferme de Liliesleaf, le 11 juillet 1963, au cours de laquelle les camarades de Mandela qui seraient jugés avec lui lors du procès de Rivonia furent arrêtés.

et de courage pour rationaliser le fait que, s'il n'y avait rien d'autre à faire pour défendre la cause que nous chérissions passionnément, la fin effrayante qui nous menaçait pouvait être utile sur des questions plus vastes. Cette certitude m'a servi à nourrir et soutenir mes maigres ressources jusqu'au dernier jour du procès. Mon courage a encore été renforcé par la conviction que notre cause était juste et par le large soutien que nous recevions d'organisations et d'individus influents des deux côtés de la barrière séparant les couleurs. Mais les fanfares et les hosannas entonnés par nous et nos soutiens seraient restés sans valeur si le courage nous avait abandonnés quand le moment décisif est arrivé[1]. Les foules immenses qui se sont réunies le jour où la sentence était prononcée, le 12 juin, nous ont vraiment soutenus. Quand nous sommes entrés dans le tribunal ce matin-là, mes yeux sont tombés immédiatement sur Nyanya, Nali, Maman et Zami. Maman et Zami ont toujours été fermes comme un roc et elles avaient très souvent réussi à me pousser pour que j'aille au-delà de mes talents limités. J'étais heureux de les voir en cette occasion. Mais la présence de Nali a été comme un coup de fouet ; elle avait une signification qui allait bien au-delà de la simple présence d'une belle-sœur. J'ai considéré cela comme un acte de solidarité de votre part parce que le principe essentiel était en jeu. C'est un jour que je n'oublierai jamais.

En 1967, Nali a fait le voyage de 1 500 kilomètres, de Johannesburg au Cap, et elle est arrivée dans l'Île le 4 février. Elle m'a rendu une visite qui m'a enflammé. Elle semblait terriblement bien et j'ai été très heureux de la revoir.

Quelque temps auparavant, tu m'avais envoyé le matériel dont j'avais besoin pour mes études et ta signature au stylo dans les livres avait une grande signification pour moi. Avant tout, c'est l'aide inestimable que tu as apportée à Zami dont elle ne cessait de me parler dans ses lettres ou quand elle était devant moi. Il n'est peut-être pas hors de propos de rappeler que dans la vie normale, quand on est heureux et libre, on construit des tours d'ivoire dans lesquelles

1. Mandela et ses camarades ont reçu de nombreux soutiens d'Afrique du Sud et de l'étranger pendant le procès de Rivonia. Le courage dont il parle est en rapport avec la peine de mort à laquelle ils s'attendaient.

nous nous retirons et dans lesquelles nous nous gonflons d'orgueil et de vanité, nous traitons avec indifférence et parfois un peu de mépris la générosité et l'affection des amis. Derrière les barreaux de telles tours artificielles s'effondrent facilement et les actes d'amitié deviennent des joyaux hors de prix. Je tiens à t'assurer en toute sincérité que j'apprécie énormément tout ce que toi et Nali avez fait pour moi et pour Zami. La région nord est à des kilomètres de ton village natal du Transkei, loin des plaines et des collines où tu as passé ton enfance, loin de tes amis et de ta famille. Souvent je pense longuement à toi et à Nali, d'innombrables idées me traversent l'esprit et tout ce que j'ai à dire en ce moment, c'est que je vous souhaite à vous deux et aux enfants (j'aimerais avoir de leurs nouvelles quand tu me répondras) santé et force, chance et fortune dans l'avenir.

Zami m'a aussi parlé de l'aide que lui a apportée Cameron[1], mon gentil beau-frère, et je serais heureux que tu aies la gentillesse de lui dire que son soutien m'a fait une profonde impression. Je n'ai pas eu le privilège de rencontrer sa femme mais j'espère la voir un jour. Je pense aussi à Tami et à Kha. Je ne sais pas s'il me sera facile de la reconnaître car je ne l'ai vue qu'une ou deux fois, mais je me souviens encore que c'est une très belle fille, comme le sont toutes les femmes Madikizela, sinon comment croirais-tu qu'elles ont réussi à nous traîner, toi, Tami et moi, devant l'autel ?

Mon meilleur souvenir à Tshutsha, NKOMO, VUYIZANA Dabane, Mthuthuet Joyce[2]. Tendres pensées à Nali.

Cordialement,
Nel

MLLE NANCY MADIKIZELA
C/O MME NIKI IRIS XABA
Maison n° 8115 ORLANDO WEST
JOHANNESBURG

1. Un des frères de Winnie Mandela.
2. Nothuthuzelo et Joyce Mgudlwa, parents de Winnie Mandela.

À Zenani et Zinzi Mandela, ses plus jeunes filles

3 août 1969

Mes chéries,

Le 17 juillet, j'ai reçu un télégramme de Kgatho dans lequel il me disait que Buti[1] Thembi, votre frère bien-aimé, avait été tué dans un accident de voiture. Cet accident a eu lieu à Touws River près du Cap, le 13 juillet. On m'a dit qu'en plus de Thembi, deux Européens, arrivés récemment d'Italie en Afrique du Sud, avaient trouvé la mort eux aussi. Votre frère sera enterré aujourd'hui à Johannesburg. Dans son télégramme, Kgatho me disait qu'il m'envoyait des détails sur la mort de Thembi. Mais les lettres mettent très longtemps à me parvenir et, au moment où je vous écris, la lettre de Kgatho n'est pas arrivée, je suis donc incapable de vous en dire plus.

Je vous écris de la part de Maman pour vous assurer de notre profonde sympathie. Nous aimions tous Thembi et nous étions fiers de lui qui, à son tour, nous était dévoué et c'est vraiment très triste de penser que nous ne le reverrons plus. Je sais qu'il vous aimait beaucoup. Maman m'a écrit en mars et m'a dit qu'il avait passé ses vacances dans sa famille à Johannesburg, et qu'au cours de cette période il était venu vous chercher plusieurs fois et que vous vous étiez bien amusés.

Maman m'a dit aussi qu'il vous avait invitées pour les vacances de décembre avec lui au Cap. Vous auriez vu la mer, des endroits comme Muizenberg et le Strand où vous auriez pu nager. Vous auriez vu aussi le Château, un fort de pierre qui a été achevé en 1679. C'est là que vivaient les premiers gouverneurs de l'ancien Cap. C'est aussi là que le célèbre roi africain Cetywayo a été détenu après la bataille d'Isandhlwana, en janvier 1879, quand l'armée zouloue a vaincu les Anglais. Au Cap vous auriez vu aussi la montagne de la Table d'une hauteur de 3 549 pieds. Depuis son sommet vous auriez vu Robben Island au-delà des vagues.

1. « Frère » en isiXhosa.

La mort de Thembi signifie que vous ne pourrez pas y passer vos vacances de décembre et vous n'aurez pas le plaisir de voir les très beaux endroits dont je parlais plus haut, nous sommes tous très tristes que notre Thembi soit vraiment parti. Il comptait beaucoup pour nous et il va nous manquer.

Maman et moi n'avons pu assister à l'enterrement. Nous étions tous les deux en prison et notre demande d'autorisation ne nous a pas été accordée. Vous n'avez pas pu y assister vous non plus, mais quand vous reviendrez de l'école, Kgatho s'arrangera pour que vous puissiez voir sa tombe et dire adieu à votre frère. Peut-être qu'un jour, Maman et moi, nous pourrons aussi y aller. Mais il n'est plus là et nous devons oublier le fait douloureux de sa mort. Il repose en paix, mes chéries, libéré des ennuis, des soucis, de la maladie et du besoin ; il ne ressent ni douleur ni faim. Vous devez continuer à travailler, jouer et chanter des chansons.

Aujourd'hui, je vous ai écrit une lettre triste. Le 23 juin, je vous ai écrit une autre lettre qui était tout aussi triste, parce qu'elle parlait de l'arrestation de Maman. Cette année a été très mauvaise mais les jours heureux reviendront où nous serons pleins de joie et de rire. Ce qui est encore plus important, c'est qu'un jour Maman et moi nous reviendrons vivre heureux ensemble avec vous, dans une maison, nous nous assiérons ensemble autour de la table, et nous vous aiderons à résoudre les nombreux problèmes que vous connaîtrez en grandissant. Mais, dans cette attente, Maman et moi nous vous écrirons régulièrement.

Des tonnes d'amour, mes chéries.

Avec toute mon affection,

Tata

MLLES ZENI ET ZINDZI MANDELA
C/O MLLE NIKI IRIS XABA
Maison n° 8115 ORLANDO WEST
JOHANNESBURG

À Irene Buthelzi, amie, épouse du chef Mangosuthu Buthelezi[1]

3.8.69

Notre chère Mndhlunkulu[2],

J'ai été touché par le message de condoléances contenu dans le télégramme envoyé par mon chef Mangosuthu, au nom de la famille, je l'ai reçu le 18 juillet (jour de mon anniversaire) et j'aimerais qu'il sache que j'ai beaucoup apprécié son geste. 1968 et 1969 ont été pour moi des années difficiles et éprouvantes. J'ai perdu ma mère il y a dix mois seulement. Le 12 mai, ma femme a été emprisonnée indéfiniment d'après la loi sur le terrorisme, en laissant derrière elle deux petites filles, virtuellement orphelines, et maintenant mon fils aîné est parti sans retour. La mort est une catastrophe effrayante, peu importent la cause et l'âge de la personne. Quand elle s'approche lentement, comme dans le cas d'une maladie habituelle, les plus proches parents sont au moins prévenus et le choc peut être moins éprouvant quand cela arrive. Mais quand on apprend que la mort a pris un grand gaillard en pleine santé et dans sa jeunesse, alors on doit vivre vraiment cette expérience et se rendre compte à quel point elle peut vous paralyser totalement. C'est ce que j'ai vécu le 16 juillet, quand j'ai appris la mort de mon fils. J'ai été bouleversé de la tête aux pieds et pendant quelques secondes je n'ai pas su comment réagir. J'aurais dû être mieux préparé car Thembi n'était pas le premier enfant que je perdais. Dans les années quarante, j'ai perdu une petite fille de neuf mois. Elle avait été hospitalisée et faisait de grands progrès quand, brusquement, son état s'est dégradé et elle est morte dans la nuit. Je l'ai vue pendant les moments critiques où elle luttait désespérément pour retenir dans son petit corps les dernières étincelles de vie qui la quittaient. Je n'ai jamais su si être témoin de cette scène cruelle fut une chance. Cela m'a hanté dans les jours qui

1. Voir Glossaire.
2. Référence en isiXhosa à la royauté.

ont suivi et, aujourd'hui, de douloureux souvenirs se réveillent. Mais cela m'a endurci pour des catastrophes semblables. Puis le 26 septembre (l'anniversaire de ma femme) on m'a informé de la mort de ma mère. Je l'avais vue en septembre dernier, quand elle était venue me voir à soixante-seize ans[1]. Elle avait fait le chemin toute seule depuis Umtata[2]. Son état m'avait beaucoup peiné. Elle avait maigri et, malgré son air enjoué et charmant, elle semblait malade et fatiguée. À la fin de la visite j'ai pu la voir s'en aller lentement vers le bateau qui devait la ramener sur le continent et la pensée que je la voyais pour la dernière fois m'a traversé l'esprit. Mais au fur et à mesure que les mois passaient, l'image que j'avais gardée de sa dernière visite a commencé à s'effacer lentement et a disparu quand j'ai reçu sa lettre magnifique me parlant de sa bonne santé retrouvée. Le résultat, c'est que, quand l'heure fatale a sonné, le 26 septembre, j'ai été à nouveau pris au dépourvu et, pendant quelques jours, j'ai passé des moments dans ma cellule dont je ne veux pas me souvenir. Mais rien de ce que j'ai vécu à la fin des années quarante et en septembre de l'an dernier ne peut se comparer à ce que j'ai traversé le 16 juillet. On m'a transmis la nouvelle vers 14 h 30. Brusquement, j'ai eu l'impression que mon cœur s'arrêtait de battre et que le sang qui coulait dans mes veines depuis cinquante et un ans se transformait en glace. Pendant quelques instants, je n'ai pu ni penser ni parler, et j'ai cru que mes forces me quittaient. Finalement, je suis revenu dans ma cellule avec un fardeau sur les épaules, le dernier endroit où un homme terrassé par le chagrin devrait se trouver. Comme d'habitude, mes amis se sont montrés bons et d'un grand secours et ils ont fait ce qu'ils ont pu pour maintenir mon moral. Mon second fils, Kgatho, m'a envoyé un télégramme le 17 juillet et je me suis senti mieux. Le télégramme du chef m'a laissé une profonde impression et m'a aidé à me remettre du choc. J'aimerais lui assurer que je me souviendrai toujours de son message de sympathie comme de celui qu'il m'a adressé lors de la

1. Sa mère lui a rendu visite deux fois à Robben Island, en mars 1966 et le 9 septembre 1967.

2. Située à 1 500 kilomètres de Robben Island. Ancienne capitale du homeland du Transkei.

mort de ma mère. Je me sens fort et confiant grâce aux vœux et aux messages de solidarité que mes proches amis m'ont envoyés, et parmi eux j'ai le privilège de te compter, toi et le chef.

Mes pensées me ramènent souvent aux années quarante quand je vivais à Mzilikazi[1] où j'ai rencontré tes parents pour la première fois. Ton père, le fils de Mzila, était vraiment un grand vieillard que j'admirais et respectais très sincèrement. Il était digne, courtois et sûr de lui, et au cours de mon séjour de quatre ans à Mzilikazi, nous sommes devenus amis. Les conversations que j'avais avec lui montraient qu'il s'agissait d'un homme fier de la tradition et des réalisations de son peuple et son aspect me fascinait plus que tout. Mais tout en aimant et respectant son histoire et sa culture, il était sensible aux idées modernes et progressistes et attachait de la valeur à l'éducation. Toi et ton frère, vous pouvez en témoigner. On le voyait souvent au Centre social pour les hommes bantous[2], dans sa tenue noir et or, décorée de médailles et de rubans ; il jouait aux dames et à d'autres jeux avec une adresse remarquable contre des joueurs distingués de la ville. Je me souviendrai toujours qu'il m'avait beaucoup encouragé et aidé à l'époque de la lutte. Je n'ai pas oublié la Vieille Dame et le sourire chaleureux avec lequel elle m'accueillait. Mais on doit avoir passé au moins sept années derrière les barreaux pour apprécier pleinement la valeur de la bonté humaine. Agir en son nom quand les jours du Vieil Homme s'achevaient m'a procuré un très grand plaisir. Je me souviendrai toujours de mes relations avec ta famille et je tiendrai toujours le chef en haute estime. Mon meilleur souvenir à toi, au docteur Dotwana[3] et à ta belle-sœur.

Grand merci à nouveau au chef pour son message encourageant.

Sincèrement,
Nelson

---

1. Mine d'or où il a travaillé comme vigile. Le nom de Mzilikazi est vraisemblablement le surnom du directeur du foyer de la mine, Mzila, qui était le père d'Irene Buthelezi. Mandela le connaissait depuis qu'il était enfant.

2. Le Centre social pour les hommes bantous (BMSC) créé à Sophiatown, Johannesburg, en 1924, était un important centre social, culturel et politique pour Africains noirs. Ses bâtiments comprenaient un gymnase, une bibliothèque et il accueillait des matches de boxe, des meetings politiques et des soirées dansantes. Mandela et quatre camarades y ont créé la Ligue de la jeunesse de l'ANC, en 1944.

3. Le docteur Mafu Dotwana était l'époux d'une parente de Mandela, Dili Mtirara.

MME IRENE BUTHELEZI
« KWAPHINDANGENE »
PO BOX 1
MAHLATHINI
ZOULOULAND

Au général Aucamp, c/o officier commandant Robben Island

5 août 1969

L'officier commandant

Robben Island

À l'attention du colonel Van Aarde

Veuillez approuver la lettre urgente jointe, au général Aucamp.

[Signé NR Mandela]
NELSON MANDELA 466/64

[Note d'une autre écriture] Envoyée par la voie habituelle au général Aucamp. [Daté signé]

5 août 69

[Note manuscrite d'une autre écriture] Nelson Mandela 466/64 lettre au général Aucamp

5 août 69

Le directeur de l'Administration pénitentiaire
Sac privé, Pretoria EXTRÊMEMENT URGENT

À l'attention du général Aucamp

J'aimerais, s'il vous plaît, que vous donniez votre accord à la lettre jointe destinée à ma femme, qui [aborde] la question urgente et importante de la représentation légale. Veuillez avoir l'obligeance de faire le nécessaire avec la direction [de la Police de sécurité] pour la lui délivrer le plus tôt possible.

En outre, je vous serais reconnaissant de m'accorder l'autorisation que je demande depuis le 20 mai de communiquer avec le cabinet de MM. Frank, Bernadt et Joffe. J'aimerais vous rappeler que depuis l'arrestation de ma femme aucune des douze lettres que j'ai écrites depuis juin n'est parvenue à destination. Quatre visites successives, qui avaient été organisées pour moi au cours des six derniers mois, n'ont pas abouti. Même les lettres adressées [à moi] ont été retardées de façon déraisonnable, une pratique discriminatoire qui contraste avec le traitement accordé à mes compagnons prisonniers. Une lettre, arrivée sur l'Île le 24 avril, ne m'a été remise que quarante-quatre jours après, le 7 juin. Une autre qui a été reçue à la poste le 17 juin m'a été remise trente-neuf jours plus tard, le 26 juillet. J'ajoute qu'au moment d'écrire, je n'ai reçu aucune information officielle sur la mort de mon fils. Mon plus jeune fils m'a télégraphié le 17 juillet – quatre jours après l'accident fatal – et m'a prévenu qu'il m'envoyait tous les détails. Mais en accord avec les pratiques précédentes, je ne suis sans doute pas autorisé à recevoir ce courrier en temps utile, quelle qu'en soit la nature. Contrairement à mon cas, un prisonnier, à qui on a écrit une lettre le 16 juin, l'a reçue six jours plus tard. Une autre lettre [écrite] au même prisonnier le 13 juillet, lui a été remise à nouveau six jours après avoir été écrite. Dans ces circonstances, il me semble urgent que vous répondiez à ma demande sans délai. Il est peu souhaitable que je doive rester ignorant de [questions] qui sont très importantes pour moi et pour ma famille et j'en appelle à vous pour régler ce problème. À ce propos, j'aimerais que vous sachiez que j'apprécie énormément la possibilité que vous m'octroyez de communiquer avec ma femme. L'approbation de la demande exprimée ci-dessus me permettra de traiter avec elle les problèmes familiaux causés par son emprisonnement et sera un complément adapté et logique à l'aide que vous nous avez déjà accordée, à moi et à ma femme.

[Signé NR Mandela]
Nelson Mandela 466/64

À Olive Nomfundo Mandela, sa nièce

8.9.69

Ma chère Mtshana[1],

J'ai été horrifié d'apprendre que toi, une petite fille adolescente, tu avais vécu pendant quatre mois seule dans une ville dure et cruelle comme Johannesburg, exposée à toute sorte de dangers et que ceux qui t'ont conduite chez ta tante[2] n'ont même pas pris la précaution simple et raisonnable de s'assurer qu'une personne adulte veillerait sur toi et sur la maison[3]. Te procurer de quoi manger, t'acheter des vêtements et du savon, aller et venir à l'école, payer tes frais de scolarité et tes livres, toutes ces choses dont a besoin une enfant de ton âge, ils ont jugé que cela ne les concernait pas. J'imagine aisément combien cette période a été difficile pour toi. Tu as dû accomplir les tâches domestiques, faire la cuisine, nettoyer la maison, laver la véranda, ce qui t'a laissé peu de temps pour faire tes devoirs. Avec la tension causée par des heures de solitude, sans savoir combien de temps ta tante serait absente et la peur de l'inconnu. Peut-être même que certains jours tu t'es levée et que tu es allée à l'école sans avoir mangé ni bu une tasse de thé, parce que tu n'avais pas d'argent pour acheter de la viande, du lait, des œufs, du sucre, du pain, du beurre, un *mealie meal*[4], du charbon ou du pétrole.

Parfois, tu es peut-être restée assise de longs moments en te demandant pourquoi tu étais si malheureuse, comparée aux enfants joyeux et bien nourris que tu retrouvais à l'école et, à Soweto, des enfants qui habitaient avec leurs parents, qui riaient, qui n'avaient jamais souffert de leur vie et qui n'avaient aucun des problèmes qui t'accablaient.

1. « Nièce » ou « neveu ».
2. Winnie Mandela.
3. Sa nièce, Olive Nomfundo Mandela, a vécu quelque temps dans la maison familiale, 8115 Orlando West, et elle est restée seule quand Winnie Mandela a été arrêtée.
4. Bouillie de maïs écrasé dans de l'eau chaude.

Peut-être t'es-tu demandé parfois si tu nous reverrais, ta tante et moi, et il est difficile de comprendre pourquoi toutes ces souffrances humaines existent dans le monde chrétien du XXe siècle. Il y a eu des moments dans ma vie où, en dépit de mon grand âge, j'ai eu moi aussi ces doutes et ces difficultés. La petite éducation que j'ai reçue me permet de suivre avec intérêt les progrès qu'accomplit l'homme depuis un million d'années de son histoire sur la terre, en allant du sauvage superstitieux à l'individu cultivé qu'il est censé être aujourd'hui. Mais les cruelles expériences que toi et d'autres membres de la famille ont connues, leurs souffrances et leur misère, font que je me demande s'il est juste de parler de l'être humain comme d'un être civilisé et chrétien. Aujourd'hui, tu es une orpheline qui vit seule la plus grande partie de la journée parce que ta tante et moi-même, qui sommes vivants et en bonne santé, et qui t'aurions donné les chances que tu mérites, ont été mis en prison par d'autres êtres humains, par nos propres concitoyens qui, en tant que vrais chrétiens et personnes cultivées, devraient nous traiter avec amour et générosité. Nous avons été arrêtés et mis en prison non pas parce que nous avons tué, volé ou commis un crime quelconque, mais parce que nous réclamons la vérité, la justice et l'honneur et parce que nous n'accepterons jamais qu'aucun être humain soit supérieur à nous. Si tante Nobandla et moi, nous passons toute notre vie ici et si nous ne te revoyons jamais plus, si nous n'avons plus jamais la possibilité de t'envoyer à l'université comme nous l'avions espéré, de t'organiser un beau mariage quand le temps sera venu pour toi de te marier et de t'aider à organiser ton foyer, alors chère Mtshana, tu sauras au moins notre vraie histoire. Ce ne sera pas parce que nous ne t'aimions pas, toi, Kgatho, Maki, Zeni et Zindzi, ou que nous n'avions pas conscience de nos devoirs de parents. Ce sera dû au fait que nous vous aimions trop, à tel point que nous ne pouvions accepter que dans notre propre pays, on nous dénie les droits et les possibilités dont bénéficient partout ailleurs les êtres humains. Telle est la vérité vraie qui explique pourquoi nous sommes en prison, pourquoi nous sommes loin de chez nous et pourquoi tu es seule au 8115 Orlando West.

Quelles que soient les difficultés que tu rencontres en ce moment, Mtshana, ne te décourage pas et n'abandonne pas tes études. Bien que nous soyons en prison, nous ferons tout ce qui est en notre pouvoir pour que tu restes à l'école et pour que tu puisses aller à l'université. Fais en sorte d'être reçue à la fin de l'année. Bien qu'en ce moment tu connaisses de grandes difficultés, tu ne mourras ni de faim ni de solitude. Sisi Tellie, Oncle Marsh et Tante Niki seront toujours prêts à t'aider. En outre, tu as beaucoup d'amis sûrs et fidèles, comme Tante Gladys[1] auprès de qui tu peux trouver conseil et assistance. Un jour, nous reviendrons à la maison et toi, comme tous les enfants de l'école et [de] Soweto, tu seras heureuse avec nous. Ta solitude, ta vie misérable et la peur de l'inconnu prendront fin et les dangers auxquels tu es exposée maintenant n'existeront plus. Tu lutteras moins que tu le fais aujourd'hui, tu mangeras de meilleures choses et tu pourras rire de joie. En attendant, il faut que tu saches que nous sommes fiers de t'avoir, notre Mtshana, petite fille courageuse et intelligente, et rien ne nous fera plus plaisir que de savoir que tu as été reçue à tes examens.

Mon amour et mes tendres pensées à Kgatho, Maki, Zeni, Zindzi, Matsobiyane[2] et à Sisi Tellie, Oncle Marsh, Tante Niki et Tante Gladys.

Bonne chance ! Des tonnes d'amour, Mtshana,
Ton Malune[3]

MLLE NOMFUNO MANDELA
Maison n° 8115 ORLANDO WEST
JOHANNESBURG

1. Tante de Winnie Mandela.
2. Petite-fille du cousin de Mandela.
3. Oncle.

À Nolusapho Irene Mkwayi, épouse d'un codétenu, Wilton Mkwayi[1]

29.9.69

Notre chère Nolusapho,

Le touchant message de sympathie que tu m'as envoyé à l'occasion de la mort de mon fils Thembi m'a réconforté. Le texte imprimé sur la carte de condoléances et les sentiments apaisants que tu as écrits près du texte étaient particulièrement bien choisis et m'ont stimulé.

J'ai reçu la tragique nouvelle le 16 juillet et six jours plus tard j'ai demandé à l'officier commandant de me permettre d'assister aux funérailles, à mes frais, avec ou sans escorte[2]. J'ai ajouté que si Thembi avait été enterré quand on a reçu ma demande, j'aurais pu être autorisé à me rendre sur sa tombe, pour « déposer la pierre » (*ukubek'ilitye*) – la cérémonie réservée à ceux qui n'ont pu assister au véritable enterrement.

Dix mois auparavant, j'avais fait la même demande lors du décès de ma mère et bien que les autorités aient adopté une ligne dure en refusant ce que je considérais en toute circonstance comme étant une requête raisonnable, je n'en espérais pas moins que, cette fois, la mort d'un deuxième membre de la famille se produisant peu de temps après la première, les persuaderait de me donner la seule occasion de ma vie de rendre un dernier hommage à Thembi. Dans ma lettre de demande, je faisais expressément référence au fait que l'on m'avait refusé d'être présent sur la tombe de ma mère lors de son enterrement et je faisais remarquer qu'une réponse positive à ma demande serait un acte généreux de leur part qui me laisserait une profonde impression. J'attirais leur attention sur le

1. Wilton Mkwayi (1923-2004), syndicaliste, militant et prisonnier politique – voir Glossaire.
2. Voir sa lettre au colonel Van Aarde du 22 juillet 1969, p. 157.

fait que j'avais vu Thembi cinq ans plus tôt et j'exprimais l'espoir que les autorités se rendraient compte combien je désirais assister à l'enterrement.

J'avais bien sûr conscience que trente ans plus tôt, les Britanniques avaient emprisonné un célèbre combattant pour la liberté dans une de leurs colonies, un homme qui, plus tard, était devenu Premier ministre quand son pays avait obtenu une complète indépendance en 1947[1]. Il était en prison quand l'état de santé de sa femme avait empiré et quand il est devenu nécessaire qu'il l'accompagne en Europe pour y suivre un traitement médical.

L'impérialisme britannique avait apporté misère et souffrance à des millions de gens dans le monde, et quand les Anglais s'étaient retirés, ils avaient laissé derrière eux des pays qu'ils avaient pillés et dont les peuples avaient été condamnés à des années de pauvreté, de famine, de maladie et d'analphabétisme. Cette période forme le chapitre sombre de l'histoire britannique et de nombreux historiens ont critiqué la Grande-Bretagne à juste titre. D'autre part, les Anglais sont réputés auprès de leurs amis et de leurs ennemis pour leur attitude libérale, leur approche sensible des problèmes humains et leur profond respect des hommes qui sont prêts à sacrifier leur vie pour une noble cause. Souvent, au cours de conflits politiques avec des leaders de mouvements nationaux dans leurs anciennes colonies, ils se sont montrés capables de traiter leurs ennemis politiques avec humanité et de leur fournir une aide véritablement humaine chaque fois que cela était nécessaire. Il en a été ainsi quand l'homme politique dont

1. Mandela fait référence à Jawaharlal Nehru. Plus tard, dans une conversation avec Richard Stengel en 1993, il se souviendra : « Tout d'abord je devais me recueillir sur la tombe de ma mère, décédée en 1968 quand j'étais en prison. J'ai demandé aux autorités de la prison de me permettre d'assister à l'enterrement et j'ai cité la phrase du Pandit Nehru, avant qu'il soit Premier ministre et avant l'indépendance de l'Inde. Son épouse était malade, elle avait contracté la tuberculose et Nehru était en prison. Il a demandé aux Britanniques la permission d'emmener sa femme en Allemagne, pays apparemment réputé à l'époque pour avoir les méthodes les plus avancées afin de soigner la tuberculose. Les Britanniques ont accepté, il est sorti de prison et a emmené sa femme en Allemagne. Malheureusement sa femme est morte mais il est revenu pour qu'on le remette en prison et les Britanniques ont décidé de le libérer du fait de cette tragédie. »

je parlais plus haut a été confronté au problème de la maladie de sa femme, les Anglais l'ont laissé s'en aller à l'étranger. Malheureusement elle est décédée après être arrivée en Europe et son mari est revenu dans son pays pour exécuter la fin de sa peine. On attend qu'un gouvernement éclairé traite ainsi ses citoyens car c'est ainsi que les Britanniques ont répondu à une demande exprimée sur le plan de la miséricorde par des opposants politiques, il y a un peu plus de trente ans.

Dans le cas de ma mère et de Thembi, je ne faisais pas face au problème de la maladie mais à celui de la mort. Je n'ai pas sollicité l'autorisation de voyager à l'étranger mais de me rendre dans une autre partie de mon pays, en permanence sous la surveillance de forces de sécurité puissantes et expérimentées. Dans le cas de Thembi, ma requête a été purement et simplement ignorée et je n'ai même pas eu la faveur d'une réponse. Une autre demande pour obtenir des coupures de presse concernant l'accident fatal a été rejetée et, jusqu'à aujourd'hui, je n'ai eu aucune information de quelque nature que ce soit sur la façon dont Thembi est mort. Tous mes efforts pour obtenir les services d'un avocat qui enquêterait sur la question de la responsabilité légale de l'accident et sur la succession de mon fils sont restés vains. Non seulement on m'a empêché de voir mon fils aîné, mon ami et ma fierté, pour la dernière fois, mais on ne m'a rien dit sur lui ni sur ses affaires personnelles.

Le 6 septembre, j'ai reçu un rapport sur mes affaires privées qui m'a profondément inquiété. Ma nièce, Nomfundo, qui est toujours adolescente, vit dans la maison, pratiquement seule, et je crois que la dame qui y habitait après l'arrestation de Zami a eu peur et s'est sauvée. Cette indifférence m'a complètement stupéfié et a rouvert les douloureuses blessures que les mains effrayantes de la mort ont causées à mon cœur.

Ton message doit être vu à la lumière de ces faits ; les obstacles et la frustration qui me cernent. Heureusement, mes nombreux amis, ici et hors de la prison, m'ont inondé de lettres de sympathie et d'encouragement et le pire est maintenant passé. Parmi eux, il y a ton message. Toi,

Nolusapho, l'épouse des amaGqunukhwebe[1], les enfants de Khwane[2], Cungwa, Pato et Kama[3]. J'aimerais que tu saches que ton merveilleux message m'a profondément touché. Bien que je n'aie pas encore eu le privilège de te rencontrer, j'ai la photo de quelqu'un qui aime sincèrement sa famille et qui place toujours le bien-être et le bonheur des autres au-dessus des siens. Que tu aies pu m'envoyer ce message malgré ta maladie et tes problèmes personnels exprime plus de choses que ne disent tes mots. Je te souhaite sincèrement un rapide et complet rétablissement.

Merci pour les adorables cartes de Noël que Nomazotsho m'a envoyées. Mon meilleur souvenir à Georgina[4], Nondyebo[5], Beauty[6], Squire[7] et Vuyo[8].

Très sincèrement,
Nelson

À NOLUSAPHO IRENE MKWAYI
Maison n° 11842 ORLANDO WEST EXTENSION
JOHANNESBURG

1. Sous-groupe de la nation xhosa.
2. Khwane kaLunganne, conseiller et guerrier du roi Tshiwo (1670-1702) des amaXhosa, a dirigé la chefferie des amaGqunukhwebe et établi la dynastie Khwane.
3. Descendants de Khwane qui lui ont succédé comme rois.
4. Amie de Winnie Mandela, une de ses demoiselles d'honneur.
5. Militante antiapartheid, sœur de Brigalia Bam.
6. Nobantu Mniki, une des sœurs de Winnie Mandela.
7. Henry Mgkhoti (1928-2011), militant ANC.
8. Nomvuyo Nolwe.

Au responsable des inscriptions, université de Londres

1er octobre 1969

Le responsable des inscriptions
Université de Londres
Senate House
Londres WC 1

Cher Monsieur,

Je vous serais reconnaissant de bien vouloir reconnaître que j'ai passé les examens de jurisprudence et de théorie légale et de me permettre de passer les trois épreuves restantes du cours, partie II et licence en droit, en deux sessions séparées, c'est-à-dire que j'aimerais pouvoir passer le droit international en juin 1970 et les deux derniers sujets en juin 1971.

En tant que prisonnier astreint aux travaux forcés, je connais des difficultés considérables pour me préparer à passer quatre sujets en un seul examen et toute autorisation que vous m'accorderez me donnera une chance de montrer que je possède les connaissances nécessaires pour chaque sujet.

Je me permets d'ajouter que mon principal problème a été d'obtenir les dernières éditions des manuels recommandés et de consulter les livres de référence ainsi que les journaux qui me permettraient d'être informé de l'évolution de la loi sur chaque sujet. Le coût du matériel d'étude afin de préparer les examens est, dans ma situation, prohibitif. Je ne peux assumer une telle dépense que si les cours restants sont répartis comme indiqué ci-dessus.

Salutations distinguées,

[Signé NR Mandela]
NELSON MANDELA

À l'officier commandant, Robben Island

9 octobre 1969

L'officier commandant
Robben Island

À l'attention du major Huisamen

Je dois vous informer que le 21 mai 1969, j'ai eu un entretien avec le général Aucamp au cours duquel j'ai tenté de le convaincre de reconsidérer la décision qui m'empêche de terminer une maîtrise à la fin de l'année 1969.

Il a insisté sur les raisons pour lesquelles le gouvernement avait pris cette décision et il a regretté de n'être pas en position de m'aider dans cette affaire. Mais il a fait une importante réserve selon laquelle cette décision ne s'appliquerait qu'aux étudiants qui suivaient les cours de maîtrise de l'université d'Afrique du Sud et non à ceux qui étudiaient dans des universités étrangères. Il a signalé que l'Administration pénitentiaire avait pris des dispositions avec l'Unisa[1] pour permettre à ceux dont les cours avaient été interrompus par la décision mentionnée ci-dessus de pouvoir reprendre leurs études après avoir purgé leur peine de prison.

Dans la mesure où je suis inscrit à l'Unisa comme étudiant en licence de science politique, la décision s'applique à mon cas. Mais le général Aucamp a aussi mis en avant le fait que je serais autorisé à terminer mes études à l'université de Londres et il a donné les raisons expliquant pourquoi cette concession avait été faite en ma faveur. J'ai décidé de terminer mon cursus sur la base de l'information que m'a fournie le général et je suis sûr qu'il vous sera possible d'expédier toute ma correspondance à l'université de Londres.

Je dois ajouter que par expérience j'ai trouvé très difficile et presque impossible de passer quatre examens en même temps et

1. Université d'Afrique du Sud.

mon unique espoir de succès est d'étaler les derniers examens sur deux ans.

J'aimerais également attirer l'attention sur le fait que la littérature obligatoire est volumineuse, très coûteuse et non disponible en Afrique du Sud. Acheter la totalité en une fois est au-delà de mes moyens financiers et la seule possibilité qui me reste, c'est de transmettre la liste ci-jointe au secrétaire général.

[Signé N.R. Mandela]
NELSON MANDELA 466/64

À Adelaide Sam Mase, sœur de sa première femme, Evelyn Mase

3.11.69

Ma chère Tshezi[1],

Je remercie Sibali Sam[2] pour son message de condoléances contenu dans sa lettre du 20 août. La mort de Thembi a été un événement douloureux pour nous tous. En particulier pour moi, si on tient compte du fait que je ne l'ai pas vu pendant cinq ans et que ma demande d'autorisation d'assister à l'enterrement ne m'a pas été accordée. Je n'oublierai jamais Thembi.

Le 6 septembre, le jour même où je recevais la lettre affectueuse de Mqwati[3], ma nièce Tellie est venue me voir dans l'Île et m'a raconté l'enterrement, et apprendre la réaction de la population a été pour moi une sorte de consolation. Le récit de Tellie a été confirmé par ma belle-sœur, Mme Xaba, qui se trouvait à l'aéroport quand le corps est arrivé du Cap et qui était également présente au cimetière. J'ai été heureux de savoir que tu étais venue depuis le Rand pour l'occasion et on m'a dit l'excellente contribution des gens d'Engcobo[4] à qui je suis reconnaissant.

1. Nom de clan d'Adelaide Mase.
2. Mandela fait référence au mari d'Adelaide, Sam.
3. Nom de clan d'Evelyn.
4. Ville natale d'Evelyn dans le Transkei.

J'ai lu les beaux passages des Écritures dont m'a parlé Mqwati[1]. Il est expert en matière religieuse, et je respecte ses conceptions quand il s'agit de l'Évangile. Tout ce que je veux dire, c'est que l'importance de ces passages réside dans le fait qu'ils nous parlent d'un mode de vie qui nous aurait apporté la paix et l'harmonie il y a des siècles si l'humanité avait accepté pleinement les enseignements qu'ils contiennent. Ils évoquent un monde nouveau dans lequel il n'y aurait pas la guerre, où les famines, les maladies et l'intolérance raciale n'existeraient plus, précisément le monde pour lequel je combats, le monde peint par le prophète Isaïe, dans lequel le loup et l'agneau seraient amis et où le léopard et l'enfant, le veau, le jeune lion et le porcelet vivraient en paix[2]. Bien sûr, Mqwati et moi, nous n'avons pas toujours vu de la même façon comment ce monde existerait[3]. Au cours des nombreuses discussions que j'ai eues avec lui, j'ai constamment essayé d'insister sur un point : ce nouveau monde naîtrait de nos épreuves et de nos larmes, de nos sacrifices et de nos combats. Les progrès accomplis par l'homme au cours des cinq cent mille années qui vont des formes primitives et simples d'organisation sociale aux systèmes complexes et avancés des temps modernes, et plus spécialement au cours des cinquante dernières années, montrent clairement que dans un avenir prévisible l'humanité héritera du royaume décrit par le prophète Isaïe.

Les vies et les actions des religieux importants nous montrent que ceux qui se battent pour un nouvel ordre ne séparent pas la théorie et la pratique. Moïse a partagé les épreuves de ses compatriotes en Égypte et a fini par les conduire physiquement de l'esclavage à la Terre promise. Dans ses efforts pour établir l'Église chrétienne, saint Paul est entré en conflit avec l'autorité et les intérêts établis. L'avocat qui l'a poursuivi aurait déclaré : « La simple vérité, c'est que nous pensons que cet homme est la peste ; il fait naître des troubles parmi les Juifs, c'est le meneur de la secte de Nazareth[4]. » Par la suite, cette « secte

1. Mqwati est le nom de clan d'Evelyn Mandela. Nelson Mandela parle ici sans doute de Sam Mase, le frère d'Evelyn.

2. Paraphrase libre d'Isaïe, XI, 6.

3. Evelyn était Témoin de Jéhovah.

4. Actes, XXIV, 5.

de Nazareth » s'est répandue dans presque tous les coins du globe et a été adoptée par de nombreuses nations comme religion d'État. L'homme qu'on décrivait comme une véritable peste est devenu par la suite un saint aimé et respecté par des millions de chrétiens à travers le monde. Mais tu comprendras qu'on ne peut discuter de sujets aussi importants que celui-là par correspondance, et je n'ajouterai rien sinon que l'expansion de la foi chrétienne et le monde nouveau qu'elle a créé ont été réalisés par le travail physique de l'immense armée sans peur de l'Évangile. Je veux simplement confirmer que j'ai été profondément touché par la lettre de Mqwati[1] et je sais que la mort de Thembi lui a été aussi douloureuse qu'à moi.

Il y a quelques mois, j'ai appris que ton frère, Justice, qui travaillait pour le ministère de l'Information du Transkei, est décédé. Nous étions de proches amis à Healdtown[2] et la nouvelle de sa mort m'a bouleversé. Nous ne nous étions pas revus et n'avions pas correspondu depuis plus de vingt ans, mais je ne l'avais pas oublié. J'adresse mes condoléances à Themba Mdaka pour la mort de sa première femme Nomayeza. Ils étaient aussi à Healdtown en même temps que Justice et moi. C'était une dame chaleureuse et raffinée et [j']ai été vraiment désolé d'apprendre qu'elle n'était plus. Le chef Dumalisile Mbekeni[3] est un homme pour lequel j'ai le plus grand respect. J'ai passé beaucoup de temps avec lui au kraal royal de Mqekezweni[4] et il m'a beaucoup impressionné par ses grandes connaissances et son éloquence. Dis-lui que je ne l'ai pas oublié. Un jour, je reviendrai et je suis impatient de le revoir. En attendant, j'aimerais qu'on me rappelle à son meilleur souvenir, lui et toute sa famille, et plus particulièrement à Mgcawezulu[5]. Je n'ai jamais félicité mon chef, le fils de Shakhela[6],

1. Evelyn Ntoko Mandela.
2. Le lycée Wesleyen à Fort Beaufort dans le homeland du Ciskei que fréquenta Mandela – voir Glossaire.
3. Cousin de Mandela et frère du docteur Mbekeni.
4. Écrit aussi : Mqhekezweni. Palais royal des Thembu où Mandela a vécu à partir de douze ans quand il a été confié au chef Jongintaba Dalindyebo après la mort de son père.
5. Parent du chef Dumalisile Mbekeni.
6. Parent d'Evelyn Mandela.

pour sa nomination comme chef d'Amaqwati et j'aimerais que tu me donnes son adresse, y compris Isikhahlelo[1].

Toutes mes amitiés à Mqwati, Gordon, Jani[2], Sodinga Gcanga[3] et Danile Xundu[4].

Cordialement,
Nelson

MME ADELAIDE SAM MASE
PO Box 43
ENGCOBO

À Winnie Mandela, sa femme

16.11.69

Dade Wethu[5],

Je crois que le 21 décembre, toi et vingt et un autres accusés, vous paraîtrez devant la Cour suprême de Pretoria pour infraction à la loi contre le sabotage[6] et pour avoir contrevenu aux dispositions de la loi sur l'interdiction du communisme[7]. On m'a informé que tu avais choisi M. Joel Carlson pour te représenter.

1. « Nom d'honneur » en isiXhosa.
2. Parents d'Evelyn Mandela.
3. Militant de la Campagne de défi.
4. Prêtre de Port Elizabeth.
5. Normalement écrit en un seul mot. « Sœur » en isiXhosa.
6. L'amendement à la loi n° 76, aussi connu comme « loi contre le sabotage » de 1962. Elle prévoit quatre-vingt-dix jours de détention sans procès. Les coaccusés de Mandela au procès de Rivonia ont été arrêtés en 1963 et ont été détenus sous la loi des quatre-vingt-dix jours. Elle élargit la définition de sabotage et y inclut la grève comme crime.
7. Loi votée le 26 juin 1950 qui interdit le Parti communiste sud-africain et toute activité estimée communiste, elle définit le « communisme » dans des termes si généraux que quiconque manifeste contre l'apartheid tombe sous le coup de cette loi – voir Glossaire.

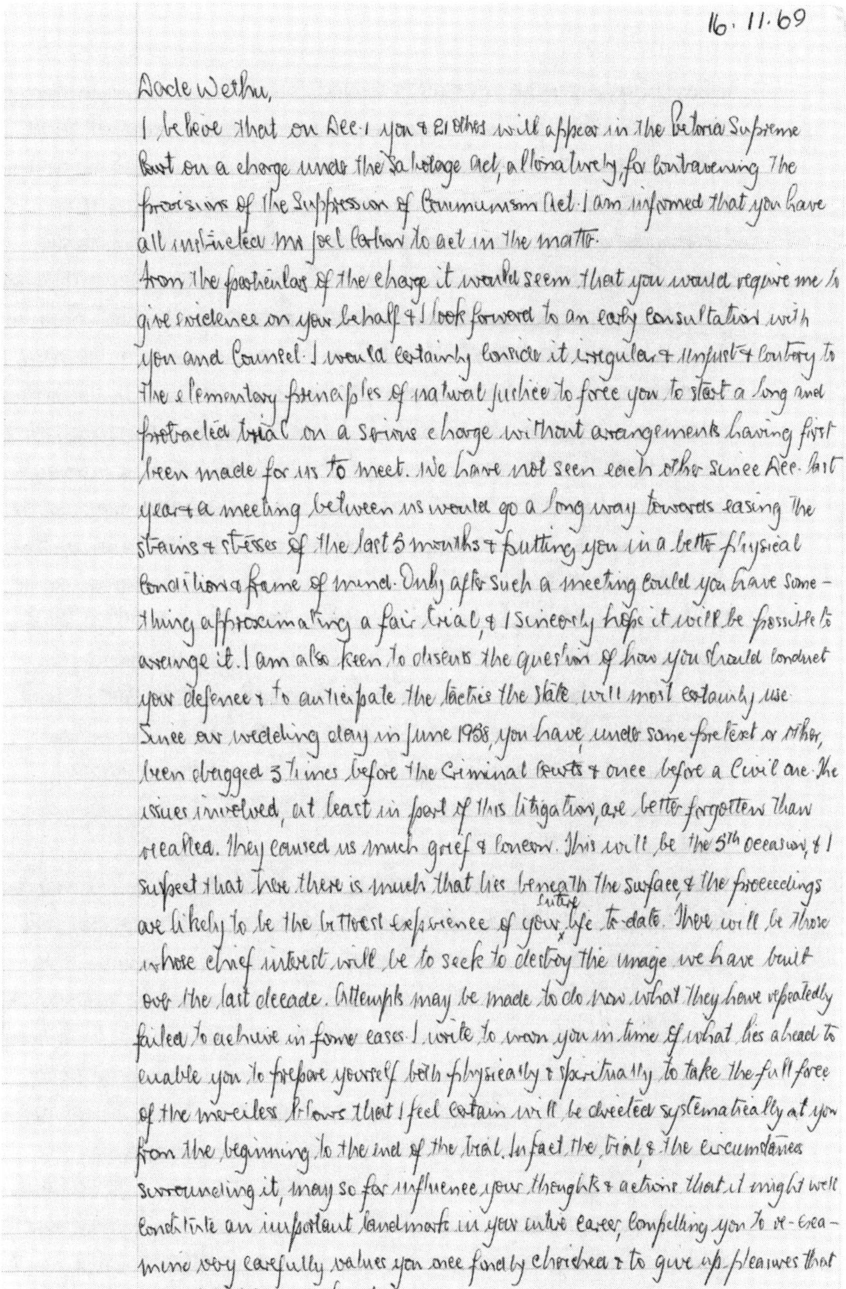

16. 11. 69

Dade Wethu,

I believe that on Dec. 1 you & 21 others will appear in the Pretoria Supreme Court on a charge under the Sabotage Act, alternatively, for contravening the provisions of the Suppression of Communism Act. I am informed that you have all instructed Mr Joel Carlson to act in the matter.

From the particulars of the charge it would seem that you would require me to give evidence on your behalf & I look forward to an early consultation with you and Counsel. I would certainly consider it irregular & unjust & contrary to the elementary principles of natural justice to force you to start a long and protracted trial on a serious charge without arrangements having first been made for us to meet. We have not seen each other since Dec. last year & a meeting between us would go a long way towards easing the strains & stresses of the last 5 months & putting you in a better physical condition & frame of mind. Only after such a meeting could you have something approximating a fair trial, & I sincerely hope it will be possible to arrange it. I am also keen to discuss the question of how you should conduct your defence & to anticipate the tactics the State will most certainly use.

Since our wedding day in June 1958, you have, under some pretext or other, been dragged 3 times before the Criminal Courts & once before a Civil one. The issues involved, at least in part of this litigation, are better forgotten than recalled. They caused us much grief & concern. This will be the 5th occasion, & I suspect that here there is much that lies beneath the surface & the proceedings are likely to be the bitterest experience of your entire life to date. There will be those whose chief interest will be to seek to destroy the image we have built over the last decade. Attempts may be made to do now what they have repeatedly failed to achieve in former cases. I write to warn you in time of what lies ahead to enable you to prepare yourself both physically & spiritually to take the full force of the merciless blows that I feel certain will be directed systematically at you from the beginning to the end of the trial. In fact the trial & the circumstances surrounding it, may so far influence your thoughts & actions that it might well constitute an important landmark in your entire career, compelling you to re-examine very carefully values you once fondly cherished & to give up pleasures that once delighted your heart.

Already the months you spent in detention have been a severe test for you & when you come to the end of the case, you will have got a deeper understa-

Lettre à Winnie Mandela, 16 novembre 1969.

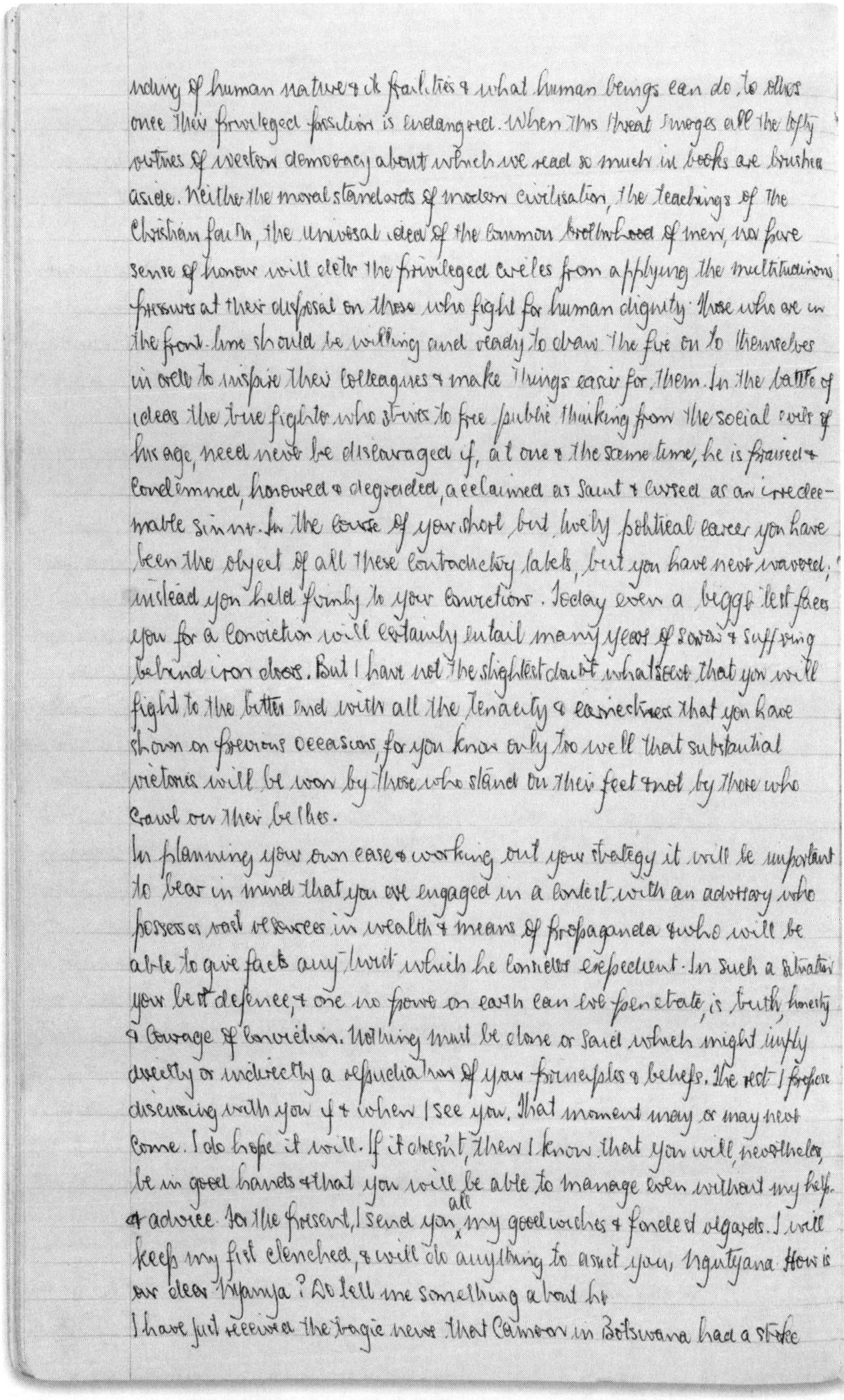

nding of human nature & its frailties & what human beings can do to others once their privileged position is endangered. When this threat emerges all the lofty virtues of western democracy about which we read so much in books are brushed aside. Neither the moral standards of modern civilisation, the teachings of the Christian faith, the universal idea of the common brotherhood of men, nor pure sense of honour will deter the privileged circles from applying the multitudinous pressures at their disposal on those who fight for human dignity. Those who are in the front-line should be willing and ready to draw the fire on to themselves in order to inspire their colleagues & make things easier for them. In the battle of ideas the true fighter who strives to free public thinking from the social evils of his age, need never be discouraged if, at one & the same time, he is praised & condemned, honoured & degraded, acclaimed as saint & cursed as an irredeemable sinner. In the course of your short but lively political career you have been the object of all these contradictory labels, but you have never wavered; instead you held firmly to your convictions. Today even a bigger test faces you for a conviction will certainly entail many years of sorrow & suffering behind iron doors. But I have not the slightest doubt whatsoever that you will fight to the bitter end with all the tenacity & earnestness that you have shown on previous occasions, for you know only too well that substantial victories will be won by those who stand on their feet & not by those who crawl on their bellies.

In planning your own case & working out your strategy it will be important to bear in mind that you are engaged in a contest with an adversary who possesses vast resources in wealth & means of propaganda & who will be able to give facts any twist which he considers expedient. In such a situation your best defence, & one no power on earth can ever penetrate, is truth, honesty & courage of conviction. Nothing must be done or said which might imply directly or indirectly a repudiation of your principles & beliefs. The rest I propose discussing with you if & when I see you. That moment may or may never come. I do hope it will. If it doesn't, then I know that you will, nevertheless, be in good hands & that you will be able to manage even without my help & advice. For the present, I send you all my good wishes & fondest regards. I will keep my fist clenched, & will do anything to assist you, Ngutyana. How is our dear Nyanya? Do tell me something about her.

I have just received the tragic news that Cameron in Botswana had a stroke

Lettre à Winnie Mandela, 16 novembre 1969.

which resulted in paralysis & the amputation of a leg. To be struck down by such a fatal illness far away from your country & people is a disaster that might well make recovery difficult. I think of just how helpful he has been to you in my absence & regret it very much that we are not in a position to assist him. As far as I know, as an awaiting-trial prisoner, you can write as many letters as you please & I suggest that you immediately write to tell him that we wish him speedy recovery. Kgatho visited me on Oct. 25, following upon Nkosazana Tellie who was here on Sept. 6. On Nov. 8 I received a disturbing letter from her in which she bitterly complains for having been left behind when relatives visited you on Oct. 28. She is very good to us, & is receiving rough treatment from certain quarters. I hope it will be possible for you to let her know that she means much to us.

I received a stimulating letter from Amina & she paid you flattering compliments. I am sure you will be happy to know that your friends have not forgotten you. I believe Lily has at last got my letter. In July she sent me a warm & moving message of sympathy. I also received an equally inspiring condolence card from Irene. She seems to be a wonderful girl & has built up an impressive image. This month I wrote to Mrs Adelaide Mase, the wife of Mamqwati's brother at Engcobo, thanking them for the letter they wrote me in August. Mamqwati also wrote in Oct. in reply to the message I sent to her on behalf of you & I.

The salutation to this letter will not surprise you. In the past I have addressed you in affectionate terms for then I was speaking to Nobandla, wife of Ama-Dlomo. But on this occasion, I can claim no such prerogatives because in the freedom struggle we are all equals & your responsibility is as great as mine. We stand in the relationship, not of husband & wife, but of sister & brother. Until you return to 8115, or some other appointed place, this is how I will address you. O.K.? Perhaps this arrangement will provide room for the legions of students, medical or otherwise, that have crossed the life of one or other of us.

Finally, Mhlope, I do wish you to know that you are the pride of my heart, & with you on my side, I always feel I am part of an invincible force that is ready to win new worlds. I am confident that, however dark & difficult times might seem to be now, one day you will be free & able to see the beautiful birds & lovely fields of our country, bath in its

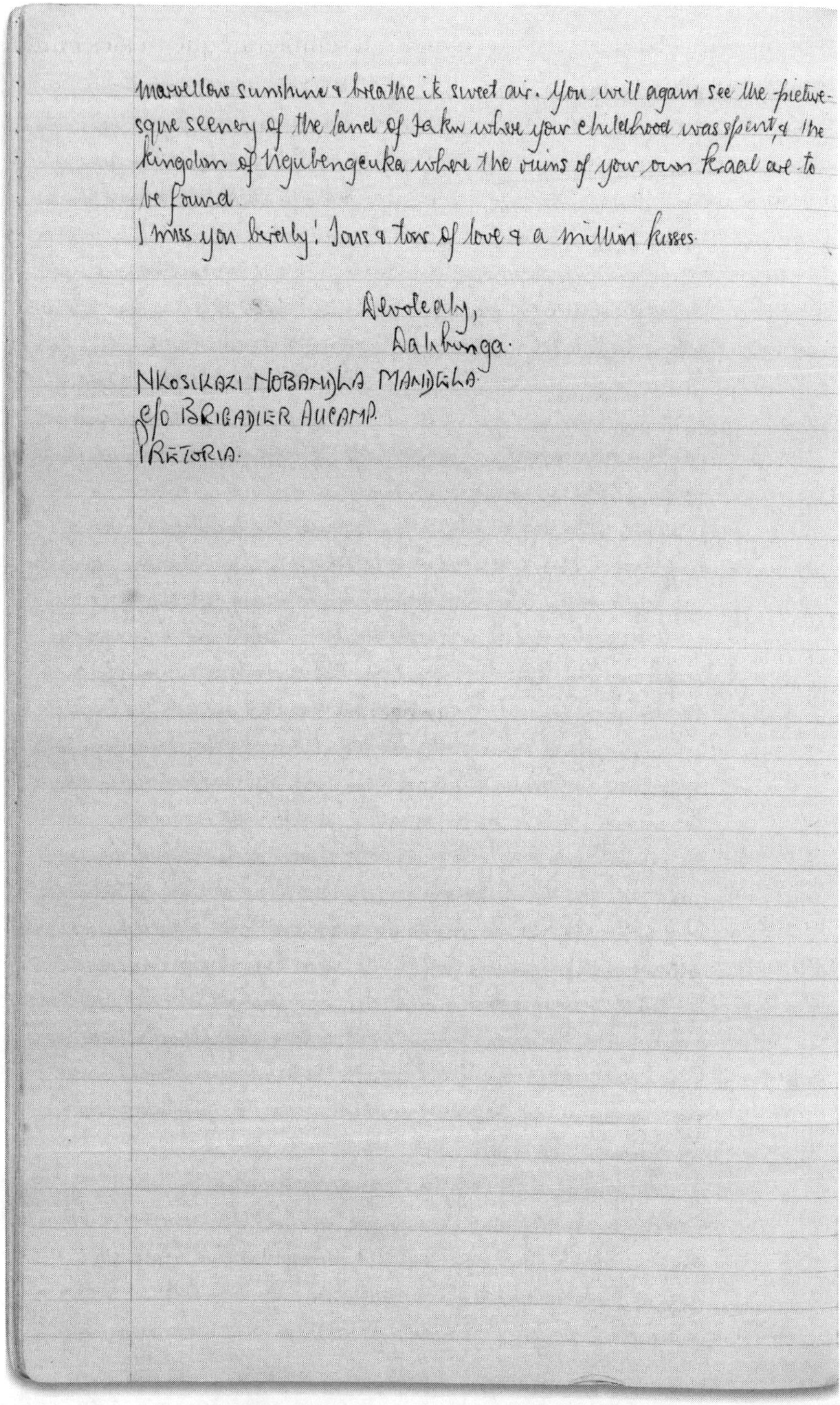

marvellous sunshine & breathe its sweet air. You will again see the picture-
sque scenery of the land of Faku where your childhood was spent, & the
kingdom of Ngubengcuka where the ruins of your own kraal are to
be found.
I miss you badly! Tons & tons of love & a million kisses.

Devotedly,
Dalibunga.

NKOSIKAZI NOBANDLA MANDELA
C/O BRIGADIER AUCAMP
PRETORIA.

Lettre à Winnie Mandela, 16 novembre 1969.

D'après les éléments de l'accusation, il semblerait que tu aies l'intention de me demander de témoigner sur ta conduite et j'attends donc une prochaine consultation avec toi et ton conseil. Je considérerais comme irrégulier, injuste et contraire aux principes élémentaires de la justice naturelle de t'obliger à te lancer dans un long procès sur des charges graves sans qu'aucun arrangement n'ait d'abord été prévu pour que nous ayons pu en parler. Nous ne nous sommes pas vus depuis l'an dernier en décembre et, en cas de rencontre, il faudrait de longs moments pour apaiser l'émotion et la tension des cinq derniers mois et pour que tu sois dans une meilleure condition physique et morale. Ce n'est qu'après une telle rencontre que tu pourras aborder un procès juste et j'espère sincèrement qu'il sera possible de l'organiser. Je suis impatient de parler de la façon dont tu devrais conduire ta défense et d'anticiper la tactique que l'État utilisera assurément. Depuis notre mariage en juin 1958, tu as été, sous un prétexte ou un autre, traînée trois fois devant des cours d'assises et une fois devant un tribunal civil[1]. Les questions posées, au moins en partie dans l'affaire en cours, sont oubliées puis reprises. Cela cause beaucoup de douleur et de soucis. Ce sera la cinquième occasion et je soupçonne qu'il y a plus de choses non dites et cette procédure risque d'être l'expérience la plus amère de toute ta vie. Il y aura ceux dont l'intérêt principal sera de détruire l'image que nous avons construite au cours des dix dernières années. Certains tenteront de faire aujourd'hui ce qu'ils ont continuellement raté dans les procès précédents. Je t'écris alors qu'il en est encore temps, pour te mettre en garde contre ce qui t'attend, et pour que tu te prépares physiquement et moralement à encaisser les coups qui, j'en suis certain, seront dirigés contre toi du début à la fin du procès. En fait, ce procès et les circonstances qui l'entourent peuvent avoir une influence sur tes pensées et tes actes et devenir une date clé, dans

---

1. Winnie Mandela a été arrêtée en octobre 1958 et emprisonnée pendant deux semaines pour avoir participé à une manifestation contre l'extension de la loi sur les *pass* aux femmes. Elle a été arrêtée en 1963, pour avoir participé à un rassemblement et a été acquittée. En 1967, elle a été accusée d'avoir résisté à une arrestation et a été acquittée. Elle a ensuite été condamnée à douze mois de prison pour non-respect de son ordre de bannissement (assignation à résidence).

toute ta vie, en t'obligeant à revoir avec attention les valeurs que tu aimes profondément et à abandonner ce qui te tenait vraiment à cœur.

Les mois que tu as passés en détention ont déjà été une épreuve sévère pour toi et, quand tu arriveras à la fin du procès, tu auras une meilleure compréhension de la nature humaine et de ses faiblesses, et de ce que des êtres humains peuvent faire à d'autres êtres humains quand leur position privilégiée est mise en danger. Quand cette menace apparaît, toutes les hautes valeurs de la démocratie occidentale que nous lisons à satiété dans les livres sont balayées. Ni les standards moraux de la civilisation moderne, les enseignements de la foi chrétienne, l'idée universelle de la fraternité humaine, ni le simple sens de l'honneur ne dissuaderont les cercles privilégiés d'appliquer les innombrables pressions qui sont à leur disposition contre ceux qui luttent pour la dignité humaine. Ceux qui sont en première ligne devraient être disposés à attirer le feu sur eux afin de stimuler leurs camarades et de leur rendre les choses plus faciles. Dans la bataille des idées, le véritable combattant qui s'efforce de libérer la pensée publique des maux sociaux de son temps ne doit jamais se décourager si, en même temps, on chante ses louanges et on le condamne, s'il est honoré et dégradé, acclamé comme un saint et maudit comme un pécheur impardonnable. Au cours de ta carrière politique, courte mais mouvementée, tu as été l'objet de ces qualificatifs contradictoires, mais tu n'as jamais vacillé ; au lieu de ça, tu t'en es tenue fermement à tes convictions. Aujourd'hui, tu fais face à une épreuve plus grande encore, une condamnation qui entraînera de nombreuses années de souffrance et de tristesse derrière des barreaux. Mais je n'ai pas le moindre doute, tu te battras jusqu'au bout, avec la ténacité et l'ardeur que tu as montrées dans d'autres occasions, car tu sais trop bien que les vraies victoires seront remportées par ceux qui restent debout et ne rampent pas à plat ventre.

En préparant ta défense et en mettant au point ta stratégie, il sera important de garder à l'esprit que tu es engagée dans une bataille contre un adversaire qui possède de vastes ressources de richesse et de moyens de propagande et qui sera capable de déformer les faits selon son intérêt. Dans une telle situation, ta meilleure défense, qu'aucun pouvoir sur terre ne peut remettre en cause, c'est la vérité, l'honnêteté et la force de conviction. Rien ne doit être fait ou dit qui puisse remettre en cause, directement ou indirectement, tes principes et tes croyances. Je propose que nous discutions du reste avec toi quand je te verrai. Ce moment peut venir ou pas. J'espère qu'il viendra. Sinon, je sais que tu seras malgré tout en de bonnes mains et que tu réussiras même sans mon aide et mes conseils. En attendant, je t'envoie tous mes vœux et mes pensées les plus tendres. Je garderai le poing fermé et je ferai tout pour t'aider, Ngutyana. Comment va notre chère Nyanya ? Parle-moi d'elle.

Je viens juste de recevoir la tragique nouvelle qui m'apprend que Cameron[1] a eu une attaque au Botswana avec pour effet une paralysie et l'amputation d'une jambe. Être frappé par ce genre de maladie, loin de son pays et des siens, est une catastrophe qui rend le rétablissement difficile. Je pense qu'il a dû t'être très utile en mon absence et je regrette vraiment que nous ne soyons pas en position de l'aider. D'après ce que je sais, en tant que détenue en attente de procès, tu peux écrire autant de lettres que tu veux et je te propose de lui écrire tout de suite pour lui dire qu'on lui souhaite un prompt rétablissement. Kgatho est venu me voir le 25 octobre, après Nkosazana Tellie qui est venue le 6 septembre. Le 8 novembre, elle m'a envoyé une lettre troublante dans laquelle elle se plaint amèrement de ne pas avoir accompagné les parents qui t'ont rendu visite le 28 octobre. Elle est très gentille avec nous et n'est pas bien traitée par certains membres de la famille. J'espère que tu pourras lui dire qu'elle compte beaucoup pour nous.

J'ai reçu une très belle lettre d'Amina[2], elle t'envoie ses amitiés. Je suis sûr que tu seras heureuse de savoir que nos amis ne t'ont pas oubliée. Je crois que Lily[3] a enfin reçu ma lettre. En juillet, elle m'a envoyé un message de sympathie très chaleureux. J'ai aussi reçu une carte de condoléances d'Irene[4]. Je crois que c'est une fille magnifique qui s'est construit une image impressionnante. Ce mois-ci, j'ai écrit à Mme Adelaide Mase[5], la femme du frère de Mamqwati[6] d'Encobo, pour les remercier de la lettre

1. Un des frères de Winnie Mandela.
2. Amina Cachalia.
3. Lilian Ngoyi.
4. Peut-être Irene Buthelezi.
5. Voir la lettre du 3 novembre 1969, p. 181.
6. Evelyn Mase (1922-2004), sa première femme – voir Glossaire. Mqwati était son nom de clan, Nelson Mandela l'écrit ici Mamqwati.

qu'ils m'ont envoyée en août. Mamqwati m'a écrit elle aussi en octobre pour répondre au message que je lui ai envoyé en ton nom et au mien.

Cette lettre ne doit pas te surprendre. Dans le passé, je me suis adressé à toi en termes affectueux parce qu'à l'époque je parlais à Nobandla, femme d'AmaDlomo[1]. Mais aujourd'hui, je ne peux prétendre à de telles prérogatives, parce que dans la lutte pour la liberté nous sommes tous égaux et ta responsabilité est aussi grande que la mienne. Notre relation n'est pas celle de mari et d'épouse, mais de frère et sœur. Jusqu'à ton retour au 8115, ou autre lieu, c'est ainsi que je m'adresserai à toi. D'accord ? Peut-être que cet arrangement fournira un toit aux légions d'étudiants, en médecine ou autre, qui ont croisé l'un de nous.

Enfin, Mhlope, je veux que tu saches que tu es l'honneur de mon cœur et, avec toi à mes côtés, je me sentirai toujours membre d'une force invincible prête à gagner de nouveaux mondes. Je suis sûr, même si les temps nous semblent sombres et difficiles actuellement, qu'un jour tu seras libre et capable de voir les beaux oiseaux et les magnifiques paysages de notre pays, son merveilleux soleil te réchauffera et tu respireras son air pur. Tu reverras le pittoresque pays de Faku[2] où tu as passé ton enfance, et le royaume de Ngubengcuka[3] dont on peut voir les ruines dans ton kraal même.

Tu me manques tellement ! Des tonnes et des tonnes d'amour et un million de baisers.

Bien à toi,
Dalibunga

NKOSIKAZI NOBANDLA MANDELA, C/O GÉNÉRAL AUCAMP, PRETORIA
24.3.70 : Lettre recopiée à la main et remise pour être postée en recommandé.
4.4.70 : H/W Joubert m'a donné le récépissé du recommandé.

---

1. Mandela appartenait au clan AmaDlomo.
2. Le roi Faku contrôlait tout le Pondoland. En 1854, il signa un traité avec les Britanniques qui lui permettait un règne suprême. Le grand-père de Winnie Mandela, Madikizela, a été le dernier chef qui signa un traité avec les Britanniques.
3. Le roi Ngubengcuka était le grand-père du père de Mandela, Nkosi (chef) Mphakayiswa Gadla Henry (décédé en 1927).

Au responsable des inscriptions, université de Londres

18 novembre 1969

Le bureau des inscriptions
Université de Londres
Senate House
Londres W.C. 1

Cher Monsieur,

Le 1er octobre 1969, je vous ai écrit la lettre citée ci-dessous, à laquelle vous n'avez pas répondu :

> Auriez-vous l'amabilité de reconnaître officiellement que j'ai été reçu en théorie jurisprudentielle et légale, et de me permettre de rédiger les trois sujets restants pour la partie II de licence en droit, en deux fois, c'est-à-dire que j'aimerais passer l'épreuve de loi publique internationale en juin 1970 et les deux sujets restants en juin 1971 ?
>
> En tant que prisonnier contraint aux travaux forcés, je connais de considérables difficultés pour me préparer à rédiger quatre sujets pour un seul examen, et tout aménagement que vous m'autoriserez me donnera plus de chances de montrer le savoir requis pour chaque sujet.
>
> Je me permets d'ajouter qu'un de mes principaux problèmes a été d'obtenir les dernières éditons des livres de textes recommandés, ainsi que les journaux qui me permettraient de rester au niveau dans chaque matière. Le coût total du matériel d'étude dont j'ai besoin pour préparer les examens est, dans ma situation, trop élevé. Je ne peux assumer cette dépense que si le cours restant est organisé comme indiqué ci-dessus.

Pourriez-vous avoir l'amabilité de m'adresser votre réponse dans les meilleurs délais avec un certificat acceptant ma candidature pour l'examen de loi publique internationale en juin prochain, si vous acceptiez ma demande ?

Salutations distinguées,

[Signé N.R. Mandela]
NELSON MANDELA

[Notes en afrikaans, autre écriture]
1. Colonel (pour information)
   Section études *Deel Mandela so mee*[1]
2. Le général Aucamp m'a dit personnellement par téléphone, le 26/11/69 que Mandela devait terminer ses examens en 1970. Cette requête ne peut être accordée.

[Signé]
Maj. 27.11.69
[Autre signature et date 9.1.70]

À Paul Mzaidume[2], oncle de Winnie Mandela

19.11.69

Mon cher Radebe[3],

J'ai reçu des rapports inquiétants selon lesquels mon fils Makgatho, 8115 Orlando West, n'a pas très envie d'aller à Fort Hare[4] l'an prochain. Il aurait dû s'inscrire en début d'année mais il devait passer un examen supplémentaire en mars à ce qu'il paraît, bien qu'il ne puisse être admis en licence. Ce serait tragique s'il ratait encore une année et je serais heureux si vous pouviez faire ce qui

1. « Partager avec Mandela » en afrikaans.
2. En 1958, Mandela et Winnie Madikizela célébrèrent leur mariage chez la tante et l'oncle de Winnie, Paul Mzaidume. Elle vivait chez eux à l'époque.
3. Nom de clan de Paul Mzaidume.
4. Université de Fort Hare, à Alice, dans le homeland du Ciskei – voir Glossaire et Carte.

est en votre pouvoir pour qu'il rejoigne à tout prix l'université en février.

Il est venu me voir le 25 octobre et m'avait assuré qu'il avait déjà écrit au secrétariat et attendait les formulaires. Nous avons aussi parlé de la question des frais et de la bourse à l'université, et je lui ai donné les noms de deux amis de Johannesburg qui, je crois, seraient disposés à l'aider à ce sujet. Kgatho pourra vous donner leurs noms et leurs adresses, et je vous conseille de les voir personnellement pour régler cette question avec eux.

Vous pouvez indiquer à Kgatho qu'en faisant appel à vous pour l'aider, je ne mets absolument pas en doute ce qu'il m'a dit. J'ai une confiance absolue en son intégrité et en son sens de l'honneur, et je ne pense pas qu'il me mentirait sur des questions concernant son avenir. Cependant, je suis à plus de mille kilomètres de Johannesburg et il est naturel et raisonnable que je me sente concerné par toute information m'indiquant qu'il n'agit pas avec la prudence et l'attention que j'espère. Je prends aussi en compte le fait qu'il puisse avoir des problèmes particuliers et qu'il ne soit pas disposé à me les confier du fait de ma situation actuelle. Je me suis même demandé s'il ne trouve pas humiliant ou embarrassant de parler d'aide financière avec des personnes qu'il ne connaît pas et je vous demande de prendre personnellement le problème en main, car je crois que l'intervention d'un parent qui négociera en son nom sur ces questions délicates lui évitera de se sentir gêné.

À présent, il a un bon travail et il gagne bien sa vie, ce qui lui offre la possibilité d'aider la famille et de régler les frais de scolarité de ses sœurs. Par conséquent, il peut se demander s'il est sage d'abandonner un emploi lucratif qui lui permet de faire face à d'importantes responsabilités familiales, simplement pour repartir de zéro quelques années plus tard. Ajoutez à cela son âge. À dix-neuf ans, un jeune homme dans sa situation peut ne pas trouver facile de résister à l'attraction d'une ville dorée. Je mentionne tout cela parce que je crois que vous êtes parfaitement informé du genre de problèmes qui peuvent influencer sa pensée et ses actes, et que, par conséquent, vous êtes tout à fait capable de savoir comment faire dans cette situation. Je vous laisse régler ce problème, vous Mzala[1], et Khathi[2].

Incidemment, samedi dernier, j'ai reçu une lettre très agréable de ma fille aînée, Maki, qui prépare un diplôme de fin d'année au lycée d'Orlando. Elle voulait faire des études scientifiques, mais la mort de son frère aîné Thembi, dont elle espérait l'aide financière, a évidemment remis ses projets en cause. Elle m'informe qu'elle ne veut plus faire d'études scientifiques parce qu'elle n'aura pas les moyens financiers. Quand j'ai quitté la maison, en avril 61, nous avons pris des dispositions pour la scolarité de tous les enfants et tout s'est très bien passé jusqu'en fin 1967. Même après cette date, Zami, malgré ses énormes difficultés, a fait que tout se passe bien. Mais maintenant qu'elle n'est plus là, les choses vont mal. Vous pouvez peut-être en parler aussi à mes amis.

Je n'ai jamais aimé imposer mes idées à Zeni et à Zindzi. C'était déjà assez dur pour elles que je ne sois plus à la maison. Et les choses ont dû empirer quand Zami a suivi. Je ne sais pas si cette rupture de notre vie familiale les a gravement affectées. Je leur ai écrit en juin et en juillet mais j'ai appris qu'aucune lettre ne leur était parvenue. Je sais peu de choses sur elles et cela augmente mes soucis et mon angoisse. Mais je suis rassuré par le fait que vous, Khathi, Marsh, Niki et de nombreux amis leur donnent toute la chaleur et l'affection dont elles ont besoin. S'il y a une chose qui contribue à détériorer la santé de Zami en ce moment, c'est bien la situation des filles auxquelles elle est profondément attachée. Mais tu seras heureux d'apprendre qu'elle compte sur ceux qui ne ménageront pas leurs efforts pour faire oublier à nos enfants qu'elles sont orphelines.

J'ai des nouvelles d'elle de temps en temps et j'ai le plaisir de te dire que malgré sa santé fragile elle a bon moral. Quelle femme ! Elle a eu le courage de me conduire devant l'autel, mais je n'avais jamais soupçonné que cette qualité la mènerait si loin. Je me sens très humble quand je compare mes efforts insignifiants à ses sacrifices. Mon seul souci, c'est

1. « Cousin » en isiXhosa.
2. Khathi pour Kathazwa, sœur du cousin de Mandela.

de savoir comment C.K.[1] et Niki ont pris la chose. Radebe, cela m'a fait plaisir de recevoir ta lettre émouvante il y a exactement douze mois et d'apprendre des choses sur les abazala[2] et sur Grand-mère. C'est incroyable de voir à quelle vitesse vont les enfants [*sic*]. J'ai du mal à croire que Khathi va à l'université. Il se trouve que j'avais prévu de lui écrire pour qu'elle me parle de Fort Hare mais la situation de Kgatho m'a obligé à t'écrire d'abord. Mes meilleures pensées à vous tous.

Cordialement,
Madiba

MASHUMI PAUL MZAIDUME
7012 ORLANDO WEST
JOHANNESBURG

24.3.70 : Réécrite et transmise pour envoi en recommandé.
4.7.70 : Récépissé de recommandé donné par H/W Joubert.

À Thoko Mandela, sa belle-fille, veuve de son fils Thembi

29.11.69

Ma chère Thoko,

J'ai écrit pas moins de sept lettres à propos de la mort de Thembi, soit pour exprimer mes condoléances à des membres de la famille, soit pour remercier ceux qui m'avaient envoyé des messages de sympathie. À cette occasion, j'aurais aimé communiquer avec toi immédiatement après avoir reçu la nouvelle tragique, mais je n'ai pas pu le faire parce que je n'avais pas ton adresse.

En juillet dernier, j'ai écrit à Kgatho pour l'avoir ainsi que quelques détails importants, mais il ne m'a donné ces informations que lorsqu'il

1. Colombus Kokani Madikizela, père de Winnie Mandela – voir Glossaire.
2. « Cousins » en isiXhosa.

est venu me voir le 25 octobre. Le mois précédent, j'avais demandé à ma nièce Tellie qu'elle dépose une autorisation de visite pour toi, à ce moment-là j'avais l'intention de t'écrire après que tu es venue. La lettre de Beryl[1] m'a fait espérer que je te verrais aujourd'hui. Mais c'est Lulu[2] qui m'a rendu visite et bien que je pense te voir en décembre, je ne peux retarder encore cette lettre.

Depuis l'accident fatal, des membres de la famille et ceux qui ont pris la parole à l'enterrement ainsi que des amis de différentes régions du pays ont dit beaucoup de choses pour te redonner du courage, la paix et un peu d'espoir dans ton deuil.

Ceux qui connaissaient bien Thembi ont consacré l'essentiel de leurs remarques à ses talents et ses réussites, son dévouement envers toi, les enfants et ses parents. Certains ont peut-être insisté sur le fait qu'il n'avait que vingt-quatre ans quand la mort l'a réclamé, en laissant une veuve et deux très jeunes enfants pour affronter seuls ce monde menaçant et plein de pièges dans lequel nous vivons, sans l'aide, le support et les conseils qu'un mari et un père était toujours prêt à donner à sa famille.

D'autres ont peut-être insisté sur le fait important que la mort intervient dans chaque famille, terrassant aujourd'hui un père bien-aimé, une mère, un enfant, un frère ou une sœur [et] ce qui est essentiel n'est pas tant le malheur qui t'accable mais l'attitude que tu as adoptée.

Beaucoup d'autres remarques de même nature t'auront été adressées par des orateurs habiles et expérimentés, et je ne pense pas qu'il soit possible d'en ajouter ; sauf pour dire que j'ai été particulièrement heureux d'apprendre ce qu'ont dit ta famille du Cap ou de Johannesburg et la foule nombreuse qui a accompagné Thembi dans son repos éternel.

Peut-être qu'un jour j'aurai le privilège de rencontrer tes parents afin de les remercier personnellement et directement pour l'amour et l'aide qu'ils lui ont donnés quand il était vivant et pour l'avoir honoré après son décès. J'aimerais que tu leur transmettes mes meilleurs sentiments.

1. Beryl Lockman, nièce de Walter Sisulu. Elle vivait avec Thoko. Elle épousa plus tard le frère de Thoko, Leonard Simelane.

2. Lulama (Lulu) était la nièce de sa première femme Evelyn Mandela.

Peut-être as-tu déjà réfléchi au sujet que je souhaite aborder avec toi et peut-être as-tu commencé à le résoudre. Thembi n'avait que dix-neuf ans la dernière fois où je l'ai vu, il allait à l'école au Swaziland où, je crois, tu l'as rencontré. C'était une période difficile pour ce jeune homme, alors même que beaucoup d'idées lui traversaient l'esprit. J'étais en prison depuis près de deux ans et je n'avais pas pu l'aider à résoudre les nombreuses difficultés qu'il rencontrait.

Aussi, je n'ai jamais su quelles étaient tes ambitions dans la vie et j'ignore également tes projets au moment de sa mort et les résolutions que vous aviez peut-être prises ensemble. Mais d'après la récente lettre de Maki, vous visiez haut, ce qui confirme ce que m'avait dit Winnie. Je ne l'oublierai jamais et le 13 juillet sera chaque année un jour que je lui réserverai. Transmets ma sympathie à ton frère pour la mort de sa femme.

Peut-être que la meilleure façon de se souvenir de Thembi est de faire ce à quoi il attachait le plus d'importance, ces choses qui lui rendaient la vie agréable et intéressante et de réaliser vos projets communs autant que les circonstances le permettront. Dans ma lettre à Thembi de 66 ou 67, je lui disais que, tous deux, vous deviez faire attention à ne pas négliger votre formation et que si vous trouviez difficile de retourner en pension, vous pouviez vous inscrire dans un établissement par correspondance. Je te le redis pour que tu y réfléchisses. Aujourd'hui, il y a des millions de personnes dans le monde qui font des études dans des institutions privées et qui ont de très bons résultats. En élevant leur niveau, ils accroissent leurs connaissances et sont mieux à même de servir leur pays et leur peuple. Pour toi, Molokazana, des études supérieures serviraient un double propos. Ton esprit sera engagé dans une activité fructueuse qui, à son tour, te garantira sécurité et indépendance. Ensuite, il te sera plus facile de réaliser tes rêves.

Mais tu dois garder à l'esprit que cette lettre a été écrite par quelqu'un qui est en prison depuis plus de sept ans et qui n'est plus au courant de l'évolution du pays. Tu es meilleure juge et je laisse ce sujet entre tes mains habiles. Que tu acceptes ou non mes conseils, cela ne changera en rien mon attitude envers toi. Tu es ma belle-fille et je suis fier de toi. Tu m'es très chère et j'attends avec impatience de te voir le mois prochain. J'espère que ton bras continue à guérir, je te souhaite de te remettre entièrement et bonne chance. Et j'apprécie vraiment ton amitié.

C'était très gentil de la part de Lulu d'être venue en voiture depuis le Reef[1] pour me rendre visite. Je ne l'avais par revue depuis mon arrestation et j'ai passé avec elle soixante minutes de vrai plaisir et de joie. Dans ma situation présente, il est très réconfortant de savoir que ma famille pense à moi. J'ai aussi été heureux d'apercevoir Beryl alors qu'elle s'en allait. J'ai été très impressionné d'apprendre qu'elle vivait avec toi dans ce triste moment de ta vie. Selon certaines sources, nous continuons à entendre de bonnes choses sur elle. Elle semble avoir hérité des qualités de sa mère qui m'était très proche[2].

Mon amour et toute mon estime à Ndindi, Nandi[3] et tes parents.

Affectueusement,
Papa

MLLE LYDIA THOKO MANDELA
HILLBROW
SEPTIÈME AVENUE
RETREATE

Dans la lettre suivante adressée à Winnie Mandela, alors en procès, Mandela parle du livre d'un écrivain sud-africain qui décrit le procès du Christ. D'après l'avocat de Winnie Mandela, Joel Carlson[4]*, la première fois qu'il est allé la voir, elle et ses vingt-quatre coaccusés n'avaient pas été autorisés à prendre un bain ou une douche depuis « près de deux cents jours*[5] ». *Quand Mandela lui écrivit cette lettre, le procès*

1. Le Reef (filon) à Johannesburg se réfère à l'or découvert en 1896 par l'Australien George Harrison. La ruée vers l'or donna naissance à la ville de Johannesburg, aujourd'hui dans la province du Gauteng.

2. Rosabella (Barbie) Sisulu, sœur de Walter, qui épousa Thomas Lockman.

3. Ndileka et Nandi Mandela, les filles de son fils décédé, Thembi – voir Glossaire.

4. Voir Glossaire.

5. Joel Carlson, *No Neutral Ground*, Londres, Davis-Poynter Ltd, 1973, p. 291.

avait commencé. Ils étaient accusés de poursuivre les objectifs de l'ANC et d'avoir conspiré pour commettre des sabotages bien qu'aucun acte de violence ne soit présenté.

Mandela avait conscience qu'il s'agissait littéralement de l'épreuve capitale de la vie de sa jeune femme. Sa tentative pour la réconforter l'entraîne dans l'histoire du procès du Christ et par extension du sien et des combattants pour la liberté. Si cette lettre lui est parvenue, elle lui aura donné de la force depuis une île à l'autre bout du pays.

À Winnie Mandela, son épouse

466/64 Nelson Mandela
[D'une autre écriture]

1er janvier 1970

Dade Wethu,

Un roman de Langenhoven, *Skaduwees Van Nasaret*[1] (*Les Ombres de Nazareth*) décrit le procès du Christ par Ponce Pilate quand Israël était occupé par Rome et que Ponce Pilate en était le gouverneur militaire. J'ai lu ce roman en 1964 et je n'en parle que de mémoire. Bien que l'événement décrit dans le livre se soit passé il y a environ deux mille ans, l'histoire contient une morale dont la vérité est universelle et qui est aussi actuelle et significative aujourd'hui qu'elle l'était à l'époque de la grandeur de l'Empire romain. Après le procès, Pilate écrit à un ami à Rome à qui il fait une remarquable confession. Voici brièvement l'histoire qu'il raconte et que, par commodité, j'ai mise à la première personne.

En tant que gouverneur d'une province romaine j'ai dirigé plusieurs procès impliquant différents types de rebelles. Mais ce procès du Christ, je ne l'oublierai jamais ! Un jour, une foule immense de prêtres et de partisans juifs, qui tremblaient littéralement de rage et de colère, s'est rassemblée devant mon palais et a exigé que je crucifie le Christ parce qu'il proclamait être le roi des Juifs, tout en désignant un homme aux bras et aux pieds lourdement enchaînés. J'ai regardé ce prisonnier et

1. Nasionale Pers, 1927.

nos yeux se sont croisés. Au milieu de cette agitation et de ce bruit, il restait parfaitement calme, tranquille et confiant comme s'il avait eu des milliers de partisans de son côté. J'ai dit aux prêtres que le prisonnier avait contrevenu à la loi juive et non romaine et que c'était à eux de le juger. Mais malgré mon explication ils ont continué à demander obstinément sa crucifixion, et j'ai immédiatement compris leur dilemme. Le Christ était devenu une force puissante dans le pays et le peuple le suivait. Dans cette situation, les prêtres perdaient le pouvoir mais ils ne voulaient pas prendre la responsabilité de le juger et de le condamner. La seule solution consistait à impliquer la Rome impériale pour qu'elle accomplisse ce qu'ils étaient incapables de faire.

Lors des fêtes, la coutume voulait qu'on libère des prisonniers, et comme justement c'était la période, j'ai suggéré qu'on le libère. Mais les prêtres ont demandé que Barabas, prisonnier célèbre, soit relâché et que le Christ soit exécuté. Je suis allé au tribunal et j'ai demandé qu'on l'amène. Ma femme et d'autres officiels romains étaient assis dans la rangée réservée aux hôtes distingués. Quand il est entré, ma femme et ceux qui l'accompagnaient se sont levés instinctivement, comme une marque de respect pour le Christ, mais ils se sont tout de suite rendu compte que cet homme était un Juif et ils ont repris leurs sièges. Pour la première fois de ma vie, j'ai fait face à un homme dont le regard semblait me transpercer et j'étais incapable de le sonder. Une lumière d'amour et d'espoir baignait son visage ; mais en même temps, il arborait l'expression de quelqu'un profondément peiné par la folie et la souffrance de l'humanité. Il leva les yeux et son regard semblait traverser le toit et voir au-delà les étoiles. Il est devenu clair que, dans ce tribunal, je n'étais plus l'autorité en tant que juge mais que cette autorité était sur le banc des accusés, avec le prisonnier.

Ma femme me fit passer une note dans laquelle elle m'informait qu'au cours de la nuit précédente, elle avait rêvé que j'avais condamné un innocent dont le seul crime était d'être le messie de son peuple. « Là, devant toi, Pilate, il y a l'homme de mon rêve ; que justice soit faite ! » J'ai su que ma femme disait la vérité, mais mon devoir exigeait que je condamne cet homme sans tenir compte de son innocence. J'ai mis la note dans ma poche et j'ai continué le procès. J'ai informé le prisonnier des charges retenues contre lui et je lui ai demandé de me dire s'il était ou non coupable. Il m'a ignoré et il était évident qu'il considérait que ce procès était beaucoup de bruit pour rien mais j'avais déjà pris ma décision en ce qui concernait la sentence. J'ai répété ma question et je lui ai dit que j'avais l'autorité suffisante pour lui sauver la vie. La lumière de son visage s'est transformée en sourire et il a parlé pour la première fois. Il a reconnu être le roi et cette simple et unique réponse m'a anéanti. Je m'attendais à ce qu'il conteste l'accusation comme tous les prisonniers et le fait qu'il accepte changeait la nature du procès.

Vous savez, chère amie, lorsqu'un juge instruit un procès à Rome, il n'est guidé que par l'accusation, la loi et la preuve devant la cour, et seuls ces éléments détermineront sa décision. Mais ici, dans les provinces, loin de Rome, nous sommes en guerre. Un homme qui se trouve sur le champ de bataille ne s'intéresse qu'aux résultats, à la victoire et non à la justice, et le juge est lui-même en procès. C'était ainsi, je savais très bien que cet homme était innocent, mais mon devoir exigeait que je le condamne à mort. Ce que j'ai fait. La dernière fois que je l'ai vu il allait vers le Calvaire sous les quolibets, les insultes et les coups, écrasé sous le poids d'une lourde croix sur laquelle il allait mourir. J'ai décidé de t'écrire cette lettre personnelle parce que je crois que cette confession à un ami finira par sauver ma conscience troublée.

Voici en bref le procès de Jésus et tout commentaire est inutile ; sauf que Langenhoven a écrit ce roman dans les années vingt (?[1]) pour éveiller la conscience politique de ses concitoyens dans une Afrique du Sud et à une époque où, en dépit d'une indépendance formelle dont bénéficiait son peuple, les organes de gouvernement, y compris le judiciaire, étaient monopolisés par les Britanniques. Pour les Afrikaners, cette histoire rappelait peut-être des expériences désagréables et rouvrait des blessures mais cela appartenait à une époque révolue. Pour toi et moi, cela pose des questions de nature contemporaine. J'espère que tu trouveras cela significatif, utile et je suis sûr que cela t'apportera un peu de bonheur. Molokazana[2] m'a rendu visite samedi dernier. C'est

1. Point d'interrogation écrit par Mandela.
2. Il fait vraisemblablement référence à Thoko Mandela, la veuve de son fils Thembi – voir Glossaire.

une jeune femme charmante et j'ai été très heureux de la rencontrer. Le 14.1.1970, elle sera à Johannesburg pour la cérémonie « Kulula[1] ». J'écris à Ntambozenqanawa[2] pour lui demander, à lui et à Jonkingtaba Mdingi[3] de l'aider dans cette tâche. Le mois dernier, je lui ai écrit ainsi qu'à Vuyo Masondo[4], et je leur ai présenté mes condoléances pour la mort de son frère à Umtata.

Des tonnes d'amour et un million, de baisers. Que la chance soit avec toi !

Affectueusement,
Dalibunga

NKOSIKAZI NOBANDLA MANDELA, C/O GÉNÉRAL AUCAMP, PRETORIA.

Au chef Ntanbozenqanawa Nkosiyane, son cousin

[Traduit de l'isiXhosa]

1er janvier 1970

Envoyée le 8.1.70

A ! Ntambozenqanawa,

J'ai appris que toi et mes chefs Jongintaba et Vulindlela, vous avez organisé la cérémonie d'enterrement de mon fils aîné, au mois d'août. J'ai été très triste quand j'ai reçu la nouvelle de sa mort, plus encore que si j'avais été à côté de lui pour lui dire adieu. Savoir que presque tous nos parents ont pu assister aux funérailles a été pour moi une consolation. Je

1. Une cérémonie qui marque la fin du port des vêtements de deuil. Il s'est passé dix-huit mois depuis la mort de Thembi.

2. Cousin de Mandela, le chef Ntambozenqanawa Nkosiyane.

3. Frère du chef Mdingi qui donna leurs prénoms aux filles de Mandela, Zenani et Zindziswa.

4. Femme d'un codétenu, Andrew Masondo.

voudrais exprimer ma gratitude à toi Zondwa et à Tshawe[1] pour le rôle exceptionnel que vous jouez tous les deux dans les affaires des miens. La même gratitude au chef Jongintaba, à toute notre famille et nos amis.

Je sais que tu es très occupé et que tu n'as pas toujours le temps de répondre aux lettres. Cela me ferait plaisir quand tu trouveras le temps de m'écrire et de me parler de Balisile, où est-il, comment va-t-il, et si tu le vois souvent. La dernière fois je crois, son fils passait son bac, que fait-il maintenant ? J'ai confiance en lui, il a montré son courage et sa grande intelligence. Je suis fier de lui. J'ai été profondément déçu quand il n'a pas pu venir me voir. Transmets-lui mon amitié, à lui et à Zwelidumile.

La fille du chef Msungulwa Mgudlwa était ici le mois dernier et elle m'a dit que Jonguhlanga est là-bas. J'aimerais aussi que tu me donnes des nouvelles de sa santé. Ma belle-fille[2] est venue samedi dernier. Le 14 janvier, elle ira à Johannesburg pour assister à une cérémonie marquant la fin de son deuil. Je lui ai assuré que je parlerais à toi et au chef Jongintaba pour que vous l'aidiez pour la cérémonie. Mon ex-épouse fait maintenant partie d'une Église qui ne croit pas aux sacrifices d'animaux[3]. Je laisse cette cérémonie entre tes mains expertes*.

Cordialement,
Dalibhunga

* Mon jeune frère, Marshall Xaba, 1086 Mofolo, m'a promis de venir me rendre visite. J'ai hâte de le voir quand il en aura le temps. J'aimerais aussi qu'il me dise si ma belle-mère, la mère de Nobandla de Bizana, a bien reçu la lettre que je lui ai écrite le 4 mai. J'aimerais aussi avoir des nouvelles de la santé des enfants et de leurs résultats à l'école.

Chef Ntambozenqanawa Nkoyisane
c/o Makgatho Mandela
Maison n° 8115 Orlando West
Johannesburg

1. Cousins de Mandela.
2. Thoko Mandela, veuve de son fils Thembi – voir Glossaire.
3. Evelyn Mandela était Témoin de Jéhovah.

On ne sait pas si la lettre suivante de 1970 est parvenue à Adelaide Tambo. Mandela a cette fois utilisé son vrai nom et sa véritable adresse contrairement à un nom de code comme celui qu'il a utilisé pour elle en 1968, quand il lui écrivit sous le nom de Matlala Mandela et à sa propre adresse à Soweto (voir cette lettre, p. 84). En 1970, le président de l'ANC, Oliver Tambo[1], *en dirigeant une organisation illégale*[2] *et en travaillant pour la chute du régime d'apartheid, reste le principal ennemi du gouvernement sud-africain.*

À Adelaide Tambo, amie et épouse de son ami, camarade et ancien collègue, Oliver Tambo

[D'une autre écriture en afrikaans] 466/64 Nelson Mandela S/Lettre[3] à Adelaide Tambo[4].

31 janvier 1970

Kgaitsedi yaka yoratehang[5],

J'ai vu Zami en décembre 68 et il se passera sans doute des années avant que nous nous revoyions. Elle a été arrêtée en mai dernier, à peu près une semaine avant de descendre ici et je m'apprêtais à t'écrire cette lettre. Son absence a complètement bouleversé mes plans en m'obligeant, pour communiquer, à écrire une lettre par mois à des amis et des membres de la famille sur de nombreux sujets urgents. Kgatho est venu me voir hier et il m'a parlé de quantité de problèmes, mais cependant j'ai décidé de ne pas reporter cette lettre.

1. Oliver Reginald Tambo (1917-1993), ami, ancien avocat associé et président de l'ANC, désigné plus bas par les initiales O.R. – voir Glossaire.
2. L'ANC, organisation interdite de 1960 à 1990.
3. Sa lettre signale une lettre spéciale qui n'aurait pas dû être comptée dans son quota.
4. Il est intéressant de noter que, dans cet exemple, les autorités de la prison savaient que la lettre était destinée à Adelaide Tambo et qu'elles l'ont quand même envoyée.
5. « Ma chère sœur » en seSotho et en seTswana.

Maki viendra me voir en juin, elle est en première au lycée d'Orlando. Zeni et Zindzi sont à Notre-Dame des Douleurs, une pension catholique romaine au Swaziland, et elles passent leurs vacances avec notre ami commun, Allan[1]. Malheureusement il ne m'a pas été possible d'obtenir des précisions sur leurs examens.

J'ai été désolé d'apprendre que tu n'avais pas pu continuer tes études de médecine. O.R. et moi, nous en avions parlé pendant le voyage[2] et, en rentrant, j'avais évoqué le sujet avec Xhamela[3] et les autres, en leur disant que j'avais suggéré à O.R. qu'on devrait t'encourager à entreprendre cette formation et tout le monde était d'accord. Il se trouve que, quelques jours avant d'apprendre que tu avais abandonné tes études, on disait ici que tu avais déjà renoncé et si les raisons avancées pour expliquer ta décision étaient parfaitement compréhensibles, nous étions désolés que Dali et ses sœurs[4] t'aient privé de cette opportunité. En fait, j'aimerais vraiment savoir s'ils font des progrès à l'école et ce qu'ils préfèrent. J'ai espéré que tu m'enverrais une photo de famille pas plus grande que 6 × 8. Mais je sais que O.R. vit en permanence à l'étranger et que ce n'est peut-être pas possible. Cependant, je suis sûr que Thembi, Dali et Dudu aimeront poser pour moi.

Nous avons été vraiment heureux d'avoir quelques informations sur vous tous. Ensuite, pendant des jours, nous avons discuté de différents sujets avec beaucoup d'émotion et de souvenirs, certains bien sûr un peu enjolivés ici ou là et d'autres déformés par le temps. Je me suis même souvenu qu'un jour, à la fin des années cinquante, je suis revenu de Chancellor House[5] et l'oncle de Zami m'avait raconté une histoire qui m'avait beaucoup amusé. Il revenait d'une ville de l'État libre où O.R. avait défendu une affaire. Au cours d'une altercation avec le

1. Dr Allan Nxumalo, médecin et vieil ami de la famille Mandela. Leader du parti démocrate du Swaziland qui a été dissout après l'indépendance de 1968, puis ministre de la Santé du Swaziland.

2. Sans doute le voyage clandestin de Mandela en Afrique et à Londres en 1962.

3. Nom de clan de Walter Sisulu, condamné au procès de Rivonia.

4. Les enfants des Tambo, Dali, Dudu et Thembi.

5. Chancellor House était l'immeuble dans lequel Mandela et Tambo avaient ouvert leur cabinet d'avocats, en 1952.

président, à ce qu'on raconte, ce dernier a pris un jugement contre lequel mon ancien partenaire s'est vivement élevé en passant de l'anglais au latin. On nous a raconté à Zami et à moi, avec beaucoup de détails, que le juge était resté sans voix. On raconte aussi des anecdotes semblables à propos de la brève mais brillante carrière de Gcwanini. Je me souviens avoir entendu un matin le récit détaillé de ses coups d'éclat dans le tribunal par un admirateur enthousiaste et imaginatif. On raconte qu'un juge important du Transvaal avait dit qu'au cours de sa longue carrière il n'avait jamais rencontré ni entendu parler d'un juge ou d'un avocat capable de rivaliser avec la puissance dévastatrice de Gcwanini dans un contre-interrogatoire.

Il y a ainsi tout un catalogue d'histoires amusantes à son sujet, et au sujet de Nkunzebomvu, Malome, Mqwatit et d'autres[1]. Ces anecdotes peuvent sembler un peu exagérées et trop jolies mais elles s'appuient toujours sur un incident réel et indiquent la puissance de l'impact que nous avions sur les gens avec nos moyens individuels et collectifs, même en remontant aux années cinquante. Nous avons été heureux de recevoir des nouvelles de Bakwe, des frères Gambu, de Mpandla, Temba, Mzwai[2] [j'espère que son arabe s'est amélioré], Mainrad, Raymond[3] ; Tough Alfie et Moloi, ainsi que de nos amazones : Maggie[4], Radi, Long Ruta Jozi et Fiki. Nous pensons à Mhlekazi Madiba d'OE, Pulatsheka, Hector, Dinone, Joe Joseph Sejake[5], Ruta la négrillonne, Florence, Kay, Edith et tous nos collègues sans exception. Nous avons appris que la santé de Malome et de Nkunzebomvu n'est pas brillante mais nous avons confiance, leur entrain et leur extraordinaire courage leur permettra de s'en sortir et de guérir complètement.

J'ai très envie d'écrire à Dave[6] pour lui dire que j'ai apprécié ce qu'il a fait pour moi mais je ne suis pas sûr que, vu les circonstances, ce

1. Amis et camarades.

2. Peut-être Esme Matshikiza, assistante sociale et épouse de Todd Matshikiza (1921-68), écrivain et musicien qui a composé la partition de la comédie musicale, succès international, *King Kong* (1959). Ils vivaient à Londres.

3. Raymond Mhlaba.

4. Épouse d'un militant ANC à Londres.

5. Amis basés au Lesotho.

6. David Astor (1912-2005), journaliste britannique soutien de l'ANC – voir Glossaire.

soit la chose à faire. Peut-être peux-tu me conseiller dans ta réponse. De toute façon, je veux qu'il sache que je pense toujours à lui, et à Mary[1], Michael, Colin[2], Thony[3] et Freda[4]. J'aimerais aussi que tu aies la gentillesse de me donner l'adresse de la Maman de Bakwe[5]. Je lui ai fait passer un message par Zami lors de la mort de Prof[6] et je voudrais lui écrire dès que ce sera possible. J'espère que Mary Letele[7], Tristie et Ezme[8] vont bien et que le temps les a aidés à guérir leurs blessures.

Les documents soumis par Wamba à Europa Publications, 18 Bedford Square, WC 1, demandent à être vérifiés, amendés et complétés par O.R. Le mieux aurait été de les lui envoyer directement mais, comme tu le sais, ce n'était pas possible. L'affaire est maintenant entre ses mains.

En décembre 1968, et à nouveau en 1969, je vous ai envoyé, à vous et à la famille, des cartes de Noël et j'espère que vous les avez reçues. Pour la première fois depuis ma condamnation, il y a huit ans, je n'ai pas reçu de cartes de Zami et des enfants ni de lettre d'elle. J'ai senti qu'il manquait quelque chose quand j'ai « fêté » le grand jour *ngombona namarewu*[9].

J'ai trouvé très difficile de m'en sortir sans plus voir Zami, sans recevoir de lettres et sans nouvelles des enfants. Mais l'âme humaine et le corps humain ont une capacité infinie d'adaptation et il est étonnant

1. Mary Benson (1919-2000) amie, auteur, journaliste et militante antiapartheid – voir Glossaire.

2. Canon L. John Collins (1905-1982), prêtre anglican, chanoine de la cathédrale Saint-Paul à Londres en 1948. En 1956, il mobilisa son organisation Christian Action pour réunir des fonds destinés à la défense des 156 accusés du procès de la trahison (voir Glossaire) en Afrique du Sud. Cela donna naissance au Defense and Aid Fund for Southern Africa.

3. Anthony Sampson (1926-2004), auteur et militant antiapartheid qui vivait à Londres.

4. Freda Levson (1911-1998), militante antiapartheid partie en exil à Londres. Elle administra le Defense and Aid Fund avec Mary Benson et Ruth Mompati.

5. Frieda Matthews (1905-1998), une des premières femmes noires à obtenir un diplôme universitaire en Afrique du Sud – voir Glossaire.

6. Mari de Frieda Matthews, professeur Z. K. Matthews (1901-1968) universitaire, homme politique et militant antiapartheid – voir Glossaire.

7. Femme du docteur Letele qui participa à la Campagne de défi – voir Glossaire.

8. Peut-être Esme Matshikiza.

9. En xhosa, repas de blé et de boisson non alcoolisée à partir de soupe légèrement fermentée.

de voir comment on peut s'endurcir ; comment des concepts que l'on considérait autrefois comme relativement sans importance deviennent graves et cruciaux.

Je n'ai jamais imaginé que le temps et l'espoir pouvaient autant signifier comme c'est le cas aujourd'hui. Un important personnage a ainsi commenté la mort de Maman et de Thembi et l'incarcération de Zami : chez vous il ne pleut jamais, il tombe des trombes d'eau. C'est aussi ce que j'ai ressenti à l'époque. Mais les nombreux messages de condoléances et de solidarité que nous avons reçus nous ont redonné courage et nous avons toujours aussi bon moral. L'espoir est une arme puissante quand il ne reste rien d'autre. Ce qui m'a soutenu, même dans les moments les plus sombres, c'est de savoir que je suis membre d'une famille éprouvée qui a triomphé de très nombreuses difficultés. Une famille si vaste que les opinions peuvent être diverses sur presque tout, mais nous avons toujours réussi à régler les choses ensemble et à continuer. Cela donne des ailes puissantes à mon moral.

Mon meilleur souvenir à tous avec mon affection pour toi, O.R., Thembi, Dali et Dudu

Cordialement,
Nel

Mme Adelaide Tambo, c/o Aziz Pahad, 83 North End House, Fitzjames Avenue, Londres W 14.

Mandela appelait sa maison de Soweto au 8115, à l'angle des rues Vilakazi et Ngakane, Orlando West, Johannesburg, « le point central » de son univers[1]*. Lui, sa première femme et leur bébé Thembekile y avaient emménagé en 1946. Ils y avaient élevé leurs enfants et c'est là que sa mère venait de temps en temps. La maison de trois pièces coûtait 17 shillings 6 pence par mois de loyer. C'était au 8115 que lui et sa seconde femme Winnie avaient été accueillis après leur*

1. *Un long chemin vers la liberté, op. cit.*, p. 682.

mariage en juin 1958 et où leurs deux filles avaient aussi été élevées. C'est au 8115 qu'il est revenu après sa libération de prison. Il la décrit dans son autobiographie « identique aux centaines d'autres maisons construites sur des terrains grands comme des mouchoirs de poche, au bord de routes boueuses. Elle avait le même toit de tôle, le même sol de ciment, une petite cuisine et, au fond, un seau comme toilettes. Il y avait des réverbères à l'extérieur, mais à l'intérieur nous utilisions des lampes à pétrole car les maisons n'avaient pas encore l'électricité. La chambre était si petite qu'un lit à deux places la remplissait presque entièrement[1] ».

C'est dans la maison du 8115 que Winnie Mandela fut arrêtée à plusieurs occasions quand son mari était en prison. Pendant toute cette époque, des membres de la famille y sont allés pour en prendre soin.

À Marshall Xaba, mari de Niki Xaba, la sœur aînée de Winnie Mandela

3 février 1970

Envoyée le 18.2.70

Courrier recommandé

Cher Oncle Marsh,

S'il vous plaît, ne faites pas de travaux d'aménagement au 8115 Orlando West, car cela aurait pour effet de priver Kgatho et ses sœurs d'un toit pendant notre absence.

Kgatho est venu me voir samedi dernier et il m'a semblé mécontent parce que quelqu'un qui n'est pas de la famille et qui ne lui semble pas acceptable, à lui et à Tellie, serait chargé de la maison. Il préfère ma nièce, Lulu[2], qui est venue me voir le 29 novembre. Je suis d'accord avec la proposition de Kgatho à condition que Zami l'accepte et je serais ravi si vous pouviez lui transmettre mon point de vue. Je dois

1. *Ibid.*
2. Lulama (Lulu), la nièce de son première femme, Evelyn Mandela.

avouer que l'attitude de Kgatho à propos de cette affaire m'a inquiété depuis qu'il m'en a parlé le 31 janvier, et je considère qu'il est peu souhaitable qu'il se sente traité injustement et menacé. Il m'a dit que l'affaire pouvait être réglée cette semaine avec les autorités municipales et j'espère que vous recevrez cette lettre avant que vous acceptiez une décision qui peut créer des problèmes. J'aimerais que vous alliez le rassurer avant qu'il parte pour Fort Hare.

Il ne m'est pas nécessaire, Oncle Marsh, de vous assurer que j'ai tout à fait conscience que vous et Niki n'aviez rien de personnel dans cette affaire et que votre unique propos était de sauvegarder nos intérêts, et je suis sûr, maintenant que vous connaissez mon point de vue, que vous ferez tout ce qui est en votre pouvoir pour régler l'affaire à l'amiable et de façon satisfaisante.

Le temps m'a semblé court quand j'ai vu Kgatho et j'ai oublié de lui demander des nouvelles de la scolarité et de la santé de Zeni et de Zindzi. Donnez-moi, s'il vous plaît, quelques informations dans votre réponse. Dans sa lettre de septembre, Niki me disait que vous aviez fait une demande pour venir et j'avais espéré vous voir. Je ne sais pas si Maman de Bizana[1] a reçu mes lettres de mai dernier. Que Bantu[2] sache qu'elle peut me rendre visite et que je serais heureux de la voir. J'espère que Nali[3] a bien reçu la lettre que je lui ai écrite en juillet de l'an dernier.

Je vais écrire à mes chers amis, les Ngakanes[4], dès que j'en aurai la possibilité et je l'ajouterai à votre explication. Meilleurs sentiments et toute mon affection à vous, Niki et la famille.

Cordialement,
Nel

M. MARSHAL XABA
PO Box 23 JABAVU
JOHANNESBURG

1. Nophikela Hilda Madikizela, belle-mère de Winnie Mandela.
2. Nobantu Mniki, sœur de Winnie Mandela.
3. Nali Nancy Vutela, sœur de Winnie Mandela.
4. Voisins de Soweto.

À Tellie Mandela, parente

6 mars 1970

Envoyée le 17.3.70

Ma chère Nkosazana,

J'ai reçu ta lettre, postée à Johannesburg le 22 octobre, dans laquelle tu me disais que Joel[1] avait accepté de défendre Nobandla[2]. J'ai aussi reçu ta seconde lettre du 28 octobre dans laquelle tu m'informais que Joel avait effectivement plaidé quand le jugement avait été renvoyé le jour même. Je vous suis très reconnaissant de tous les efforts que vous faites pour régler nos problèmes et plus particulièrement pour le rôle joué afin d'obtenir les services de Joel. Quelle que soit l'issue des pénibles épisodes dans lesquels Nobandla est engagée actuellement, rien ne me fait plus plaisir que ce procès et nos affaires soient prises en main par un homme en qui j'ai la plus grande confiance et je t'en suis très reconnaissant, Nkosazana.

J'ai été très troublé d'apprendre que tu n'as pas pu la voir dans les cellules du tribunal quand elle et ses amis ont comparu pour le renvoi de l'affaire[3]. Dans ma situation actuelle, Madiba[4], des problèmes que j'aurais facilement résolus sont devenus extrêmement difficiles à aborder. Toi, Oncle Marsh et Niki vous nous êtes très proches, à Nobandla et moi, et vous faites tout ce qui est en votre pouvoir pour nous aider…

Comme tu le sais, Kgatho est venu me voir le 31 janvier et il m'a parlé du problème concernant la personne qui s'occupera de la maison quand

1. Joel Carlson, l'avocat de Mandela – voir Glossaire.

2. Winnie Mandela.

3. Le 16 février 1970, les charges portées contre Winnie Mandela et ses vingt et un coaccusés ont été brusquement retirées, mais dans la courte période où ils auraient été techniquement « libres », ils ont été à nouveau arrêtés dans le tribunal et remis en garde à vue. Le 4 août 1970, Winnie Mandela et dix-neuf autres furent formellement accusés. Trois de ses précédents coaccusés n'étaient pas là. L'un d'eux avait eu une attaque et deux autres avaient disparu après leur libération.

4. Nom de clan de Mandela que tous ceux du même clan pouvaient porter.

il sera à Fort Hare et, en même temps, il a insisté pour me dire que la question était extrêmement urgente. J'avais espéré que la visite durerait une heure comme d'habitude, mais malheureusement on ne nous a accordé qu'une demi-heure et l'entretien s'est terminé avant que j'aie eu le temps de lui donner mon point de vue. J'aurais préféré envoyer un télégramme à Kgatho et à Marsh, mais ici ce n'est pas toujours possible quelle que soit l'urgence et j'ai dû me contenter d'une simple lettre par avion pour Marsh sans même être sûr qu'elle arrivera à destination.

Dans cette lettre, je demandais à Marsh d'éviter tout arrangement sur la maison qui priverait Kgatho et ses sœurs d'un domicile pendant notre absence. Je lui ai dit que je considérais que Lulu[1] était la personne qui convenait le mieux, à condition que Nobandla approuve cette solution. J'espère que maintenant cette affaire a été réglée à la satisfaction de tous.

Dans ta lettre du 28 octobre, tu me disais que le loyer du 8115 était de 34 rands et que tu avais trouvé le moyen de le payer. Kgatho m'a dit aussi que tu avais acheté des vêtements à Zeni et à Zindzi. Aucun mot que j'écrirais dans cette lettre ne pourrait te dire convenablement l'expression de ma gratitude. Peut-être, un jour, aurons-nous le privilège de vous remercier pour votre gentillesse, même si nous ne pourrons le faire que modestement.

Je voudrais te dire aussi que j'ai été très heureux d'apprendre que tu te sentais changée après m'avoir vu l'an dernier en octobre, que le nuage de la dépression avait disparu et que maintenant tu regardais le côté positif des choses. C'est le bon état d'esprit. On dit justement que lorsque vous riez le monde entier rit avec vous mais quand vous pleurez vous pleurez tout seul. Souviens-t'en !

Le 1er janvier, j'ai écrit à Vulindlela[2], directement à Umtata et à Ntambozenqanawa[3] aux bons soins de Kgatho. Le 19 novembre, j'ai écrit à l'oncle de Nobandla, M. Paul Mzaidume[4], 7012 Orlando West. J'ai envie

1. Lulama (Lulu), nièce de sa première femme, Evelyn Mandela.

2. Le chef Vulindlela Mtirara/Matanzima, chef thembu, parent de Mandela – voir Glossaire.

3. Cousin de Mandela, le chef Ntambozenqanawa Nkosiyane.

4. Voir sa lettre p. 194.

de savoir si mes lettres arrivent bien à destination et je serais heureux que tu vérifies si Ntambozenqanawa et Nobandla ont bien reçu les leurs.

Enfin, j'aimerais que Joel sache que j'ai un besoin urgent de 100 rands pour mes études et je lui serais reconnaissant de tirer l'argent en mon nom. Je ne peux faire autrement maintenant que Nobandla est détenue.

À nouveau je te remercie pour tout ce que tu fais et en particulier pour avoir rendu possible le fait que Joel défende Nobandla. Toute ma sympathie pour vous tous et mes meilleurs sentiments pour toi.

Très sincèrement,
Buti Nel

MLLE TELLIE MANDELA
MAISON N° 8115, ORLANDO WEST
JOHANNESBURG

À Makgatho, son plus jeune fils

31.3.70

Envoyée le 2.4.70

Mon cher Kgatho,

Ces derniers mois, j'ai beaucoup pensé à toi. Ta dernière visite date du 31 janvier, pourtant il me semble que je ne t'ai pas vu depuis dix ans, tu me manques. J'espère qu'il nous sera possible de nous revoir avant la fin de l'année pour parler seul à seul des questions familiales qu'on ne peut régler correctement par lettre.

La séparation forcée de la famille a toujours été une expérience tragique et douloureuse et au cours des sept dernières années de mon emprisonnement j'ai compris à quel point il peut être frustrant d'être absolument incapable de donner des conseils à ses enfants et de les aider dans le dédale de problèmes qu'ils rencontrent en grandissant. En

1966, j'ai reçu des informations selon lesquelles le pauvre Thembi avait perdu tout intérêt aux études et qu'il préférait un emploi de chauffeur à une carrière universitaire. Début 1967, je lui ai écrit pour l'inciter à reprendre ses études soit en retournant dans un pensionnat, soit en s'inscrivant dans un établissement par correspondance. Je lui ai assuré qu'on prendrait les dispositions nécessaires pour payer ses études et son argent de poche. Je l'ai aussi mis en garde pour qu'il abandonne une conduite qui risque de le priver de la possibilité d'obtenir une carrière intéressante, sans laquelle il resterait toujours inférieur aux autres sur des questions de connaissance scientifique, condamné pour toujours au statut dégradant de personnage subalterne exploité par d'autres êtres humains. Tu m'as apporté un message de lui en octobre 1967, mais en réalité il n'a jamais suivi mes conseils. Pourtant Thembi était un bon garçon, plein de promesses et de talent. Sa pauvre grand-mère[1], Ma Nobandla et d'autres parents et amis m'ont dit du bien de Thembi quand ils sont venus me voir ou quand ils m'ont écrit. Je crois sincèrement que si j'avais été à la maison en 1966, il n'aurait pas succombé à la tentation qui l'a conduit à abandonner ses études à un moment crucial de sa vie.

Le 28 juillet de l'an dernier, je t'ai écrit une longue lettre[2] sur les importantes responsabilités qui sont tombées sur tes épaules depuis que Thembi n'est plus là. Je te disais que tu étais devenu le plus âgé des enfants et que ton devoir était de maintenir la famille unie et de montrer le bon exemple à tes sœurs. J'attirais particulièrement ton attention sur le fait que ce qui intéresse l'humanité aujourd'hui exige des esprits formés et que l'homme qui n'a pas cette formation ne peut servir réellement son peuple et son pays. J'insistais en outre sur le fait que mener une vie méthodique et disciplinée, renoncer aux plaisirs séduisants qui attirent le garçon moyen, travailler dur et systématiquement pour ses études tout au long de l'année, tout cela t'apporterait à la fin des récompenses recherchées et beaucoup de bonheur personnel. Le 25 octobre, tu m'as informé que tu avais passé tes examens supplémentaires et tu m'as indiqué en même temps que tu avais renouvelé ton inscription à Fort Hare. J'ai fait des suggestions à propos des frais d'inscription et au cours de

1. La mère de Mandela.
2. Voir sa lettre du 28 juillet 1969, p. 158.

ta dernière visite tu m'as informé que tout avait été réglé et que tu partais à l'université le 14 février. On m'apprend maintenant que tu n'es jamais allé à Fort Hare et que tu ne t'es pas non plus inscrit à l'Unisa. Des rumeurs et des commentaires encore plus déplaisants, de jeunes et de vieilles personnes, sont arrivés jusqu'à moi. Bien sûr, j'ai totalement confiance en toi Kgatho et je ne tirerai aucune conclusion dans un sens ou dans un autre tant que tu ne m'auras pas donné d'explication.

Cependant, je suis convaincu que la cause première de tes problèmes est mon absence et que dans ma situation présente je n'ai pas la possibilité de rester en contact étroit avec toi et tes difficultés actuelles. Peut-être que si nous étions ensemble mes conseils et mon exemple auraient sauvé deux ans de ta vie que tu as déjà gâchés. J'aimerais avoir de tes nouvelles dès que tu auras reçu cette lettre mais en attendant je tiens à t'avertir de ne pas continuer à te conduire ainsi, une conduite qui finalement ruinera ta santé et ta carrière quels que soient les plaisirs temporaires et la joie qu'ils t'apportent actuellement. Il y a beaucoup de talent et de promesses en toi, mon cher Kgatho, et un avenir brillant t'attend certainement si tu acceptais de te donner une chance. Tu as passé ton bac avec honneur ; tu as du tact et de la douceur dans ta façon de prendre les problèmes. Le temps n'est pas venu de laisser mourir ton talent. Les jeunes de ton âge, certains plus jeunes encore, se distinguent dans les domaines de l'éducation, du sport, de la musique et dans d'autres disciplines importantes. Leur fierté et leur désir de mettre en valeur le nom et la réputation de leur famille inspirent leurs résultats ainsi que leur amour et leur dévouement à la cause de leur peuple. Que fais-tu ? N'as-tu ni fierté ni conscience, ni volonté ni indépendance ? Toute personne, jeune ou âgée, qui te détourne de l'université et de tes études n'est pas un véritable ami mais un imposteur et représente un danger pour toi. Écoute : fais le point avant qu'il soit trop tard ! Va à Fort Hare cette année s'ils veulent bien t'accepter encore et réponds-moi par retour du courrier.

Quand tu es venu me voir en janvier, tu m'as posé la question compliquée de la maison. À ce moment-là, j'espérais que ta visite durerait une heure comme d'habitude, mais tu le sais notre entretien s'est achevé brusquement au bout de trente minutes, sans qu'on nous ait informés, par conséquent j'ai été incapable de te donner mon point de vue sur ce dont tu voulais qu'on discute[1]. Le lundi suivant, j'ai essayé désespérément de communiquer avec toi avant que tu quittes Le Cap. J'ai aussi essayé de joindre M. Xaba le même jour pour lui dire de ne rien faire qui aurait pour effet de vous priver de maison, toi et tes sœurs, en notre absence[2]. Mais mes efforts sont restés vains et ma lettre recommandée envoyée le 3 février ne semble pas lui être parvenue. Dis à Lulu de rester dans la maison en attendant que j'essaie d'arranger les choses pour elle. J'espère voir Maki en juin.

Mes tendres pensées et mon amour pour vous tous.

Affectueusement,
Tata

Makgatho Lewanika Mandela, 8115 Orlando West, Johannesburg.

À l'officier commandant, Robben Island

2 avril 1970

L'officier commandant
Robben Island

À l'attention de l'officier médecin

Ma peau se dessèche et des crevasses se développent après chaque bain, une situation qui s'aggrave en hiver.

En 1967, le médecin, le docteur Kaplan, m'a recommandé d'appliquer après le bain de la Cold Cream que j'avais toujours utilisée avant ma condamnation. Par la suite, j'ai parlé de ce problème avec le médecin

1. Dans *Un long chemin vers la liberté* (*op. cit.*), Mandela décrit la salle des visites à Robben Island, « étroite et sans fenêtres ». « Côté prisonniers, il y avait cinq cabines avec une vitre carrée qui donnait sur des cabines semblables situées de l'autre côté. On s'asseyait sur une chaise et on regardait à travers la vitre épaisse dans laquelle on avait percé quelques petits trous pour permettre la conversation. Il fallait parler très fort pour se faire entendre. »

2. Voir la lettre du 3 février 1970, p. 211.

officier qui m'a donné quelque chose du type vaseline. Mais en dehors du fait que cela ne me convenait pas et du désagrément que cela entraînait, je n'ai noté aucun effet et j'ai dû l'abandonner à contrecœur. Je vous serais donc reconnaissant de me permettre de commander, à mes frais, et pour aussi longtemps que cela est raisonnablement nécessaire, la Cold Cream mentionnée ci-dessus.

[Signé NR Mandela]
NELSON MANDELA 466/64

[Note sans doute de la main d'un employé de la prison] Après mûre réflexion, Ponds Cold Cream est fabriquée avec une crème de base appelée lanoline. Adeps Lanala, qui contient de la lanoline, est bonne pour les problèmes de peau du patient. 2.4.70

[D'une autre écriture] Accepté comme demandé 22.4.70

[En afrikaans] Colonel
Il m'en a aussi parlé. Recommandation du médecin ci-dessous.
[Signé et daté 22.4.70]

Hôpital,

Pour votre information et exécution

À l'officier commandant, Robben Island

20 avril 1970

L'officier commandant
Robben Island

<u>À l'attention du colonel Van Aarde</u>

Je suis profondément troublé et bouleversé par la façon dont le bureau de censure traite mes visites et j'aimerais que vous interveniez personnellement pour enquêter sur cette question, aussitôt que cela vous sera possible, afin de mettre un terme à ces irrégularités injustifiées.

Molly De Jager[1] ma belle-fille, « Hillbrow » 7e Avenue, Retreate, Le Cap, s'efforce depuis trois mois d'obtenir un permis de visite. Elle a fait sa première demande tout début février et elle m'en a informé dans une lettre reçue au bureau de censure le 12 du même mois. Le mois dernier, j'ai été informé par le bureau de censure que sa lettre de demande n'avait pas été « reçue ». Elle en a déposé une nouvelle au début de ce mois et on m'a averti d'attendre sa visite le 18 avril. Elle n'est pas venue.

Mais Beryl Lockman, qui a rendu visite à son oncle Walter Sisulu[2] samedi dernier et qui habite à la même adresse que ma belle-fille, a dit à son oncle que ma belle-fille avait déposé une demande de visite pour le même jour. Elle a reçu son propre permis de visite sans les informations nécessaires que devrait contenir un permis de visite, c'est-à-dire la date à laquelle cette visite a été organisée. Beryl a dit à son oncle que ma belle-fille n'était pas venue parce que son permis n'était pas arrivé. J'espère qu'elle viendra le 25 et je vous demande de vous assurer que sa visite ne sera pas à nouveau empêchée[3].

Je n'ai nul besoin de vous assurer que cette lettre ne vise pas le lieutenant Nel, l'officier qui est directement en charge du bureau de censure et qui traite chaque demande avec bienveillance.

[Signé NR Mandela]

---

1. Thoko Mandela, l'épouse de son fils décédé Thembi. Elle a emprunté le surnom de De Jager à une parente afin de pouvoir vivre à Retreate, un quartier métis (*coloured*) (« En l'honneur de Thembekile Madiba », Fondation Nelson Mandela, 22 février 2012 https://www.nelsonmandela.org).
2. Walter Sisulu. Mandela parle de lui sous son nom de clan Xamela (parfois orthographié par Mandela Xhamela).
3. On ne sait pas si cette phrase a été soulignée par Mandela ou les autorités.

À Makaziwe Mandela, sa seconde fille

1er mai 1970

Ma chérie,

J'ai été heureux d'apprendre par Kgatho que tu avais réussi ton examen et que tu continuais pour le bac.

Les progrès que tu fais dans tes études montrent que tu as du talent et de l'enthousiasme, tu es capable d'obtenir les plus hautes qualifications et de remporter les meilleurs prix à condition bien sûr que tu travailles dur et régulièrement du début du trimestre aux examens. J'espère que dans ta prochaine lettre tu pourras me donner les notes que tu as obtenues dans chaque matière ainsi que ton résultat global. Je sais trop bien qu'en Afrique du Sud, ce n'est pas toujours facile pour une enfant africaine d'étudier quand on est externe.

La plupart des familles africaines vivent dans la pauvreté, dans une petite maison surpeuplée, sans l'espace privé dont a besoin une étudiante pour se concentrer sur ses études, et elles ne peuvent pas non plus employer de domestiques pour faire le ménage, la cuisine et la vaisselle. Toutes ces tâches retombent sur les épaules de l'enfant et le soir elle est trop fatiguée quand vient l'heure de faire ses devoirs. En comparaison, une enfant qui étudie en pension a beaucoup d'avantages. L'environnement et l'atmosphère y sont radicalement différents. Elle a beaucoup de temps à consacrer à ses études, elle peut souvent discuter de problèmes avec ses camarades de classe, obtenir de l'aide d'étudiants plus âgés, parler presque tout le temps des matières enseignées, se détendre dans le jeu, la gymnastique et la musique, si bien qu'elle obtient de très bonnes notes en fin d'année.

Les soucis sont réduits dans le cas des enfants dont les parents sont assez riches pour avoir un bon niveau d'éducation et qui, par d'importantes lectures, peuvent se tenir au courant des progrès faits dans le domaine de l'enseignement. Ils sont capables de résoudre les problèmes de l'enfant en lui donnant aide et conseils. Kgatho t'aurait assurément été d'une grande aide si vous viviez ensemble. J'y ajouterais mon petit plus si j'étais libre. J'ai bien conscience des handicaps que tu dois rencontrer dans la poursuite de tes études. C'est à la lumière de ces difficultés que je vois tes résultats aux examens. Je pense que tu aurais fait beaucoup mieux si tu avais été en internat. Tu as réussi et je t'envoie mes plus sincères félicitations.

Dans ta lettre non datée que j'ai reçue le 15 novembre de l'an dernier, tu me dis que tu ne veux plus être scientifique parce que tu n'auras pas les moyens financiers pour continuer dans cette profession. Nous en parlerons plus longuement quand tu me rendras visite en juin et je te ferai des suggestions précises. En attendant, j'aimerais te donner l'assurance que malgré ma situation présente, je ferai tout ce qui est en mon pouvoir pour réunir les fonds nécessaires à tes études. Je crois que pas un de mes enfants qui a vraiment envie de continuer ses études n'a dû renoncer à l'université par manque d'argent. Rappelle-toi qu'avec un père condamné à la prison à vie, toi et Kgatho vous êtes comme des orphelins. Pour vous deux l'éducation est plus qu'une question de statut. C'est une question de vie et de mort. Tant qu'il y aura de l'argent pour tes études, tu dois saisir cette opportunité à pleines mains. Ce n'est qu'ainsi que tu auras la sécurité et un avenir brillant. Ce n'est que lorsque tu auras les meilleures qualifications que tu pourras obtenir un bon emploi et soulager ta mère de ses responsabilités et de son fardeau actuels. De toute façon, nous réglerons les détails le mois prochain.

J'ai appris que Maman Winnie est en prison et je suis d'accord avec toi : il va se passer beaucoup de temps avant qu'on la libère. Elle terminera une année complète le 12 de ce mois. Elle est intelligente. Nyanya a, elle aussi, très bien réussi et je suis fier d'elle. Je ne peux te donner de réponse claire et complète pour savoir qui va s'occuper des enfants. Mais toi, Kgatho, Sisi Tellie, Makazi, Niki et nos nombreux amis sont là pour s'occuper d'eux. Quant à moi, j'ai essayé pendant quatorze mois de tirer avantage de la seule opportunité que j'avais de rester en contact avec eux – en leur écrivant des lettres. Je l'ai fait le 4 février, le 23 juin et le 3 août mais à ma grande déception, il semble qu'ils n'aient reçu aucune de ces lettres.

J'ai été heureux d'apprendre que tu es allée sur la tombe de Grand-mère et l'hospitalité qu'a manifestée le chef suprême Sabata[1]. C'est une merveilleuse personne et je ne sais pas comment m'acquitter envers lui de tout ce qu'il a fait pour moi. J'ai lu quelque part que tu avais assisté au mariage de Mthetho[2] en janvier dernier. Le voyage pour la cérémonie a dû être passionnant. Je suis heureux de noter que tu restes proche des membres de la famille. De tels liens peuvent te donner force et courage. Le chef Mdingi et sa femme vont-ils bien ? Quel âge a leur fille et que fait-elle ? L'an dernier, le 3 novembre, j'ai écrit à Ma-Tshezi[3] pour les remercier de leur lettre de condoléances qu'elle et Oncle Sam[4] m'ont envoyée pour la mort de Thembi. J'ai aussi assuré Ma-Tshezi de toute ma sympathie lors de la mort de son frère Justice. Je n'ai pas reçu de réponse mais je ne sais pas s'ils ont reçu ma lettre.

Lulu m'a écrit en mars pour me demander l'autorisation de rester chez nous, à Orlando West. J'avais déjà écrit à Oncle Xaba[5] pour lui demander d'éviter tout arrangement concernant la maison qui aurait comme conséquence de priver de toit Kgatho et ses sœurs. Je préférais que Lulu ne s'installe pas dans la maison sauf si Maman Winnie était d'accord. Dis-le à Lulu.

Aujourd'hui, c'est le 1er mai, ton anniversaire. Chance et fortune et plus encore, ma chérie. J'espère que tu recevras la carte d'anniversaire que je t'ai envoyée le mois dernier[6].

Avec mon affection,
Tata

Mlle Maki Mandela
Maison 5818
Orlando East
Johannesburg

---

1. Le roi Sabata Jonguhlanga Dalindyebo.
2. Le chef Mthetho Matanzima.
3. Adelaide Mase, la belle-sœur de la première femme de Mandela, Evelyn, et tante de Makaziwe. Voir sa lettre, p. 181.
4. Sam, frère de sa première femme, Evelyn.
5. Marshall Xaba – voir sa lettre du 3 février 1970, p. 211.
6. À un certain moment lors de son emprisonnement, Mandela a été autorisé à acheter des cartes de vœux et à les envoyer lors d'occasions particulières.

À l'officier commandant, Robben Island

[D'une autre écriture]
Les censeurs en discutent
[Signé et daté 3.6.70]

29 mai 1970

L'officier commandant
Robben Island

À l'attention du colonel Van Aarde

Hier, je vous ai informé que le 4 mai je vous ai écrit deux lettres, une concernant des questions dont s'occupe le général Aucamp, et la seconde qui traite de problèmes de nature locale, dont l'essentiel a déjà attiré votre attention.

Cependant, il y a deux sujets qui sont mentionnés dans la seconde lettre du 4 mai et qui sont toujours sans solution.

1. En juin, j'espérais que ma fille, Makaziwe, vienne me rendre visite pour la première fois de sa vie depuis mon arrestation, et j'ai peur que cette visite doive être organisée le mois prochain quand elle sera en vacances[1].
2. Le second problème qui reste en suspens est la lettre spéciale à Marshall Xaba[2] que[3] j'ai remise le 3 février avec une demande d'envoi par avion. Apparemment, cette lettre a été envoyée en courrier ordinaire le 18 février sans tenir compte de l'importance et de l'urgence de son contenu. Vous vous souvenez qu'au cours de notre entretien du 20 mai, je vous ai informé que le 10 mars la lettre n'était pas encore arrivée à destination d'où j'en conclus qu'elle a probablement été égarée[4].

[Signé NR Mandela]
NELSON MANDELA : 466/64

1. Il y a deux traits horizontaux sur le côté gauche de ce paragraphe. Peut-être faits par un employé de la prison.
2. Mari de Niki Xaba. Voir sa lettre, p. 211.
3. Apparemment, c'est un employé de la prison qui a souligné.
4. *Id.*

À Leabie Makhutswana Piliso[1], sa plus jeune sœur

1er juin 1970

Ma chère Nkosazana,

J'ai bien reçu ta lettre du 9 mars 1969 et j'ai été heureux d'apprendre le rôle que Jonguhlanga continue à jouer en aidant à résoudre les difficultés que mon absence t'a posées, à toi et au reste de la famille.

J'ai appris ton mariage avec des sentiments mitigés. Un mariage heureux est l'ambition de tout être humain, et je suis vraiment content que tu aies trouvé ton partenaire pour la vie. Comme j'ai déjà exprimé mes sentiments et mes conceptions dans une lettre précédente qui contenait mes félicitations à toi et à Sibali, je ne juge pas nécessaire d'ajouter quelque chose sur cette question. Il me suffit de dire que c'est pour moi une source de vraie fierté d'avoir un nouveau beau-frère. Mon seul regret, c'est qu'un grand nombre d'années vont passer avant que je le voie. Bien que la nouvelle de ton mariage m'ait bien plu, beaucoup d'inquiétude et de souci se mêlent à mon plaisir parce que je sais qu'une jeune fille avec un orgueil national peut se sentir mal à l'aise quand la conclusion du mariage ne s'accompagne pas des rites traditionnels habituels. J'ai donc été profondément soulagé quand j'ai appris que Jonguhlanga t'avait acheté les objets nécessaires et qu'il avait tout organisé pour que tu sois accompagnée à ton nouveau *kraal* selon la tradition. Jonguhlanga a une vaste famille et de nombreuses responsabilités et cela montre l'amour profond qu'il ressent pour nous et le dévouement dont il est capable malgré ses nombreuses obligations pour t'apporter l'aide que tu décris dans ta lettre.

En octobre 1968, je lui ai envoyé une longue lettre pour le remercier d'avoir organisé l'enterrement de Ma[2] et d'avoir assuré personnellement les importantes dépenses contractées à cette occasion. Nobandla m'a fourni

1. Leabie Makhutswana Piliso (1930-1997).
2. Nosekeni Fanny Mandela, sa mère.

un long compte rendu. Une semaine avant que je reçoive sa lettre, Sibali Timothy Mbuzo[1] est venu me voir dans le but précis de me donner un rapport direct du décès et de l'enterrement de Ma. Cela m'a profondément consolé de l'entendre me dire qu'une foule importante s'était réunie devant sa tombe pour l'honorer. J'ai été particulièrement heureux d'apprendre que tu avais pu y assister. Ma était très attachée à toi et sa mort a dû t'être extrêmement douloureuse. J'espère que tu t'es tout à fait remise. Tellie est venue me voir en octobre dernier et m'a dit que Baliwe[2] et toi, vous avez pu assister à l'enterrement de Thembi à Johannesburg, autre désastre familial qui m'a profondément bouleversé. J'aurais aimé assister aux deux cérémonies mais dans ma situation actuelle il n'est pas facile d'exercer ses souhaits. À propos, en relation avec l'enterrement de Ma, j'ai aussi écrit à Daliwonga[3], Nkosikazi NoEngland[4], Vulindlela, Wonga[5], Thembelike ka Tshunungawa[6] et Guzana[7] pour les remercier de leur rôle.

Je pensais discuter de la question de l'enfant avec Nobandla quand elle est venue me voir en mai dernier. J'ai parfaitement compris l'importance de la retirer de Mount Frere[8] et j'avais espéré te voir avec Nobandla pour qu'elle soit envoyée dans la même pension que Zeni et Zindzi. Mais comme tu le sais elle a été arrêtée le 12 mai, quinze jours avant de venir me voir, et elle est toujours en prison. Depuis son arrestation j'ai rencontré d'importantes difficultés pour organiser les affaires de famille. Sur les lettres que j'écris, presque aucune ne semble arriver à destination. Je n'ai même pas pu établir un contact avec Zeni et Zindzi, malgré mes efforts répétés et plusieurs lettres que je leur ai écrites. Je vais continuer

1. Sibali Timothy Mbuzo, proche parent du beau-frère de Mandela, Daniel Timakwe, et responsable de l'ANC dans le homeland du Transkei.

2. Une des sœurs de Mandela.

3. K. D. Matanzima (1915-2003), neveu de Mandela, chef thembu et Premier ministre du Transkei – voir Glossaire.

4. Épouse du régent Jongintaba Dalindyebo, elle a élevé Mandela comme un de ses enfants quand il est allé vivre avec eux après la mort de son père.

5. Wonga Mbekeni, étudiant au Lovedale College proche de Fort Hare quand Mandela y était.

6. Militant de l'ANC et membre de la famille royale thembu, accusé avec Mandela au procès de la trahison de 1956 – voir Glossaire.

7. Knowledge Guzana (1916-), avocat et leader du Nouveau Parti démocratique du Transkei.

8. Une ville du Transkei.

à essayer de contacter un ami qui, en l'absence de Nobandla, sera la personne qui convient le mieux pour nous aider à régler nos affaires et je vais garder cette question dans mes pensées. À propos, Zeni et Zindzi doivent se sentir parfois bien seules et avoir le mal du pays, aussi je suis sûr qu'une lettre réconfortante de toi, une ou deux fois par an, leur redonnerait la joie et l'espoir. Tu peux leur écrire aux bons soins de Mme Iris Niki Xaba, PO Box 23, Jabavu, Johannesburg.

En mars, j'ai écrit à Sibali, Mme Timothy Mbuzo[1]. Aujourd'hui, j'envoie une lettre spéciale à Mhlekazi Sidumo[2]. Il n'a jamais répondu au courrier que je lui ai envoyé en mai 1969. Je soupçonne que c'est une des nombreuses lettres qui se sont inévitablement « égarées », en particulier depuis l'arrestation de Nobandla. Tu peux écrire ou téléphoner à Sisi Connie Njongwe[3], Station Road, Matatiele, pour lui dire que c'était un vrai plaisir de recevoir sa lettre stimulante et d'avoir des nouvelles de la famille. Dis-lui qu'en août de l'an dernier j'ai reçu une lettre de condoléances de Robbie et Zuki, et que j'ai été inquiet d'apprendre que Jimmy[4] s'était déplacé un disque et cassé la jambe. Dans sa lettre, Connie n'y a fait aucune allusion. Dis-leur que je sais à quel point Jimmy peut être dur et courageux et je n'ai pas le moindre doute qu'il est resté un homme joyeux toujours plein de confiance et d'espoir. Je leur écrirai dès que ce sera possible. Connie dira à Robbie que j'allais justement répondre à leur lettre si agréable et si encourageante quand le temps s'est gâté dans leur région. Je leur enverrai un mot dès que les conditions s'amélioreront. Des tonnes d'amour.

Avec affection,
Buti Nel

Mme Norwam Leabie Piliso
PO Mkemane Store, Mount Frere.

---

1. La femme de Sibali Timothy Mbuzo.
2. Sidumo Mandela, un cousin de Mandela. *Mhlekazi* siginifie « monsieur » en isiXhosa.
3. Connie Njongwe, épouse du docteur James « Jimmy » Njongwe (1919-1976), médecin, leader de l'ANC et organisateur de la Campagne de défi (voir Glossaire) dans la province du Cap-Oriental.
4. James « Jimmy » Njongwe – voir Glossaire.

À Nkosikazi Nokhukhanya Luthuli, veuve de l'ancien président général de l'ANC, le chef Albert Luthuli

8 juin 1970

Notre chère Ma,

En juillet 1967, le major Kellerman, alors officier commandant de cette prison, m'a donné l'autorisation de vous écrire une lettre spéciale de condoléances, au nom de nous tous, à l'occasion du décès du chef.

Dans des circonstances normales, nous aurions assurément assisté à l'enterrement afin de rendre directement hommage à la mémoire du grand combattant, passé de l'estrade à l'histoire. Un vétéran de nombreuses campagnes, profondément aimé par son peuple et respecté partout en tant que champion éminent de ceux qui portaient sur leurs épaules la malédiction de la pauvreté et du besoin, affligés par la maladie et l'ignorance, qui n'ont jamais connu un bonheur réel ni la paix et pour qui la possibilité d'avancement et de réalisation a toujours été hors de portée. Pendant dix ans et demi, il a dominé la vie publique du pays et il nous a conduits avec une grande adresse dans les moments les plus difficiles de notre lutte pour de plus hauts idéaux et pour une vie meilleure. Le chef était de bien des façons un homme remarquable. C'était un véritable nationaliste, les pieds fermement plantés sur le sol natal et qui tirait force et inspiration de la tradition mais qui, néanmoins, avait un regard progressiste sans la moindre trace d'arrogance raciale ou d'esprit de clocher. Sa personnalité énergique et son intelligence pénétrante étaient tempérées par l'humilité, la modestie et l'acceptation non équivoque du principe de direction collective. Bien qu'il fût toujours calme et retenu, ceux qui entraient en contact avec lui étaient stimulés par sa chaleur, son amitié et par son empressement à apprécier chez les autres le travail et le talent. C'était un leader au plein sens du terme, particulièrement qualifié pour diriger un grand mouvement national. Il était libre de tout sectarisme, un mal qui a mutilé et même détruit de puissants mouvements et qui, à différents moments de notre histoire, a dressé sa tête horrible. C'était un vrai plaisir de le voir en action quand qu'il s'adressait à un rassemblement public, quand il participait à une réunion du comité (ou qu'il fasse son inoubliable déposition lors du procès de la trahison). Ses discours publics étaient simples et directs, prononcés sans violents appels à l'émotion des auditeurs. Dans les discussions du comité, il avait la capacité d'écouter les autres avec patience et attention et quand enfin il prenait la parole, il insistait sur les questions qui entraîneraient le plus large accord. Il ne se laissait jamais aller à l'odieuse tentation de faire étalage de son savoir et il n'essayait pas non plus de se montrer supérieur à ses collègues. Malgré sa formation de professeur et son ancienne position de chef tribal, je n'ai jamais ressenti chez lui précaution et conservatisme dans l'accomplissement de ses devoirs. Bien au contraire, il donnait en permanence l'impression d'être un patriote mû par des idées radicales et avancées et qui restait en accord avec les idées les plus révolutionnaires de la jeune génération.

(Sa mort a été un sévère recul pour nos efforts de mener une vie décente et honorable.) Pour vous ce fut une perte épouvantable car cela signifiait des années de solitude, de dur labeur et de sueur sans l'espoir de l'aide experte et expérimentée du partenaire d'une vie qui vous était profondément attaché. Sa mort a aussi privé les enfants des conseils d'un père formé pour prendre en charge les devoirs parentaux parce qu'il était au centre de l'activité publique et hautement sensible aux idées progressistes. Nous regrettons sa perte pour vous et pour la famille ainsi que pour la communauté et nous vous assurons de notre profonde sympathie. Cependant, nous sommes persuadés que l'immense courage que vous avez montré tout au long de la période la plus dangereuse de la carrière publique du chef vous permettra de traverser cette malheureuse expérience. Nous exprimons aussi l'espoir que les immenses foules qui seront présentes lors des funérailles et les nombreux messages de condoléances que vous recevrez venant du monde entier seront un réconfort pour vos sentiments blessés.

Cette lettre était, dans nos circonstances actuelles, le seul moyen à notre disposition pour vous transmettre à vous et à votre famille la douleur exprimée ci-dessus, et nous n'avions pas le moindre soupçon que vous ne la recevriez pas. Quelle déception quand nous avons appris que tel ne fut pas le cas. Trois jours après l'avoir déposée pour qu'elle soit envoyée, j'ai écrit à Alan[1] pour l'assurer de notre sympathie lors de la mort de sa femme. Nous avons ressenti que le destin l'éprouvait cruellement en lui prenant sa femme si peu de temps après la mort de son ami, le chef. (Nous avons loué le courage dont il a fait preuve lors de nombreuses questions publiques et nous l'avons remercié pour sa déposition en notre faveur au procès de Rivonia)[2] et nous avons conclu la lettre en lui disant que nous avons conscience qu'aucune tragédie familiale ni l'âge avancé ne l'inciteraient à abandonner sa tâche. Nous savons aujourd'hui que la lettre destinée à Alan ne lui est jamais parvenue, elle non plus. Nous ne pouvons imaginer que quelqu'un pourrait délibérément s'interposer dans des lettres de condoléances et les empêcher d'atteindre leur destinataire. Cette fois, je prends la précaution d'envoyer celle-ci en recommandé pour m'assurer qu'elle arrivera bien. Dans notre environnement actuel des mots aimables ont un effet qu'il ne serait ni facile ni sage d'analyser. Il suffit de dire qu'ils font beaucoup plus que simplement nous redonner le moral. Votre note, brève mais agréable, de janvier 1966, nous a mis dans une grande joie. Nous aimons entendre dire que le monde, notre peuple et en particulier le vôtre, Ma, pense à nous chaque jour. Votre lettre est parmi ce que je possède de plus cher.

---

1. Alan Paton, écrivain, fondateur et dirigeant du Parti libéral sud-africain antiapartheid, a témoigné pour la défense de Mandela et de ses coaccusés au procès de Rivonia – voir Glossaire.

2. Alan Paton a déclaré que, comme tout le monde, le peuple africain aspire à « une vie décente » et que Mandela était l'héritier du président évident du chef Albert Luthuli, président général de l'ANC. Parlant des accusés, il a dit : « Je n'ai jamais eu de doutes sur leur sincérité, leur dévouement profond à la cause de leur peuple et leur désir de voir que l'Afrique du Sud devienne un pays dans lequel tous les peuples pourraient collaborer » (Joel Joffe, *The State vs. Nelson Mandela. The Trial that changed South Africa*, *op. cit.*, p. 249).

Meilleurs souvenirs et mon affection à Norman, Fana, Ntombazana, et Kwena, Thandeka et Tulani ; Sibongile et le docteur Ngobese[1] et tous les jeunes enfants.

Sincèrement,
Nelson

Nkosikazi Nokhukhanya Luthuli
PO Groutville, Stanger, Natal

À Winnie Mandela, son épouse

20 juin 1970

Dade Wethu,

En fait « les chaînes du corps sont souvent des ailes pour l'esprit ». Il y a si longtemps et cela existera toujours. Shakespeare dans *Comme il vous plaira*[2] dit la même chose un peu différemment :

Douces sont les façons de l'adversité qui
Comme le crapaud énorme et venimeux
Porte sur la tête une pierre précieuse[3].

Pourtant certains affirment que « seuls les grands objectifs peuvent éveiller de grandes énergies ».

Ce que je comprends de la véritable idée cachée derrière ces simples mots tout au long des vingt-six ans de ma carrière de tempêtes, a été superficiel, imparfait et peut-être un peu scolastique. Il y a un âge dans la vie de chaque réformateur social où il tonne sur les estrades d'abord pour se soulager des informations non digérées

1. Militants et camarades, y compris le docteur Helen Ngobese, une amie de Winnie Mandela qui était une de ses demoiselles d'honneur.
2. C'est sans doute Mandela qui a souligné.
3. William Shakespeare, *Comme il vous plaira*, acte II, scène 3.

qu'il a accumulées dans sa tête ; une tentative pour impressionner les foules plutôt que d'exposer dans le calme les principes et les idées dont la vérité universelle est rendue évidente par l'expérience et une étude plus approfondie. À cet égard, je ne suis pas une exception et j'ai été victime de la faiblesse de ma propre génération, non pas une mais des centaines de fois. Pour être franc je dois te dire que lorsque je repense à certains de mes écrits et de mes discours, leur pédanterie, leur côté artificiel et leur manque d'originalité m'effraient. Le besoin d'impressionner et d'informer est évident. Quel contraste avec tes lettres, Mhlope ! J'hésite à te couvrir de compliments mais pardonneras-tu ma vanité et ma suffisance, Ngutyana. Te faire un compliment ne peut qu'augmenter une autosatisfaction de ma part puisque toi et moi ne faisons qu'un. Peut-être que dans les circonstances actuelles ce genre de vanité peut servir comme puissant levier pour notre moral.

Au cours des huit années de solitude passées derrière les barreaux, j'ai souvent souhaité que nous soyons nés à la même heure, que nous ayons grandi ensemble et passé chaque minute de notre vie en compagnie l'un de l'autre. Je crois sincèrement que si tel avait été le cas, je serais devenu un sage. Chacune de tes lettres est un bien précieux qui réussit souvent à faire naître en moi des forces que je ne savais pas cachées en moi. Dans ta main, le stylo est plus puissant qu'un sabre. Les mots coulent naturellement et les expressions communes acquièrent un sens qui est à la fois un défi et une stimulation.

Le premier paragraphe de ta lettre émouvante, et plus spécialement la première ligne, m'ont bouleversé. J'ai littéralement senti les millions d'atomes dont mon corps est constitué tirer dans toutes les directions. Les merveilleux sentiments que tu m'as répétés depuis mon arrestation et ma condamnation, en particulier pendant les quinze derniers mois, sont clairement le résultat d'une véritable expérience traditionnelle. Ils émanaient d'une femme qui n'a pas vu son mari depuis près de deux ans, qui a été privée de ses tendres enfants pendant plus de douze mois et qui a été violemment frappée par la solitude et la maladie dans des conditions peu favorables à la guérison et qui, par-dessus tout, doit faire face à l'épreuve la plus éprouvante de sa vie.

Je comprends parfaitement, ma chérie, quand tu dis que je te manque et que l'un des coups que tu trouves difficiles à supporter, c'est de ne pas entendre ma voix. Nous partageons ce sentiment mais il est clair que tu as vécu une expérience beaucoup plus dévastatrice que tout ce que j'ai connu. J'ai essayé difficilement et patiemment de communiquer avec toi. Je t'ai envoyé une longue lettre le 16 novembre[1] ; ensuite une carte de Noël et à nouveau une lettre le 1er janvier[2] – toutes ont été écrites à un moment où tu étais en prison et en attente de ton procès. Le 13 février on m'a informé que je ne pouvais pas communiquer avec toi et ma demande pressante pour qu'on lève cette interdiction particulière n'a pas abouti.

Ta maladie a été obstinée et persistante et j'attendais que le département des Prisons me fournisse un rapport médical complet pour me rassurer. Le général Aucamp m'a donné un aperçu d'ensemble qui m'a profondément inquiété. J'ai été frappé d'apprendre que tu avais été hospitalisée et j'ai vu la preuve de ton état de santé dans ton écriture négligée. Je te crois tout à fait quand tu me dis que tu es devenue aussi maigre que Zeni. J'ai été en quelque sorte soulagé d'apprendre que tu avais vu de nombreux spécialistes et fait des examens sanguins. Mais je connais, Mntakwethu[3], chaque partie de tes os, chaque gramme de ta chair et chaque goutte de ton sang ; tout ton être est fait d'un seul morceau de granit et rien, y compris les maladies, ne peut éteindre les incendies qui brûlent dans ton cœur. Debout ! Reprends ton travail ! Mon amour et mon affection sont ton armure et l'idéal d'une Afrique du Sud libre, ta bannière.

Quelques jours après mon arrestation, en mai de l'an dernier, j'ai demandé une lettre spéciale à mon avocat[4] au sujet de questions urgentes :

1. La nomination d'un responsable pour la maison et pour le paiement du loyer ;
2. La nomination d'un tuteur pour les enfants ;
3. Un arrangement pour l'entretien et l'éducation des enfants ;

1. Voir cette lettre, p. 184.
2. Voir cette lettre, p. 201.
3. Terme affectueux en isiXhosa.
4. Voir cette lettre à MM. Frank, Bernadt et Joffe, 20 mai 1969, p. 135.

4. Un arrangement pour réunir des fonds destinés à tes études, ta toilette et autres dispositions au cas où tu serais reconnue coupable et emprisonnée ;
5. Un arrangement afin de lever des fonds pour mes propres études, ma toilette et mes autres besoins pendant que tu seras absente en prison.

Bien que j'aie renouvelé ma demande en plusieurs occasions, cela ne m'a pas été accordé. Cependant, j'ai informé M. Brown du cabinet Frank, Bernadt et Joffe au Cap, de s'occuper immédiatement de ces questions. Je suis d'accord avec ta suggestion que le père Leon Rakale et l'Oncle Mashumi[1] soient nommés tous deux tuteurs des enfants. J'aimerais y ajouter le nom d'Oncle Marsh. Je lui ai écrit une lettre urgente le 3 février à propos de la maison[2]. Je doute qu'il l'ait reçue. Il ne m'a pas répondu. Quand Kgatho est venu me voir le 31 janvier, il m'a dit que Tellie et lui préféreraient que Lulu (la sœur de Mxolisi) emménage dans la maison. J'en ai informé Oncle Marsh et je lui ai dit que je serais heureux qu'elle accepte si tu es d'accord. Mxolisi est venue me voir samedi dernier et elle m'a dit qu'ils n'avaient pas de nouvelles de Marsh. Peut-être pourrais-tu en parler avec lui et Niki la prochaine fois qu'ils te rendront visite. Je ne sais pas non plus si Mashumi a reçu ma lettre du 19 novembre[3] que je lui ai réécrite le 4 avril. Je lui demandais qu'il me parle de Zeni et de Zindzi et qu'il aide Kgatho à entrer à l'université. Je n'ai pas reçu non plus de réponse de Mashumi. Kgatho est à la maison et je ne sais pas pourquoi il n'est pas entré à Fort Hare. J'ai pris les dispositions nécessaires pour payer les frais et la pension, et quand il est venu me voir en janvier il m'a assuré que tout avait été réglé et qu'il partirait à l'université le 14 février. Je crois qu'il ne travaille pas. Je n'ai pas reçu de réponse à ma lettre du 31 mars.

J'ai écrit trois lettres à Zeni et Zindzi. Je sais aujourd'hui qu'elles n'ont jamais reçu les deux premières. La troisième date du 1er juin. Je n'ai reçu

1. L'oncle de Winnie Mandela, Paul Mzaidume.
2. Voir p. 211.
3. Voir cette lettre, p. 194.

aucune information sur elles depuis ton arrestation sauf ce que tu m'as dit. Bien sûr la lettre de Niki du 9 septembre m'a informé qu'elles allaient bien.

Cependant, j'espère tirer bientôt cette affaire au clair avec M. Brown, je mettrai les affaires au point pour que tu sois régulièrement informée.

J'ai à nouveau demandé de pouvoir te rendre visite et je ne peux rien te dire, sauf que le général Aucamp m'a promis d'en parler avec le directeur de l'Administration pénitentiaire. Pour te parler franchement, le directeur, contrairement à son habitude, a été particulièrement dur et n'a pas montré la considération et l'aide que normalement j'attends de lui dans des situations de cette nature.

Dade Wethu, je souhaitais pouvoir te dire quelque chose qui te réjouirait et te ferait sourire. Mais apparemment nous risquons de devoir attendre longtemps ce moment heureux. Il nous faudra « boire la coupe de l'amertume jusqu'à la lie ». Peut-être que, je n'en suis pas sûr, les bons jours d'autrefois reviendront et la vie sera douce et guérira nos blessures. Souviens-toi surtout du 10 mars. C'est la source de notre force. Je ne l'oublie jamais.

Des tonnes et des tonnes d'amour, Mhlope, et un million de baisers.

Affectueusement,
Dalibunga

Nkosikazi Nobandla Mandela
Prison de Pretoria

À Winnie Mandela, son épouse

1er juillet 1970

Dade Wethu,

Thoko est venue me voir fin avril. En février, elle m'a envoyé 10 rands, « de l'argent de poche », comme elle dit. Sa seconde visite a été plus simple que la première. À l'époque, elle portait encore les signes de sa fatigue à la suite de la mort de Thembi, comme quelqu'un dont les nerfs ont été brisés après l'expérience épouvantable qu'elle a connue si tôt dans sa vie de femme mariée. Je la rencontrais pour la première fois, mais il m'était facile de comprendre que je ne voyais que l'ombre d'elle-même. Cette visite m'a presque déstabilisé, en particulier quand elle m'a montré une photo de Thembi. Le sentiment d'angoisse et de découragement qui m'avait saisi avec violence quand j'avais appris la terrible nouvelle de sa mort m'a à nouveau rongé les entrailles. Je me suis retrouvé face à l'horrible réalité de la vie. Devant moi, il y avait une jeune femme, elle venait d'avoir vingt-cinq ans, elle attendait que je lui dise des paroles de consolation, quelque chose qui pourrait chasser sa douleur et lui redonner un peu d'espoir. C'était un de ces moments qui soulignent combien nous savons peu de chose de la vraie vie et de ses difficultés, malgré tout ce que nous lisons et les histoires qu'on nous raconte.

Les choses ont été tout à fait différentes en avril. Elle m'est apparue magnifique et chaleureuse et elle pouvait même se servir de son bras blessé. Sa visite m'a fait du bien. Quand je pense aux désastres qui se sont abattus sur nous au cours de ces derniers vingt et un mois, je me demande parfois ce qui nous donne la force et le courage de continuer. Si les calamités avaient le poids des objets physiques, nous serions écrasés depuis longtemps ou nous irions le dos brisé, instables sur nos pieds et le visage marqué par la tristesse et le désespoir. Cependant, tout mon corps vibre de vie et d'espérance. Chaque jour apporte son lot de nouvelles expériences et de nouveaux rêves. Je suis toujours capable de marcher parfaitement droit et d'un pas assuré. Ce qui est encore plus important pour moi, c'est de savoir que rien ne peut te troubler et que ton pas reste aussi léger et gracieux qu'il l'a toujours été – une femme qui peut rire de bon cœur et communiquer son enthousiasme aux autres. Rappelle-toi que c'est ainsi que je pense à toi.

Je crois que tu as été accusée et que tu comparaîtras le 3 août. Le 12 juin, j'ai rencontré le général Aucamp et il m'a assuré que je suis libre de parler du procès avec toi et te donner les conseils et les encouragements nécessaires. Lors de ma première accusation j'étais un conspirateur et une autre accusation se référait à certaines conversations tenues quand tu m'avais rendu visite. Je suis disposé à témoigner pour vous toutes, que je sois ou non toujours cité comme conspirateur et dans la mesure où votre avocat jugera ma déposition pertinente et nécessaire. Ce sera un vrai plaisir pour moi d'être parmi ceux qui vous aideront, toi et tes courageuses camarades, en donnant les coups que vous avez retenus pendant si longtemps, en renversant les rôles contre les responsables de milliers d'injustices commises gratuitement contre toi. Les nombreuses allégations avancées contre vous au cours du dernier procès étaient très mal choisies et m'ont beaucoup plu – je serre le poing. Ils faisaient de vous le portrait de combattantes de la liberté, tout à fait conscientes de leurs responsabilités et qui n'avaient aucune illusion sur la justice dispensée aujourd'hui par les tribunaux de ce pays, de correctionnelle ou d'assises. Le premier procès s'est effondré parce que vous n'avez retenu aucun coup et que vous n'avez pas demandé grâce. Cette fois, la charge dirigée contre vous risque d'être plus violente et plus vindicative que lors du dernier procès, plus calculée pour salir que pour établir une culpabilité courante. Vous avez montré une vigilance extraordinaire et une endurance étonnante au cours des treize derniers mois et mes remarques risquent d'être superflues. Mais au cours de ces journées terribles, alors que l'adversaire tend astucieusement des pièges dans toutes les directions, nous devons nous montrer extrêmement prudents et vigilants ; et il n'y a rien de mal à attirer votre attention sur les dangers qui vous attendent, même si ces dangers nous semblent évidents. Nous luttons contre l'une des dernières forteresses de la réaction sur le continent africain. Dans des procès comme celui-ci, notre devoir est simple – au moment adéquat, il faut affirmer clairement, fermement et précisément nos aspirations et la grande Afrique du Sud que nous chérissons et pour laquelle nous combattons. Notre cause est juste. C'est un combat pour la dignité humaine et pour une vie honorable. Rien ne peut être dit ou fait qui puisse être interprété directement ou indirectement comme un principe de compromission, même pas la menace d'une accusation plus grave et d'une condamnation plus lourde. En parlant avec les gens, amis ou ennemis, vous êtes toujours polies et agréables. Cela aussi est important dans les débats publics. Nous pouvons être francs et ne pas mâcher nos mots mais sans être imprudents ou excessifs, polis sans timidité, nous pouvons attaquer le racialisme et ses maux sans faire naître des sentiments d'hostilité entre les différents groupes raciaux.

Telles sont les questions que nous devons discuter dans une confiance absolue et aucune tierce personne ne doit les connaître. Toute impression selon laquelle je ferais la leçon ou donnerais de pieux conseils me remplirait de honte. Chérie, tu sais que je n'ai jamais tenté de le faire auparavant. Si je cours ce risque aujourd'hui, c'est à la mesure des temps difficiles dans lesquels nous vivons et des grandes questions qui sont en jeu. Ce sont des hommes et des femmes comme nous, Mhlope, qui enrichissent l'histoire de notre pays et qui créent un héritage dont les futures générations seront vraiment fières. Je sais que, même si le matin du 3 août tu t'es effondrée pour devenir plus petite que Zeni et même si la vie t'a quittée, tu essaieras de rassembler juste assez de force pour traîner ton corps amaigri jusqu'au tribunal afin de défendre les idéaux pour lesquels tant de patriotes ont donné leur vie au cours des cinq cents dernières années.

J'ai déjà écrit à Brown[1] à propos des enfants et j'attends sa visite. Nyanya est-elle dehors[2] ? Peut-elle venir me voir[3] ?

Des tonnes et des tonnes d'amour et des millions de baisers, ma chérie.

Affectueusement,
Dalibunga

À Winnie Mandela, son épouse

1er août 1970

Dade Wethu,

Se peut-il que tu n'aies pas reçu ma lettre du 1er juillet ? Comment puis-je expliquer ton étrange silence à un moment où le contact entre nous est devenu tellement vital ?

1. Avocat de Mandela au Cap.
2. Nonyaniso Mandela a été emprisonnée parce qu'elle se trouvait à Johannesburg sans *pass* (alors qu'elle ne pouvait quitter le homeland du Transkei sans ce document). Il demande si elle est toujours en prison.
3. Le registre de Mandela notant les visites de sa famille signalent, au 26 décembre 1971, « Nyanya visite refusée », signifiant qu'on a refusé qu'elle lui rende visite.

En juin, j'ai appris que pour la première fois tu étais restée alitée pendant deux mois et que ton état de santé était si mauvais que tu ne t'es pas présentée au tribunal avec tes amies quand le procès a été renvoyé. Ton silence est-il dû à une aggravation de ton état ou la lettre de juillet a-t-elle subi le sort des trente-neuf lettres mensuelles, lettres à la place de visites et lettres spéciales que j'ai écrites depuis ton arrestation le 12 mai 1969, dont toutes, sauf deux, semblent ne pas avoir atteint leur destinataire ? Ni Kgatho, Maki, Zeni, Zindzi, Tellie, Ma de Bizana, Marsh ni Mashumi, n'ont répondu. Je suis de plus en plus inquiet chaque jour. Je sais que tu me répondrais rapidement si tu avais de mes nouvelles et j'ai peur que tu ne l'aies pas fait parce que tu n'as pas reçu ma lettre ou parce que tu n'es pas en état d'écrire.

La moisson de misères que nous avons récoltée depuis les frustrations déchirantes des derniers quinze mois ne s'effacera pas aisément de nos mémoires. J'ai l'impression d'avoir été plongé dans de la bile, chaque partie de mon corps, de ma chair, de mes veines, de mes os et de mon âme, je suis si amer d'être totalement incapable de t'aider dans les épreuves violentes et rudes que tu vis. Quelle différence entre ta santé déclinante et ton esprit, ma chérie, et mon angoisse et la tension dont je ne peux me débarrasser, si seulement nous pouvions nous voir ; si je pouvais être à tes côtés ou si je pouvais apercevoir ta silhouette à travers la vitre épaisse qui nous séparerait inévitablement. La douleur physique n'est rien comparée à la destruction de ces tendres liens qui forment la base de l'institution du mariage et de la famille, qui unissent un homme et une femme. C'est un moment effrayant de notre vie. C'est un moment décisif pour rester fidèles à nos convictions et mettre à l'épreuve nos résolutions.

Mais tant que j'aurai le privilège de communiquer avec toi, même si cela ne peut exister que de façon formelle pour moi, et jusqu'à ce que ce privilège me soit expressément retiré, les archives témoigneront que j'ai essayé difficilement et consciencieusement de te rejoindre en t'écrivant chaque mois. C'est pour moi un devoir envers toi et rien ne m'en détournera. Peut-être que cette ligne de conduite portera un jour ses fruits. Il y aura toujours des hommes bons sur la terre, dans tous les pays et même ici, chez nous. Un jour, nous aurons peut-être à nos côtés le soutien authentique et ferme d'un homme honnête et simple, haut placé, qui considérera inconvenant de se dérober à son devoir de protéger les droits et les privilèges même de ses adversaires les plus rigoureux dans la bataille des idées qui se livre aujourd'hui dans notre pays ; un officiel qui aura un sens différent de la justice et de l'équité pour nous rendre non seulement accessibles les droits et les privilèges que la loi nous reconnaît aujourd'hui, mais qui nous dédommagera de ceux qui nous ont été sournoisement pris. Malgré tout ce qui s'est passé, malgré le flux et le reflux des marées d'infortune des quinze derniers mois, j'ai vécu dans l'espoir et l'attente. Parfois, je crois même que ce sentiment fait partie de moi. Il semble être tissé dans mon être. Je sens que mon cœur envoie régulièrement l'espoir dans toutes les parties de mon corps, qu'il réchauffe mon sang et me remonte le moral. Je suis convaincu que l'avalanche de désastres personnels ne peut engloutir un révolutionnaire déterminé et que l'accumulation de misères qui accompagne la tragédie ne peut l'étouffer. Pour un combattant de la liberté l'espoir est comme une bouée pour un nageur – la garantie qu'il restera toujours à la surface et loin de tout danger. Je sais, ma chérie, que si la richesse se comptait en tonnes d'espoir et en pur courage, comme ce qui se cache dans ton cœur (c'est toi qui m'as donné cette idée), tu serais assurément millionnaire. Ne l'oublie jamais.

À propos, l'autre nuit j'ai rêvé que tout ton corps ondulait en dansant comme une gracieuse Hawaïenne au BMSC[1]. Je me tenais à un bout de la célèbre salle, les bras tendus, prêt à t'enlacer et tu virevolterais vers moi avec ce sourire enchanteur qui me manque désespérément. Je ne peux expliquer pourquoi cette scène avait lieu au BMSC. Dans mon souvenir, nous ne sommes allés danser là-bas qu'une seule fois – le soir de la réception de mariage de Lindi[2]. L'autre occasion c'était le concert que nous avons organisé en 1957,

1. Centre social pour les hommes bantou, important lieu de rencontres culturelles, sociales et politiques, pour Sud-Africains noirs. Il comprenait un gymnase et une bibliothèque et accueillait des matches de boxe, des meetings politiques et des soirées dansantes. Mandela et quatre autres personnes y fondèrent la Ligue de la jeunesse de l'ANC, en 1944.

2. Une des sœurs de Lionel Ngakane.

quand je te faisais la cour ou que tu me faisais la cour. Je ne sais jamais si c'est toi qui as pris l'initiative[1]. Quoi qu'il en soit, le rêve a été pour moi un moment magnifique. Si je dois rêver dans mon sommeil, s'il te plaît, danse pour moi comme une Hawaïenne. J'aime te voir joyeuse et pleine de vie.

Les « Portraits d'Indiens sud-africains » de Fatima[2] m'ont beaucoup plu – une description impressionnante de la vie des Indiens écrite dans un style simple et beau. Avec sa modestie caractéristique elle développe le titre dans une préface ambitieuse pour un livre qui reste à la surface des choses. Mais ce qui forme le thème est adroitement exploré. Elle pose une question très intéressante quand elle remarque que « les différences qui divisent ne sont pas des différences de coutumes, de rituels et de traditions, ce sont des différences de statuts, de modes de vie, d'accès au pouvoir et de techniques d'accès au pouvoir. Ce sont des différences qui ont de tout temps déterminé les destinées des individus et des peuples, et le même peuple et les mêmes cultures ont à un certain moment bénéficié de grands privilèges et à d'autres, d'aucun ». Le livre contient des chapitres qui abordent d'autres sujets fondamentaux et j'ai peur que certaines de ses observations sur des questions publiques courantes provoquent des débats animés. J'aime la franchise brutale de son écriture, mais il se peut qu'après avoir choisi de tels sujets, son devoir ne consiste pas seulement à commenter mais à stimuler, à laisser à ses compatriotes l'espoir et quelque chose qui permette de vivre. J'espère que tu pourras lire ce livre avant la fin du procès. C'est un ouvrage brillant écrit par une universitaire brillante. Il m'a beaucoup plu.

M. Brown, notre avocat du Cap, aurait dû venir le 29 juillet régler le problème de la garde des enfants. La mer était démontée, c'est sans doute la raison pour laquelle il n'est pas venu. J'espère le voir bientôt. En attendant, j'écris à notre ami Duggie Lukhele[3] pour lui demander de

---

1. Mandela a rencontré Winnie Madikizela quand elle consultait son associé Oliver Tambo, en 1957. Leur premier rendez-vous a eu lieu le 10 mars 1957 et ils se sont mariés le 14 juin 1958.

2. Fatima Meer, *Portraits of Indian South Africans*, Durban, Avon House, 1969.

3. Douglas Lukhele, avocat swazi, diplômé d'Harvard, qui fit un stage dans le cabinet Mandela-Tambo. Il a été le premier avocat général de la Haute Cour du Swaziland – voir Glossaire.

vérifier à propos des enfants et de nous envoyer un rapport détaillé. Je te tiendrai évidemment au courant des développements. Ne t'angoisse pas à cause du chaos de nos affaires familiales et des difficultés que nous avons à communiquer officiellement et ouvertement. C'est un moment de notre vie qui passera et nous serons toujours là et peut-être serons-nous plus forts. J'ai presque oublié de te dire que ma seconde demande pour te voir a été sommairement rejetée, sans tenir compte du fait que j'avais parlé de ta maladie actuelle comme une des raisons pour renouveler ma demande. Le directeur de l'Administration pénitentiaire n'a même pas cru de son devoir d'apaiser mes craintes en me donnant des nouvelles de ton état[1]. À une certaine époque de telles expériences m'auraient rendu fou ; maintenant, je les prends calmement. Je m'y suis habitué ; porte-toi bien, ma chérie ; ne te laisse pas vaincre par la maladie ou le désir de voir les enfants. Lutte de toutes tes forces. Je serre le poing. Des tonnes d'amour et un million de baisers.

Affectueusement,
Dalibunga

Nkosikazi Nobandla Mandela, prison centrale, Pretoria.

Au sénateur Douglas Lukhele, ami et ancien collègue

1er août 1970

Mon cher Duggie,

Nos enfants, Zeni et Zindzi, âgées de onze et dix ans, sont à Notre-Dame des Douleurs, une pension catholique romaine à Hluti[2]. Nous sommes très inquiets parce que, depuis l'emprisonnement de Zami le 12 mai dernier, nous n'avons plus de nouvelles d'elles. J'ai appris qu'elles avaient passé les vacances avec Allan. J'aurais aimé lui écrire

1. Le général Aucamp était aussi en contact avec Winnie Mandela car il avait la charge de la sécurité de toutes les prisons où se trouvaient des détenus pour raisons politiques.

2. Au Swaziland.

directement, à lui et à sa femme, pour les remercier de leur hospitalité mais je ne suis pas sûr, étant donné sa position actuelle, que je puisse le faire. J'aimerais qu'ils sachent que Zami et moi nous leur sommes sincèrement reconnaissants. Je crois que Mme Birley[1], actuellement professeure dans une université britannique, avait organisé la scolarité des enfants à Waterford[2] pour l'année prochaine. Je leur ai écrit trois lettres et je leur ai envoyé une carte d'anniversaire mais apparemment aucune n'est arrivée à destination. Renseigne-toi s'il te plaît et donne-moi des détails, de préférence par lettre recommandée, et le plus tôt qu'il te sera possible.

Mes lettres arrivent rarement à destination et ce n'est pas mieux pour celles qui me sont adressées. J'espère que le destin dénué de remords, qui interfère constamment avec mon courrier et qui m'a coupé de ma famille à ce moment critique, sera conduit par des considérations d'honneur et d'honnêteté à laisser passer cette lettre-ci. Je suis certain que dès qu'elle sera entre tes mains mes inquiétudes prendront virtuellement fin.

Tu sais que, comme beaucoup de mes contemporains, je suis essentiellement un rural, né et élevé dans un village de campagne[3] avec ses espaces ouverts, ses charmants paysages et beaucoup d'air pur. Bien qu'avant mon arrestation et ma condamnation, il y a huit ans, j'aie vécu pendant vingt ans comme un citadin, je n'ai jamais réussi à me débarrasser de mon passé de paysan et, de temps en temps, je passais quelques semaines dans ma région natale pour me rappeler les moments heureux de mon enfance. Tout au long de mes années de prison, mon cœur et mon âme ont toujours été quelque part près de cet endroit, dans le *veld*[4] et les buissons. Je vis à travers ces remous avec tous les souvenirs et les expériences que j'ai accumulés depuis ce dernier demi-siècle – des souvenirs des champs où je gardais le bétail, chassais, jouais et où j'ai eu le privilège de participer à l'école traditionnelle d'initiation[5]. Je me

1. Lady Elinor Birley dont le mari, Robert Birley (1903-1982), était l'ancien directeur d'Eton College et, à l'époque, professeur associé de l'université de Witwatersrand.

2. Waterford Kamhlaba, proche du Swaziland.

3. Qunu, dans le Transkei.

4. « Champ » en afrikaans.

5. Mandela décrit l'importance de l'initiation pour le passage à l'âge adulte dans *Un long chemin vers la liberté* (*op. cit.*) : « Pour les Xhosa, la circoncision représente

revois marchant dans le Reef au début des années quarante, rattrapé par le bouillonnement d'idées radicales qui animaient les jeunes les plus conscients d'Afrique. (Incidemment, c'est à ce moment-là que j'ai rencontré Allan, alors surveillant à Union College.) Je me souviens du temps où j'étais en apprentissage, je collais des timbres, je faisais toutes sortes de courses y compris pour acheter du shampooing et d'autres produits de beauté pour les dames blanches. Chancellor House ! C'est là que O.R. et moi nous sommes devenus encore plus intimes que nous l'étions comme copains d'université et comme membres de la Ligue[1]. Avec nous se sont développées de nouvelles et fructueuses amitiés – Maindy[2], Zubeida Patel et Winnie Mandleni, nos premières dactylos[3] ; la pauvre Anne, dont la mort soudaine et prématurée nous a affligés, Ruth[4], Mavis, Godfrey[5], Freddy et Charlie, les populaires concierges chargés du nettoyage qui ne rataient jamais une journée au Mai-Mai[6]. Pendant quelque temps, tu t'es battu presque tout seul contre de formidables difficultés afin de maintenir à flot le cabinet quand O.R. et moi étions entièrement pris par le procès de la trahison. Je me souviens même de l'étrange incident qui a eu lieu quand tu nous as rendu visite, à Zami et moi, chez nous à Orlando West en décembre 60. Quand tu t'es approché de la porte, un éclair a jailli avec une telle force que Zeni, qui n'avait que dix mois, s'est retrouvée par terre où elle est restée quelques secondes sans bouger. Quel soulagement quand elle est revenue à elle et qu'elle s'est mise à pleurer, elle l'avait échappé belle. Ta présence

---

l'incorporation formelle des hommes dans la société. Ce n'est pas seulement un acte chirurgical, mais un rituel long et élaboré de préparation à l'âge adulte. En tant que Xhosa, je compte mon âge d'homme à partir de la circoncision. »

1. Membres de la Ligue de la jeunesse de l'ANC, créée en 1944. D'autres jeunes militants africains comme A. P. Mda (1916-1993), Anton Lembede (1914-1947), Walter Sisulu (1912-2003), Jordan Ngubane (1917-1985), Victor Mbo, William Nkomo (1915-1972), David Bopape (1915-2004), Oliver Tambo (1917-1993), et Mandela particpèrent à la création proposée par le docteur Lionel Majombozi (décédé en 1949).

2. Maindy (Mendy) Msimang, administrateur de l'ANC à Londres.

3. Pour le cabinet d'avocats de Mandela et Tambo.

4. Ruth Mompati (1925-2015), une des dactylos de Mandela et de Tambo. Elle est devenue membre de l'ANC et une des leaders.

5. Godfrey Pitje (1917-1997), ancien président de la Ligue de la jeunesse de l'ANC qui fit son apprentissage chez Mandela et Tambo.

6. Un des plus anciens marchés de médecine traditionnelle à Johannesburg.

au DOCC[1] à cette occasion a donné une signification nouvelle et plus profonde à ta magnifique intervention de Winburg[2] et a donné plus de poids et de lustre aux éloges qui se sont accumulés depuis en souvenir des services éminents que tu as rendus aux femmes.

Lenwick ! C'est là que tu t'es établi avec Manci comme stagiaire avec l'assistance et la compétence du calme et énergique Joe Magame. Je n'ai pas oublié les bonnes choses que tu as faites pour moi personnellement à cette époque. J'étais toujours impliqué dans le TT[3] et pendant les suspensions de séance tu me maintenais occupé en me donnant du travail, et j'ai pu aider Zami en faisant bouillir la marmite. J'espère qu'un jour, je pourrai te rendre la pareille. Quoi qu'il en soit, j'ai été très content d'apprendre que ta patrie[4], le magnifique pays plein de promesses et de potentiel, peut maintenant profiter de tes talents au plein sens du terme. J'ai été encore plus heureux quand on m'a dit que tu étais maintenant membre du Sénat de ton pays. Mais je sais aussi que cela a dû être douloureux pour toi de couper les liens avec le pays que tu avais choisi pour y vivre et d'être séparé d'une communauté que tu avais servie avec tant de fidélité et de courage. Ces souvenirs et d'autres occupent les longs et difficiles moments de ma vie aujourd'hui.

Les armes spirituelles peuvent être pleines d'énergie et elles ont souvent un impact difficile à apprécier, sauf à la lumière d'une expérience réelle dans des situations données. D'une certaine façon, elles font des prisonniers, des hommes libres, elles transforment les roturiers en rois et la boue en or pur. Pour dire les choses sans ménagements, Duggie, seuls ma chair et mes os sont enfermés derrière ces murs épais. Sinon, je reste cosmopolite dans mes conceptions et, dans mes pensées, je suis aussi libre qu'un faucon. La racine de tous mes rêves, c'est la sagesse collective de l'humanité dans sa totalité. Plus que jamais, je suis persuadé que l'égalité sociale est la seule base du bonheur humain.

1. Le Donaldson Orlando Community Centre, à Soweto, accueillait des soirées dansantes, des concerts et des matches de boxe. Nelson Mandela y boxait régulièrement dans les années 40 et 50.

2. Peut-être fait-il référence à une manifestation à Winburg dans l'État libre d'Orange (devenu l'État libre en 1994).

3. Treason Trial, procès de la trahison.

4. Douglas Lukhele était du Swaziland.

Nous sommes les enfants de Mswati[1] et de Mbandzeni[2], reliés par un million de fils. Nous avons une histoire commune et des aspirations communes. Ce qui est précieux pour toi touche nos cœurs. C'est à cette lumière que nous pensons au 6 septembre[3] – un événement historique qui marque la fin d'une époque et la naissance d'un peuple dont la fierté nationale et la conscience l'aident à survivre aux changements de fortune apportés sur notre continent à l'ère de l'impérialisme. C'est autour de ces questions que tournent mes pensées. Elles sont centrées sur les humains, les idées pour lesquelles ils luttent ; sur le nouveau monde qui émerge, la nouvelle génération qui déclare une guerre totale contre toute forme de cruauté, contre tout ordre social qui maintient les privilèges économiques pour une minorité et qui condamne l'immense population à la pauvreté, la maladie, l'analphabétisme et à la foule de maux qui accompagnent une société stratifiée. Rappelle mon bon souvenir à Ntlabati, la femme de Leslie, Andrew et sa femme, Stanley Lollan[4], Maggie Chuene, Regina Twala, Wilson et Gladys[5], s'ils sont toujours dans le coin. Je suis particulièrement reconnaissant à Wilson de s'être occupé de mon fils, Kgatho, après qu'il a été renvoyé de son école pour avoir organisé une grève et pour l'aide que lui et Gladys lui ont apportée.

Que tout le monde se porte bien et courage, mon poing est solide !

Sincèrement,
Nel

Sénateur D. Lukhele, Parlement, Lobamba, Swaziland.

---

1. Mswati II (1820-1868), roi du Swaziland de 1840 à 1868.
2. Ingwenyama Mbandzeni (1855-1899), fils de Mswati II et de Nandzi Nkambule. Roi du Swaziland de 1875 à 1889.
3. Le Swaziland est devenu indépendant de la Grande-Bretagne le 6 septembre 1968.
4. Ancien accusé au procès de la trahison qui vivait alors au Swaziland.
5. Des amis de Mandela.

À Winnie Mandela, son épouse

31 août 1970

Les censeurs m'ont demandé de raccourcir mes lettres au motif qu'elles excèdent cinq cents mots[1].

Dade Wethu,

Ta lettre du 2 juillet m'a été remise le 14 août – un mois et douze jours après que tu l'as écrite. C'était la plus tendre de toutes tes lettres, surpassant même la toute première du 20 décembre 1962. Il n'y a jamais eu d'autre lettre que j'ai souhaité désespérément garder, lire et relire encore, dans l'intimité de ma cellule. C'était la compensation des choses précieuses dont m'a privé ton arrestation – les cartes de Noël, de notre anniversaire de mariage et d'anniversaire – les petites choses auxquelles tu n'oublies jamais de penser[2]. Mais on m'a dit de la lire tout de suite et on me l'a arrachée des mains dès que j'ai atteint la dernière ligne.

Le général Aucamp a tenté de justifier cette procédure arbitraire avec une pauvre excuse selon laquelle, dans ta lettre, tu me donnes pour adresse son nom au lieu de ta prison. Il a continué à m'expliquer que les lettres que je t'écris subissaient le même sort et que tu n'étais pas autorisée à les garder. Quand je lui ai demandé plus d'explications, il est resté évasif. J'ai compris que des questions importantes étaient en jeu qui nécessitaient qu'on réduise de façon conséquente tes droits, en tant que détenue en attente de procès, à écrire et à recevoir des lettres et qu'on réduise également mon privilège concernant la correspondance. Nos lettres sont soumises à une censure spéciale. La vérité, c'est que les autorités ne veulent pas que tu partages le contenu des lettres que je t'écris avec tes compagnes et vice versa. Pour s'y opposer, elles ont recours à toutes sortes de moyens, justes ou immondes. Il est pos-

1. Écrit à l'encre rouge, en bas de la première page.
2. Cette phrase apparaît en marge et à l'encre rouge dans la lettre originale de Mandela.

sible que cette communication entre nous diminue pendant quelque temps, au moins pendant la durée du procès. Comme tu le sais, le privilège dont je bénéficiais normalement pour échanger chaque mois des lettres avec des amis et des relations a pratiquement disparu depuis ton arrestation. J'ai essayé de correspondre avec Matlala[1] depuis janvier et avec Nolusapho[2] depuis novembre. Le 19 juin, le général Aucamp m'a expliqué qu'un autre service lui avait donné l'instruction de ne pas faire suivre ces lettres, ajoutant qu'il n'était pas en position de m'en fournir la raison mais que leur contenu n'avait rien à voir dans cette affaire. Cette révélation a résolu l'énigme de la disparition de la plupart des courriers que j'ai écrits au cours des quinze derniers mois. Cela entraîne d'autres implications encore plus graves. J'aimerais être en position de toujours croire ce que me disent les autorités, mais il m'est de plus en plus difficile de faire coïncider ce que je souhaite et mon expérience. Par deux fois en juillet et au début de ce mois, on m'a informé que ta lettre n'était pas arrivée. Je sais maintenant qu'elle était ici alors qu'on m'assurait du contraire. J'ai aussi été écœuré que ce soit toi qui m'apprennes que Marsh avait fait une demande pour venir me voir et qu'il avait été informé par l'administration pénitentiaire d'une longue file d'attente pour cette visite. Rien ne peut être plus loin de la vérité. Je n'ai eu que trois visiteurs au cours des huit derniers mois – en janvier, en avril et en juin[3]. Il est facile de comprendre pourquoi ils sont peu disposés à autoriser Marsh à venir me voir. Il est en contact avec toi et sa visite ne peut plaire à Liebenberg[4] ni au SB[5] qui veulent me couper d'avec toi. J'ai connu de nombreuses expériences de cette nature et toutes m'ont laissé triste et désenchanté.

Incidemment, on m'a dit que toi et tes camarades jouissaient aujourd'hui de meilleurs privilèges. J'ai demandé des détails et j'ai

1. Adelaide Tambo.

2. Nolusapho Irene Mkwayi, femme d'un camarade prisonnier Wilton Mkwayi – voir Glossaire.

3. Le 31 janvier 1970, il a reçu la visite de son fils Makgatho pendant trente minutes ; le 28 avril 1970, il a reçu la visite de Thoko, la veuve de Thembi, pendant trente minutes également ; le 13 juin 1970, il a reçu la visite de Mxolisi, pendant une heure.

4. Sans doute un policier des services de sécurité de la police sud-africaine.

5. Security Branch (de la police sud-africaine).

été scandalisé d'apprendre que, même après avoir été accusée, tu n'as pas été autorisée à changer de vêtements ni à recevoir de la nourriture de l'extérieur. Comment une personne honnête et intelligente peut-elle justifier une telle barbarie ? D'après ce que je sais et ce que je crois, un prisonnier en attente de procès est en droit de porter des vêtements propres et d'obtenir de la nourriture de l'extérieur[1]. Ce ne sont pas des privilèges mais des droits légaux. La tragédie de toute cette situation, c'est l'ignorance totale des officiels des conséquences de ce qu'ils prétendent. Je suis profondément indigné qu'on me parle de prétendues concessions faites invariablement tard et si dérisoires, dont le but est de causer plus de mal et d'amertume que de gratitude et de reconnaissance.

Mais ta merveilleuse lettre ! Il y a des moments dans la vie de chaque couple qu'on n'oublie pas facilement et les occasions que tu décris avec tant d'émotion, je m'en souviens avec la même affection et j'y pense tout le temps. Ce que tu me dis du comportement et des goûts de Zeni et de Zindzi m'intéresse beaucoup. J'aimerais en savoir plus sur elles et ce sera une joie formidable quand je réussirai à établir un contact avec elles. À propos, l'autre jour, je lisais le télégramme terrible que tu m'as envoyé il y a deux ans à l'occasion de mon cinquantième anniversaire. Il m'est venu à l'esprit que je serai bientôt vieux, le plus haut titre qu'un homme peut acquérir par la vertu de l'âge avancé. Il serait malvenu pour moi d'acquérir un peu de corpulence pour renforcer ma dignité et donner du poids à ce que tu dis. Si j'avais fait un rêve d'obésité, j'aurais eu à ma disposition tous les moyens de le réaliser. Pour être capable de balancer mon gros ventre, la seule chose à faire aurait été de prendre les choses comme elles viennent et de me bourrer l'estomac – bouillie de maïs[2] au petit déjeuner, maïs au déjeuner et bouillie de maïs au souper. Mais le problème, ce sont tes lettres. Elles dressent un mur solide entre moi et la sénilité. Après en avoir lu une, le processus naturel semble se renverser et je ne sais jamais avec certitude si je vieillis ou rajeunis. Ce dernier sentiment semble dominant.

1. Winnie Mandela a été détenue en isolement pendant dix mois, avec une nourriture à peine mangeable et elle a été interrogée pendant cinq jours et nuits de suite.
2. Mealie-pap, sorte de potage fait avec du maïs écrasé.

Comme j'aimerais avoir de l'*amasi*[1], épais et amer ! Ma chérie, il y a un domaine dans lequel j'écrase tous mes contemporains ou au moins dans lequel je peux prétendre arriver en seconde position – j'ai un solide appétit. À une époque, je pouvais engloutir d'énormes quantités de nourriture dans n'importe quel ordre. Je commençais par le dessert et je mangeais tout le repas à l'envers, à la fin je me sentais satisfait. Je me souviens des remarques pénibles d'une maîtresse de maison qui était aussi étudiante en médecine à l'époque. Elle et son petit mari m'avaient invité à dîner. Je m'étais fait une solide réputation de carnivore. Après avoir contemplé ma performance pendant quelque temps alors que sur la table les plats se vidaient rapidement les uns après les autres et que je me concentrais plus spécialement sur la viande, elle décida de me faire profiter de son immense savoir. Sans prendre de gants, elle me dit que je mourrais de thrombose coronarienne au début de la quarantaine. Je me suis montré assez insensé pour défier son diagnostic et j'ai essayé d'affirmer de façon radicale que la thrombose était inconnue parmi nos ancêtres qui pourtant étaient de grands amateurs de viande ; elle a sorti aussitôt un énorme livre dans lequel elle a lu d'un ton catégorique et définitif le passage approprié. Je m'en souviens comme d'une expérience exaspérante. J'ai senti tout de suite une horrible douleur dans la région du cœur. Ce conseil, brutal et grossier, m'a rendu prudent et, tout en continuant à aimer la viande, j'ai réduit ma consommation. Mais j'ai gardé un très bon appétit et je n'ai pas perdu mon rang de champion dans ce domaine. J'ai toujours envie des merveilleux plats que tu préparais chez nous quand tu y mettais tout ton cœur – du pain frais cuit à la maison, des macaroni avec de la viande hachée, des œufs et du fro-

1. Boisson traditionnelle faite de lait fermenté qui a une consistance proche du yaourt et du fromage blanc. Dans *Un long chemin vers la liberté* (*op. cit.*, p. 290) Mandela parle de son amour pour cette boisson et comment il a failli se trahir alors qu'il était dans la clandestinité, en 1961. Il se cachait dans l'appartement d'un membre du Congrès des Démocrates, Wolf Kodesh, dans le quartier blanc de Berea à Johannesburg. Mandela laissait souvent une bouteille de lait sur l'appui de la fenêtre à l'extérieur pour qu'il fermente. Un soir, il a entendu deux jeunes hommes qui disaient en zoulou : « Pourquoi est-ce qu'il y a *notre lait* sur le rebord de la fenêtre ? » Comprenant que faire de l'*amasi* dans un quartier blanc pouvait le trahir, Mandela a déménagé la nuit suivante.

mage, de la langue et de la queue de bœuf, des côtelettes, du foie et des steaks, du potage et du miel et les parfums dans tous tes plats. Mais ce qui me manque vraiment, c'est l'amasi – la nourriture que j'aimais qui m'agaçait les dents et me détendait le ventre, la seule chose qui me plaisait vraiment, qui passait directement dans mon sang et dans mon cœur et me donnait une profonde satisfaction[1]. Un être humain, quelle que soit sa couleur, qu'il vive sous un régime de chrétiens, de pharisiens, d'hypocrites, de païens, ou qu'il choisisse de flirter avec le diable, ne devrait jamais être obligé de considérer le fait de prendre ses repas comme un simple devoir. C'est le cas quand la nourriture est pauvre, monotone, mal préparée et fade. Si seulement je pouvais avoir de l'amasi. Tu te souviens quand nous revenions du village de Mbongweni[2]. Quel merveilleux voyage, Mhlope ! Je suis sûr que nous le referons un jour. En attendant, je sais que ton courage augmentera face au danger et que tu combattras de toutes tes forces. Tu combattras comme tes courageux ancêtres l'ont fait depuis le Zuurveld jusqu'à Ngwavuma[3], depuis Nxuba Ntaba Busuku, jusqu'au pays de Nyabela[4]. Ils ont combattu comme de dignes héritiers de Mafukuzela[5], Seme[6], Makgatho[7], Rubusana[8] et la constellation de héros qui ont défendu le

1. À cause de la fermentation, l'amasi a une haute teneur en acide lactique qui facilite la digestion.

2. Mbongweni, village natal de Winnie Madikizela-Mandela, dans le district de Bizana, Transkei.

3. Affrontements armés entre les Boers et les Xhosa pour la terre et le bétail dans la région du Zuurveld, dans les années 1870. Ngwavuma est une ville de la province du KwaZulu-Natal proche de l'endroit où le roi zoulou assassiné, Dingane, est enterré.

4. Le roi Nyabela a combattu les Boers dans la guerre de Mapoch de 1882 à 1883. Il a été vaincu et condamné à la prison à vie.

5. Nom honorifique de John Langalibalele Dube (1871-1946), premier président du Native National Congress (devenu plus tard l'ANC).

6. Il fait sans doute référence à Pixley Ka Isaka Seme (1881-1951), premier avocat noir, fondateur et président du South African Native National Congress (devenu plus tard l'ANC).

7. Sefako Mapogo Makgatho (1861-1951), second président du South African Native National Congress.

8. Walter Rubusana (1858-1936), pasteur, intellectuel, et cofondateur du South African Native National Congress, qui envoya une délégation à Londres en 1914 pour protester contre le Native Land Act de 1913, qui limitait la propriété de la terre pour les Africains.

droit de naissance de notre peuple. Le 26 septembre sera ton second anniversaire en prison. Puisse le prochain te trouver libre. Je pense toujours à toi, Ngutyana. Je rejoindrai bientôt le combat et je ferai de mon mieux quand le conseil nous appellera.

Un million de baisers et des tonnes d'amour.

Affectueusement,
Dalinbunga

À Makgatho Mandela, son fils

31 août 1970

Heit mon Bla[1]

Je ne sais pas si je devrais m'adresser à toi comme à un fils, *mninawa*[2], ou si je devrais dire en jargon*, ma chère brigade. La relation parent-enfant qui nous a liés pendant vingt ans s'affaiblit graduellement tandis que celle de l'amitié se renforce et s'approfondit. Je commence à voir en toi un collègue avec qui je peux parler d'espoirs et de désespoirs, d'échecs et de réussites, quelqu'un avec qui je peux bavarder d'égal à égal. À qui je peux ouvrir mon cœur. C'est à un tel ami que j'écris maintenant ; à toi *Lewanika, my bla***, comme diraient les types sur le Rand. Je peux t'écrire librement et oublier le langage formel ou élevé. Tu dois être drôlement occupé ; je n'ai pas eu de tes nouvelles depuis sept mois. Je sais que tu m'écriras dès que tu pourras. J'aurais aimé te laisser tranquille mais tu me manques et je suis impatient de savoir comment tu vas. Ce qui est plus important c'est que ce 8 septembre tu auras vingt ans et cela suffit pour excuser mon intrusion. Naturellement, il ne nous sera pas possible à Maman et à moi d'être à la maison pour organiser une fête d'anniversaire, de t'assurer de notre amour chaleureux et de faire des vœux, de s'asseoir autour de la table familiale et de fête, de chanter joyeusement, de

1. Salutation comme « Salut mon frère », en langue plus tsotsi (voyou) qu'afrikaans.
2. « Jeune frère » en isiXhosa.

raconter des histoires et nous réjouir avec toi de bon cœur. Mais nous penserons à toi. La famille est très fière de toi et suit tes progrès avec attention. Que de bonnes choses t'arrivent, chance et bonne santé et réussite. J'espère que tu as reçu la carte avec nos bons souvenirs et nos vœux.

Récemment, je me suis souvenu des jours et des événements du passé dans lesquels ton rôle déterminant m'est revenu en mémoire – des moments au gymnase avec Jerry Moloi[1], Simon Tsabalaa***, Joe Motsepe, Joe Mokotedi, Eric Ntsele, Selby Msimang, et d'autres merveilleux garçons[2], l'argent qu'on dépensait pour t'offrir le plaisir de nager dans la piscine Huddlestone[3], quand on accompagnait Nyanya à la présentation du film *King Kong*[4] au Milner Park, la quantité de poisson que tu as consommée quand nous allions de Qamata[5] à Johannesburg et tant d'autres épisodes. Je me souviens de tout comme si c'était hier. Une époque où tu menais une vie heureuse et sans problèmes, protégée des soucis et de l'insécurité par l'amour de tes parents. Tu ne travaillais pas, tu avais la bouffe à gogo, les vêtements autant que tu en voulais et un très bon sommeil. Mais à cette époque, certains de tes copains se promenaient complètement nus et crasseux parce que leurs parents étaient trop pauvres pour les habiller et les maintenir propres. Tu les amenais souvent à la maison et tu leur donnais à manger. Parfois tu partais avec le double du prix d'entrée à la piscine pour

---

1. Un boxeur avec qui Mandela s'entraînait.

2. Dans les années 1940, Mandela s'entraînait au DOCC.

3. La seule piscine pour Noirs à Johannesburg se trouvait à Orlando West, Soweto. Elle avait été créée par le père Trevor Huddlestone (1913-1998) dans les années 1950.

4. Opéra de jazz africain avec une distribution exclusivement de Noirs, créé par Todd Matshikiza et Pat Williams, *King Kong* est l'histoire vraie du champion de boxe Ezekile Dlamani dont le nom de ring était King Kong et qui se passe à Sophiatown, une banlieue multiraciale de Johannesburg où les Noirs étaient propriétaires de leurs logements. L'opéra a été joué en 1959 en battant tous les records devant des publics multiraciaux. Il fut joué dans le West End à Londres en 1961 pendant deux cents représentations et lança la carrière internationale de Miriam Makeba et de Hugh Masekela entre autres. Mandela assista à la première le 2 février 1959 dans le Grand Amphithéâtre de l'université de Witwatersrand.

5. Petite ville du Transkei qui faisait partie du Thembuland occidental. Elle se trouve à environ 830 kilomètres de Johannesburg.

aider un copain. Peut-être agissais-tu par affection d'enfant pour un ami et non parce que tu étais devenu conscient de l'extrême pauvreté et de la richesse qui caractérisaient notre vie sociale. J'espère que tu es toujours aussi attentif aujourd'hui pour aider ceux qui ont la vie dure. C'est une bonne chose d'aider un ami quand on le peut ; mais les actes individuels généreux ne sont pas la réponse. Ceux qui veulent supprimer la pauvreté de la surface de la terre doivent utiliser d'autres armes, des armes autres que la bonté. Il y a des millions de pauvres et d'analphabètes, des masses de chômeurs, des hommes et des femmes sous-payés qui vivent dans des logements crasseux et surpeuplés, qui se nourrissent essentiellement de *dikgobe*, de *papa, mngqusho, mtoho* et de *marhewu*[1], dont les enfants ne boivent jamais de lait et sont exposés à toute sorte de maladies.

Ce n'est pas un problème qu'on peut résoudre par des actes individuels. L'homme qui tenterait d'utiliser ce qu'il possède pour aider tous les nécessiteux se retrouverait ruiné en permanence et au bout du compte, il vivrait lui aussi d'aumônes. L'expérience nous montre que ce problème ne peut être efficacement abordé que par un ensemble de personnes disciplinées, ayant les mêmes idées et unies dans une cause commune. La plupart d'entre nous n'ont jamais eu les possibilités qui s'offrent aux jeunes d'aujourd'hui – une grande variété de littérature progressiste qui traite de la lutte de l'homme pour maîtriser les ressources physiques de la nature. D'autre part, les classiques immortels qui mettent l'accent sur la dépendance d'êtres humains entre eux, et les conflits sociaux qui naissent des intérêts distincts et fracturent la société en différentes strates. J'avais près de trente-cinq ans quand j'ai commencé à lire systématiquement des ouvrages de cette nature, et quel changement cela a apporté à ma vision du monde ! Tu sembles être plus militant et meilleur démocrate que je ne l'étais à ton âge et j'espère que tu sauras choisir tes lectures. Nous en discuterons plus longuement lors de ta prochaine visite. Dans cette attente, je pense que la lecture du *Don paisible* de

1. Le *dikgobe* est fait à partir de blé, le *papa* à partir de maïs. Le *mngqusho* est une soupe de haricots. Le *mtoho* est une soupe fermentée à base de *sorgho.* Le *marhewu* est un plat traditionnel sud-africain, composé de maïs et de sucre.

Cholokhov[1] te plaira. Tellie a-t-elle reçu ma lettre du 6 mars 1970[2] ? Je t'ai aussi écrit le 31.3.70[3] et à Maki le 1.5.70[4]. À nouveau tous mes vœux sincères pour ton anniversaire. Garde la piaule du 8115 sûre et propre.

Affectueusement,
Tata

Makgatho Lewanika Mandela, 8115 Orlando West, Johannesburg.

* Prononcer *meyi*[5].
** Proncer *meyi.*
*** Il a été brutalement torturé par la police en 1964, ce qui a causé l'effondrement de son état de santé.

1. L'écrivain russe Alexandre Cholokhov, prix Nobel de littérature, publia *Le Don paisible* en 4 volumes de 1928 à 1940. Ce roman décrit la vie des cosaques du Don pendant la révolution et la guerre civile russes. Mandela a été autorisé à commander ce livre.
2. Voir cette lettre p. 213.
3. Voir cette lettre p. 215.
4. Voir cette lettre p. 221.
5. Mandela donne la prononciation en afrikaans.

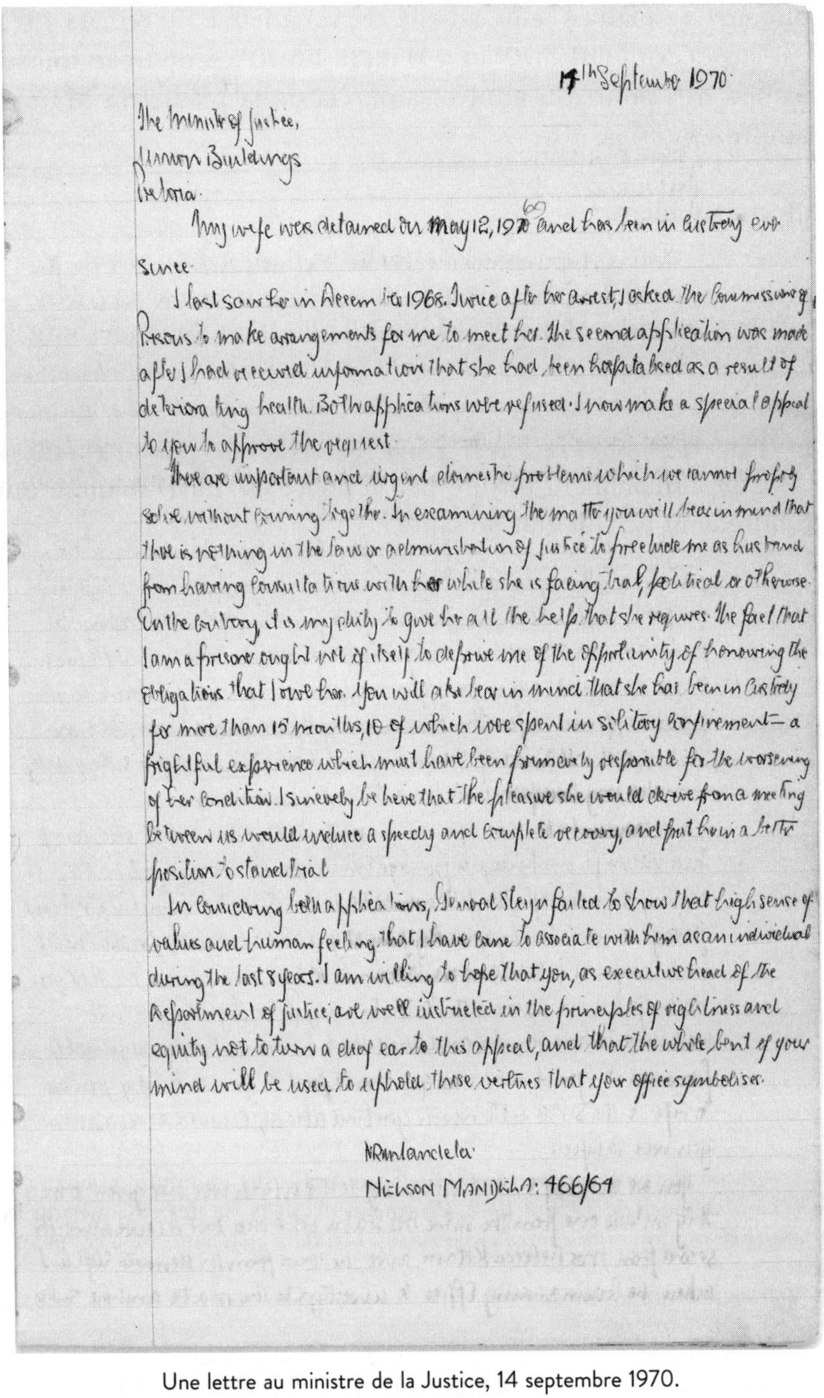

14th September 1970

The Minister of Justice,
Union Buildings
Pretoria.

My wife was detained on May 12, 1969 and has been in custody ever since.

I last saw her in December 1968. Twice after her arrest, I asked the Commissioner of Prisons to make arrangements for me to meet her. The second application was made after I had received information that she had been hospitalised as a result of deteriorating health. Both applications were refused. I now make a special appeal to you to approve the request.

There are important and urgent domestic problems which we cannot properly solve without coming together. In examining the matter you will bear in mind that there is nothing in the law or administration of justice to preclude me as husband from having consultations with her while she is facing trial, political or otherwise. On the contrary, it is my duty to give her all the help that she requires. The fact that I am a prisoner ought not of itself to deprive me of the opportunity of honouring the obligations that I owe her. You will also bear in mind that she has been in custody for more than 15 months, 10 of which were spent in solitary confinement — a frightful experience which must have been primarily responsible for the worsening of her condition. I sincerely believe that the pleasure she would derive from a meeting between us would induce a speedy and complete recovery, and put her in a better position to stand trial.

In considering both applications, General Steyn failed to show that high sense of values and human feeling that I have come to associate with him as an individual during the last 8 years. I am willing to hope that you, as executive head of the Department of Justice, are well instructed in the principles of rightness and equity not to turn a deaf ear to this appeal, and that the whole bent of your mind will be used to uphold those virtues that your office symbolises.

NRMandela

NELSON MANDELA: 466/64

Une lettre au ministre de la Justice, 14 septembre 1970.

Au ministre de la Justice[1]

14 septembre 1970

Le ministre de la Justice
Union Buildings
Pretoria

Ma femme a été arrêtée le 12 mai 1969 et depuis elle est en détention provisoire.

Je l'ai vue pour la dernière fois en décembre 1968. Deux fois depuis son arrestation j'ai demandé au directeur de l'Administration pénitentiaire[2] de prendre les mesures nécessaires pour que je la rencontre. La seconde demande a été faite après qu'on m'a informé de son hospitalisation à cause d'un état général dégradé. Les deux demandes ont été rejetées. Je vous adresse maintenant un appel spécial pour que vous approuviez ma requête.

Nous avons des problèmes familiaux importants et urgents que nous ne pouvons résoudre sans nous rencontrer. En étudiant la question, vous garderez à l'esprit que rien dans la loi ou l'administration de la justice ne m'empêche, en tant que mari, de la consulter alors qu'elle est en attente de procès, politique ou autre. C'est au contraire mon devoir de lui apporter l'aide dont elle a besoin. Le fait que je sois prisonnier ne devrait pas m'interdire la possibilité d'honorer les obligations que je lui dois. Vous garderez aussi à l'esprit qu'elle est en détention provisoire depuis plus de quinze mois, dont dix passés dans la solitude – une expérience effrayante qui doit avoir été responsable de la détérioration de son état de santé. Je crois sincèrement que le plaisir qu'elle éprouverait si nous nous rencontrions entraînerait une guérison rapide et complète et la mettrait en meilleure position pour son procès.

1. Petrus Cornelius Pelser, ministre de la Justice de 1966 à 1974.
2. Le général Steyn.

En considérant les deux demandes, le général Steyn n'a pas montré ce sens élevé des valeurs et des sentiments humains que j'ai fini par lui attribuer au cours des huit dernières années. Je veux espérer que vous, en tant que chef exécutif du ministère de la Justice, instruit des principes de droiture et d'équité, vous ne resterez pas sourd à mon appel et que vous aurez à cœur de manifester les vertus que votre fonction symbolise.

[Signé NRD Mandela]
Nelson Mandela 466/64

Winnie Mandela a été libérée le 15 septembre 1970 après 491 jours de détention provisoire. Deux semaines plus tard, l'ordre d'assignation à résidence a été renouvelé pour cinq années supplémentaires. Elle devait rester chez elle de 6 heures du matin à 18 heures, les jours de semaine, et de 14 heures à 18 heures le week-end. Elle n'était pas autorisée à recevoir de visites en dehors de ses enfants. Elle déposa une demande pour rendre visite à son mari en prison qu'elle avait vu pour la dernière fois le 21 décembre 1968, pendant une heure environ. Le magistrat local l'a rejetée. Elle finit par obtenir une autorisation et put le voir le 7 novembre 1970, pendant trente minutes.

À Winnie Mandela, son épouse

1er octobre 1970

Ma chérie,

Enfin un répit ! J'ai reçu ton télégramme inattendu dans lequel tu m'annonçais ta libération. Je suis sûr que tu as été aussi surprise que moi quand j'ai reçu la merveilleuse nouvelle. J'aurais aimé te répondre immédiatement par télégramme dès que j'ai reçu le tien mais cette possibilité ne m'est pas accessible même pour une occasion aussi importante que l'acquittement d'une accusation capitale. J'ai dû attendre deux semaines pour t'adresser mes plus chaleureuses félicitations après 491 jours de prison pour ressortir comme une jeune femme pleine d'entrain et courageuse.

Pour toi et pour tes amis déterminés je dis Bienvenue ! Si j'avais été à la maison quand tu es revenue j'aurais volé une chèvre blanche à un riche, je l'aurais tuée et je t'aurais donné à boire *ivana ne ntloya*[1]. Ce n'est que de cette façon qu'un mendiant comme moi fête et honore ses héros.

Tu es revenue et en accord avec ma promesse, j'abandonne le « dadewethu » et je reviens à « Ma chérie », pour toi, chère Mhlope. C'est la façon de te saluer que j'ai utilisée depuis août 62[2] et que j'ai beaucoup regrettée quand j'ai dû l'abandonner.

Maintenant que tu es revenue, tu me manques encore plus que lorsque tu étais en prison. Je me bats pour te voir en sachant qu'une telle rencontre te fera beaucoup de bien. Mais c'est aussi pour me sauver de la catastrophe. Parfois, je me sentais et je répondais comme si quelque chose s'était brusquement brisé en moi. J'avais du mal à me concentrer et l'image de toi pourrissant dans un endroit miteux et solitaire, sans rien à lire et personne à qui parler, était une chose insupportable. Ta libération m'a soulagé mais a aggravé mon état. Je ne peux plus attendre. Je veux absolument te voir ; c'est maintenant à mon tour de me rapetisser pour n'être pas plus grand que Zeni. Quand viendras-tu ? Comme j'aimerais avoir une visite contact pendant laquelle je pourrais te serrer dans mes bras, sentir la chaleur de ton sang, voir ton sourire dans tes yeux, parler avec toi normalement sans être obligé de crier pour être entendu, comme cela se passe maintenant. J'ai envie de te voir dans une atmosphère paisible et convenable, comme un mari et son épouse devraient pouvoir le faire quand ils discutent de leurs affaires de famille après une séparation de près de deux ans. Mais ceux qui portent la croix ne devraient

---

1. Boisson traditionnelle de bienvenue de l'Afrique australe. Elle est faite d'un mélange de bière de maïs et de sorgho appelé *umqomboty* mêlé à de l'*intloya*, la part aqueuse de l'amasi.

2. Mandela a été arrêté le 5 août 1962.

jamais crier de douleur si la pente est raide et je ne le ferai pas. Comment te portes-tu ? As-tu vu Zeni et Zindzi ? Quelles nouvelles me donneras-tu ?

Incidemment, il y a quelques heures, avant de recevoir ton message passionnant, j'ai remis une lettre adressée au ministre de la Justice dans laquelle je lui demandais qu'il nous autorise à nous rencontrer. Je m'imagine luttant toujours après la victoire. Si ta supplication avait été rejetée par le tribunal et si ma demande au ministre avait été refusée, j'aurais sans doute fait appel à une magicienne lanceuse d'os ou recherché le Devin ou fait appel à Marx. Par chance je n'ai pas eu à choisir entre ces deux possibilités. J'ai été désolé d'apprendre que Ramotse[1] s'était fait prendre. Puisse-t-il avoir de la chance quand il passera au tribunal.

Tu sais maintenant que notre ami, M. Denis Healey[2], accompagné de l'ambassadeur de Grande-Bretagne est venu le 19 septembre. J'ai été heureux de le revoir. Il m'a dit que tu avais rendu visite à Helen[3] et à Shanti[4]. Il m'a dit aussi que ce soir-là, tu assistais à un bal donné en son honneur. J'ai été très heureux de l'apprendre parce que, après l'horrible expérience que tu as vécue récemment, tu as besoin de te détendre et de te changer les idées. Amuse-toi mais fais attention si tu le peux. C'est une coïncidence étrange que tu aies choisi de rendre

1. Militant de MK, Benjamin Ramotse a été grièvement blessé en décembre 1961 dans l'une des premières explosions de MK qui a tué un compagnon combattant, Petrus Molefi. Ramotse a été arrêté et mis en jugement mais il a fui le pays alors qu'il était en liberté provisoire. Dans son livre *No Neutral Ground* (Londres, Davis Poynter Ltd, 1973, p. 117), Joel Carlson décrit comment Ramotse « a mené des actions de guérilla sur les frontières d'Afrique du Sud pendant huit ans avant d'être kidnappé au Botswana et ramené en Afrique du Sud à travers la Rhodésie pour être finalement jugé en 1970 ».

2. Denis Healey (1917-2015), homme politique membre du Parti travailliste britannique que Mandela rencontra lors de son bref séjour à Londres en 1962. Plus tard Healey vint le voir en prison.

3. Helen Joseph (1905-1992), professeure, assistante sociale, et militante antiapartheid et pour les droits des femmes – voir Glossaire.

4. Shanti Naidoo (1935-), militante antiapartheid – voir Glossaire. Avec une autre militante, Nondwe Mankhala, elle refusa de témoigner contre Winnie Mandela et fut condamnée à deux mois de prison. Le frère de Shanti Naidoo, Indres Naidoo (1936-2016), a purgé une longue peine de prison à Robben Island – voir Glossaire.

visite aux Joseph et aux Naidoo au moment où je pensais à eux. J'aimerais que tu aies rencontré le père de Shanti, Naran[1], un homme courageux très connu pour son engagement et sa simplicité. Nous avons été arrêtés ensemble en juin 1950 et détenus pendant quelques heures avant d'être relâchés. Quand nous sommes arrivés chez eux à Doornfontein[2], nous avions faim et nous étions fatigués. Amma[3] avait son bon sourire habituel et nous a apporté un plat de crabe et de riz. C'était la première fois que je voyais ces créatures cuites, le simple fait de les voir m'a rendu malade et tout ce que j'avais en moi – mon estomac compris – a commencé à protester violemment. Tu sais, ma chérie, que je ne renonce pas facilement sur ces questions. J'ai essayé d'être aussi poli que possible étant donné les circonstances et j'ai même osé mâchonner une patte ou deux. C'était une aventure délicate. Je me suis attaché aux Naidoo et j'ai fini par beaucoup aimer les crabes. À l'époque, Shanti n'était qu'une gamine. Je l'ai vue grandir et devenir une jeune fille intrépide qui a suivi l'exemple de son père. Mais je n'avais pas pensé qu'elle aurait une telle force de caractère, autant de courage et d'endurance.

Quant à notre amie Helen, je crois que c'est une femme qui continuerait à manier l'épée au-delà de la tombe ; à condition que la mort permette à ses victimes de s'engager dans de telles activités posthumes. Avec son passé, ses qualifications, son statut social et ses possibilités, elle n'a aucune raison de ruiner sa brillante carrière en suivant le chemin qu'elle a choisi[4]. Elle était libre et aurait pu appartenir à n'importe quel parti respectable et s'exprimer totalement et librement sur toute question publique. Seule une personne qui a des principes et qui est entièrement dévouée aux idéaux de liberté pouvait prendre cette décision fatale. J'ai le plus grand respect pour elle. Ce sera sans aucun doute

1. Thambi Naransamy « Naran » Naidoo (1901-1953), connu aussi comme Roy, fils d'un ancien collaborateur du Mahatma Gandhi.

2. Quartier au centre de Johannesburg.

3. La mère de Shanti Naidoo.

4. Née britannique, la professeure Helen Joseph travaillait dans les auxiliaires féminines de l'Air Force pendant la Seconde Guerre mondiale. Elle est venue en Afrique du Sud comme assistante sociale. Elle a pris conscience de la réalité de la vie sous l'apartheid et s'est engagée politiquement.

une des premières personnes à qui je rendrai visite quand je reviendrai, tout comme toi et Nomvula avez fait après votre libération. Elle peut distribuer des coups et en recevoir et je suis sûr qu'elle donnera encore des coups quand la population d'Afrique du Sud de toutes races connaîtra le repos éternel. Transmets-leur à elle, Amma et Shanti mes pensées affectueuses…

Pour en revenir à toi, ma chérie, tes amis m'ont énormément impressionné. Je n'ai pas été le dernier surpris par David, Elliot, Mqwati, Rita, Douglas, Thoko, Martha et Livingstone. Un jour j'aurai l'occasion d'entendre parler de Samson, Jackson, Nomvula, Paulos, Joseph, David Dalton, Victor, George, Joseph Chamberlain, Simon, Owen et Samuel et Peter[1].

Je suis fier de toi, ma chérie, tu es plus importante pour moi que le reste du monde. J'espère que tu me raconteras de merveilleuses histoires quand je rentrerai à la maison. Un jour, nous ferons nos bagages. Alors nous serons libérés des désordres de ce monde. Même alors, il y aura de l'espoir en nous. J'espère qu'on nous laissera dormir côté à côte comme nous le faisions dans l'intimité de notre chambre au cours des quatre années de notre vie de couple marié où nous avons vécu ensemble. Un million de baisers et des tonnes d'amour.

Affectueusement,
Dalibunga

Nkosikazi Nobandla Mandela, 8115 Orlando West, JHB.

1. Les amis de Winnie Mandela accusés en même temps qu'elle.

Au ministre de la Justice[1]
[Lettre traduite de l'afrikaans[2]] 19 novembre 1970

Monsieur le ministre de la Justice
Pretoria

Je vous serais reconnaissant de bien vouloir m'accorder un entretien à un moment qui vous conviendra pour discuter des points suivants :

1. La santé de ma femme[3].
On m'a informé que ma femme avait eu une crise cardiaque le 8 novembre 1970. Jusqu'au moment de vous écrire je n'ai reçu aucun détail sur la gravité de sa maladie et je ne sais pas dans quel hôpital elle est soignée. J'aimerais pouvoir lui rendre visite en espérant que cela la réconfortera et hâtera sa guérison.

2. Affaires familiales.
Vous m'avez accordé une visite de trente minutes le 7 novembre. Auparavant, je l'avais vue le 21 décembre 1968, et la durée indiquée ci-dessus était insuffisante pour que l'on traite correctement de nos affaires de famille. À cet égard, je voudrais vous assurer que cette requête n'est pas une tentative pour détourner un privilège dont j'ai bénéficié il y a douze jours. Étant donné les circonstances, une visite de deux heures ne serait pas déraisonnable. Veuillez, s'il vous

1. De 1966 à 1974, le ministre de la Justice d'Afrique du Sud était Petrus Cornelius Pelser.

2. Il est vraisemblable que Mandela ait écrit au ministre de la Justice en afrikaans dans le but de plaire à l'oppresseur. Lors d'une conversation avec Richard Stengel en 1992, il a expliqué qu'il avait étudié l'afrikaans en prison, car « en tant que personnage public, il voulait connaître les deux principales langues parlées par la majorité de la population blanche du pays et par la majorité des métis et c'est un désavantage de ne pas le connaître. Parce que quand vous parlez [une] langue, l'anglais... beaucoup de gens vous comprennent, y compris les Afrikaners, mais quand vous parlez afrikaans, vous savez que vous parlez à leur cœur. Il est donc important de connaître cette langue. C'était très important en particulier en prison » (conversations avec Richard Stengel, 9 décembre 1992, CD 5, Fondation Nelson Mandela, Johannesburg).

3. C'est sans doute Mandela qui souligne.

plaît, prendre en compte que sa maladie de cœur l'empêchera de me rendre visite dans un proche avenir.

3. Les implications de nouvelles charges contre ma femme.
J'ai appris que ma femme et sa sœur, Nonyaniso Madikizela, ont été inculpées par le procureur de Johannesburg pour contravention à la loi sur l'interdiction du Parti communiste, n° 44 de 1950, amendée. L'accusation l'oblige à passer toute seule douze heures chaque nuit. Je crains que la fatigue causée par ce genre de situation, avec le procès intenté contre elle en plus, n'aggrave son état. Bien sûr, je sais que son affaire est *sub judice*[1] et je ne ferai aucune demande à ce sujet.

Dans cette lettre, je ne mentionne que les points principaux qui formeraient la base de notre entretien et je n'ai pas essayé d'exposer la totalité des éléments qui pourraient soutenir les questions mentionnées ci-dessus.

NELSON MANDELA 466/64

À Sanna Teyise[2], propriétaire du restaurant le Blue Lagoon

[Traduit de l'afrikaans]

1er décembre 1970

Ma chère sœur,

Je me suis souvent demandé si le Blue Lagoon[3] se dresse toujours 10 Von Wielligh, ou s'il gît quelque part abandonné et seul. Dans tout autre endroit, ce ne sera jamais le même que celui que nous avons connu. Ailleurs, ce ne serait que l'ombre de l'endroit animé qui nous a réunis ces vingt-cinq dernières années.

Ton Lagoon n'était pas seulement un nom où nous pouvions commander des plats délicieux. C'était une institution avec une riche his-

1. Le procès est en cours d'instruction et ne peut être discuté publiquement.
2. Ailleurs il utilise comme nom « Thys » plutôt que Teyise.
3. Un restaurant fréquenté par Mandela quand il vivait à Johannesburg.

toire ; aux liens historiques avec Motortown, les installations sportives du Bantu et Wemmer, le BMSC, Dorkay House[1], les cinémas le Rio[2], et l'Uno[3], le Mai-Mai, le restaurant Mayibuye et toutes les activités qui avaient lieu autour de ces endroits. Même la boutique délabrée de Charlie, Melrose Street, et la boucherie de Kruger constituaient des parts importantes de ton café populaire.

Ton café était l'institution autour de laquelle tournait la vie de tout le monde. Des gens connus comme Seretse Khama[4], Oliver Tambo, Edouardo Mondlane[5], Joshua Nkomo[6], y dînaient régulièrement et s'y détendaient. Les Motiedlane, Twala, Moikangoa, Nongawuza, Xakana, Mali, Hermanus, Leleti, Dlambulo, Mzondeki, Njongw magoa, Magane [et] Zibi[7] ont été à un moment ou à un autre des membres intimes de la famille du Lagoon[8], et ils tirèrent un grand bénéfice de leur relation avec toi, comme toi de ta relation avec eux. Quant à mes rapports avec le café, je préférerais à ce stade n'en rien dire. Je ne serai jamais en situation de te dédommager de ce que tu as fait pour moi.

En 1952, j'ai rencontré un important professeur américain dans ton café. Et, venant du même pays, il y avait ce travailleur social qui était aussi ton client régulier depuis environ trois mois. Ma mémoire n'est pas aussi fidèle qu'elle l'était mais n'est-ce pas la même année que cet important parlementaire britannique a déjeuné chez toi ? Peut-être que les années 1952-53 constituent la période au cours de laquelle tu as fait ton unique et plus importante contribution au progrès et au bonheur de notre nation. Deux fois par jour, et pendant six mois tu as nourri près

1. Association de musique et de théâtre africains dans les années 1950, espace de répétition utilisé par des musiciens importants tels que Hugh Masekala et Miriam Makeba.

2. Le Rio Cinéma de Johannesburg accueillit un grand nombre de matches de boxe dans les années 1950.

3. Le cinéma Uno de Johannesburg.

4. Seretse Khama (1921-1980) est devenu le premier président du Botswana indépendant en 1966.

5. Eduardo Mondlane (1920-1969), fondateur et président du Front de libération du Mozambique (FRELIMO), créé en 1962.

6. Joshua Nkomo (1917-1999), fondateur et leader du Zimbabwe African People's Union (ZAPU) créé en 1961.

7. Amis et associés.

8. Ce sont tous des amis qui fréquentaient le restaurant le Blue Lagoon.

de cent de nos collègues dans l'hôpital général – et à tes frais[1] ! Avec ça, le Lagoon a tout à fait répondu à sa vocation et a créé une puissante camaraderie entre nous tous. J'ai signalé ta contribution à notre bien-être. Tu vois, je n'ai pas oublié. Si tu le penses, tu t'es trompée, ma fille.

Nous trouvions trop bas les prix des plats que tu nous servais et certains d'entre nous t'ont conseillé de les augmenter. Mais tu as obstinément refusé de le faire. Les raisons que tu as invoquées nous ont prouvé que tu avais de la lucidité et de l'empathie et une forme d'amour qui te reliaient aux humains tes compagnons. Cependant l'importance de ton sacrifice doit être mesurée au fait que ton propriétaire exploitait ton dilemme en augmentant ton loyer de façon insensée. Des caractéristiques cosmopolites et locales marquaient ton restaurant. Parfois on avait l'impression qu'il se trouvait à Griquatown au cœur du district de Postmasburg[2] où j'ai vu la réunion de la famille Thys[3] et ses parents : Tukkie, Jojo, Nomyo[4], Nomanto, Platman, Phinatjie, Tooi, Lilly, Andries, Bella, la sœur de Bella et son frère le pasteur[5], Nontombi[6], Klaasie, Maye, Ouboetie et Ma, Aletta, Esther[7] et Ma, Willemn la fille perdue, Qadi[8]. Maintenant, peut-être que Qadi est devenue infirmière ou mère de famille. Où habite-t-elle ? Et qu'est devenu mon mignon petit frère, Jojo, qui n'avait jamais de problème pour lécher la dernière goutte au fond d'une bouteille ? Te souviens-tu comment l'élégance de Phinatjie l'a sauvée quand nous avons dû passer devant une commission de classification[9] ? Cela a été pour moi un véritable plaisir d'aider ta famille pour éviter ce qui aurait

1. Le Blue Lagoon était connu pour avoir fourni des repas gratuits parfois, et il est possible que ce soit pendant la Campagne de défi de 1952.

2. Dans la province du Cap-du-Nord, aujourd'hui province du Cap.

3. La famille de Teyise – ils utilisent aussi le nom de Thys.

4. Nomvuyo Vuyiswa « Tiny » Nokwe (1928-2008), l'épouse de l'avocat Duma Nokwe – voir Glossaire. Dans un échange d'e-mails avec Sahm Venter, le 11 décembre 2017, Nomvuyo Nokwe écrit : « Je pense qu'il s'agit d'une référence codée à notre mère Vuyiswa Nokwe, née Malangabi. »

5. Des amis.

6. Un ami.

7. Maleka.

8. Amis et parents de la famille Thys.

9. Il fait sans doute référence au Population Registration Act de 1950 selon lequel tout citoyen sud-africain devait se présenter devant un bureau de classification afin d'être défini en fonction de ses caractéristiques raciales.

été une catastrophe. Est-ce que Phinatjie et son boss* habitent toujours à Pretoria ? J'espère que ses problèmes de dos ont cessé.

Je n'oublierai jamais comment le frère de Bella a mis fin à mes arguments quand j'ai eu l'audace de défier son autorité sur des questions religieuses.

Sanna, je voudrais parler du présent et de l'avenir avec toi. Quelle personne dotée de profondes aspirations et d'ambition voudrait vivre dans le passé ? Mais je n'ai pas le choix sur ce sujet particulier. Pour discuter de solutions viables on doit avoir des sources authentiques d'information et bénéficier d'une plus grande liberté. Je n'ai ni l'une ni l'autre. Comprends-tu maintenant pourquoi je dois enterrer les squelettes de ceux que j'aimais et pourquoi je parle de choses qui ont eu lieu il y a si longtemps ? Comme j'aimerais pouvoir parler librement de l'avenir avec toi ! Ta famille et toi vous me manquez, et maintenant que j'ai écrit cette lettre, je suis sûr que le désir va s'estomper.

Je n'ai pas la formation nécessaire pour comprendre les façons de faire de l'homme et je préfère laisser ces questions sur l'âme humaine au pieux Tukkie. Mais je peux parler de mes sentiments avec autorité et je dis : je suis aussi nouveau que la rosée du matin et aussi rapide que le vent. Tout mon être déborde d'espoir et je n'ai aucun doute que reviendra le bon vieux temps que nous avons passé ensemble, peut-être même au cours de cette décennie, dans les cinq ans qui viennent ou, même, l'an prochain. Sois ferme dans ce que tu crois, mon amie, et courage. Une fille aussi optimiste que toi n'a aucune raison de désespérer. Quand la vie te met à l'épreuve de tous côtés, souviens-toi que tu as de nombreux amis qui t'admirent et te félicitent.

Affectueusement,
Boet Nel[1]

* Naturellement son mari.

À Sanna Teyise, c/o Mme Nobandla Mandela, 8115 Orlando West, Johannesburg.

1. « Frère Nel » en afrikaans.

À l'officier commandant, Robben Island

24 décembre 1970

L'officier commandant
Robben Island

À l'attention de l'officier médecin

Mon rapport médical montrera que ma tension artérielle est restée dangereusement élevée depuis plusieurs mois et je me suis souvent plaint de maux de tête et de vertiges.

On m'a donné un traitement de 6 Rantrax (50) et de 6 Aldimets, dont l'effet a été une fatigue et des endormissements pendant les heures de travail. À plusieurs reprises, quand je sortais avec l'équipe de travail, je devais demander au garde, contre ma volonté, de me permettre de m'allonger, le matin ou l'après-midi. D'après ce que je sais, la tension n'a pas dépassé le niveau atteint le 14 septembre 1970. Au contraire, il y a eu une légère amélioration et les maux de tête eux-mêmes sont moins fréquents.

Je contribue à l'amélioration du traitement et au repos complet qui m'est accordé. J'ai expliqué entièrement et franchement ma position à l'officier médecin, au gardien-chef Fourie et au gardien en charge de la section. Il y a quelque temps, on me donnait l'ordre de rester à l'intérieur pendant une période donnée, et quand cette période était achevée, je retournais au travail mais ça n'allait pas mieux. Les maux de tête et les vertiges réapparaissaient ainsi que la sensation de fatigue et d'endormissement. Je restais à l'intérieur et en avertissais le docteur Going qui me promettait de s'en occuper.

Je rappelle ma situation car je trouve normal que vous soyez parfaitement au courant de mon état de santé et je sais qu'en l'examinant vous ne serez influencé que par des considérations médicales et humanitaires.

[Signé NR Mandela]
NELSON MANDELA 466/64

À l'officier commandant, Robben Island

24 décembre 1970

L'officier comandant
Robben Island

À l'attention de l'officier médecin

Je vous serais reconnaissant de revoir le rejet de ma demande d'autorisation de commander 4 livres de miel par mois pour des raisons de santé.

On m'a montré votre commentaire sur mes demandes précédentes dans lequel vous disiez que je n'avais pas besoin de miel. Vous vous souviendrez que je vous ai montré une brochure de la SABC[1] qui contenait un article du docteur McGill. J'attirais votre attention sur un paragraphe mais je ne vous ai pas signalé son exposé de la page 5 que j'aimerais que vous lisiez.

Une lecture attentive de mon dossier médical montrera que, bien que l'on m'ait prescrit un traitement plus fort et bien que la montée de ma tension ait été stoppée, elle est loin d'être normalisée. En réexaminant toute la question, je vous prie de garder à l'esprit que des demandes de cette sorte ne posent pas seulement des questions d'ordre médical mais aussi d'ordre psychologique, etc. Je suis persuadé que vous me donnerez l'occasion d'en parler à nouveau avec vous si vous considérez insuffisante ma seconde demande dont le but est de vous convaincre de revoir votre décision.

[Signé NR Mandela]
NELSON MANDELA

[Note manuscrite]
O.C.[2]

1. Radiodiffusion sud-africaine.
2. Officier commandant.

Le traitement qui lui a été indiqué est ce que la médecine moderne peut prescrire de mieux. Le miel n'est pas une substance contre l'hypertension. Par conséquent, je vous renvoie à mon commentaire précédent sur ce sujet. Je suis disposé à voir Mandela à tout moment pour revérifier sa tension.

À Winnie Mandela, son épouse

28 décembre 1970

Ma chérie,

Tu parles toujours avec affection de Ma de Bizana, comme une fille devrait le faire pour sa Maman. Tu as parfaitement raison parce qu'elle t'a élevée comme une mère et t'a aidée à grandir. Ce qu'elle a fait pendant le mariage et quand je suis revenu chercher Nyanya justifie l'amour et le respect que tu lui portes. Tu parles de la même façon de Sibali Manyawuza et ce que je sais de lui confirme ton impression.

Tu te souviendras sans doute de moments de ton enfance quand tu te demandais s'ils étaient assez chaleureux envers toi, quand tu sentais que tu avais besoin de plus d'amour, un compliment pour ce que tu avais fait ou un petit cadeau. Quoi qu'il en soit, cela ne fait aucune différence. Nous avons maintenant beaucoup de preuves qui montrent qu'ils pensent toujours à toi. Leur récent voyage à Pretoria avait beaucoup plus d'importance qu'un simple intérêt pour un procès dans lequel leur fille était impliquée et l'effet de leur présence était évident dans la lettre dynamique que tu m'as envoyée ensuite. Je suis désolé qu'ils ne semblent pas recevoir mes lettres. Je leur suis plus redevable que l'est normalement un *umkhwenyana*[1].

Je me suis souvent demandé ce qui serait arrivé si la fille de Mzaidume vivait encore. J'ai tendance à penser que nos problèmes personnels auraient été moins nombreux et ta lutte pour rester en vie pas aussi désespérée. Elle vivrait virtuellement avec toi comme la fille

1. « Beau-fils » en isiXhosa.

de Nkedama[1] et elle aurait organisé de nombreuses visites et fait des cadeaux à Zeni et à Zindzi, pour qu'elles oublient notre absence. J'ai souvent réfléchi au nombre de difficultés que connaît une fille qui grandit sans sa mère. Je peux le comprendre parce que j'avais environ dix ans[2] quand mon propre père est mort. Le chef Jongintaba, le régent de la tribu, subvenait aux besoins d'une grande famille en plus de ses responsabilités tribales. Il s'est occupé de moi avec l'attention d'un père et il m'a donné des possibilités dans la vie que mon propre père aurait eu du mal à m'offrir. Cependant, avec tout l'amour et l'attention que le chef m'a fournis, il y a eu des moments où mon propre père me manquait et où je me suis senti orphelin. Tu as sans doute vécu les mêmes choses. Ma-Radebe[3] devrait être encore en vie. J'aurais quelqu'un qui m'aiderait un peu, juste un peu, à porter ce fardeau de la tension artérielle. Nous nous serions désolés ensemble et nous l'aurions accablée avec ce que j'hésite à confier même à notre chère Niki. Parfois, je vois chez Zami les réactions de quelqu'un à qui ont manqué de l'éducation précieuse et intensive, des soins et de l'amour qu'une mère donne à sa fille bien-aimée et qui font de l'enfance quelque chose de merveilleux, dont on garde de tendres souvenirs.

Tu concentres toute ton attention sur moi et tu consacres peu de temps pour toi. Même maintenant, Mhlope, tu n'as pas la précaution et la vigilance nécessaires. Tu nous dois d'être extraordinairement alerte – un devoir envers ceux qui t'aiment et pensent à toi en permanence ; ceux pour qui tu es une source d'inspiration et de fierté : Ama-Dlomo et Amagutyana Kgatho, sœurs et nièces, Nyanya, Tellie, Nomvula et tant d'autres et par-dessus tout, toi et moi.

Une consultation, totale et franche, autant que cela est possible dans les circonstances actuelles, est devenue vitale, même sur des sujets qu'autrefois nous aurions considérés relativement peu importants. Tu n'as pas du tout compris cela. Tu ne cesses jamais de penser que ton ombre

1. Il est vraisemblable que Mandela fait référence à sa mère Nosekeni Fanny dont le père s'appelait Nkedama.

2. Son père est mort en 1930, l'année où il a eu douze ans.

3. La mère de Winnie Mandela, Nomthamsanqa Mzaidume, qui est décédée alors qu'elle avait dix ans.

même peut raconter des histoires, laisser des empreintes et te révéler. Sois prudente ma chérie, et donne-nous la chance, à toi et à moi, de prêter attention à ces questions urgentes que nous avons négligées tous les deux pendant ces six dernières années. J'ai bien noté et accepté ce que tu voulais me dire dans ta lettre censurée du 30 novembre. J'ai été plus heureux depuis que j'ai repris espoir.

J'aimerais que dans ta prochaine lettre tu me dises que tu continues à conseiller notre cousine, en toute honnêteté et sans crainte. Qu'elle soit raisonnable, qu'elle parle avec son cœur et pas seulement avec sa langue, qu'elle s'oriente correctement, qu'elle vive simplement et résiste à l'amour de son entourage. Tu le feras ? C'est une fille terrible qui a besoin de ton aide ; tu peux être son miroir.

Le 12 décembre tu m'as questionné très précisément sur mon état de santé. J'ai essayé de te dissuader mais tu n'as pas renoncé. Il était évident que tu avais des informations précises. Qui a été ton espion ? Les espions ne sont pas recommandables même quand ce sont des gens honnêtes. Ne t'inquiète pas, ma chérie, j'espère vivre plus longtemps que Mathusalem et être avec toi bien après ta ménopause, quand même Zeni et Zindzi seront aux petits soins pour toi, quand ton éclat aura disparu et que ton corps, y compris ton si beau visage, sera couvert de rides, la peau aussi dure que celle d'un rhinocéros. Je te soignerai et je veillerai sur toi de toutes les façons. De temps en temps, nous irons visiter la ferme, nous marcherons et les doigts de ma main gauche s'accorderont aux doigts de ta main droite, attendant qu'elle m'échappe pour aller cueillir quelques jolies fleurs sauvages, comme le dimanche 10 mars[1]. Tu étais éblouissante dans cette robe noire à pois blancs. Chaque jour sera pour moi le 10 mars. Que nous importe l'âge ou un peu de tension artérielle ? Rien ! Es-tu heureuse maintenant ? Dis oui ; c'est ce qui me plaît en toi ! J'ai toujours su que tu étais une fille bien. Ne change pas.

Mais tu es une sorcière ! Tu jettes toujours des sorts à ton homme ; *ubethelea izikhonkwana*[2] et sans prendre de risques. Manques-tu à ce point d'assurance ? As-tu oublié tout ce que nous avons vécu ensemble et la

1. La première rencontre de Nelson et Winnie Mandela, le 10 mars 1957.
2. Il lui écrit en isiXhosa qu'il l'aime et qu'il est heureux avec elle.

remarque avec laquelle je t'ai accueillie le 7 novembre ? Tu aurais dû porter tes lunettes Ncora[1] Mazawattee[2] que tu utilisais autrefois pour lire et je t'aurais adorée avec autant de passion. Pourquoi m'as-tu offert cette magnifique photo ? Elle me donne le mal du pays.

L'imagination a entraîné la pauvre Nyanya dans cette histoire. Comment est-il possible que vous soyez toutes deux aussi confiantes, libres, joyeuses et jolies malgré tout ce qui s'est passé autour de vous ? Nyanya est devenue une belle dame. Parle-moi de son fiancé, son prénom, son travail, son domicile. J'ai écrit à Nali en décembre 1968, réécrit à Niki le 28/7/69. N'ont-ils rien reçu ? Que sais-tu d'eux ?

J'ai suspendu les leçons d'afrikaans en attendant d'avoir terminé le droit. Que fais-tu ?

Merci pour l'argent.

J'attends le 15 janvier avec impatience. Sois en forme !

Tu me manques tant. J'attends de te revoir. Écris-moi chaque mois de longues et tendres lettres. Quel enchantement m'apportent tes visites et tes lettres.

Des tonnes d'amour et un million de baisers.

Affectueusement,
Dalibunga

Nkosikazi Nobandla Mandela, 8115 Orlando West, Johannesburg.

Joyce Sikhakhane (1943-), journaliste et militante antiapartheid[3]*, fut jugée en même temps que Winnie Mandela et vingt autres personnes en 1969. Elle n'a jamais reçu cette lettre et n'en a entendu parler que lorsqu'elle a été contactée en 2008 par Ruth Muller, alors membre de la Fondation Nelson Mandela.*

1. Pour son second poste, Winnie Mandela est allée au Ncora Rural Welfare Centre dans le district de Tsolo.
2. Il fait référence aux lunettes rondes de Winnie Mandela à l'époque, qui ressemblaient à des lunettes que portaient une vieille dame et un enfant sur une affiche publicitaire du thé Mazawattee.
3. Voir Glossaire.

Sikhakhane devait épouser Samson « John » Fadana, un parent de Mandela. Quand ils se présentèrent devant le magistrat qui devait les marier, la Police de sécurité l'a menacée de l'inculper parce qu'elle n'avait pas respecté son ordre de banishment *(assignation à résidence). Les policiers ont alors « expulsé » Fadana et l'ont emmené hors de Johannesburg avant de le renvoyer au Transkei. Sous les lois d'apartheid du « contrôle des migrations intérieures »* (Influx control)*, un Africain devait avoir une autorisation pour vivre dans une ville et les autorités avaient le pouvoir d'expulser tout contrevenant. Fadana s'est marié plus tard dans le Transkei, avec quelqu'un d'autre.*

Mandela doit avoir appris que Sikhakhane était journaliste, c'est pourquoi, dans sa lettre, il se réfère à toute une liste de journalistes, surtout ceux du magazine influent Drum *qui a lancé la carrière de nombreux journalistes noirs et qui représentait une nouvelle identité noire urbaine contrairement aux stéréotypes du peuple noir, tribal et pastoral, du régime d'apartheid. Sikhakhane a commencé à travailler comme journaliste en décembre 1963, peu de temps après avoir été diplômée.*

À Joyce Sikhakhane, camarade de Winnie Mandela

SVP LIRE LE POST-SCRIPTUM AVANT DE LIRE CETTE LETTRE

1er janvier 1971

Ma chère Nomvula[1],

Re roba matsoho[2] pour toi et pour John[3] ! Est-ce vrai ? Pouvez-vous tous les deux me faire ça, prendre une décision aussi incroyable sans même que je m'en sois douté ? Je dois avoir raté les monceaux de viande et les gâteaux de la réception. Pour votre mariage, j'aurais dû être accepté comme je suis, sans redingote, sans chemise amidonnée et sans haut-de-

1. Mandela l'appelle Nomvula car elle était fiancée avec son parent John Fadana.
2. « Bravo » en seSotho.
3. Samson John Fadana qui avait été en prison avec Mandela.

forme. Ce qui est encore plus important, votre mariage aurait été pour moi l'occasion de briller enfin. J'ai répété chaque jour sur un flûtiau ; tout le monde autour de moi m'a demandé d'arrêter et pourtant cela m'a coûté 2 rands. Je n'en suis qu'au stade de débutant mais avec un peu plus de pratique, le grand jour, j'aurais pu jouer *Le Messie* de Haendel.

Tu as du cœur au ventre. Est-ce de l'amour, l'amour de l'aventure ou les deux qui te poussent à faire un tel pari ? Il n'y a aucune compagnie d'assurances dans le pays qui puisse te protéger contre un tel risque. Avec quelqu'un aussi plein d'espoir et aussi ambitieux que John, les doux plaisirs d'une vie de famille bien réglée ne pourront sûrement pas interférer sur ses modèles de pensée et d'action. En outre, même de loin, l'association avec Nomvula aura tendance à faire qu'il reste sur ses gardes la plupart du temps. Qu'espères-tu de ce pauvre diable quand tu seras vraiment retranchée dans sa demeure, l'oreille collée au sol, le pouls normal, questionnant cela, condamnant ceci, et exigeant de l'action ? Il deviendra fou.

On raconte l'histoire d'une femme (je crois qu'elle habite dans ta rue)[1] qui a de très impressionnantes réserves de volonté et d'initiative et qui a fait un choix aussi fatal et remarquablement semblable à celui que vous envisagez. Tout a été pénible dès le début. Quatre mois à peine après que les cloches du mariage avaient sonné, des cris ont résonné sur le Reef l'obligeant à vivre pendant quinze jours avec la matrone à Ameshoff Street. *Yena nowakwakhe*[2] ont marché sur une corde raide pendant quarante-huit mois quand leurs rêves de vie domestique bien organisée ont brusquement pris fin. Le petit mari s'en est allé et le chaos a régné dans son âme et dans tout ce qui l'entourait. Elle vit maintenant comme une nageuse dans une mer démontée, ballottée et battue par de gigantesques vagues et des courants perfides. Est-ce cette vie misérable que tu souhaites mener ?

Je soupçonne tout de suite ce que tu vas me répondre : pour des questions de cette nature, je devrais m'adresser à ta poitrine et non à ton cerveau, persuader non ta tête mais ton cœur, parce que c'est ce dernier que John a séduit ; ou est-ce toi le conquérant ? Si telle est ta

1. Il parle de Winnie Mandela.
2. Termes isiXhosa pour désigner une personne et la personne qu'elle aime.

réponse, alors je dis : alléluia ! Benissimo !! Sur ce genre de sujets, les sermons, même ceux venant d'amis bien intentionnés, sont déplacés. Ce que ressent son cœur peut souvent justifier ses actes. Je connais John depuis les années quarante et j'ai une très haute opinion de lui. Il est humain et généreux et possède un esprit vivant et posé. Je crois sincèrement que tu as trouvé en lui un partenaire idéal qui te rendra la vie heureuse et agréable et qui t'encouragera à développer les talents que tu possèdes assurément. Tu as pris un gros poisson, petite sœur ! Ou vas-tu me prouver à nouveau que j'ai tort en me disant : Buti, je suis une personne modeste mais je ne peux m'empêcher de penser que John a de la chance. C'est lui, et pas moi, qui a pris un gros poisson. Je suis le poisson le plus rare de la création, le cœlacanthe !

C'est un duel dans lequel vous vous engagez tous les deux, et je vais rester en dehors. Mais je souhaite vraiment que tu saches ceci : *Siqhwabizandla*[1]. Que le jour du mariage soit ensoleillé et charmant et qu'une lune d'or éclaire la nuit !

J'aurais aimé vous écrire à tous les deux mais j'ai évité délibérément de le faire. John et moi sommes très proches et je ne peux aborder franchement avec lui des questions personnelles sans le heurter. Si je lui parlais directement, je pourrais être tenté d'ignorer tout ce que j'ai dit ici sur le fait de délivrer des sermons. Ma lettre pourrait être faite de compliments et de réprimandes, l'exigence d'explications qui pourraient donner des démangeaisons à sa conscience. Mais à toi je peux vraiment tout dire comme je l'ai fait et c'est ainsi que j'aimerais que soient les choses.

Rappelez-vous tous les deux que vous m'êtes très chers.

Merci pour ta carte de Noël envoyée en décembre 1969. Que je ne l'aie jamais reçue ne fait absolument aucune différence à mon sentiment de gratitude. Mon seul regret, c'est qu'on m'a refusé la possibilité de posséder un précieux souvenir qui aurait fait pâlir de jalousie John et les autres. C'était très gentil de votre part, Thoko[2], Rita[3], Miriam

1. « Nous vous félicitons. » Littéralement « nous applaudissons », en isiXhosa.

2. Thoko Mngoma, militante de l'ANC dans le township d'Alexandra. Elle a été détenue et a comparu au procès des 22.

3. Rita Ndzanga (1933-), militante ANC et syndicaliste. Accusée au procès des 22. Son mari, Lawrence, a été assassiné en détention par la Police de sécurité. Les deux fils de Rita étaient membres de MK mais sont morts après 1994.

et nos sœurs, de penser à moi. Transmets-leur mon affection. As-tu vu notre sœur récemment[1] ? Je suis inquiet à son sujet. J'ai vu toute sorte de tempêtes s'abattre sur elle. L'effet du mal occasionné par ces bombardements continus auxquels elle a été soumise pendant une longue période se voit à sa santé déclinante. Mais j'aime savoir qu'elle prend les choses du bon côté. Dis-lui que je l'aime.

Tu es sans doute en contact avec un vieil ami que je n'oublie pas, Benjy[2]. Je voulais lui écrire mais chaque fois j'ai hésité pour des raisons que tu comprendras aisément. Il est brillant et courageux, le genre d'homme qui doit atteindre le sommet de sa profession. Sa témérité me rappelle un ami pour lequel j'ai une grande admiration, Henry Nxumalo[3], un autre fonceur. Salue-le de ma part.

Avez-vous des nouvelles de Cecil[4] ? Je lui ai écrit une fois[5] mais il était déjà installé à New York quand ma lettre est arrivée dans le Rand. Je suis désolé qu'il ait dû partir parce qu'il jouait un rôle particulier qui le rendait précieux. Dans le média important qu'il contrôlait, il mettait l'accent sur ces sujets qui font de nous une communauté. Dans son bureau et chez lui, il poursuivait un dialogue avec ceux qui sont en désaccord sur des questions essentielles et il employait ses ressources pour réduire l'écart et mettre en garde contre le séparatisme.

Récemment, j'ai lu une contribution enrichissante de Lewis Nkosi[6] sur des problèmes culturels et j'ai été heureux de noter qu'il est toujours magnifique. Mes pensées m'ont ramené aussitôt au milieu des années cinquante, vers d'autres amis exerçant la même profession – le regretté Can Themba, Todd Matshikiza et Nat Nakasa, Bloke Modisane, Benson Dyantyi, Robert Resha… Leslie Sehume, Arthur Maimane, Simon Mogapi,

1. Sans doute une référence à Winnie Mandela.

2. Sans doute Benjamin Pogrund (1933-), l'ancien directeur du *Rand Daily Mail* et ami de Mandela – voir Glossaire.

3. Henry Nxumalo (1917-1957) était un journaliste d'investigation pour *Drum* et il écrivait des nouvelles mettant en scène l'inégalité raciale. Il a été assassiné au cours d'une enquête. Ses assassins n'ont jamais été retrouvés.

4. Cecil Eprile (1914-1993), journaliste et éditeur – voir Glossaire.

5. Voir cette lettre du 11 février 1967, p. 63.

6. Lewis Nkosi (1936-2010), auteur sud-africain qui a commencé en écrivant dans *Llanga Lase Natal* (Soleil du Natal), *Drum* et *Golden City Post*. Il critiquait le gouvernement d'apartheid et ses œuvres étaient par conséquent interdites.

Bob Gosani, Harry Mashabela, Casey Motsisi, Ronnie Manyosi, Layton Plata, Doc Bikitsha, Mayekiso et Ikaneng, qui tous nous manquent[1].

Beaucoup d'entre eux sont des types épatants et tout à fait comparables à leurs homologues de l'autre côté de la barrière de couleur – Ruth First, Stanley Uys, Brian Bunting, Margaret Smith, Charles Bloomberg et les autres[2]. Inutile de dire que je ne suis pas d'accord avec tout ce qu'ils ont dit, mais je les ai patiemment écoutés parce qu'ils parlaient souvent un langage que je comprenais bien et qu'ils attiraient l'attention sur des problèmes concrets. J'espère qu'ils essaient toujours de garder de hauts critères. Quels sont les nouveaux visages ? Comment va Owen[3] ? J'ai vu un ou deux de tes manuscrits[4]. Tu ne seras pas froissée si je te dis que j'ai été très impressionné. Une ou deux lignes m'ont inquiété mais la confiance que j'ai en toi me fait espérer que tu seras certainement capable de me donner une explication qui me conviendra. *Re Roba Matshoo.* Avec mon affection.

Sincèrement,
Buti Nel

Mlle Joyce Sikhakhane, c/o Nkosikazi Nobandla Mandela,
8115 Orlando West, Johannesburg.

P.-S. : Cette lettre va t'amuser. J'ai appris que tu t'étais mariée à un de mes meilleurs amis, d'où cette lettre. Bien que Zami ait corrigé mon erreur, j'ai laissé ma lettre comme je l'avais écrite au départ[5].

---

1. En dehors de Bob Gosani qui était photographe, il s'agit essentiellement de journalistes et d'éditeurs qui travaillaient pour *Drum.*

2. Journalistes blancs qui militaient pour ou soutenaient la lutte antiapartheid.

3. Owen Vanqa, journaliste du Cap-Oriental, jugé avec Joyce Sikhakhane, Winnie Mandela et vingt autres en 1969 et 1970.

4. Quand Sikhakhane a été contactée en 2008 par la Fondation Nelson Mandela à propos de cette lettre, elle a dit qu'elle pensait que Mandela faisait référence aux articles de magazines publiés sous sa signature. « La Lettre perdue », Fondation Nelson Mandela, 22 juillet 2008, www.nelsonmandela.org/news/entry/the-lost-letter.

5. Sikhakhane a bien épousé Samson Fadana, mais le lendemain la Police de sécurité lui a dit qu'elle « serait accusée d'être entrée illégalement chez le magistrat et qu'[elle] avait été en présence de plus d'une autre personne. Ils m'ont dit que mon

À Nomabutho Bhala[1], une amie

1er janvier 1971

Ntombi yakowethu[2],

Mille mercis pour ta lettre inattendue mais très gentille de juin de l'an dernier. J'avais espéré te répondre plus tôt mais tu sais trop bien quelles ont été mes difficultés.

Bien qu'on m'ait enlevé le plus gros de la charge, au moins temporairement, il reste des problèmes épineux à régler. Mais je ne reporte plus cette réponse.

Ta lettre a été une des plus courtes que j'ai jamais reçues, puisque tout ce qu'elle contient ne consiste qu'en une seule phrase complexe. Cependant, c'est une des plus belles lettres que j'ai lues depuis longtemps. Je pensais que notre génération d'agitateurs avait disparu à la fin des années cinquante. Je croyais aussi que, avec toute l'expérience des trente années que j'ai derrière moi, au cours desquelles j'ai écouté attentivement de nombreux orateurs convaincants et lu des biographies exceptionnelles des personnages publics les plus importants du monde, il ne me serait pas facile d'être transporté par la simple beauté de la prose ou du flot égal d'un seul orateur. Cependant les quelques lignes que tu as griffonnées de façon insouciante sur cette modeste feuille m'ont ému plus que tous les classiques que j'ai lus. De nombreuses personnalités, qui figurent dans ton remarquable drame, vivaient simplement et sans textes écrits, il y a trois siècles. Ni toi ni moi ne les avons vus planifier les opérations qui devaient les rendre célèbres dans l'histoire et nous ne les avons pas vus non plus en action. Pour la plupart, il n'y a même pas de photo authentique qui, au moins, donnerait une faible idée de leur physique ou de leur personnalité. Pourtant, même une citadine édu-

---

pseudo-mariage était nul et non avenu parce qu'il avait été fait illégalement. Ce fut la fin de mon mariage ».

1. Retrouvée dans le cahier à couverture cartonnée dans lequel il recopiait certaines de ses lettres.

2. « Notre sœur » en isiXhosa. L'original est en zoulou.

quée comme toi, qui vit dans la seconde moitié du XXe siècle, avec tous les progrès fantastiques et les réalisations qui le définissent, quelqu'un qui s'est coupé de l'influence de la vie tribale, ne peut chasser de ses pensées, de ses projets et de ses rêves, les héros rudes et violents du néolithique. Il s'agissait d'hommes hors du commun – on en découvre des exemples partout dans le monde ; dans la mesure où leur économie et leurs outils étaient concernés, ils vivaient à l'âge de pierre, et pourtant ils ont fondé des royaumes vastes et stables à l'aide d'armes de fer. Dans les conflits qui, plus tard, devaient ébranler le pays, ils donnent une très bonne image d'eux-mêmes, tenant à distance pendant une période de plus d'une centaine d'années une communauté millénaire en avance sur eux en économie, en organisation et en technologie, et qui faisait un plein usage des ressources scientifiques à leur disposition.

Je trouve l'explication de ton rêve dans le simple fait que tu découvres de profondes leçons dans l'histoire de nos ancêtres. Tu considères leurs exploits héroïques au cours de ce siècle de conflits impérissables comme un modèle pour la vie que nous devrions mener aujourd'hui. Quand leur pays était menacé, ils faisaient preuve du plus haut exemple de patriotisme. Tout comme ils refusaient d'utiliser l'aspect primitif de leur système économique et l'inefficacité de leurs armes comme excuses pour se dérober à leur devoir sacré, la génération actuelle ne devra pas se laisser intimider par les inégalités que les alignements internes habituels semblent entraîner.

Les quatorze grands noms que tu mentionnes dans ta lettre sont devenus légendaires dans notre histoire et nous sommes sûrs que la future génération continuera à rendre hommage à leur immortalité. Mais l'histoire entière de notre héritage passé restera incomplète si nous oublions cette lignée de héros dont l'action a agi comme un lever de rideau aux conflits majeurs qui ont éclaté et qui se sont achevés de façon magnifique.

Les Khoïkhoï[1], dont descend la majeure partie de nos métis, étaient habilement menés par Autshumayo[2] (premier prisonnier politique noir

---

1. Les Khoïkhoï forment l'un des quatre groupes des premiers habitants de l'Afrique du Sud. C'était un peuple pastoral qui dépendait pour sa subsistance de son bétail, dont les moutons.

2. Austhumao (orthographié Autshumayo par Mandela) était un chef khoïkhoï du XVIIe siècle. Il apprit le hollandais et l'anglais et travailla comme interprète au moment de l'installation des Hollandais au cap de Bonne-Espérance en 1652. Lui et deux de

célèbre de notre histoire à avoir été exilé à Robben Island), Odasoa[1] et Gogosoa[2]. Au cours de la Troisième Guerre de libération en 1799, Klaas Stuurman[3] franchit une étape sans précédent en joignant ses forces à celles de Cungwa, le chef des amaGqunukhwebe.

Beaucoup de gens, y compris des combattants pour la liberté, avec un long palmarès de luttes et de sacrifices, parlent avec mépris des Abatwa[4]. Cependant plusieurs historiens sud-africains ont écrit des textes objectifs et chaleureux sur leur esprit invincible et leurs nobles qualités. Ceux qui ont lu des comptes rendus des batailles de Sneeuberg entre les Abatwa et les Boers, et plus particulièrement entre les Abatwa, conduits par leur chef Karel, et un commando de plus de cent Boers, près de la grande caverne de Poshuli's Hoek[5], ont une idée de l'importante contribution faite à l'histoire d'Afrique du Sud par une communauté qui, autrefois, a été le seul occupant de notre beau pays. Au cours de nombreux engagements, ils ont montré un courage et une audace rares et ils auraient continué désespérément le combat même après que la dernière flèche avait été tirée.

Ces hommes ont lutté pour une Afrique du Sud libre bien avant que nous ne rejoignions le champ de bataille. Ils ont illuminé la piste par leurs efforts réunis à la source du vaste fleuve de l'histoire de notre pays. C'est un héritage formé d'un triple courant ; un héritage qui nous stimule pour combattre et mourir pour l'idéal le plus élevé de la vie. Le titre de « héros africain » inclut aussi ces vétérans. Des années plus tard, des personnalités plus éduquées et plus raffinées ont

---

ses partisans furent bannis à Robben Island par le premier administrateur du Cap, Jan Van Riebeeck, en 1658, après avoir déclaré la guerre aux colons hollandais. Il a été le premier à être emprisonné à Robben Island et le seul à avoir réussi à s'échapper.

1. Chef des Cochoqua (Saldanhars) dans les années 1660.

2. Gogosoa était chef suprême des Goringhaiqua au XVIIe siècle.

3. Un des chefs du peuple khoïkhoï, dont la naissance est estimée entre 1743 et 1803.

4. Aussi connus sous les noms de Batwa er Abatwa, ils vivaient dans la République démocratique du Congo, à l'est de l'Ouganda et au Rwanda. Historiquement ils ont été appelés « peuple pygmée » à cause de leur petite taille et ils ont subi une importante discrimination.

5. Une description de la bataille de Poshuli's Hoek se trouve dans *The Natives Races of South-Africa : A History of the intrusion of the Hottentots and Bantu into the Hunting Grounds of the Bushmen, the Aborigines of the Country*, de George W. Stow (publié en 1905) que Mandela a lu et transcrit en prison.

suivi leur exemple et le tableau de l'histoire s'est enrichi d'un millier de noms – les Selope Thema[1], Jabawu[2], Dube[3], Abdurahman[4], Gool[5], Asvat[6], Cachalia[7], et maintenant vous et votre génération, vous avez rejoint cette légion d'honneur.

J'aime beaucoup les grands rêves et j'ai particulièrement aimé le tien ; il était proche de mon cœur. Peut-être que dans le prochain il y aura quelque chose qui enflammera non seulement les fils de Zika Ntu, mais aussi les descendants de tous les héros célèbres du passé. À une époque où certains encouragent fiévreusement les forces de la division, en élevant la tribu comme la forme définitive et la plus élevée d'organisation sociale, en dressant chaque groupe national contre l'autre, les rêves cosmopolites ne sont plus seulement désirables mais représentent un devoir impérieux ; ils insistent sur l'unité spéciale qui tient ensemble les

1. Selope Thema (1886-1955), membre dirigeant du South Africa Native National Congress et secrétaire de la délégation qui, au nom des Noirs sud-africains, s'est rendue à la conférence de Versailles et auprès du gouvernement britannique en 1919.

2. John Tengo Jabawu (1859-1921), universitaire, écrivain, directeur de journal et militant politique. Père de Davison Don Tengo Jabawu (1885-1959). Il a créé le premier journal noir, *Imvo Zabantsundu* (Opinion noire) en 1884. Il a participé à la création du South African Native College (université de Fort Hare) en 1916. Davidson Don Tengo Jabawu (1885-1959), poète et militant antiapartheid. Premier professeur noir de Fort Hare, à Alice. Président de l'All-African Convention, créée en 1935, en opposition à la législation ségrégationniste. Cofondateur du South African Native College (rebaptisé African Native College en 1923).

3. John Langalibalele Dube (1871-1946), éducateur, éditeur, écrivain, et militant politique. Premier président du South Native National Congress (rebaptisé ANC en 1923) créé en 1912. Il a créé la Zulu Christian Industrial School à Ohlange. Il a créé le premier journal zoulou/anglais *Llanga Lase Natal* (Soleil du Natal) en 1904. Opposant au Land Act (loi sur la terre). Membre de la direction de l'AAC, 1935. Mandela a voté dans l'école d'Ohlange en 1994 pour la première fois de sa vie puis est allé sur la tombe de Dube pour lui dire que l'Afrique du Sud était maintenant libre.

4. Abdullah Abdurahman Dube (1872-1940), premier métis élu au conseil municipal du Cap en 1904 et au conseil provincial du Cap en 1914. Président de l'African Political Organisation, qui a lutté contre l'oppression raciale envers les métis.

5. Cissie Gool (1897-1963), fille d'Abdurahman. Fondatrice et première présidente de la National Liberation League (Ligue nationale de libération) présidente du Non-European Front (Front uni non-européen) dans les années 1940, et première femme métisse diplômée de la faculté de droit d'Afrique du Sud et nommée au barreau du Cap.

6. Dr Zainab Asvat (1923-2013), militante politique, membre du Transvaal Indian Congress (Congrès Indien du Transvaal) et médecin.

7. La famille Cachalia a joué un rôle important dans la lutte antiapartheid en Afrique du Sud.

forces de la liberté – un lien forgé par les luttes communes, les sacrifices et les traditions. J'ai essayé de toutes mes forces de résister à la merveilleuse prose de ta lettre et d'en saisir le message important. Certains disent que le chauvinisme est une de nos faiblesses. Ils ont peut-être raison. Il est vrai que mon sang et mon cerveau sont rarement synchronisés. Très souvent ma raison me persuade de m'approcher avec précaution de ce qui réveille mes sentiments. Je ne peux qu'espérer maintenir cet équilibre. Finalement, nous savons tous que le prix que tu as déjà payé est élevé et j'ai peur de spéculer sur ce que tu auras encore à payer. Ton courage m'a profondément bouleversé et mes propres sacrifices m'ont semblé une bagatelle comparés aux tiens. Mes tendres pensées à toi, à ta famille, à tous.

Ozithobileyo[1],
Nelson

Mme Nomabutho Bhala, 5881 KwaMashu, Durban.

À l'officier commandant, Robben Island

[Traduit de l'afrikaans]

2 janvier 1971

L'officier commandant
Robben Island

À l'attention c/o Fourie

Le jour de l'an n'est pas une occasion bien choisie pour annoncer sa déception. Malheureusement vos deux lettres rejetant ma demande de visite et la censure de la lettre de ma femme m'ont atteint précisément en ce jour important.

Je ne pense pas que je m'en serais plaint, sauf pour dire que le joueur de guitare a un talent spécial pour persuader ses auditeurs de l'écouter

1. « Avec soumission » en isiXhosa.

avec attention. Il doit toujours retenir l'intérêt du public, l'attirer vers lui. Seule une personne armée d'amour pour ses compagnons humains et qui prend soin des autres réussira là où la force et le pouvoir seront utilisés en vain. Ce simple principe est aussi applicable à des questions ordinaires et il est valable dans des institutions où une stricte discipline doit être maintenue.

[Signé NR Mandela]
Nelson Mandela 466/64

À Tim Maharaj, épouse d'un coprisonnier, Mac Maharaj

1er février 1971

Ma chère Ompragash[1],

J'ai essayé deux fois d'apercevoir ton visage dans les cabines des visiteurs mais deux fois je n'ai pas réussi ; tout d'abord, l'an dernier, quand tu semblais bien déterminée à me refuser ce plaisir et le 5 décembre 1970 quand tu m'as également ignoré.

J'ai à peine eu plus de chances de te voir car telle est la force de la tradition. Qui aurait pu soupçonner que l'ombre du *purdah*[2] pouvait conduire une femme comme toi qui as l'expérience du monde à obéir à son pouvoir ? Cependant c'est ce qui arrive chaque fois que je m'approche de toi. Pour moi, ton visage est un visage caché par un voile, très léger mais tout de même un rideau. J'étais impatient de vérifier l'affirmation qu'un camarade d'ici ne cesse de répéter, selon laquelle les épouses les plus charmantes et les plus belles du pays se trouvent dans Wakuff Building, à Durban[3]. Je voulais aussi comparer

1. Elle était hindoue, Tim était son surnom.
2. Dans certaines sociétés hindoues et musulmanes, les femmes se dissimulent des hommes ou des inconnus par un voile.
3. À l'époque, elle partageait un appartement avec son frère George dans Wakuff Building, Queen Street, à Durban. Ces différentes façons d'identifier ou de se référer à la même personne avaient pour but de tromper les censeurs de la prison.

le visage vivant avec la photo séduisante, fièrement exposée dans un cadre de cuir, pour moi quelque part ici ; pour opposer l'original à la copie. Je désespère de le faire, d'où cette lettre. Peut-être que par cet intermédiaire il me sera possible d'accomplir plus qu'un regard fugitif à une jeune dame vêtue selon la dernière mode et soignée par une esthéticienne experte. Je pourrais atteindre au-delà de Tim bien élevée la véritable Ompragash.

À propos, j'ai presque oublié de te confier qu'un jour un innocent plaisantin a ôté la photo du cadre et crois-moi, le monde entier a failli s'enflammer[1]. Un jeune homme, pour lequel j'avais sinon le plus grand respect, est devenu livide de rage (ou était-ce de la jalousie ?) et il a mis à sac presque chaque cellule, la mienne comprise. Je dis la mienne comprise car ton Oompie[2] devait être épargné de toute forme de brutalité de la part de ceux qui nous sont chers. Mais au cas où tu aurais une image déformée, je m'empresse de te dire que spirituellement il est toujours aussi magnifique qu'il l'était pendant les quatre mois mouvementés qui ont précédé le 18 décembre inoubliable[3]. Il est dur comme l'acier et essaie d'être flexible comme une canne de bois de cognassier. Bien sûr, rien n'est plus facile que de critiquer quelqu'un et peut-être que ton homme a fauté en abondance. Mais si c'était le cas, tu le saurais mieux que moi. Ou encore tu pourrais me clouer le bec et me dire que même les dieux, les messies et les saints ont été critiqués par certains et maudits pas d'autres ; pourquoi une telle différence ? Je suis entièrement de ton côté. Le respect que nous

1. Les prisonniers n'avaient droit qu'à une seule photo. Mandela s'amuse de la réaction du mari de Tim, son compagnon de prison Mac Maharaj, quand quelqu'un a ôté la photo de Tim dans sa cellule.

2. Mandela fait référence à lui-même : *Oompie* est un surnom affectueux, diminutif du mot afrikaans *oom* qui veut dire « oncle ». Mandela appelait Mac *neef*, ce qui veut dire « neveu ». Dans une conversation par e-mail avec Sahm Venter, le 22 août 2017, Maharaj écrit : « Il affirme que Mac n'avait pas fouillé sa cellule. En fait, c'était Madiba qui avait chapardé la photo dans la cellule de Mac !! »

3. « Les quatre mois qui ont précédé le 18 décembre » se réfère aux quatre mois pendant lesquels Mac Maharaj en détention sans jugement a été brutalement torturé. Les termes « spirituellement », « dur », et « flexible » sont utilisés sous forme de plaisanterie pour rassurer Tim en lui disant que Mac est en forme malgré la torture qu'il a endurée. « Car Mandela avait du mal à convaincre Tim que Mac était psychologiquement et physiquement en forme » (e-mail à Sahm Venter, 22 août 2017).

avons pour lui augmente avec le temps que nous passons ensemble et je serais parfaitement satisfait de laisser l'âge et l'expérience modérer son impatience et, si au cours de la fête de Noël 1976, on parle de sa dureté, je suis sûre que tu sauras prendre la situation en main[1].

En écrivant à un ami de Durban, je me rappelle d'incidents amusants. En 1961, j'ai visité la ville incognito et j'ai habité chez d'autres amis[2]. Ils avaient une adorable petite fille de six ans avec laquelle je suis devenu immédiatement ami. Le matin je prenais un bain et juste après je décrêpais ma barbe et mes cheveux avec un peigne. Satisfait de me savoir propre et présentable, j'allais dans la salle de séjour et je la prenais sur mes genoux. Elle me regardait et s'écriait : « Tu as le visage tout sale, va te laver ! » Ce n'était pas tout. Comme mon ami et sa femme devaient sortir pour aller travailler, je passais la journée chez leur mère. Une vieille dame joviale qui avait une connaissance minimale de l'anglais. Voilà tout ce que mon amie avait pu lui dire pour me présenter à elle : « C'est notre ami ; nous le reprendrons ce soir. » Par la suite il est apparu que la vieille dame était méfiante et bien déterminée à résoudre cette énigme à sa façon. J'ai passé la journée chez elle sans m'aventurer au-dehors. Sans connaître beaucoup de gens, j'en avais rencontré plus de cent qui étaient plus malins que moi. Le dialogue entre nous ressemblait à quelque chose comme ça :

Elle : D'où êtes-vous ? Moi : De Pietersburg. Elle : Quand êtes-vous arrivé ? Moi : Hier. Elle : Vous venez à Durban pour la première fois ? Moi : Oui. Elle : Quand rentrez-vous chez vous ? Moi : Demain.

Je me sentais mal à l'aise quand, par bonheur, l'interrogatoire s'est achevé et j'ai pensé que mes ennuis étaient terminés. Le déjeuner a été délicieux et l'après-midi le riche parfum du thé m'a beaucoup plu. La journée était agréable et je commençais à me détendre

---

1. Il fait référence au fait que Mac devait être libéré le 18 décembre 1976, d'où « la fête de Noël ». Il informe Tim que Mac est impatient de reprendre la lutte et elle doit s'y préparer… et il sait qu'elle sera à ses côtés quand il dit : « Je suis sûr que tu sauras prendre la situation en main » (e-mail à Sahm Venter, 22 août 2017).

2. Mandela parle de la période où il était recherché par la police, quand la presse l'avait surnommé « The Black Pimpernel » (Le Mouron noir), d'après le roman anglais de la baronne Emma Orczy, *Le Mouron rouge*, paru en 1905.

quand la vieille dame est entrée dans ma chambre et a repris son enquête. Elle m'a proposé de l'accompagner faire des courses. C'était impossible et j'ai poliment refusé. Puis elle m'a demandé si Pietersburg était loin. Je n'en étais pas sûr mais j'ai dit au jugé : Environ 600 miles. Puis est arrivée la question que j'attendais le moins : « Vous venez de très loin et vous passez toute la journée à lire dans votre chambre ? » J'ai été convaincu qu'elle avait tout compris et j'ai eu du mal à trouver une réponse. J'ai changé de sujet. Par la suite, j'ai visité Durban plusieurs fois mais j'ai préféré rester loin d'elle et avoir faim plutôt que de risquer un nouvel interrogatoire. J'espère qu'elle se porte bien[1].

Niggie[2], tu es restée dans nos pensées depuis que tu as dit à Mac que tu avais l'intention de te faire opérer. Dans des conditions normales, beaucoup d'entre nous t'auraient rendu visite à l'hôpital et t'auraient apporté des fleurs ou envoyé un message de bon rétablissement que tu aurais peut-être reçu pendant ta convalescence. Mais dans la situation actuelle rien de tout cela n'est possible et nous ne pouvons transmettre notre sympathie que directement à Neef.

Le bref sursis de Zami me permet de vous transmettre les sentiments que j'ai nourris depuis que la douloureuse nouvelle nous est parvenue. Je t'envoie cette lettre dans l'espoir qu'elle jettera un peu de lumière autour de toi, qu'elle te remontera le moral, qu'elle t'apportera de l'espoir au cœur et qu'elle te permettra de profiter de la vie autant qu'il est possible dans ces circonstances. On a dit mille et une fois que ce qui compte, c'est moins ce qui arrive à une personne que la façon dont celle-ci le prend[3]. Il peut sembler stupide de ma part de te charger d'un fardeau qui est connu de tous. Cependant, chaque fois que c'est à mon tour d'être victime de malchance, j'oublie précisément ces simples conseils et je laisse l'enfer me tomber dessus. Nous pensons à toi et nous espérons que le voyage jusqu'au Cap te plaira.

1. Nous n'avons pas pu savoir qui était cette personne. Mandela voulait clairement que ses remerciements s'adressent à sa famille.

2. *Niggie,* mot africain pour « nièce ». C'est ainsi qu'il s'adresse à Tim, à son mari « neveu ».

3. Il parle de la libération de sa femme et l'effondrement de son procès afin de donner assez de force à Tim pour son opération chirurgicale.

Toutes mes amitiés à Phyl[1] et aux enfants. J'admire vraiment sa capacité à régler de loin les situations. Elle a envoyé des photos de sa famille. La première, simple et adorable, de MD[2] à nouveau sur pied. Mais c'est surtout la deuxième qui est extraordinaire. C'est le plus beau portrait que j'aie jamais vu. Son message est clair et sans ambiguïté : Mon chéri, je suis le centre de l'univers ; l'ancre de salut de tous tes rêves ! Je n'ai jamais plus entendu MD se plaindre. Au contraire, il marche d'un pas souple et il a encore quelque chose du brillant jeune homme qui est venu avec Monty[3] et d'autres, à Pretoria au milieu des années quarante, et qui nous a fait un rapport stimulant sur la mission au Gandhi Hall[4]. Ce qu'une femme peut faire à un homme ! Enfin, j'aimerais que tu saches que tu as toujours été dans nos pensées. J'espère seulement que la prochaine fois que nous nous verrons, le purdah ne sera plus là. Zami se joint à moi dans ce message de meilleurs vœux. Avec mon amour,

Oom Nel

Mme Tim Maharaj, P.O. Box 346, Dalbridge, Natal.

---

1. Phyllis Naidoo, l'épouse du prisonnier M. D. Naidoo et belle-sœur de Tim.
2. M. D. Naidoo, membre du Parti communiste sud-africain et du South African Indian Congress, qui a été emprisonné cinq ans à Robben Island, dans la section B avec Mandela. C'était le frère de Tim Maharaj.
3. Monty Naicker.
4. Le Gandhi Hall se trouvait dans Fox Street, Ferreiastown, Johannesburg. Dans les années 1940 et 1950, on y tenait des meetings politiques. Le rapport dont parle Mandela a été prononcé par M. D. Naidoo, au Gandhi Hall, devant ses camarades du Transvaal sur les progrès de la campagne de résistance passive lancée par les congrès indiens du Natal et du Transvaal, de 1946 à 1948 contre l'Asiatic Land Tenure Act de 1946 qui cherchait à limiter, pour les Asiatiques, la propriété de la terre à des zones précises. Le docteur Monty Naicker, président du Natal Indian Congress, était parmi le premier groupe de manifestants contre cette loi. Ils résistaient aux lois raciales et cherchaient à se faire arrêter (d'après un e-mail à Sahm Venter, 22 août 2017).

À Ishmael et Martha Matlhaku[1], des amis

1er février 1971

Chers Ishy et Mohla[2],

Kgele banal[3] ! Avez-vous oublié si facilement vos amis ? Pourquoi n'écrivez-vous pas ? Votre façon de vous comporter envers moi me donne l'impression que vous avez abandonné votre magnifique demeure de Phomolong[4] et que vous êtes partis uniquement pour vous débarrasser de moi. Vous savez que rien ne me ferait plus plaisir que d'avoir des nouvelles de vous et que Zami ne râlera pas si vous m'envoyez une ligne ou deux de temps en temps. Mais vous ne m'avez jamais laissé tomber dans le passé et je ne vois pas de raison pour que vous le fassiez maintenant. Peut-être que la faute est de mon côté ; peut-être ne m'écrivez-vous pas parce que vous attendez que je le fasse en premier ? Très bien alors, voici ma lettre, quand puis-je espérer recevoir la vôtre ?

J'aime me souvenir des heureux moments que nous avons passés ensemble ; ces journées au début des années quarante quand j'arrivais sur le Reef en débarquant de ma campagne et que j'ai rencontré Mohla. À l'époque elle était secrétaire d'un agent immobilier, Nkomo, et était une des premières personnes avec qui je suis devenu ami dans la Ville d'Or[5]. À l'époque elle fréquentait les cercles de Marjorie Pretorius, Dorothy Qupe, Nomvula Sitimela, Meisie Dingane, Florence Mosenyi, Edith Ntisa et Emily Gabushane[6]. Plus tard, elle est devenue la secrétaire

---

1. Peut aussi s'écrire Matlaku.

2. Martha Matlhaku a travaillé comme secrétaire pour Mandela. Son mari, Ishmael, transportait souvent des camarades ou des militants à la frontière du Botswana et on lui avait confié le transport des responsables, dont Mandela. Quand il s'est rendu compte que ses activités étaient contrôlées, il est passé au Botswana à Mochudi en tant que réfugié. Martha l'a rejoint plus tard. Il a continué à aider les militants d'Afrique du Sud quand ils passaient au Botswana.

3. « Je suis choqué » en seTswana.

4. Dans la province de l'État-Libre.

5. Golden City, la Ville d'Or, c'est-à-dire Johannesburg, à cause des mines d'or du XIXe siècle.

6. Des amis et des associés de Mandela.

de Xamela[1] et a fréquenté le cabinet du juge et de nouveaux cercles. De temps en temps, elle participait à des voyages officiels dans différentes parties du pays, et elle est entrée en contact avec beaucoup de nos personnages publics. Son charme et sa gentillesse ont plu à beaucoup d'entre nous et ont fait d'elle la personne idéale pour travailler dans un bureau où l'on cherchait à satisfaire des personnes de toutes conditions sociales. Elle travaillait dur sans compter ses heures et ne se plaignait pratiquement jamais. Te souviens-tu du jour où, quelques semaines avant le 26 juin 1950, Nomvula et Lami m'ont presque étranglé parce que j'étais surveillant d'esclaves ? Nous avions beaucoup de travail et notre recherche de volontaires parmi les jeunes en conduisait un grand nombre dans l'appartement, dont Nomvula et Lami. Quand nous avons voulu les faire travailler jusqu'à 22 heures, même ce couple parfait n'a pu accepter. Pour me sauver j'ai immédiatement ordonné *tshayile*[2].

Mohla était membre du Johannesburg International Club[3] et quand, en 1951, j'en suis devenu le secrétaire, elle a passé beaucoup de son temps libre à m'assister dans l'organisation des activités, la recherche de fonds et la dactylographie. C'est pendant cette période que tu as fait les gros titres de la presse quand un cabinet d'avocats t'a envoyé à Vereeniging[4] taper un rapport du tribunal. Tu te souviens ? Peut-être que ta vision des choses, ton amour pour le progrès et la réforme ont été influencés par ton expérience au cours de cette période de contacts avec des membres de différents groupes de la population. Tu vas toujours de l'avant et, ce faisant, tu trouves le moyen d'être utile à la communauté au sens large. Un de tes talents est ta façon de voir ces petites choses de la vie qui nous détournent de nos problèmes et remplissent nos cœurs d'un sentiment de joie. Bien sûr, nous sommes tous, à des degrés divers, coupables d'égoïsme et Mohla, elle aussi, a ce genre de défaut. Elle passe beaucoup de temps et dépense beaucoup d'argent à remplir sa garde-robe de vêtements de qualité, à conduire

1. Nom de clan de Walter Sisulu.

2. En fanekalo, une langue pidgin basée principalement sur l'isiZoulou, l'anglais et un peu d'afrikaans. Mandela a décidé d'annoncer que c'était l'heure de rentrer chez soi.

3. Créé en 1949, lieu de rencontre pour personnes de toutes nationalités et toutes races.

4. Ville de la province du Transvaal (aujourd'hui dans la province du Gauteng).

les derniers modèles de voitures et à choisir pour sa maison de beaux meubles.

Tout bien considéré, l'impression dominante que j'ai de Mohla, c'est celle d'une femme qui essaie de vivre pour les autres, chose qui la rend utile où qu'elle soit.

Mohla et moi, nous nous sommes connus avant que Zami et Ishy entrent dans nos vies. L'amitié entre nos familles respectives s'est construite sur les bases que nous avons établies, toi et moi. Tout d'abord, il y a eu Ishy qui t'a sorti de ta retraite de Kraaipan[1] et t'a remis en circulation. À propos, tu ne nous as pas encore raconté comment elle t'avait découvert. Peut-être, un jour, aurons-nous le plaisir de t'entendre nous donner la mémorable adresse. Est-ce que j'inviterai le Mof pour l'occasion ?

Ishy a joué un rôle non moins significatif. Il nous a mis en contact avec des hommes comme David Motsamayi[2], Sydney Kgaje, Cecil Ntoeli et d'autres qui formaient une bonne partie de l'opinion publique sur le Rand, et offraient leurs services dès qu'on avait besoin d'eux. À propos, j'espère que Bra[3] Dave ne voyait pas d'inconvénient à ce que j'utilise son nom comme couverture. Si j'en avais eu l'occasion, je l'aurais d'abord consulté.

Mais pour en revenir à ce que nous disions, Zami n'est entrée dans le tableau qu'en 1957 et brusquement notre amitié s'est transformée en camaraderie. Elle a toujours montré du respect pour ce que je ressentais et elle a traité tous mes amis avec affection. Je n'ai pas le souvenir qu'elle ait essayé de m'influencer contre un de mes nombreux amis. De notre côté, un des avantages de notre relation est dans une large mesure sa douceur de tempérament et son amour pour vous.

Te souviens-tu de la dernière fois où je t'ai vu ? Dans le Fort, en septembre 62, tu m'as apporté des monceaux d'excellente nourriture et tu m'as offert un luxueux mouchoir, j'espère que Zami l'a conservé pour moi. Elle m'a dit que tu veillais sur elle et sur les enfants depuis le jour de son départ. Elle était vraiment désolée de savoir qu'elle ne te verrait pas pendant longtemps, qu'elle ne pourrait te rendre visite

1. Ville de la province du Transvaal (aujourd'hui dans la province du Nord-Ouest).

2. David Motsamayi était un client de Mandela et quand Mandela est passé dans la clandestinité il a utilisé son nom. Ce nom apparaît sur son passeport éthiopien.

3. *Brother*, « frère ».

ni avoir le plaisir de t'accueillir à Westcliffe[1]. J'étais à des kilomètres quand tu es parti mais ton départ m'a profondément bouleversé et je me suis senti très seul. C'était une consolation pour moi de savoir qu'en cas d'urgence Zami pouvait toujours compter sur toi. En plus, le coût du déménagement et celui de ta réinstallation ont dû diminuer tes économies. Cela a dû être un moment pénible pour toi de tourner le dos à ta maison, à tes amis et à l'endroit où tu es né.

Quant à moi, le sourire contagieux d'Ishy me manque, comme les plaisanteries savoureuses de Mohla, la tasse de thé bouillant, les plats délicieux et les agréables boissons, toujours prêts quand j'allais à Phomolong. Vous rendez-vous compte de ce que vous représentez pour nous, pour Zami et moi, et ce que signifiera votre lettre ? Quand puis-je l'espérer ?

Mohla, je préfère ne rien te dire maintenant de notre chère Nyinyi qui repose loin de Phomolong. Un jour tu me parleras de cette tragédie. Je pourrai peut-être te prendre la main et t'emmener faire quelques pas en silence. En attendant, essayons d'oublier.

Souvenez-vous, j'attends votre lettre et j'espère qu'elle sera douce et agréable comme celles que vous m'écriviez de Kraaipan. Que ma belle-sœur et son petit mari sachent que je pense à eux en espérant qu'ils ont reçu ma lettre du 28 juillet 69. Je pense aussi à Ngwana wa Kgosi, David Moila, Edna qui n'a pas vu Mike depuis quatre ans, Nana et son petit mari, et le vétéran Dan. Peter et Jerry sont-ils toujours dans le coin ? À tous j'envoie ma profonde affection.

Finalement, j'aimerais que Fish[2] et sa femme sachent que je leur serai toujours redevable pour tout ce qu'ils ont fait pour moi. Je me sens tout à fait à l'aise avec eux.

Avec mon affection,
Ken na Madiba, Moforutse ya'binang tshwene morena li Mofumagadi[3].

Ishmael et Martha Matlhaku

---

1. Westcliff, un faubourg de Johannesburg (qu'il écrit avec un *e*).
2. Fish Keitseing (1919-2005).
3. En seSotho cette phrase signifie : « Mon nom est Madiba, son totem est un babouin, madame, monsieur ». *Mofumagadi* siginifie la femme du chef/la reine mère, formule utilisée par marque de respect envers une femme mariée.

À Zenani Mandela, sa deuxième fille

1er mars 1971

Ma chérie,

Cette année, vendredi 5 février, tu as fêté ton douzième anniversaire et, en janvier, je t'ai envoyé une carte avec mes félicitations et mes vœux. L'as-tu reçue ? À nouveau, je te dis : très bon anniversaire.

Il ne m'est pas facile de croire que notre Zeni, qui n'était qu'un bébé la dernière fois que je l'ai vue, est devenue une grande fille en classe de cinquième, dans un pensionnat, où elle apprend des choses que je n'ai jamais étudiées à l'école, comme le français, la physique et les maths. Je me souviens très bien de la nuit où tu es née en 1959. Le 4 février de cette année-là, je suis rentré à la maison très tard et j'ai trouvé Maman inquiète. Je me suis précipité chez Tante Phyllis Mzaidume et nous avons accompagné Maman au Baragwanath Hospital. C'était une coïncidence incroyable. Tante Phyllis était née elle-même un 5 février et sur le chemin de l'hôpital, elle espérait que tu naîtrais le même jour et c'est exactement ce qui s'est passé. Quand elle a appris la nouvelle de ton arrivée, elle était aussi heureuse que si elle t'avait créée.

Ta naissance a été pour nous un vrai soulagement. Trois mois plus tôt seulement, Maman avait passé quinze jours en prison, ce qui était dangereux pour une personne dans son état[1]. Nous ne savions pas si toi et Maman vous aviez souffert et nous avons été heureux d'être bénis avec une adorable petite fille en bonne santé. Te rends-tu compte que tu as failli naître en prison ? Peu de gens ont connu cette expérience d'avoir été emprisonnés avant leur naissance. Tu n'avais que vingt-cinq mois quand je suis parti de la maison et, bien que je t'aie vue fréquemment par la suite jusqu'à janvier 1962 quand j'ai quitté

1. Winnie Mandela a été arrêtée en octobre 1958 et maintenue en prison pendant deux semaines pour avoir participé à une manifestation contre l'extension de la loi sur les *pass* aux femmes.

le pays pour une courte période, nous n'avons jamais vécu à nouveau ensemble.

Tu ne te souviens sans doute pas d'un incident qui m'a bouleversé à l'époque et auquel je n'aime pas repenser. Vers la fin de 1961, on t'a conduite chez un ami et je t'attendais quand tu es arrivée[1]. Je ne portais ni veste ni chapeau. Je t'ai prise dans mes bras et pendant dix minutes je t'ai serrée contre moi, je t'ai embrassée et nous avons parlé. Puis brusquement tu as semblé te souvenir de quelque chose. Tu m'as repoussé et tu as commencé à chercher dans la pièce. Dans un coin, tu as trouvé le reste de mes vêtements. Après les avoir ramassés, tu me les as donnés et tu m'as demandé de revenir à la maison. Tu m'as tenu la main pendant quelques instants, en me tirant désespérément et en me suppliant de revenir. Cela a été un moment difficile pour nous deux. Tu avais le sentiment que je vous avais abandonnées, toi et Maman, et ta demande était raisonnable. C'était tout à fait semblable au petit mot que tu as ajouté à la lettre de Maman le 3 décembre 1965, dans laquelle tu disais : « Est-ce que tu viendras à la maison l'année prochaine ? Maman ira te chercher avec sa voiture. » En 1961, à cause de ton âge, il m'était difficile de t'expliquer ma conduite et l'expression d'inquiétude que je voyais sur ton visage me hantait encore des mois plus tard. Heureusement, cependant, tu t'es vite calmée et nous nous sommes séparés sans problème. Mais pendant des jours je suis resté perdu dans mes pensées en me demandant comment je pourrais te montrer que je ne vous avais pas trahies, toi et la famille. Quand je suis revenu en Afrique du Sud en juillet 1962, je vous ai vues deux fois, toi et Zindzi, et cela a été la dernière fois où nous nous sommes rencontrés. En 1964, on t'a amenée à la Cour suprême de Pretoria et j'ai été très déçu quand on ne t'a pas autorisée à me voir[2]. Depuis, j'en meurs d'envie. Tu pourras me rendre visite en 1975 quand tu auras plus de seize ans. Mais je suis de plus en plus impatient et les cinq prochaines années me semblent plus longues que l'éternité. Tu m'as envoyé une très jolie lettre le mois dernier !

1. Mandela fait référence à la période de 1961 quand il était clandestin et recherché par les autorités et qu'il vivait en dehors de sa famille.

2. Il parle du procès de Rivonia.

Merci beaucoup[1] ! J'ai commencé l'année avec un coup d'éclat. Ta lettre est la première et la seule que j'aie reçue de la famille cette année et je ne cesse de la lire et de la relire. Je la garderai comme un souvenir. Cela me plaît beaucoup de connaître tes sujets de cette année et j'espère que tu vas travailler dur dès le début de l'année. Le français est une langue importante. Sur le continent africain, il y a plus de gens qui parlent français qu'anglais. Le latin, le zoulou, la physique, les maths et la géographie sont très utiles et tu devras y prêter une grande attention. J'ai aussi été très heureux d'apprendre que tu fais des marches dans la montagne au milieu des beaux paysages que tu décris.

J'ai vu la note que tu as écrite au dos de ta lettre demandant au postier de l'envoyer tout de suite et d'être « comme Elvis, go man, go ». La musique d'Elvis est pleine d'entrain et populaire et je suis heureux d'apprendre que tu l'aimes aussi. J'espère que tu aimes aussi Miriam Makheba [*sic*], Mohapeloa, Caluza[2], Tyamazashe[3], Paul Robeson[4], Beethoven, Tchaïkovski. Ce qui est même encore plus important, je crois qu'un jour tu seras capable de composer, de chanter et d'interpréter ta propre musique, ou préfères-tu être une étoile de ballet en plus d'être scientifique, médecin ou avocate ?

Quels sports pratiques-tu ? Basket, natation ou athlétisme, en particulier les épreuves sur piste (c'est-à-dire la course à pied) qui te maintiendront en bonne santé, forte et qui te donneront le plaisir d'aider tes collègues à remporter des victoires. Tente ta chance, ma chérie.

Que cette lettre te donne la même joie et le même bonheur que la tienne m'a apportés.

---

1. En français dans le texte.
2. R. T. Caluza (1895-1969), compositeur zoulou et musicien qui s'est affranchi de beaucoup de genres musicaux, y compris cantiques, ragtime et variété. Il a écrit le premier hymne du South African Native National Congress, « iLand Act » en protestation contre le Native Land Act de 1913.
3. Benjamin Tyamzashe (1890-1978), compositeur sud-africain, chef de chœur, organiste et professeur.
4. Paul Robeson (1898-1976), chanteur basse américain, qui s'est engagé dans le mouvement pour les droits civils.

Mon amour à Zindzi, Maki, Kgatho et abazala Andile, Vuyani, Kwayiyo et Maphelo et, bien sûr, à toi et à Maman.

Tout mon amour et plein de baisers.

Affectueusement,
Tata

Mlle Zeni Mandela, 8115 Orlando West, Johannesburg.

À Christine Scholtz[1], une amie

[Traduite de l'afrikaans]

1er mars 1971

Chère Kiesie[2],

Je connais depuis toujours la ville de Worcester[3]. Pour moi c'est l'endroit où l'on fabrique du vinaigre ou la sauce Worcester[4], cette sauce bien connue qui rend nos aliments si délectables et dont un gentil camarade a aspergé mon poisson l'autre jour. Des habitants de Worcester, leurs désirs, leurs luttes, et leur contribution à nos progrès et à notre bonheur[5], je ne savais rien. En décembre 1947, j'ai passé mes vacances au Cap. Naturellement le train s'est arrêté dans ta gare mais même à cette occasion, Worcester n'était qu'un simple nom comme tant d'autres que nous avons vus en voyageant. Dans les années 1940, le nom de John Alwyn a circulé et quand je suis revenu dans le Boland[6] en 55, je lui ai rendu visite.

1. Lettre trouvée dans un carnet à couverture rigide dans lequel il recopiait certaines de ses lettres.
2. Diminutif de Christine en afrikaans.
3. Une ville de la province du Cap-Occidental.
4. L'Union Vinegar Company a été créée en 1913. En plus de la fabrication de vinaigre, elle produisait aussi de la Worcester Sauce (originaire de la ville de Worcester en Grande-Bretagne et non en Afrique du Sud).
5. Beaucoup de militants antiapartheid venaient de Worcester.
6. Une région de la province du Cap-Occidental.

Te souviens-tu encore de Greenwood, notre ami d'autrefois, l'habitant du Cap venu du Transkei, qui portait toujours une cravate rouge ? Oui, lui ! Il m'a accompagné. À cette époque, il a payé un lourd tribut aux événements et aux circonstances mais c'était toujours un plaisir de pouvoir lui serrer la main. J'avais un contact avec une personne qui avait accompli un effort digne d'éloges dans l'intérêt du progrès social. Ensuite, il s'est égaré, mais nous ne pouvons enlever son nom de l'histoire pour cette raison.

Le 5 décembre 1956 nous a réunis, moi, Ayesha Dawood, Joseph Mphoza, Joseph Buza[1] et d'autres. Pendant deux ans, dans le Drill Hall de Johannesburg, nous avons organisé des sorties, nous avons discuté de problèmes et parlé du fond du cœur. Une fois, un bon ami et moi, nous avons reçu de doux raisins qu'Ayesha nous avait envoyés et que nous avons beaucoup aimés. En avril 1961, Archie Sibeko[2] et moi, nous y avons passé toute la journée et nous étions heureux d'avoir l'occasion de parler avec ses parents et sa famille. À partir de ce moment, Worcester a cessé d'être un petit point sur une carte d'Afrique du Sud. C'était la patrie de bons camarades aux opinions et aux sentiments que je respectais. Bien sûr, je sais que maintenant ils sont dispersés. Ayesha est à Londres, et Buza à King William's Town[3]. Je suis sûr qu'ils se souviennent de Worcester avec tendresse quel que soit l'endroit où ils se trouvent.

J'ai appris les tragiques circonstances dans lesquelles le père d'Ayesha est mort. Cela a dû être un coup terrible pour elle. J'espère qu'elle, son vieux mari et ses enfants sont en très bonne santé. Te rends-tu compte à quel point mon cœur est attaché à Worcester et à son peuple ? Le lien qui existe entre toi et moi, Kiesie, est une des raisons pour lesquelles je t'écris cette lettre ! À propos, sais-tu que nos chemins ont failli se croiser en décembre dernier ? J'attendais ta visite parce que j'espérais te transmettre directement mon meilleur souvenir. C'est peut-être moi qui t'ai déçu.

---

1. Trois des accusés du procès de la trahison (voir Glossaire) originaires de Worcester. La plupart des accusés ont été arrêtés le 5 décembre.
2. Un des accusés du procès de la trahison.
3. Une ville de la province du Cap-Oriental.

Il y a très longtemps, je gardais des troupeaux[1] et cela me plaisait beaucoup. Encore aujourd'hui, je rêve de cette époque. Pourtant, je devrais noter que ce n'était pas dans des conditions modernes, où une personne a sa ferme et ses pâturages entourés de clôtures, aussi vastes que le monde – une situation qui vous rendrait égoïste et sectaire, ne pensant qu'à votre bien-être. Non, j'étais gardien de troupeaux dans les Réserves, parmi de pauvres gens qui vivaient sur les terres du gouvernement et qui devaient partager des pâturages communaux. Les gens pensaient que prendre soin de son propre troupeau incombait au vacher. Oui, c'est vrai que s'occuper de son troupeau et le faire grandir était la tâche principale d'un éleveur, mais maintenir l'harmonie entre les différents vachers est aussi important. Ils devaient coopérer en creusant des réservoirs et des citernes et en agissant ensemble contre les ennemis communs. Dans de telles circonstances, il y a peu de place pour l'égoïsme et les tendances sectaires. Les gens qui ont une activité pourraient peut-être tirer des leçons de cette expérience.

Ah, comme je mc suis éloigné de Worcester et de mes camarades ! Laisse-moi revenir à ce que je disais. Je connais un *korrelkop*[2] dont l'anniversaire est le 8 février. Il est peut-être inconnu de beaucoup de gens, mais il fait une profonde impression à ceux qui le connaissent bien. Dans la mesure où je suis concerné, je ferais mieux de ne rien dire. Malheureusement, son point de vue et le mien coïncident sur un grand nombre de sujets pertinents ; nous menons nos affaires dans un souci commun et toute critique ou tout compliment que je pourrais avancer me reviendrait directement. Aussi, ni toi ni moi ne pouvons prétendre être prophètes et aucun de nous ne s'engagera dans une spéculation aussi inutile. Ce que je peux dire, c'est que les trois années que j'ai passées avec lui ont renforcé ce que j'attends de lui et je le considère comme un élément de poids dans le cercle d'amis que j'ai dans ta ville. Il est la corde qui me lie d'un côté à toi, Jose, Soes et tous les amis que tu aimes, et même l'avocatier qui est devant

1. Quand il était enfant dans le Transkei.
2. Quelqu'un aux cheveux frisés. Terme afrikaans.

ta maison, et d'un autre côté, il est le lien entre moi et les pâturages de mon enfance.

Les quatre dernières années ont dû être une période terrible pour toi, une période avec toutes sortes de difficultés – des luttes contre les ennuis et les charges qui grèvent beaucoup les finances familiales et les moments d'inquiétude, de solitude et le désir de ceux qu'on aime et qui sont absents, ainsi que les voyages difficiles qui apportaient joie et soulagement, pourtant tout à fait insuffisants parce que lorsque tu arrivais à destination tu ne pouvais dire tout ce que tu avais sur le cœur, te débarrasser entièrement de tes fardeaux. Peut-être que ces tempêtes t'enflammaient aussi et que des perles commençaient à apparaître dans tes cheveux. Pauvres femmes ! Au cours de sa dernière visite, Zami s'est aussi plainte de voir à quelle vitesse ses cheveux devenaient gris. Bien sûr, savoir que cela arrive aussi à d'autres familles n'est pas une consolation. La douleur fait souffrir même si elle accable plusieurs victimes en même temps. Mais enfin tu es maintenant soulagée et j'espère que cela te fait plaisir. Donne à ton *korrelkop* du *katkop*[1], *puza*[2], et de temps en temps du hareng avec de la sauce. Je suis sûr qu'il se débrouillera pour avoir du vin d'Oom Tas[3]. Jour des noces ! Quand ? Quel dommage que je ne puisse avoir le plaisir d'être votre maître de cérémonie.

Mon amour et mes vœux les plus chaleureux,
Affectueusement,
Nel

Mlle Christine Scholtz
14 Hammer Street
Worcester

1. « Pain » en afrikaans.
2. « Une boisson » en afrikaans.
3. Il parle du tassenberg, un vin rouge sec populaire en Afrique du Sud.

À Fatima Meer, amie et camarade

1er mars 1971

Chère Fatima,

Cette lettre aurait dû parvenir à Shamin, Shehnaz ou Rashid[1]. Avoir des nouvelles d'eux directement m'aurait donné un meilleur aperçu des changements de pensée et de visions chez les jeunes.

Mon fils, Kgatho, un de mes meilleurs copains, vient me voir deux fois par an. Nous semblons d'accord sur les questions essentielles mais, de temps en temps, il ôte les toiles d'araignée de mon cerveau en affirmant des points de vue différents sur des sujets que je considérais comme évidents. Il m'est arrivé de le suspecter de voir en moi une relique utile du passé, une sorte de souvenir qui lui rappelle l'époque où il me considérait comme quelqu'un qui savait tout sous le soleil, où il gobait tout ce que je lui disais. Son indépendance d'esprit et ses idées nouvelles ont rendu mes conversations avec lui très agréables et c'est ce que je crois pouvoir obtenir si je parlais directement avec tes enfants. Tu comprends maintenant pourquoi je préfère Rashid et ses sœurs à toi ?

J'ai passé toutes ces années avec ma propre génération, qui a tendance à être conservatrice et à regarder en arrière la plupart du temps. J'ai très envie de connaître les nouvelles idées qui naissent dans la jeunesse moderne. Mais les enfants ont tendance à me rappeler des problèmes auxquels je préfère ne jamais penser. Quand j'apprends que notre Shamin est à l'université, qu'elle construit de magnifiques modèles de maisons, la lourde charge de mes cinquante-deux ans pèse sur mes épaules. Elle apparaît page 70 du *Portrait*[2]. Je pense que Shehnaz est la seconde sur sa gauche. Si je me trompe, qu'elle se souvienne qu'elle n'était qu'une toute petite fille la dernière fois que je l'ai vue et que son visage a dû énormément changer maintenant qu'elle a assez grandi pour être en première. J'ai cherché en vain Rashid et j'ai même fait d'incroyables suppositions à propos des garçons de la page 40. J'ai été

1. Les enfants de Fatima et Ismail Meer.
2. Fatima Meer, *Portrait of Indian South Africans*, Durban, Avon House, 1969.

désolé d'apprendre qu'il n'avait pas pu aller à Waterford parce qu'il aurait pu servir de grand frère à ma Zeni et ma Zindzi. Je n'ai pas oublié le magnifique gant de toilette qu'elles m'ont offert la dernière fois que j'étais là-bas et j'aurais aimé avoir de leurs nouvelles quand elles ont un peu de temps pour m'écrire des lettres.

J'aurais dû envoyer la lettre à Ismail, mon tout premier ami au-delà de la barrière des races, le camarade de ma jeunesse. Tu sais, nous avons pratiquement vécu ensemble à Kholvad[1], et c'est lui qui m'a mis en contact avec Dadoo[2], les frères Naicker[3], les Cachalia[4], Nana Sita[5], les Naidoo[6], Pahad[7], Nathie[8], les Singh[9], Hurbans[10], les

---

1. Kholvad House, un ensemble d'appartements au centre de Johannesburg dans lequel Ismail Meer avait un logement. Mandela écrit dans *Un long chemin vers la liberté* (*op. cit.*, p. 100) : « À Wits j'ai connu et je me suis lié d'amitié avec Ismail Meer, J. N. Singh, Ahmed Bhoolia. Le centre de cette communauté était l'appartement d'Ismail, le numéro 13 dans Kholvad House, quatre pièces dans un immeuble résidentiel du centre-ville. Nous y avons étudié, parlé et même dansé jusqu'au petit matin et l'appartement est devenu une sorte de quartier général des jeunes combattants de la liberté. J'y dormais quand il était trop tard pour attraper le dernier train pour Orlando. »

2. Yusuf Dadoo, médecin, militant antiapartheid et orateur – voir Glossaire. Président du South African Indian Congress, délégué auprès d'Oliver Tambo dans le Conseil révolutionnaire de MK, et président du Parti communiste sud-africain – voir Glossaire.

3. Monthy Naicker (1910-1978), médecin, homme politique et militant antiapartheid – voir Glossaire. M. P. Naicker (1920-1977), militant antiapartheid, journaliste, leader et organisateur du Natal Indian Congress, du Parti communiste sud-africain et de l'Alliance du Congrès. Les Naicker n'étaient pas frères mais des camarades homonymes.

4. Maulvi Cachalia (1908-2003), militant antiapartheid et membre dirigeant du South African Indian Congress, du Congrès indien du Transvaal et de l'ANC – voir Glossaire. Yusuf Cachalia (1915-1995), frère de Maulvi Cachalia. Militant politique et secrétaire du South African Indian Congress – voir Glossaire. Leur famille était aussi engagée dans la lutte contre l'apartheid.

5. Nana Sita (1898-1969), président du Congrès indien du Transvaal, disciple de la philosophie de Gandhi, *satyagraha* (non-violence).

6. Les Naidoo de Rocky Street, Yeoville à Johannesburg. Roy et Ama Naidoo et leur famille.

7. Goolam Pahad, membre du comité directeur du Congrès indien du Transvaal, père des militants Essop (1939-) et Aziz (1940-) Pahad.

8. Solly Nathie (1918-1979), membre du comité directeur du Congrès indien du Transvaal.

9. J. N. Singh (décédé en 1996), membre du Congrès indien du Transvaal et du Natal Indian Congress. Il a étudié jusqu'à la licence en droit avec Nelson Mandela à l'université de Witwatersrand. Sa femme, Radhi Singh (décédée en 2013), militante antiapartheid, enseignante et avocate.

10. Gopal Hurbans, trésorier du Natal Indian Congress et un des accusés du procès de la trahison – voir Glossaire.

Poonan[1], Nair[2], Seedat[3], A. I. Meer[4], et d'autres éminents leaders de la communauté indienne. Avec lui, je pouvais bavarder librement du passé. Mais mon problème, ma difficulté c'est toi, *behn*[5]. J'hésite à mettre *bhai*[6] dans une position où il te quitterait avec les lettres que je lui ai envoyées, ou si tu te sentais obligée de lui faire les poches. Je n'ai pas le moindre doute sur ce qui arriverait si tu trouvais une de ces lettres, tu le ferais rôtir vivant. Je me suis souvent demandé si toi et Radi[7] vous cessiez de penser à ce que vous me devez pour la paix de l'esprit et pour le bonheur qui vous entoure. Souviens-toi, Ismail, J. N. [Singh] et moi, nous avons formé un solide trio pendant près de trente ans. Je resterai fidèle à notre vœu : ne jamais, jamais, en aucune circonstance, dire du mal des deux autres. Ils seront d'accord pour reconnaître que je n'ai jamais vendu la mèche. De toute façon, qu'est-ce je pourrais divulguer ? Quand on parle du loup... Tes hommes et moi l'ont toujours été. L'ennui, bien sûr, c'est que la plupart des hommes sont enclins à une forme de vanité. Il y a un moment dans leur vie où ils pensent qu'il est permis d'être égoïste et de se vanter publiquement de ses exploits uniques. La langue anglaise a développé un doux euphémisme pour dire vantardise ! On appelle ça autobiographie, alors que les défauts des autres sont fréquemment exploités pour mettre en lumière les propres réalisations dignes d'éloges de l'auteur. Je doute que je déciderai de m'asseoir pour raconter mon passé. Je ne suis l'auteur d'aucun exploit dont je puisse me vanter et je n'ai pas les qualités pour le faire. Même si j'étais menacé du bâton tous les jours de ma vie, je n'aurais toujours pas le courage d'essayer. Je crois parfois qu'à travers moi la Création a eu l'intention de donner au monde l'exemple d'un

1. George et Vera Poonan.
2. Billy Nair (1929-2008), militant antiapartheid qui a été accusé de sabotage pour ses activités dans MK en 1963. Il a été détenu dans la section B avec Mandela à Robben Island et libéré en 1984 – voir Glossaire.
3. Dawood Seedat.
4. Peut-être l'oncle de I. C. Meer.
5. « Sœur » en gujarati.
6. « Frère » en gujarati.
7. La femme de N. Singh, une militante, membre du comité directeur du Congrès indien et du Congrès sud-africain indien.

homme médiocre au sens propre du terme. Rien ne pourrait me pousser à faire ma propre publicité. Si j'avais été en position d'écrire une autobiographie, la publication en aurait été repoussée jusqu'à ce que nos os soient sous la terre et je peux avoir donné des signes non compatibles avec mon vœu. Les morts n'ont plus de soucis et si la vérité et rien que toute la vérité à leur sujet doit apparaître, l'image que j'ai aidé à maintenir dans mon silence perpétuel serait ruinée, ce serait l'affaire de la postérité, pas la nôtre. Tu vois maintenant quel risque je prendrais en écrivant à Ismail ? De toute façon, tu sais que c'est un poids lourd qui se déplace lentement et qui sifflerait sans doute une réponse.

Je peux presque t'entendre me poser la question pertinente : où nous conduit cette verbosité ? Une question tout à fait sensée ! La vérité, c'est que j'essaie de trouver une excuse au fait de t'écrire. Comment résister à l'envie de te parler, behn, toi qui m'as toujours traité avec tant de gentillesse ? Toi, Ismail et moi, nous nous sommes libérés des inhibitions de nos ancêtres caucasiens et négroïdes, et nous avons établi des relations solides et chaleureuses, que même la décade de tempêtes des années soixante pourrait secouer ou refroidir. Nous avons forgé notre propre *kutum* : *silusapho lendw'enye*[1]. Tu te souviens des nombreuses occasions où j'ai vécu avec vous depuis les années cinquante là-bas, à Umngebi Road[2], où habitaient les parents de Pamela, vos voisins d'alors ? Je vous ai suivis à Sydenham[3].

De temps en temps, Zami me donne de bonnes nouvelles de vous. Bien que votre demande de visite ait été rejetée, j'ai été heureux de savoir que vous pensiez à moi. J'ai lu et relu le *Portrait.* Magnifique ! Une histoire émouvante et habilement écrite ; pour moi, c'est une mine d'informations. Je l'ai lu comme si tu parlais simplement avec moi parce que c'est toi qui l'as écrit. J'ai presque lu les 235 pages d'une seule traite et cela m'a aidé à surmonter une faiblesse dont

1. « Nous venons d'une seule famille » en isiXhosa.

2. Là où ont habité Ismail et Fatima Meer de 1951 à 1958 avant d'emménager à Burnwood Road à Sydenham, Durban.

3. Le faubourg de Durban où la famille Meer a déménagé plus tard.

je n'étais pas capable de me débarrasser. Je suis quelqu'un qui possède des bribes d'information sur toute une variété de sujets mais qui manque de connaissances approfondies et compétentes sur la seule chose dont je devrais être spécialiste, c'est-à-dire l'histoire de mon pays et de mon peuple. J'ai essayé de lire tout ce qui concerne l'histoire africaine avec beaucoup d'attention et un réel intérêt, mais j'ai eu tendance à négliger celle des autres groupes nationaux. C'est en lisant le *Portrait* que j'ai eu l'occasion d'apprécier la fascinante histoire humaine qui a commencé en 1860[1]. J'ai demandé à Zami d'essayer de trouver le livre et je lui ai donné mon point de vue sur les questions posées dans le chapitre III. Nos interprétations ne vont peut-être pas coïncider mais j'espère parler de cette question dans ma prochaine lettre.

En même temps, je dis *Mubarak*[2] !

Avec toute mon affection pour toi, Ismail et les enfants, Radhi et J.N, Monty[3], Alan et sa femme[4], G.R.[5] et la famille, Dawood et Fatima[6].

Cordialement,

Mme Fatima Meer, 148 Burnwood Road, Sydenham, Durban.

---

1. Bien qu'il y eût des Indiens en Afrique du Sud avant cette date, entre novembre 1860 et 1911 (quand le système de contrat d'apprentissage a été arrêté), 152 184 Indiens sous contrat étaient arrivés au Natal. Après avoir terminé leur contrat, les Indiens de la première catégorie ont été libres de rester en Afrique du Sud ou de rentrer en Inde.

2. « Félicitations » en Gujarati.

3. Monty Naicker.

4. Alan et Beata Lipman, leurs amis. Alan était l'architecte qui a conçu leur maison à Sydenham.

5. G. R. Naidoo, photographe sud-africain. Il assista à une fête chez les Meer à Durban à laquelle Mandela était présent la veille de son arrestation le 5 août 1962.

6. Dawood et Fatima Seedat.

À l'officier commandant, Robben Island

31 mars 1971

L'officier commandant
Robben Island

À l'attention du colonel Badenhorst

Je dois vous informer que deux carnets de notes aux couvertures cartonnées, dans lesquelles je gardais des copies de ma correspondance depuis février 1969, ont été enlevés de ma cellule. Le second carnet contient des feuilles séparées sur lesquelles j'avais écrit le brouillon des trois lettres d'avril 1971[1].

Je dois vous informer en outre que l'officier commandant de l'époque m'a autorisé à utiliser ce matériel spécial pour conserver des copies de ma correspondance. Je dois ajouter que le commissaire des prisons, le général Steyn, le général Aucamp et le gardien-chef Fourie savent que je garde des copies de toutes les lettres que j'écris.

NELSON MANDELA 466/64

[Note en afrikaans d'une autre écriture]

Colonel,

Je ne savais[2] pas qu'un dimanche soir je l'avais surpris. Il peut continuer à faire des bulles. Les autres avaient trop peur. Je n'ai peur de rien. Bonne lecture à la déchiqueteuse.

[Signé et daté 31.3.71]

1. Le groupe ou grade dans lequel les autorités mettaient le prisonnier s'accompagnait d'un certain nombre de droits. Il n'existe aucune liste officielle qui indiquerait quand Mandela était dans tel ou tel groupe ou grade, mais nous pouvons établir, d'après ce qu'il écrit au début de certaines de ses lettres, qu'il était dans le grade B en 1972 et dans le grade A à partir de 1973.

2. La note est en afrikaans mais le mot « savais » est en anglais et entre guillemets.

À Thoko Mandela, sa belle-fille, veuve de son fils Thembi

1er avril 1971

Ma chère Thoko,

J'aimerais avoir un moyen d'influencer les forces invisibles qui gouvernent nos fortunes et nos infortunes.

Une famille brisée, une jeune veuve écrasée par la douleur et se battant seule contre les coups du sort, deux orphelins privés de la sécurité d'un foyer solide et de l'amour d'un père, affamés la plupart du temps, ce sont des peines cruelles qui rendent la vie dure et amère. Je me suis souvent demandé si les merveilleuses inventions et les progrès apportés par la science nous mettent plus en sureté et nous rendent plus heureux que ne l'étaient nos ancêtres, il y a cent mille ans. Bien sûr, il y a eu des étapes déterminantes dans la bataille de l'homme contre l'ignorance, la pauvreté et la maladie. On a découvert des moyens qui nous rendent moins dépendants de la nature et de ses humeurs et qui nous donnent un plus grand contrôle sur notre environnement et, ainsi, un niveau de vie relativement meilleur.

Mais le destin continue à être traître et à nous infliger des souffrances et des misères que nous ne méritons pas. La famille a connu une quantité alarmante de catastrophes. Pourquoi Mkosi[1] est-il mort si peu de temps après Thembi ? Au cours de sa dernière visite, Kgatho m'a dit que tu avais assisté à l'enterrement de Kapadika, un des proches amis de Thembi et que tu as parlé au nom de la ville du Cap le 3 août 1969[2]. Pourquoi toutes ces choses t'arrivent-elles en même temps ? J'imagine les questions maladroites que doivent poser Ndindi et Nandi : Est-ce qu'on reverra Papa ? Est-ce que maintenant il est avec Grand-père de Diepkloof[3] ? Est-ce que *Tatomkulu*[4] reviendra jamais de Robben Island ? Qui nous donnera des

1. Vraisemblablement le père de Thoko Mandela.
2. Mandela doit parler de l'enterrement de Thembi Mandela. Son corps est arrivé à Johannesburg venant du Cap le 29 juillet 1969 (Sophie Tema, « Le corps du fils de Mandela arrive », *The World*, 30 juillet 1969).
3. Un quartier de Soweto, Johannesburg.
4. « Grand-père » en isiXhosa.

vêtements et des chocolats ? Et beaucoup d'autres questions semblables auxquelles il est impossible de répondre. La nouvelle de la mort de ton père m'a ébranlé. Je l'aurais été bien plus si je n'avais pas eu le privilège d'avoir vu à quel point tu étais courageuse et digne devant une tragédie personnelle. Je sais que tu n'es pas le genre de personne qui laissera la douleur l'envahir. Malgré tout ce qui est arrivé, tu n'as pas tout perdu. Beaucoup de gens n'ont plus de mère, de beau-père, de père et de belle-mère, n'ont pas comme toi de nombreux amis et relations qui pensent à toi et te veulent du bien. En outre, tu as la possibilité d'avoir un avenir intéressant tout comme Ndindi et Nandi. Tu es jeune, en bonne santé et pleine de talent. Souviens-toi de ça, Thoko.

Comme tu le sais, je n'ai pas rencontré Lennard[1] mais tout ce qu'on m'en a dit indique qu'il est lui aussi courageux et calme. Ma profonde sympathie à vous deux. M'enverras-tu un compte rendu de l'enterrement ? Quand es-tu revenue de Johannesburg ? As-tu un travail ?

L'an dernier, au mois de mars, j'ai écrit à Lennard et je lui ai passé un certain nombre de messages. Je n'ai pas eu de ses nouvelles. Peut-être que ta réponse me donnera cette information.

J'espère que tu n'as pas oublié la question que je t'ai posée dans ma lettre du 29 novembre 1969[2] et qui concerne ta position personnelle. J'espère qu'à ta prochaine visite tu me feras part de tes progrès. J'attends avec impatience que tu sois dans une position qui te permette de guider les enfants dans le choix d'une carrière et de les y préparer. L'atmosphère de la famille doit les encourager à faire des efforts pour atteindre le plus haut idéal dans la vie et cela dépend en grande partie de toi. Aujourd'hui, ta mère et ta belle-mère sont là pour t'aider à élever Ndindi et Nandi mais, tôt ou tard, tu devras te battre seule et faire face à la tâche difficile de surveiller les progrès des enfants. Je t'en dirai plus quand tu viendras. En attendant, relis cette lettre s'il te plaît.

Nandi est très jolie dans sa tenue vert et marron. La végétation qui est en arrière-plan est magnifique et me rappelle les jours heureux de mon enfance. Je peux presque sentir les doux parfums qui devaient remplir l'endroit où elle pose. J'ai bien noté son sourire malicieux.

---

1. Le frère de Thoko, Leonard Similane. Mandela fait une faute sur son prénom.
2. Voir la lettre, p. 197.

C'est une belle photo et je suis heureux que tu me l'aies envoyée. Je la range avec celles de Zeni et de Zindzi.

Merci pour la très belle carte de Noël que tu m'as envoyée. Tu as dû fouiller toute la ville du Cap pour la trouver. J'adore le fond rouge vif avec l'arrière-plan artistique. J'ai aussi reçu celle de Ntombi avec la cloche en chocolat sur la couverture. Vous devez être un peu sorcières toutes les deux. Vous semblez connaître mes goûts encore mieux que moi. Vos cartes sont vraiment très belles et j'ai été heureux de les recevoir.

Que se passe-t-il ? Pourquoi n'es-tu pas venue ? Tu ne m'as écrit qu'en novembre et tu m'as dit que tu faisais une demande de visite. Quatre mois entiers ont passé et je ne t'ai pas vue. As-tu demandé par lettre recommandée ? Sais-tu que j'attends ta visite pour bientôt ? Peut-être faut-il téléphoner avant de renouveler ta demande. Maman Winnie, Orlando 113, et vérifie qu'elle n'a pas déjà fait une demande de visite.

Toute mon affection à ta mère et à ton beau-père, et j'embrasse Ndindi, Ntombi et Lennard.

Affectueusement,
Tata

Mme Lydia Thoko Mandela, « Hillbrow », 7e Avenue, Retreat.

À « Sisi »

1er avril 1971

Ma chère Sisi[1],

Penser à toi et à la maison me fait beaucoup de bien. La plupart du temps, de telles pensées m'amusent. Je peux me rappeler beaucoup d'incidents amusants de mon adolescence.

---

1. Sisi est peut-être la femme du chef régent Jongintaba Dalindyebo. Dans sa première autobiographie écrite en prison, Mandela dit qu'une femme du nom de Sisi l'avait réprimandé parce qu'il parlait pendant les prières lors de son séjour à la Great Place de Mqhekezweni après la mort de son père survenue alors qu'il avait douze ans.

Un soir, le chef est sorti en trombe de son lit avec un formidable bâton pour punir Justice[1] qui avait oublié sa valise à Umtata. Nous nous tenions près de la voiture de Cenge qui a sauté au volant et a filé à toute vitesse, pendant que Justice prenait ses jambes à son cou et disparaissait dans la nuit noire. Je n'étais pas dans le coup, c'est ce que je pensais, et je suis resté là où je me trouvais. Mais quand le chef s'est approché de moi, je me suis rendu compte qu'ils m'avaient laissé tout seul avec le bébé sur les bras. J'ai protesté en hurlant : « Je ne suis pas Justice ! » Et j'ai entendu la terrible réponse : « Si ! Tu l'es ! » Tu connais la fin de l'histoire.

Puis il y a eu l'impardonnable occasion où tu m'as passé un savon parce que j'avais volé du *mealie*[2] encore vert dans le jardin du révérend Matyolo. Ce soir-là, le chef était souffrant et tu conduisais les prières de la famille. Tu avais à peine dit « Amen » que tu t'es tournée vers moi pour crier : « Pourquoi nous fais-tu honte en volant un prêtre ? » J'allais te répondre immédiatement que la nourriture volée était meilleure que tous les bons petits plats que tu me donnais sans que je fasse d'effort. Mais le ton sur lequel tu m'avais parlé m'a laissé sans voix. J'ai eu l'impression que tous les anges du paradis écoutaient, horrifiés par mon crime qui méritait l'enfer. Jamais plus je n'ai touché à la propriété d'un ecclésiastique mais le maïs des autres jardins a continué à me tenter. Il y a des douzaines d'autres incidents dont je me souviens dans la solitude de ma cellule.

Mais pourquoi tant de nostalgie en pensant à toi ? Parfois, mon cœur semble s'arrêter de battre, ralenti par le poids écrasant de l'ennui. Vous me manquez, toi, Umqeqezo[3] et ses habitants. Mvezo où je suis né me manque et Qunu où j'ai passé les première années de mon enfance. J'ai envie de revoir Tyalara où Justice, Mantusi[4], Kaiser[5] et moi avons

1. Justice Dalindyebo, le fils de Jongintaba Dalindyebo, neveu de Mandela qui avait environ quatre ans de plus que lui. Ils ont grandi ensemble comme des frères à la Great Place de Mqhekezweni. Ils se sont sauvés ensemble à Johannesburg en 1941 quand le régent a voulu les marier.

2. Maïs.

3. Autre nom pour Mqhekezweni ou Great Place.

4. Dans *Un long chemin vers la liberté* (*op. cit.*), Mandela écrit sur l'initiation : « La cérémonie traditionnelle de l'école de circoncision fut principalement organisée pour Justice. Les autres – vingt-six en tout – étaient là surtout pour lui tenir compagnie. »

5. K. D. Matanzima.

accompli les rites traditionnels du passage à l'âge adulte. J'aimerais me baigner encore dans l'Umbashe[1] comme je l'ai fait au début de 1935, quand nous avons lavé l'ingceke[2]. Quand reverrai-je Qokolweni et Clarkbury[3], l'école et l'institution qui m'ont permis d'apercevoir le monde dans lequel nous vivons ? Je me suis souvent demandé si Mlle Mdingane[4], qui m'a appris l'alphabet, était encore en vie. Bawo[5] Mdazula, Menye[6], Pahla[7], Njimbana, Mbanjwa[8], les Mvulane[9] et les autres conseillers sages et éloquents de la cour de Mqekezweni[10]. Je pense au chef Jongintaba qui m'a rendu possible d'être là où j'en suis. Il m'a donné confiance pour me choisir des objectifs qui, je l'espère, seront considérés en accord avec les intérêts de la communauté dans son ensemble. Nos espoirs et nos buts sont centrés sur cet idéal. Mais surtout Maman me manque avec sa gentillesse et sa modestie. Je pensais que je l'aimais quand elle vivait. Maintenant, alors qu'elle est partie, je pense que j'aurais dû passer plus de temps avec elle pour la rassurer et la rendre heureuse. Tu sais ce que je lui dois, ainsi qu'au chef. Mais avec quoi un prisonnier pourrait-il payer la dette qu'il doit aux morts ?

Toi et tous les membres de la famille, vous êtes ma fierté. Rien ne m'émeut plus que de savoir que vous êtes tous de ma chair et de mon sang. Mais il y a des moments où je suis vraiment très inquiet à votre sujet. En fait, dans certaines occasions, je souhaite être né d'une fourmilière ou apporté par la cigogne légendaire, je souhaite ne pas avoir de relations, ne jamais avoir eu de compagne, d'enfants ni de responsabilités familiales. Je n'ai jamais cessé de me poser cette question : est-on légitime d'avoir négligé sa famille, sous prétexte d'un engagement sur des questions plus vastes ? A-t-on raison de condamner

1. Un fleuve du Transkei.
2. Argile blanche dont on se recouvre le corps pendant l'initiation traditionnelle.
3. Mandela est allé au lycée de Clarkbury dans la ville d'Engcobo, au Transkei, à partir de l'âge de seize ans.
4. Sa première institutrice qui lui a donné le prénom de Nelson.
5. Terme de respect pour un ancien.
6. Un ami de Mandela.
7. Nom traditionnel de clan.
8. Solomon Mabanjwa. Mandela l'écrit parfois Mbanjwa.
9. Beaux-frères de Justice Mtirara, son cousin.
10. Dans *Un long chemin vers la liberté*, il écrit Mqhekezweni.

ses jeunes enfants et ses parents âgés à la pauvreté et à la faim dans l'espoir de sauver les multitudes misérables de ce monde ? Le bien-être public est-il éloigné et secondaire de celui de sa famille[1] ? Le principe de charité commence-t-il chez soi sans s'appliquer aux questions sociales ? Maman a connu la pauvreté jusqu'au tout dernier jour de sa vie. La lettre que tu m'as écrite en novembre 1968 montrait que tu fais face à des problèmes similaires. Les idées qui nous animent sont-elles de justes compensations pour nos épreuves actuelles ? Telles sont les questions qui me tourmentent chaque jour. À cela il faut ajouter le fait que beaucoup de mes rêves, en tant qu'individu, se sont effondrés au fur et à mesure que je m'engageais sur de plus vastes questions ; beaucoup de mes illusions se sont brisées, sans parler d'une foule d'opportunités que j'ai perdues. Par contraste, j'ai vu beaucoup de mes amis d'enfance et de mes copains d'université prendre du ventre et de « grosses fesses » en vivant bien, l'air suffisant et profitant des plaisirs que j'aurais aimé connaître. Mais tenter de répondre à ces questions pertinentes a fait disparaître les doutes qui me restaient et m'a conduit à une plus grande certitude dans la justesse de ma position. J'espère que ce faisant j'ai gagné une récompense sans prix – une conscience objective et active, la capacité de rêver de l'âge d'or, de vivre pour que cela puisse être.

Je vis avec l'espoir de recevoir des lettres chaleureuses et pleines d'affection ainsi que des visites de ma famille et de mes amis, de toi, Hlamba ngobubenfe[2]. J'espère que ta prochaine lettre sera pleine d'informations comme la précédente. Par-dessus tout, je vis avec l'espoir immédiat de retourner vivre un jour chez moi, à Mqekezweni et à Qunu et d'y être accueilli par toi et de déguster *incum, isandlwana, iqeba ne thumbu*[3].

Toute mon affection à Justice et sa femme, à Lala et à son mari, à Lulu, Sandile, Mlungiseleli, Nokwezi, Lindehru Nomqopiso, Zabonke

1. Mandela écrit cette phrase en marge et il la relie à la phrase suivante en ajoutant un astérisque après le mot « questions ».

2. Mandela emploie un nom de clan.

3. Différentes morceaux de viande en isiXhosa. *Incum* est un morceau de poitrine, *isandlwana* un morceau d'intestin. *Iqeba* est un morceau tendre sous le menton, et *ithumbu* désigne l'intestin en général.

et sa famille[1]. Enfin à toi Nyawuza[2]. J'espère que Jonguhlanga a reçu ma lettre de condoléances.

Affectueusement,
Dalibunga

À l'officier commandant, Robben Island

4 avril 1971

L'officier commandant
Robben Island

À l'attention du lieutenant Badenhorst

En plus de la lettre que je vous ai adressée le 31 mars 1971, je dois vous informer qu'hier matin je mc suis rendu compte pour la première fois que deux de mes carnets à couverture rigide de format papier ministre, dans lesquels je gardais des copies de ma correspondance, ont été subrepticement pris dans ma cellule.

J'en ai immédiatement informé le gardien-chef Carstens en présence du gardien Meyer. Tous deux ont nié énergiquement avoir fouillé ma cellule la veille et avoir pris les carnets disparus. Ils ont en outre ajouté qu'ils n'avaient aucune information de quelque nature que ce soit quant à l'identité de la personne qui avait pris les carnets. J'ai demandé au gardien-chef Carstens de faire une enquête et de m'informer du résultat.

Dans la nuit du 31 mars, j'ai décidé de faire une fouille approfondie de ma cellule pour savoir si d'autres objets avaient disparu, et j'ai été profondément choqué de découvrir que mon stylo bille Parker en argent avait aussi disparu. Je l'avais utilisé en décembre 1970 mais je

1. Des amis.
2. Nyawuza ou Mnayawuza se réfère aux membres du clan Nyawuza que Mandela connaissait depuis son enfance.

continuais à le voir dans la boîte où je le rangeais jusqu'à l'autre jour. Le matin du 1er avril, j'en ai fait part au gardien Meyer, le gardien-chef Carstens n'étant pas de service.

Je soupçonne fortement que la personne qui a pris les carnets dans ma cellule a également pris le stylo, je vous demande de faire une enquête sur cette affaire et que les objets soient remis à leur place. La disparition de mon stylo m'a profondément inquiété. C'est le cinquième qui disparaît dans les trois premiers mois de cette année. J'ai vécu sept ans dans la section des cellules individuelles et c'est la première fois que nous subissons de telles pertes.

Je vous serais reconnaissant d'avoir l'amabilité de me fournir les informations suivantes :

1. Le nom du fonctionnaire qui a pris les carnets dans ma cellule.
2. La ou les raisons pour lesquelles il les a pris.
3. La date à laquelle ils me seront rendus.

Je dois ajouter qu'un de ces carnets contient les brouillons complets de deux des trois lettres que j'avais l'intention d'écrire ce mois-ci. La disparition de ce carnet particulier signifie que je devrai retarder l'envoi de ces lettres jusqu'à ce que je l'aie retrouvé.

Je vous serais également reconnaissant de m'autoriser à écrire au général Aucamp, en relation avec une lettre que j'ai adressée l'an dernier au ministre de la Justice[1] à propos de mes affaires personnelles. Un aspect de ma demande a été pris en compte et il m'a demandé de lui en reparler. En conséquence, j'aimerais attirer votre attention sur le fait qu'une copie de cette lettre, que je souhaiterais relire avant d'écrire au général Aucamp, est dans un des cartons disparus et je vous serais donc reconnaissant si vous pouviez me permettre d'y avoir accès.

[Signé NR Mandela]
NELSON MANDELA 466/64

1. Voir cette lettre du 14 septembre 1970, p. 257.

À l'officier commandant, Robben Island

L'officier commandant
Robben Island

14 juin 1971

À l'attention du major Huiseman

Je fais suite à la lettre que je vous ai adressée en mars de cette année, et dans laquelle je vous informais que ma préparation à l'examen final de juin 1971 de licence en droit de l'université de Londres a été gênée par la maladie qui m'a obligé, malgré ma volonté, à cesser totalement d'étudier pendant plusieurs mois[1].

En février de cette année, ma santé s'est améliorée et j'ai pu reprendre la préparation des examens mentionnés ci-dessus, mais j'ai découvert que j'avais perdu mon pouvoir de concentration et ma résistance, et les maux de tête qui m'avaient inquiété dans la seconde moitié de 1970 sont réapparus. J'en ai parlé avec le docteur Poleski, l'officier médecin, et c'est après une consultation avec lui en mars que je vous ai écrit, à vous et à l'attaché culturel. En réponse à ma lettre, vous m'informiez alors que vous en aviez référé au quartier général et, en même temps, vous me demandiez de continuer ma préparation aux examens.

J'ai essayé de respecter votre conseil et j'ai fait tout mon possible pour travailler, mais j'ai découvert que si ma santé continuait à s'améliorer, ma guérison n'était pas suffisante pour que je sois capable de faire des progrès satisfaisants dans mon travail, la principale difficulté étant, comme toujours, le retour des maux de tête. L'hypertension dont je souffre est une maladie qui empêche la concentration et renforce la fatigue intellectuelle et toutes deux gênent naturellement l'étude et la préparation. Dans de telles circonstances, je me suis trouvé contraint de réfléchir à la meilleure façon de poursuivre mes études sans remettre en cause ma guérison et la réponse évidente consiste à suivre le cours

1. Au cours du procès de la trahison en 1962, Mandela s'est évanoui et on a diagnostiqué une hypertension.

sur deux ans dans le but de passer l'examen en juin 1972. Votre insistance pour que je termine en 1971 ne tenait pas compte du fait que cela était entièrement au-delà de ma condition physique.

Je tiens à ajouter que j'aurais dû terminer en juin 1970, ce que je n'ai pas fait parce que la direction des prisons a omis de faire suivre les documents universitaires qui m'auraient permis de m'inscrire pour ces examens.

La direction a cherché à justifier son action sous le prétexte que mon autorisation d'étudier dans cette université particulière était dépassée. Comme vous le savez, je n'ai été informé qu'en septembre que je pouvais reprendre mes études. Même si j'avais été en bonne santé il m'aurait été très difficile d'obtenir une autorisation avec seulement huit mois de préparation en vue d'un examen final pour lequel je devais prendre quatre matières vastes et compliquées, pour une seule épreuve.

En conséquence, je dois vous demander de m'accorder douze mois supplémentaires pour terminer mon diplôme. J'aimerais que vous sachiez qu'en accord avec la réglementation de cet examen, si je ne donne satisfaction aux examinateurs en juin prochain à aucune des quatre matières en suspens, je serai obligé, non seulement de les repasser, mais aussi de repasser les quatre autres que j'ai terminées pour la première partie du diplôme final. Une lecture attentive des notes générales et des listes de lectures conseillées aux étudiants et du programme montrera que ces examens exigent un travail long et intensif. En conséquence, je suis peu disposé à passer le prochain examen alors que ma préparation a été gênée, et j'espère que reconsidérerez votre décision et répondrez positivement à ma demande. Je n'ai pas besoin d'insister sur le fait que votre refus entraînerait pour moi une perte financière importante.

MANDELA 466/64

[Note en afrikaans d'une autre écriture]
21/6/71

Colonel,

Sa demande pour le report a déjà été rejetée par le général Aucamp. Ses études sont maintenant terminées et ses livres rangés avec ses affaires personnelles.

À la librairie Vanguard[1]

26 septembre 1971

Le directeur
Librairie Vanguard
123 Commissionner Street
Johannesburg

[Notes manuscrites en afrikaans] Gardien-chef De Jager, ce genre de chose n'est pas autorisé.

Cher Monsieur,

Je vous prie de trouver ci-jointe la somme de 5 rands et je vous suis reconnaissant de bien vouloir adresser dans les meilleurs délais les cadeaux d'anniversaire suivants aux personnes mentionnées ci-dessous, avec une carte contenant le texte indiqué pour chaque titre :

1. NKOSIKAZI NOBANDLA MANDELA, maison 8115 Orlando West, JHB. *THE JUNGLE*[2], d'Upton Sinclair.
   Ma chérie,
   Pour ton anniversaire. Un million de baisers et des tonnes d'amour.
   Dalibunga

2. MR MAKGATHO MANDELA, MAISON n° 8115 OW ; JHB. *FOR WHOM THE BELL TOLLS*[3], d'Ernest Hemingway.
   Pour mon frère,
   Si tu veux rester un « chat » malin et astucieux, lis ce livre.
   Ton frère (alias) Papa

---

1. Son amie et camarade Helen Joseph (1905-1992) y travaillait.
2. *The Jungle* (Doubleday, 1906) décrit les très dures conditions de travail et l'exploitation d'immigrants vivant à Chicago.
3. *For Whom the Bell Tolls* (*Pour qui sonne le glas*, Charles Scribner'sons, 1940) raconte l'histoire d'un jeune Américain dans une unité de guérilla en 1937, durant la guerre civile espagnole.

3. MISS MAKI MANDELA, 8115, OW, JHB
THE PEARL[1], de Steinbeck.
Ma chérie,
Avec tout mon amour !
Tata

Si ces titres ne sont pas disponibles, les remplacer par des titres semblables et m'en informer.

Salutations,

NELSON MANDELA

À l'officier commandant, Robben Island

27 mars 1972

L'officier commandant
Robben Island

À l'attention C/W Van der Berg[2]

La vis de la branche droite des lunettes ci-jointes est défaite et nécessite d'être resserrée ou remplacée. Veuillez les envoyer à l'opticien à mes frais.

NELSON MANDELA 466/64

[Notes en afrikaans]
R 5.00 *gevrees*[3] [et signature]

1. *The Pearl* (*La Perle*, Viking Press, 1947) raconte l'histoire d'un pêcheur de perles, Kino, et explore les thèmes des forces destructrices du racisme, de l'avidité et du destin.
2. Le nom est rayé, signé par quelqu'un d'autre, daté du 27 mars 1972.
3. En afrikaans « gelés » (qui s'écrit normalement *gevries*), cela peut signifier que les autorités ont « gelé » cette somme sur les fonds de Mandela.

Colonel,

En attente de votre décision, s'il vous plaît [et signature]

Hôpital
Show Gardien-chef
GPO B 11 (8) (b)
[Signature 23/3/72]
Approuvé à ses frais
[Signature]
10/4/72

[Note en haut de la lettre d'une autre écriture]

466/64 Nelson Mandela (groupe B)

En 1971, Winnie Mandela a été condamnée à douze mois de prison pour avoir communiqué avec une personne assignée à résidence dans sa propre maison. Elle a réussi à faire annuler l'accusation et la peine. L'année suivante, elle a gagné son recours contre des peines de six et douze mois pour avoir reçu des visiteurs.

À Winnie Mandela, sa femme

466/64 Nelson Mandela (groupe B)

1er JUIN 1972

Ma chérie,

À nouveau tes lettres n'arrivent pas à passer et quand elles passent, elles sont étonnamment en retard. Celle du 30 JANVIER m'a été donnée le 4 MARS tandis que j'ai reçu celle du 26 FÉVRIER, le 15 AVRIL.

Le 25 FÉVRIER, j'ai parlé de la question de notre correspondance avec le directeur de l'Administration pénitentiaire, le général Steyn, et je lui ai fait remarquer que je n'avais reçu que trois des douze lettres que tu m'as écrites en 1971 et que tu n'avais reçu toi-même que trois des lettres que je t'ai écrites pendant la même période.

Je lui ai dit aussi que je rencontrais cette difficulté depuis 1969 et que l'officier commandant de Robben Island m'avait expliqué plusieurs fois que toutes mes lettres avaient bien été expédiées et que l'on m'avait donné toute la correspondance arrivée. Le directeur a rejeté énergiquement ma suggestion que notre correspondance était entravée lors du passage à la Poste centrale et il m'a promis de faire une enquête.

Une semaine plus tard, j'en ai parlé avec le général Aucamp que le directeur de l'Administration pénitentiaire avait mis au courant. À la fin de notre entretien, il m'a promis qu'il donnerait instruction à l'officier concerné de l'informer lui (le général Aucamp) dès qu'une lettre de toi serait reçue par la prison. Il m'a assuré que cette disposition résoudrait mes difficultés dans ce domaine, assurance que j'ai totalement acceptée. Mais maintenant nous en sommes exactement là où nous en étions avant que je fasse cette démarche auprès du directeur de l'Administration pénitentiaire, le général Aucamp. Cependant, le 8 avril, le lieutenant Fourie m'a dit en ta présence qu'il avait reçu tes lettres de FÉVRIER et de MARS et seule celle de FÉVRIER avait été remise, j'attends toujours celle de MARS. Celle d'AVRIL et de MAI sont également en souffrance. Je suis inquiet de noter que mes demandes auprès du responsable du département des Prisons et l'assurance du général Aucamp, pour une question qu'ils peuvent facilement régler, se révèlent en fin de compte vaines.

On ne devrait pas rencontrer des difficultés de cette nature en communiquant avec sa famille.

Comme tu le sais, depuis 1969, je n'ai reçu aucune des cartes d'anniversaire que tu m'as envoyées. Je n'ai pas eu le courage de te dire que même les cartes de Noël, envoyées par les enfants le 1er décembre, ne sont pas arrivées. Je ne suis même pas sûr que Maki ait reçu la carte d'anniversaire que je lui ai adressée le mois dernier. Je te propose de prendre contact avec le directeur de l'Administration pénitentiaire à Pretoria, ou s'il n'est pas là-bas, à son adresse au Cap, pour attirer une nouvelle fois son attention. [?] tu as recommandé toutes tes lettres et tu ne devrais pas avoir de difficulté à trouver à la Poste centrale d'où elles ont été envoyées si elles ont atteint leur destination, qui les a reçues et à quelle date.

Il faut que tu saches que les lettres que tu m'envoies sont lourdement censurées. Tu ne numérotes pas les pages et il est souvent difficile de savoir si l'on m'a donné toute la lettre, mais les lignes 43, 44, 45 et 47 de la seconde page de ta lettre du 30 janvier ont été supprimées. À l'exception des mots « vies en prison » toute la ligne 12 sur la première page de celle du 26 FÉVRIER a été entièrement rayée. Les lignes 30, 31 et 32 de la page 2 de cette lettre ont été rayées et les SEPT dernières lignes coupées.

À partir de maintenant, tu gardes des copies de toutes les lettres que tu m'écris et tu pourrras ainsi savoir quelles sont les choses dont tu dois éviter de parler dans tes prochaines lettres. Ma seconde lettre a été envoyée à Thoko et la troisième à Shadrack et Nyanya. Vérifie, s'il te plaît, si Oncle Allen a bien reçu ma lettre d'avril. As-tu des informations à propos de la lettre que j'ai envoyée à Douglas Lukhele ? Il semblerait que Lily envisage de me voir en novembre. Elle sera évidemment libre de venir si tu es d'accord. J'ai l'intention de lui écrire, peut-être le mois prochain, à tes bons soins à nouveau, pour lui dire qu'il serait préférable pour elle d'organiser sa visite par ton intermédiaire. Cependant, novembre n'est pas une date qui convient parce que c'est l'époque où toi et les enfants pourriez venir. À propos, l'an dernier, je t'ai demandé d'organiser une visite pour Kgatho en décembre. J'ai pensé que tu avais choisi novembre parce que cela ne serait pas possible à Noël. Quoi qu'il en soit, dis-moi vite s'il te plaît ce que tu penses de cette visite en novembre. En novembre 1970, la Maman de Joe[1] P/B36, Gaborone, m'a promis de m'envoyer *ALBERTI'S ACCOUNT OF THE XHOSA IN*

1. Sans doute Frieda Matthews (1905-1998), amie et femme de son professeur d'université Z. K. Matthews, originaire du Bostwana, et son fils Bakwe Matthews (1929-2010), connu aussi comme Joe – voir Glossaire.

1807[1]. Je lui ai répondu immédiatement pour lui dire que l'officier en charge des études est d'accord pour que je reçoive le livre. Je n'ai plus jamais entendu parler d'elle. Es-tu en contact avec Sef et Nali[2] ? Tu te rappelles ce qu'ils ont fait pour toi ? Dis à Zeni et Zindzi que je vais leur écrire bientôt. En attendant, des tonnes d'amour et un million de baisers, ma chérie.

Affectueusement,
Dalibunga

Nkosi Nobandla Mandela, 8115 Orlando West, Johannesburg.

À l'officier commandant, Robben Island

NELSON MANDELA 466/64

7 mars 1973

L'officier commandant
Robben Island

Mes dents me donnent du souci, c'est douloureux et je saigne parfois en mangeant. C'est en outre sensible au chaud et au froid.

Je vous serais donc reconnaissant de me prendre le plus tôt possible un rendez-vous avec un dentiste. J'ai assez d'argent pour couvrir la dépense.

NELSON MANDELA 466/64
[Signé NR Mandela]

1. Ludwig Alberti, *Ludwig Alberti's Account of the Tribal Life and Customs of the Xhosa in 1807*, traduit par W. Fehr, Le Cap, A. A. Balkema, 1968.

2. Nancy et Sefton Vutela, la sœur de Winnie et son mari.

À l'officier commandant, Robben Island

7 mars 1973

L'officier commandant
Robben Island

J'ai subi un contrôle des yeux pour des lunettes de lecture en novembre 1970 et je vous serais reconnaissant de me prendre un nouveau rendez-vous, le plus rapidement possible, pour un examen des yeux. J'ai l'argent nécessaire pour couvrir les frais de cet examen.

NELSON MANDELA 466/64
[Signé NR Mandela]

À Helen Suzman[1], membre de l'opposition au Parlement d'Afrique du Sud

Nelson Mandela 466/64 Groupe A 1er mars 1974

Chère docteur Suzman,

Je viens d'apprendre avec un sincère plaisir que l'université d'Oxford vous avait honoré d'un doctorat de droit civil et je vous écris pour vous présenter mes plus chaleureuses félicitations.

Je ne sais pas exactement quand ce diplôme vous a été attribué, ni si vous aviez pu vous rendre à l'université pour le recevoir, et je n'ai pas la moindre idée de l'allocution que vous avez prononcée à cette occasion. Bien sûr, des vues sur d'importantes questions de principe et de méthode ne coïncident pas toujours, même parmi ceux qui sont inspirés par des idéaux semblables et dont le but dans la vie est

1. Helen Suzman (1917-2009), universitaire, militante politique et antiapartheid, députée du parti d'opposition – voir Glossaire. Suzman a posé régulièrement la question des prisonniers politiques au Parlement et a rencontré Mandela et ses camarades, à Robben Island en 1967.

substantiellement le même. Vos réserves en ce qui concerne ce que je considère comme naturel et inévitable sont bien connues et même compréhensibles. Cependant, pour des raisons évidentes, je lirais avec grande attention votre allocution. Elle doit présenter le point de vue d'une large partie de l'opinion libérale qui est restée obstinément verbale. Peut-être qu'un jour il sera possible de la lire.

En attendant, j'espère que vous ne considérerez pas déplacé que je dise que cet honneur est amplement mérité. Une carrière publique telle que celle que vous avez choisie, prenant en compte toutes les circonstances, offre de nombreux défis qui décourageraient une personne moyenne. Cela exige une peau dure et des nerfs solides que vous possédez en abondance. Cela signifie un travail difficile et constant, des moments pénibles sur le parcours, des jours et des semaines et même des mois loin de ceux que vous aimiez, et des résultats qui, même si nous espérons les voir naître au cours de notre vie, ne bénéficieront qu'à la postérité longtemps après que ceux qui ont peiné pour eux auront quitté la scène. C'est toujours une source de grand réconfort de savoir que vos efforts sont largement appréciés. Oxford vous a donné un très grand encouragement, un événement qui a dû être un immense plaisir pour votre famille et pour la cause que vous servez. Permettez-moi une touche d'égoïsme en espérant que cela vous incitera à venir de notre côté plus souvent que vous ne l'avez fait dans le passé.

L'Afrique du Sud a produit une riche moisson de femmes éminentes qui ont joué un rôle indépendant dans notre histoire. Au début du siècle dernier « Manthatisi[1] » a levé une puissante armée qui, selon les critères de l'époque, a influencé le cours des événements de ce pays, en particulier dans l'État libre et la province Nord-Ouest du Cap. Olive Schreiner[2] était une libérale à la plume énergique. Aujourd'hui encore certains de ses écrits et de ses discours transformeraient des enfants en soldats. D'un autre côté, Cissie Gool[3] qui a œuvré dans un espace comparativement plus restreint mais dont la position sur des sujets

1. La reine Manthatisi conduit le peuple tlôkwa pendant la période des guerres Difiqane/Mefacane (1815-1840), jusqu'à ce que son fils Sekonyela soit assez âgé pour régner.

2. Olive Schreiner (1885-1920), écrivaine sud-africaine, féministe, socialiste et pacifiste.

3. Zainunnisa « Cissie » Gool, fondatrice et première présidente de la National Liberation League, présidente du Non-European United Front dans les années 1940

essentiels a eu des répercussions au-delà du Cap-Occidental. Une de nos contemporaines, Elisabeth Eybers[1], a écrit certains des plus beaux poèmes du pays et, en tant que « Dertiger », a éclairé le chemin de la littérature. En premier lieu, parmi les femmes qui aujourd'hui apportent une contribution essentielle dans les domaines de l'éducation, de la littérature, de la politique et de la sociologie, il y a Fatima Meer très connue, alors que Ray Alexander[2], syndicaliste, est active depuis l'âge de trente ans et figure de proue de la lutte pour les droits des travailleurs et une vie meilleure. Ce ne sont que quelques femmes parmi les nombreuses qui, en Afrique du Sud, ont laissé et laissent encore des marques définitives dans les affaires publiques. Ce qui les relie toutes est la magnifique tradition qu'elles ont bâtie. C'est peut-être cette tradition qui, consciemment ou inconsciemment, vous a incitée à sortir du sanctuaire de votre famille heureuse et aisée pour vous aventurer dans les tempêtes et les frustrations de votre vie actuelle. Si aujourd'hui cette belle tradition trouve un écho dans le plus important organe de gouvernement, c'est principalement parce que vous avez eu le courage d'entrer dans l'arène alors que tant d'autres préféraient rester en dehors.

Parfois peut-être avez-vous été conduite au bord du désespoir par ce qui semblait une épreuve sans solution – une tâche entreprise par une seule main alors que toute une légion serait nécessaire. Je suis persuadé que les doutes que vous pouvez avoir eus ont entièrement disparu et que vous considérerez cet honneur et les nombreux messages de félicitations que vous allez recevoir, comme l'expression tangible de la valeur cruciale de vos efforts. Vous avez de nombreux amis et admirateurs.

Une nouvelle fois mes plus sincères félicitations ! Que le mois qui vient soit marqué par la joie pour vous et vos collègues.

Salutations à votre famille,

[Signé NR Mandela]

---

et première femme de couleur diplômée de l'université de droit d'Afrique du Sud et inscrite au barreau du Cap.

1. Elisabeth Eybers (1915-2007), poète sud-africaine qui écrivit surtout en afrikaans.

2. Ray Alexander (1913-2004), née en Lituanie, arrivée en Afrique du Sud le 6 novembre 1929, où elle rejoignit le Parti communiste d'Afrique du Sud à seize ans.

Docteur Helen Suzman, députée, c/o Nkosikazi Nobandla Mandela, Maison n° 8115, Orlando West, PO Phirima, Johannesburg.

1/3/74

SECRET[1]

LETTRE DU PRISONNIER MANDELA À MME HELEN SUZMAN, MEMBRE DU PARLEMENT

L'HONORABLE SECRÉTAIRE D'ÉTAT AUX PRISONS

1. Ci-joint une copie dactylographiée de la lettre du prisonnier Nelson Mandela adressée à Mme Helen Suzman, parlementaire. Via Nkisikazi[2] Nobandla Mandela, Orlando West, pour votre information.
2. Étant donné que la lettre ne contient aucune affaire privée mais qu'elle recèle des suggestions et des idées politiques, elle n'a pas été envoyée.

J. C. STEYN

DIRECTEUR ADJOINT
DE L'ADMINISTRATION PÉNITENTIAIRE
AU DIRECTEUR

Copie pour votre information

[Signé]

DIRECTEUR DE L'ADMINISTRATION PÉNITENTIAIRE

[Cachet de la poste] 3-4-1974

1. La raison pour laquelle le fonctionnaire a écrit cette note comme « secrète » n'est pas claire.
2. L'orthographe correcte est Nkosikazi, « madame » en isiXhosa.

*En 1973, Winnie Mandela a été condamnée à douze mois de prison pour avoir déjeuné avec ses enfants en présence d'une personne proscrite (*banned*), le photographe Peter Magubane. La peine a été allégée de moitié après qu'elle a fait appel, mais elle a dû exécuter les six mois restants à la prison de Kroonstad, dans l'État libre d'Orange (actuellement État libre).*

Quand elle n'était pas en prison, elle vivait dans un état d'insécurité, chez elle, où elle a été physiquement agressée en pleine nuit. Mandela faisait tout ce qui était en son pouvoir, y compris rédiger des lettres au ministre de la Justice, pour qu'on lui fournisse une protection.

Au ministre de la Justice

[Message d'une autre écriture en afrikaans en haut de la lettre] 466/64 N. Mandela, lettre spéciale au directeur de l'Administration pénitentiaire, sur la façon dont sa femme est traitée.

13 mai 1974

À l'avocat maître J. Kruger[1]
Ministre de la Justice
Pretoria

Cher Monsieur,

Je vous serais reconnaissant de bien vouloir examiner cette question en extrême urgence. J'aurais aimé présenter ces demandes il y a plus de trois mois mais, compte tenu des circonstances actuelles et de la lenteur avec laquelle les différents ministères ont l'habitude de réagir, il ne m'a pas été possible d'écrire avant aujourd'hui.

1. James (Jimmy) Kruger (1917-1987), ministre de la Justice et de la Police (1974-1979) – voir Glossaire.

1

Dans la situation actuelle, je vous serais reconnaissant :

a) de garantir à ma femme, Mme Winnie Mandela, maison n° 8115 Orlando West, Johannesburg, un permis de port d'arme dans un but d'autodéfense ;
b) de demander au ministre de la Police de dire aux membres de la police sud-africaine qui ont affaire avec ma femme de s'en tenir strictement à l'exécution de leurs tâches définies par la loi ;
c) d'user de votre influence sur le conseil municipal de Johannesburg pour qu'il assouplisse le contrôle sur les mouvements intérieurs de population et de permettre à mon beau-frère, M. Msuthu Tanduxolo Madikizela et à son épouse de vivre en permanence avec ma femme au 8115 Orlando West, Johannesburg ;
d) d'organiser avec le responsable de la police d'Afrique du Sud la garde de cette maison chaque jour de 19 heures à 6 heures jusqu'à ce que mon beau-frère et sa famille aient rejoint mon épouse.
e) de demander au ministre de l'Intérieur de fournir un passeport à ma femme afin qu'elle puisse passer ses vacances à l'étranger ;
f) de nous accorder, à ma femme et à moi, une visite contact de deux heures afin que nous puissions discuter des problèmes exposés ci-dessus.

2

Mon épouse a été assignée d'après la loi d'interdiction du communisme 44 de 1950. Je n'ai pas eu l'occasion de voir le texte de l'assignation susmentionnée, mais d'après ce que je sais et ce que je crois, il lui est interdit de participer à des rassemblements, d'entrer dans une usine, un centre éducatif ou des lieux semblables. Bien qu'elle soit libre de prendre un emploi dans la zone urbaine de Johannesburg, elle est limitée au township d'Orlando et n'a pas l'autorisation de pénétrer dans le reste de la zone de Johannesburg connue comme Soweto.

3

Selon l'assignation mentionnée ci-dessus et à l'exception de nos deux filles âgées actuellement de quinze et treize ans respectivement, personne n'est autorisé à se rendre dans la maison à certaines heures précises. Étant donné que les enfants étaient et sont encore en pension la plus grande partie de l'année, cela signifie qu'elle doit vivre absolument seule dans la maison.

4

Vers fin 1970 et à nouveau le 27 mai 1971, j'ai écrit à votre prédécesseur, M. P. C. Pelser, pour demander de m'accorder un entretien afin de discuter avec lui de l'assignation à domicile de ma femme et des implications. À ce propos, je tiens à citer le passage de ma lettre du 27 mai 1971 :

> Je considère qu'il est dangereux pour une femme et préjudiciable à sa santé de vivre seule dans une ville violente comme Johannesburg. Elle souffre d'une maladie causée par l'inquiétude et la tension qui à certaines occasions lui ont fait perdre connaissance. Croyez-moi quand je vous dis que depuis l'an dernier en septembre j'ai vécu un véritable cauchemar. Elle m'a rendu visite deux fois depuis sa sortie de prison et les effets nuisibles de ces nombreuses nuits de solitude, de peur et d'angoisse sont écrits sur son visage. Elle est pâle et épuisée. On m'a dit aussi que ses difficultés vous ont été soigneusement et pleinement expliquées, sans succès, par elle-même comme par son représentant légal. En ce qui me concerne, je ne peux accepter que vous puissiez rester indifférent quand la vie même d'un autre être humain est objectivement en jeu, et je vous demande d'alléger l'assignation afin de lui permettre de vivre avec des amis et des parents.

En outre, je soulevais d'autres problèmes familiaux que je juge graves et je renouvelle ma demande d'entretien.

5

L'officier commandant de l'époque et le général Aucamp m'avaient informé que votre prédécesseur avait envoyé deux lettres. J'ai le regret de vous informer cependant que M. Pelser n'a même pas eu la courtoisie de le reconnaître, sans parler d'une réponse.

Cependant, quelque temps après l'envoi de la lettre de mai 1971, ma femme m'a appris qu'elle avait noté un assouplissement de l'assignation et qu'elle pouvait vivre avec des amis et des parents autorisés à rester dans la zone urbaine de Johannesburg selon les termes de la loi sur le contrôle des mouvements intérieurs de population. Elle m'a également informé que, même si les termes de son assignation étaient toujours stricts, certains des problèmes que j'avais soulevés dans ma seconde lettre avaient été quelque peu résolus.

6

Grâce à l'assouplissement mentionné ci-dessus, nos amis, M. et Mme Madhlala, sont venus vivre avec ma femme. D'après ce que je sais et crois, les Madhlala n'ont jamais été associés à aucune organisation politique qui ait lutté contre l'oppression raciale en général et contre la politique de développement séparé en particulier. Malgré cela, la Police de sécurité ne cesse de les conduire au quartier général pour les soumettre à des interrogatoires épuisants. Le résultat de ce harcèlement, c'est qu'ils acceptent difficilement de vivre chez nous. La nouvelle de l'expérience des Madhlala s'est répandue et des gens, même de proches amis qui étaient tout disposés à résider avec ma femme, ont pris peur et ne veulent plus rien faire qui puisse attirer l'attention de la Police de sécurité, à tel point qu'aujourd'hui il n'y a quasiment plus personne pour souhaiter partager le mode de vie que ma femme est obligée de suivre.

7

La seule et unique personne qui est encore disposée à vivre avec ma femme est M. Madikizela[1] et je dois vous demander d'user de votre influence sur le conseil municipal de Johannesburg pour lui donner l'autorisation de vivre au 8115 Orlando West. Je veux ajouter qu'avant son obligation de vivre hors de la zone urbaine de Johannesburg, M. Madikizela demeurait avec ma femme.

8

Les peurs que j'ai exprimées dans mes lettres à votre prédécesseur n'étaient pas infondées. En plusieurs occasions ma femme a été l'objet de violentes attaques nocturnes de la part de criminels dont nous ne connaissons pas l'identité. À ce propos, je souhaite citer une lettre qu'elle m'a écrite le 6 décembre 1972 :

1. Msuthu Madikizela, le plus jeune frère de Winnie.

Notre mutuel informateur t'a peut-être parlé des graves événements qui m'ont bouleversée. Brièvement, on est entré par effraction dans la maison tandis que j'étais partie avec les enfants voir mon père malade. On a emporté nos rares objets de valeur et cet étrange voleur a fait de terribles dégâts dans la maison, a réduit en miettes tout ce qu'il ne pouvait pas emporter, a arraché le papier peint sur les murs, a cassé la cloison et les portes en verre, emporté des livres et des documents personnels.

Puis dimanche, à 3 h 30 du matin, il y a quinze jours, trois hommes noirs sont entrés dans la maison par la fenêtre que je n'avais pas réparée parce que la police n'avait pas encore fait l'état des lieux après le cambriolage. L'un d'eux a tenté de m'étouffer avec un drap. S'il n'avait pas pris une grande respiration alors qu'il se penchait sur mon cou pour attacher le drap, je n'aurais rien entendu. Je ne savais pas que je pouvais crier si fort, ils ont éteint la lumière et je me suis battue pour les chasser et me sauver. J'ai de légères blessures. La police m'a donné une protection de quelques jours pendant qu'on demandait que quelqu'un reste avec moi. De leur côté, mes avocats ont demandé que ce soit Msuthu et Nonyaniso et son mari qui restent avec moi, pendant que le ministre décide pour Msuthu. Mais par la suite on m'a donné l'autorisation pour M. et Mme Ntsokonsoko que j'ai connus au travail. On leur a accordé sept jours et leur autorisation expire demain. Notre problème, c'est que personne n'étant préparé à partager mon genre de vie, la situation est encore pire.

Je cite sa lettre du 20 mars 1974 :

La dernière agression sur ma vie du 9 [février] m'a laissée sans voix… Les dégâts sur la maison sont énormes. Je m'étais battue pour réparer ce qui pouvait l'être, les portes du garage doivent être entièrement remplacées. La haine avec laquelle les portes de fer ont été arrachées comme des éléments de bois est indescriptible. C'est un mystère pour moi de voir comment les portes de la maison ont tenu aussi longtemps avant de céder sous le choc.

Ces événements montrent les effets que les restrictions imposées à ma femme et le refus persistant du conseil municipal de Johannesburg d'autoriser M. Madikizela à rester avec elle ont fait d'elle une proie facile pour un mystérieux genre de brutes. Un berger allemand qu'elle avait acheté fin 1970 a été empoisonné et tué de façon évidente par une personne qui a beaucoup d'expérience avec les chiens dressés pour des services de police et qui n'acceptent de nourriture que d'une seule personne.

Toutes les peurs dont j'ai informé votre prédécesseur ont été confirmées et aujourd'hui ma femme vit en danger perpétuel, dans une angoisse permanente. Je me vois obligé malgré moi de vous demander l'autorisation d'un permis de port d'arme pour qu'elle puisse se défendre, une demande que, comme je l'espère, vous considérerez juste et raisonnable étant donné les circonstances. Je peux ajouter que l'an dernier, un homme a tenté de la poignarder dans une rue de Johannesburg, en plein jour, et elle n'a été sauvée que par l'intervention d'amis. Par la suite, l'homme a été arrêté mais on m'a dit que les charges contre lui ont été annulées.

9

À la lumière de ce que vit ma femme, je dois vous demander que la maison soit gardée par des membres de la police sud-africaine de 19 heures à 7 heures du matin. En attendant que M. Madikizela vienne s'y installer.

Je dois ajouter que, d'après tous les rapports que j'ai reçus, la Police de sécurité s'est conduite envers ma femme, dans l'exécution de son devoir, d'une manière que je ne peux accepter, elle est suivie où qu'elle aille, les chauffeurs de taxi qui la conduisent et la ramènent du travail sont souvent interrogés et ceux qui restent avec elle sont littéralement harcelés. En général, l'attitude de la police est hostile et dans certaines occasions provocatrice. Votre intervention pourrait lui donner quelque répit et apaiser la tension.

10

En dépit de son expérience amère, ma femme n'a en aucun cas l'intention de quitter notre maison. Mais je pense qu'il serait juste qu'elle puisse avoir un passeport qui lui permettrait de voyager à l'étranger pendant les vacances. Sortir d'Orlando pendant un mois ou deux diminuerait la tension et serait grandement profitable à sa santé.

11

Enfin, bien que j'aie accompli onze ans de ma peine et bien que je sois dans le groupe A, la plus haute classification qu'un prisonnier puisse atteindre, on ne m'a jamais accordé le privilège d'une visite contact avec ma femme. J'ai été obligé de discuter de graves problèmes familiaux derrière une vitre et dans des conditions telles que je devais crier pour être entendu sur des questions hautement confidentielles. En outre, l'heure accordée pour les visites est une durée trop courte si l'on prend en compte nos problèmes particuliers. En conséquence, je me vois contraint de vous demander de m'accorder une visite contact de deux heures, avec toutes les libertés normales et les conditions associées à de telles visites dans le but de parler de ces problèmes particuliers.

12

Je suis tout à fait persuadé que si vous pensez que mes demandes sont raisonnables et importantes, et si vous considérez qu'il est de votre devoir de nous aider, toute bureaucratie tatillonne disparaîtra et nos problèmes pourront être résolus d'un trait de plume.

13

Il vous serait possible de rejeter toutes les demandes que j'ai faites. Vous pourriez, par exemple, mettre en avant que la question de l'assouplissement du contrôle des déplacements intérieurs est une question qui ne relève pas de vos compétences et qu'elle appartient à la juridiction du conseil municipal de Johannesburg. Vous pourriez adopter la même attitude envers ma demande concernant la police sud-africaine et les passeports, et me dire que ma femme et moi, nous devons nous adresser directement aux autorités compétentes. Vous pourriez même aller plus loin et vous en débarrasser en ajoutant que ma femme, en luttant contre l'oppression raciale, a délibérément cherché tous les ennuis qu'elle connaît actuellement et que la Police de sécurité, en prêtant plus d'attention que d'ordinaire à ses mouvements et ses activités, accomplit son devoir normal prévu par la loi.

14

J'ai tout à fait conscience qu'en fonction des circonstances, on doit étudier mes demandes avec prudence et précaution, et qu'une décision quelle qu'elle soit entraînera de lourdes responsabilités. Vos fonctions officielles peuvent exiger que vous portiez attention à la police et des considérations concernant la sécurité pourraient entraîner de graves injustices à l'égard de personnes spécifiques. J'ai aussi conscience que les décisions auxquelles vous aboutissez dans vos fonctions ministérielles peuvent fréquemment s'opposer à des sentiments personnels dans des questions de cette nature.

15

Les demandes contenues dans cette lettre sont exprimées en sachant avec certitude qu'on peut les aborder de manière et dans des conditions telles qu'elles ne peuvent mettre en danger la sécurité de l'État ou l'intérêt public.

Avant tout, la question centrale, c'est que la vie d'un être humain, d'une citoyenne, est en jeu. Je suis confiant qu'en examinant mes demandes vous permettrez aux considérations humanitaires de prendre le pas sur toutes les autres et que vous ferez tout ce qui est en votre pouvoir pour permettre à ma femme de mener enfin une vie normale et heureuse.

Salutations,

[Signé NR Mandela]
NELSON MANDELA 466/64

Au ministre de la Justice

[D'une autre écriture] 466/64 Lettre spéciale

25 mai 1974

À monsieur l'avocat J. Kruger
Ministre de la Justice, des Prisons et de la Police
Pretoria

Cher Monsieur,

Suite à ma lettre du 13 février 1974[1] en rapport avec les atteintes à la vie de ma femme, je dois vous informer que le 22 mai 1974 elle m'a adressé le télégramme suivant :

1. Il fait plus vraisemblablement référence à sa lettre du 13 mai 1974, plutôt qu'à sa lettre du 13 février. Voir cette lettre, p. 326.

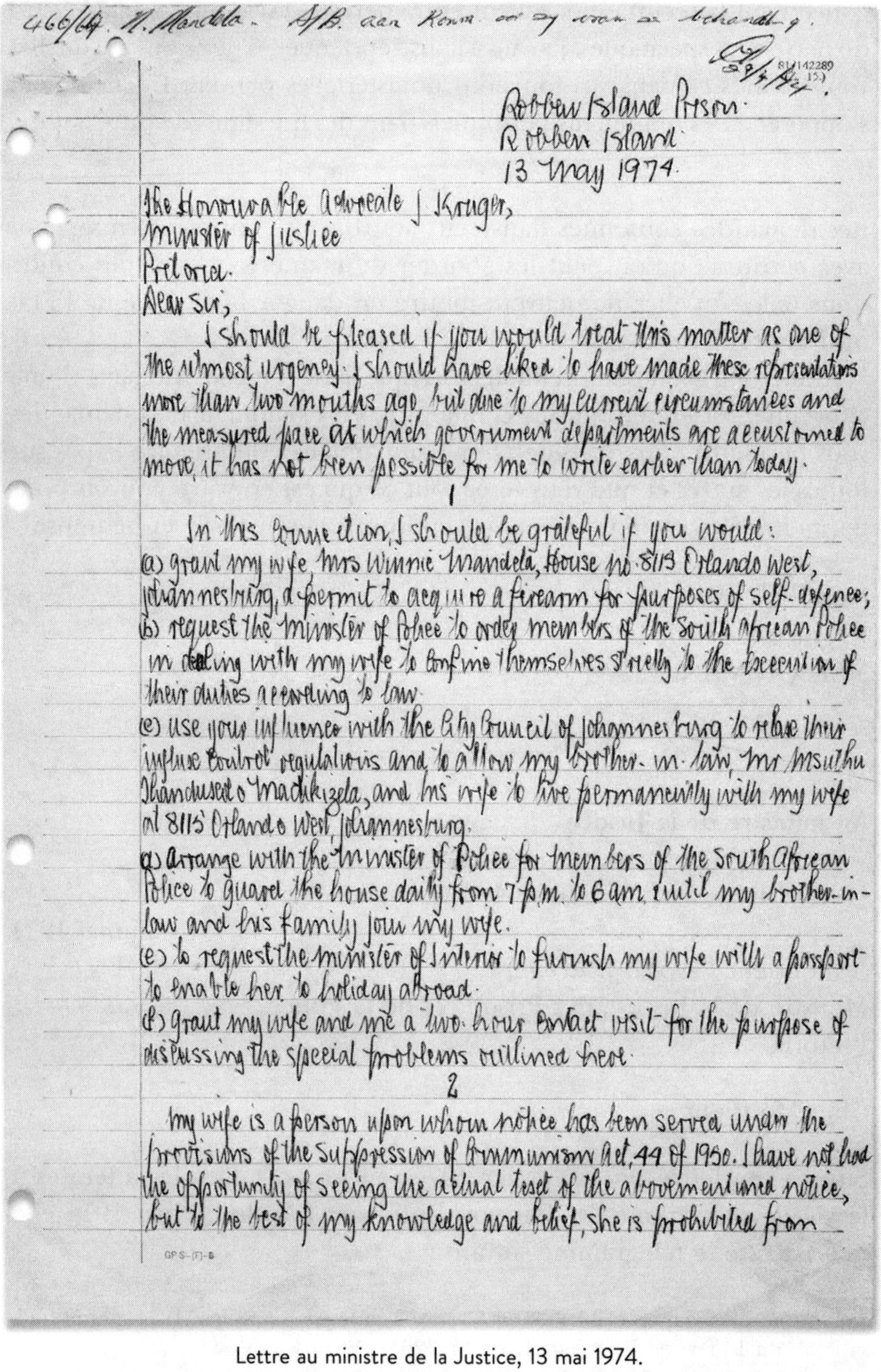
466/64. N. Mandela. A/B. aan Komm. [illegible] behandeling.

81/142289 153

Robben Island Prison.
Robben Island
13 May 1974.

The Honourable Advocate J Kruger,
Minister of Justice
Pretoria.

Dear Sir,

I should be pleased if you would treat this matter as one of the utmost urgency. I should have liked to have made these representations more than two months ago, but due to my current circumstances and the measured pace at which government departments are accustomed to move, it has not been possible for me to write earlier than today.

1

In this connection, I should be grateful if you would:

(a) grant my wife, Mrs Winnie Mandela, House no 8115 Orlando West, Johannesburg, a permit to acquire a firearm for purposes of self-defence;
(b) request the Minister of Police to order members of the South African Police in dealing with my wife to confine themselves strictly to the execution of their duties according to law.
(c) use your influence with the City Council of Johannesburg to relax their influx control regulations and to allow my brother-in-law, Mr Msuthu Thanduxolo Madikizela, and his wife to live permanently with my wife at 8115 Orlando West, Johannesburg.
(d) arrange with the Minister of Police for members of the South African Police to guard the house daily from 7 p.m. to 6 am. until my brother-in-law and his family join my wife.
(e) to request the Minister of Interior to furnish my wife with a passport to enable her to holiday abroad.
(f) grant my wife and me a two-hour contact visit for the purpose of discussing the special problems outlined here.

2

My wife is a person upon whom notice has been served under the provisions of the Suppression of Communism Act, 44 of 1950. I have not had the opportunity of seeing the actual text of the abovementioned notice, but to the best of my knowledge and belief, she is prohibited from

GPS–(F)–B

Lettre au ministre de la Justice, 13 mai 1974.

attending gatherings, entering a factory, an educational centre or similar places. Though she is free to take up employment within the urban area of Johannesburg, she is otherwise ~~compelled~~ confined to Orlando Townships and is not permitted to enter the rest of the area in Johannesburg known as Soweto.

3

In terms of the abovementioned notice, and with the exception of our two daughters now aged 15 and 13 respectively, no person is allowed to visit the house during certain specified hours. As the children were then, and still are, away at a boarding school for the greater part of the year, this meant that she had to live all alone in the house.

4

Towards the end of 1970 and again on 27 May 1971 I wrote to your predecessor, Mr P.C. Pelser, requesting him to grant me an interview to enable me to discuss with him my wife's house arrest and its implications. In this connection I wish to refer you to the following passage in my letter of 27 May 1971:

"I consider it dangerous for a woman and detrimental to her health to live alone in a rough city like Johannesburg. She suffers from an illness which is caused by worry and tension and which has on occasions rendered her unconscious. Believe me when I say that I have since September last year lived in a real nightmare. She has visited me thrice since her release from prison, and the harmful effects of many nights of loneliness, fear and anxiety are written across her face. She looks pale and spent. I am further told that her hardships have been carefully and fully explained to you, without success, by herself as well as her legal representative. I cannot get myself to accept that you could remain indifferent where the very life of another human being is actually involved, and I ask you to relax the notice to enable her to live with friends and relatives."

In addition, I raised other family problems which I considered serious and repeated the request for an interview.

5

I was informed by the Commanding Officer at the time, and by Brigadier Aucamp, that both letters had been forwarded to your predecessor.

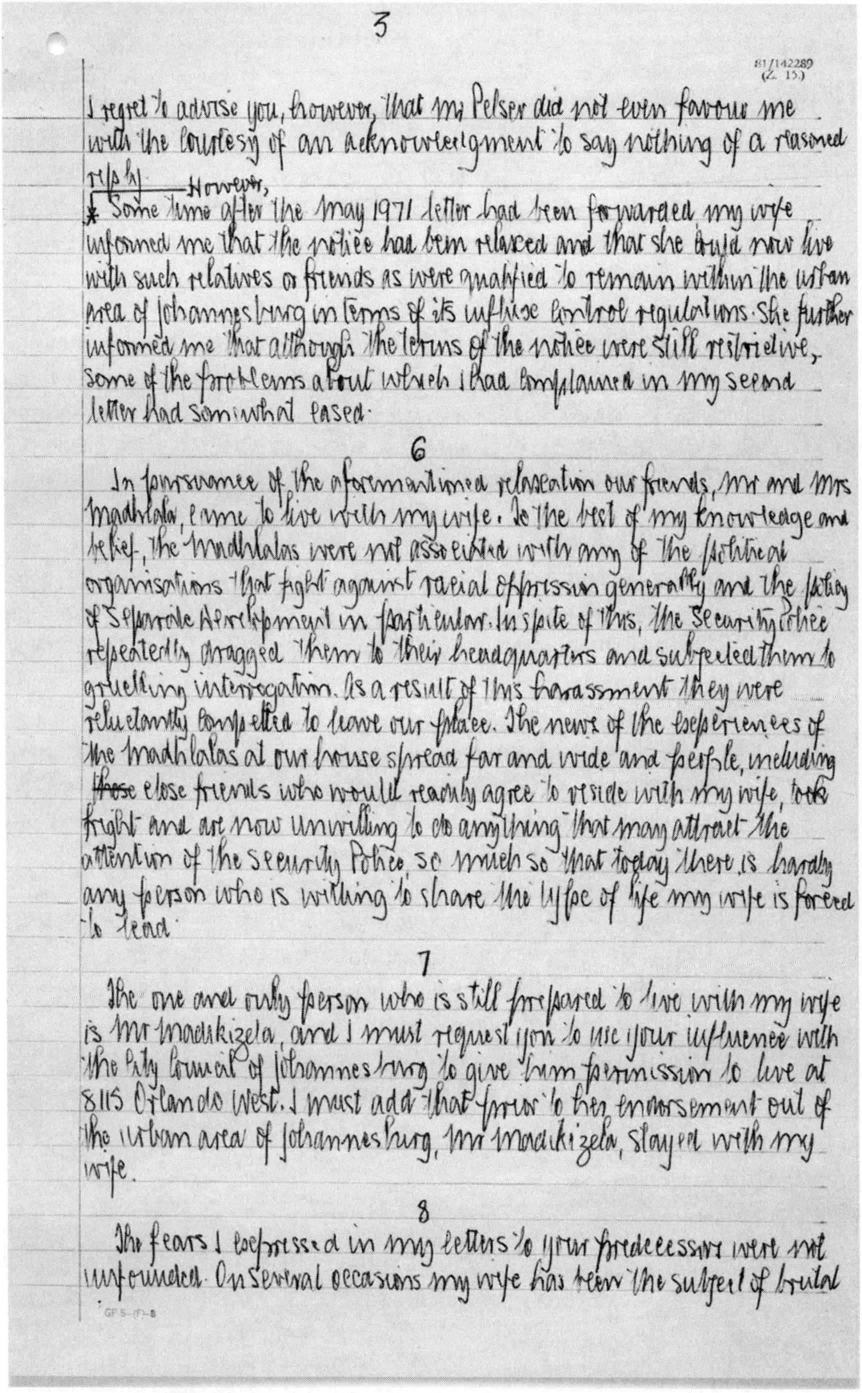

3

81/142289
(Z. 15.)

I regret to advise you, however, that Mr Pelser did not even favour me with the courtesy of an acknowledgment to say nothing of a reasoned reply. However,

* Some time after the May 1971 letter had been forwarded my wife informed me that the notice had been relaxed and that she could now live with such relatives or friends as were qualified to remain within the urban area of Johannesburg in terms of its influx control regulations. She further informed me that although the terms of the notice were still restrictive, some of the problems about which I had complained in my second letter had somewhat eased.

6

In pursuance of the aforementioned relaxation our friends, Mr and Mrs Madhlala, came to live with my wife. To the best of my knowledge and belief, the Madhlalas were not associated with any of the political organisations that fight against racial oppression generally and the policy of Separate Development in particular. In spite of this, the Security Police repeatedly dragged them to their headquarters and subjected them to gruelling interrogation. As a result of this harassment they were reluctantly compelled to leave our place. The news of the experiences of the Madhlalas at our house spread far and wide and people, including ~~those~~ close friends who would readily agree to reside with my wife, took fright and are now unwilling to do anything that may attract the attention of the Security Police, so much so that today there is hardly any person who is willing to share the type of life my wife is forced to lead.

7

The one and only person who is still prepared to live with my wife is Mr Madikizela, and I must request you to use your influence with the City Council of Johannesburg to give him permission to live at 8115 Orlando West. I must add that prior to her endorsement out of the urban area of Johannesburg, Mr Madikizela stayed with my wife.

8

The fears I expressed in my letters to your predecessors were not unfounded. On several occasions my wife has been the subject of brutal

GP.S.–(F)–8

Lettre au ministre de la Justice, 13 mai 1974.

night attacks from criminals whose identity is unknown to us. In this connection I wish to quote from a letter she wrote to me on 6 December 1972:

"You must have perhaps heard from our mutual informer of the serious events which have left me quite shaken. Briefly, the house was broken into whilst I went home with the children to see my sick father. All our little valuable possessions were taken, the strange thief did extensive damage to the house, smashed to pieces what he could not take, tore down paintings from the walls, broke our glass partition, smashed the glass doors, removed books and personal documents...

"Then at 3.30 am Sunday morning two weeks ago, three black men gained entry into the house through the same window which I had not fixed because the police had not taken the statement of the burglary. They tried to strangle me with a cloth. Had he not taken a deep breath as he bent over my neck to tie the cloth I would not have heard anything. I did not know I could scream so much, they switched off the light & fighting them off in the dark saved me. I sustained slight injuries. I was given police protection for a few days whilst an urgent application was made for someone to stay with me. My attorneys applied for Msuthu & Nonyaniso & her husband temporarily whilst the Minister is deciding on Msuthu. However, I was subsequently granted permission for a Mr & Mrs Nsokontsoko whom I met at work, they have been given 7 days at a time & their permit is expiring tomorrow. Our problem is that no one is prepared to share my kind of life, the situation is far worse now."

I also quote from her letter of 20 March 1974:

"The last attempt on my life on the 9th [i.e. 9 February] has left me quite speechless.... The damage to the house was quite ~~speechless~~ extensive. I have been battling to repair what can be repaired, the garage doors need complete replacement. The hatred with which iron doors were torn apart like pieces of wood is indescribable. It is a mystery to me how the house doors took so long to give in with such heavy impact on them."

These events show that the effect of the restrictions placed upon my

B

81/142289
(Z. 15.)

wife, and the persistent refusal of the Johannesburg City Council to allow Mr Madikizela to stay with her, have made her an easy target to a mysterious type of thugs. An Alsatian dog, which she acquired at the end of 1970, was poisoned and killed quite obviously by a person who has considerable experience in dealing with dogs that are trained to do police duties and to accept food from one person only.

All the fears I expressed to your predecessor have been confirmed and today my wife lives ~~under~~ in perpetual danger and acute anxiety. I am reluctantly compelled to request you to give her a permit to acquire a firearm for purposes of self-defence, a request which I hope you will consider fair and reasonable, having regard to all the circumstances. I might add that last year a man attempted to stab her in the streets of Johannesburg in broad daylight and she was saved only by the intervention of friends. The man was subsequently arrested, but I have been told that the charge was later withdrawn.

9

In the light of my wife's experiences I must ask you to arrange for the house to be guarded by members of the South African Police daily from 7 pm to 6 am until Mr Madikizela moves in.

I must point out that from all the reports I have received the Security Police have acted towards my wife in a manner which I cannot accept as a proper execution of their duties. She is shadowed wherever she goes, taximen whom she hires to convey her to and from work are frequently interrogated, and those who come to stay with her persistently harassed. Generally their attitude is hostile and on occasions positively provocative. Your intervention could give her some respite and ease the strain.

10

In spite of all her bitter experiences my wife has no intention whatsoever of leaving the house. But I think it advisable for her to be furnished with a passport to enable her to travel abroad on holiday. Getting away from Orlando for a month or two might ease the strain and benefit her health immensely.

11

I must add that although I have now completed eleven years of my sentence, and although I have reached 'A' Group, the highest

GP S.-(F)-8

Lettre au ministre de la Justice, 13 mai 1974.

problems

classification a prisoner may attain, I have never been given the privilege of a contact visit with my wife. I have been forced to discuss serious domestic* across a glass partition, and under difficult conditions where I have to shout to be heard even in regard to highly confidential matters. Moreover, the one hour allocated for the visit is too short a period, if account is taken of our special problems. I must accordingly ask you to allow me a two-hour contact visit, with all the normal liberties and courtesies associated with such visits, for the purpose of discussing these special problems.

12.

I am quite certain that if you think that my representations are reasonable and substantial, and you consider it your duty to help, all red-tape will be brushed aside and our problems could be solved with a stroke of the pen.

13.

It would be quite easy for you to reject each and every one of the requests I have made. You could, for example, point out that the question of the relaxation of influx control regulations is a matter outside your competence and within the jurisdiction of the Johannesburg City Council. You could adopt the same attitude towards my request in regard to the South African Police and passports, and tell me that my wife and I should apply directly to the appropriate authorities. You could even go further to rub it in by adding that my wife, in fighting racial oppression, has deliberately invited all the troubles she is now experiencing, and that the Security Police, in giving more than ordinary attention to her movements and activities, are carrying out their normal duties under the law.

14

I am well aware that, in view of all the circumstances, my representations will have to be approached cautiously and carefully, and that a decision either way will entail ~~entails~~ a heavy responsibility. Your official capacity may demand that you should pay attention to policy and security considerations which will result ~~to~~ in grave injustices to specific individuals. I am also aware that the decisions you arrive at in your ministerial capacity may frequently clash with your own

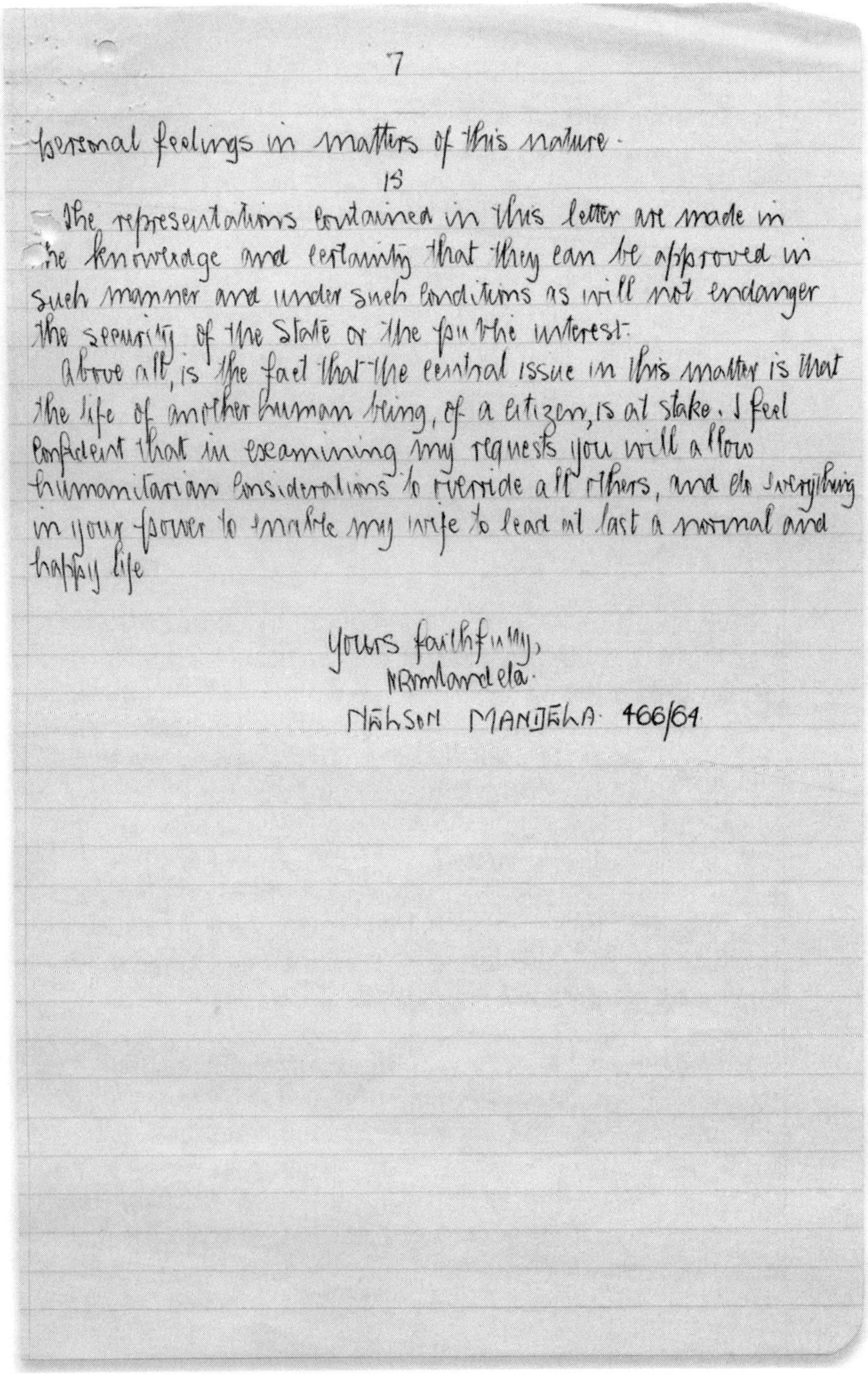
7

personal feelings in matters of this nature.

is

The representations contained in this letter are made in the knowledge and certainty that they can be approved in such manner and under such conditions as will not endanger the security of the State or the public interest.

Above all, is the fact that the central issue in this matter is that the life of another human being, of a citizen, is at stake. I feel confident that in examining my requests you will allow humanitarian considerations to override all others, and do everything in your power to enable my wife to lead at last a normal and happy life.

Yours faithfully,
NRMandela.
NELSON MANDELA 466/64

Lettre au ministre de la Justice, 13 mai 1974.

> Nouvelle agression violente minuit enquête police sans arrestation agresseur vu aide maison failli mourir nous allons tous bien enfants retour école 26/5 courage tu es notre force [source][1], de la force de tout notre amour.

Dans ma lettre du 13 février, j'aurais dû ajouter le passage suivant de la lettre de ma femme, du 29 avril 1974 :

> J'espère que tu as pu avancer au sujet de mon plus jeune frère Msuthu. L'état d'anxiété dans lequel je suis en permanence quand les enfants sont là est insupportable. Je me suis habituée à tout ce qu'il peut m'arriver, mais je ne peux penser aux dangers auxquels sont exposées mes enfants. La dernière fois, des assassins ont frappé quatre jours après que les enfants ont quitté l'école. Résultat, elles ne se sont pas du tout reposées ce trimestre, surtout Zindzi qui semble plus effrayée que Zeni.

Vous comprendrez facilement quand je vous dirai que toute cette affaire m'inquiète beaucoup et je vous serais reconnaissant de bien vouloir la régler en extrême urgence.

Salutations,

[Signé NR Mandela]
NELSON MANDELA 466/64

Au bureau du logement de West Rand

18 juin 1974

Le directeur
West Rand Board

Cher Monsieur,

Je suis le locataire de la maison n° 8115 Orlando West, Johannesburg, et je purge actuellement une peine de prison à vie. Je fais une demande d'autorisation pour mon beau-frère, M. Msuthu Tanduxolo Madikizela, et son épouse, de venir vivre avec ma femme dans la maison indiquée ci-dessus.

1. Mandela a écrit « source » entre crochets.

Ma femme a été condamnée d'après la loi d'interdiction du communisme, loi 44 de 1950. Je n'ai pas eu la possibilité de voir le texte exact de la condamnation, mais d'après ce que j'ai pu savoir et ce que je crois, il lui est interdit d'assister à des réunions, d'entrer dans une usine, un centre éducatif ou dans des endroits semblables. Bien qu'elle soit libre de prendre un emploi dans la zone urbaine de Johannesburg, elle ne peut quitter le township d'Orlando et elle n'a pas le droit de pénétrer dans le reste de la zone connue sous le nom de Soweto. D'après la condamnation mentionnée ci-dessus, et à l'exception de nos deux filles âgées de quinze et treize ans, personne n'est autorisé à se rendre dans la maison pendant certaines heures précises. Comme les enfants étaient et sont toujours en pension pour la plus grande partie de l'année, cela signifie qu'elle doit vivre seule dans la maison.

À plusieurs occasions, ma femme a été victime d'agressions nocturnes de criminels dont nous ne connaissons pas l'identité. Mais d'après tous les rapports que j'ai reçus, il paraît évident que ces agressions ont été télécommandées et bien que les personnes employées pour entreprendre le travail sordide consistant à assassiner une femme innocente et sans défense soient des criminels, ils ne sont en fait rien de plus que de simples agents de puissants intérêts. En conséquence, j'aimerais citer des extraits de la lettre que ma femme m'a écrite le 6 décembre 1972 :

> Notre mutuel informateur t'a peut-être parlé des graves événements qui m'ont bouleversée. Brièvement, on est entré par effraction dans la maison tandis que j'étais partie avec les enfants voir mon père malade. On a emporté nos rares objets de valeur et cet étrange voleur a fait de terribles dégâts dans la maison, il a réduit en miettes tout ce qu'il ne pouvait pas emporter, il a arraché le papier peint sur les murs, il a cassé la cloison et les portes en verre, emporté des livres et des documents personnels[1]...
>
> Puis dimanche, à 3 h 30 du matin [*sic*[2]], il y a quinze jours, trois hommes noirs sont entrés dans la maison par la fenêtre que je n'avais pas réparée parce que la police n'avait pas encore fait l'état des lieux après le cambriolage. L'un d'eux a tenté de m'étouffer avec le drap. S'il n'avait pas pris une grande respiration alors qu'il se penchait sur mon cou pour attacher le drap, je n'aurais rien

1. C'est Mandela qui abrège.
2. Mandela écrit « *sic* » entre crochets.

entendu. Je ne savais pas que je pouvais crier si fort, ils ont éteint la lumière et je me suis battue pour les chasser et me sauver. J'ai de légères blessures. La police m'a donné une protection de quelques jours pendant qu'on demandait que quelqu'un reste avec moi. De leur côté, mes avocats ont demandé que ce soit Msuthu et Nonyaniso et son mari qui restent avec moi, pendant que le ministre décide pour Msuthu. Mais par la suite on m'a donné l'autorisation pour M. et Mme Ntsokonsoko que j'ai connus au travail. On leur accordé sept jours et leur autorisation expire demain. Notre problème, c'est que personne n'est préparé à partager mon genre de vie, la situation est encore pire.

Je cite également sa lettre du 20 mars 1974 :

La dernière agression sur ma vie du 9 [février] m'a laissée sans voix... Les dégâts sur la maison sont énormes. Je m'étais battue pour réparer ce qui pouvait l'être, les portes du garage doivent être entièrement remplacées. La haine avec laquelle les portes de fer ont été arrachées comme des éléments de bois est indescriptible. C'est un mystère pour moi de voir comment les portes de la maison ont tenu aussi longtemps avant de céder sous le choc.

J'espère que tu as pu avancer au sujet de mon plus jeune frère Msuthu. L'état d'anxiété dans lequel je suis en permanence quand les enfants sont là est insupportable. Je me suis habituée à tout ce qu'il peut m'arriver, mais je ne peux penser aux dangers auxquels sont exposées mes enfants. La dernière fois, des assassins ont frappé quatre jours après que les enfants ont quitté l'école. Résultat, elles ne se sont pas du tout reposées ce trimestre, surtout Zindzi qui semble plus effrayée que Zeni.

Enfin je tiens à citer le télégramme de ma femme, très inquiétant, en date du 22 mai :

Nouvelle agression violente minuit enquête police sans arrestation agresseur vu aide maison failli mourir allons tous bien enfants retour école 26/5 courage tu es notre force [*sic*] [source], la force de tout notre amour.

Peu de temps après ma condamnation et mon emprisonnement, M. Madikizela est venu vivre avec ma femme à Orlando West mais il a été interdit de séjour dans la zone urbaine de Johannesburg, ce qui a contraint ma femme à vivre seule. Le refus persistant du conseil municipal de Johannesburg d'autoriser M. Madikizela à rester à ses côtés a fait d'elle une proie facile pour un mystérieux genre de brutes. Un berger allemand, qu'elle avait acheté fin 1970, a été empoisonné et tué de façon évidente par une personne qui a beaucoup d'expérience avec les chiens dressés pour des services de police et qui n'acceptent de nourriture que d'une seule personne.

Je peux ajouter que l'an dernier un homme a tenté de la poignarder dans une rue de Johannesburg, en plein jour, et elle n'a été sauvée que par l'intervention d'amis. Bien que cet événement particulier n'ait pas de rapport avec la demande que je vous adresse, j'ai jugé que je pouvais le mentionner pour que vous puissiez voir notre problème dans un contexte plus large. Au cours de l'année 1971 et ensuite, j'ai adressé plusieurs demandes écrites à M. P. C. Pelser, ministre de la Justice[1], les restrictions imposées à ma femme ont été assouplies et elle peut désormais vivre avec des parents ou des amis, autorisés à demeurer dans la zone urbaine de Johannesburg.

Grâce à cet assouplissement mentionné ci-dessus, nos amis, M. et Mme Madhlala, sont venus vivre avec ma femme. D'après ce que je sais et crois, les Madhlala n'ont jamais été associés à aucune organisation politique qui a lutté contre l'oppression raciale en général et contre la politique de développement séparé en particulier. Malgré cela, la Police de sécurité ne cesse de les conduire au quartier général pour les soumettre à des interrogatoires épuisants. Le résultat de ce harcèlement, c'est qu'ils acceptent difficilement de vivre chez nous. La nouvelle de l'expérience des Madhlala s'est répandue et des gens, même de proches amis qui étaient tout disposés à résider avec ma femme, ont pris peur et ne veulent plus rien faire qui puisse attirer l'attention de la Police de sécurité, à tel point qu'aujourd'hui il n'y a quasiment plus personne qui souhaite partager le mode de vie que ma femme est obligée de suivre.

La seule et unique personne encore prête à risquer sa vie et à rester avec ma femme est M. Madikizela. Comme il n'a pas le droit de rester dans la zone urbaine de Johannesburg plus de soixante-douze heures, je dois vous demander d'assouplir votre contrôle des déplacements intérieurs et de lui permettre, à lui et à sa femme, d'habiter avec ma femme.

1. Voir ses lettres du 14 septembre et du 19 novembre 1970, p. 257 et 263.

J'ai tout à fait conscience que si vous souhaitez refuser ma demande, vous avez à votre disposition une multitude d'excuses, techniques et autres pour le faire. Tout d'abord, vous pouvez traiter cette affaire avec froideur comme le magistrat en chef de Johannesburg et la police sud-africaine l'ont déjà fait, et mettre en avant que ma femme est libre de vivre avec toute personne qui a le droit d'être dans la zone urbaine. Vous pouvez aussi dire qu'il est contraire à votre politique de faire des exceptions et, à la place, de conseiller à ma femme de quitter Johannesburg. Mais je fais cette demande dans l'espoir que vous considérerez cette affaire en toute objectivité et sous un angle humanitaire.

Pour terminer, je dois vous demander l'autorisation de construire autour de la maison une clôture d'environ 2,50 mètres de hauteur, de telle façon qu'elle empêche des intrus de l'escalader.

Veuillez traiter cette affaire dans l'urgence.

Salutations distinguées,

[Signé NR Mandela]
NELSON MANDELA

À l'officier commandant, Robben Island

26 juin 1974

L'officier commandant
Robben Island

En accord avec vos instructions, j'ai tenté soit de supprimer soit de réécrire les paragraphes contre lesquels vous aviez une objection.

Cependant, je dois d'abord dire qu'en formulant les allégations contenues dans ma première lettre au Bureau de West Rand, je ne cherchais pas à faire de la propagande ni à avancer des affirmations calculées pour nuire à quelque individu ou organe gouvernemental. Les trois paragraphes que vous me demandez de supprimer sont des déclarations basées sur des faits dont l'exactitude ne peut être mise en doute et auxquelles la presse locale et étrangère a fait une grande publicité, ou qui sont l'exposé de faits réels, par exemple l'empoisonnement du berger allemand. Refuser que je les cite comme je l'ai fait dans ma première lettre, ne peut être que pour m'empêcher de m'appuyer sur des faits matériels réels et même décisifs pour faire accepter ma demande.

Je dois cependant vous assurer que je comprends vos problèmes et vos obligations dans cette affaire.

[Signé NR Mandela]

[D'une autre écriture]
Censeurs.
Envoyez s'il vous plaît
[Signé] 27/6/74

À Fatima Meer, amie et camarade

Nelson Mandela 466/64 Groupe A 1er nov. 74

Wahali[1] Fatimaben,

Même si tu n'avais pas envoyé ce merveilleux télégramme du 14/10, j'aurais été sûr que toi et Ismail vous prendriez soin des filles, qu'elles ne resteraient pas orphelines tant que vous seriez vivants et que pendant l'absence de Zami il y aurait quelqu'un vers qui elles pourraient se tourner quand les problèmes apparaîtraient, quelqu'un au courant de nos antécédents, de nos perspectives, de nos aspirations et de nos rêves et peut-être, pourrait-on ajouter, de nos défauts. Et à cet égard, peut-être n'y a-t-il personne de plus qualifié que vous. Naturellement,

1. *Vehalie* signifie « cher » en gujarati. Il a sans doute demandé à un de ses codétenus qui connaissait le gujarati, comme Laloo Chiba. Mandela l'écrit de différentes façons dont *wahali.*

j'aurais aimé discuter de vive voix de certains problèmes soulevés par l'emprisonnement de Zami. Tout d'abord, Zami et moi nous parlions de la possibilité que les filles[1] aillent en Amérique pendant les vacances de décembre. Le cousin Njisana[2], que vous connaissez bien, mettait ce projet au point avec Gwen Carter[3] et Lady Birley à Londres. Les filles m'ont écrit plusieurs fois à ce sujet. J'apprécie beaucoup leur enthousiasme à la perspective de vacances à l'étranger. Elles vont à l'école avec des enfants de familles aisées qui peuvent facilement s'offrir des vacances hors du pays et, à juger par les lettres des filles, voyager en Europe et en Amérique fait fureur dans leur école. De temps en temps, en discutant de ces sujets, j'ai envie de leur dire qu'elles sont mes enfants, quelque chose qui peut mettre d'insurmontables difficultés sur leur route. Mais la dure réalité ne coïncide pas avec les désirs des gens, en particulier quand ces gens sont des enfants. Je ne sais où en est le cousin avec ce projet mais l'emprisonnement de Zami peut avoir bouleversé ses plans. En outre, il y a ces problèmes intimes que connaissent les jeunes filles quand elles doivent se battre contre des besoins urgents. Zami et moi, nous en avons souvent parlé, mais les attitudes sur ces questions changent facilement, et même de jour en jour. Quand elle reviendra, elle devra potasser sur beaucoup de sujets afin d'être utile aux filles. Elles sont gentilles mais, je dois l'avouer, beaucoup trop jeunes pour affronter seules de tels problèmes. Durban est à plus de 1 500 kilomètres et le prix du voyage est effrayant. Je n'ai pas le courage de simplement te demander de venir. Pourtant il y a des questions dont il vaudrait mieux discuter de vive voix plutôt que par correspondance. Comme tu le sais, seuls les membres de la famille directe peuvent venir me voir, mais ta situation spéciale par rapport à la famille en général et aux filles en particulier pourrait faire que ta demande soit acceptée.

J'aimerais que mon fils, Kgatho, vingt-quatre ans, réussisse aux deux épreuves de son bac. Il a très bien réussi jusqu'en première, mais il

1. Zenani et Zindzi.
2. Un cousin de Winnie Mandela.
3. Professeure Gwendolen M. Carter (1906-1991), canadienne-américaine, scientifique et spécialiste des affaires africaines, bienfaitrice.

a passé quelques épreuves avec plusieurs mois de retard parce qu'il avait été renvoyé de son pensionnat pour avoir (soi-disant) organisé une grève des étudiants. Depuis il a perdu toute son ardeur et malgré des cours particuliers, il a raté le bac deux fois. Le vrai problème, c'est qu'à cet âge et en mon absence il lui est difficile de résister aux attraits de la vie en ville. J'ai essayé qu'il accepte de retourner en pension, à Clarkebury ou à Saint John, tous deux dans le Transkei – où il pourrait étudier à plein temps et se concentrer sur son travail. Il a recours à un argument puissant : un travail facile qu'il devrait abandonner s'il acceptait ma proposition, et il est aussi fiancé. Il y a un détail important que je ne me sens pas libre de mentionner ici. Cependant, je lui ai suggéré qu'il pourrait prendre un congé d'un an afin de reprendre ses études, au moins passer le bac. Je lui ai dit qu'ensuite nous parlerions d'autres projets. J'ai eu l'impression que nous l'avions convaincu et Zami s'occupait de lui trouver de l'argent, pour lui et pour sa fiancée afin qu'il retourne au lycée. Malheureusement nous devons aussi abandonner ces projets. J'ai parlé de ce problème avec Danapathy[1] et j'ai proposé qu'il invite Kgatho à Durban pour lui montrer des endroits comme Ngoya, Westville, ton université[2] et M.L. Sultan College[3] pour voir directement ce qu'y font les jeunes gens. J'avais espéré qu'une telle opportunité réveillerait ses ambitions et l'amènerait à reprendre ses études plus sérieusement. Je comprends que des circonstances malheureuses ont empêché Danapathy de penser à ce genre de choses. Peut-être Ismail et toi pourriez-vous inviter Kgatho à passer une semaine avec vous afin de l'emmener voir ces universités et en parler avec lui. C'est le droit qui l'intéresse et Ismail serait la personne idéale pour le stimuler. Il habite Maison n° 5818 à Orlando East, Johannesburg, et son employeur est Federal Insurance Co. Tu peux aussi le joindre en lui téléphonant chez nous. Sinon Amina[4] pourrait le joindre de ta part. Pour ces problèmes, je ne peux m'en remettre aux divinités ni au destin. Ils sont au-delà de ma portée.

---

1. M. D. Naidoo, codétenu.
2. Fatima Meer enseignait à l'université du Natal, dans le homeland du Natal.
3. Universités de Durban.
4. Amina Cachalia – voir Glossaire.

D'après mes renseignements il y a 630 000 Indiens, Sud-Africains d'origine indienne, 70 000 dans le Transvaal et 20 000 dans la province du Cap. Comment se fait-il que dans ta province il n'y ait que 8 comités contre 25 dans le Transvaal et 3 dans la province du Cap ? Qui est plus ou moins enthousiaste ? J'attends une réponse à ma lettre du 1/7 dont on me dit qu'elle vous a été envoyée ; ou dois-je penser que ma demande de pardon est tombée dans l'oreille d'un sourd, que tu as oublié aujourd'hui que l'on n'a jamais frappé quelqu'un qui s'était rendu ? La santé de Grand-mère Nic intéresse tous les membres de la famille et c'est une source de réel encouragement d'apprendre que malgré son grand âge elle est toujours active et occupée. Très peu de gens peuvent à quatre-vingts ans marcher bien droit, d'un pas ferme et confiant comme je crois qu'elle fait toujours. En tant qu'assistante sociale et voyageuse qui, pendant la plus grande partie de sa vie, s'est essentiellement occupée de résoudre des problèmes sociaux de nature cruciale afin d'apporter un peu de soulagement et de sécurité à des gens à différentes étapes de leur vie, elle est devenue une sorte de symbole vivant. Elle a tissé des liens bien plus solides que ceux nés de l'origine historique, de la langue et même du sang. Pendant des décennies elle a voyagé du nord au sud le nez toujours au sol comme un chien de chasse au flair développé. Elle a parcouru tous les chemins mais elle n'a presque jamais oublié de réunir des fonds et des initiatives pour ouvrir une nouvelle route quand un cul-de-sac se profilait à l'horizon. Aujourd'hui, elle devrait connaître chaque ruisseau de la province, chaque vallée, colline et feuille d'herbe. Nous sommes tout à fait persuadés que Mme Monthy, M.J. et les autres mettront leur savoir-faire et leur expérience pour aider la vieille dame à rester debout jusqu'à ce que nous puissions nous revoir.

Mes meilleurs sentiments à elle et à Shamin, Shehnaz, Rashid[1], à ton petit ami[2], bien sûr, à toi.

Envoyez vos lettres en recommandé.

Sincèrement,
Nelson

Mme Fatima Meer, 148 Burnwood, Sydenham, Durban.

1. Les enfants de Fatima Meer.
2. Ismail Meer (1918-2000), le mari de Fatima, homme politique et militant anti-apartheid – voir Glossaire.

À l'officier commandant, Robben Island

[D'une autre écriture et en partie illisible] N. Mandela 466/64

1er décembre 1974

L'officier commandant
Robben Island

À l'attention du col. Roelofse

Je vous serais reconnaissant de m'autoriser à faire appel auprès du directeur de l'Administration pénitentiaire contre votre décision de me refuser la permission :

1. D'écrire au ministre de la Justice pour l'informer de l'agression contre ma maison de Johannesburg le 18 septembre 1974 au cours de laquelle le garage a été cambriolé et la voiture vandalisée.
2. D'écrire au directeur de l'Administration pénitentiaire afin de lui demander les raisons, s'il y en a, pour lesquelles ma lettre au docteur Helen Suzman, membre du Parlement, datée du 1er mars 1974[1], dans laquelle je la félicitais d'avoir obtenu de grade de docteur en droit, a été mise dans mon dossier.

Vous savez que le 13 mai 1974, j'ai écrit et demandé au ministre de la Justice de :

a) donner à ma femme un permis de port d'arme dans un but d'autodéfense ;
b) demander au ministre de la Police de donner l'ordre aux membres de la police sud-africaine, quand ils ont affaire à ma femme, à s'en tenir strictement à l'exécution de leur tâche conformément à la loi ;

1. Voir cette lettre, p. 325.

c) d'utiliser son influence auprès du conseil municipal de Johannesburg afin d'assouplir le contrôle des déplacements intérieurs pour que mon beau-frère puisse vivre en permanence avec ma femme dans notre maison de Johannesburg ;

d) de s'accorder avec le ministère de l'Intérieur pour fournir à ma femme un passeport afin qu'elle puisse aller en vacances à l'étranger ;

e) de s'accorder avec le ministre de la Police pour que des membres de la police sud-africaine gardent la maison chaque jour de 19 heures à 6 heures jusqu'à ce que mon beau-frère ait rejoint ma femme ;

f) de nous accorder à ma femme et moi une visite contact de deux heures pour discuter des problèmes cités ci-dessus.

Le 25 mai, j'ai été obligé d'écrire une seconde lettre au ministre[1] à cause d'une nouvelle agression violente sur ma famille et sur d'autres occupants de ma maison.

Peu de temps après, le directeur de la prison, le lieutenant Terblanche, m'a informé que le ministre avait transmis aux services compétents les questions posées dans mes lettres et que je serais informé en temps voulu des suites données.

En septembre, le lieutenant Terblanche m'a informé que la demande de passeport par ma femme serait étudiée et qu'elle avait la liberté d'en faire la demande au commissaire de la zone urbaine dans laquelle elle réside. J'ai également été informé que le ministre n'avait pas la possibilité de m'accorder une visite contact de deux heures. Bien qu'il se soit passé plus de six mois depuis que cette question a été adressée à l'attention du ministre, je n'ai reçu aucune réponse concernant les demandes faites en *a*), *b*), *c*) et *e*) de la lettre au ministre.

Dans l'intervalle, une nouvelle agression a eu lieu sur ma maison le 18 septembre. Je cite un extrait de la lettre que j'ai reçue de ma femme en date du 29 septembre :

> Nos amis les « Jeunesses bantoues » sont venus nous dire au revoir le 18, en s'en prenant au garage et en emportant la voiture. La seule consolation, c'est qu'ils l'ont rapportée malgré les dommages qu'elle a subis.

1. Voir cette lettre p. 333.

Je cite également la lettre de ma femme du 8 octobre pour vous indiquer le genre de persécution systématique qu'elle a subi, son angoisse et sa crainte pour nos enfants et nos biens pendant que je suis en prison.

> Comme je l'ai dit à la date ci-dessus. J'attends l'attaque des « mâles bantous », un ennemi contre lequel je ne peux rien. Je reste debout parce que sinon le souvenir des chocs brutaux, des vitres cassées, des coups violents contre les portes, etc., me briseraient complètement. J'aimerais penser qu'on ne volera pas de documents ni de vêtements en mon absence. L'horreur que cela puisse arriver à notre maison boîte d'allumettes quand les enfants sont rentrées de l'école est mon plus grand souci.

Je peux aussi citer un passage d'une lettre écrite par ma belle-sœur Mlle Mniki[1] du 7 novembre. Elle et son mari habitent maintenant la maison.

> ... elle (ma femme) nous a demandé de prendre soin et possession de la maison, aussi nous n'avons eu qu'à la prendre, *buti*, il n'y avait pas d'autre choix parce qu'il y avait déjà des complications avec la maison, sinon nous avons connu un moment très difficile.

Au cours de ma carrière professionnelle, avant mon procès et ma condamnation, j'ai eu des entretiens avec des officiels et, en tant que prisonnier, j'ai eu des conversations avec le directeur de l'Administration pénitentiaire, le général Steyn, l'ancien chef de la sécurité, le général Aucamp et d'autres responsables du quartier général, ainsi qu'avec tous les officiers commandants de cette prison depuis 1964. Mon opinion, c'est que l'entretien que j'ai eu avec vous le 23 novembre a été une des expériences les plus frustrantes et les plus embarrassantes que j'ai connues avec un responsable gouvernemental.

Non seulement il y a eu les raisons que vous avez avancées et que j'ai trouvées étonnantes pour refuser ma demande, tout à fait raisonnable et logique, fondée sur des éléments humanitaires, mais il y a eu aussi toute votre attitude en total contraste avec l'approche humaine, réfléchie et éclairée que le général Steyn montre fréquemment devant cette sorte de requête. Il se peut que je me trompe, mais je reste persuadé qu'en tenant compte de toutes les circonstances

1. Nobantu Mniki, une sœur de Winnie Mandela.

il ne m'aurait jamais refusé la possibilité d'informer le ministre de l'agression du 8 septembre contre notre maison et le genre de vie que mène ma femme, même après que j'ai demandé au ministre d'y prêter attention de façon urgente. Aussi je dois vous demander de me permettre d'en informer totalement le directeur de l'Administration pénitentiaire. À en juger d'après la lettre de ma belle-sœur, le fait que ma femme purge actuellement une peine d'emprisonnement est sans aucun rapport avec les agressions d'une nature ou d'une autre qui ont toujours lieu contre la maison.

Le 1er mars 1974, j'ai écrit une lettre au docteur Helen Suzman, membre du Parlement, pour la féliciter d'avoir reçu le titre de docteur en droit. La lettre a été rangée dans mon dossier sur instruction du directeur de l'Administration pénitentiaire (DAP). Aucune raison ne m'a été fournie pour interdire cette lettre. En mai, le colonel Willemse m'a conseillé d'en parler directement avec le DAP en me promettant de lui organiser une visite de la section des cellules individuelles au cours de la session parlementaire. Six mois se sont écoulés et je vous serais reconnaissant que vous me permettiez de discuter de ces questions avec lui par lettre. En particulier, j'aimerais que le DAP me dise :

a) Si j'ai ou non la liberté d'écrire au docteur Suzman. Si, comme l'a suggéré le colonel Willemse, une telle lettre ne peut être écrite qu'avec l'approbation du DAP, j'en fais ici la demande formelle.
b) Si la lettre a été rejetée à cause de son contenu.
c) Pour éviter d'autres malentendus à l'avenir, le directeur pourrait-il me donner les principes sur lesquels le département des Prisons se fonde pour censurer les lettres des prisonniers et les éléments que je dois garder à l'esprit en écrivant des lettres ?

Enfin, le 18 juin, j'ai écrit au directeur du Bureau de West Rand Central qui a remplacé le conseil municipal de Johannesburg pour la direction des townships africains de la zone. Je n'ai jamais reçu d'accusé de réception de cette lettre précise et je vous serais reconnaissant de me dire quand elle a été postée et à quelle adresse elle a été envoyée.

[Signé NR Mandela]
NELSON MANDELA 466/64

À Winnie Mandela, sa femme

[Note en afrikaans d'une autre écriture] Garder 913 [le numéro de dossier de Mandela]

Nelson Mandela 466/64 Groupe A 1.2.75

Dadewethu[1],

C'est la cinquième lettre que je t'écris avant ta sortie de prison[2]. J'ai peur que ma lettre de mars n'atteigne Kroonstad qu'après ta libération, aussi je l'envoie directement à la maison. Je ferai de même avec la lettre d'avril. Mes autres lettres de février ont été adressées à Zeni, Ndindi (la fille aînée de Thembi qui aura neuf ans le 20/2), Sisi Phathiwe et Florence Matanzima[3]. Sisi Phathiwe est Mme Nkala et maintenant directrice du lycée Mditshwa à Ncambele[4] et sans doute la première de la famille Dalindyebo à devenir professeur. Elle était à Shawbury[5]. Comme tu le sais, Florence est notre Molokazana[6].

Dans ma lettre de novembre, j'ai dit à Judy[7] que j'aimerais voir Zeni toute seule dès qu'elle aura seize ans. Je propose que pour son seizième anniversaire tu essaies de faire quelque chose d'un peu différent de

1. « Sœur » en isiXhosa.
2. Winnie Mandela purgeait une peine de six mois dans la prison de Kroonstad pour avoir rencontré une personne interdite de séjour.
3. Une des épouses de K. D. Matanzima.
4. Un village à 20 kilomètres de Mthatha au Transkei.
5. Lycée méthodiste.
6. « Belle-sœur » en isiXhosa.
7. Nombulelo Judith Mtirara est une sœur de Sabata Dalindyebo.

l'habitude, par exemple tuer un mouton et réunir les AmaDlomo et des amis. Tu devrais demander à Kgatho, Jongintaba, Nthato[1], Lily[2], Dorcas[3], Marwede et d'autres. Cela peut lui donner beaucoup de fierté, de confiance en elle et de joie. Mais il faut rester dans une juste mesure. L'anniversaire de ses vingt et un ans est le plus important, quand tu devras la lancer dans la nouvelle vie d'une personne indépendante.

Les visites venues de l'autre côté de la Kei[4] me touchent de façon particulière. Voir la vieille dame[5], Mabel[6], Luvuyo, Bambilanga[7], le chef de Qulunqu[8], George[9] et les autres éveille en moi de chers souvenirs. Mais il y a un vide qui n'a jamais été comblé. Un des espoirs les plus fervents que j'ai entretenus ces dix dernières années est de revoir Amangutyana[10] de Mbongweni, un espoir qui a été ravivé par la visite de Manyawusa[11] et par C.K.[12] lui-même dans la seule et unique lettre que j'ai reçue de Bizana (datée du 12/3/68). Bien sûr Niki, Nali et Bantu[13] sont venues ici, mais il y a tous ces citadins pour qui l'approche et la langue des gens de la campagne sont devenues étrangères. J'ai été tenté de croire que la visite de Nyawza serait la première d'une série qui viendrait d'Amangutyana. J'ai aussi pensé que le 14/10 secouerait Ma[14] et la conduirait aussitôt jusqu'ici. Peut-être est-elle tout à fait au courant de nos faibles espoirs mais je soupçonne que la pauvre âme vit des problèmes formidables. Je n'ai jamais rien reçu d'elle ni de Mpumelelo malgré plusieurs lettres que

1. Nthato Motlana (1925-2008), ami, médecin, homme d'affaires et militant anti-apartheid – voir Glossaire.
2. Lilian Ngoyi.
3. Militante de la ligue des femmes de l'ANC.
4. La rivière Kei, limite du Transkei.
5. Peut-être parle-t-il de sa mère.
6. Mabel Notancu.
7. Nxeko Bambilanga, frère de Sabata Dalindyebo.
8. Qulunqu est un lieu du Transkei.
9. George Matanzima.
10. Membres de la famille de Winnie Mandela qui descendent du clan amaNgutyana.
11. Sibali Nyawuza. Sibali signifie « beau-frère » en isiXhosa.
12. Colombus Kokani Madikizela, le père de Winnie Mandela.
13. Trois sœurs de Winnie Mandela.
14. Il fait sans doute référence à Nophikela Hilda Madikizela, la belle-mère de Winnie Mandela.

je leur ai adressées. Mais il serait malavisé et même injuste d'imaginer qu'elle devrait venir. Ce qu'il y a de beau dans toutes ces choses, c'est de savoir que ceux qui vous connaissent pensent à vous d'eux-mêmes.

Un million de mercis pour la magnifique carte de Noël, presque semblable à celle d'Alan Paton qui est arrivée le même jour. Le reste venait de Judy, Rochelle et ses sœurs[1], Tellie et Mafu[2], Leabie et Hubby[3], Nolusapho, Gwen Gwen Curry, Anne et Benjie[4], Phyllis et les enfants, la famille Mkentane, Monica Kobus, Euphemia Mhlatuzana[5]. Rien des enfants et de Thoko. À part vos cartes, j'espère que vous les avez reçues, j'en ai envoyé à Kgatho et Reyne, aux filles, Maki, Ma [?] et Camagu[6], Ndindi et Nandi, Thoko, Buyelekhaya, Judy et les enfants, Bantu et Earl[7], Lily, Fatima et Ismail et Tim. À propos, dans ma dernière lettre j'ai parlé d'Esther[8], au lieu de Jane, à qui j'avais l'intention d'écrire en mars.

La discrétion de Hans St[9] face aux problèmes de la famille me pose beaucoup de questions. Il y a eu quelques occasions notables dans lesquelles la prudence n'a pas été respectée. Mais j'ai espoir et confiance que cela sera évité à l'avenir. Il y a des choses dans la vie dont les tierces personnes, peu importe qui elles sont, ne devraient pas s'occuper. Incidemment, on peut découvrir que la cellule est un endroit idéal pour se connaître, pour rechercher de façon réaliste et régulière le fonctionnement de son esprit et de ses sentiments. À juger nos progrès en tant qu'individus, nous avons tendance à nous concentrer sur des facteurs externes tels que la position sociale, l'influence et la popularité, la richesse et le niveau d'études. Évidemment,

---

1. Les filles de Nombulelo Judith Mtirara.
2. Un des frères de Winnie.
3. Leabie Makhutsawana Piliso (1930-1997), la sœur de Mandela et son mari.
4. Anne et Benjamin Pogrund, des amis. Anne est une artiste et Benjamin est l'ancien directeur du *Rand Daily Mail* – voir Glossaire.
5. Une amie de Mandela.
6. Makaziwe Mandela (1950-2005), seconde sœur de Mandela – voir Glossaire – et son mari.
7. La sœur de Winnie Mandela, Nobantu, et son mari Earl Mniki.
8. Maleka, militante ANC.
9. Hans Street, où se trouvait la pension de Helping Hand. Winnie Mandela y a habité quand elle est arrivée à Johannesburg en 1953.

ce sont des choses importantes pour mesurer ses propres succès dans le domaine matériel et il est tout à fait compréhensible que beaucoup de gens s'efforcent d'y parvenir. Mais les facteurs intérieurs peuvent être encore plus cruciaux quand on évalue son propre développement en tant qu'être humain. Honnêteté, sincérité, simplicité, humilité, pure générosité, absence de vanité et disponibilité à aider les autres – ces qualités qui sont à la portée de tous – sont les fondements de la vie spirituelle.

Un développement dans des domaines de cette nature est inconcevable sans une sérieuse introspection, sans se connaître soi-même, connaître ses faiblesses et ses erreurs. En tout cas, si elle ne sert à rien d'autre, la cellule donne l'opportunité d'observer chaque jour sa conduite, de surmonter le négatif et de développer ce qui est positif en soi. Une méditation régulière, disons quinze minutes par jour avant d'aller dormir, peut être féconde. Au début, trouver les éléments négatifs de sa vie peut sembler difficile, mais à la dixième tentative la récompense est souvent excellente. Ne jamais oublier qu'un saint est un pécheur qui ne cesse de se réformer.

Tu devrais aussi penser sérieusement à la nouvelle vie que tu vas mener après le 13 avril. La chaleur du soleil qui t'a baignée autrefois peut avoir disparu et l'atmosphère être devenue plus froide et plus sombre que tu peux l'imaginer. Il n'y aura sûrement pas de trompettes pour annoncer ton retour et peut-être même pas âme qui vive pour t'accueillir à la sortie du Fort et des flèches aiguës pourront venir d'endroits inattendus, même de ceux qui t'adorent. Peut-être même que reprendre un ancien travail sera un jalon dans ta vie et les explications les plus élaborées que tu pourras fournir à ceux qui ont été de ton côté seront vaines.

Mais même lors de telles occasions, les possibilités de défi, d'initiative et de succès sont formidables. Les difficultés brisent les uns et construisent les autres. Aucune hache n'est assez tranchante pour couper l'âme d'un pécheur qui n'abandonne pas son effort, quelqu'un qui a l'espoir et la volonté de vaincre à la fin. J'ai toutes les raisons de t'aimer. Des trésors sont enfouis au plus profond de toi et je vis avec l'espoir que tu sauras les libérer un jour prochain. Mes plus tendres pensées sont toujours avec toi.

Un million de baisers et des tonnes d'amour.

Affectueusement,
Dalibunga

Ta lettre de décembre n'est jamais arrivée. Je t'ai écrit chaque mois depuis octobre.

Nkosikazi Nobandla Mandela, c/o Major Van Zyl, prison de femmes, Kroonstad (9500).

Au ministre de la Justice, J. Kruger

12 février 1975

Maître J. Kruger
Ministre de la Justice, des Prisons et de la Police
Pretoria

Cher Monsieur,

Des extraits de votre lettre du 13 janvier 1965, adressée à l'officier commandant m'ont été lus.

Je note *a*) que la demande que j'ai faite pour que ma femme obtienne un permis de port d'arme a été étudiée avec soin mais qu'il vous a été impossible de l'approuver ; *b*) que ma femme ne s'est plainte d'aucun membre de la police sud-africaine (y compris de la Branche de sécurité) et qu'aucun membre de la police sud-africaine (y compris de la Branche de sécurité) n'a été spécifiquement employé pour suivre ses activités ; *c*) que, par manque de personnel, vous n'avez pu donner suite à ma demande que des membres de la police sud-africaine gardent quotidiennement la maison et que, si ma femme considérait qu'une protection était nécessaire, elle pouvait s'adresser à une des nombreuses sociétés privées qui proposent des services de cette sorte ; *d*) que ma demande pour que mon beau-frère soit autorisé à venir habiter avec elle était toujours à l'étude.

En conséquence, je vous serais reconnaissant d'avoir la bonté de reconsidérer votre décision concernant la question du permis de port d'arme.

Étant donné les agressions permanentes dirigées contre ma maison et ma famille, les autorités de la police devraient vraiment s'inquiéter, vu le savoir-faire et l'expérience de la police sud-africaine, bien entraînée, disposant d'importantes ressources et dotée de moyens modernes pour retrouver les criminels, que les coupables impliqués dans ce cas particulier soient encore en liberté. Je n'ai pas d'informations précises pour indiquer qui est réellement responsable de ces persécutions contre ma famille. Quand j'en ai parlé avec vous le 27 décembre 1975[1], vous avez rejeté toute idée selon laquelle la police sud-africaine serait impliquée et, en l'absence de toute preuve matérielle de quelque nature qu'elle soit, je ne pouvais poursuivre dans cette voie. Je dois aussi accepter votre affirmation que, par manque de personnel, la police sud-africaine ne peut garder la maison comme demandé. Mais je ne peux comprendre pourquoi vous refusez d'aider ma femme à se procurer une arme alors que la police est incapable de lui fournir une protection quand sa vie est sérieusement menacée.

Il y a littéralement des milliers de femmes sud-africaines, y compris noires, qui ont légalement accès aux armes à feu bien qu'elles mènent des vies de famille normales et qu'elles bénéficient de la protection d'hommes robustes, dans des quartiers où la police sud-africaine patrouille régulièrement et qui ne sont exposées à aucun danger. Vous semblez même douter que la protection demandée soit jugée nécessaire par ma femme malgré les détails fournis sur ces agressions.

Ayant encore en mémoire la violence des deux dernières agressions en particulier, mon inquiétude pour la sécurité de ma famille n'est absolument pas excessive. La santé de ma femme s'est détériorée et nous savons que les enfants ont du mal à supporter la tension qui leur est imposée. Dans ces circonstances, il me semble que la seule solution est de donner à ma femme un permis de port d'arme. J'ajoute que, même si vous

1. Le ministre de la Justice, James Kruger, a rendu visite à Mandela à Robben Island et lui a proposé de le libérer dans le Transkei à condition qu'il reconnaisse le homeland du Transkei et s'y installe. Dans une conversation avec Richard Stengel, le 22 décembre 1992, Mandela a dit : « J'ai simplement discuté sérieusement de ce sujet et j'ai refusé. Je ne crois pas aux bantoustans, je suis de Johannesburg et je n'irai pas au Transkei » (CD 11, Fondation Nelson Mandela, Johannesburg).

aviez la bonté d'autoriser mon beau-frère à venir la rejoindre, ce que vous ferez j'en suis sûr dès que cela vous sera possible, elle maintiendra sa demande de port d'arme. On ne peut s'attendre à ce que mon beau-frère défende la famille les mains nues contre des brutes armées. Je crois que ma femme est tout à fait disposée à se soumettre à toute condition raisonnable qui lui assure l'obtention du permis. Par exemple, l'arme peut être inspectée dans la maison par la police sud-africaine à sa convenance. Elle serait aussi prête à rendre l'arme chaque jour à la police, à 7 heures du matin pour la reprendre à 17 heures. Cette seconde solution serait très coûteuse et la priverait aussi de moyen de protection au cours de la journée, et j'espère que vous ne l'imposerez pas. Mais il se peut qu'elle soit disposée à accepter même une condition aussi rigoureuse si elle avait la possibilité de se défendre la nuit. Ces conditions seraient en accord avec tout problème de sécurité que la police peut rencontrer. Je dois aussi ajouter que je suis incapable de lui conseiller de prendre contact avec une société privée qui assure des services de cette nature, tout simplement parce qu'elle n'a pas les moyens de payer les honoraires de ce type d'organisation. Elle doit être libérée de prison le 13 avril et je tiens à vous dire qu'elle s'inquiète de rentrer à la maison pour affronter à nouveau les épreuves qu'elle a connues dans le passé si rien n'est fait pour assurer sa sécurité.

J'ai été désolé d'apprendre que vous ne pouviez me donner l'autorisation d'écrire à M. Bram Fischer à propos de sa maladie[1]. Je tiens à vous rappeler à nouveau que c'est un ami de longue date et qu'il a été bon envers moi et [ma] famille de nombreuses façons. On m'a dit que sa maladie est très grave et j'ai peur de ne jamais le revoir. Lui écrire maintenant est peut-être la seule chance qui me reste de lui dire ce que son amitié a représenté pour moi et lui faire savoir qu'à ce moment critique de sa vie ma sympathie et mes pensées sont avec lui. Rien ne lui serait plus doux dans le malheur que les quelques paroles de réconfort et d'encouragement d'un ami. De tels sentiments peuvent lui donner le courage et la force de lutter et peut-être même de l'aider à guérir. Le fait que ma lettre sera soumise à une double censure devrait soulager la crainte

1. On lui a diagnostiqué un cancer en prison.

que quelque chose d'insupportable pour la sécurité puisse passer entre nous. Je laisse à nouveau cette question entre vos mains généreuses.

C'était très aimable de votre part de m'autoriser à acheter le livre de Piet Meiring *Ons Eerste Ses Premiers*[1]. Je suis impatient de le lire. La seule difficulté que je peux rencontrer, c'est que la lecture de ce genre d'ouvrage peut aiguiser l'appétit. Peut-être qu'un jour je serai capable de vous remercier personnellement pour votre geste aimable.

Enfin, j'aimerais que vous sachiez que cela a été pour moi un véritable plaisir d'échanger sur des sujets qui nous concernent. Votre idée selon laquelle les problèmes de notre pays seront résolus par les Noirs et les Bancs ensemble rejoint mes propres conceptions. Menée jusqu'à sa conclusion logique et appliquée objectivement, une telle approche fournit une base solide pour harmoniser les efforts communs de tous les Sud-Africains et pour travailler à des solutions durables. J'espère sincèrement que vos efforts dans ce domaine donneront d'excellents résultats. Mag dit *u goed gaan*[2] !

Veuillez agréer mes salutations distinguées.

[Signé NR Mandela]
NELSON MANDELA 466/64

À Yusuf Dadoo, camarade en exil à Londres

NELSON MANDELA 466/64 GROUPE A

1.11.75

Mon cher Motabhai[3],

Depuis janvier 1973, j'ai écrit 190 lettres à la famille, à des parents et à des amis et, au cours des treize années passées, j'ai amassé une pré-

1. Piet Meiring, *Ons Eerste Ses Premiers. 'n Persoonlike Terugblik* (*Nos six premiers ministres. Rétrospective personnelle*), Le Cap, Tafelberg, 1972.
2. Termes afrikaans qui signifient « Bonne chance ! ».
3. « Grand frère » en gujarati. *Mota* signifie quelqu'un de plus âgé que soi – signe de respect – et Dadoo était appelé Mota.

cieuse fortune de 199 lettres qui contiennent des sentiments d'amour et de dévouement, de solidarité et d'espoir. Certaines sont réalistes et sobres de façon inquiétante, tandis que d'autres sont extrêmement idéalistes.

Te souviens-tu de la Campagne de défi de 1952[1] avec ses mots d'ordre apostoliques « croisée des chemins » et « de notre vie ». Bien sûr que tu t'en souviens. Je peux encore voir [mot très difficile à lire] noir comme de la nicotine en tenue kaki, un bâton à la main, chantant avec sa congrégation ces hosannas vibrants et prêts à marcher jusqu'au ciel. Mes lettres sont riches de tels sentiments.

Ma tante qui m'aime et que je n'ai pas vue depuis vingt ans m'écrit des lettres pleines de vie. « Une tête brûlée est apprivoisée par les siens », dit-elle dans une de ses lettres, et elle me pousse à la soumission dans l'espoir qu'une telle attitude apportera un changement dans le cœur des parties concernées. D'autres se tournent vers la dernière arme à la disposition de ceux qui n'ont aucune suggestion à offrir : ils signalent qu'ils prient sincèrement parce que, prétendent-ils, les dieux ne peuvent abandonner ceux qui recherchent leur protection. La troisième catégorie insiste sur le fait que l'on a cessé d'avoir recours à des occasions formelles et informelles dans le passé et sur ce qui m'a influencé dans les trente années passées. Voici la riche moisson que j'ai récoltée dans la dernière décennie. Mais aucune de ces lettres ne contient une note de désespoir ou de pessimisme, et toutes assurent qu'un jour nous serons de retour pour partager les plaisirs de la vie. Chacune d'elles est un puissant tonique qui maintient mon sang limpide et ma tête claire. Chaque lettre qui arrive me rend plus fort et plus confiant que la veille.

C'est essentiellement pour cette raison que les samedis sont si importants ici. C'est ce jour-là qu'on nous distribue notre courrier.

---

1. Initiée par l'ANC en décembre 1951, et lancée avec le South African Indian Congress, le 22 juin 1952 contre six lois d'apartheid, la Campagne de défi impliquait des individus qui brisaient les lois racistes en entrant dans des lieux réservés aux Blancs (*Whites only*), ne respectant pas le couvre-feu et cherchant à être arrêtés. Mandela fut nommé « volontaire en chef national » et Maulvi Cachalia, adjoint. Plus de 8 500 volontaires furent emprisonnés pour leur participation à la Campagne de défi.

En général, presque tous les regards sont fixés sur la porte principale de la section et les fonctionnaires qui l'apportent sont, pendant un moment, aussi populaires que des stars de cinéma. Quand ils apparaissent, ceux qui d'ordinaire sont lourdauds ou se déplacent comme des pontifes très assurés, deviennent brusquement alertes et prêts à foncer pour voir s'il y a quelque chose pour eux. Des sourires éclairent aussitôt les visages des chanceux, et certains murmurent même une chanson joyeuse. Les autres s'éloignent avec courage en espérant qu'ils auront plus de chance la prochaine fois. Si Matlala, Reggie, Addie et Barbara savaient cela, ils auraient répondu à mes lettres depuis longtemps. Ruth[1] a-t-elle reçu les siennes ?

Un important pourcentage des courriers que j'envoie consiste en lettres de condoléances. Il est possible que la mort ait toujours été aussi commune qu'elle l'est à cette distance et qu'autrefois la pression du travail m'ait laissé peu de temps pour réfléchir à ces questions. Il est possible aussi que les circonstances actuelles fassent que la mort me semble bien plus tragique qu'avant mon séjour en prison. Il est sûr que la perte de certains membres de la famille et autres parents m'a touché très violemment. J'ai aussi été bouleversé par la mort d'amis comme A.J.[2], Amina, Debi, Hymie, Jimmy, Mike, Miriam, Molly et ton successeur, Nana, Z.K.[3] et d'autres dont j'ai gardé de tendres souvenirs. De telles pertes font inévitablement qu'on se sent seul quand on s'est habitué à la vie en groupe. Il m'a été pénible de vivre loin des vieux amis et encore plus dur d'être loin de ceux que je ne reverrai plus.

Dans une lettre que je lui envoie aujourd'hui, je dis à Amina que je me souviens des jours mémorables depuis 52. Bien sûr, je n'ai rien pour aiguillonner ma mémoire – des photos ! Je peux ouvrir le tiroir, j'ai des dossiers que je peux consulter et des repères qui montrent la future direction des affaires. Mais je pense souvent à 46, l'année où Ismail m'a présenté à toi. À propos, lui et moi sommes toujours

1. Peut-être fait-il référence à Ruth First, militante antiapartheid et féministe (1925-1982) qui vivait aussi en exil à Londres.

2. Le chef Albert Luthuli.

3. Le professeur Z. K. Matthews.

en contact comme au temps de l'université[1]. Fatima m'écrit régulièrement et elle est même venue me voir en 73. Je pense à 47, l'année du congrès médical dans lequel, toi, Xuma[2] et Monty[3] étiez les figures dominantes[4]. Est-ce que James s'en souvient encore ? Je me rappelle le jour de 52 dans le Cinéma Broadway quand nous vous avions fait à Dave et à toi des adieux bruyants et tout ce qui a suivi après. Tu connais très bien la suite.

Je pense aux jours à venir, aux problèmes de mise au point et de quelle façon renouer les anciens fils. C'est surtout à cet égard que je n'ai jamais vraiment vécu sur l'Île. Mes pensées ne cessent de voyager du nord au sud du pays, en me remémorant des endroits que j'ai visités. *The Oxford Atlas,* malgré son grand âge – il a été acheté en 63 – est un de mes plus fidèles compagnons et j'ai fini par connaître le monde et mon pays bien mieux que quand j'étais libre.

Mais le but de cette lettre n'est pas de parler de correspondance, d'anciens souvenirs ni de l'*Oxford Atlas,* mais de te dire que je n'ai pas oublié le 5 septembre et te souhaiter un très bon anniversaire. Nous pensons à toi avec plus de fierté que les mots ne peuvent le dire. Les fêtes d'anniversaire que nous organisions pour toi font partie des événements mémorables dont nous parlons souvent avec Ahmed[5]. Nous comprenons trop bien que maintenant il ne t'est peut-être plus possible de fêter ton anniversaire comme d'habitude. Mais, même ainsi, j'espère qu'enfin tu trouves un peu de temps pour réunir quelques amis et vous détendre un peu. J'espère en particulier que toi, les deux Reggie[6] et

1. Il indique à Dadoo, qui était en exil, qu'il est toujours proche d'Ismail Meer.
2. Albert Xuma.
3. Monty Naicker.
4. Il fait vraisemblablement référence au « pacte des médecins » de 1947 signé par les médecins Yusuf Dadoo, Alfred Xuma et Monty Naicker sur la coopération entre l'ANC et le Natal Indian Congress, appelant à la liberté de déplacement, d'éducation et les mêmes possibilités pour tous les « non-Européens » sud-africains.
5. Ahmed Kathrada (1929-2017), membre dirigeant de l'ANC et du Parti communiste sud-africain, compagnon du procès de Rivonia, emprisonné avec Mandela – voir Glossaire.
6. Un des deux « Reggie » dont parle Mandela est sans doute Oliver Reginald Tambo.

le père de Toni[1] vous êtes toujours ensemble comme des quadruplés. C'est ainsi que je pense toujours à toi.

Pour l'amour de Dieu, ne me dis pas que tu as abandonné *l'indlamu*[2] que tu dansais si bien à Soweto dans les années 50. C'est une danse africaine typique – aussi typique que « *Daar kom die Alabama*[3] », le *tickiedraai*[4] et le *bharat natium*[5]. Mais j'aimerais essayer les plus anciennes de nos danses traditionnelles : le *basaxwa*[6] la danse cérémoniale de chasse et le *khoikhoi askoek*[7]. Non seulement ces danses vous maintiennent en forme et intrépides comme nous le souhaitions, mais elles vous donnent une idée plus réaliste qui explique pourquoi les aborigènes aiment autant la vie et pourquoi ils se défendent avec autant d'obstination et depuis si longtemps contre les vicissitudes de la nature et de la folie humaine.

Enfin, je veux te rappeler les nombreux liens qui nous maintiennent ensemble, dont le moindre n'est pas ta Winnie[8] – les plus belles créatures de la terre. À nouveau bon anniversaire. J'espère te voir un jour prochain. Dans cette attente, je t'envoie mon meilleur souvenir et tous mes vœux pour ta Winnie, pour Shiren[9] et tout le monde.

Amicalement,
Nelson

M. Mota D, Mothabhai[10], c/o Mme Amina Cachalia, PO Box 3265, Johannesburg.

1. Mandela fait peut-être référence au camarade Rusty Bernstein (1920-2002) – voir Glossaire – qui a été acquitté au procès de Rivonia. Sa fille se prénommait Toni.
2. Danse traditionnelle zouloue.
3. Chanson populaire sud-africaine.
4. Danse traditionnelle afrikaans.
5. Danse traditionnelle indienne.
6. Danse traditionnelle de chasse et de réunion du peuple san.
7. Pas de danse des Khoï.
8. Leurs deux femmes se prénomment Winnie.
9. La fille de Yusuf et Winnie Dadoo.
10. En utilisant le surnom de Dadoo, Mandela essaie de déguiser son identité.

À l'officier commandant, Robben Island

Nelson Mandela 466/64

Re Flacon

Ce que le major Sandburg demande, c'est une interdiction parce que je réclame à nouveau un flacon pour raisons médicales.

Il devra résoudre lui-même le problème de deux flacons.

[Signé NR Mandela]
15.12.75

[signé d'une autre écriture et daté du 5.12.76]

À Fatima Meer, amie et camarade

NELSON MANDELA 466/64 1.1.76

Wahali Fatimaben,

Une bonne tête et un bon cœur forment toujours une formidable association. Mais quand on ajoute à cela une langue ou une plume instruite, on a quelque chose de très particulier et une histoire simple qu'on a déjà entendue évoque soudain des leçons de morale de grande portée. Si je m'intéresse à la mythologie ? J'essaierais même la magie si tu me le demandais. Quant à la mythologie, mon intérêt dans ce domaine est une longue histoire, ma mère m'en a nourri dès les premiers jours de mon enfance. J'en ai beaucoup étudié au collège mais en dehors de la salle de lecture, elle peut devenir plus stimulante et passionnante et c'est pour cela que j'ai trouvé ton sujet tout à fait captivant.

Un élément du passé ne peut être complètement éliminé par des affirmations faites après qu'un événement significatif a eu lieu. Mais j'aimerais que tu saches que depuis octobre 1974 j'ai beaucoup réfléchi à l'idée de la déesse Zamona descendant dans le troisième ciel et cela m'a préoccupé. Ce n'était alors rien d'autre qu'une simple lubie qui allait et venait comme le vent et je n'y attachais aucune espèce de signification. Ce n'est que lorsque j'ai reçu ta merveilleuse lettre et celle de Zami que l'idée m'est venue qu'il s'agissait ou non d'une prémonition. Nous ne devrions peut-être pas continuer sur ce sujet à moins de terminer dans le monde surnaturel.

Il suffit de dire que cette histoire particulière, racontée avec une habileté caractéristique, a chassé tout le pessimisme qui pouvait découler de la croyance selon laquelle toute la lumière avait été épuisée par les Voras, Kolas, Hadas, Kalas et Biharas, et que les esprits du mal sont invincibles. La simple leçon des religions, de toutes les philosophies et de la vie elle-même, c'est que même si le mal peut se déchaîner temporairement, le bien remportera les lauriers au bout du compte. Ton histoire exprime parfaitement cette vérité. J'ai toujours considéré la multiplicité des dieux de la mythologie grecque comme une autre manifestation de la pensée très répandue selon laquelle le destin de toute affaire humaine ou naturelle est dans les mains de divinités dont l'excellence surhumaine est une source d'inspiration et d'espoir pour la création – excellence qui, à la fin, dirigera le monde.

Nous avons été élevés dans des familles religieuses et avons étudié dans des écoles missionnaires ; un conflit spirituel très vif s'est déclaré en nous quand nous avons vu la vie, que nous considérions comme sacrée, être défiée par de nouvelles philosophies et quand nous avons réalisé que, parmi ceux qui méprisaient nos croyances comme de l'opium, il y avait des hommes à la pensée claire dont l'intégrité et l'amour de leurs concitoyens ne faisaient aucun doute. Mais, au moins, il y avait une chose qu'acceptaient à la fois ceux qui croyaient aux écritures et les athées : cette foi en l'existence d'être dotés de pouvoirs surhumains indiquait quels hommes ils voulaient être et comment au cours des siècles ils avaient combattu contre toutes les formes du mal et pour une vie vertueuse.

Tu dis que les mythes ne doivent pas être pris pour argent comptant et que de grandes leçons de morale sont sous-jacentes. Je suis entièrement d'accord et quels qu'aient pu être les changements intervenus dans ma façon de voir les choses, je comprends comme jamais auparavant le rôle dynamique de la mythologie dans l'exposition des problèmes humains et dans la formation du caractère de l'homme. Il y a quelques années, je feuilletais une étude des œuvres d'Euripide, de Sophocle et d'autres auteurs grecs, et j'ai lu une déclaration établissant que, selon un principe de base dont nous avons hérité de la philosophie de la Grèce antique, un homme véritable restait fermement sur ses pieds et ne pliait jamais le genou, même devant une divinité. Le passage du temps a tendance à brouiller des enseignements immortels comme celui-ci et ton histoire a fait renaître mon intérêt pour l'abstraction symbolique. Si j'avais accès aux Veda[1] et Upanishad[2], j'y plongerais avec grand plaisir. Je crois que Chota et Choti[3] sont partis pour La Mecque. Il est peut-être temps pour Ismail[4] d'abandonner son cher rosier et de partir lui aussi en pèlerinage. J'espère avoir bientôt de tes nouvelles.

Le 27 décembre, j'ai passé un moment merveilleux avec Zeni et Zindzi. Je voyais Zeni pour la troisième fois et la plus jeune pour la première fois depuis 62. Elle a une belle ardeur et j'espère qu'elle saura l'exploiter pleinement. Elles m'ont raconté qu'avec Maman elles ont passé un week-end formidable avec toi et Ismail et elles espèrent vous revoir, cette fois un peu plus longtemps. Elles m'ont dit aussi que tu avais pris quelques kilos mais que tu restes toujours aussi agile et charmante. Je suis heureux de savoir que Zami peut maintenant se déplacer librement et voir de vieux amis. Ta suggestion que toi et elle, vous pourriez aller en Inde et en Grande-Bretagne a tout mon soutien, même si je doute beaucoup qu'elle obtienne les papiers nécessaires pour le voyage. Emmener les filles serait trop coûteux et je suggère

1. Les plus anciens textes hindous écrits vers la fin du second millénaire av. J.-C.

2. Écrits entre 600 et 900 av. J.-C, ils constituent une section de la littérature védique et sont considérés comme les plus anciens textes philosophiques.

3. Le docteur Mahomed « Chota » Motala (1921-2005), membre du Natal Indian Congress. Sa femme était Rabia « Choti » Motala. Ils étaient de Pietermaritzburg. Dans la mythologie hindoue, Chota est le plus jeune homme et Choti la plus jeune femme. Comme on appelait Motala Chota, sa femme est devenue Choti. Chota Motala était un parent d'Ismail et Fatima Meer.

4. Ismail Meer.

que vous les laissiez en Afrique du Sud. Elles sont jeunes et leur chance viendra en son temps. Je n'ai jamais su comment finir une lettre à un couple qui a été aussi merveilleux pour moi et ma famille. Dire simplement « merci beaucoup » semble formel et plat. Peut-être que rien ne peut exprimer ce que vous signifiez pour nous dans cette difficulté perpétuelle.

Mon amour et mon tendre souvenir à Ismail, aux enfants et à toi.

Fidèlement,
Nelson

Mme Fatima Meer, c/o Nobandla Mandela, Maison n° 8115 Orlando West, PO Phirima [1988].

Au directeur de l'Administration pénitentiaire

[D'une autre écriture] 466/64 Nelson Mandela – lettre spéciale à propos de ses études

23 janvier 1976

Le directeur de l'Administration pénitentiaire
Courrier privé
Pretoria

À l'attention du général Du Plessis

On vient de m'informer de votre refus relatif à ma demande de terminer la dernière année de la licence en droit de l'université de Londres ou de l'université de Witwatersrand ou de l'université d'Afrique du Sud[1]. En conséquence je vous serais reconnaissant d'avoir la bonté de rouvrir le dossier et de me permettre de continuer avec l'Unisa.

1. Il demande aux autorités de continuer à étudier pour sa licence en droit.

J'espère qu'en étudiant cette requête, vous prendrez en compte le fait que, bien qu'ayant suivi ces cours de licence en droit à l'université de Londres pendant les douze dernières années, j'ai eu des difficultés considérables à obtenir la littérature prescrite et ceci a été la cause réelle de mes résultats négatifs. Malheureusement, même quand j'ai obtenu ces ouvrages, j'ai rencontré de gros problèmes administratifs pour envoyer de l'argent à Londres, en particulier au cours des trois dernières années. Cette demande n'est absolument pas adressée dans un esprit de critique mais uniquement pour que vous la considériez dans son véritable contexte.

En outre, j'aimerais signaler que le doyen de la faculté de droit est disposé à m'octroyer une dispense pour les sept derniers sujets et je pourrais compléter le cours en quatre années. En conséquence, je serais heureux que vous m'accordiez la permission de m'inscrire.

[Signé NR Mandela]
NELSON MANDELA 466/64

À D. B. Alexander, mère d'un ancien prisonnier, Neville Alexander

[La première et la dernière phrase de cette lettre sont traduites de l'afrikaans]
Nelson Mandela 466/64 Groupe A 1.3.76

Kgaitsedi[1],

Tu es souvent dans mes pensées et cela me fait du bien de t'écrire et de t'adresser mes meilleurs vœux.

Il y a quelques années, j'ai été très inquiet quand j'ai appris que tu n'étais pas en bonne santé. Mais j'avais confiance, la femme qui a donné naissance à des enfants aussi adorables que Myrtle, Dorothy, Janette, Boy et Edward[2] se relèverait et redonnerait du courage à tous ceux

1. « Ma sœur », à la fois en seSotho et en seTswana.

2. Le deuxième prénom de Neville était Edward et il avait cinq enfants. Mandela fait sans doute référence à lui comme Edward plutôt que Neville afin de ne

qu'elle rencontrerait. Maintenant qu'Edward et Dorothy sont revenus de vacances[1], j'espère que tu iras encore mieux.

Aujourd'hui, j'ai écrit et dit à une amie qui m'avait envoyé des cartes de Noël l'an dernier que j'avais espéré lui en envoyer une, mais je n'ai pas pu le faire parce que la famille est dispersée et elle a monopolisé toutes mes cartes. C'est ce que je voulais te dire à toi aussi. Je suis sûr que tu accepteras cette lettre brève dans l'esprit où elle a été écrite. Elle contient tout mon amour et mes remerciements.

Un de mes plaisirs favoris est d'examiner toutes celles que j'ai reçues au cours des années précédentes, et l'autre jour je regardais celle que tu m'as envoyée en décembre dernier. On y lit quatre mots imprimés auxquels tu en as ajouté trois d'une écriture claire et ferme. Cette économie dans les mots est caractéristique de tous les messages saisonniers que j'ai reçus de toi et pourtant ils sont chargés de chaleur et d'inspiration et, chaque fois, je me sens plus jeune que *kleinseun*[2] Leo. *Dankie Schwester*[3] !

Es-tu allée à Cradock[4] récemment ?

Rendre visite à ce monde te rappellera tes jeunes années et soulagera tes poumons de l'air vicié de la ville. J'espère aussi que tu es toujours en contact régulier avec les enfants. Ils doivent te manquer, en particulier Janette et Leo. J'espère que le projet de recherche d'Edward se passe bien et que ses découvertes seront aussi intéressantes et prometteuses que tout ton travail universitaire[5]. Transmets tous mes sentiments aux enfants et remercie Gwen pour la carte de décembre 74.

---

pas alerter les autorités sur le fait qu'il parle d'un autre prisonnier, ce qui n'est pas permis.

1. Neville Alexander a été libéré en avril 1974. Il a été mis en résidence surveillée jusqu'en 1979. Mandela fait probablement référence à sa sortie de prison comme des « vacances » afin que les autorités ne comprennent pas qu'il écrit à la mère d'un autre prisonnier.

2. « Petit-fils » en afrikaans.

3. « Sœur » en allemand.

4. La ville du Cap-Oriental où Neville Alexander est né.

5. Avant d'être emprisonné, Neville Alexander a passé un doctorat à l'université de Tübingen en Allemagne. En 1979, il l'a publié sous le titre *One Azania, One Nation. The National Question of South Africa* (Londres, Zed Press), écrit sous le pseudonyme No Siswe parce qu'il était sous le coup d'une interdiction.

Je te souhaite une bonne santé et de la chance pour 76 et pour les années à venir. Avec mon amour.

Affectueusement,
Nelson

Mme D. B. Alexander
n° 2, First Avenue
Lotus River
Grasy Park (7800) Le Cap

À Felicity Kentridge, avocate et épouse de l'avocat Sydney Kentridge[1]

Nelson Mandela 466/64 Groupe A Robben Island

9.5.76

Chère Felicity[2],

Ma petite-nièce, Xoliswa Matanzima, Deckerts Hill, PO Qamata [5327], fille du Premier ministre du Transkei[3], fait actuellement ses études à Fort Hare, en dernière année de droit. Elle a l'intention de séjourner deux ans en Amérique pour revenir ensuite passer sa licence en droit.

Son père n'est pas très satisfait qu'elle fasse du droit et il affirme que les femmes n'ont pas particulièrement réussi dans ce domaine. Cependant, elle est bien décidée à faire une carrière de juriste et la famille m'a demandé mon avis. C'est un domaine que j'ai quitté il y a seize ans et mes conceptions sont dépassées. Mais je n'ai jamais considéré

1. Felicity (1930-2015) et Sydney Kentridge (1922-) étaient avocats. Sydney faisait partie de l'équipe de défense dans le procès de la trahison. Ils se sont installés à Londres dans les années 1970.

2. Mandela a établi une liste de correspondants qu'il a remise dans cette lettre à poster le 9 mai ; elle lui est revenue le 4 juin ; il l'a réécrite et remise pour qu'elle soit postée le 21 juillet. Elle lui a finalement été retournée le 9 août « parce que la personne était maintenant refusée ».

3. K. D. Matanzima.

les femmes moins compétentes que les hommes dans cette profession et dans beaucoup d'autres, ni soumises à ce que dira leur père, et j'ai encouragé Xoliswa à devenir avocate. Pourtant j'ai dit à la famille que je solliciterais votre opinion et j'étais sûr que ce serait d'une grande aide pour elle et apprécié par la famille.

Quand ma lettre a été envoyée à Qamata[1], j'ai été décontenancé d'apprendre que vous vous étiez retirée du barreau pour devenir femme au foyer. Avez-vous oublié que l'an dernier c'était 75, quand les femmes ont décidé de se lever et de se libérer de la tyrannie des mâles ? Heureusement, j'ai aussi appris que Sidney [*sic*] est devenu un internationaliste. Comment décrire autrement un homme de Johannesburg qui a fait des conférences à Harvard et dont on m'a dit récemment qu'il avait participé à un arbitrage international à Paris ?

Vous avez réussi dans l'exercice de votre métier au barreau et ailleurs, et vous et votre famille, vos parents et vos nombreux amis avez toutes les raisons d'être fiers de lui. Il nous a fait une extraordinaire impression pendant les jours passés à la synagogue[2] et je suis heureux de noter qu'il a été à la hauteur des attentes qu'il avait fait naître chez ceux qui, à l'époque, admiraient son talent.

Quand je vous ai rendu visite à la fin des années cinquante, vous aviez un enfant, un beau garçon[3]. Vous et Sidney [*sic*] n'avez pas eu la cruauté de le condamner à une vie de solitude en le privant du plaisir et de la confiance qu'il a maintenant avec une sœur ou un frère[4]. Aujourd'hui, il doit fréquenter l'université et être une source de fierté et de joie pour vous deux.

Je me souviens très bien de la dernière fois où je vous ai vue en juin 64, quand vous sembliez collée à votre siège dans le box des jurés en écoutant attentivement, comme une profane qui assiste à ce genre de procédures pour la toute première fois de sa vie. J'attends de vous revoir,

1. Qamata est une petite ville qui faisait partie autrefois du Transkei et auparavant du Western Thembuland. Elle est à environ 830 kilomètres de Johannesburg en voiture.

2. L'ancienne synagogue de Pretoria qui a servi de tribunal en 1956 lors du procès de la trahison dans lequel Sydney Kentridge était un des avocats de la défense.

3. William Kentridge (1955-), un des plus célèbres acteurs et réalisateurs de cinéma d'Afrique du Sud.

4. Les Kentridge ont eu quatre enfants.

vous, Sidney[1] [*sic*] et votre fils en espérant vous serrer chaleureusement la main et vous dire : merci. Dans cette attente, je vous envoie à vous et à votre famille mes souhaits les plus sincères et mon meilleur souvenir,

Sincèrement,
Nelson

Mme Felicity Kentridge, c/o Nkosk Nobandla Mandela, 8115 Orlando West, PO Phirima [1848] Johannesburg.

En Afrique du Sud, l'année 1976 a été marquée par un malaise grandissant parmi la jeunesse, frustrée de voir le manque de résistance de leurs parents face à l'apartheid. Le tour de vis des années 1960, suivi de l'arrestation et de l'emprisonnement de toute une série de combattants pour la liberté, était censé avoir supprimé de façon permanente l'opposition au régime. La naissance du mouvement Black Consciousness à la fin des années 1960 a culminé avec le soulèvement des élèves et des étudiants de Soweto, le 16 juin 1976, contre un projet selon lequel l'enseignement des Noirs se ferait en afrikaans, la langue de l'oppresseur. La police répondit aux manifestations pacifiques par des tirs à balles réelles, tuant des centaines de jeunes. D'autres centaines furent arrêtés et un très grand nombre d'entre eux furent condamnés à des peines de prison. Les autres allèrent grossir les rangs des mouvements de libération en exil. Coupés de toute nouvelle jusqu'en 1980, les prisonniers de Robben Island ne découvrirent ce qui s'était passé en juin 1976 que lorsque les premiers jeunes arrivèrent pour purger des peines de prison.

La longue lettre qui suit, adressée aux autorités de la prison, détaille les abus continuels. Elle montre aussi la façon dont Mandela essaie d'améliorer les conditions de tous les prisonniers, y compris ce nouveau groupe de jeunes gens en colère. Lui et son camarade Walter Sisulu ont fait de gros efforts pour calmer les plus excités en leur conseillant une façon plus sûre de survivre à leur incarcération[2].

1. Sydney Kentridge était un ami de certains avocats de la défense dans le procès de Rivonia en 1964.
2. Ahmed Kathrada et Sahm Venter, *Conversations with a Gentle Soul*, Johannesburg, Picador Africa, 2017, p. 87.

À l'officier commandant, Robben Island

12 juillet 1976

L'officier commandant
Robben Island

À l'attention du colonel Roelofse

La lettre ci-jointe est destinée à attirer l'attention du directeur de l'Administration pénitentiaire, le général Du Preez, et je vous serais reconnaissant si vous pouviez l'approuver et la lui transmettre.

Je la mets dans une enveloppe fermée qui vous est adressée et marquée « Confidentielle et à l'attention du colonel Roelofse ». Mais quand je l'aurai transmise au fonctionnaire en charge de la section, je n'aurai plus aucun contrôle sur elle et je ne peux garantir qu'elle vous sera remise dans l'état où je l'ai donnée.

[Signé NR Mandela]

Au directeur de l'Administration pénitentiaire

12 juillet 1976

Le directeur de l'Administration pénitentiaire
Pretoria

À l'attention du général Du Preez

Je dois attirer votre attention sur les abus d'autorité, les persécutions politiques et autres irrégularités, commis par l'officier commandant de cette prison et par des membres de son personnel. Bien que cette lettre exprime des plaintes de nature personnelle, certaines affectent aussi d'autres prisonniers et, en conséquence, il peut être nécessaire de mentionner certains noms pour illustrer ces irrégularités.

Au cours des quatorze années de mon incarcération, j'ai essayé, du mieux que je le pouvais, de collaborer avec tous les membres du personnel, depuis le directeur de l'Administration pénitentiaire jusqu'au gardien de la section, tant que cette collaboration ne remettait pas en cause mes principes. Je n'ai jamais considéré un homme comme m'étant supérieur, dans ma vie à l'extérieur ou à l'intérieur de la prison, et j'ai offert cette coopération en pensant que cela ferait naître des relations harmonieuses entre prisonniers et gardiens et contribuerait au bien-être de tous. Mon respect pour l'être humain est fondé non sur la couleur de la peau ni sur l'autorité dont il peut être dépositaire, mais seulement sur le mérite.

Bien que je ne partage pas l'approche du général Steyn sur les problèmes majeurs de ce pays et sur la politique du département des Prisons, je ne le respecte pas moins comme responsable de ce département et en tant qu'individu, et je n'ai jamais eu l'occasion de mettre en cause son intégrité. Même si je pense qu'il pourrait avoir fait davantage pour améliorer le bien-être des prisonniers, ici et ailleurs dans le pays, sa façon d'être, courtoise et sans prétention, m'a permis d'aborder facilement avec lui des sujets délicats et, malgré nos désaccords, de temps en temps, à propos de décisions qu'il avait prises sur diverses questions, il s'est souvent montré prêt à fournir des explications raisonnables de ses choix.

J'ai rencontré votre prédécesseur, le général Nel, quand il est venu sur l'Île en 1970, avec M. Denis Healey et, gardant en mémoire les quelques remarques que nous avions échangées à cette occasion, je n'ai aucune raison de penser qu'à la tête de ce département il n'a pu appliquer les mesures prises par son prédécesseur sur la façon de régler les problèmes que j'ai portés à sa connaissance. Malheureusement, je n'ai pas eu le plaisir d'avoir un entretien avec vous mais j'ai pensé que, suite à cette lettre, vous ferez tout ce qui est en votre pouvoir pour apaiser les relations prisonniers-gardiens et pour améliorer notre bien-être.

J'ai eu pas moins de trois entretiens avec le général Du Plessis, le chef de la section sécurité et, malgré le fait que pas une seule de mes réclamations n'ait été entendue, il a néanmoins donné des explications correctes de ses actions et il a défini la politique du Département sur les questions dont nous parlions, aussi patiemment que le temps le permettait.

D'après ce que je comprends, une des principales fonctions de ce département est de maintenir l'ordre, la discipline et une administration correcte dans les prisons. En termes de règlements de la prison, une attention spéciale sera portée à la préservation de bonnes relations entre un prisonnier et sa famille dans l'intérêt des deux parties. Cet objectif est normalement atteint par des visites, des lettres, des télégrammes et des cartes d'anniversaire, de Pâques et de Noël.

Une administration publique est créée par une loi et devrait être dirigée en accord avec les réglementations légales. Les activités des fonctionnaires et des prisonniers dans chaque domaine devraient être fondées sur des règles facilement vérifiables et, même quand les fonctionnaires sont dépositaires d'une grande autonomie sur un point particulier, le respect des principes d'une justice naturelle exigerait une indication claire des considérations prises en compte dans l'exercice de cette autonomie. Cette règle est observée dans de nombreux pays du monde par les institutions publiques qui traitent de problèmes humains afin de supprimer ou de minimiser les dangers de l'injustice par malice, caprice, arbitraire, corruption, mesquinerie et autres motifs condamnables.

Les actes de l'officier commandant et de son équipe mentionnés ci-dessous n'ont rien à voir avec le maintien de l'ordre, de la discipline et l'administration normale d'une prison, ni avec le développement de relations harmonieuses entre les prisonniers et le personnel, de tels actes sont aussi incompatibles avec la préservation de bonnes relations entre un prisonnier et sa famille et constituent un abus d'autorité, une forme de persécution et de vengeance politique.

L'absence de règles clairement définies qui expliquent comment l'autonomie dont bénéficient les membres locaux du personnel doit être exercée dans les cas particuliers indiqués ci-dessous, leur a donné un large champ d'application par malveillance, arbitraire et autres motifs malhonnêtes.

En plusieurs occasions, j'ai tenté en vain d'attirer l'attention du colonel Roelofse sur ces différents problèmes et c'est parce que lui et la direction de la prison, le lieutenant Prins et le membre du personnel en charge de la censure, le gardien officier Steenkamp, n'ont pas fait preuve des hauts principes de moralité exigés de ceux à qui on confie la charge de diriger une administration publique, que je me vois contraint de porter cette affaire devant vous.

1. Abus d'autorité
   a) Le 27 décembre 1974, le ministre des Prisons, l'avocat J. T. Kruger, en présence du directeur de l'Administration pénitentiaire, m'a donné la permission d'acheter le livre de Piet Meiring *Ons Ses Eerste Premiers*[1] et, en même temps il a informé l'officier commandant qu'il n'y avait rien dans le livre qu'il considérait comme condamnable. Suite à cette autorisation, j'ai commandé le livre mais, comme il était épuisé à l'époque, il n'est arrivé sur l'Île que le 16 février de cette année. Malgré le fait que cette permission de me procurer ce livre m'avait été donnée par le ministre en personne, et malgré les efforts répétés de ma part pour l'obtenir, l'officier commandant ne m'a donné l'ouvrage que le 27 avril, exactement deux mois et onze jours après sa réception. On ne me l'aurait probablement jamais donné si le général Du Plessis n'était pas intervenu en mon nom.
   b) Le colonel Roelofse et le lieutenant Prins ont tous deux pratiqué systématiquement du racisme envers des prisonniers de la section des cellules individuelles et ont essayé de créer des sentiments d'hostilité entre nous.
      (I) Cette année, lors de la rencontre du bureau de la prison, l'officier commandant a demandé à un prisonnier métis (*coloured*) ce qu'il pensait du niveau de civilisation des « bantous » de la section et comment les prisonniers métis s'entendaient avec les Bantous[2]. Quand ce prisonnier a répondu

1. Voir sa lettre au ministre de la Justice du 12 février 1975, p. 358.

2. C'est-à-dire les Noirs. Le mot « bantou » vient de *abantu* qui signifie « peuple ». On peut le considérer comme une insulte dans un contexte où il est utilisé comme une description raciale. Sous l'apartheid, on s'en servait pour désigner les Africains.

que ses collègues africains étaient instruits et cultivés, qu'il avait pour eux le plus grand respect et qu'ils s'entendaient bien, le commandant a fait des remarques désobligeantes en décrivant les Africains comme issus d'un bas niveau de civilisation et comme des gens qui parcouraient le pays à demi nus.

(II) En de précédentes occasions, le gardien-chef a fait des remarques à deux prisonniers indiens, leur disant à deux reprises que les Africains n'étaient pas civilisés et que, lorsqu'ils seraient au pouvoir, ils attaqueraient les Blancs, ainsi que les métis et les Indiens et il a insisté en leur disant que les Indiens avaient intérêt à rejoindre les Blancs. À l'un d'eux, il a ajouté que sur ces sujets, il avait toujours pensé ainsi d'un point de vue politique.

Il est dangereux de confier à des membres du personnel qui tiennent des propos racistes la tâche d'améliorer le bien-être des prisonniers, et c'est de leur part un abus d'autorité de tirer avantage de leur position pour tenter de créer des sentiments d'hostilité parmi les prisonniers appartenant à différents groupes de population. Nous rejetons totalement l'apartheid sous toutes ses formes et l'officier commandant n'a absolument pas le droit d'essayer de nous vendre une idée que nous considérons comme diabolique et dangereuse.

À ce sujet, j'aimerais ajouter que la conduite de ces membres du personnel n'est pas seulement déplacée mais pour le moins contraire à la politique officielle déclarée. Les porte-parole du gouvernement, y compris le Premier ministre, n'ont cessé de rejeter l'idée qu'un des groupes de la population soit supérieur aux autres.

2. <u>Interférence déplacée avec les relations sociales</u>

a) Ma plus jeune fille, Zindziswa, m'a envoyé des photos en trois occasions différentes, une que j'ai effectivement vue dans mon dossier de 1974 quand le général Du Plessis et moi nous recherchions une lettre que j'avais écrite à l'ancien ministre de la Justice. Quand j'ai demandé qu'il me donne cette photo, il m'a répondu que nous devions chercher une chose à la fois pour la journée. Je n'ai pas insisté. Plus tard, quand j'ai redemandé la photo, elle avait disparu.

Je l'ai signalé au lieutenant Terblanche, alors responsable de la prison, qui m'a dit qu'il allait faire une enquête. Plus tard, j'ai reçu deux autres lettres dans lesquelles ma femme me disait que ma fille m'avait envoyé d'autres photos. Comme je ne les avais pas reçues, j'ai immédiatement porté l'affaire devant le lieutenant Prins. Bien que je lui en aie parlé deux fois par la suite, je n'ai plus eu de nouvelles de lui.

Je peux ajouter que je n'avais jamais eu de problèmes avec les lettres de mes filles jusqu'à ce que Zindziswa se plaigne aux Nations unies de la persécution systématique de sa mère par le gouvernement et je crois que les difficultés apparues depuis avec sa correspondance qui m'était destinée et celle de sa sœur aînée, Zenani, est un acte de malveillance de la part de l'officier commandant, agissant avec la Police de sécurité.

b) En janvier de cette année, mes deux filles m'ont envoyé des lettres recommandées. Bien que le lieutenant Prins et le sergent Fourie du Bureau de censure m'aient assuré qu'elles n'étaient pas arrivées, on m'avait déjà donné la même information avant et j'avais découvert plus tard qu'en réalité les lettres avaient déjà été reçues alors qu'on me donnait les mêmes assurances.

c) Deux enfants qui habitent avec ma femme m'ont également envoyé deux lettres recommandées à peu près à la même époque. Un mois ou deux plus tard, ma femme m'en a informé et le sergent Fourie m'a assuré – comme d'habitude – qu'on ne les avait pas reçues. Je l'ai averti de la gravité qu'il y avait à me dire une contrevérité concernant des lettres recommandées et je lui ai demandé de chercher mieux. Plus tard, il m'a dit qu'il avait vérifié comme je le lui avais demandé mais il a répété ce qu'il m'avait déjà dit.

J'ai alors porté l'affaire devant le lieutenant Prins qui a reconnu par la suite que les lettres étaient bien arrivées quelques semaines avant que j'en parle au sergent Fourie. Le lieutenant Prins m'a alors informé officiellement que les lettres ne me seraient pas remises parce qu'elles étaient militantes et écrites par des enfants qui ne me connaissaient pas. Une est en relation avec ma femme et j'étais déjà en prison quand elle est née. L'autre n'avait que cinq ans quand j'ai été condamné. Le lieutenant Prins a refusé de me dire pourquoi le sergent Fourie m'avait donné de fausses explications à propos de ces lettres. Exactement la même chose s'est produite avec les lettres de Mme Adelaide Joseph[1] et à nouveau les deux fonctionnaires indiqués ci-dessus étaient impliqués.

d) Les lettres écrites par ma femme à son cousin, M. Sandi Sejake, également dans cette section, et celles qu'il lui a écrites, ne sont pas arrivées à destination.

e) Il y a de nombreux cas de cette nature mais j'aimerais citer celui de mon codétenu Theophilus Cholo, condamné en 1973, et qui, depuis, n'a reçu aucune visite de sa femme, leur unique moyen de contact étant les lettres. La dernière qu'il a reçue d'elle date de février de cette année et en mai le lieutenant Prins a refusé de lui donner une lettre de trois pages envoyée par sa femme sous prétexte que son contenu était contestable et en même temps il lui a interdit de dire à sa femme que sa lettre ne lui avait pas été remise. Je considère aujourd'hui que les informations mensongères régulièrement fournies par le personnel local à propos de notre correspondance et les prétendues objections concernant le contenu des lettres ou les personnes qui les ont écrites, ne sont que les éléments d'une technique visant à nous priver du droit légal de préserver de bonnes relations entre nous, nos familles et nos amis.

3. La censure sur le courrier expédié

Les exemples qui suivent démontreront le genre de difficultés que nous rencontrons à cause d'une suspicion excessive de la part des

1. La femme de Paul Joseph (1930-), une militante politique sud-africaine exilée à Londres. Quand Mandela a été arrêté en 1962, elle lui a apporté de la nourriture en prison.

membres de votre personnel et peut-être même leur difficulté à comprendre le langage et ce qu'il exprime.

a) Le 1er juillet 1975, j'ai envoyé une carte d'anniversaire à un ami trentenaire et je terminais ainsi mon message de félicitations en écriture scripte : « Me-e-e-i Bra-a-a ! », ce qui est une déformation de l'afrikaans « My Broer », une forme de salut couramment utilisée par les jeunes citadins d'aujourd'hui. On m'a demandé de réécrire la totalité du message et de ne pas utiliser les mots cités ci-dessus. J'ai demandé qu'on m'explique pourquoi j'étais obligé de faire une dépense inutile pour acheter une nouvelle carte.

b) Comme cela s'est souvent produit dans le passé, la carte d'anniversaire que j'ai envoyée à ma fille Zindziswa, l'an dernier, le 1er décembre, ne lui est pas parvenue. Le 1er février, j'ai écrit à ma femme :

> Ce sont les seules occasions où je souhaite que la science invente des miracles et fasse que ma fille reçoive sa carte d'anniversaire disparue et que j'aie le plaisir qu'elle sache que son Papa l'aime, pense à elle et fait des efforts pour la contacter chaque fois que cela est nécessaire. Il est significatif que ses tentatives répétées pour me joindre et les photos qu'elle m'a envoyées aient disparu sans laisser de traces.

À nouveau, on m'a donné l'ordre de supprimer ce passage et quand j'ai demandé une explication au sergent Steenkamp, il m'a dit d'une manière impolie que la lettre ne partirait pas si je ne la réécrivais pas.

c) Ma fille Zindziswa joue au rugby à l'école et elle m'a parlé de l'intérêt qu'elle porte au sport au cours de ses visites et dans ses lettres. Dans sa lettre du 8 février de cette année, qui est arrivée par les canaux officiels normaux, elle se plaignait d'avoir perdu du poids. Je lui ai répondu le 15 avril :

> Mais si tu veux être au top pour des sports aussi fatigants que le rugby, qui exige d'énormes réserves d'énergie et de la vitesse, tu dois faire attention à ton régime alimentaire – mange bien, ai-je répété, mange bien ! Mais je ne sais pas où Maman va trouver l'argent nécessaire pour ça !

Ce passage a été interdit et le lieutenant Prins a refusé de me donner une explication.

d) Ma petite-nièce, Xoliswa Jozana[1], voulait passer une licence de droit pour devenir avocate et ses parents m'ont demandé mon avis. Le 15 avril, je leur ai répondu pour les encourager, mais en même temps je les informais que je n'avais pas exercé depuis seize ans et en conséquence qu'ils devaient consulter Mme F. Kentridge qui avait travaillé autrefois au barreau de Johannesburg. Le 9 mai, j'ai écrit à Mme Kentridge[2] selon ce qui est indiqué ci-dessus et, le 14 juin, le lieutenant Prins m'a dit d'un ton arrogant que je devais réécrire ma lettre et ne pas mentionner ces faits, en ajoutant que les Matanzima n'avaient qu'à trouver des conseils auprès de quelqu'un d'autre.

C'est l'hostilité avec laquelle il a parlé plus que son explication absurde qui m'a frappé. En outre, je me suis demandé ce qui était arrivé à ma lettre du 15 avril. Quoi qu'ils en aient fait, ils ont agi de façon illégale. S'ils avaient envoyé la lettre aux Matanzima, alors ils m'autorisaient à faire une promesse à mes proches en sachant par avance qu'ils ne me permettraient pas de la tenir. Si la lettre était retenue, on aurait dû me le dire, ce qui n'a pas été le cas.

M'empêcher de dire à ma femme que j'avais envoyé à ma fille une carte d'anniversaire qui ne lui est pas parvenue, que je pensais toujours à elle et que les photos qu'elle m'avait envoyées avaient disparu elles aussi, est un acte absurde qui n'est fondé ni sur des considérations de sécurité, ni sur le désir de maintenir ordre et discipline, ni d'améliorer mon bien-être. Il en est de même pour ma lettre à Mme Kentridge dans laquelle je lui demandais de conseiller ma petite-nièce sur son désir de devenir avocate.

1. Xoliswa Jozana, la fille de K. D. Matanzima.
2. Voir cette lettre, p. 372.

4. La censure de la correspondance qui arrive
Mais les pires abus concernant la censure des lettres sont commis sur la correspondance qui arrive et, à ce propos, l'officier commandant et son équipe se sont montrés excessifs. La censure est malveillante et vindicative et, à nouveau, elle est motivée par des questions de sécurité et de discipline et non par le désir d'améliorer notre bien-être.

Je considère cela comme faisant partie d'une campagne de persécution politique systématique et d'une tentative pour nous maintenir dans l'ignorance de ce qui se passe à l'extérieur de la prison et de nos affaires familiales. Ce que l'officier commandant essaie de faire, ce n'est pas seulement de nous couper du puissant courant de sympathie et de soutien qui n'a cessé de se développer pendant les quatorze années de mon incarcération sous forme de visites, de lettres, de cartes et de télégrammes, mais aussi de nous discréditer auprès de nos familles et de nos amis en nous présentant auprès d'eux comme des gens irresponsables qui ne répondent jamais aux lettres qu'on leur envoie et qui ne parlent jamais des affaires importantes dont nous entretiennent nos correspondants.

En outre, le double critère qu'on utilise pour censurer les lettres est lâchement calculé pour donner à la population la fausse impression que le courrier sortant n'est pas censuré. Dans le cas des lettres que nous envoyons, on exige que nous les réécrivions chaque fois qu'il y a un élément avec lequel les autorités de la prison ne sont pas d'accord, afin d'enlever tout ce qui prouverait qu'elles ont été profondément censurées, alors que les lettres qui arrivent sont copieusement découpées ou raturées au bon vouloir du censeur. Rien ne vous donnerait une meilleure idée de l'étendue des dommages causés au courrier qui nous arrive, qu'une véritable inspection faite par vous en personne. De nombreuses lettres de ma femme sont réduites à des bouts incohérents d'informations difficiles à conserver même dans un dossier.

Ma femme a été détenue plusieurs fois et elle connaît très bien les règles applicables en prison mais aussi la sensibilité des employés locaux pour tout ce qu'ils peuvent considérer comme contestable. Elle fait un effort conscient pour se limiter aux affaires

Herbert Shore, courtesy Ahmed Kathrada Foundation

Nelson Mandela en 1953, à Johannesburg, sur le toit de la Kholvad House, lieu de rencontres informel pour les militants anti-apartheid.

University of Western Cape – Robben Island Museum Mayibuye Archive

Nelson et Winnie le jour de leur mariage, en juin 1958.

Matthew Willman – Robben Island Museum Mayibuye

La cellule de Mandela telle que reconstituée au musée de Robben Island. Quand le prisonnier se couchait, tête collée au mur, ses pieds touchaient presque le mur opposé.

Nelson Mandela Prison Archive, National Archives and Records Service of South Africa

Cette photo de la cellule de Mandela a été prise en 1977 alors que le gouvernement d'apartheid avait organisé une visite arrangée de l'île pour les médias, dans le but de montrer que les prisonniers politiques étaient bien traités. Au cours des années, les prisonniers ont lutté pour améliorer leurs conditions de vie et ce n'est qu'en 1977 que Mandela a été autorisé à détenir des livres pour ses études.

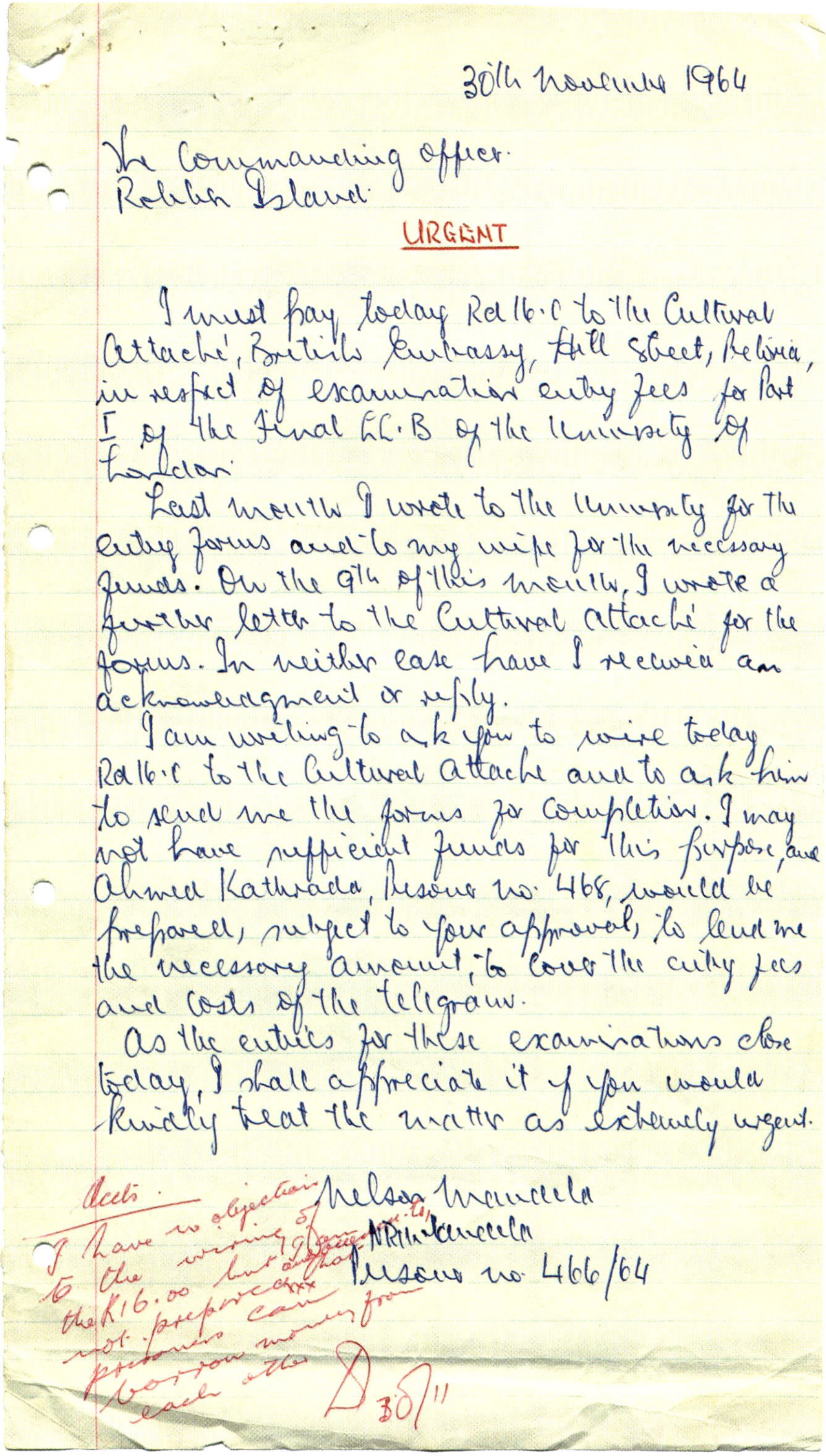

30th November 1964

The Commanding Officer
Robben Island

URGENT

I must pay today R16.0 to the Cultural Attaché, British Embassy, Hill Street, Pretoria, in respect of examination entry fees for Part I of the Final LL.B of the University of London.

Last month I wrote to the University for the entry forms and to my wife for the necessary funds. On the 9th of this month, I wrote a further letter to the Cultural attaché for the forms. In neither case have I received an acknowledgment or reply.

I am writing to ask you to wire today R16.0 to the Cultural attache and to ask him to send me the forms for completion. I may not have sufficient funds for this purpose, and Ahmed Kathrada, Prisoner no. 468, would be prepared, subject to your approval, to lend me the necessary amount, to cover the entry fees and costs of the telegram.

As the entries for these examinations close today, I shall appreciate it if you would kindly treat the matter as extremely urgent.

Nelson Mandela
N.R. Mandela
Prisoner no. 466/64

Accts.
I have no objection to the wiring of the R16.00 but I am not prepared that prisoners can borrow money from each other
30/11

Une lettre de Nelson Mandela à l'officier commandant de Robben Island demandant l'autorisation d'emprunter de l'argent à son codétenu, Ahmed Kathrada, pour régler des frais d'inscription à un examen. En rouge, d'une autre écriture : « Je n'ai aucune objection à ce que ces 16 rands soient transférés, mais je ne suis pas disposé à ce que les prisonniers puissent se prêter de l'argent ».

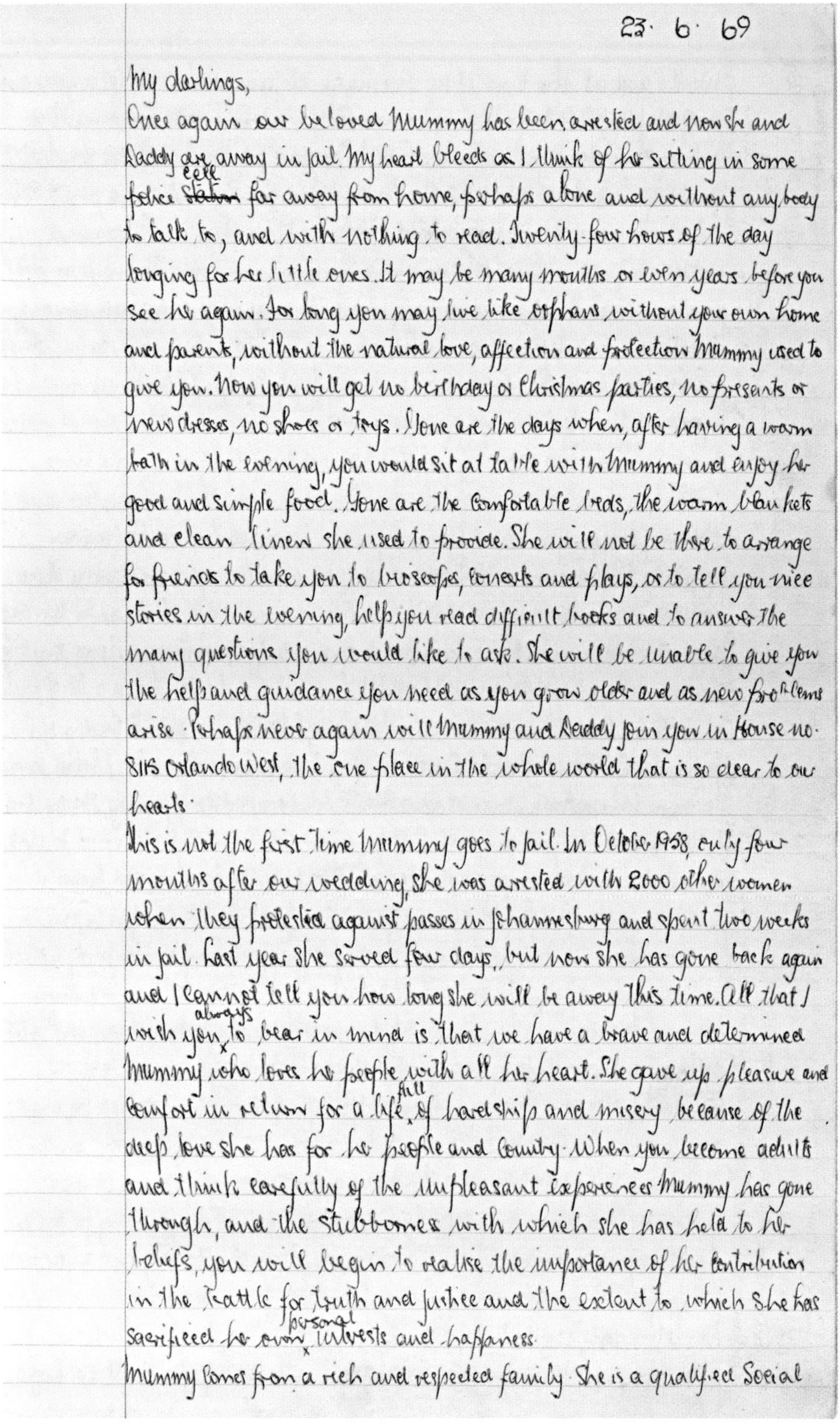

23. 6. 69

My darlings,
Once again our beloved Mummy has been arrested and now she and Daddy are away in jail. My heart bleeds as I think of her sitting in some police ~~station~~ cell far away from home, perhaps alone and without anybody to talk to, and with nothing to read. Twenty-four hours of the day longing for her little ones. It may be many months or even years before you see her again. For long you may live like orphans without your own home and parents, without the natural love, affection and protection Mummy used to give you. Now you will get no birthday or Christmas parties, no presents or new dresses, no shoes or toys. Gone are the days when, after having a warm bath in the evening, you would sit at table with Mummy and enjoy her good and simple food. Gone are the comfortable beds, the warm blankets and clean linen she used to provide. She will not be there to arrange for friends to take you to bioscopes, concerts and plays, or to tell you nice stories in the evening, help you read difficult books and to answer the many questions you would like to ask. She will be unable to give you the help and guidance you need as you grow older and as new problems arise. Perhaps never again will Mummy and Daddy join you in House no. 8115 Orlando West, the one place in the whole world that is so dear to our hearts.
This is not the first time Mummy goes to jail. In October 1958, only four months after our wedding, she was arrested with 2000 other women when they protested against passes in Johannesburg and spent two weeks in jail. Last year she served four days, but now she has gone back again and I cannot tell you how long she will be away this time. All that I wish you always to bear in mind is that we have a brave and determined Mummy who loves her people with all her heart. She gave up pleasure and comfort in return for a life full of hardship and misery because of the deep love she has for her people and country. When you become adults and think carefully of the unpleasant experiences Mummy has gone through, and the stubbornness with which she has held to her beliefs, you will begin to realise the importance of her contribution in the battle for truth and justice and the extent to which she has sacrificed her own personal interests and happiness.
Mummy comes from a rich and respected family. She is a qualified Social

Une lettre de Mandela à ses filles Zindzi et Zenani écrite le 23 juin 1969, alors qu'il vient d'apprendre l'arrestation de Winnie.

worker and at the time of our marriage in June 1958 she had a good and comfortable job at the Baragwanath Hospital. She was working there when she was arrested for the first time and at the end of 1958 she lost that job. Later she worked for the Child Welfare Society in town, a post she liked very much. It was whilst working there that the Government ordered her not to leave Johannesburg, to remain at home from 6 p.m to 6 a.m, and not to attend meetings, nor enter any hospital, school, university, courtroom, compound or hostel, or any African township save Orlando where she lived. This order made it difficult for her to continue with her work at the Child Welfare Society and she lost this particular job as well.

Since then Mummy has lived a painful life and had to try and run a home without a fixed income. Yet she somehow managed to buy you food and clothing, pay your school fees, rent for the house and to send me money regularly. I left home in April 1961 when Zeni was two years and Zindzi three months. Early in January 1962 I toured Africa and visited London for ten days, and returned to South Africa towards the end of July the same year. I was terribly shaken when I met Mummy. I had left her in good health with a lot of flesh and colour. But she had suddenly lost weight and was now a shadow of her former self. I realised at once the strain my absence had caused her. I looked forward to some time when I would be able to tell her about my journey, the countries I visited and the people I met. But my arrest on August 5 put an end to that dream. When Mummy was arrested in 1958 I visited her daily and brought her food and fruits. I felt proud of her especially because the decision to join the other women in demonstrating against passes was taken by her freely without any suggestion from me. But her attitude to my own arrest made me know Mummy more fully. Immediately I was arrested our friends here and abroad offered her scholarships and suggested that she leave the country to study overseas. I welcomed these suggestions as I felt that studies would keep her mind away from her troubles. I discussed the matter with her when she visited me in Pretoria Jail in October 1962. She told me that although she would most probably be arrested and sent to jail, as every politician fighting for freedom must expect, she would nevertheless remain in the country and suffer with her people. Do you see now what a brave Mummy we have?

Do not worry, my darlings, we have a lot of friends, they will look after you, and one day Mummy and Daddy will return and you will no longer be orphans without a home. Then we will also live peacefully and happily as all normal families do. In the meantime you must study hard and pass your examinations and behave like good girls. Mummy and I will write to you many letters. I hope you got the Christmas card I sent you in December and the letter I wrote to both of you in February this year.

With lots and lots of love and a million kisses.

Yours affectionately,
Daddy.

Misses Zeni + Zindzi Mandela
c/o Mrs Iris Niki Xaba.
P.O. Box 23,
Dube Village
Soweto. Johannesburg.

En avril 1977, dans une mise en scène visant à combattre les rumeurs sur le mauvais traitement des prisonniers politiques, les journalistes invités à Robben Island ont pu prendre des photos de Mandela et de ses camarades.

take and send our photographs to our own families.

We stress the fact that the way in which the Minister planned this visit in no way differs from previous ones. IN August 1964 re= porters from "The Daily Telegraph" found those of us who were here at the time "mending clothes" instead of our normal work at the time of knapping stones with 5 lb. hammers. As soon as the re= porters left we were ordered to crush stones as usual. At the end of August 1965 Mrs. I.da Parker from "The Sunday Tribune" found us wearing raincoats on our way back from the lime quarry - raincoats which were hurriedly issued to us at work on the very day of her visit, and which were immediately taken away when she left. The rain coats were not issued to us again until a year or so later.

We emphatically state that under no circumstances are we willing to cooperate with the Department in any manoeuvre on its part to distort the true state of affairs obtaining on this island. With few exceptions our span has been kept inside for several months now, but our normal work is still that of pulling sea-weed, and the Department has given no assurance that we will never be sent out to the quarry again.

We also cite the example of the cupboards we have in our cells. Any television-viewer is likely to be impressed with this furniture and would naturally give all the credit to the Department. It is unlikely that such telefision-viewers and newspaper readers would be aware that the cupboards have been painstakingly built with crude tools in a crude "workshop" from cardboard cartons and from driftwood picked up on the beaches by prisoners, that the costs for beautifying them have been borne by the prisoners themselves, and that they have been built by a talented fellow prisoner, Jafta Masemola, working approximately 8 hours a day on weekdays at the rate of R1,50 (One Rand fifty Cents) a month.

Rubbish!

The same for other prisoners

Atlall times wer are willing to have press and television inter= views, provided that the aim is to present to the public a balanced picture of our living conditions. This means that we would be allowed to express our grievances and demands freely, and to make comments whether such comments are favourable or otherwise to the Department.

We are fully aware that the Department desires to protect a favourable

3/......

Page d'une lettre écrite par des prisonniers au directeur de la prison de Robben Island pour protester contre la violation de leurs droits et contre la visite des journalistes. Commentaires en marge : « Inepties ! » et « C'est la même chose pour les autres prisonniers ».

Cloete Breytenbach/*Daily Express*

Assis en rangs dans la cour, les prisonniers de Robben Island devaient réduire des pierres en graviers.

À partir de mars 1986, Nelson Mandela et le ministre de la Justice Kobie Coetsee débutent une longue suite de rencontres afin d'entamer des négociations entre l'ANC et le gouvernement.
De gauche à droite : le général Willemse, directeur de l'Administration pénitentiaire, Mandela, le docteur Niël Barnard, directeur des Services secrets, Kobie Coetsee et Fanie Van der Merwe, directeur général du ministère de la Justice.

de famille, et pourtant à peine une seule de ces lettres échappe à la mutilation.

Le 24 novembre 1975, elle m'a écrit une lettre de cinq pages et seuls deux feuillets me sont parvenus. La politique de censure adoptée ici n'est même pas suivie par le personnel dans les autres prisons. Comme vous le savez, ma femme a purgé une peine de six mois dans la prison de Kroonstad. Certaines de ses lettres étaient passées dans les mains du censeur de cette prison pour être en définitive largement censurées ici.

Mais ce que je déteste par-dessus tout, c'est qu'on nous oblige à participer à une pratique basée sur le mensonge. Il est immoral que l'officier commandant détruise ou retienne des courriers de notre famille et de nos amis, et en même temps qu'il nous empêche de leur dire comment il se comporte avec eux. Je considère comme sans pitié de laisser nos familles continuer à gaspiller de l'argent, du temps, de l'énergie, de la bonne volonté et de l'amour en nous envoyant lettres et cartes dont il sait qu'il ne nous les remettra jamais.

De décembre 1974 à avril 1976, pas moins de quinze lettres adressées à M. A. Kathrada ont été retenues. Parmi elles, il y avait celles venues de membres de sa famille, du professeur Rampol, de MM. Ismail Bhoola, Essop Pahad[1] et Navraj Joseph[2]. Le lieutenant Prins a refusé à M. Kathrada la permission de dire aux membres de sa famille d'arrêter de lui écrire, en ajoutant qu'il trouvait leurs lettres intéressantes. Quand M. Kathrada lui a dit qu'il supposait que la Police de sécurité était elle aussi intéressée, le lieutenant Prins, sans le dire de façon aussi catégorique, lui a indiqué qu'elle devrait l'être effectivement. C'est un cas évident d'abus d'autorité et vous devriez faire une déclaration publique dans laquelle vous définiriez la politique de votre département et diriez clairement en particulier ce que vous considérez comme répréhensible et les catégories de personnes qui peuvent nous écrire ou nous envoyer de l'argent ou des messages d'amitié.

1. Essop Pahad (1939-), militant politique en exil à Londres.
2. Paul Joseph, militant politique en exil à Londres.

5. Disparition des lettres en transit
Le nombre de lettres qui disparaissent en transit est beaucoup trop important pour être expliqué par l'inefficacité des services de la poste et par le refus absurde et permanent de l'officier commandant de nous permettre d'envoyer nos lettres en recommandé et je dois en déduire que leur disparition n'est pas accidentelle. À ce sujet, il a récemment commis une erreur malheureuse qui a confirmé mes soupçons selon lesquels, sur cette question, lui et ses subordonnés n'agissent pas franchement.

Le 11 mars, j'ai écrit à M. Q. Mvambo, aux bons soins de ma femme et en même temps je l'ai prévenue. Elle m'a répondu qu'elle n'avait jamais rien reçu destiné à M. Mvambo et l'officier commandant a coupé cette information de la lettre de ma femme, afin de me maintenir dans l'ignorance absolue. S'il n'était pas impliqué dans la disparition de cette lettre précise, pourquoi a-t-il cherché à le dissimuler ?

L'envoi du courrier recommandé en partance résoudrait ce problème précis et l'introduction de cette pratique n'augmenterait pas le travail des employés locaux. Un registre peut être utilisé comme dans les grandes entreprises et nous sommes disposés à faire le travail de secrétariat sous la supervision du sergent en charge de la section, et tout ce que les censeurs auraient à faire serait exactement ce qu'ils font maintenant, à savoir entrer les lettres dans les dossiers officiels et les expédier.

6. Les visites
Même dans ce domaine, les mesures prises par l'officier commandant pour superviser les échanges entre prisonniers et visiteurs vont au-delà des exigences de sécurité. Mettre quatre et parfois six gardiens pour un unique visiteur, en lui respirant sous le nez ou en le regardant de façon menaçante sont des formes manifestes d'intimidation.

Il est de mon devoir de vous dire que parmi mes codétenus tout le monde croit qu'au cours de ces visites, des appareils enregistrent toutes les conversations, y compris sur des questions confidentielles entre un mari et sa femme. Si c'est effectivement le cas, il n'y a aucune justification pour le déploiement de force qui existe généralement pendant ce genre de visites. Je peux ajouter que le gardien de service s'est opposé de façon répétée quand je ne cessais de dire à ma fille de ne pas se laisser distraire par ces tactiques de manière forte. Il y a plusieurs années, seuls un ou deux gardiens étaient de service au cours de ces visites et je demande qu'on reprenne ce système.

En outre, nous étions aussi autorisés à prendre des notes pour nous assurer que rien d'important n'échapperait à notre attention et nous refuser ce privilège après que nous l'avions utilisé pendant plus de dix ans, c'est nous priver des avantages d'une conversation organisée et systématique. Nous n'avons cessé d'assurer à l'officier commandant que nous étions prêts à lui soumettre ces notes pour inspection avant et après la visite. En plus, comme il y a toujours des gardiens de service, le danger de transmettre des informations interdites n'existe absolument pas.

7. Qualification en langue des censeurs

L'homme qui a directement la charge de censurer nos lettres et nos magazines est le colonel Steenkamp qui auparavant avait la responsabilité de cette section. Bien qu'il ait peut-être passé son bac en anglais, il est moins compétent que je ne le suis en afrikaans et je doute que le sergent Fourie soit le meilleur dans ce domaine. Je considérerais comme une injustice de me confier la tâche de censurer des lettres en afrikaans. Aucun des fonctionnaires du bureau de censure n'est vraiment qualifié pour faire ce travail.

L'officier commandant lui-même a du mal à s'exprimer en anglais. En réalité, au cours de mes quatorze années d'emprisonnement je n'ai jamais rencontré d'officier commandant dont l'anglais soit aussi pauvre que celui de Roelofse, qui commande dans cette prison dont l'écrasante majorité des détenus parle l'anglais et ne connaît absolument pas l'afrikaans.

La pauvreté de la langue des employés locaux, en particulier ceux du bureau de censure, est peut-être un des facteurs qui contribue à une censure stupidement lourde de nos lettres et il serait juste que vous puissiez revoir la question en nommant des censeurs parlant anglais, herero, ovambo[1], sotho, tswana, xhosa et zoulou[2].

8. l'interdiction de la correspondance avec des soutiens politiques
Le lieutenant Prins vient de me dire que nous ne pouvions pas communiquer avec toute personne connue par le service pour être de nos associés politiques, ni avec les parents d'autres prisonniers, indépendamment du contenu de la lettre. En conséquence, il a refusé de m'autoriser à écrire une lettre de condoléances à N. Mgabela, épouse d'un codétenu sur cette île[3], qui avait perdu un petit-fils. Il ne m'a pas permis non plus d'écrire à Mme Lilian Ngoyi, une amie de très longue date qui nous avait aidés à protéger notre maison et nos enfants quand ma femme était en prison. Une lettre que je lui avais écrite le 1er janvier 1975 et dans laquelle je la remerciais pour son geste n'est jamais arrivée. L'échec de toutes mes tentatives pour reconnaître l'aide qu'elle nous avait librement offerte et l'hospitalité qu'elle avait accordée aux enfants sont pour moi un souci constant et je dois vous demander de m'autoriser à lui adresser une copie de la lettre du 1er janvier. Je tiens également à envoyer ma lettre de condoléances à Mme Mgabela en m'engageant à ne rien dire dans la lettre qui entraînerait une objection raisonnable faite par l'officier commandant.

9. Télégrammes et cartes de Pâques
   a) L'officier commandant a introduit une nouvelle pratique en ne nous autorisant pas à voir les télégrammes qui nous sont envoyés. Il ne nous a donné aucune raison pour abandonner une pratique que nous suivions depuis des années. Et par deux fois, les employés se sont montrés tout à fait négligents en ne me transmettant pas ponctuellement des télégrammes.

---

1. Le herero et l'ovambo sont des langues de Namibie.
2. Le seSotho est la langue des Sotho, le setswana la langue des Tswana, l'isiXhosa est la langue des Xhosa et l'isiZulu, la langue des Zoulous.
3. Mandela fait sans doute référence à Patrick Maqgubela (décédé en 2009), un cadre de MK, libéré lui aussi de Robben Island en 1990. Si c'est le cas, le nom de sa femme est mal orthographié.

(I) En 1972, quand le colonel Willemse était l'officier commandant, un samedi, j'attendais la visite de ma fille aînée, Makaziwe. Ce samedi-là, on m'a effectivement conduit dans les salles des visites mais elle n'est pas venue. Plus tard elle m'a écrit et a fait référence au télégramme qu'elle m'avait envoyé pour annuler sa visite. Je me suis renseigné et j'ai appris que le télégramme n'avait été transmis que deux semaines après être arrivé. Mais le colonel Willemse m'a fourni une explication qui l'exonérait de tout manquement personnel et l'affaire s'est conclue amicalement.

(II) L'an dernier, on m'a transmis un télégramme qui m'annonçait la mort du frère du chef suprême Sabata Dalindyebo et m'informait du jour de l'enterrement. Le télégramme a été reçu avant le jour de l'enterrement et cependant il ne m'a été remis que six jours après et je proteste vigoureusement contre ce que je considère comme une forme parfaite d'irresponsabilité.

Ce qui se passe maintenant, c'est qu'on donne un message griffonné sur un bout de papier, très difficile à lire, sans date, même quand le télégramme a été envoyé et reçu comme d'autres informations essentielles. À nouveau, nous pensons que certains de ces télégrammes sont tout d'abord retenus par la Police de sécurité pour examen avant d'être transmis au destinataire et afin de dépasser le délai de remise, l'officier commandant introduit cette nouvelle pratique.

Les personnes qui envoient des télégrammes paient plus cher afin de s'assurer d'une transmission rapide du message et c'est une question d'intérêt public quand un gouvernement remet délibérément en cause le fonctionnement simple et efficace d'un service public pour lequel les citoyens paient une contribution adaptée.

(III) Pendant plusieurs années, j'ai reçu des cartes de Pâques envoyées par des amis mais cette année aucune n'est arrivée. Le mois dernier, et à nouveau en réponse à mon enquête, le lieutenant Prins m'a dit qu'il en était arrivé une mais il avait une objection contre la personne qui l'avait envoyée et il a refusé de me donner l'identité de l'expéditeur. À nouveau, à cause du contexte dont j'ai parlé, j'ai eu du mal à accepter la véracité de cette affirmation.

10. L'argent reçu pour les prisonniers
L'impression générale parmi les prisonniers, c'est que l'officier commandant et la Police de sécurité se livrent à un véritable racket avec notre argent. Bien que n'ayant aucune preuve à l'appui de cette allégation, j'aimerais attirer votre attention sur les faits suivants :

a) En décembre dernier ma femme m'a dit que nos amis, M. et Mme Matlhaku, du Botswana[1], m'avaient envoyé 20 rands. J'ai immédiatement demandé au lieutenant Prins et à plusieurs occasions cette année il m'a assuré que l'argent n'était pas arrivé. Début mars, la section des comptes, en réponse à une demande faite plus tôt, m'a fourni mon solde et l'état de mon compte depuis février 1975 jusqu'à cette année.

Le 31 mai, le lieutenant Prins a envoyé un message selon lequel mon compte avait été crédité d'un montant de 30 rands le 5 novembre 1975. Aucune explication pour justifier que pendant toute cette année il n'avait cessé de dire que l'argent n'était pas arrivé ni pourquoi mon compte n'avait pas été crédité de cette somme dans l'état fourni par la section des comptes, ni dans la lettre des Matlhaku. Je pense qu'on finira par me donner l'excuse désinvolte que l'officier commandant s'opposait soit aux Matlhaku, soit au contenu de la lettre.

b) Je n'ai cessé de me plaindre à propos de la somme de 40 rands qui, d'après ma femme, m'a été envoyée par mon neveu du Cap et que j'ai même mentionnée au général Du Plessis le 28 avril, comme je l'avais fait pour celle des Matlhaku. Le lieutenant Prins m'a demandé de fournir la preuve que mon neveu m'avait bien envoyé cette somme et je lui ai montré une lettre de ma femme

1. Ishmael et Martha Matlhaku, amis et militants politiques, en exil au Botswana.

en lui promettant de lui en montrer une seconde, également de ma femme, qui n'était pas immédiatement disponible quand je lui ai fourni la première. Début mai, je lui ai proposé de lui montrer la seconde lettre et il m'a répondu qu'il me dirait quand il voudrait la voir. D'après ce que je sais et crois, cette question n'a été l'objet d'aucune attention supplémentaire.

c) Depuis plusieurs années maintenant, M. G. Mlyekisana, du Cap, m'a envoyé ainsi qu'à quelques-uns de mes codétenus des cadeaux de Noël sous forme de petites sommes. L'an dernier, aucun de nous n'a reçu la moindre de ces sommes. Ce ne peut être une simple coïncidence. Je crois que l'officier commandant, qui agit de conserve avec la Police de sécurité, a fait quelque chose pour nous empêcher de recevoir l'argent et ne souhaite pas que nous sachions.

d) Mon ami M. Robert Matji, du Lesotho, m'a écrit l'an dernier et m'a promis de m'envoyer de l'argent, à moi et à un autre prisonnier, pour étudier, et malgré plusieurs enquêtes on n'a pas pu me dire si cet argent était arrivé ou non.

Je dois vous dire que la négligence avec laquelle mes plaintes ont été reçues et la longueur des délais nécessaires pour obtenir une simple information sur de l'argent confié, tout cela pose de graves questions et vous devez enquêter le plus rapidement possible pour la réputation de votre département, au moins sur ce point particulier. À la lumière de mes expériences avec l'argent envoyé par les Matlhaku, vous comprendrez aisément mon état d'esprit sur cette question.

11. <u>Problèmes en relation avec des questions de santé</u>

a) L'an dernier, vers le mois de juillet, suite à une blessure au genou reçue lorsque l'on travaillait au bord de la mer[1], le docteur Edelstein a recommandé qu'on me fournisse un seau plus léger que les seaux habituels que j'utilise actuellement. Le sergent Schoeman de l'hôpital local a, comme il convient,

1. Les prisonniers ramassaient des algues dans l'eau de mer.

transmis la recommandation du médecin à la direction de la prison. Quand les difficultés sont apparues, j'ai personnellement interrogé le lieutenant Prins sur cette question. Bien que la blessure soit maintenant guérie, on ne m'a jamais fourni le seau recommandé par le médecin.

b) Le 17 juillet de cette année, et à nouveau pour des questions de santé, le docteur Edelstein a recommandé que je puisse acquérir un pyjama à mes frais et j'ai appris que cette recommandation, venant d'un praticien compétent, avait été rejetée par l'officier commandant sous prétexte que les prisonniers n'ont le droit de s'acheter qu'une tenue de sport. Avec tout le respect que je dois à l'officier commandant, il me semble ridicule de nous permettre d'acheter une tenue pour une simple distraction, concession que nous apprécions naturellement, et qu'on me refuse l'autorisation de m'acheter un vêtement de nuit recommandé par un médecin expérimenté.

Il se trouve que l'officier commandant sait trop bien que sa décision est arbitraire et en contradiction avcc la pratique qu'il a lui-même instituée. Ma peau est sensible à l'eau saumâtre qu'on utilise sur l'Île et, sur recommandation du médecin, depuis les années soixante, j'utilise une crème spéciale pour garder une peau souple.

Le 5 juillet, j'en ai parlé avec le docteur Edelstein et il a été étonné que je rencontre des difficultés à ce sujet. Il m'a assuré qu'il soulèverait la question directement avec l'officier commandant. Depuis, on m'a informé qu'il n'avait pu faire changer d'avis le colonel Roelofse. Avec ses étonnantes idées rétrogrades sur les relations entre races, je crois que l'officier commandant a peur que si j'achète un pyjama comme le recommande le docteur Edelstein, médecin officier supérieur sur l'Île, je devienne virtuellement un Blanc.

Dans ce pays seuls les prisonniers blancs ont le droit de dormir en pyjama à l'exception des camarades prisonniers qui sont hospitalisés et à qui on fournit une chemise de nuit qui, dans de nombreux cas, leur descend à peine au-dessous du genou. Les prisonniers noirs qui sont dans cette situation dorment simplement sous les couvertures. C'est la véritable raison qui explique qu'un profane en la matière se soit opposé à la décision réfléchie d'un professionnel compétent dans son domaine. Quand j'ai vu le docteur Edelstein le 17 juin, le sergent Schoeman lui avait suggéré que l'hôpital de la prison me fournisse une chemise de nuit, ce que le docteur a trouvé inapproprié. C'est après que cette offre a été proposée que le docteur Edelstein a fait sa recommandation.

Pendant treize ans j'ai dormi nu sur un sol de ciment qui devient humide et froid pendant la saison des pluies. Bien que je sois physiquement en forme et actif, de telles conditions malsaines m'ont créé quelques problèmes. Je ne vais sûrement pas importuner le docteur Edelstein qui m'a bien soigné en parlant à nouveau de cette histoire avec lui. Mais j'ai besoin de ce pyjama de façon urgente et je me vois contraint de vous demander de m'autoriser à l'acheter dès que cela sera possible.

J'espère, général, que vous ne considérerez pas cela comme une menace, directement ou indirectement, quand je dis que j'ai le droit légal de prendre les mesures nécessaires pour protéger ma santé, et quand l'officier médecin pense que ces mesures vont améliorer la santé d'un homme et que cela ne relève en aucun cas de la compétence de l'officier commandant.

13. Les discussions politiques dans les bureaux de la prison[1]
Depuis plusieurs années, il est devenu courant pour le personnel d'engager des discussions politiques avec les détenus dans les bureaux de la prison. Ces discussions politiques sont bienvenues et peuvent même être fructueuses si elles sont organisées avec les personnes qui conviennent. Au préalable, il est nécessaire de reconnaître que nous sommes des membres loyaux et disciplinés d'organisations politiques avec des lignes politiques définies et que,

1. Le point 12 de la lettre originale de Mandela est manquant, il doit s'être trompé dans la numérotation en écrivant.

sur des problèmes fondamentaux, nous ne pouvons agir comme des individus mais comme les représentants de nos organisations.

Ensuite, si les discussions doivent être profitables, on doit nous en parler au préalable, nous fournir les sujets réels à débattre, les noms des personnes qui les dirigeront et leur principal objectif. La fonction de la direction n'est certainement pas de conduire ce genre d'entretiens de nature politique et je considère que cette pratique est malhonnête, aussi je vous demande d'y mettre fin. La véritable fonction de la direction est de soumettre à l'officier commandant de la prison des rapports sur la conduite, la formation, l'aptitude et la maturité d'un prisonnier et de faire des recommandations pour sa classification, sa libération sans conditions, sur probation ou sur parole.

Comme mes codétenus, je suis persuadé que ces discussions sont utilisées par la direction pour exercer des représailles sur ceux qui sont opposés à la politique de développement séparé en ne les faisant pas monter de groupe.

14. <u>Autres formes de représailles</u>

Tout au long de notre séjour ici nous avons constamment été soumis à différentes formes de représailles pour diverses raisons liées aux événements politiques à l'extérieur de la prison ou aux tensions habituelles qui caractérisent les relations entre prisonniers et gardiens. On peut citer de nombreux exemples qui illustrent ce point, mais pour cette lettre il suffira de mentionner trois exemples courants ou récents.

a) Comme vous le savez, les églises nous ont fourni un système intérieur de communication pour nous permettre d'écouter les disques que nous achetons. Depuis l'instauration de ce service nous avons investi plus de 1 000 rands dans l'achat de disques. Mais le service est resté en panne depuis environ cinq mois et nous n'acceptons pas l'explication selon laquelle la principale difficulté pour le réparer, c'est que l'officier commandant n'arrive pas à obtenir les pièces détachées.

b) Le 3 juillet, nous espérions voir un film en accord avec un programme qui fonctionnait depuis quelque temps. Le film n'a pas été projeté et la seule explication que le général Du Plessis nous a fournie, c'est qu'il ne valait pas la peine d'être vu.

c) L'an dernier, on a installé un système d'eau chaude et depuis, à plusieurs occasions, le chauffe-eau électrique est tombé en panne et l'électricien a pu le réparer en quelques minutes. Mais depuis plus d'une semaine maintenant il est hors d'usage et la « panne » a coïncidé avec une vague de froid sur l'Île. Ce qui est remarquable dans cette histoire, c'est que, bien que nous n'ayons cessé de le signaler aux autorités, l'électricien n'est même pas venu examiner l'appareil pour voir ce qui n'allait pas, et le résultat, c'est que nous avons été privés[1] d'eau chaude au moment de l'année où nous en avions le plus besoin.

La coïncidence entre la panne du chauffe-eau et la vague de froid devient encore plus significative quand on la replace dans les circonstances environnantes. D'habitude, dans le passé, *span*[2] restait à l'intérieur quand il pleuvait, mais le 7 juillet l'équipe a été envoyée pour sortir des bambous[3] de la mer malgré la pluie. Les prisonniers sont rentrés pour le déjeuner trempés et frigorifiés. Le matin du 8 juillet quelques-uns avaient attrapé froid. À l'exception de l'hiver très rigoureux de 1964, ce fut certainement le jour le plus dur sur l'Île au cours des douze dernières années. Quoi qu'il en soit, l'équipe a été de nouveau renvoyée au même endroit, le plus exposé de toute la zone, de 8 heures à 15 h 30. Les hommes tremblaient de froid, et beaucoup d'entre eux étaient transis quand ils sont rentrés. Le 9 juillet, une délégation, composée de MM. Billy Nair, John Pokela[4] et J. B. Vusani, a parlé de cette question avec le lieute-

1. Mandela ajoute une note en marge pour renvoyer à la note 22 et il écrit à la fin de la lettre : « En ce qui concerne ce sujet je parle comme un amateur et par expérience de ce qui se passait vraiment autrefois quand le système d'eau chaude était en panne. Il se peut que l'électricien ait le moyen d'identifier la panne sans avoir besoin d'inspecter l'appareil lui-même. »

2. *Span*, terme afrikaans pour « équipe ».

3. Des algues que les Afrikaners ont appelées « bambous » (Christo Brand, *Doing Life with Mandela*, Johannesburg, Jonathan Ball, 2014, p. 38).

4. John Nyathi « Poks » Pokela (1922-1985) était un activiste politique sud-africain et le président du Pan African Congress (PAC) de 1981 à 1985.

nant Prins qui a promis que pendant l'hiver on ne renverrait pas l'équipe de travail à cet endroit. Il a également accepté qu'on apporte des bidons d'eau chaude depuis la cuisine.

15. Plaintes contre les inférieurs

Le lieutenant Prins, les gardiens Du Plessis et Steenkamp, et le sergent Fourie sont d'un grade trop inférieur pour que j'en parle dans une lettre que je vous adresse. Mais ce sont les employés chargés de nos affaires et c'est par leur intermédiaire que l'officier commandant abuse de son autorité et nous persécute.

Je n'ai cessé de porter à son attention la plupart des plaintes dont je parle ci-dessus, sans résultat. Il est évident qu'il considère comme de son devoir de soutenir tout ce qui est fait par les membres de son personnel contre nous, même s'ils peuvent avoir tort et je ne vois pas l'utilité de continuer à traiter de ces questions avec lui.

Comme je l'ai déjà indiqué, j'ai eu pas moins de trois entretiens avec le général Du Plessis et, malgré son amitié et sa courtoisie, il est clair que, sous bien des aspects, la situation échappe à son contrôle, et ce qui s'est passé depuis sa dernière visite et ma conversation avec lui semblent avoir aggravé les abus d'autorité et la persécution politique.

Si je n'avais pas été un prisonnier noir, né et élevé en Afrique du Sud, non soumis dans sa vie quotidienne à tous les excès des préjugés raciaux, je n'aurais jamais pu croire que des êtres humains normaux puissent être affligés d'un tel penchant morbide pour persécuter leurs contemporains. Assouvir sa vengeance sur un homme sans défense et qui ne peut répliquer est une sorte de lâcheté. Un guerrier qui a de l'honneur n'est pas un héros de temps de paix qui concentre ses attaques sur ceux qui ne portent pas d'armes, il préfère utiliser son sabre contre ceux qui ont les mêmes armes que lui.

16. Échec de la visite du directeur de l'Administration pénitentiaire à Robben Island

Les abus décrits ci-dessus ont été aggravés par votre échec personnel à visiter l'Île et à nous donner l'occasion de parler de ces problèmes avec vous. L'officier commandant nous a dit au cours d'une conversation au début de cette année, que le général Nel quitterait son poste bientôt et qu'il ne viendrait sans doute pas sur l'Île avant sa retraite. C'est dommage, car les visites régulières du directeur de l'Administration pénitentiaire sont en elles-mêmes un moyen de vérifier les abus de ses subordonnés et quand l'officier commandant sait que le directeur ne viendra pas, rien ne le retient plus dans sa façon d'agir.

Quand le général Steyn était directeur de l'Administration pénitentiaire, il nous rendait visite au moins une fois par an et écoutait nos plaintes et nos demandes. Puis il a amené le colonel Badenhorst qui a essayé de nous terroriser et, afin de lui laisser les mains libres pour transgresser la loi, le général Steyn est resté absent de l'Île pendant que nous étions persécutés, torturés, tabassés et humiliés de diverses façons. En 1972, j'ai donné aux juges Steyn, Theron et Corbett[1], en présence du général Steyn et du colonel Badenhorst, les détails des persécutions dont nous avions été victimes quand ce dernier était officier commandant, et j'ai insisté sur le fait qu'en dépit de mes demandes répétées au général Steyn de continuer à visiter régulièrement la prison, il s'est abstenu de venir. J'ai dit aux juges qu'il ne s'était pas montré parce qu'il avait compris qu'il ne pourrait pas défendre les irrégularités commises par ses subordonnés. J'ai eu l'impression très nette que les juges étaient aussi préoccupés que moi par le fait que le général avait failli à son devoir.

Une visite par d'autres officiers du quartier général, quel que soit leur rang, ne peut remplacer une visite du chef du Département en personne. Comme je l'ai déjà indiqué, notre traitement ici est beaucoup plus influencé par les événements politiques qui ont lieu en dehors de la prison et, d'une certaine façon, l'officier commandant nous traite comme des otages. Chaque fois que l'Afrique du Sud est violemment attaquée sur sa politique raciale, les responsables de la prison essaient de passer leur colère et leur frustration sur nous.

En outre, toute plainte venant d'un prisonnier politique, même banale, tend à être considérée comme une menace à la survie de

1. Michael Corbett (1923-2007) était le juge qui a reçu le serment de Mandela quand il est devenu président en 1994.

l'homme blanc et les officiers de haut rang eux-mêmes estiment de leur devoir d'y résister à tout prix. Dans l'atmosphère politique dominante où elle est dénoncée par le monde entier, aucun responsable du quartier général qui espère encore une promotion ou tout autre bénéfice lucratif pour sa retraite n'est prêt à se brûler les doigts en vérifiant les abus d'un officier commandant et à soutenir les plaintes d'hommes qui ont joué un rôle dans la mobilisation contre l'apartheid. Vous seul, et vous seulement, êtes en position de prendre une ligne ferme et de juger les actions de l'officier commandant sous tous les aspects de la loi.

Je suis intimement persuadé que ses actions n'entrent pas dans le cadre des règlements de la prison. Un officier commandant et un directeur de prison qui perpétuent le mythe de la supériorité de l'homme blanc, qui mettent sur le même pied civilisation, peau blanche et les vêtements que l'on porte, sont des personnes qui ne conviennent pas à la direction d'une institution dont le but principal est la promotion du bien-être de prisonniers noirs.

Une des causes principales de désaccord est le lien qui existe entre ce département et la Police de sécurité, et une des premières étapes dans votre tentative de répondre à nos plaintes serait de couper totalement ce lien. Des employés honnêtes du département reconnaissent facilement qu'à bien des égards nous, en tant que prisonniers politiques, échappons au Département pour retomber sous la responsabilité de la Police de sécurité. Cette dernière n'a aucun droit légal pour interférer dans l'administration interne de cette institution et j'espère que, sur ce point, il vous sera possible de vous affirmer beaucoup plus que vos prédécesseurs n'ont été capables de le faire et que vous pourrez mettre un terme à cette pratique injustifiée. Notre traitement devrait être de la responsabilité de votre département non seulement en théorie mais aussi réellement en pratique. Le devoir de la Police de sécurité est de s'assurer que nous sommes maintenus dans une prison de haute sécurité, son autorité ne peut aller au-delà.

Beaucoup de prisonniers voient la direction de l'Administration pénitentiaire, en relation avec toutes les questions qui nous

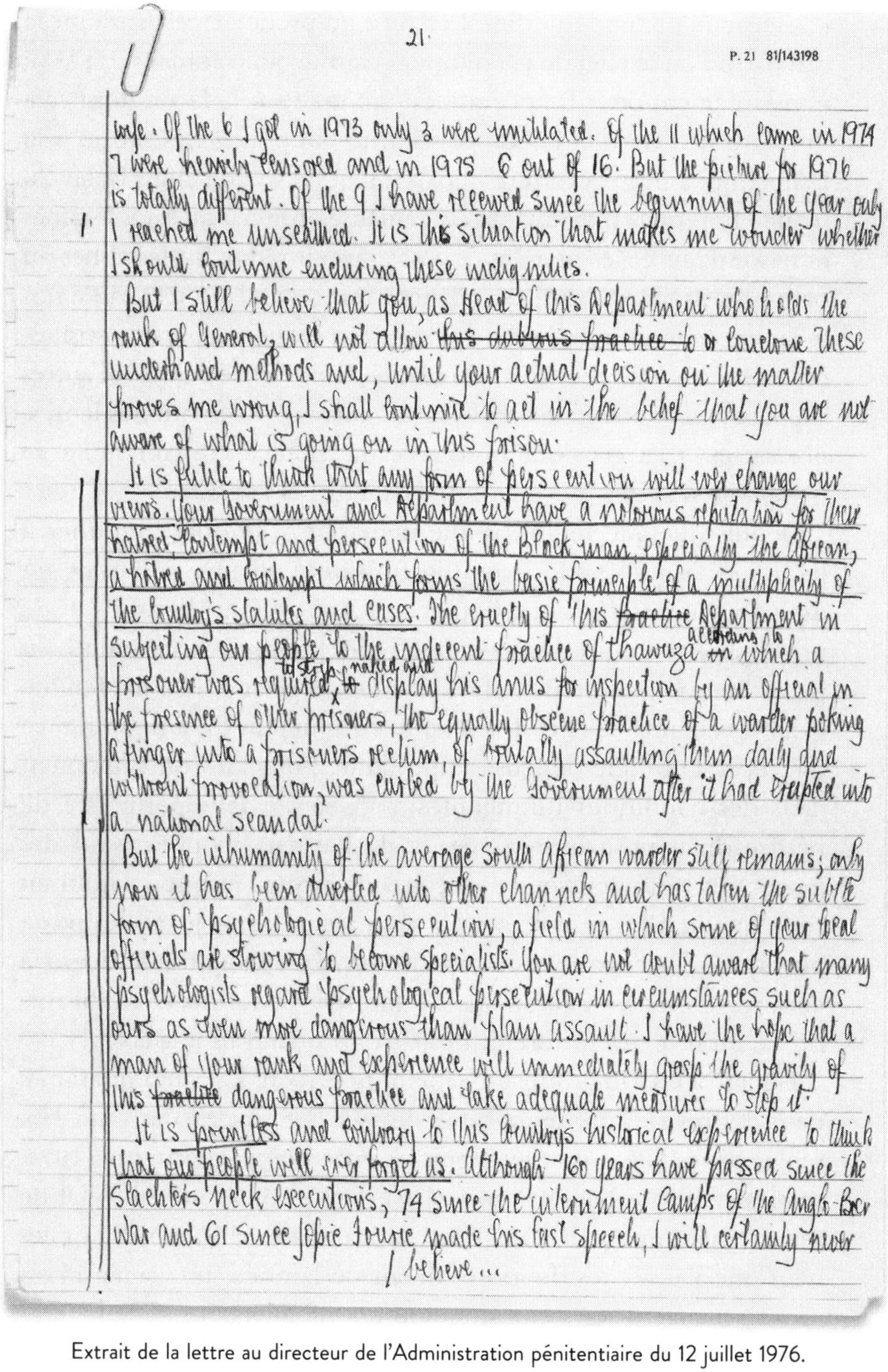
21.

P. 21 81/143198

wife. Of the 6 I got in 1973 only 3 were mutilated. Of the 11 which came in 1974 7 were heavily censored and in 1975 6 out of 16. But the picture for 1976 is totally different. Of the 9 I have received since the beginning of the year only
1. 1 reached me unscathed. It is this situation that makes me wonder whether I should continue enduring these indignities.

But I still believe that you, as Head of this Department who holds the rank of General, will not allow ~~this dubious practice~~ to or condone these underhand methods and, until your actual decision on the matter proves me wrong, I shall continue to act in the belief that you are not aware of what is going on in this prison.

It is futile to think that any form of persecution will ever change our views. Your Government and Department have a notorious reputation for their hatred, contempt and persecution of the Black man, especially the African, a hatred and contempt which forms the basic principle of a multiplicity of the country's statutes and cases. The cruelty of this ~~practice~~ Department in subjecting our people to the indecent practice of thawuza ~~in~~ according to which a prisoner was required to strip naked and ~~to~~ display his anus for inspection by an official in the presence of other prisoners, the equally obscene practice of a warder poking a finger into a prisoner's rectum, of brutally assaulting them daily and without provocation, was curbed by the Government after it had erupted into a national scandal.

But the inhumanity of the average South African warder still remains; only now it has been diverted into other channels and has taken the subtle form of psychological persecution, a field in which some of your local officials are striving to become specialists. You are no doubt aware that many psychologists regard psychological persecution in circumstances such as ours as even more dangerous than plain assault. I have the hope that a man of your rank and experience will immediately grasp the gravity of this ~~practice~~ dangerous practice and take adequate measures to stop it.

It is pointless and contrary to this country's historical experience to think that our people will ever forget us. Although 160 years have passed since the Slachter's Nek executions, 74 since the internment camps of the Anglo-Boer War and 61 since Jopie Fourie made his last speech, I will certainly never / believe...

Extrait de la lettre au directeur de l'Administration pénitentiaire du 12 juillet 1976.

concernent, comme une simple figure de proue et pensent que le vrai patron est le chef de la Police de sécurité qui commande la DAP non seulement pour tout ce qui est fait mais sur la façon dont cela doit être fait. C'est la Police de sécurité qui donne des ordres à la DAP et qui a persuadé votre département de vouloir nous isoler du monde hors de la prison, de nous dénier le droit d'aimer nos femmes et nos enfants et les pensées de nos amis en réduisant les visites au prétendu premier degré de relations, en tentant de terroriser nos visiteurs, en nous interdisant d'utiliser des notes au cours des visites, en appliquant une censure malveillante de nos lettres, cartes et autres supports, en donnant de fausses informations concernant nos lettres, nos cartes et l'argent que nous recevons pour notre compte, et la « disparition » sans précédent de nos lettres à la poste.

Depuis quelque temps, je me demande si je dois continuer à participer à une pratique que je considère comme immorale en donnant l'impression que je peux encore profiter de droits et de privilèges si réduits qu'ils en sont devenus pratiquement inutiles. En particulier, je me suis demandé si je devais permettre à ma femme et à mes enfants de faire 1 000 kilomètres depuis Johannesburg, ce qui représente une dépense importante, pour me voir seulement dans des conditions humiliantes, si je devais leur permettre de perdre du temps, de l'énergie et de l'argent en m'écrivant des lettres qui « disparaissent » au cours du voyage et que ce qu'il en reste quand elles m'arrivent n'a plus aucun sens. Je ne supporte plus qu'avant chaque visite, ils doivent être chapitrés et aient à endurer les recommandations de gardiens fanfarons et vindicatifs sur ce qu'ils peuvent dire et ne pas dire quand ils parleront.

De janvier 1973 à juin de cette année 1976, j'ai reçu quarante-deux lettres de ma femme. Sur les six que j'ai reçues en 1973, seules trois étaient mutilées. Sur les onze que j'ai reçues en 1974, sept étaient lourdement censurées et en 1975, six sur un total de seize. Mais l'image de 1976 est radicalement différente. Sur les neuf que j'ai reçues depuis le début de l'année, une seule m'est arrivée intacte. C'est cette situation qui m'amène à me demander si je dois continuer à supporter ces affronts.

Mais je crois encore que vous, le chef de ce département, avec le grade de général, vous ne permettrez pas et ne fermerez pas les yeux sur ces méthodes lamentables et, en attendant que votre décision sur cette question me prouve que je me trompe, je continuerai à agir en pensant que vous n'êtes pas au courant de ce qui se passe dans cette prison.

Il est inutile de s'imaginer que toute forme de persécution pourra nous faire penser autrement. Votre gouvernement et votre département sont célèbres pour leur haine, leur mépris et les persécutions envers l'Homme noir, en particulier l'Africain, une haine et un mépris qui forment le principe de base d'une multitude de statuts et de cas. La cruauté de ce département, en soumettant notre peuple à la pratique indécente du thawusa, selon laquelle un prisonnier est obligé de se mettre nu et de montrer son anus pour une inspection par un gardien en présence d'autres prisonniers, la pratique également obscène d'un gardien enfonçant un doigt dans le rectum d'un prisonnier, le fait d'agresser brutalement les prisonniers, quotidiennement et sans provocation, tout cela a été restreint par le gouvernement après un scandale national.

Mais l'inhumanité de la moyenne des gardiens sud-africains demeure, même si elle se manifeste maintenant d'une autre façon et si elle a pris la forme subtile de la persécution psychologique, un domaine dans lequel vos employés locaux font des efforts et deviennent spécialistes. Vous savez sans aucun doute que de nombreux psychologues considèrent la persécution mentale dans des circonstances comme les nôtres plus dommageable que la simple agression physique. J'ai l'espoir qu'un homme de votre rang et de votre expérience saisira immédiatement la gravité de ces pratiques dangereuses et prendra les mesures adéquates pour y mettre fin.

Il est inutile et contraire à l'expérience historique de ce pays d'espérer que notre peuple nous oubliera. Bien que cent soixante années soient passées depuis les exécutions de Schlachters Nek[1],

1. En 1815, un fermier boer, Bezuidenhout, nia avoir maltraité ses ouvriers. Il a été tué par un des soldats britanniques venus l'arrêter. Ses partisans tentèrent de le venger et furent arrêtés. Six ont été exécutés par pendaison à Schlachters Nek.

soixante-quatorze années depuis les camps de concentration de la guerre des Boers[1], et soixante et une années depuis que Jopie Fourie[2] a prononcé son dernier discours, je ne vous croirais pas si vous me disiez que vous avez oublié ces patriotes afrikaners, des hommes dont les sacrifices vous ont aidés à vous libérer de l'impérialisme britannique et à diriger ce pays, et pour vous en particulier d'être à la tête de ce département.

Il est assurément insensé d'espérer que notre peuple, pour qui nous sommes des héros nationaux, persécuté parce qu'il lutte pour son pays, nous oublie au cours de notre vie, au moment le plus fort de notre combat pour une Afrique du Sud libre. C'est aujourd'hui que votre peuple massacre le mien et non il y a un siècle et demi. L'Afrique du Sud actuelle est un pays d'oppression raciale, d'emprisonnement sans procès, de torture, de terribles condamnations et la menace de camps d'internement ne se situe pas dans le passé mais dans l'avenir immédiat. Comment notre peuple pourrait-il jamais nous oublier alors que nous luttons pour le libérer de tous ces maux ?

En Afrique du Sud, comme dans beaucoup d'autres pays, différentes questions divisent le prisonnier et les gardiens. Je ne suis pas d'accord avec la politique du Département que vous dirigez. Je déteste la suprématie des Blancs et je la combattrai avec toute arme que j'aurai dans les mains. Mais même quand l'affrontement entre vous et moi aura pris la forme la plus extrême, j'aimerais que nous nous battions pour des principes et des idéaux et sans haine personnelle, pour qu'à la fin du combat, quel qu'en soit le résultat, je puisse fièrement vous serrer la main, parce que je sentirai que j'aurai combattu un adversaire digne qui a observé la totalité du code d'honneur et de décence. Mais si vos subordonnés continuent

1. Les Britanniques organisèrent des camps de concentration pour les femmes et enfants de Boers au cours de la guerre civile sud-africaine (guerre des Boers, 1899-1902) et des camps séparés pour les femmes et enfants noirs.

2. Jopie Fourie (1879-1914), rebelle afrikaner, dernière personne à avoir été mise à mort par un peloton d'exécution en Afrique du Sud, après qu'elle s'est révoltée contre le gouvernement et a choisi de soutenir les Britanniques et non les Allemands dans la Première Guerre mondiale.

à user de méthodes immondes, un sentiment d'amertume et de réel mépris devient irrépressible.

[Signé NR Mandela]
NELSON MANDELA

Winnie Mandela était détenue elle aussi en août 1976 et quand elle sortit, elle manifesta violemment pour soutenir la révolte des étudiants. Elle se rendit dans plusieurs postes de police à la recherche d'étudiants disparus, elle aida à organiser l'enterrement de ceux qui avaient été tués et elle consola les familles.

L'officier commandant, Robben Island

[D'une autre écriture]
466/64
Lettre spéciale pour demander à parler personnellement au colonel à propos de sa femme.

18 août 1976

L'officier commandant
Robben Island
À l'attention du colonel Roelofse

Ce matin, le gardien-chef Barnard m'a informé que ma femme ne serait pas en mesure de recevoir le télégramme que j'ai donné pour qu'on le lui expédie le 12 août parce qu'elle a été arrêtée.

En conséquence, je serais heureux que vous puissiez me permettre, dès que cela vous sera possible, de vous rencontrer afin de discuter de cette question. J'aimerais attirer votre attention sur le fait que ma femme a déjà été arrêtée à plusieurs occasions auparavant et qu'elle a déjà été condamnée deux fois. Lors de sa première arrestation, le général Steyn, alors directeur de l'Administration pénitentiaire, a décidé qu'il était juste pour des raisons humanitaires qu'on me donne toutes les informations concernant son arrestation, détention, accusation, condamnation ainsi que l'endroit où elle était détenue.

Je peux ajouter que de mai 1969 à septembre 1970, elle a été emprisonnée d'après la loi sur le terrorisme mais que pendant toute cette période on m'a autorisé à correspondre avec elle. En conséquence, j'aimerais vous rencontrer ce matin pour que nous discutions de toute cette affaire.

[Signé NR Mandela] 466/64

À Winnie Mandela, sa femme

Nelson Mandela 466/64 Groupe A Août 1976

Dadewethu,

Le contenu de ton télégramme demandant des détails sur les programmes de la dernière année de licence en droit de l'université de Londres m'a été transmis le 4 août et j'ai remis le mien pour qu'il te soit expédié le 12 août – j'espère que tu l'as reçu.

La principale difficulté que je rencontre pour terminer l'examen d'anglais est d'obtenir les livres prescrits, en particulier les livres de textes, les recueils de jurisprudence et les comptes rendus. La jurisprudence est essentiellement un sujet philosophique qui requiert comparativement des références à peu d'affaires, mais le droit administratif, le droit international et les lois sur les sociétés sont des matières qui évoluent rapidement et presque chaque année il y a des affaires importantes qui modifient l'un ou l'autre principe établi. Je considère que préparer cet examen d'anglais sans accès à cette littérature est une perte de temps, d'énergie et d'argent.

Pour moi, le mieux serait de terminer les six sujets qui restent pour l'épreuve finale de la licence en droit de Wits. Ils me sont tous assez connus et je serais capable de les passer en une seule fois pour m'attaquer ensuite au latin qui a été ajouté. En 1974, le secrétaire général m'a informé qu'ils n'avaient aucune objection à ce que je termine les cours qui restent et il m'a indiqué qu'ils avaient demandé au ministre (de l'Éducation je suppose) que je passe les examens. Il n'est pas nécessaire que j'obtienne les certificats dont j'ai suivi les cours et passé les sujets précis. Je pourrais passer le latin à l'Unisa et faire une demande d'exemption à Wits.

À défaut, je préférerais passer la licence en droit de l'Unisa même s'il y a vingt-six matières, pour lesquelles le doyen de la faculté de droit est disposé à m'accorder sept exemptions. Mais l'autorisation d'étudier le droit à Londres, Wits ou l'Unisa m'a été refusée par le directeur de l'Administration des prisons le 18 décembre 1975. Par la suite, j'en ai parlé avec le général Du Plessis le 23 janvier 1976 et suite à cette discussion, j'ai fait une seconde demande, cette fois seulement pour la licence de droit de l'Unisa. D'abord, le cours sera beaucoup plus intéressant que celui de Londres et, à choisir, j'ai moins de difficultés sur la littérature. Mais le directeur m'a refusé à nouveau l'autorisation en février dernier.

En ce qui concerne ta position personnelle, j'aimerais que tu saches que, depuis 70, j'ai fait des démarches répétées pour qu'on lève ton assignation à résidence et ceci jusqu'au mois dernier pour que Msuthu soit autorisé à vivre avec toi. Vers la fin de 70 et le 27 mai 71, j'ai cherché à avoir un entretien avec M. P. C. Pelser, alors ministre de la Justice, pour parler de tes affaires familiales, en particulier tes interdictions et la dégradation de ta santé à cause des étranges événements que tu as dû supporter[1]. Il ne m'a jamais répondu.

Le 13 mai 74, j'ai écrit une lettre de sept pages au ministre actuel, M. J. T. Kruger[2], dans laquelle je lui demandais *a*) de t'accorder un permis de port d'arme pour autodéfense, *b*) d'ordonner aux policiers qui ont affaire à toi de s'en tenir strictement à l'exécution de leur tâche en accord avec la loi, *c*) de t'aider à obtenir une autorisation pour que Msuthu puisse habiter avec toi, *d*) de placer un policier de

1. Il fait sans doute référence aux agressions contre la maison de Winnie Mandela.
2. Voir cette lettre, p. 326.

garde devant chez toi, chaque jour, de 19 heures à 6 heures jusqu'à ce que Msuthu te rejoigne, *e*) de demander au ministre de l'Intérieur de te délivrer un passeport pour que tu puisses voyager à l'étranger, *f*) de nous accorder une visite contact de deux heures afin de nous permettre de parler de nos problèmes familiaux.

Le 25 mai 74, j'ai dû écrire une autre lettre au ministre[1] à cause de la violente agression contre la vieille dame et la maison dont tu parles dans ton télégramme, le même mois. En septembre, le directeur de la prison m'a informé que ta demande de passeport serait étudiée en toute objectivité et que tu étais libre de présenter une demande officielle au commissaire de l'endroit où tu résidais. Le ministre a refusé la demande d'une visite contact de deux heures.

Dans une lettre à l'officier commandant du 1er décembre 74, j'ai expliqué l'attaque contre la voiture le 18 septembre comme tu l'as décrite dans ta lettre du 29 septembre. J'ai aussi cité des extraits de celle du 8 octobre que tu as écrite à 1 heure du matin alors que tu attendais « l'attaque des "Mâles bantous" », un ennemi contre lequel tu ne pouvais rien[2]. J'ai ajouté un paragraphe de la lettre de Bantu[3] du 7 novembre dans laquelle elle parle des moments très durs qu'ils ont passés dans la maison en ton absence[4]. Bien que tes contrôles aient été levés, toutes les autres demandes ont été rejetées.

Le 12 février, j'ai demandé au ministre de reconsidérer sa décision concernant la question du port d'arme et j'ai insisté en disant qu'on devrait vraiment s'inquiéter de la police sud-africaine alors que les agressions permanentes contre la maison et la famille se poursuivent. Malgré l'entraînement, la compétence et l'expérience de la police sud-africaine dans la traque des criminels, les coupables courent toujours. J'ai dit à M. Kruger que je ne comprenais pas pourquoi il se montrait réticent à t'aider à acquérir une arme à feu

1. Voir cette lettre, p. 333.

2. Dans sa lettre à l'officier commandant du 1er décembre 1974 (voir cette lettre, p. 350), il cite des extraits de la lettre de Winnie Mandela.

3. Nobantu Mniki, sœur de Winnie Mandela.

4. Il cite la lettre de Nobantu Mniki dans sa lettre à l'officier commandant, datée du 1er décembre 1974 (voir cette lettre, p. 350).

alors que la police se montre tout à fait incapable de t'assurer une protection et que ta vie est sérieusement menacée. Je n'arrive pas à le faire changer d'avis.

J'espère que tu as reçu mes lettres du 18 juillet et du 1er août, des copies de la lettre et de la carte d'anniversaire pour toi et Zindzi, toutes deux datées du 1er décembre 75. Vos problèmes resteront et toi et les enfants vous n'aurez jamais de vraie maison tant qu'un proche parent ne vivra pas avec vous. J'ai la très forte impression que mes demandes à cet égard méritent qu'on les prenne au sérieux, cependant je souhaite maintenant aborder le problème sous un antre angle et attendre l'information demandée dans ma lettre du 18 juillet.

Le 4 août, j'ai reçu un autre télégramme de la femme de Justice, Nozolile, qui m'annonçait la mort de Nkosk. NoEngland l'a enterré le 31 juillet. Le 12 août je lui ai envoyé un télégramme de condoléances. Samedi dernier, Mabel est venue de Mthatha et elle m'a donné des détails sur l'enterrement que Sabata a très bien organisé. J'ai aussi écrit à Nomafu pour lui transmettre notre sympathie. Zindzi m'a envoyé une adorable carte d'anniversaire qui a compensé parce que la toute dernière lettre que j'ai reçue de toi était celle du 27 juin. Il m'a semblé tout à fait étrange de ne pas recevoir de carte d'anniversaire de toi et de Zeni.

J'espère que tu travailles dur pour tes études et que tu as annulé tous tes autres engagements jusqu'après les examens.

JE T'AIME ! TU ME MANQUES ET J'ESPÈRE ÊTRE AVEC TOI LORS DE TON PROCHAIN ANNIVERSAIRE.

Affectueusement,
Dalibunga

Nkosk, Nobandla Mandela, 8115 Orlando West, PO Phirima [1848], JHB.

À Winnie Mandela, sa femme

Nelson Mandela 466/64 19 août 76

Dadewethu,

Hier, je venais de finir de t'écrire une lettre où je t'expliquais ma position vis-à-vis de mes études et où je te donnais un bref aperçu des démarches entreprises eu égard aux restrictions qu'on t'avait imposées, à toi et à Msuthu, quand l'officier commandant m'a informé que tu avais été arrêtée sans me donner plus d'informations.

Jusqu'à maintenant, je ne sais ni où ni quand tu as été arrêtée, je ne sais pas non plus d'après quelle loi tu es détenue, à quel endroit et quelle charge est retenue contre toi, si c'est le cas. Ce que je sais maintenant, c'est que la brève période de [liberté] dont tu as bénéficié pendant seulement dix mois en treize ans s'est terminée à peine deux mois avant ton anniversaire ; en 76, moins d'un quart de siècle avant l'an 2000 que tu verras sans aucun doute. Cependant, j'ai demandé au directeur de l'Administration pénitentiaire qu'il me donne des informations concernant ton arrestation.

Dans ma lettre du 1er août, que tu n'as pas dû recevoir, je te remerciais chaleureusement de venir me voir pour mon anniversaire et j'essayais de te convaincre de descendre en te rappelant que les 25 et 26 septembre tomberaient un samedi et un dimanche tout comme les 17 et 18 juillet[1], et j'avais vaguement espéré que tu en aurais envie, puisque tu avais l'argent nécessaire. Je sais aujourd'hui que ce n'est pas possible. Pourtant, et en particulier à cause de tout cela, c'est un jour que j'attends avec impatience comme si tu devais encore venir. Pour moi, c'est une journée à laquelle j'accorde plus de valeur et d'honneur qu'à toutes les autres journées de l'histoire de ce monde. Je me souviendrai de toi encore plus que le 10 mars[2].

---

1. Il parle de leurs anniversaires – le 26 septembre pour Winnie Mandela et le 18 juillet pour Mandela.
2. La date de leur première rencontre.

T'écrire m'a toujours donné une grande satisfaction et une grande joie. Sincèrement, je ne sais pas si tu recevras cette lettre précise ni celles du 18 juillet, du 1er et du 18 août, si jamais tu les reçois, ni quand. Mais l'acte de t'écrire en cet instant chasse toutes les tensions et les impuretés de mes sentiments et de mes pensées. C'est le seul moment pendant lequel je ressens ce jour dans l'avenir où il sera possible à l'humanité de produire des saints qui seront véritablement honnêtes, vénérables, inspirés en tout ce qu'ils feront par un amour véritable de l'humanité et qui seront au service de tous les humains par altruisme. Depuis hier, je me sens plus proche et plus fier de toi que je ne l'ai jamais été auparavant et je suis sûr que les filles ressentent la même chose.

Cependant je ne me fais aucune illusion, ma chère Maman, et je connais trop bien les coups terribles que tu as endurés au cours des quatorze dernières années, les ragots épouvantables qu'on a répandus sur ton compte et qui auraient totalement détruit une autre femme. Crois-tu que j'ai oublié 63/64, le 13 mai et les dix-huit mois qui ont suivi, octobre 70 en particulier, avril 75 jusqu'au dernier mois, les télégrammes et les racontars venimeux, certains anonymes, d'autres venant de gens bien intentionnés, des gens que nous connaissons tous deux, remplis d'informations inquiétantes et ignobles[1] ?

Pour moi, cela a été une expérience utile de voir des organisations puissantes et des individus haut placés s'associer dans le but précis de détruire une femme virtuellement veuve ; je n'arrive pas à comprendre comment tous ces gens peuvent s'abaisser à ce point, et porter à ma connaissance toutes sortes de détails faits pour dégrader l'image claire que j'ai de la plus merveilleuse amie que j'ai dans cette vie. Ma consolation a toujours été que tu as su garder la tête froide, maintenir la famille unie et nous rendre aussi heureux et optimistes que les circonstances le

1. Mandela fait peut-être référence à de tels événements dans *Un long chemin vers la liberté* (*op. cit.*), quand il écrit : « Je connaisssais certains des ragots les plus épouvantables parce que lorsque je rentrais de la carrière, je trouvais souvent des coupures de presse sur Winnie qui avaient été déposées anonymement sur mon lit par des gardiens. » Et : « J'avais aussi appris dans une coupure de presse qu'un officier de la Branche spéciale était entré de force dans notre maison d'Orlando pendant que Winnie s'habillait et, en colère, elle avait chassé cet officier de la chambre. »

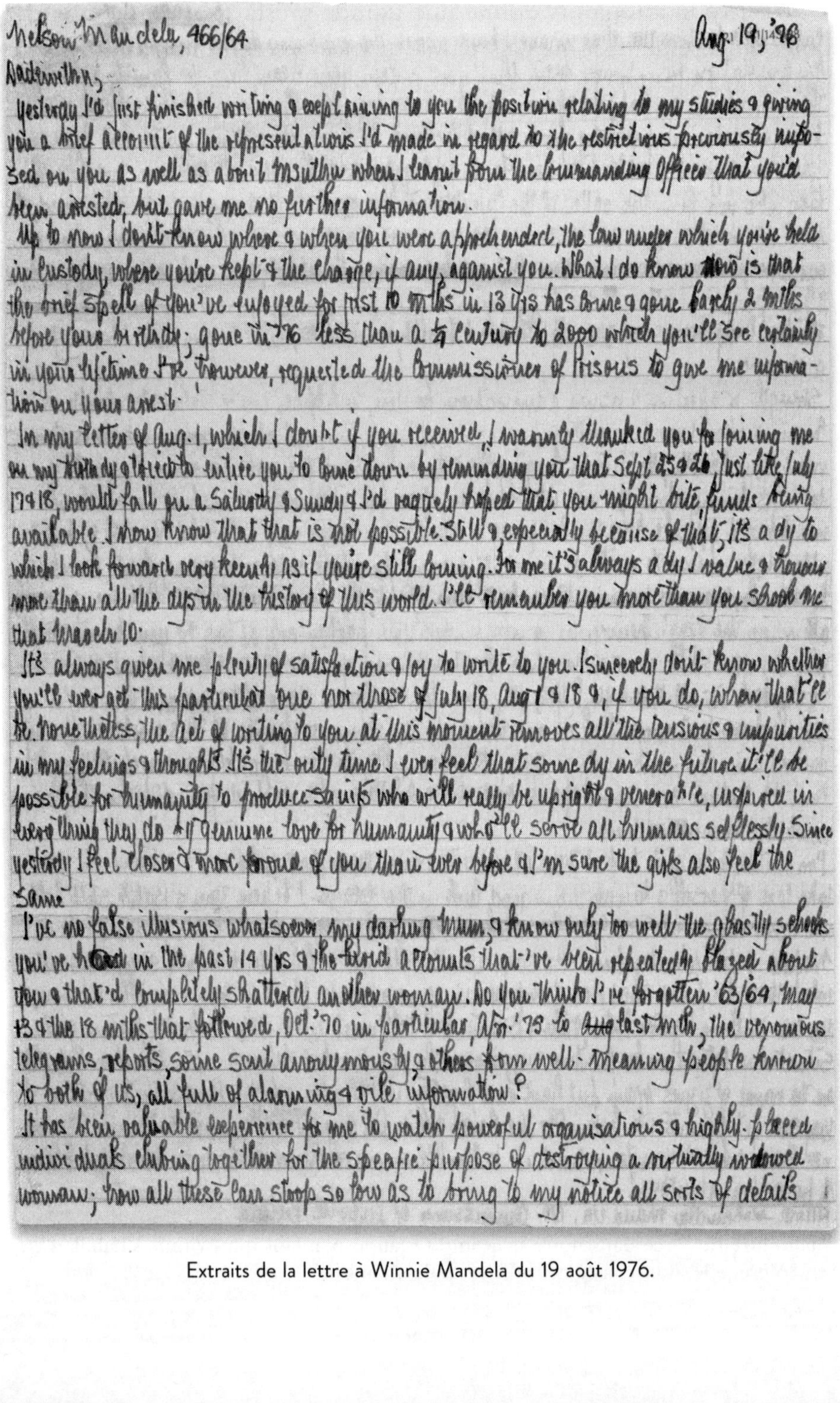

Nelson Mandela, 466/64 Aug. 19, '76

Dadewethu,

Yesterday I'd just finished writing & explaining to you the position relating to my studies & giving you a brief account of the representations I'd made in regard to the restrictions previously imposed on you as well as about Msuthu when I learnt from the Commanding Officer that you'd been arrested, but gave me no further information.

Up to now I don't know where & when you were apprehended, the law under which you're held in custody, where you're kept & the charge, if any, against you. What I do know ~~now~~ is that the brief spell of you've enjoyed for just 10 mths in 13 yrs has come & gone barely 2 mths before your birthday; gone in '76 less than a ¼ century to 2000 which you'll see certainly in your lifetime. I've, however, requested the Commissioner of Prisons to give me information on your arrest.

In my letter of Aug. 1, which I doubt if you received, I warmly thanked you for joining me on my birthday & tried to entice you to come down by reminding you that Sept 25 & 26, just like July 17 & 18, would fall on a Saturday & Sunday & I'd vaguely hoped that you might bite, funds being available. I now know that that is not possible. Still &, especially because of that, it's a day to which I look forward very keenly as if you're still coming. For me it's always a day I value & honour more than all the days in the history of this world. I'll remember you more than you should me that March 10.

It's always given me plenty of satisfaction & joy to write to you. I sincerely don't know whether you'll ever get this particular one nor those of July 18, Aug 1 & 18 &, if you do, when that'll be. Nonetheless, the act of writing to you at this moment removes all the tensions & impurities in my feelings & thoughts. It's the only time I ever feel that some day in the future it'll be possible for humanity to produce saints who will really be upright & venerable, inspired in everything they do by genuine love for humanity & who'll serve all humans selflessly. Since yesterday I feel closer & more proud of you than ever before & I'm sure the girls also feel the same.

I've no false illusions whatsoever, my darling Mum, & know only too well the ghastly shocks you've had in the past 14 yrs & the lurid accounts that've been repeatedly blazed about you & that'd completely shattered another woman. Do you think I've forgotten '63/64, May 13 & the 18 mths that followed, Oct. '70 in particular, Apr. '75 to ~~Aug~~ last mth, the venomous telegrams, reports, some sent anonymously & others from well-meaning people known to both of us, all full of alarming & vile information?

It has been valuable experience for me to watch powerful organisations & highly-placed individuals clubbing together for the specific purpose of destroying a virtually widowed woman; how all these can stoop so low as to bring to my notice all sorts of details

Extraits de la lettre à Winnie Mandela du 19 août 1976.

calculated to dim the clear image I have about the most wonderful friend I have in life. Completely baffles me. My consolation has always been that you've kept your head, held the family tight together & made us as happy & optimistic as ever. would allow a girl who's lived under heavy & sustained pressure from all directions. Of course, dear Mum, we're but human. Zeni, Zindzi & I & we'd like you to be highly praised by all & all the time, just like the lady who rose from the valley of the Caledon in the 1820's. But the more you're slandered, the more attached to you do I become. These are not the things we should even mention in our correspondence to each other. But we live 1000 miles apart, see each other rarely & for short periods & with all the jazz around your ears you may even wonder what Madiba thinks. Only because of this do I think I should, nonetheless, hint to you that I love you always.

Strength of affection & rising admiration for you, Mhlophe, create stalemate situations. Concern & adoration frequently intermingle & at times I'm not at all certain which is dominant. Your health, the intense longing for & anxiety about the girls, the many hrs, mths & even yrs living alone for one who loves the open air & the warm sunshine in which she was brought up, who likes the company of others & can laugh very well, who has lost a comfortable job, the chance to write a university exam for which so much money had been sunk, hard work, energy & precious time had been spent, the uncertainty when I'll see you again all make the heart heavy. As to why I adore you particularly at this hr you know exactly why. Do you still remember when I first addressed you as Ngutyana & why I've stubbornly stuck to it all these yrs? Yes, yes, you do, Ngutyana. Your optimism & wonderful smile have put more steel in me than all the famous classics of this world. You're my darling & in moments such as these, it's reasonable to speak frankly & sincerely. Although I can't be certain my own hope is that these 2 letters will reach you duly & in the form in which I've written them.

I'm writing to the girls to put them at rest & to assure them that you're now a veteran who can take care of herself & to wish them good luck in the exams. I believe Zeni & Bable still hold on each other but that Zeni has broken with poor Tielza & has had a new gold strike in Mafuta Oupa about whom she says you'll tell me a lot. I don't know what to suggest about where they'd spend their Dec. holidays in your absence. There's of course Kgatho & Rennie, the ever-willing ~~Kgatho~~ Tata, Niki & Bantu. But I'll wait until I've a clearer picture of the situation before I make positive suggestions. Who did you leave behind with the Chev? You told me the name of Zizwe's mum but have now forgotten it. I'll also ask Ntatho & Sally to visit you if they can get permits & to look after the house & kids. On Aug. 1, I ~~lie~~ wrote to your sister Connie a condolence letter & asked you to redirect it to her. I'll now ask Rennie to do so. Devotedly, Dalibhunga.

I love you always!

Nkosk. Nobandla Mandela, c/o Commissioner of Prisons, Pretoria

permettaient à une femme qui a toujours vécu sous une pression permanente venue de toutes les directions. Bien sûr, chère Maman, nous ne sommes que des êtres humains, Zeni, Zindzi et moi, et nous aimerions que tous fassent tout le temps ton éloge, comme la femme qui s'est levée dans la vallée de Caledon dans les années 1820. Mais plus tu es calomniée, plus je suis attaché à toi. Ce ne sont même pas des choses que nous devrions nous raconter dans notre correspondance. Mais nous vivons à des kilomètres l'un de l'autre, nous nous voyons rarement, pour de brefs moments, et avec tout ce bazar dans tes oreilles, tu peux même te demander ce que pense Madiba. Cependant, à cause de tout ça, je devrais te dire JE T'AIME TOUJOURS.

La force de l'affection et l'admiration de plus en plus grande que j'ai pour toi, Mhlope, créent des situations sans issue. L'inquiétude et l'adoration se mêlent fréquemment et parfois je ne sais plus laquelle domine. Ta santé, le désir et l'anxiété pour les filles, les heures, les mois et même les années à vivre seule pour celle qui aime le grand air et la chaleur du soleil dans lequel elle a été élevée, qui aime la compagnie des autres et qui sait rire, qui a perdu un travail agréable, la possibilité de passer un examen à l'université pour lequel ont déjà été dépensés tant d'argent, un dur travail, de l'énergie et un temps précieux, sans savoir quand je te reverrai, tout cela rend le cœur lourd. Pourquoi je t'adore à cette heure particulière, tu le sais exactement. Te souviens-tu quand je me suis adressé à toi pour la première fois comme Dadewethu et pourquoi je m'y suis obstinément tenu pendant toutes ces années ? Oui, oui, tu t'en souviens, Ngutyana. Ton optimisme et ton merveilleux sourire m'ont donné plus de force que tous les célèbres classiques de ce monde. Tu es ma chérie et dans des moments comme celui-ci, il est raisonnable de parler franchement et sincèrement. Je ne peux en être certain et cependant mon seul espoir, c'est que tu recevras ces deux lettres en temps voulu et comme je les ai écrites.

J'écris aux filles pour les rassurer et leur affirmer que tu es maintenant capable de prendre soin de toi et pour leur souhaiter bonne chance aux examens. Je crois que Zeni et Bahle sont toujours très proches mais que Zeni a rompu avec ce pauvre Fidza et elle a touché le gros lot avec grand-père Mafuta dont elle dit que tu me parleras. Je ne sais pas qui te

proposer pour leurs vacances de décembre en ton absence. Il y a bien sûr Kgatho et Rennie, Fatu[1], toujours bien disposée, Niki[2] et Bantu[3]. Mais j'attendrai d'avoir une image claire de la situation avant de faire de véritables propositions. Qui as-tu laissé avec les enfants ? Tu m'as parlé de la Maman de Zizwe mais j'ai oublié son nom. Je demanderai aussi à Nthato et Sally[4] d'aller te voir s'ils réussissent à obtenir des permis, et de veiller sur la maison et sur les enfants. Le 1er août, j'ai écrit une lettre de condoléances à ta sœur Connie[5] et je te demandais de la lui faire suivre. Je vais demander à Rennie de le faire. Affectueusement,
Dalibunga. JE T'AIME TOUJOURS !

Nkkosk Nobandla Mandela, c/o directeur de l'Administration pénitentiaire, Pretoria.

À Winnie Mandela, sa femme

[Lettre traduite de l'isiXhosa]

1er septembre 1976

Ma très chère sœur,

Comme famille, nous t'honorons et te respectons profondément – tu es notre fierté et notre joie.

C'est presque comme si je ne t'avais pas vue depuis longtemps bien que tu sois venue les 17 et 18 juillet. Ta photo a été une source de réconfort quand je pense à toi, la regarder encore et encore est la seule chose qui me console quand l'amour et les souvenirs m'envahissent.

1. Fatima Meer.
2. Niki Xaba.
3. Nobantu Mniki.
4. Nthato Motlana (1925-2008), ami, médecin, homme d'affaires et militant antiapartheid – voir Glossaire – et sa femme Sally.
5. Sans doute une lettre de condoléances à la suite de la mort du mari de Connie Njongwe, le docteur James « Jimmy » Njongwe (1919-1976), médecin, leader ANC, organisateur de la Campagne de défi dans le Cap-Oriental.

L'état de ta santé et celui des enfants, leurs examens et tout ce qui trouble ton âme me touche. Avec tous ces soucis, je me souviens de ta maturité pour ton âge, mais tu as montré de l'intelligence, une grande force de caractère, de la stabilité, de la détermination et de la résilience. Aussi j'ai d'autant plus confiance en toi.

Accepte ta situation présente, ne te tourmente pas pour des choses que tu ne peux changer. Ne te fais pas de souci pour les filles, elles sont grandes maintenant, elles se débrouillent seules et peuvent envisager leur avenir. Mon souhait, c'est de les serrer dans mes bras un jour pour leur montrer qu'elles ne sont pas seules.

Je vais écrire aux Dlomo, aux Ngutyana et à d'autres parents pour solliciter leur aide pour l'entretien et les dépenses quotidiennes des filles.

Je vais leur proposer qu'ils les invitent pour les vacances scolaires et aussi de prendre les frais en charge ; pour l'aller et retour de l'école et pour le prix du voyage afin qu'elles te rendent visite.

Oublie ces responsabilités ; la maison, le loyer, la voiture, les meubles et les factures de téléphone. J'ai écrit à Rennie, pour qu'elle fournisse un état détaillé de tout cela, à Kgatho pour qu'il joigne Marsh[1], Earl, Zwelidumile et à M. Mdingi pour qu'ils cherchent une personne de confiance afin de veiller sur la maison ainsi que sur les enfants.

Oublie tout à fait la question d'un emploi, les dépenses impliquées et les rêves que tu fais pour subvenir à tes besoins et à ceux des filles. Le temps est venu pour toi d'oublier tes espoirs en matière de culture comme épouse Dlomo, du cran ! Amour, meilleures pensées et succès où que tu sois.

Depuis juillet, je t'ai écrit cinq lettres ; 18 juillet, 1er août, et une copie que j'avais envoyée le 9 décembre à la même adresse. La lettre datée du 19 août[2] [et celle] datée du 9 août ont été envoyées via le directeur de l'Administration pénitentiaire, en lui demandant de te les envoyer si cela est autorisé.

Je relisais les lettres que tu m'as écrites datées de septembre/octobre 1974, après que la cour d'appel avait rendu son jugement. Tu les avais écrites après ton quarantième anniversaire que tu as passé en

---

1. Marshall Xaba, mari de Niki Xaba, sœur aînée de Winnie Mandela.
2. Voir cette lettre, p. 408.

partie à Kroonstad[1]. Elles ont fait naître des sentiments doux-amers, mais je n'ai pas laissé les émotions m'envahir.

Ta lettre du 29 septembre a mis en lumière le fait qu'au cours des dix dernières années, à chaque souhait de bon anniversaire tu as reçu un message unique. Dans la lettre datée du 9 octobre, tu as le projet de venir me voir tout en sachant que la Branche spéciale[2] s'y opposera.

Le 26 septembre tu auras quarante-deux ans. Tu ne seras pas à la maison et tu n'auras pas la fête habituelle, mais souviens-toi que c'est ton jour et mon vœu c'est que tu ailles bien et que tu restes forte.

J'espère sincèrement que tu n'as pas oublié la promesse que je t'ai faite pendant les dix-huit mois que tu n'étais pas chez nous, quand tu as retrouvé la maison dans un grand désordre à ton retour, j'étais toujours là.

Tu me manques et je t'aime ma chérie.

Les autres lettres sont pour Kgatho, Zeni et Zindzi.

Tout mon amour,
Dalibunga.

À Winnie Mandela, sa femme

[Lettre traduite de l'isiXhosa]

NELSON MANDELA 466/64 Groupe A 1.10.1976

Ma très chère sœur,

Les filles m'ont donné l'excellente nouvelle que tu sembles en bonne santé. Ta perte de poids depuis mon retour de voyage à l'étranger, en juillet 1962, m'avait inquiété.

1. La prison de Kroonstad.
2. Branche spéciale de la police.

L'exercice te fera beaucoup de bien et, si tu peux, essaie de courir chaque jour autour de la cour. L'exercice est la meilleure médecine. Je termine mes journées par du jogging et je fais des étirements avant de me mettre au lit. L'activité physique aide pour beaucoup de choses dont l'insomnie, et elle garde le corps en forme et en bonne santé.

J'ai appris que vous avez été agressés, Nthato et toi, et que tu t'es adressée au tribunal. Si j'avais su que tu prendrais une telle décision, je t'aurais découragée, parce que ce n'est pas le bon moyen de te protéger. Même si vous êtes les victimes qui avez souffert des dommages, vous pouvez être obligés de payer les frais de justice. Cela peut monter à plusieurs milliers de rands. Cependant, si tu as fait une telle démarche, ne renonce pas, je te soutiens de tout cœur. J'attends avec impatience de te voir en janvier, si tout va bien. Tu me manques surtout les jours où les problèmes m'envahissent. Je ne sais pas où tu pourras trouver l'argent afin de pouvoir rester deux jours lors de ta prochaine visite. George va essayer d'obtenir une permission pour Nthato afin que nous puissions parler des questions en suspens. Je pense que les enfants devraient aller faire leurs études en Angleterre s'il leur est possible d'obtenir des visas. Elles m'ont parlé de la mère de la veuve qui est disposée à contribuer aux frais du voyage à l'étranger. Je soutenais cette proposition mais j'y mets certaines conditions. Ce serait un grand honneur pour Sabata d'organiser un dîner en honneur de Zindzi, mais si tu envisages une telle célébration, les deux filles doivent être honorées, parce que Zeni est l'aînée.

Je suis d'accord avec l'idée d'acheter la maison d'Orlando, quand nous aurons l'argent, mais ce sera peut-être difficile car tu es sans emploi. J'ai appris les efforts qui avaient été faits pour trouver quelqu'un qui s'occuperait de notre maison, s'il te plaît, tiens-moi informé des suites. Après ton arrestation, j'ai écrit une lettre pour demander des nouvelles des enfants et de la maison. Je n'ai pas encore eu de réponse. Le seul retour est ce que j'ai reçu des filles. Ta lettre datée du 22 août est la première qui me donne un rapport détaillé sur les questions familiales…

Je remarque que tu n'as pas reçu mes lettres du 18 juillet et du 1er août que j'ai envoyées chez nous. J'ai écrit la première en anglais comme d'habitude et la seconde en isiXhosa, comme la carte postale du 1er septembre dans laquelle je te souhaitais santé, succès et bonheur. Je l'ai envoyée à Pretoria pour qu'on te la transmette, comme celles des 18 et 19 août. J'espère que maintenant tu as reçu les cinq...

On a beaucoup de temps pour réfléchir à soi et à quantité de sujets. Actuellement, je fais la liste de tout ce que je n'ai pas fait quand j'en avais la possibilité. Une de ces choses, c'est de ne pas avoir de maison. J'éprouve une grande joie quand je revois les immenses occasions que j'ai eues ainsi qu'aux moments heureux que j'ai vécus.

On a beaucoup de temps pour évoquer différents sujets, contrairement aux emplois du temps surchargés que j'avais à l'extérieur. Il y a toujours des activités pour garder l'esprit occupé, discuter avec des camarades, lire différents genres de livres, se détendre l'esprit, écrire des lettres à la famille et aux amis, et relire sans cesse les lettres venues de l'extérieur. Ces pensées m'envahissent quand je suis allongé, elles m'inquiètent. Elles tournent autour d'une personne, mon amie de toujours [mots illisibles], j'ai découvert mon âme ; mais ce qui reste, c'est l'amour et le respect. Malgré tout cela, mon esprit reste riche.

Je suis heureux de savoir que tu es à Johannesburg, près de la maison, et en particulier parce que les amis et la famille te rendent visite et qu'ainsi tu peux avoir des nouvelles des affaires familiales. J'ai passé un bon moment avec les filles venues en visite, mais j'ai été triste parce qu'elles devaient repartir le jour même. J'espère que leur voyage à l'étranger sera confirmé rapidement, et pourtant elles vont me manquer. Je ne peux qu'imaginer ce que ce sera pour toi, dans ton état actuel de veuve, maintenant que ce sont de vraies amies pour toi. Mais leur avenir nous oblige à tenir bon. Je viens de lire deux histoires publiées en 1957, et j'espère pouvoir t'en parler un jour. Je n'arrive pas à m'enlever ces deux dates de la tête, en relation avec nos amis : 11 septembre 1926 et vendredi 13. J'attends ta deuxième lettre. D'autres lettres de Kgatho, Xoliswa – la fille de Daliwonga – et une lettre de condoléances pour M. Ngakane pour essayer de le consoler.

Avec mon amour, mon amie, Dalinbhunga.

Mme Nobandla Mandela, c/o officier commandant, prison de femmes, Johannesburg.

À l'officier commandant, Robben Island

[D'une autre écriture, en afrikaans] 466/64 Nelson Mandela Lettre spéciale à B/O[1]

7 octobre 1976

L'officier commandant
Robben Island

À l'attention du colonel Roelofse

En référence à ma lettre du 12 juillet 1976[2], adressée au directeur de l'Administration pénitentiaire, le général Du Preez, je confirme que le 9 septembre vous m'avez informé que vous aviez reçu une lettre de lui, datée du 26 août, dans laquelle il déclare qu'il est satisfait du comportement correct de l'administration de cette île et qu'il ne peut enquêter sur les plaintes de personnes individuelles détenues dans les prisons du pays, ou des paroles semblables.

Je confirme en outre que vous m'avez refusé la permission d'écrire au directeur la réponse que vous avez résumée.

J'avais espéré que le directeur se pencherait plus sérieusement qu'il ne l'a fait sur cette question et que nous pourrions régler toute l'affaire de façon satisfaisante dans le cadre des voies du Département. Mais cette réponse montre clairement qu'il a donné sa bénédiction officielle à tous les abus détaillés dans ma lettre du 12 juillet. Dans ces circonstances, je me vois dans l'obligation de vous demander, comme je le fais par la présente, de m'autoriser à demander à mes avocats d'organiser en urgence une consultation avec mon avocat George Bizos[3] du barreau de Johannesburg dans le but d'entamer une procédure légale contre le

1. B/O signifie Bevelvœrende Offisier, « commandant » en afrikaans.
2. Voir cette lettre, p. 375.
3. George Bizos (1927-), avocat de la défense dans le procès de Rivonia – voir Glossaire.

département des prisons afin de l'empêcher d'abuser de son autorité, de nous persécuter et de commettre d'autres irrégularités.

En particulier, j'ai l'intention de demander un commandement déclarant que :

1. Le directeur a l'obligation légale de me rendre visite ainsi qu'à d'autres prisonniers sur cette île et, selon la nature de la plainte ou de la demande, de traiter cette dite plainte ou demande en personne.

2. Le directeur a l'obligation de me fournir les noms et adresses, s'il y en a, de toutes les personnes qui m'écrivent des lettres ou qui m'envoient de l'argent, des cartes d'anniversaire, de Noël et de Pâques et des télégrammes, et que si cet argent, pour quelque raison que ce soit, n'a pas été crédité sur mon compte, de m'en informer en conséquence.

3. La censure de la correspondance et des télégrammes ne soit exercée qu'en fonction du contenu et non de la personne qui écrit ou envoie la lettre, le télégramme ou la carte, sauf si cet expéditeur est sous le coup de quelque restriction légale.

Je demanderai en outre un ordre interdisant à vous et à vos subordonnés :

1. De faire une propagande raciste aux prisonniers de différents groupes de population dans la section des cellules individuelles où je suis détenu et de créer des sentiments d'hostilité parmi nous.

2. D'interférer dans la préservation de bonnes relations entre moi et des membres de ma famille et de mes amis.

3. De confier la tâche de censure de ma correspondance à des personnes qui ne sont pas compétentes en anglais et dans les langues africaines ;

4. D'enlever la date et autres informations essentielles des télégrammes que m'envoient des membres de ma famille, des parents et des amis.

5. De nous considérer, mes compagnons et moi, comme des otages et de nous maltraiter chaque fois que l'Afrique du Sud est violemment

attaquée par l'un ou l'autre des nombreux pays ou organisations internationales qui sont opposés à sa politique raciale.

J'ai aussi l'intention de demander un ordre interdisant :

1. À la direction de la prison de mener des discutions politiques avec moi et avec mes compagnons prisonniers pendant les pauses.
2. À la Police de sécurité d'intervenir dans l'administration interne du département des Prisons et, plus spécifiquement, dans le traitement des personnes condamnées pour raisons politiques et incarcérées sur cette île.

Je dois aussi vous rappeler ma lettre du 7 septembre dans laquelle je vous informais qu'au cours de ce mois, je me proposais d'utiliser mes lettres mensuelles ordinaires pour écrire à Mme Helen Joseph, MM. Alan Paton et Benjamin Pogrund pour qu'ils prêtent attention à la question de la garde, de l'entretien et de l'éducation de mes enfants, toutes deux mineures, des frais de scolarité, de l'argent de poche, de l'achat des livres, des dépenses de transport pour aller et revenir de l'école, et de les informer de leurs problèmes et de veiller sur elles en l'absence de leur mère en prison.

Le 7 octobre, le lieutenant Prins m'a informé que le directeur avait rejeté ma demande sous prétexte que ma femme recevait régulièrement la visite d'un avocat et était par conséquent dans une meilleure position pour régler ces questions. Cependant le directeur m'a proposé une lettre spéciale destinée au Bureau de l'Administration bantoue[1] à qui je pouvais transmettre tous mes problèmes.

J'ai le regret de vous dire que je ne suis pas prêt à accepter la décision du directeur et je ne considère pas sa proposition comme une tentative sincère pour tenter de m'aider à régler mes problèmes familiaux. Au contraire, je trouve que cela est la réaction typique d'un officiel préoccupé par des questions de couleur et qui se montre particulièrement indifférent aux épreuves qu'affrontent actuellement mes enfants et à nos inquiétudes

1. Sous le régime d'apartheid, des fonctionnaires blancs appointés par le gouvernement dirigeaient les Bureaux de l'administration bantoue qui elle-même contrôlait les autorités noires locales. Ils possédaient toutes les maisons des zones noires et touchaient les loyers versés par les occupants.

pour leur bien-être. La réalité, c'est que le directeur trouve cela révoltant et contraire à la politique du gouvernement qui traite les Noirs comme des inférieurs, alors que les enfants africains devraient être assistés par des Blancs démocrates qui traitent tous les êtres humains sur un pied d'égalité.

Si la raison pour laquelle vous ne me permettez pas de confier à des amis de longue date mes affaires familiales est que ma femme est mieux à même de régler ces problèmes, pourquoi me proposez-vous de les exposer devant le Bureau ? Votre offre est un nouvel exemple d'abus d'autorité et elle a pour but de me nier la possibilité de confier le bien-être de mes enfants à des personnes qui leur procureront assurément tous les soins et l'amour qu'elles méritent et leur feront oublier qu'elles sont orphelines.

En outre, la décision du directeur a pour effet de me priver de mon droit légal de protéger mes enfants, de veiller sur leur personne et sur leur bien-être et de prendre toutes les précautions nécessaires pour défendre leurs intérêts.

Deuxièmement, sa décision est calculée pour ruiner ma femme financièrement en l'obligeant à faire appel à un avocat et à engager des dépenses inutiles pour des services que je pourrais obtenir gratuitement par le moyen de lettres mensuelles ordinaires. Le directeur a pris cette décision ahurissante tout en sachant trop bien que ma femme n'a pas de travail ni de moyens pour engager un avocat sur cette question particulière.

Troisièmement, le directeur sait aussi que le Bureau de l'administration bantoue n'a rien à voir avec la question de la tutelle, de l'entretien et de l'éducation d'enfants, du paiement de leurs frais de scolarité, de leur argent de poche, de leurs livres scolaires, de leurs dépenses de transport pour aller et venir de l'école, et de veiller à leur bien-être. Même si le Bureau était en position de le faire, je ne confierais certainement pas l'avenir de mes enfants à une institution d'apartheid dont les membres appartiennent à la machinerie de l'oppression raciale, et qui travaille étroitement avec la Police de sécurité et son département qui me persécute, moi et ma famille.

En 1973, j'ai écrit une lettre pour demander au Bureau d'autoriser le frère de ma femme à vivre avec elle dans notre maison d'Orlando West. Auparavant, il avait déjà habité dans la maison et la Police de sécurité n'avait cessé de le harceler avant qu'on lui donne l'ordre de quitter le district de Johannesburg. C'est juste après que ma femme a été soumise à toute une série d'agressions nocturnes lâches, et j'ai toutes les raisons de croire qu'elles avaient été commises sous l'instigation de la Police de sécurité, peu importe qui elle avait sélectionné pour lancer ces agressions, la dernière ayant eu lieu huit jours avant qu'elle soit arrêtée. Ce Bureau n'a même jamais eu la courtoisie d'accuser réception de mes lettres. Pourquoi serait-il disposé maintenant à prendre en charge un problème de famille, ce qui est encore plus onéreux ?

L'attitude du Bureau diffère à peine de celle du directeur qui a purement et simplement ignoré la lettre que je lui ai adressée le 19 août dans laquelle je soulevais toute une série de questions qui se sont posées avec l'arrestation de ma femme. Je ne suis même pas sûr que les trois lettres que je lui ai envoyées, aux bons soins du directeur, lui soient parvenues. La seule lettre que j'ai reçue d'elle depuis son arrestation a été postée à Johannesburg le 25 août et ne m'a été remise que le 18 septembre, censurée avec malveillance et raturée comme d'habitude.

À la façon dont elle était censurée, il est clair que vous vouliez que je reste ignorant d'affaires essentiellement familiales. Ma femme a été arrêtée le 14 août vers 7 h 30 et les enfants sont rentrées de pension ce même jour pour trouver porte close. Quatre lignes sont coupées dans la lettre, mais la deuxième ligne après cette coupe laisse entendre clairement que les quatre lignes ont été enlevées parce qu'elles me donnaient des détails sur la façon dont un ami les avait hébergées pour la nuit.

Dans la même lettre, elle me dit aussi qu'elle avait demandé à son avocat de me parler de sa dernière demande à la cour, suite à une agression contre la maison avec une bombe à essence le 5 août. Le 9 octobre, j'ai reçu une lettre de son avocat, maître Ayob[1], contenant une autre lettre d'elle qui m'était apparemment destinée. Cette lettre a été approuvée par l'officier commandant de la prison de Johannesburg, mais elle ne m'avait pas été transmise sous le fallacieux prétexte qu'on ne l'avait pas « trouvée appropriée pour être distribuée ». Si cette affirmation était vraie, pourquoi l'officier commandant de Johannesburg l'avait-il laissée partir ?

1. Ismail Ayob – voir Glossaire.

Finalement, je note que le directeur a esquivé toute la question de l'argent que m'a envoyé M. Pogrund, malgré le fait que j'ai d'abord fait une enquête à propos de la somme, le 24 juillet. En conséquence, je dois vous demander de m'autoriser à entamer une procédure afin que le Département me fournisse un état des comptes en fonction de cette somme.

J'espère que vous me permettrez d'avoir une consultation avec l'avocat et je contesterai vigoureusement toute condition que vous pourrez m'imposer et qui laisserait penser que cette consultation n'est qu'un privilège.

Considérez cette affaire comme très urgente.

[Signé NR Mandela]
NELSON MANDELA

À l'officier commandant, Robben Island

12 octobre 1976

L'officier commandant
Robben Island

À l'attention du lieutenant Prins

Je vous serais reconnaissant de bien vouloir approuver la commande jointe à Prolux Paints pour du papier fort afin de recouvrir mon placard, la somme peut être débitée sur mon compte[1].

[Signé NR Mandela]
Nelson Mandela 466/64

1. En entrant en prison, on établissait une liste des affaires que possédait le prisonnier. Le détail de l'argent liquide qu'il avait sur lui était enregistré sur un compte individuel sous son nom (il ne s'agissait pas d'un compte bancaire mais simplement d'un registre individuel). Ensuite, tout l'argent qui arrivait au nom du prisonnier était inscrit sur son compte ainsi que toute dépense.

[D'une autre écriture] Approuvé : À acheter seulement chez Juta ou chez Van Schaick.
[Signé]
14/10/76

La déportation brutale de Winnie Mandela, le 16 mai 1977, dans la petite ville rurale de Brandfort[1] *dans l'État libre d'Orange (aujourd'hui État libre), fut un nouveau choc pour Mandela et sa famille. Elle fut arrachée à la maison familiale de Soweto avec sa plus jeune fille Zindzi et conduite dans une très petite maison avec quelques affaires, dans la location africaine*[2] *de Phathakahle, aux limites de la ville. Elle ne connaissait personne et ne parlait pas la langue locale.*

À Adelaide Tambo (« Thorobetsane Tshukudu[3] »), amie, militante antiapartheid et femme d'Oliver Tambo, président de l'ANC et ancien avocat associé avec Mandela

Nelson Mandela 466/64 1.1.77

Chère Thorobetsane,

Le mois dernier, j'ai envoyé douze cartes de Noël aux membres de la famille. Mais je t'en ai exclue en espérant que tu comprendrais que mon quota est limité et que ceux qui n'ont pas régulièrement de mes nouvelles sont très souvent des gens qui ne quittent pas mes pensées.

Quoi qu'il en soit nous appartenons à un groupe limité de gens dans lequel les maisons, les parents et les clans sont plus forts que les liens du sang. Le sentiment de culpabilité qui pèse sur moi quand je ne peux

1. Voir Glossaire.
2. Une « location » était une zone créée par le gouvernement pour les Noirs et en général plus petite qu'un *township*.
3. Son nom de naissance était Adelaide Frances Tshukudu. Thorobetsane était un faux nom.

te transmettre mes compliments de la saison sera sans doute un peu moins lourd quand je saurai que tu as reçu cette lettre. Je dis un peu moins lourd parce que ce qui me manque vraiment, c'est la reprise de notre correspondance de 61[1] quand nous parlions librement de choses chères à nos cœurs, sur notre pays natal et le rêve de construire une maison plus douce sur le Khamhlaba.

De Jeppe[2] tu as déménagé dans l'East Rand et en juin 62, je vous ai dit au revoir[3]. Zami, en fille consciencieuse, a écrit régulièrement et a essayé quand c'était possible, de saisir les détails essentiels de la famille. Toi, R.O.R.[4], Gcwanini[5] et d'autres vous êtes souvent mentionnés, me laissant avec le sentiment foudroyant qu'après tout notre monde est le meilleur des mondes. Quatorze années, c'est une longue période dans laquelle les contretemps et les bonnes fortunes sont allés main dans la main. Ceux qu'on aime ont vieilli rapidement suite à des problèmes physiques et moraux trop nombreux et trop terribles pour qu'on les mentionne. Les liens d'affection ont tendance à se relâcher alors que l'idéaliste récite la maxime : l'absence rend le cœur plus affectueux, les enfants grandissent et font des projets qui ne correspondent pas à ce que souhaitent papa et maman. Quand les absents finissent par revenir, ils découvrent un monde étrange et hostile. Les rêves et les calendriers se montrent difficiles à remplir et quand le malheur frappe, le destin propose rarement des ponts d'or.

Mais le progrès significatif est toujours possible si nous essayons d'organiser chaque détail de nos vies et de nos actions et si nous ne permettons l'intervention du destin que dans nos propres termes. J'ai passé beaucoup de temps à lire et relire les merveilleuses lettres de Zami et les notes que je garde sur les questions familiales après chacune de ses

1. Oliver Tambo a quitté l'Afrique du Sud sur instruction de l'ANC en mars 1960. Sa femme et ses enfants l'ont rejoint plus tard, la même année.

2. Un faubourg de Johannesburg.

3. Mandela fait référence à la visite qu'il a rendue aux Tambo, à Londres, en juin 1962, lors de son voyage clandestin hors d'Afrique du Sud.

4. Il parle d'Oliver Tambo, souvent appelé O.R. Dans cette lettre Mandela a ajouté un R avant le nom. Peut-être pour ne pas alerter les autorités de la prison sur la personne dont il parle parce que Tambo était un militant politique, dirigeant une organisation interdite.

5. L'avocat Duma Nokwe (1927-1978), militant politique – voir Glossaire.

visites, et savoir que la famille a réussi à rester soudée, que les enfants grandissent et se montrent à la hauteur de nos attentes, que chaque crise familiale ou autre nous rapproche encore, nous donne plus de force et d'expérience, est une source de volonté qui va au-delà des mots.

Cependant, tes lettres sincères me manquent, elles faisaient de nous une famille et nous nous voyions comme les autres nous voyaient. Mais maintenant, après ton silence de près de dix ans, je commence à ressentir qu'aucun métal précieux, ni l'or ni les diamants, ne peut ôter les effets de la rouille. Je me demande ce qui t'a rendue aussi lente et si peu régulière dans ta correspondance, de même que R.O.R. Faisant la part des choses, il m'est néanmoins difficile d'évaluer cette réticence anormale et persistante. Une famille n'existe que si ses membres respectent leurs mutuelles obligations de partager ce qu'ils savent et ressentent. Si nous ne nous obligeons pas à le faire, il y a des chances qu'apparaissent des divergences même sur des sujets aussi simples que l'amour et le mariage, les cérémonies d'initiation et l'héritage et l'endroit où l'on doit enterrer nos proches. Mais je dois t'assurer que je comprends parfaitement que des remarques de ce genre peuvent naturellement irriter si, ce que j'ignore, tu as fait autant d'efforts inutiles que j'en ai fait pour te joindre.

~~Cependant, tes lettres sincères me manquent qui faisaient de nous une famille~~[1]. J'espère que notre petite Ruta se souvient que je lui ai promis de lui acheter un manteau si elle agrandit la famille…

Pendant plus de quinze ans, R.O.R. a été un voyageur de commerce enthousiaste[2], une occupation épuisante qui, pendant de longues périodes, l'a conduit loin de toi et des enfants. Son absence continue, éloigné de chez vous, a pu causer un choc émotionnel aux enfants, mais j'espère vraiment qu'ils vont bien et qu'ils réussissent dans leurs études. D'après les lettres de Zami je comprends que tu es devenue toi aussi une voyageuse à plein temps. Bien que ce ne soit peut-être pas bon pour les enfants, que vous soyez tous deux constamment sur

---

1. On ne sait pas qui a rayé cette phrase.

2. Oliver Tambo a voyagé en Europe et aux États-Unis pour trouver des soutiens à l'ANC, il a également visité les camps de l'ANC en Angola et le quartier général de l'ANC en Zambie.

les routes, cela permettra au commerce[1] de prospérer, de te maintenir occupée et de cesser de te faire du souci. Je vous aime tous et je ressens profondément la grande tristesse de vivre loin de ceux dont l'amitié a été une source d'encouragement et d'espoir. Un joyeux Noël et une bonne année réduiront la distance qui nous sépare.

Sincèrement,
Nel

Mme Thorobetsane Tshukudu, c/o Nkosk, Nobandla Mandela, PO Box 2947, JHB, 2000.

À l'avocat Duma Nokwe (Gcwanini Miya)[2]

Nelson Mandela 466/64 1.1.77

Cher Gcwanini,

Quand j'étais libre comme un aigle il ne m'était pas facile de me tenir au courant de l'évolution dans les domaines de la musique et du théâtre.

J'ai assisté à quelques-uns des spectacles les plus hauts en couleur, j'ai lu à la hâte des revues entre deux sessions du tribunal [et] les plus sérieuses représentations sur le sujet. Maintenant, c'est encore plus difficile de suivre les événements culturels sur le continent et même les commentaires les plus prudents se sauveraient là où les anges ont peur de s'aventurer. Mais peut-être qu'à toi et à Radebe je peux risquer de parler franchement de choses sur lesquelles mon information est dangereusement insuffisante, en sachant que vous garderez ça pour vous [et] que vous me fournirez le matériel nécessaire dont j'ai besoin pour parler avec assurance.

1. Il parle de l'ANC.
2. Mandela s'adresse à lui avec ses noms de clan afin que les fonctionnaires ne sachent pas à qui il écrit. Ils posteront sa lettre.

La seule chose qui me rend hésitant, c'est ton intimité avec Ishy et Mohla[1] et comme j'ai eu l'expérience effrayante de vous voir, toi et A.P., assouplir vos muscles à l'aube il y a quelques années, devant la maison de Dila[2], je ne suis plus très sûr qu'après avoir passé toute une nuit chez Ishy, tu aies encore envie d'entonner ta chanson favorite sur l'étoile montante et ensuite lâcher et révéler des choses sur lesquelles tu devrais rester silencieux.

Quoi qu'il en soit, trois comédies musicales semblent avoir retenu l'attention récemment, à savoir *Umabatha*[3], *Ipi-Tombi*[4], et *Meropa*[5]. Toutes semblent sensationnelles sur la partition, à tel point que je suis tenté de me demander si l'affirmation selon laquelle les Africains sont des acteurs naturels n'est pas vraie en fin de compte.

La première est l'adaptation par Welcome Msomi du *Macbeth* de Shakespeare sur une musique, une tradition et des danses indigènes. C'est à l'évidence un auteur prometteur qui a réuni autour de lui un groupe d'acteurs aux talents variés. Je crois qu'en Angleterre le spectacle a impressionné tout un monde de vedettes comme Peter Ustinov[6], Sydney Poitier[7], Rex Harrison[8], la danseuse Margot Fonteyn[9] et d'autres artiste[s] et personnages publics. *Ipi-Tombi* essaie de décrire les forces sociales qui influencent la vie de l'Africain et, à nouveau, d'après les photos et différents détails, les acteurs semblent être des garçons et des

---

1. Les amis à qui Mandela a écrit le 1er février 1971.

2. Dr Diliza Mji, un ami et voisin de Mandela du temps de Soweto.

3. Une version zouloue de *Macbeth*, écrite en 1970 par le dramaturge sud-africain Welcome Msomi et jouée par des acteurs zoulous.

4. Comédie musicale écrite par Bertha Egnos Godfrey et sa fille Gail Lakier en 1974.

5. Comédie musicale produite en 1974 par le producteur canadien Clarence Williams, jouée au Japon et en Extrême-Orient. Adaptée d'une comédie musicale intitulée *Isintu* créée par Cocky Thlotothlamaje. Après avoir été rebaptisé en *Meropa*, le titre est devenu *Kwazulu*.

6. Peter Ustinov (1921-2004), acteur russo-anglais, écrivain, cinéaste et metteur en scène de théâtre.

7. Sydney Poitier (1927-), acteur américain originaire des Bahamas, metteur en scène de cinéma, écrivain et diplomate. Il a joué le personnage de Mandela dans le film TV *Mandela and De Klerk*.

8. Rex Harrison (1908-1990), acteur anglais de cinéma et de théâtre.

9. Margot Fonteyn (1919-1991), ballerine anglaise (British Ballet Company, Royal Ballet).

filles de grand talent. On dit que le spectacle a battu tous les records à JHB[1] où il a tenu pendant cent vingt-deux semaines et a été vu par environ cinq cent mille personnes. Je comprends aussi qu'à Londres il a connu un succès semblable et que trois troupes le jouent actuellement sur plusieurs continents.

Meropa est une autre tentative de représenter le monde africain avec des percussions, de la musique et de la danse. Dans toutes ces pièces, les scènes sont saisissantes et font naître des sentiments que j'ai rarement connus quand j'assistais à des spectacles de type occidental. Tu as sans doute vu les comptes rendus et sans doute aussi parlé avec les principaux acteurs.

Mais tous ces spectacles ont des thèmes majeurs troublants et qui écrasent le beau jeu sur la scène. En outre, on ne sait pas qui sont réellement les vrais patrons et qui tient les cordons de la bourse. Alors que Msomi était assisté par les professeurs E. Sneddon[2], P. Scholtz[3] et l'Anglais P. Daubeny[4], Bertha Egnos, Sheila Wartski et Liz McLeish ont travaillé ensemble sur *Ipi-Tombi*. La dernière et *Meropa* ont manifestement été écrites par des gens qui ne connaissent ni notre vie ni notre culture et qui ne sont pas au courant de nos aspirations.

On fait l'éloge de Bra Gibbs[5] en tant que dramaturge et je crois que certaines de ses œuvres ont rempli des salles entières pendant de nombreuses semaines. Malheureusement, je n'ai pas eu la chance de voir ses scénarios ni des comptes rendus. J'aimerais aussi avoir vu les productions de l'Institut de musique, théâtre et littérature et celles d'autres jeunes artistes noirs prometteurs. Je t'envie beau-

1. Johannesburg.

2. Elizabeth Sneddon, directrice du département théâtre de l'université du Natal et directrice de la Natal Theater Workshop Company. Elle a commandé l'écriture d'*Umabatha* à Welcome Msomi.

3. Peter Scholtz qui a mis en scène *Umabatha* à l'université du Natal et a traduit la pièce du zoulou en anglais.

4. Peter Daubeny (1921-1975), imprésario de théâtre qui a amené *Umabatha* à Londres où la pièce a été jouée à bureaux fermés dans ses World Theatre Sessions.

5. Gibson Kente (1932-2004), dramaturge, compositeur et metteur en scène. Comme Mandela, il appartient au clan Madiba, aussi Mandela parle-t-il de lui comme d'un neveu – voir Glossaire.

coup. Vois-tu encore Bakwe et Dan[1] ? J'espère que Mabhomvu[2], Alfie, Tom John, Gabula et ton collègue Joe[3] vont bien. J'ai aussi écrit à Thorobetsane.

Je pense à toi et, aujourd'hui, je souhaite sincèrement que nous nous nous retrouvions, comme autrefois, pour nous raconter des histoires, importantes ou non. Quel moment ce serait ! Les diverses expériences que chacun de nous a connues pendant les quinze années passées se résument à la vraie vie. De la même façon, de tendres et chaleureux souvenirs ont fait entrer le monde et son soleil dans ma cellule. C'est pour cela que vous êtes si proches de moi sur cette île. Peut-être qu'un jour je t'entendrai chanter et danser, cette fois pas seulement l'étoile montante, si tu veux bien, mais aussi des chansons de la terre[4], accompagnées par la fanfare avec trompettes et bugles, tambours et tout le reste. Joyeux Noël et bonne année à Radebe[5], aux enfants, à toi et à tous nos amis.

Très sincèrement,
Nel

M. Gcwanini Miya, c/o Nkosk Nobandla, PO Box 2947, JHB, 2000.

Le 19 janvier 1977, Nelson Mandela s'est plaint auprès d'un gardien, le lieutenant Prins, de lettres non distribuées à sa femme. La conversation de quarante-cinq minutes s'est transformée en querelle et par la suite Mandela a été accusé d'avoir enfreint les règlements de la prison en « insultant et menaçant[6] » un gardien.

1. Dan Tloome (1919-1992), leader de l'ANC et du Parti communiste sud-africain.
2. Nom de code pour le Parti communiste. Bhomvu signifie « rouge » en isiXhosa et les membres de l'ANC utilisaient « Mabhomvu » pour parler d'une personne considérée comme communiste (Nomvuyo Norwe dans un e-mail à Sahm Venter, le 11 décembre 2017).
3. Membres de l'ANC.
4. Chansons de liberté de l'ANC.
5. Vuyiswa Nokwe (Radebe est son nom de clan), la femme de Dumá Nokwe.
6. Nelson Mandela, *Un long chemin vers la liberté*, *op. cit.*, p. 488.

Mandela prépara deux documents pour son avocat afin de se défendre de cette accusation. Le premier document de quarante pages comprenait des courriers entre lui et l'officier commandant de Robben Island, le directeur de l'Administration pénitentiaire et ses avocats. L'autre était un document de huit pages concernant la salle de la prison dans laquelle avaient lieu des consultations. Il prépara ces documents écrits car il pensait que les autorités de la prison pouvaient enregistrer secrètement ses conversations avec son avocat. Quand il voulut donner ces documents à son avocat, Stanley Kawalsky, lors d'une rencontre le 2 février 1977, les autorités de la prison s'y opposèrent.

Le 21 juillet 1977, le directeur de l'Administration pénitentiaire écrivit à Kawalsky pour l'autoriser à consulter des documents avec Mandela et à en recevoir, ainsi que des déclarations en relations avec l'affaire.

Mandela parut devant le tribunal de Robben Island plusieurs fois en relation avec cette affaire mais, le 3 août 1977, toutes les charges furent levées. Kawalsky n'était pas présent et l'officier Olchers, représentant du gardien, exigea que Mandela lui transmette les documents. Mandela refusa mais on ne lui laissa pas le choix et il dut les donner. Ensuite, les autorités refusèrent de les lui rendre.

Le 17 novembre, Olchers informa Mandela que l'officier commandant de Robben Island avait autorisé qu'on brûle les documents. Kawalsky fut consulté et finalement Mandela engagea une action en justice contre le ministre des Prisons.

Le 9 janvier 1980, Mandela fit appel devant la Cour suprême contre le ministre des Prisons pour qu'on lui rende les documents. Deux semaines plus tard, l'officier commandant de la prison lui remit le papier par lequel il avait reçu l'ordre de lui rendre, mais Mandela refusa de l'accepter sans avoir d'abord consulté son avocat. Le 18 février, les règlements de la prison furent amendés pour permettre aux autorités de conserver en sécurité tout document appartenant à un prisonnier. Les avocats de Mandela croyaient que ce changement était le résultat de son action légale, ce que nièrent les autorités.

Sa demande fut « rejetée avec frais » le 23 octobre 1980, et Mandela porta l'affaire en appel. Elle fut instruite le 18 septembre et le jugement fut rendu le 1er décembre 1981. L'appel fut annulé avec frais[1].

1. Mandela vs. ministre des Prisons [1981] 3 All SA 449 (A) au cap de Bonne-Espérance, Division provinciale.

À Frank, Bernadt et Joffe, ses avocats

21 janvier 1977

Messieurs Frank, Bernadt & Joffe
PO Box 252
Le Cap

Messieurs,

À l'attention de M. Bernadt

Ci-joint copie du procès-verbal qu'on m'a transmis hier vers 16 h 15 et qui parle de lui-même. L'affaire a été présentée pour audience devant le tribunal de la prison de Robben Island le 7 février 1977 à 9 heures, ce qui ne me laisse que quatre jours si l'on garde à l'esprit que le 23 est un dimanche.

Dans cette situation, je vous serais reconnaissant de bien vouloir instruire l'avocat George Bizos du barreau de Johannesburg, ou un autre avocat qu'il peut recommander, pour me représenter.

Les faits qui entourent cette affaire sont bas et écœurants et ma femme qui travaille pour le cabinet de Johannesburg de Frank et Hirsch et dont le numéro de téléphone est Orlando 113, et le docteur Fatima Meer, 148 Burnwood Road, Sydenham, Durban, et M. Benjamin Pogrund, 38A 6e Avenue, Parktown North, Johannesburg, seront des témoins indispensables. Il est absolument nécessaire que j'aie une consultation avec le conseil en présence de ma femme et du docteur Meer avant la date de l'audience afin que les éléments significatifs, en rapport avec les intrigues des responsables de la direction de l'Administration pénitentiaire et, dans cet exemple précis, du lieutenant Prins qui agit en collaboration avec la Police de sécurité dans une tentative de ternir le nom de ma femme et de créer une suspicion mutuelle entre nous, soient mis en lumière et portés devant le tribunal.

Ma femme et le docteur Meer ont toutes deux reçu une assignation d'après la loi sur la Sécurité intérieure de 1950, et elles devront faire une demande aux autorités afin de pouvoir quitter leur zone respective. Un renvoi de l'affaire pour au moins un mois semble inévitable.

En attendant, je vous demande d'informer l'officier commandant de ne pas toucher ni de prendre tout matériel en ma possession qui serait en rapport avec l'affaire.

J'ai suffisamment d'argent pour couvrir les frais et les remboursements.

Salutations distinguées,

N.R. MANDELA

Reçu l'original de la présente pour transmission à MM. Frank, Bernadt & Joffe ce 21 janvier 1977[1].

Ministère public

[Signé par quelqu'un d'autre[2]]
21.1.76

Le 25 avril 1977, les autorités conduisirent à Robben Island un groupe de journalistes sélectionnés, en réponse aux rumeurs de conditions de vie épouvantables. Dans un spectacle fabriqué de toutes pièces pour les médias, les gardiens mirent les hommes au travail dans le « jardin », près du bloc des cellules. C'était très loin de leur tâche quotidienne à tirer des bambous sur la grève. Des photos de Mandela et de ses camarades furent prises. En réponse, Mandela écrivit une

1. Cette phrase est manuscrite de la main de Mandela.
2. On ne sait pas réellement s'il s'agit de la signature du procureur car il ne signe pas dans l'espace créé par Mandela.

violente charge contre le directeur de la prison qui avait créé cette occasion de faire des photos.

À la fin de l'année, le droit de faire des études dont bénéficiaient Mandela et Ahmed Kathrada leur fut supprimé quand on découvrit que Mandela écrivait secrètement son autobiographie avec l'aide d'une poignée de camarades de confiance.

Au directeur de la prison, Robben Island

[Lettre tapée]

19 mai 1977

Le directeur de la prison
ROBBEN ISLAND

Nous protestons vivement contre l'objectif du département des prisons et la façon dont il a orgnisé le 25 avril la visite de la prison par des membres de la presse et de la télévision locale et internationale. Nous avons ressenti une violation de notre droit à l'intimité quand des photos ont été prises sans notre consentement et nous considérons cela comme la preuve évidente du mépris avec lequel le département continue à nous traiter.

Le 26 avril, notre camarade prisonnier Nelson Mandela a été informé par le major Zandberg que le ministre des Prisons avait finalement accepté les demandes répétées depuis des années de la presse de visiter Robben Island. Nous avons aussi appris que le ministre avait autorisé cette visite à condition qu'aucune communication n'ait lieu entre les journalistes et les prisonniers.

Le ministre l'a organisée dans l'espoir que cette mise en scène camouflerait l'action du ministère des Prisons ; calmerait les critiques publiques du ministère ici et à l'étranger ; et contrebalancerait toute publicité contraire pouvant naître à l'avenir. Pour s'assurer du succès de l'affaire, on ne nous a donné aucune information préalable, en cette journée particulière où nous avions ce travail spécial de « jardinage » au lieu de tirer des bambous de la mer comme nous le faisons normalement quand nous allons au travail. On avait placé 30 litres de lait à l'entrée de notre section[1], manifestement pour donner l'impression qu'il nous était destiné alors qu'en vérité nous n'en recevons que 6 litres et demi par jour.

La plupart d'entre nous savent qu'une partie des journalistes d'Afrique du Sud et de l'étranger sont favorables à notre cause et qu'ils auraient préféré participer à l'opération d'une manière digne. Cependant, le mépris du ministre pour ce que nous ressentons a conduit à cette situation où des inconnus sont maintenant en possession de photos et de films de nous. L'inconvenance de l'action du ministre est renforcée par le refus systématique de nous permettre de nous prendre nous-mêmes en photo pour nos familles.

Nous insistons sur le fait que la façon dont le ministre a organisé cette visite ne diffère absolument pas des précédentes. En août 1964, des reporters du *Daily Telegraph*[2] ont trouvé ceux d'entre nous qui étaient ici à l'époque en train de « recoudre des vêtements » au lieu de notre travail habituel qui consistait à casser des pierres avec un marteau de 5 livres. Dès que les journalistes sont partis, on nous a donné l'ordre de recommencer à casser nos pierres comme d'habitude. Fin août 1965, Mme Ida Parker du *Sunday Tribune* nous a trouvés portant des imperméables alors que nous revenions de la carrière de chaux – des imperméables qui nous avaient été rapidement fournis au travail, le jour même de sa visite et qu'on nous a immédiatement repris après son départ. Ces imperméables ne nous ont été redonnés qu'un an plus tard environ.

Nous déclarons solennellement qu'en aucune façon nous ne sommes disposés à coopérer avec le Département dans toute manœuvre de sa part ayant pour but de déformer la vérité sur ce que nous pouvons obtenir sur cette île. À de rares exceptions près, notre *span* est restée à l'intérieur pendant plusieurs mois mais notre travail normal consiste toujours à sortir des algues de la mer et le Département ne nous a

1. Une note manuscrite en marge, sans doute d'un responsable de la prison dit : « Faux. Je n'ai même pas vu de lait (JM). »

2. En réalité, il s'agissait du *Daily Express*.

donné aucune assurance qu'on ne nous enverrait pas à nouveau dans la carrière.

Nous citons aussi l'exemple des placards qui se trouvent dans nos cellules. Toute personne qui regarde la télévision sera impressionnée par ce meuble et en donnera tout le crédit au Département. Il est peu vraisemblable que ces téléspectateurs aient conscience que ces placards ont été laborieusement fabriqués avec des outils rudimentaires dans un « atelier » rudimentaire avec des cartons et des morceaux de bois flotté ramassés sur la plage par les prisonniers, que l'argent dépensé pour les embellir est celui des prisonniers eux-mêmes[1] et qu'ils ont été construits par un camarade prisonnier de talent, Jafta Masemola[2], qui travaillait environ huit heures par jour les week-ends pour 1,50 rand par mois[3].

Nous sommes tout à fait disposés à donner des interviews à la presse et à la télévision si le but est de présenter au public une image équilibrée de nos conditions de vie. Que nous soyons autorisés à exprimer librement nos plaintes et nos demandes et à faire des commentaires favorables ou non au Département.

Nous avons tout à fait conscience que le Département désire donner au monde une image positive de sa politique. Nous ne voyons pas de meilleure façon de le faire qu'en abolissant toute forme de discrimination raciale dans l'administration, qu'en menant de front des réformes pénales éclairées pour nous garantir le statut de prisonniers politiques et pour introduire une administration non raciale dans les prisons du pays. Avec peu ou pas du tout de squelettes à cacher, le Département n'aura plus besoin d'avoir recours à ce genre de stratagèmes.

L'exécution du plan a été confiée au général Roux[4] et, en sa présence, les journalistes et cameramen se sont précipités sur nous comme des visiteurs excités dans un salon de l'agriculture[5]. D'après ce que

1. Note manuscrite en marge : « Inepties ! »

2. Jafta Kgalabi Masemola (1929-1990), enseignant, membre de la Ligue de la jeunesse de l'ANC, membre du Congrès panafricain et prisonnier politique – voir Glossaire.

3. Note manuscrite en marge : « Comme les autres prisonniers. »

4. Le général Jannie Roux, directeur de l'Administration pénitentiaire à l'époque, accompagnait les journalistes.

5. Note manuscrite en marge : « Très intéressant. »

nous avons vu du général Roux, nous sommes convaincus qu'il n'a aucun respect pour nos sentiments et notre dignité. La façon dont il a conduit la visite n'est en rien différente de son comportement lorsqu'il est venu dans cette prison le 15 novembre 1976. À cette occasion, il a conduit ses entretiens avec nous comme dans un roman d'espionnage, dans l'espoir de nous trouver complètement dépourvus alors que nous étions confrontés à un manque de respect. S'il n'y a pas eu d'incident regrettable lors de la provocation du 25 avril, cela est dû uniquement à notre sens de la responsabilité.

Nous avons tout à fait conscience que nous ne pouvons empêcher la publication de tels articles sur nos conditions de vie ici, en prison, et que le ministre peut l'autoriser. Mais nous avons également conscience, quelle que soit la loi, que nos photos prises dans un but de publication ou autre sans notre consentement constituent une incursion dans notre vie privée. Cette vie privée a été violée de manière flagrante par les gens mêmes qui, dans le cadre de la loi, en sont considérés comme les gardiens. Et, après avoir violé cette vie privée, le Département a le front de nous demander la permission de faire de nous des objets livrés à la curiosité publique.

Nous insistons sur le fait que nous ne sommes pas des propriétés du Département des prisons. Que nous soyons prisonniers ne diminue en rien le fait que nous sommes, quoi qu'il en soit, des citoyens sud-africains et namibiens, en droit d'être protégés contre les abus du Département[1].

Enfin, nous précisons que nous ne pouvons tolérer indéfiniment tout traitement que nous considérons dégradant et provocateur et que si le ministre continuait dans cette voie, nous nous réservons le droit d'entreprendre toute action que nous jugerions appropriée.

F. Anthony[2],
J. E. April[3],
L. Chiba[4],

---

1. Note manuscrite en marge : « Je suppose que tous les autres citoyens sud-africains sont en droit d'être protégés contre eux ! »

2. Frank Anthony, African People's Democratic Union of Southern Africa, prisonnier.

3. James April (1940-), prisonnier ANC.

4. Laloo Chiba (1930-2017), prisonnier ANC – voir Glossaire.

T. T. Cholo[1],
E. J. Daniels[2],
T. L. Daweti[3],
M. K. Dingake[4],
M. S. Esop[5],
J. Fuzile[6],
K. Hassim[7],
A. T. ya Toivo[8],
A. M. Kathrada[9],
N. R. Mandela[10],
J. Masemola[11],
G. Mbeki[12],
R. Mhlaba[13],
K. Mkalipi[14],
W. Z. Mkwayi[15],
A. Mlangeni[16],
E. Motsoaledi[17],
J. Mpanza[18],

1. Theophilus Cholo (1926-), prisonnier ANC.
2. Eddie Daniels (1928-2017), African Resistance Movement, prisonnier – voir Glossaire.
3. Thompson Daweti, prisonnier ANC.
4. Michael Dingake (1928-), prisonnier ANC – voir Glossaire.
5. Salim Esop, prisonnier ANC.
6. Jackson Fuzile, prisonnier ANC.
7. Kader Hassim (1934-2011), African People's Democratic Union of SA, prisonnier.
8. Prisonnier namibien, Andimba Toivo ya Toivo (1924-2017), South West Africain People's Organisation.
9. Ahmed Kathrada (1929-2017), procès de Rivonia, prisonnier ANC et PC, SA – voir Glossaire.
10. Nelson Mandela (1918-2013), procès de Rivonia et prisonnier MK.
11. Japhta Masemola (1928-1990), prisonnier Pan Africanist Congress.
12. Govan Mbeki (1910-2001), procès de Rivonia, prisonnier.
13. Raymond Mhlaba (1920-2005), procès de Rivonia, prisonnier MK – voir Glossaire.
14. Kwedi Mkalipi, prisonnier PAC.
15. Wilton Mkwayi (1923-2004), petit procès de Rivonia, prisonnier MK – voir Glossaire.
16. Andrew Mlangeni (1925-), procès de Rivonia, prisonnier MK – voir Glossaire.
17. Elias Motsoaledi (1924-1994), procès de Rivonia et prisonnier ANC – voir Glossaire.
18. Justice Mpanza (1937-2002), prisonnier ANC.

P. Mthembu[1],
B. Nair[2],
J. N. Pokela[3],
S. Sijake[4],
W. U. Sisulu[5],
M. M. Siyothula[6],
J. B. Vusani[7],
R. C. Wilcox[8].

À Nobulile Thurlare, une parente

Nelson Mandela 466/64 19.7.77

Notre chère Sisi,

Nos familles sont beaucoup plus grandes que celles des Blancs et c'est toujours un vrai plaisir d'être totalement adopté dans un village, un district ou même plusieurs districts occupés par son clan, comme un membre aimé de la famille, que l'on peut appeler à n'importe quel moment, [où l'on peut] se détendre tout à fait, dormir à sa guise et prendre librement part aux discussions sur tous les sujets, où l'on peut même recevoir du bétail et de la terre pour y construire sans charges.

Comme tu le sais, j'avais à peine dix ans quand notre père est mort[9], après avoir été déposé comme chef et perdu sa fortune[10]. Ma mère

1. Peter Mthembu, prisonnier ANC.
2. Billy Nair (1929-2008), prisonnier ANC.
3. John Pokela (1922-1985), Prisonnier PAC.
4. Sandi Sijake, prisonnier ANC.
5. Walter Sisulu (1912-2003), procès de Rivonia, prisonnier MK.
6. Manert Siyothula, prisonnier PAC.
7. Joseph Bransby Vusani.
8. Robert Wilcox, African People's Democratic Union of SA, prisonnier.
9. Depuis il a été établi, à travers sa documentation et les dates de naissance de ses frères et sœurs, que le père de Mandela est mort quand ce dernier avait douze ans.
10. Le père de Mandela était un chef qui a été déposé par un magistrat après une dispute contre lui pour une histoire de bétail.

ne savait ni lire ni écrire et n'avait pas les moyens de m'envoyer à l'école. Cependant, un membre de notre clan[1] m'a permis de recevoir une éducation depuis l'école élémentaire jusqu'à Fort Hare[2] et il n'a jamais attendu aucune contrepartie. D'après notre coutume, j'étais son enfant sous sa responsabilité. Je suis très fier de cette institution non seulement parce qu'elle fait partie de moi, mais aussi pour son utilité. Elle pourvoit aux besoins de tous ceux qui descendent d'un ancêtre et elle les réunit comme une seule famille. C'est une institution qui naît et se développe à la campagne et qui ne fonctionne bien que là. Le capitalisme et l'industrialisation l'ont maintenant mise en pièces et nous sommes éparpillés dans tout le pays, ce qui rend difficile aux membres du clan de remplir leurs obligations les uns envers les autres. Peux-tu imaginer comment j'ai vécu Noël et le Nouvel An alors que je ne pouvais t'envoyer, surtout à toi, les vœux de circonstance, toi qui non seulement es notre sœur mais une amie loyale que Zami et moi aimons et admirons, même si, toutes deux, vous êtes toujours prises dans des tâches absurdes dont vous vous faites des montagnes ? Je ne perdrai sûrement pas mon temps à tenter de faire à nouveau la paix entre deux grosses femmes qui auraient dû en savoir plus qu'elles n'en savent maintenant. Je m'attendais à ce que toutes deux vous m'épargniez les nombreux maux de tête que vous m'avez causés.

Mais le but véritable de cette lettre est de vous faire savoir que vous m'êtes toujours aussi chères, à moi et à Zami, comme en ce jour inoubliable où vous nous avez accompagnés dans la cour de Mbizana il y a près de vingt ans aujourd'hui[3]. Nous pensons à vous et nous prions pour que vous soyez en bonne santé et que vous viviez plus longtemps même que la vieille dame. C'est dans cet esprit que, de tout mon cœur, je te souhaite, à toi, aux enfants, aux petits-enfants et aux arrière-petits-enfants un joyeux Noël et une très bonne année.

---

1. Le chef Jongintaba Dalindyebo (mort en 1942), chef régent du peuple thembu. Il est devenu le tuteur de Mandela après la mort de son père.

2. Université de Fort Hare à Alice dans le homeland du Ciskei. Mandela a fréquenté Fort Hare à partir de 1939 et a été renvoyé en 1940 après avoir participé à une manfestation.

3. Il parle de Bizana et non de Mbizana, le village natal de Winnie Mandela dans le Transkei.

Un de mes vœux les plus chers ces quatorze dernières années a été d'être de nouveau avec toi, écouter tes histoires drôles, t'entendre faire de nombreux serments et ne jamais les respecter. Te souviens-tu encore quand tu nous as dit que tu ne mangerais plus jamais de pommes de terre ? J'ai aussi assisté à de nombreux services alors que je savais qu'on te demanderait de prier. Quand les paroles divines sortent de toi, elles sont réalistes, simples et stimulantes. Mais parfois, tu me rappelais Nongqawuse[1] qui prophétisait que Sekwati reviendrait bientôt comme le Christ l'avait fait. Je me souviens très bien de ton embarras à Saint Twist et au temple de Pretoria quand Libhebhethe et Vanikekee te rappelaient tes promesses non tenues.

Cela avait peut-être un avantage, celui de te dégriser et de faire que tes expériences quotidiennes de croyante et de non-croyante soient encore plus le sujet de tes prières. J'ai bien sûr été baptisé à l'église wesleyenne et je suis allé dans ses écoles de mission. Ici et dehors, je reste un membre dévoué mais notre perspective tend à s'élargir et à accueillir les efforts vers les autres Églises – anglicanes, Église réformée hollandaise, hindoues, presbytériennes et catholiques romaines. J'ai presque oublié les moraves. La plupart d'entre eux sont des hommes éloquents et d'expérience et certains de leurs sermons ont été mémorables. Je suis favorable à une fusion de toutes les Églises sud-africaines, dans la mesure où la doctrine de la nouvelle Église progressiste s'éloigne des dogmes rigides et rétrogrades des temps anciens.

Finalement, tous les peuples de la terre ont, à un moment ou un autre, eu des clans et certains de ces clans étaient plus puissants et plus connus dans l'histoire que le nôtre. Mais pour toi, pour Zami et pour moi, le nôtre est le monde entier, notre parapluie, <u>la large lame d'acier qui ôte tous les obstacles. C'est notre espoir</u>[2], le nombril qui nous relie en tant que famille, qui nous lie toi et moi, sisi. Je ne t'ai pas vue depuis longtemps mais cette lettre est un trait d'union et il rappelle tous les

1. En 1856, Nongqawuse prétendit que les esprits lui avaient dit que le peuple xhosa devait détruire ses récoltes et tuer son bétail, la source de leur richesse et de leur nourriture. S'il le faisait les colons britanniques seraient rejetés à la mer.

2. On ne sait pas si c'est Mandela ou les autorités de la prison qui ont souligné cette phrase.

heureux moments que nous avons passés ensemble autrefois. Je crois que tu as des rhumatismes aux mains et qu'il t'est difficile d'écrire. Dicte ta réponse aux enfants. À nouveau joyeux Noël et bonne année.

Très sincèrement, ton Bhuti[1].

Mme Nobulile Thulare, c/o Nkosk Nobandla Mandela, 8115 Orlando West, PO Phirima (1848), Johannesburg.

À Zenani et à Muzi Dlamini[2], sa fille et son gendre

[D'une autre écriture] 466/64 Lettres réécrites

Nelson Mandela 466/64 24.7.77

Mes chers Zeni et Muzi,

La naissance de Zaziwc[3] est un des moments les plus heureux de nos vies et Maman et moi nous vous adressons nos plus chaleureuses félicitations.

Nous aurions aimé être là pour nous réjouir avec vous directement et voir le bébé en personne. Dans son télégramme, Maman disait qu'elle essaierait d'aller vous voir, le bébé et vous. Je ne sais pas si elle a réussi. Mais bien que nous soyons loin de vous, notre fierté et notre amour pour Zaziwe sont aussi forts et nous espérons qu'un jour nous aurons le plaisir de voir votre photo et celle du bébé.

J'espère que vous n'allez pas retarder votre départ pour l'Angleterre. En ce moment, votre but le plus important devrait être vos études et aucun de vous ne doit permettre que quelque chose vienne s'opposer à ce projet. Sans de vraies qualifications vous ne pourrez pas servir votre peuple ni apprécier pleinement les développements stupéfiants actuels

1. Frère.

2. Le prince Thumbumuzi Dlamini est un fils du roi Sobhuza du Swaziland et homme d'affaires. Il a épousé Zenani Mandela en 1977.

3. L'aîné de S.A.R. Zenani Dlamini et de son mari S.A.R. Thumbumuzi Dlamini. En tant qu'altesses royales, ils avaient des passeports diplomatiques qui leur permettaient de voyager facilement dans le monde entier pour recevoir diverses récompenses pour Mandela. Ils ont fait des études à Boston, États-Unis, dans les années 1980.

dans les différents secteurs de la connaissance. De telles données et les nouveaux principes des relations humaines peuvent être utilisés au mieux par ceux qui sont correctement préparés à ces défis importants.

Tu me manques Zeni et j'ai envie de voir Muzi. J'espère que vous viendrez bientôt. Dans cette attente, transmettez mon meilleur souvenir et mes humbles respects au roi et à Iindlovukazi[1]. Avec mon amour.

Affectueusement,
Tata

À Zindzi Mandela et Oupa Seakamela, sa plus jeune fille et son compagnon

Nelson Mandela 466/64

24.7.77

Mes chers Zindzi et Oupa,

C'est toujours un grand plaisir de recevoir des vœux d'anniversaire de Zindzi. Et recevoir le message de vous deux a été particulièrement agréable. Il y a des moments où je ressens que les bonnes choses deviennent encore meilleures et c'est exactement ce que je vis actuellement avec les messages affectueux de ta Maman bien-aimée, de toi et Oupa.

Zindzi m'a promis que Maman me parlerait d'Oupa mais, comme vous le savez tous les deux, elle a été sous pression à cause de son travail et d'autres problèmes et jusqu'à maintenant elle n'a pas encore pu m'en parler. Zindzi devra peut-être le faire maintenant.

J'espère que M. De Waal[2] a pu t'aider pour ton inscription. J'espère aussi que tu continues à lire et à écrire de la poésie[3] en te concentrant

1. Le roi Sobhuza et la reine mère.

2. À Brandfort, Winnie Mandela est devenue amie avec un avocat, Piet De Waal. Elle a été aussi l'amie du docteur Chris Hattingh qui lui a proposé un emploi. Le jour où elle devait commencer, il a été tué dans un accident de voiture.

3. Le recueil de poèmes de Zindzi, *Black as I am* (*Noire comme je suis*, Guild of Tutors Press, Los Angeles, 1978), a été publié un an plus tard.

non seulement sur celle d'Europe mais aussi sur celles d'Afrique, d'Asie et d'Amérique latine ; en fait, sur la poésie du monde entier.

Tu dois essayer de connaître parfaitement les règles pour les maîtriser et, ensuite, développer ton propre style. Tu peux facilement les respecter tout en étant originale et libre.

Bonne chance, tout mon amour et mon affection,

Tata

Au directeur de la prison, Robben Island

[Note d'une autre écriture en afrikaans] Lettre au directeur approuvée

Robben Island
18 septembre 1977
Le directeur de la prison,

Je proteste dans les termes les plus vifs contre la conduite immorale du département des Prisons qui a violé mon droit de communication privilégiée avec mes représentants légaux.

Le non-respect persistant de la loi et le mépris des principes de justice par des officiels sont parmi les facteurs qui ont détruit les relations harmonieuses entre gardiens et prisonniers dans tout le pays et qui nous rendent difficile d'accorder à ces employés le respect et la courtoisie que nous devrions montrer à ceux qui sont responsables de notre bien-être en tant que prisonniers. La façon dont le Département empiète sur ce droit tend à montrer que l'utilisation de méthodes inappropriées dans leur rapport avec nous forme une part inséparable de la politique des prisons[1].

Le 12 septembre 1977, j'ai été traduit devant la cour des Officiers pour une accusation dont le lieutenant Prins était le demandeur, et l'affaire a été renvoyée plusieurs fois depuis janvier de cette année. Le procureur,

1. Il ne semble pas que ce soit Mandela qui ait souligné cette phrase car cela n'a pas la netteté habituelle de son trait.

l'adjudant Bierenbroodspot, a renvoyé l'affaire aux termes, je crois, de la section 6 de la loi de procédure criminelle. Alors que la cour prenait la décision d'ajourner et en présence du procureur, l'adjudant Olchers s'est emparé de mon dossier contenant des papiers confidentiels relatifs à l'affaire. Parmi ces documents, il y avait une déclaration de sept pages dans laquelle je donnais les raisons pour lesquelles je pensais que le bâtiment dans lequel se tenaient les consultations entre prisonniers et avocats était équipé d'un appareil spécial grâce auquel les employés écoutaient les conversations. Il y avait aussi un document de quarante pages avec des annexes dans lequel j'exposais les questions impliquées, ma défense contre l'accusation et les noms des prisonniers et des non-prisonniers que je considérais comme des témoins.

J'ai fait remarquer aux deux fonctionnaires que le droit qu'ils violaient était permanent et qu'il protégeait les communications confidentielles non seulement pendant mais aussi après la fin de la séance. Je leur ai dit en outre que le droit était à la base de la création de l'administration de la justice dans le monde civilisé et j'espérais que tout procureur, digne de ce nom, devait le respecter à la fois en théorie et en pratique. J'ai ajouté que rien n'arrêterait l'institution d'une nouvelle procédure contre moi après que le demandeur aura étudié mes dépositions, qu'en emportant mes documents ils s'en prenaient non seulement aux principes du droit naturel mais aussi qu'ils agissaient en contravention avec une des dispositions expresses de leurs propres règles.

Cependant, il est rapidement devenu clair que les deux fonctionnaires exécutaient des instructions de leurs supérieurs et que rien ne les convaincrait de ne pas violer le droit. Le procureur a continué à me dire que, puisqu'il avait retiré l'accusation, il n'avait plus de juridiction parce que l'affaire était devenue administrative. L'adjudant Olchers était encore plus fermé et tout ce qu'il pouvait me dire en réponse à mes arguments, c'était qu'il voulait le dossier. Au cours de la discussion j'ai dit, pour que tous le sachent, que la Police de sécurité, qui est la véritable institution qui dirige cette prison, devait attendre ces papiers quelque part dans le même bâtiment. Dans un but de compromis, j'ai proposé qu'on détruise les documents en leur présence. Ils ont rejeté ma proposition et, malgré mes protestations, ils ont saisi le dossier en me promettant de me le rendre au cours de la journée. Je leur ai alors demandé de me fournir un descriptif de tout le contenu de ce dossier. Ils ont aussi refusé cette demande.

Mes représentants légaux pouvaient ne pas avoir été informés de cette manœuvre. J'ai même soupçonné que lorsque le Département m'avait informé la semaine précédente que la cour se réunirait le 12 septembre, et que cette permission m'avait été fournie pour que je transmette ma déclaration à mes avocats, les fonctionnaires de la prison savaient déjà que l'affaire serait retirée. J'ai aussi soupçonné qu'en me donnant cette information, le but véritable était de m'inciter à remplir mon dossier de messages illégaux dans l'espoir que mes conseils les feraient sortir en fraude.

Mon expérience au cours des quinze années d'emprisonnement m'a appris qu'en traitant avec des prisonniers, le fonctionnaire moyen des services de prison ne considère pas malhonnête de transgresser la loi, d'intriguer secrètement et de balayer d'un geste le code moral[1]. Il y a eu de notables exceptions de fonctionnaires qui, dans des situations difficiles, ont tenté de faire leur devoir avec honnêteté et justice et qui ont appliqué la loi à la lettre avec un peu d'humanité. Mais de tels hommes sont rares. Manifestement, le Département préfère que les prisonniers, les politiques en particulier, soient traités par des hommes qui ne s'embarrassent pas trop d'une conduite exemplaire.

Nous avons été déconcertés de voir la tragédie de jeunes hommes doués et amicaux lors de leur arrivée, travailler très bien avec nous, mais qui par la suite ont été obligés de faire de nombreuses choses en contradiction avec leurs sentiments et leurs conceptions.

Le gardien Bierenbroodspot en est un exemple parfait. Dans les premiers temps, il m'a fait bonne impression et son sens de l'honnêteté et de l'impartialité était frappant. Mais huit mois après son arrivée sa personnalité avait entièrement changé, l'idéalisme avec lequel il accomplissait sa tâche avait disparu et le rôle qu'il a joué dans le procès fait qu'il lui est difficile de me regarder en face. Comme beaucoup d'autres jeunes il a été obligé de suivre une ligne de conduite à l'opposé de ses principes en tant qu'individu et en tant que fonctionnaire. J'ai connu

1. Une ligne verticale a été tirée en marge d'ici à la fin du paragraphe.

plusieurs officiers de grade élevé qui se trouvaient dans des situations également fâcheuses.

Je regrette que dans une lettre de cette nature je sois dans l'obligation de citer son nom et celui de son collègue, l'adjudant Olchers. Je sais que la stratégie concernant la conduite de cette affaire a sans doute été mise au point dans ses moindres détails à des échelons plus élevés et que les deux gardiens étaient des fonctionnaires qui n'avaient pas d'autre choix qu'exécuter des instructions venues d'en haut.

En temps voulu, on pourra demander au Département de justifier sa conduite dans cette affaire. J'espère que quand cela arrivera les propagandistes du gouvernement résisteront à la tentation de tromper le public en affirmant que des documents subversifs ont été découverts dans le dossier dont le contenu ne peut être publié pour des « raisons de sécurité ». On ne pourra produire aucun document parce qu'en fait il n'y en aura aucun.

J'espère en outre que monsieur le ministre des Prisons, M. J. T. Kruger, maintenant que ses fonctionnaires sont en possession de mes documents confidentiels, se montrera assez magnanime pour reconnaître son erreur et pour s'excuser auprès de mes représentants légaux, M. Kawalsky[1], M. Ismail Ayob et mon avocat M. George Bizos pour avoir douté de leur intégrité. Les documents confidentiels ne peuvent avoir été saisis que sur le prétexte qu'ils contenaient des communications sans rapport avec l'affaire et que les avocats devaient sortir en fraude, un acte qui les aurait rendus coupables de faute déontologique. En fin de compte, je me vois dans l'obligation de vous demander de me restituer immédiatement tous les documents et de m'autoriser à rendre compte de toute cette affaire à mes représentants légaux et cela sans délai.

Dans cette attente, j'aimerais que vous avertissiez le directeur de l'Administration pénitentiaire, par le biais de votre officier commandant, du contenu de cette lettre.

[Signé NR Mandela]
NELSON MANDELA

1. Stanley Kawalsky (1946-2018), avocat au cabinet Bernadt et Joffe.

À Winnie Mandela, sa femme

[Lettre traduite de l'isiXhosa]

NELSON MANDELA 466/64

4.12.1977

Chère Sœur,

Autrefois, il y avait un fermier qui s'était spécialisé dans la culture du blé ; il avait tout le matériel nécessaire et il était marié avec la fille d'un riche fermier. La famille vivait dans l'aisance. Ils avaient une fille de neuf ans. Tout le monde croyait que seule la mort pouvait briser leur mariage. Il arriva qu'il fut élu pour prendre en charge des guerriers car cela se passait par temps de guerre.

Il demanda à sa femme de lui préparer de la nourriture et des vêtements mais elle refusa et lui dit qu'elle n'osait pas rester seule dans la ferme mais le mari insista car il avait toujours le dernier mot. Et il partit avec les guerriers en laissant sa femme. À cause de la querelle entre ses parents, la fillette se mit à pleurer. Elle était toujours première à l'école mais après cette querelle elle cessa de l'être.

Il arriva que le fermier et son groupe furent capturés pendant la guerre. Chez lui, les ouvriers devinrent hostiles et il n'y eut plus de récolte. La femme rencontra son ancien petit ami qui, lui aussi, était riche. Il réussit à la persuader de reprendre leur histoire d'amour et d'intenter un procès au mari pour obtenir le divorce. Les nouvelles de la mauvaise conduite de sa femme arrivèrent aux oreilles du pauvre mari en prison.

Tu dois te souvenir que la méthode ci-dessus est la meilleure arme pour détruire son foyer. C'est alors que la richesse se transforma en pauvreté.

La femme écrivit à son mari pour lui expliquer l'intention de son ancien petit ami car elle avait toujours de l'estime pour son mari. Elle voulait s'assurer qu'il l'aimait encore.

D'après la coutume bantoue, un homme ne nage jamais là où les garçons ont l'habitude de se baigner, aussi la réponse du mari fut : « Épouse-le. » La femme comprit que son mari ne l'aimait plus et elle épousa le jeune homme riche, mais sa fille décida de ne plus rester avec le nouveau père et elle alla vivre chez son oncle. Deux ans plus tard, on apprit que le mari revenait et la communauté le considéra comme le vrai chef. Il en avait toutes les qualités. Tous ceux qui avaient été libérés avant lui répandirent ces paroles.

On prépara la réception des chefs du voisinage. C'est à ce moment-là que la femme se rendit compte qu'elle aimait plus son ancien mari que le nouveau.

C'était dommage car le fermier riche était maintenant un pauvre homme, il avait des vêtements trop grands pour lui et n'avait plus ni maison ni femme. Malgré cela, sa fille resta fermement à ses côtés ainsi que ses parents et le peuple entier.

Il est facile d'étudier sa conduite même s'il ne prétend pas être ce qu'il est vraiment. L'ancienne épouse pleurait secrètement. Quelqu'un lui demanda si elle voulait encore revenir près de lui. Elle répondit : « Oui, mais on dirait qu'il ne m'aime pas. »

Le fermier et sa fille s'en allèrent dans une autre région où il loua une ferme et ils vécurent heureux, mais son ancienne épouse ne le fut jamais avec son nouveau mari alors qu'ils connaissaient le monde sur le bout des doigts. Elle avait la honte en partage.

Avec mon amour,
MADIBA

Mme Nobandla MANDELA
802 Phathakahle Location
PO Brandfort (9400) Orange Free State

En 1975, Walter Sisulu et Ahmed Kathrada proposèrent à Mandela d'écrire secrètement son autobiographie et de sortir le texte frauduleusement pour le publier à l'occasion de son soixantième anniversaire, en juillet 1978. Il fut d'accord et commença à écrire. Dans Un long chemin vers la liberté, *ce que ce livre est devenu, il se souvient : « J'écrivais la nuit et je dormais le jour. Pendant une semaine ou deux, je faisais un somme après le souper, je me réveillais à 22 heures et j'écrivais jusqu'au petit déjeuner. Après avoir travaillé à la carrière, je dormais jusqu'au dîner, et le roulement recommençait. Au bout de quelques semaines, j'ai signalé aux autorités que je ne me sentais pas bien et que je n'irais plus à la carrière. Elles n'ont pas eu l'air d'y attacher d'importance et, à partir de cette date, j'ai pu dormir toute la journée*[1]*. » Chaque jour Mandela passait ce qu'il avait écrit à Kathrada qui commentait par écrit et donnait le manuscrit à Sisulu. Quand Mandela avait fait les corrections, les pages étaient transmises à des compagnons de prison, Isu « Laloo » Chiba*[2] *et Mac Maharaj pour qu'ils transcrivent le texte dans une écriture minuscule. Dans un entretien en 2010, Chiba décrit comment Maharaj et lui ont transcrit les six cents pages du manuscrit en soixante pages environ. Ce manuscrit a été ensuite réparti dans des boîtes vides de cacao et enterré dans le jardin de la section B, à Robben Island*[3]*. Leur découverte par des fonctionnaires de la prison, lors de la construction d'un mur, eut comme résultat que Mandela, Sisulu et Kathrada – dont l'écriture se trouvait sur l'original – ont perdu leur droit d'étudier pendant quatre ans.*

Au directeur de l'Administration pénitentiaire

6 décembre 1977

Le directeur de l'Administration pénitentiaire
Pretoria
À l'attention du major Van Vuuren

Le contenu de votre lettre adressée à l'officier commandant et datée du 15 novembre 1977 m'a été transmis le 1er décembre par le directeur de

1. Nelson Mandela, *Un long chemin vers la liberté, op. cit.*, p. 492.
2. Laloo Chiba, prisonnier ANC – voir Glossaire.
3. Entretiens avec Isu « Laloo » Chiba, Ahmed Kathrada, Rachid Seedat, Shabir Ballim, Prema Naidoo et Razia Saleh, Johannesburg, 2010.

la prison. J'ai été informé que vous supprimiez mon privilège d'étude de façon permanente à compter du 1er janvier 1978, sur l'allégation que j'avais abusé dudit privilège en utilisant du matériel d'étude pour écrire mes mémoires.

Je dois vous faire remarquer que j'ai été consterné de noter qu'en prenant une telle décision, vous violiez le principe fondamental de justice naturelle et que vous n'aviez même pas considéré nécessaire de m'informer auparavant du procès intenté contre moi.

Le principe de justice naturelle repose sur deux règles de base qui ont été confirmées par des juges de la plus haute autorité de ce pays et qui forment une part essentielle du fonctionnement administratif. La partie soumise à une enquête doit bénéficier de la possibilité entière et juste de présenter son cas et l'administration doit être exempte de tout préjugé.

L'objet de telles règles est d'empêcher toute erreur judiciaire et de s'assurer que les dispositions administratives sont prises dans un esprit et un sens de responsabilité des fonctionnaires dont le devoir est de rendre la justice en prenant de justes décisions par de justes moyens. Ce n'est que dans les États fascistes qu'il n'y a pas de place pour les règles d'or selon lesquelles « la justice ne devrait pas seulement être rendue mais devrait manifestement et indubitablement être vue pour être rendue ».

À cet égard, j'ai le regret de vous dire que vous n'avez pas agi de bonne foi. Non seulement vous avez dissimulé le fait que vous étiez en train d'enquêter sur une allégation dirigée contre moi, mais vous m'avez aussi refusé la possibilité de remettre en cause tous les faits que je pouvais considérer comme préjudiciables à mes intérêts.

Il est peu probable que j'aurais contesté que mon écriture puisse apparaître sur tout document en votre possession. Mais il y a eu des exemples dans le passé où certains d'entre nous ont été accusés d'avoir profité de leurs études et de leur privilège pour contester que des documents étaient de leur écriture et leurs études ont été sauvées parce qu'ils ont pu établir que l'accusation était fausse.

Autant que je sache et que je croie, ni vous ni aucun membre de votre personnel ne sont spécialistes en écriture manuscrite, aussi toute opinion que vous pouvez avoir sur l'identité d'une écriture particulière est sans valeur. Même si votre opinion se fonde sur la preuve d'un expert, ses conceptions ne seraient en aucun cas dignes de confiance si je ne les avais pas testées avant que vous ne tiriez vos conclusions. Une telle décision causerait inévitablement une grave injustice en punissant un homme pour un délit dont il n'est pas coupable.

Par exemple, si vous m'aviez donné la possibilité d'exposer mon cas avant de me retirer mon privilège, j'aurais peut-être pu vous convaincre que l'an dernier je n'avais aucune permission d'étudier et que par conséquent je ne pouvais abuser d'aucun privilège d'étude. Cela n'a rien à voir avec le fait que, dans le monde éclairé des années 70, je ne vois rien de mal à ce que des combattants pour la liberté incarcérés écrivent l'histoire de leur vie et la préservent pour la postérité. De telles dispositions ont été garanties librement par toutes sortes de régimes depuis la Rome antique.

Je suis contraint de vous dire que la procédure inhabituelle que vous avez suivie en traitant cette affaire manque cruellement d'esprit et de sens des responsabilités que nous attendons de la part du directeur d'un département gouvernemental qui a la charge des affaires de près de cent mille prisonniers. Je crois sincèrement que votre véritable but, en nous retirant la possibilité d'étudier, est de nous émasculer mentalement et de détruire notre moral, ce qui est une des pires formes de cruauté. L'entorse inexplicable faite à la procédure établie dans le traitement de toute cette affaire vient confirmer cette impression. Ces méthodes tyranniques tendent à saper tout désir de ma part de respecter la loi et l'autorité et vous ne pouvez vous attendre à ce que j'accepte votre décision injuste.

Mais sans prévention et afin de déterminer quelle action je devrai entreprendre, j'aimerais que vous me fournissiez les renseignements aux questions suivantes :

1. Les dispositions légales d'après lesquelles vous avez supprimé mon privilège d'étude.
2. La date exacte ou la période où les prétendus mémoires ont été écrits.

3. Si les prétendus mémoires étaient achevés avant le 1er janvier 1977, est-il supposé que j'avais une permission d'étudier quand je les ai écrits ?
4. Copies de ces mémoires en votre possession.
   Dernièrement, j'ai dû vous rappeler que j'avais demandé l'équivalence d'un examen en février 1978 et je me prépare actuellement à passer ces examens.

[Signé NR Mandela]
NR MANDELA 466/64

À Amina Cachalia, son amie et camarade

Lettre spéciale Nelson Mandela 466/64 12.12.77

Vahali Aminaben[1],

On m'a donné l'autorisation spéciale de t'écrire à propos d'un album photo de 21 × 27 centimètres. La Cité Mère[2] ne peut me fournir ce format et j'aimerais que tu demandes à Juta & Co ou à la librairie Van Schaik à Pretoria s'ils l'ont en stock ; ainsi que le prix et les frais d'expédition. Ces deux magasins sont habilités et nous pouvons leur passer des commandes mais s'ils n'ont pas ce format en stock, ils peuvent se le procurer auprès d'autres magasins. Tu ne dois pas l'acheter et me l'envoyer, ce qui serait gaspiller ta fortune. Des règlements interdisent explicitement de recevoir des articles de l'extérieur qui n'ont pas été commandés directement par le département des Prisons. Nous ferons donc de cette manière.

1. *Vehalie* signifie « cher » en gujarati. Mandela a sûrement demandé comment l'écrire à l'un de ses compagnons de prison connaissant le gujarati, Laloo Chiba par exemple. Mandela l'écrit de différentes façons y compris *wahali. Ben* signifie « sœur » en gujarati.
2. La ville du Cap.

Je peux sans doute exploiter cette chance pour te demander de m'envoyer des photos de la famille afin d'avoir le plaisir de constater comment Kaene et Nomente grandissent et comment toi et Yusuf luttez pour dissimuler l'avancée de l'âge. Ta lettre du 18/7/75, la dernière que j'ai reçue de toi, m'a donné l'espoir de voir peut-être Miss Johannesburg, toi Amina, et je l'ai dit avec beaucoup de mots dans ma réponse du 1/11 de cette année, ajoutant qu'en dehors de la très recherchée école de *snoek*[1] qui fourmillait autour de F. Square[2] à Fordsburg pendant ces années passionnantes, tu semblais être la seule capable de mener des négociations aussi délicates. Je suis toujours convaincu qu'il n'y a personne en A.S. capable de rivaliser avec lui dans ce domaine et il ne pouvait échouer en te donnant la permission de descendre ici, si lui-même ne souhaitait pas que tu viennes. Afin d'être sûr que tu as reçu le message, j'ai écrit à Zami pour que tu saches que je ne vous excuserai jamais, toi et Yusuf, si vous faisiez naître en moi des espoirs que vous ne pourriez réaliser. Mais la pauvre fille a subi tant de pressions en mon absence, qu'elle oublie ou trouve difficile de s'occuper de choses qui affectent même ceux, comme toi et Yusuf, qu'elle aime beaucoup.

Dans ta dernière lettre, tu remarquais que les enfants grandissaient et que tu avais l'intention de leur rendre visite en août pendant quelques mois et tu te plaignais à juste titre de la solitude. Je comprends parfaitement tes difficultés. Mais mon amie, qui peut préparer si bien un repas, sait parfaitement qu'en dehors de Yusuf, peu d'hommes dans ce pays connaissent la solitude aussi bien que moi. Je n'ai aucun doute qu'elle accueillera toujours la chance d'être seule avec son homme ; quand elle dit qu'ils sont seuls, la plume met des mots dans sa bouche. Son cœur et tout son corps le ressentent différemment. Te rends-tu compte comme il est difficile d'effacer les images que des amis écrivent dans notre esprit pendant ces moments pénibles et merveilleux ?

1. Nom sud-africain du barracuda.

2. Freedom Square en banlieue de Fordsburg, Johannesburg, un lieu populaire pour les meetings dans les années 1940 et 1950.

Cependant je dois admettre que voir Kaene et Nomente a dû être un moment exceptionnel pour vous tous. Dans cette ambiance, ils devaient être aussi brillants et ingénieux que leur Papa et leur Maman. À vingt et dix-neuf ans, ils doivent écrire des lettres très intéressantes qui vous donnent beaucoup de joie. Vous allez être étonnés d'apprendre que l'image d'eux qui est restée dans mon esprit, c'est quand je les ai vus pour la dernière fois à Jeppe en mai 61. Je me souviens encore comment Nomente s'est précipitée dans le salon et a réclamé ton attention, en criant qu'un objet avait heurté son front lisse. À la façon qu'elle avait de regarder on aurait pu croire qu'elle était entrée en collision avec un train de marchandises ; et d'après ce que je savais un innocent papillon avait peut-être touché son visage. Quand elle a obtenu ce qu'elle voulait, elle s'est aussitôt calmée et elle s'est sauvée, radieuse et épanouie comme un iris dans une bonne terre et par beau temps. Ainsi sont tous les enfants et c'est une des raisons pour lesquelles nous les aimons tant.

Parfois, dans les publications autorisées ici, je tombe sur des noms familiers. Il y a quelques jours, j'ai découvert que le mari d'Effie[1] faisait des recherches sur la rénine, le cholestérol et des choses semblables et j'aurais vraiment voulu lire les résultats de son travail. D'après ce que j'ai compris, malheureusement dans des publications populaires et non professionnelles, il semblerait que les maladies de cœur, contre lesquelles on a pensé que les Noirs étaient immunisés, sont maintenant des tueuses implacables. J'aime beaucoup lire le journal médical britannique *The Lancet.* Je me demandais si Effie[2] faisait aussi des recherches. Interne et praticienne, elle était non conformiste. Il se peut qu'elle le soit encore ou peut-être que la pression des patients lui laisse à peine le temps de respirer. J'espère sincèrement que les problèmes d'yeux de Yusuf sont résolus et qu'il peut passer un moment chaque jour à admirer ton visage, un de ses plus précieux trésors. Ce ne te sera pas facile de trouver une place pour te garer près de Juta & Co et faire confiance à tes petites jambes en espérant qu'elles seront toujours aussi fortes et solides que dans les années 60 et qu'elles pourront te porter depuis

1. Le mari d'Effie Schultz, le professeur Harry Seftel.
2. Effie Schultz était docteure en médecine.

Ferreirastown[1] (ou est-ce l'Oriental Bazaar[2] ?). Vous me manquez, vous deux et les enfants.

Mon amour et mes tendres pensées, très sincèrement,
Nelson

Mme Amina Cachalia, PO Box 3265, Johannesburg.

À Marie Naicker, veuve du docteur Monty Naicker

Nelson Mandela 466/64 1.01.78

Chère Marie,

Accepte nos plus sincères condoléances pour la mort de Monty. Tous nous l'aimions et le respections et sa mort nous a bouleversés. Des nouvelles de sa santé nous étaient parvenues mais nous ne pensions pas que c'était aussi grave et qu'il en mourrait.

Malheureusement, il nous était physiquement impossible d'être à son chevet et, tragiquement, en dehors de la prison, beaucoup n'ont pu aller le voir quand il en avait le plus besoin. Mota[3] était l'un d'eux, il n'aurait rien épargné pour être avec Monty si les circonstances l'avaient permis. Pour notre part, nous regrettons de ne pas lui avoir envoyé un message d'amitié pendant sa maladie en remerciement des sacrifices qu'il a consentis pour notre bonheur à tous. Savoir que ses amis pensaient à lui à un moment aussi crucial lui aurait donné un peu de force alors qu'il menait le dernier et le plus grand combat de sa vie. Nos sincères excuses pour ce silence.

En plus du décès de ta mère, la mort de Monty a dû être un choc terrible pour toi et ta famille. Nous sommes sûrs que la réponse publique

1. Un quartier du centre de Johannesburg.
2. Mandela veut sans doute parler de l'Oriental Plaza qui a été créé dans les années 1970.
3. Yusuf Dadoo. Il était communément appelé Mota, abréviation de *Motabhai*, « grand frère » en gujarati. Il a vécu en exil à Londres à partir de 1973.

à ce deuil t'a aidée à affronter cette tragédie avec courage. Sois assurée que toi, Krissan, Vasugie et les autres membres de la famille, vous êtes en permanence dans nos pensées.

Malheureusement, les circonstances m'empêchent d'exprimer librement mes pensées pour dire l'impact de Monty sur les affaires d'Afrique du Sud et sur nous en tant qu'individus. Il me suffit de dire qu'il était un de nos héros nationaux dont nous estimions beaucoup la direction très compétente et une vaste expérience. Il a fait de nombreux voyages et a rencontré beaucoup de figures internationales comme Mahatma Gandhi et le général Smuts. Il m'a fait une très grande impression quand nous nous sommes rencontrés dans les jours mouvementés de 1946. Les trente années qui ont suivi ont justifié la confiance que le peuple avait en lui comme personnage public et comme professionnel. Son amitié avec Mota en particulier a montré entre autres comment deux fortes personnalités, et de premier plan, avec des conceptions différentes, peuvent travailler harmonieusement ensemble au service d'une grande cause. Ils ont évité tout malentendu possible et ont pavé la voie d'une grande compréhension.

Monty a joué un rôle important dans l'union de notre peuple. Son pacte avec le docteur Xuma et Mota[1] a été une contribution significative dans ce but. Ce développement historique a été durement mis à l'épreuve dans les douze mois qui ont suivi. L'année 49 reste une expérience inoubliable pour ceux qui ont consacré leur vie à la promotion d'une harmonie interraciale. L'action de Monty a été déterminante pour la rapide restauration de la paix et pour promouvoir ensuite compréhension et bonne volonté.

Nous avons passé environ deux semaines ensemble à JHB en décembre 56. Pendant l'examen préparatoire du procès de la trahison qui suivit, nous nous sommes rencontrés quotidiennement et je l'ai mieux connu. Dans la recherche de solutions aux problèmes qui se posaient pendant le procès, nous avons pu compter sur sa grande expérience. Il a gagné le respect de nous tous par son honnêteté et sa franchise.

1. Le pacte des Docteurs de 1947, signé par le docteur Yusuf Dadoo, le docteur Alfred Xuma et le docteur Monty Naicker sur la coopération avec l'ANC, le Congrès indien du Transvaal, réclamant le droit à l'éducation, le droit de vote et des possibilités égales pour les « Non-Européens » d'Afrique du Sud.

À la fin de la PMB[1] en mars 1961, je suis allé faire mon rapport au chef[2] à Groutville[3], j'ai aussi rendu une visite de politesse à Monty et je lui ai exposé à grands traits les résolutions de la conférence. Ce fut une rencontre agréable après plusieurs mois. Je l'ai vu deux jours avant de partir en voyage en Afrique au début de janvier 62 et je lui ai rendu compte brièvement de ma mission. Lors de mon retour, en juillet de la même année, nous nous sommes revus. Tu t'en souviendras facilement. Nous avons eu une longue conversation et, comme Mota, il n'était pas satisfait de certains aspects de mon rapport[4]. J'ai essayé d'apaiser ses craintes mais, comme toujours, Monty n'a pas hésité à dire ce qu'il pensait et j'ai eu l'impression de ne pas l'avoir convaincu. Cependant, je suis sûr que les événements qui ont suivi lui ont démontré la justesse et l'à-propos de mes dires.

Le 5 août, je vous ai dit au revoir à tous les deux. Je ne savais pas à ce moment-là que je n'aurais plus jamais le plaisir de le revoir. Si j'avais su, j'aurais peut-être parlé avec lui un peu plus longtemps et je lui aurais donné une poignée de main plus ferme.

Bien que je reçoive régulièrement tes vœux, Monty m'a manqué au cours de ces dernières quinze années et j'aimerais l'entendre à nouveau. Aussi, j'ai été très heureux quand Winnie m'a dit que Monty était parmi ceux qui l'ont accueillie à Durban à sa sortie de prison en 75. Je considère les moments que j'ai passés avec lui comme les plus riches de ma vie et je penserai toujours à lui avec beaucoup d'affection. Transmets, s'il te plaît, mon meilleur souvenir à tes belles-sœurs. Il est tardif mais sincère. Nous avons aussi pensé aussi à Ansu[5] et Fatima[6] quand Ashwin et Dawood sont décédés.

---

1. Pietermaritzburg All-In Africa Conference à laquelle Mandela, invité surprise, prononça un discours, le 25 mars 1961.

2. Le chef Albert Luthuli.

3. Ville du district de Ilembe dans le homeland du Natal (aujourd'hui KwaZulu-Natal) où vivait le chef Luthuli.

4. Mandela évoque la décision de l'ANC de créer une branche armée.

5. Ansuyah Ratipal Singh (1917-1978), médecin, écrivaine, première femme indienne d'Afrique du Sud à recevoir une bourse du Conseil pour la recherche scientifique et industrielle. Elle a épousé l'avocat et membre du Natal Indian Congress Ashwin Choudree en 1948.

6. Fatima Seedat (1922-1978), sœur jumelle de Rahima Moosa, une des leaders de la Marche des femmes de 1956. Membre du Natal Indian Congress et de l'ANC, Fatima

Notre affection et nos meilleurs vœux à toi et aux enfants, à Nokhukhanya[1], Ismail et Fatu, Rati et J.N.[2] et tous nos amis.

Sincèrement,
Nelson

Mme Marie Naicker, c/o M. Ismail Meer, 148 Burnwood Road, Sydenham, Durban.

P.-S. : Le seul message d'anniversaire que j'ai reçu de Durban venait d'Anetta Memeth[3]. J'aimerais la remercier mais je ne connais pas son adresse.
Nelson

Au directeur de Robben Island

[Une note séparée, d'une autre écriture dit : On dirait que l'on se demande qui est le docteur Ayesha Ahmed]

Robben Island
16 janvier 1978

Le directeur de la prison
Robben Island

Je vous serais reconnaissant d'avoir la bonté de permettre au docteur Ayesha Ahmed, membre de la communauté malaise du Cap, de me rendre visite le plus tôt qu'il vous sera possible en relation avec

a été emprisonnée pour son rôle dans la Campagne de résistance passive organisée par le Transvaal Indian Congress de 1946 à 1948 contre l'Asiatic Tenure Act de 1946 qui limitait la propriété de la terre par les Asiatiques à des zones réduites. Elle a été emprisonnée en 1952 pour avoir participé à la Campagne de défi.

1. Nokhukhanya Luthuli, veuve du chef Albert Luthuli.
2. Radi et J. N. Singh, des amis.
3. Nom de code d'une personne que Mandela ne veut pas nommer.

mes affaires familiales. Elle et son mari, également médecin, sont des amis de notre famille et ma femme et mes enfants habitent chez eux quand elles me rendent visite. Bien que le docteur Ahmed soit une des responsables de l'organisation des femmes Rape Crisis, d'après ce que je sais et ce que je crois, elle n'a pas d'activités politiques, son mari non plus.

Cette année, notre plus jeune fille, Zindzi, a l'intention d'aller suivre ses études à l'université du Cap et elle habitera chez le docteur Ahmed. Sa santé a été affectée par les difficultés dans lesquelles elle a grandi : l'emprisonnement de son père, les nombreuses descentes de police dans notre maison à des heures indues, les agressions incessantes contre ma femme, son arrestation et son emprisonnement, l'insécurité causée par l'emprisonnement de ses deux parents, le désir profond de l'amour parental et la peur de l'inconnu. Tout cela a représenté trop de pression sur elle. Le docteur Ahmed l'a suivie depuis quelque temps et j'aimerais qu'elle m'en rende compte directement et que je lui fasse part de mes observations.

Je ne peux discuter de ces questions par écrit avec le docteur Ahmed car, comme vous le comprendrez aisément, il est évident qu'on ne peut les traiter par correspondance. En conclusion, j'aimerais vous assurer qu'une rencontre avec le docteur Ahmed me permettrait de jouer mon rôle dans la création d'une atmosphère idéale pour que ma fille retrouve la santé.

[Signé NR Mandela]

À Mangosuthu Buthelezi[1], ami de la famille et prince zoulou

Nelson Mandela 466/64 1.10.78

Shenge[2] !

Ton message inattendu d'anniversaire[3] a réveillé en moi de tendres souvenirs et m'a fait penser avec nostalgie à la multitude de choses qui nous intéressent mutuellement.

Il y a des années, nous nous sommes rencontrés à Durban ou à JHB et nous avons eu de chaleureux tête-à-tête. Chacune de ces occasions nous a redonné des forces et a fait naître en nous le besoin de nous revoir pour rajeunir.

Dix-huit années ont passé depuis ce bon vieux temps et la distance entre Mahlabatini[4] et Robben Island s'est agrandie dans notre silence respectif. Heureusement, quelques publications gouvernementales ont publié ta photo et celles de ta famille. Cela m'a permis de tourner mes pensées vers toi et vers Mndlunkulu[5] Irene. L'arrivée de ton télégramme m'a naturellement aidé à franchir l'espace qui nous sépare.

La pensée de mes amis, en particulier les anciens amis, est toujours pour moi une source de force et d'inspiration. J'aimerais que tu saches que j'attache un grand prix à ton message. En plus de ton télégramme, j'ai reçu six lettres d'anniversaire, trois de la famille et trois d'amis. Je les garde précieusement et elles m'ont apporté un grand réconfort. J'ai l'impression d'avoir trente ans. Même s'ils sont peu nombreux, ces messages sont représentatifs de tous les groupes de population du pays. Je crois qu'ils ne sont qu'une part de l'avalanche des bons vœux que j'ai reçue de partout. Cela m'a fait l'effet d'un coup de fouet. Phungashe[6] !

1. Chef Mangosuthu Buthelezi – voir Glossaire.
2. Prénom d'honneur du chef Buthelezi.
3. Il écrit trois mois après son anniversaire, sans doute parce qu'il avait utilisé la totalité de son quota de lettres. Nous n'avons aucune possibilité de savoir si Mandela a reçu la lettre à temps pour son anniversaire, le 18 juillet.
4. Petite ville du KwaZulu-Natal où vivait Buthelezi.
5. Référence royale à l'épouse de Mangosuthu Buthelezi, Irene Buthelezi – voir Glossaire.
6. Un des noms de clan de Buthelezi.

Récemment, j'ai vu le film du couronnement du roi Zwelithini[1] et de son mariage avec la princesse Mantombi[2]. Tu as mené la danse remarquablement bien. Les scènes m'ont rappelé le beau pays que traverse l'iThukela[3] où une part de notre histoire est enterrée. Contrairement aux pyramides d'Égypte qui attirent des touristes du monde entier, Dukuza[4] a disparu et peut-être même que les repères du village royal ont été détruits par tous les troubles des XIXe et XXe siècles. Mais l'histoire conservera le souvenir des fiers exploits issus de la capitale de cet ancien royaume, les exploits de Dlangezwa[5] et de Ntshingwayo[6]. Ces noms font partie de notre héritage et sont d'excellents modèles sur lesquels on peut élaborer des exemples pour des vies de qualité. Quand je regardais ces films je me demandais, comme je l'ai fait souvent dans le passé, ce qu'il y avait d'unique dans les eaux du Mfolosi[7] qui conduit ceux qui en boivent à traverser la vie avec une ferveur effrayante.

En dehors de la disparition des États indigènes d'antan, l'Afrique du Sud n'est plus la même qu'il y a seize ans. Les bambins que j'ai laissés sont devenus des adultes sérieux. Ils vivent au centre d'une évolution rapide de la science et de la technologie et ils sont prêts à répondre aux changements complexes de la vie. Ils se déplacent à la vitesse de la lumière dans presque tout ce qu'ils font. Peut-être que l'éducation et l'influence des mass-médias ont aidé à combler l'écart qui séparait les générations. Par conséquent, nous devons permettre ce qui peut sembler de façon superficielle comme des excès de jeunesse. Wordsworth dit en peu de mots que « l'enfant est le père de l'homme[8] ».

---

1. Le roi Goodwill Zwelithini kaBhekuzulu (1948-), roi de la nation zouloue, couronné le 3 décembre 1971.

2. Fille du roi du Swaziland Sobhuza II, la reine Mantombi Dlamini était la troisième femme du roi Zwelithini. Ils se sont mariés en 1977.

3. Le plus grand fleuve du KwaZulu-Natal où habitait Buthelezi.

4. Dukuza était le nom de la ville fondée en 1820 par le roi zoulou Shaka (1787-1828). Après son assassinat par son demi-frère en 1828, la ville fut réduite en cendres. Une nouvelle ville, appelée Stranger, y fut construite par des colons européens en 1873, mais en 2006 son nom est officiellement devenu KwaDukuza.

5. Un régiment des années 1800.

6. Ntshingwayo kaMahole Khoza (1809-1883) a mené une armée victorieuse de vingt mille guerriers zoulous contre les Britanniques.

7. Un fleuve du KwaZulu-Natal, aussi connu sous le nom d'Umfolozi River.

8. William Wordsworth dans son poème intitulé « Mon cœur bondit » ou « L'arc-en-ciel », écrit en 1802.

En même temps, les braves d'il y a vingt ans, des hommes d'avant-garde dans bien des secteurs, ne sont plus avec nous et avec leur mort a disparu une partie du monde que je connaissais si bien. Au cours des seize dernières années, j'ai envoyé un nombre innombrable de messages de condoléances à des membres de ma famille et à des amis. Aujourd'hui, par exemple, j'ai écrit à Marie, la veuve du regretté Monty à Durban[1], et je lui ai exprimé notre sympathie pour la mort de son mari. Il n'y a pas longtemps, j'ai dû faire de même pour Nokhukhanya[2], à Tante Freda Matthews[3], à la fille de Michael, Barbara[4], et à la femme de Moses[5], pour ne parler que de quelques-uns. Tous ces disparus faisaient tellement partie de notre grande famille qu'il est tragique de voir leurs tombes dispersées.

La perte des anciens, des hommes de confiance respectés qui ont joué des rôles décisifs dans nos vies, a été un grand choc. Ce qui a été encore plus déchirant, c'est d'avoir été dans l'impossibilité de leur rendre hommage par notre présence au bord de leur tombe. En dépit de ces grands malheurs, sois assuré que je n'éprouve aucun sentiment de désespoir ou de solitude. Des manifestations de bonne volonté apparaissent continuellement aux quatre points cardinaux, qui nous donnent confiance et espoir. J'attends avec optimisme le jour prochain, parce qu'il peut m'apporter une agréable surprise sous la forme d'une lettre de la famille, d'un message de bons vœux et d'encouragement de la part d'un vieil ami, tout comme le 18 juillet a apporté tes chaleureuses félicitations.

Les quelques photos que j'ai vues de Mndlunkulu[6] montrent quelques signes du grand âge. Elle est toujours la jeune sœur qu'elle était de Mzila et uMakoti wa kwa Phungashe[7]. J'espère qu'elle vivra longtemps

1. Voir cette lettre, p. 456.
2. Voir cette lettre à Nokhukhanya Luthuli, du 8 juin 1970, p. 228.
3. Frieda (écrit aussi Freda par Mandela) Matthews (1905-1998), une des premières femmes noires à obtenir un diplôme universitaire en Afrique du Sud.
4. Fille de Michael Harmel (1915-1974), membre du Parti communiste sud-africain et de MK.
5. Moses Mabhida (1923-1986), ancien secrétaire général du Parti communiste sud-africain et de l'ANC, né au Natal (aujourd'hui KwaZulu-Natal).
6. Irene Buthelezi.
7. Un des noms de la famille Buthelezi qui est aussi un nom honorifique.

et continuera à tenir bon à Phindangene[1], où elle ajoutera de la farine aux poissons, aux légumes et à la salade, et surveillera les enfants de Mnyamana[2] qui restent trop longtemps loin de la maison. J'espère aussi que Mntwana Magogo[3], la mère de Mndlunkulu et son frère se portent bien. Dis à tous que je leur envoie ma profonde amitié.

Halala Sokwalisa[4] !!!

Sincèrement,
Nelson

Chef Gatsha M. Buthelezi, Kwa Phindangene, PO Box 1 Mahlabatini, Kwazulu.

J'ai aussi appris la mort soudaine du fils de ta sœur, Hlubi, ça a dû être une expérience très dure pour elle. Transmets-lui ma plus profonde sympathie. Nelson.

Au directeur de la prison, Robben Island

Le directeur de la prison
Robben Island

2.10.78

À l'attention du capitaine Harding

Je vous rappelle l'entretien que nous avons eu cet après-midi et je vous serais reconnaissant d'avoir l'amabilité de m'autoriser à acheter le livre *B. J. Vorster*[5] de D'Oliveira (en anglais)[6].

1. Buthelezi vivait à Kwa Phindangene. On le connaît aussi sous le nom de uMntwana ka Phindangene (l'enfant du Phindangene).
2. Mnyamana, le grand-père de Buthelezi, Premier ministre du roi des Zoulous, Cetshwayo kaMpande (1826-1884).
3. Princesse Magogo, mère de Buthelezi.
4. Terme isiZulu employé pour honorer quelqu'un. Sokwalisa est un des noms honorifiques de Mangosuthu Buthelezi.
5. Balthazar Johannes Vorster, Premier ministre d'Afrique du Sud (1966-1978).
6. Le livre de John D'Oliveira est en fait intitulé *Vorster : The Man* (Johannesburg, Ernest Stanton, 1977).

Je ne suis pas certain du nom de l'éditeur, Tafelbreg Uitgewers ou MM. Juta & Co l'auront sans doute en stock[1].

On m'a déjà autorisé à acheter *One Eerste Ses Premiers* et *10 Politieke Leiers*[2], tous deux de Piet Meiring, et j'espère sincèrement que vous approuverez cette demande et débiterez mon compte.

[Signé NR Mandela]
466/64

Au ministre de la Justice

[Télégramme]

23.10.78[3]

À l'attention de ABO sécurité

Re : Demande : séries n° 913 : Nelson Mandela

[En afrikaans] 1. Contenus de la demande reçue du prisonnier susnommé :

[En anglais] Veuillez me permettre d'envoyer un télégramme urgent au ministre de la Justice en relation avec mes affaires domestiques stop Le 15 mai 1977 ma femme a été assignée à résidence à Brandfort où elle se trouve maintenant et où n'existe aucun emploi pour elle stop

---

1. Mandela a bien lu le livre en prison. Tout en considérant Vorster comme un raciste et un fasciste, il a dit dans un entretien avec Richard Stengel qu'il croyait qu'il s'agissait d'un « personnage intéressant » : « Il parlait des choses avec beaucoup d'objectivité, avec un nombre d'idées restreint, vous voyez, de connaissances, sur la politique noire. Il avait beaucoup d'humour sur lui-même. » N. M. in Conversations avec Richard Stengel, 23 décembre 1992, CD 12, Fondation Nelson Mandela.

2. *10 Politieke Leiers* (10 leaders politiques), Le Cap, Tafelberg, 1973.

3. Mandela a écrit sur son calendrier de prison que sa femme et sa fille Zindzi l'avaient informé lors d'une visite le 4 juin 1977, que Winnie avait été assignée à résidence à Brandfort dans l'État libre d'Orange à partir du 16 mai 1977. Winnie pouvait toujours lui rendre visite alors qu'elle se trouvait à Brandfort mais elle devait avoir l'autorisation de quitter la ville.

Ma fille qui m'a rendu visite hier m'a informé qu'on lui avait offert un emploi près de la ville de Welkom mais qui se trouve en dehors du district administratif de Brandfort stop

En conséquence, j'aimerais demander au ministre de lever son assignation afin qu'elle puisse prendre cet emploi stop

Deuxièmement, le traitement que ma femme reçoit de la part de la police sud-africaine est aux limites de la persécution pure et simple et j'aimerais demander au ministre de donner l'ordre à la police de s'en tenir strictement à l'exécution de sa tâche conformément à la loi stop

P.-S. : L'employeur éventuel de ma femme est le docteur Chris Hattingh stop

Autant que je sache, c'est un docteur en médecine

[En afrikaans] 2. Votre décision est attendue stop Demande inutile

Fin

Robben Island

À Zindzi Mandela, sa plus jeune fille

Nelson Mandela 466/64 26.11.78

Zindzi chérie,

Tu ne m'as pas dit si tu avais reçu ma lettre du 30/7. Parmi d'autres choses, je te demandais de me donner la date de naissance d'Oupa[1] pour que je lui souhaite son anniversaire. Confirme-moi s'il te plaît et donne-moi l'information.

J'ai aussi reçu une lettre de Zenani, peut-être la meilleure que j'ai reçue d'elle depuis longtemps, avec des informations et bien écrite. Pour quelqu'un comme moi qui a suivi ses progrès de loin, ses lettres, en particulier depuis l'an dernier, montrent que son vocabulaire et sa

1. Oupa Seakamela, le compagnon de Zindzi.

capacité à s'exprimer se sont modifiés. Mais sa dernière lettre indique qu'elle fait des progrès et cela m'a vraiment plu. Quand tu lui téléphoneras, transmets-lui mes félicitations.

Je suis heureux d'apprendre que tu as suivi le conseil de Maman et que tu iras au couvent pour préparer tes examens. Je t'ai déjà envoyé, à toi et à Oupa, mes vœux les plus sincères. Je te dis à nouveau : Bonne chance. Je suis sûr que tu réussiras facilement.

À Rome, il y avait une sœur Elizabeth Thys [parfois écrit Teyise] de Griquatown. Une fois, j'ai demandé à Maman de me trouver son adresse actuelle afin que je puisse lui adresser mes condoléances pour la mort de sa sœur Sanna, du célèbre restaurant Blue Lagoon, 10 Von Wielligh, à Johannesburg. Sanna a aidé beaucoup d'étudiants africains pour les frais et les repas[1] ; j'ai été désolé que ni Maman ni moi, n'ayons pu assister à son enterrement. Écrire à Elizabeth (Tukkie comme on l'appelait) sera une consolation. Maman la connaît très bien.

J'ai été heureux d'apprendre que tu as rencontré Lady Eleanor[2] avec qui tu as parlé de tes études. J'espère que tu pourras aller à JHB les 13 et 14/11 voir Sir Robert[3] et mettre un point final aux affaires de famille. Cela plaira aux Birley[4] de savoir, enfin, qu'ils ne vous ont pas perdues. Que, finalement, tu iras en Grande-Bretagne. Étudier en Grande-Bretagne te donnera un immense avantage et j'espère que tu profiteras de cette opportunité. Nous pouvons discuter du problème de l'obtention d'un passeport. En attendant, rappelle-le à Maman quand elle viendra ici.

Les rêves bizarres que tu fais parfois ne sont pas un phénomène étrange. Ton enfance s'est déroulée dans un environnement familial difficile. La tension née de ce type de vie t'a naturellement affectée. Je n'ai jamais oublié que tu avais à peine trois mois quand j'ai dû quitter la maison, en vous laissant, toi, Zeni et Maman. Même si je t'ai vue souvent pendant les dix-huit mois qui ont suivi. D'août 62 jusqu'à il y a trois ans quand tu as commencé à venir,

1. Il en parle dans sa lettre à Sanna du 1er décembre 1970, voir p. 264.

2. Lady Elinor Birley (1903-1982). Mandela fait une faute sur son prénom en écrivant « Eleanor ».

3. Sir Robert Birley (1903-1982), l'ancien directeur d'Eton College et à cette époque professeur associé de l'université de Witwatersrand.

4. Sir Robert et Lady Birley avaient pris en charge le financement des études de Zeni et de Zindzi.

nous avons eu envie de nous voir. Penser simplement à tout ce que tu as dû endurer me terrifie. Mais ce qui est important, ma chérie, c'est que tu as su faire face à cette épreuve ; tu es vivante. Tu te tiens à cette croisée des chemins où la visibilité est si bonne que tu peux voir le vaste champ devant toi et l'horizon lointain. En dépit de toutes nos difficultés, Maman a fait de toi et de Zeni des chéries intelligentes, dures, chaleureuses et amicales. C'est pourquoi tu dois dominer tes pensées, tes actes et ce qui t'influence. Aujourd'hui, tout comme par le passé, Maman traverse une période très difficile. Mais ce merveilleux Pondo est un roc et peut prendre soin d'elle. Ne te tourmente pas, ma chérie. Tout finira par s'arranger.

Tu ne dois pas t'inquiéter non plus à propos de prémonitions. Dans ton cas, cela signifie que tu peux prévoir plus de choses que la moyenne des gens. Il n'y a rien de magique dans tout cela. Ce qui est assurément incorrect serait de croire qu'un être surnaturel t'a donné de tels pouvoirs, que certains événements autour de toi ont un sens caché que la science ne peut expliquer.

Pour prendre un exemple, il n'y a rien de particulièrement étrange dans ton rêve d'un trésor caché à Bizana. Mon absence de la maison t'a donné un sentiment d'insécurité sous de nombreux aspects, notamment financiers. Tu aimerais vivre dans une maison spacieuse, faire de bons repas et avoir de beaux vêtements. Grand-père C.K.[1] était un homme riche qui vous adorait, toi, Zeni et Maman. Il a laissé un grand domaine et depuis sa mort, on a beaucoup parlé de son héritage.

Dans l'environnement familial où tu as grandi, il serait tout à fait naturel que tu sois impliquée dans la solution, même inconsciemment. Mme Ngakane était une vieille amie de la famille, ta grand-mère. Il n'est pas étonnant que, dans tes rêves, elle soit l'instrument qui réalise une de tes ambitions les plus ardentes dans la vie, c'est-à-dire la sécurité financière.

L'incident de la tortue et de l'oiseau blessé peuvent aussi s'expliquer scientifiquement. La tortue est apprivoisée et fait un très bon animal de compagnie. Elle peut s'être échappée ou avoir été correctement traitée. De la même façon, l'oiseau peut avoir été apprivoisé, chassé par un faucon ou obligé à cause de sa blessure de se percher sur tes bras.

1. Colombus Kokani Madikizela, le père de Winnie Mandela – voir Glossaire.

Tout se passera bien si tu essaies toujours de trouver une explication scientifique à tout ce qui se passe même si tu arrives à une mauvaise conclusion. Est-ce que je dis des choses sensées ou est-ce que je ressemble à un *ou toppie venu du bundu*[1] ?

S'il te plaît, essaie de pousser Zeni et Muzi à décamper tout de suite[2], avant de s'encroûter. Tu me manques et j'ai envie de te voir. Des tonnes et des tonnes d'amour et un million de baisers, avec mon affection,
Tata

Mlle Zindzi Mantu Mandela, 802, Phathakahle Location, PO Brandfort.

Transmets mes salutations à la mère supérieure et aux membres de son équipe. Maman et moi, nous leur sommes reconnaissants de te donner la chance de faire tes études dans le calme. Peut-être qu'un jour, nous pourrons les rencontrer pour les remercier.
Tata.

À Ndileka Mandela[3], sa petite-fille, fille aînée de son fils défunt, Thembi

Nelson Mandela 466/64 21.1.79

Zukulu[4] chérie,

Il me semble que c'était seulement hier, le 19 février de l'an dernier, quand je t'ai envoyé une carte pour ton treizième anniversaire. Je te dis à nouveau « Bon anniversaire et merveilleuse année ! ».

J'espère que Nandi[5] et toi vous avez reçu les cartes de Noël que je vous ai envoyées et qu'elles vous ont plu. J'espère aussi que vous m'écrirez pour me le dire. Vous allez le faire ?

1. « Un vieil homme de la campagne » en afrikaans.
2. Zenani et son mari, le prince Thumbumuzi Dlamini, devaient partir aux États-Unis.
3. Ndileka Mandela (1965-) – voir Glossaire.
4. « Petite-fille » en isiXhosa.
5. Nandi Mandela (1968-), sa petite-fille et la plus jeune fille de son fils décédé Thembi – voir Glossaire.

On m'a dit que tu étais en troisième. Tante Rennie m'a écrit d'Inanda[1] et m'a dit que cette année tu devais entrer en seconde là-bas. Je ne sais pas si tu as réussi. Mes plus sincères félicitations.

Si tu es à Inanda, dis-moi s'il te plaît quel est le montant de l'inscription pour que je sollicite une bourse. Dans ta dernière lettre, tu me demandais que je t'envoie une veste de cuir avec un col de fourrure. J'ai transmis ta demande à Khulu[2], Winnie. Elle a beaucoup de problèmes et oublie facilement. Mais elle est très gentille et elle vous aime, toi et Nandi. Elle n'a pas de travail mais elle fera tout son possible pour t'envoyer ce que tu veux.

Je ne cesse de penser à 1981, dans seulement deux ans, quand tu pourras enfin me rendre visite. J'ai tellement envie de te voir que je ne peux attendre ce jour-là.

Transmets mon amour à Maman Thoko[3] et Tata Phineas[4].

Quel est son nom de famille et son adresse à Claremont[5] ? Je voulais leur envoyer une carte de Noël mais je n'ai pas pu parce que je ne la connaissais pas.

En attendant, je souhaite que cette année t'apporte beaucoup de joie et de chance. Un million de baisers et des tonnes et des tonnes d'amour, ma chérie.

Affectueusement, Khulu À Ndindi Mandela, séminaire d'Inanda.

Mlle Ndileka Mandela
c/o Mme Rennie Mandela
Séminaire d'Inanda
Sac privé X54105
Durban
4000

---

1. Un prestigieux internat à Durban, KwaZulu-Natal.
2. « Grand-mère » et « grand-père » en isiXhosa.
3. Thoko Mandela, veuve de Thembekile Mandela et mère de leurs deux filles – voir Glossaire.
4. Phineas Nkosi, second mari de Thoko.
5. Banlieue de Durban.

À Winnie Mandela, son épouse

Nelson Mandela 466/64 21.1.79

Mntakwethu[1],

Il y a eu peu d'occasions où j'ai craint de t'écrire comme aujourd'hui. Je ne peux me trouver d'excuses pour ne pas t'avoir demandé les résultats de tes examens du 26/12.

Je me sens d'autant plus coupable que, quelques jours avant ta visite, j'avais félicité plusieurs collègues qui avaient passé le même examen et j'avais dit toute ma sympathie à ceux qui avaient échoué ; de bons amis, mais simplement des amis. Ce sont des relations de valeur qu'il faut entretenir. Mais quelle que soit leur force, il y manque la tendresse et l'intimité qui existe entre un homme et sa maman, *dade*[2] et l'amie spéciale que tu es. Cette relation particulière porte en elle quelque chose qu'on ne peut séparer de la personne. Cela exige qu'on respecte certaines règles élémentaires de gentillesse sans quoi on est inexcusable. Est-ce que tu m'en veux pour cette [?] gaffe ? Ngutyana ! Est-il trop tard pour poser la question ? L'année dernière, j'ai récolté une moisson de quinze visites et quarante-trois lettres. Sur ce total de lettres, quinze venaient de toi. Sept d'anniversaire et le message d'anniversaire d'Helen[3] sous forme de lettre. J'avais eu plus de visites en 77 mais bien que le nombre de lettres ait été plus important que l'année dernière, je n'ai pas battu le nombre record de cinquante lettres reçues en 75. Ces merveilleuses visites et ces tendres lettres ont rendu agréable l'atmosphère qui m'entoure et lumineuses les perspectives.

Bien que joyeuse le 19/2, tu semblais pourtant un peu souffrante et l'eau qui remplissait tes yeux noyait l'amour et la tendresse qui, toujours, en émanent ; l'amour et la tendresse qui, toujours, me rapprochent de toi. Mais la connaissance de ce que j'avais vécu ces vingt dernières années me donnait la force de cet amour même physiquement affaibli

1. Terme affectueux en isiXhosa.
2. « Sœur » en isiXhosa. Dans ce contexte il parle de Winnie Mandela.
3. Sans doute Helen Joseph.

par la maladie. Le 29/10 tu étais encore plus royale et désirable dans ta robe verte et j'ai pensé que tu avais de la chance que je ne puisse ni t'atteindre [?] ni te confier ce que je ressentais.

Parfois, j'ai l'impression d'être sur la touche, quelqu'un qui a manqué la vie elle-même. Aller au travail avec toi dans le petit matin, te téléphoner pendant la journée, prendre ta main ou te serrer dans mes bras quand tu allais et venais dans la maison, déguster tes plats délicieux, les heures inoubliables dans la chambre, tout cela donnait à la vie un goût de miel. Je ne peux oublier certaines choses. Le 2 décembre, Zindzi m'a laissé entendre que tu avais l'intention de venir pour son anniversaire. J'attends cette journée comme si j'allais vous voir toutes les deux pour la première fois. Mais le matin de ce jour-là, j'ai prié pour que tu ne puisses pas venir.

Inconsciemment, la nuit et la journée précédente, j'ai travaillé un peu plus que je ne m'en rendais compte. J'ai pensé que mes yeux allaient de nouveau me trahir, plus encore que lorsque Zindzi est venue le 21/10. Aussi, j'ai été soulagé quand tu n'es pas apparue. Mais j'étais certain que tu serais ici dans quelques jours. Quel moment ce serait, mntakwethu !

La seule chose qui m'a inquiété a été de voir comme ton poids a changé au point de mettre ta santé en danger. Bien que plusieurs personnes aient pensé que tu ressemblais à la sœur de Nobandla, ce qui est très encourageant, tu m'as fait peur. Franchement, je ne voudrais pas te revoir à ce point souffrante de privations et aussi décharnée. Heureusement, ta tenue élégante et ta coiffe assortie ont sauvé la rencontre. À l'inverse, une année excellente aurait fait l'effet d'une douche froide. À propos, j'aime les vêtements kaki que Zindzi et toi portiez le 27/8. Tu avais l'air vraiment fraîche comme de l'*isidudu*[1] qui a fermenté dans de la levure. Ton amour et ton dévouement ont créé une dette que je ne serai jamais capable de rembourser. Elle est si énorme que, même si je continuais à payer des mensualités pendant encore un siècle, je ne serais jamais quitte. Tout ce que je peux dire, c'est Maman, *Nangomso*[2] !

1. Plat typique sud-africain à base de bouillie de maïs.
2. Terme isiXhosa qui exprime une profonde gratitude envers une personne qui est allée au-delà de ce que le devoir exige. Mandela l'écrit aussi « Nongomso ».

En ce qui concerne les études de Zeni, j'ai peut-être été trop dur dans mes conseils à cause de ma colère. Nous devrions en parler constamment avec elle pour savoir comment aborder le problème. Tout devrait être fait pour qu'elle s'en aille, même seule, si Muzi n'est pas prêt à partir. Continue à faire pression sur Douglas, Ismail[1] et Muzi. J'espère que la santé de Zindzi s'est améliorée. En ce concerne sa bronchite je lui suggérerais de ne pas prendre d'antibiotiques mais de boire du thé très chaud. En plus, elle pourrait se badigeonner la gorge avec la lotion de Mendel. C'est ainsi que Mohamed Abdula a guéri la mienne. Ici, j'ai eu une bronchite qui a duré plusieurs mois en 70, mais après avoir bu de l'eau ou du thé très chauds et m'être badigeonné la gorge avec cette lotion, elle a complètement disparu jusqu'à ce jour. Dis-moi si Lady Eleanor[2] a réglé la question de son inscription aux examens.

Si tu pouvais réunir l'argent, une voiture serait vraiment un bon investissement pour Zindzi même si l'essence est rare et chère. J'approuve tout à fait ta position en ce qui concerne ce qu'on a suggéré ou laissé entendre, que tu ailles à Welkom. Tu as été assignée à Brandfort qui n'est qu'un village de campagne et tu dois y rester. Même si tu l'as payé cher quand tu t'y es installée. Je ne veux pas que tu recommences à transformer une cave en habitation. Après mon arrestation tu as vécu une période difficile à JHB et ensuite les choses se sont arrangées. Tes représentants légaux ont dit à la cour et au général Coetzee[3] que lors de ton arrivée à Brandfort tu avais vécu des moments très durs qui t'ont rendu la vie terrible. Les choses s'améliorent, même à Brandfort. Si tu allais à Welkom, le même processus recommencerait. Je te répète que tu dois rester où tu es. Kgatho et Maki ne sont pas venus.

En ce qui concerne ma santé, je me porte très bien physiquement et moralement. Je me maintiens en forme par des exercices à l'intérieur et à l'extérieur. Ma tension est sous contrôle. Tu me vois souvent et les rumeurs selon lesquelles je suis malade ne doivent pas t'inquiéter. Zwangendaba est un neveu tellement consciencieux que je m'étonne

1. Douglas Lukhele et Ismail Meer.
2. Lady Elinor Birley.
3. Chef de la Police de sécurité.

que jusqu'ici il n'ait pas aidé Zindzi dans sa tentative d'écrire l'histoire de la famille. Tu devrais trouver quelles sont ses difficultés avant que l'enfant ne pense que nous sommes indifférents à la demande de Zindzi. Le manque de coopération de notre part la décourage. Je ne sais toujours pas quelle est la date de naissance d'Oupa. À nouveau un million de baisers pour ton amour chaleureux et tes tendres soins. JE T'AIME.

Affectueusement,
Dalibhunga

Nosk, Nobandla Mandela, 802 Phathakahle Location, PO Brandfort, 9400.

À Makaziwe Mandela, sa fille aînée

Nelson Mandela 466/64 13.5.79

À ma Maki chérie
Pour ton vingt-cinquième anniversaire
1er mai
Meilleurs vœux !

Que ressent-on quand on a vingt-cinq ans ? Je me souviens encore quand j'avais huit ans, j'étais pressé de vieillir, d'avoir une mèche de cheveux gris sur la tête comme mon père. Mais aujourd'hui, je me bats pour rester jeune, et même rivaliser avec les jeunes dans toutes sortes de jeux dehors et à l'intérieur. Ce n'est pas facile mais c'est un défi qui me plaît. Tout ce dont tu as besoin, avec un demi-siècle derrière toi, c'est d'utiliser l'énergie dont tu disposes afin de rester en bonne santé et de profiter de chaque journée de ta vie.

Tu dois te demander pourquoi j'ai attendu si longtemps avant de t'envoyer une carte d'anniversaire. Au cours des deux derniers mois, j'ai eu une conjonctivite persistante. J'ai suivi un bon traitement et bientôt je verrai un spécialiste. J'ai eu un problème similaire en 76 et il m'avait prescrit le même traitement que je suis aujourd'hui. Il trouvait que pour mon âge j'avais de bons yeux. Naturellement je vais toujours bien. Pendant cette période, c'est toi ma chérie et ton anniversaire qui ont été mes principaux soucis. C'est un tel soulagement pour moi de pouvoir enfin te dire : Bon anniversaire ! *Ukhule ude Ukhokhobe*[1] ! Tante Helen[2] a maintenant soixante-quatorze ans et elle est toujours active. Tu peux peut-être vivre plus longtemps qu'elle. À nouveau : meilleurs vœux d'anniversaire ! À propos de ton travail scolaire, j'ai été heureux d'apprendre que tu avais obtenu 58 % de ton premier examen de sociologie. Je connais le professeur Hough[3] et M. Somhlahlo[4] de l'école d'assistantes sociales Jan Hofmeyr à JHB. Mais je n'ai pas eu le plaisir de rencontrer Mlle Matebe[5]. Transmets, s'il te plaît, mes salutations à tous. J'ai été aussi heureux d'apprendre que Tante Helen et Oncle Steve t'avaient écrit et j'espère que tu leur as répondu ponctuellement à tous deux. Prêter attention à des choses qui semblent sans importance à beaucoup de gens indique un sens excellent des responsabilités. Tu devrais cultiver cette habitude avec soin, en consacrant un jour de la semaine ou du mois à écrire des lettres. C'est toujours mieux de rédiger une lettre et de la relire ensuite pour corriger les fautes et améliorer le style.

J'espère que tu as déjà écrit au secrétaire du Memon Bursary Fund[6] pour remercier l'organisation de t'aider à poursuivre une des plus ferventes ambitions de ta vie. Dis-leur que sans cette aide il t'aurait été absolument impossible de continuer tes études universitaires. Qu'ils sachent que tu as l'intention d'aller les voir en juin et tu les remercieras directement.

---

1. « Je te souhaite une longue vie ! » en isiXhosa.
2. Helen Joseph.
3. Le professeur Hough, professeur de Winnie Mandela à l'école d'assistantes sociales Jan Hofmeyr School.
4. Ancien camarade de classe de Winnie Mandela à l'école Jan Hofmeyr. Il est devenu plus tard maître assistant à l'université de Fort Hare.
5. Une amie.
6. La Memon Association of South Africa a été créée en 1965 et donnait des bourses aux étudiants.

Tu devrais aussi remercier Tante Helen pour tous ses efforts. Dis-lui que tu aimerais passer tes vacances de juin avec un professeur ou un étudiant en sociologie, ce qui te ferait progresser aussi en anglais.

Tu peux sans doute lui demander de confier la tâche de trouver une personne qui convient à ILONA[1] ou à la voisine (de Tante Helen) Sheila. L'adresse du docteur Fatima Meer est 141 Burnwood Rd, Sydenham (4091) Durban. Elle sera ravie d'avoir de tes nouvelles mais la seule chose qui me fait peur, c'est qu'elle peut te demander de t'inscrire à l'université du Natal où elle est assistante.

Tu te trompes aussi en pensant que je suis la personne qui t'a obtenu ta bourse. Je n'ai fait que demander à Tante Helen de prendre contact avec quelques-uns de mes amis à JHB. J'étais sûr qu'ils trouveraient les fonds nécessaires. Mais à ce moment-là, Maman Winnie avait déjà contacté le Memon Bursary Fund par le biais de notre avocat M. Ismail Ayob, lui-même un Memon[2]. C'est la véritable histoire. Il s'agit de la personne qui, plus que toute autre, mérite tes remerciements. Que tu veuilles ou non faire ce que tout bénéficiaire correct ferait dans ces circonstances est, bien sûr, entièrement ton affaire.

En ce qui concerne les efforts du docteur Vilakazi[3], ta violente réaction m'a aussi étonné. Maman et lui essayaient seulement de t'aider et non de t'imposer quelque chose. Je pense aussi que tu devrais terminer à FH[4] et aller à l'étranger pour le diplôme et la maîtrise. Tout ce que tu as à faire, c'est de l'informer, signer les documents et demander le report de la bourse pour 82 quand tu pourras la recevoir.

Je suis heureux aussi de savoir que Maureen est ton amie. Je connaissais un vieil homme magnifique, M. Pike, qui habitait près de la salle

1. Ilona Kleinschmidt, une amie et la femme de Horst Kleinschmidt, un militant qui travaillait pour le South African Christian Institute. Les Kleinschmidt fournissaient une assistance financière à Winnie Mandela quand elle était en prison et Mandela a nommé Kleinschimdt tuteur légal de Zenani et Zindzi Mandela quand Winnie Mandela était en prison en 1974.

2. L'utilisation du terme « Memon » par Mandela fait peut-être référence à un sous-groupe de musulmans originaires de la partie occidentale de l'Asie du Sud-Est.

3. Herbert Vilakazi (1943-2016), professeur de sociologie.

4. Université de Fort Hare.

commune d'Orlando East. Je me demande si Maureen l'a connu. C'était peut-être son grand-père. Dis-lui que je l'aime.

L'adresse de Zeni est PO Box 546 Mbabane, Swaziland. Son nom officiel est Princesse La Mandela Dlamini et elle et son mari ont l'intention de partir cette année faire leurs études aux États-Unis. Tu as raison quand tu dis que c'est une personne gentille. As-tu lu l'anthologie de Zindzi[1] ? Elle est actuellement en vente par S.A. Book Firms. Malheureusement je ne l'ai pas encore vue et je n'en connais pas le titre. J'espère te voir en juin. En attendant, travaille bien et sache que nous croisons les doigts pour toi. Par-dessus tout et à nouveau, je te souhaite un très heureux anniversaire et beaucoup de chance.

Des tonnes et des tonnes d'amour et un million de baisers,
Tata qui t'aime

Mlle Makaziwe Mandela, Elukhanyisweni, PO Alice.

P.-S. : Envoie ta dernière photo, pas plus de 15 × 20 centimètres. Urgent.

À propos, Tante Helen est elle-même une sociologue très qualifiée avec une licence de l'université de Londres.

[Mots imprimés sur la carte]
Quelle que soit
Ta fête
On espère
Que tu trouveras
Ce jour spécial
Un jour parfait

1. *Black as I am, op. cit.*

Au directeur de la prison, Robben Island

20.5.79

Le directeur de la prison
Robben Island

À l'attention du capitaine Hesselman

Hier le bureau de censure m'a informé que la lettre de ma fille Zindzi avait été retenue au motif que mon quota pour ce mois a été atteint.

Ma fille va passer bientôt un examen et elle peut aborder des sujets en rapport avec cet examen ou des problèmes auxquels il me faudrait répondre immédiatement. En conséquence, je vous serais reconnaissant de bien vouloir me faire parvenir cette lettre aussitôt que cela vous sera possible, à prendre sur mon quota de juin.

[Signé NR MANDELA] 466/64

[Note d'une autre écriture en afrikaans] Demande acceptée. Lui faire parvenir la lettre. [Signé par un capitaine et daté] 21.5.79

À Peter Wellman[1], ami et journaliste

Nelson Mandela 466/64

27.5.79

Mon cher Peter,

J'ai été flatté de recevoir ton télégramme et plus encore de savoir que je suis le parrain des enfants.

1. Peter Wellman (1941-2001), journaliste au *Rand Daily Mail* quand il a rencontré Mandela. Il conduisait en voiture les filles de Mandela, Zenani et Zindziswa, à l'école au Swaziland.

Être parrain est toujours un honneur personnel[1]. D'abord parce qu'on devient virtuellement un membre de la famille et aussi parce que accomplir ses responsabilités est un défi qui, dans ma situation actuelle, apporte joie et satisfaction. L'honneur a une plus grande signification et j'espère le mériter. Un million de mercis, Peter !

Ma situation actuelle me rendra bien sûr très difficile, et dans certains cas, impossible de faire ce que j'aurais aimé. Mais j'essaierai toujours que les enfants sachent que je les aime et que je pense à eux. J'espère sincèrement que bientôt tu pourras m'envoyer une photo de groupe, pas plus de 10 × 15 centimètres. Si je ne peux leur offrir des chocolats[2], les prendre sur mes genoux, leur parler, jouer et chanter des chansons avec eux, au moins Papa et Maman pourront apparaître sur l'album de famille. Naturellement, tu me diras leurs prénoms et leurs dates de naissance et un peu de l'histoire familiale. Winnie et toi vous avez peut-être essayé dans le passé de me dire que j'étais parrain et vous m'avez donné toutes les informations nécessaires. Mais ton télégramme a été la première information. Une fois encore, mille mercis !

J'aimerais que tu saches qu'au cours de mes années d'incarcération de nombreux messages de vœux et d'espoir envoyés par des gens différents rencontrés sur les chemins de la vie ont forcé les massives portes de fer et les murs sinistres de pierre, apportant dans la cellule la splendeur et la chaleur du printemps. Il n'y a pas deux messages semblables et chacun a sa note spéciale. Le tien était caractéristique. Franchement, il y a des moments comme celui-ci où j'ai l'impression que le monde entier, au moins une partie du monde, est entré dans ma minuscule cellule. Comparativement, j'ai plus de temps pour penser et rêver ; obsédé par un sentiment d'engagement et avec plus d'amis que je n'en ai eu auparavant. Ton télégramme m'a jeté dans les vagues vers la Cité d'Or qui d'après beaucoup de photos que j'ai vues semble avoir considérablement changé par rapport à la ville que je connaissais si bien.

---

1. Wellman a envoyé un télégramme à Mandela pour lui demander d'être le parrain de sa fille Emily.

2. Quand Emily Wellman rencontra Mandela après sa libération, il lui dit qu'il était désolé de ne pas lui avoir envoyé les chocolats (Emily Wellman dans un e-mail à Sahm Venter, le 6 décembre 2017).

Quelques quartiers misérables ont été déplacés et les problèmes sociaux sous-jacents ont été transportés ailleurs[1]. Des milliers d'endroits dont on garde précieusement le souvenir ont été détruits et ceux qui avaient espéré le jour où les masures deviendraient des monuments sacrés doivent se mettre à construire des lieux de pèlerinage. Dans les endroits dégagés, des immeubles modernes et des gratte-ciel, scintillants de richesse et de pouvoir, dominent le paysage tandis que de larges avenues se croisent dans la ville, rapprochant comme jamais auparavant les anciennes banlieues. Dans les domaines de l'économie, du gouvernement, de l'éducation et des arts, de nouveaux visages impatients de vivre de façon non conventionnelle sont passés au premier plan en agrandissant le fossé des générations. Des pessimistes âgés regardent peut-être constamment autour d'eux de peur que des oiseaux de proie voient la mort qui va bientôt frapper.

Penser à JHB me rappelle mon retour en 55, dans mon village au-delà de la rivière Kei, là où j'ai grandi. Pendant ma jeunesse, d'énormes buissons couvraient le flanc d'une montagne. En bas, dans la vallée, en particulier sur les berges de la rivière, se dressaient plusieurs arbres imposants que je croyais éternels. En dehors de l'amour et de l'affection de Zami, ces buissons ont été pour moi quand j'étais enfant la chose la plus proche du paradis que j'aie connue. Es-tu jamais allé à la chasse au renard, fringué d'une culotte de cheval, de bottes brillantes et d'éperons, avec les chevaux au grand galop et les chiens qui aboient ? Alors tu as une idée de ce que nous ressentions dans ces buissons. Avec les fruits sauvages, une grande variété de petit gibier et d'oiseaux, de miel sauvage, d'eau fraîche et de parlangs [?], ces buissons attiraient presque tous les garçons du village.

Nous chassions les lapins, les putois, les perdrix et nous pêchions des poissons dans la rivière. Quand j'étais pensionnaire, je revenais pendant les vacances et je prenais encore plus de plaisir à la chasse.

1. Afin de séparer les gens en fonction de leur race, le gouvernement d'apartheid a promulgué toute une série de lois, y compris le Group Areas Act qui séparait les zones résidentielles. À partir des années 1950 et jusqu'au début des années 1980, des quartiers ont été désignés pour les Blancs, et les Noirs en ont été expulsés. Une de ces expulsions les plus connues a été celle de Sophiatown, une banlieue de Johannesburg mélangée. Des milliers de personnes ont été déplacées à Soweto.

Les premières foules de Johannesburg et les attractions n'ont jamais chassé de ma mémoire les agréables souvenirs de ma jeunesse et j'ai souvent pensé aux buissons et au veld. Après une absence de quinze ans, je suis revenu chez moi et c'est un des premiers endroits où je suis allé. C'était le printemps, tout était vert. Les buissons avaient perdu de leur pittoresque. Les arbres, autrefois imposants au bord de la rivière, avaient disparu ou avaient dépéri et ceux qui étaient encore en bonne santé ne plastronnaient plus. Dans toute la vallée de jeunes buissons vigoureux s'affirmaient. Je me suis rappelé les vers d'un poète anglais qui a dit autrefois : « ... Changer, céder la place au nouveau, / Dieu se manifeste de bien des façons, / De peur qu'une bonne coutume corrompe le monde[1]. » Je n'ai pas relu ce poème depuis bientôt quarante ans et j'ai peut-être mélangé certains vers[2]. Mais c'est ce qui me traverse l'esprit quand je repense au paradis de mon enfance. Des souvenirs semblables, sans nostalgie, me transportent dans un monde qui a existé autrefois quand j'ai vu ces photos de JHB.

J'espère vous voir, toi et ta famille, un jour. En attendant, mes pensées sont dans Main Street[3] en particulier après avoir reçu ton télégramme.

Hazel a travaillé avec toi autrefois. Si tu les vois encore, elle et Hymie, transmets-leur mes meilleures pensées. Je te serre fermement la main.

Sincèrement,
Nelson

M. Peter Wellman, 171 Main Street, Johannesburg.

---

1. Poème d'Alfred Lord Tennyson, « Morte d'Arthur », écrit en 1838.
2. La citation est très proche de l'original qui dit : « L'ordre ancien change, cédant la place au nouveau. / Et Dieu se manifeste de bien des façons. / De peur qu'une bonne coutume corrompe le monde. »
3. Une rue de Johannesburg.

À Alan Paton, écrivain et leader du Parti libéral qui a témoigné en atténuation de peine dans le procès de Rivonia

Nelson Mandela 466/64 29.7.79

[Note en tête de la lettre en afrikaans] Rejeté. Objection à Alan Paton

Cher docteur Paton,

C'est la troisième fois que j'essaie de vous joindre au cours des quinze dernières années. Je vous ai d'abord écrit dès que j'ai pu envoyer seulement deux lettres par an et je vous remercie de votre courageuse intervention de 1964. Il n'était pas facile à cette époque d'agir comme vous l'avez fait et peu de gens sont prêts à oublier votre geste exemplaire.

Dans la deuxième lettre je vous présentais mes condoléances après le décès de votre femme. Je vous disais que cette tragédie, venant tout de suite après la mort de votre ami, le chef Albert Luthuli, doit avoir été particulièrement difficile à supporter. Je mentionnais les Brown[1], les Kuper[2] et le regretté docteur Edgar Brookes[3] et je vous demandais de leur transmettre mon plus profond respect.

J'espère que vous avez reçu ces lettres et que votre long silence est dû à la pression de vos engagements. Au cas où vous ne les auriez pas reçues, je ne vous en voudrais pas si vous pensiez que notre sens de la gratitude n'est pas très élevé. J'ai pris la précaution d'envoyer cette dernière lettre en recommandé pour être sûr que vous la recevrez.

Quand j'ai visité votre maison avec un ami, Mme Brown nous a offert du café et des petits pains au lait, si tendres et si bons, qu'ils ont disparu avant qu'on ait eu le temps de les mâcher. Près de deux décades se sont

1. Membres du Parti libéral.
2. Hilda Kuper (1911-1992), anthropologue sociale. Son mari Leo Kuper (1908-1994) était sociologue. Ils ont aidé à fonder le Parti libéral au Natal (aujourd'hui KwaZulu-Natal).
3. Edgar Brookes (1897-1979), homme politique du Parti libéral, professeur d'histoire et écrivain.

écoulées depuis cette journée mais le souvenir n'a pas disparu. Je n'ai rencontré les Kuper qu'une fois, dans leur maison de Durban. Je suis persuadé qu'ils continueront à agir où qu'ils se trouvent, j'ai été désolé d'apprendre qu'ils avaient émigré. Leur contribution dans les domaines de la littérature et de l'éducation a été importante et leur départ doit avoir affaibli leur école de pensée dans plusieurs domaines. Il se trouve que j'ai appris qu'ils avaient émigré alors que j'essayais de commander leur livre sur la bourgeoisie africaine[1]. Malheureusement, le livre était inconnu des établissements approuvés par le département des Prisons[2]. Je n'ai jamais eu l'honneur de rencontrer le docteur Brookes, mais notre génération d'étudiants sous l'administration indigène[3], comme on disait à l'époque, le connaissait très bien. Il était considéré comme faisant autorité dans ce domaine. J'ai été désolé d'apprendre sa mort et je vous serais reconnaissant de bien vouloir transmettre mes condoléances à sa famille.

L'an dernier, en mars, ma femme m'a dit que vous lui aviez rendu visite à Brandfort. Même dans nos meilleurs moments à Johannesburg, de telles visites nous laissaient un sentiment extraordinaire. Aujourd'hui, elles portent une autre signification et j'ai été heureux d'apprendre que de nombreux amis avaient le courage de se rendre à Brandfort pour transmettre leurs amitiés à la famille. J'ai aussi été heureux d'apprendre que vous faisiez tout votre possible pour ma belle-fille, Rayne[4], afin qu'elle retourne à l'université. Je ne l'ai vue qu'une fois quand elle est venue en 1974. J'ai été frappé par cette enfant douce et ambitieuse, spécialiste d'éducation. J'espère qu'elle ne décevra pas ceux qui l'aiment et veulent son bien. Il y a quelques jours, j'ai lu un papier dans *Fair Lady*[5] du 31 janvier sur votre visite

1. Leo Kuper, *An African Bourgeoisie : Race, Class and politics in South Africa*, New Haven, Yale University Press, 1965.
2. Le livre était interdit en Afrique du Sud.
3. Mandela fait référence à un sujet qu'il a peut-être étudié à Fort Hare, où il a été étudiant en 1939 et 1940, avant son expulsion pour avoir participé à une manifestation.
4. Rose Rayne, « Rennie » Mandela, la femme de son fils Makgatho – voir Glossaire.
5. *Fair Lady*, magazine féminin en Afrique du Sud.

à Zindzi à Brandfort. Malheureusement, je n'ai pas pu prendre de notes ni garder la revue. Pourtant j'ai lu l'article comme une histoire extraordinaire et cela a dû être un véritable encouragement pour la jeune fille. Être présentée aux lecteurs de *Fair Lady* par un écrivain connu et d'expérience est un compliment flatteur pour Zindzi. Quand j'en suis arrivé à la dernière ligne « la joie était grande et la tristesse petite ».

Quelques jours avant que je voie cette revue, j'avais lu un article dans la publication mensuelle du *Reader's Digest.* On essayait d'analyser les problèmes que rencontraient les écrivains amateurs dans ce pays. Pour illustrer la question, l'auteur comparait le nombre de manuscrits reçus par les différents éditeurs et le nombre accepté par chacun. Parmi les magazines mentionnés, il y a *Fair Lady* qui en 1977 a reçu environ sept cents manuscrits de fiction. D'après l'auteur, on n'en publie que cinquante de plus qu'à l'étranger. À la lumière de cela, j'ai pensé qu'il était significatif que les efforts de Zindzi aient attiré l'attention d'un magazine aussi sélectif. Je vais garder les mains propres afin d'échanger une ferme poignée de main quand nous nous verrons.

C'est parce que nous avons beaucoup d'excellents amis dont le soutien et l'encouragement ont été une source d'inspiration que Zindzi a voulu précipiter le lendemain afin d'« augmenter votre vitesse, je vous attends avec impatience ».

La famille a rencontré des quantités de soucis et vous en connaissez certains. Dans ma situation actuelle, il est difficile de régler même les problèmes personnels de ce genre. Nous sommes incapables d'intervenir quand ce genre d'ennuis touche des gens au-delà de la famille très proche. Mais si la route de Hillcrest[1] à Brandfort s'effondrait des deux côtés et était pleine de nids-de-poule, je ferais tout ce qui est en mon pouvoir pour la réparer, pour dégager les débris qui obstruent le passage de l'amour et des bonnes volontés qui caractérisent les relations entre nos familles respectives. Surtout en ce moment, j'aimerais que vous ne l'oubliiez pas.

1. Paton habitait à Hillcrest, au Natal (maintenant KwaZulu-Natal).

Je ne sais pas quelles œuvres vous avez publiées au cours des dix-sept années passées et je n'ai aucun moyen de le savoir. Tout ce que je peux dire, c'est que je suis sûr que vous n'êtes pas resté oisif. En fait, l'an dernier, j'ai appris qu'une université américaine vous avait fait docteur *honoris causa*[1]. Je n'ai pas d'autre information mais j'ai été heureux d'apprendre la nouvelle. Un tel honneur était mérité. Cette récompense a une signification personnelle plus large. D'abord, cela montre que vous n'avez pas travaillé en vain et qu'en dépit de sécheresses persistantes et d'invasion de mauvaises herbes, vous semez dans de la bonne terre, que « la moisson est tardive, mais bonne ». Mon plus profond respect à vous et à votre femme, et à tous les amis cités ci-dessus.

Sincèrement,

[Signé NR Mandela]

Docteur Alan Paton, PO Box 278 Hillcrest 3650, Natal.

À Winnie Mandela, sa femme

Nelson Mandela 466/64 2.9.79

Maman chérie,

J'ai remis deux télégrammes pour Nxeko[2] lui demandant de venir me voir pour des questions familiales urgentes. J'en ai adressé un c/o Qunu et l'autre à l'adresse de Sithebe. J'aimerais qu'il réagisse tout de suite.

Je soutiens tout à fait ta position en ce qui concerne Jonguhlanga, mais j'y ai repensé depuis que je t'ai vue. J'accueille bien sûr toute

1. Au cours de sa vie, Paton a été fait douze fois docteur *honoris causa*, y compris de Yale et de l'université du Michigan.

2. Nxeko (aussi connu comme Bambilanga) est le frère du roi Sabata Dalindyebo.

possibilité que tu as de voyager et de fuir l'enfermement dans lequel tu es obligée de vivre. Mais je ne suis pas favorable à ce que tu ailles à Durban pour une consultation. Un tel voyage coûtera cher à la famille même si le coût de ce voyage précis est pris en charge…

Quant à la décision de Reggie[1] selon laquelle tu devrais rechercher du travail et ne pas te soucier du poste à l'Oppenheimer Hospital, ce n'est pas clair pour moi simplement parce que je n'ai pas les détails, en particulier sur ta situation financière. Mais il fait une proposition que tu devrais étudier avec attention. Si cela entraîne des difficultés particulières, tu devrais en parler avec lui…

Je suis content de voir que des gens qui habitent aussi loin que Pmburg[2] sont venus te voir. Apparemment le docteur Biggs est un chirurgien orthopédiste réputé, sa femme et Mme [Coring ?] Hall sont des noms connus dans cette province et au-delà. Salue-les de ma part quand tu les reverras…

Peter Wellman a-t-il reçu ma lettre du 27/5[3] ? Tu ne pourras sans doute pas vérifier si M. Ngakane, PO BOX 118 Groot Marico, 2850, a reçu la sienne, datée de juin 78.

Pour la première fois depuis que je suis ici, je ne pourrai pas envoyer de carte d'anniversaire à Kgatho. Je ne pense pas que cela serve à quelque chose désormais. Tu sais sans doute que Maki est retournée à FH et qu'elle a rédigé les autres épreuves, sauf les statistiques avec lesquelles elle a des difficultés. Elle cherche désespérément un travail à JHB. Elle est prête à habiter avec Kgatho, mais j'ai suggéré qu'elle habite avec quelqu'un qui puisse améliorer son anglais[4] et sa culture générale.

Tu avais tout à fait raison de considérer l'année 79 comme l'année des femmes[5]. Elles semblent exiger que cette société soit à la hauteur de ses sermons sur l'égalité des sexes. La Française Simone Veil, qui

1. Oliver Reginald Tambo.
2. Pietermaritzburg.
3. Voir sa lettre, p. 478.
4. La langue maternelle de Makaziwe est l'isiXhosa.
5. Les Nations unies avaient nommé, quatre ans plus tôt, 1975, Année internationale des femmes.

a traversé des épreuves effrayantes[1], est devenue présidente du Parlement européen, et Maria Pintasilgo a donné un coup de fouet à la société portugaise. D'après certains rapports, on ne sait pas clairement qui dirige la famille Carter. Parfois, il semble que Rosalynn Carter[2] porte la culotte. Je n'ai même pas besoin de citer le nom de Margaret Thatcher. Malgré l'effondrement de son empire mondial et la Seconde Guerre mondiale, par bien des aspects, la Grande-Bretagne est toujours le centre de la terre. Ce qui s'y passe attire l'attention du monde entier.

Indira[3] nous rappelle à juste titre que, sur ce plan, l'Europe ne fait que suivre l'exemple de l'Asie qui, au cours des vingt dernières années, a produit pas moins de deux femmes Premières ministres. En fait, elle pourrait ajouter que les siècles passés ont vu de nombreuses femmes dirigeantes. Isabelle en Espagne, Élisabeth Ire en Grande-Bretagne, Catherine la Grande en Russie (je ne sais à quel point elle était grande), la reine Batlokwa, Mantatisi, et beaucoup d'autres. Mais ces dernières sont devenues premières dames malgré elles – par hérédité. Aujourd'hui, les femmes qui sont sous les projecteurs se sont faites elles-mêmes à la force du poignet. 79 nous en a offert une vraie moisson.

Le cas de Matlala[4] est tout à fait émouvant et souligne la tragédie de la vie à peine visible pour beaucoup. Je pense à elle chaque année le 18/7 et j'espère que les vagues de la télépathie sont capables de nous relier ce jour-là au-delà de la distance. S'il te plaît, transmets-leur notre amour et nos félicitations.

Le 16/8, le chirurgien orthopédiste, le docteur Breitenbach, a examiné mon talon droit qui ne cesse de me faire mal. J'en parlerai avec le docteur Edelstein lorsqu'il viendra sur l'Île. Ce matin, le *Dias* m'a conduit à CT[5]. La mer était mauvaise et j'ai pensé à me mettre à l'abri sur le pont parce qu'il pleuvait[6]. Le bateau se balan-

1. Simone Veil (1927-2017), survivante de la Shoah.
2. Rosalynn Carter (1927-), femme du président américain Jimmy Carter.
3. Indira Gandhi (1917-1984), Première ministre de l'Inde (1966-1969 et 1980-1984).
4. Surnom d'Adelaide Tambo.
5. Le Cap, la ville du Cap.
6. Les prisonniers de Robben Island étaient parfois envoyés au Cap pour consulter un spécialiste.

çait et les vagues le frappaient de plein fouet. À mi-chemin entre l'Île et Le Cap, une armée de démons semblait se déchaîner ; le *Dias* était ballotté et on aurait cru que le ciel s'effondrait. Je ne quittais pas des yeux une bouée de sauvetage à quelques pas de moi. Il y avait cinq fonctionnaires entre moi et la bouée, dont deux jeunes qui auraient pu être mes petits-fils. Je me suis dit : « S'il se passe quelque chose et si le bateau sombre, je commettrai mon dernier péché sur terre et je me repentirai quand j'arriverai dans la Ville sainte. Je leur foncerai dessus et je serai le premier arrivé sur la bouée de sauvetage. » Heureusement, il n'y a pas eu de catastrophe.

Mais, ma chérie, que puis-je te dire ? À quarante-cinq ans, tu as tellement changé depuis la nuit où nous étions seuls dans le veld, au sud de la ville.

Tu te souviens de la nuit après avoir reçu Gwigwi et les autres ? Cependant, alors que la jeunesse quitte tes veines, que ton visage autrefois parfait et doux montre des signes d'érosion et que le magnétisme de ta peau qui te rendait si désirable dans les années 50 continue à se faner, plus tu deviens adorable et plus je désire me blottir contre toi. Tu es tout ce qu'une chérie devrait être. Bon anniversaire, ma chérie. JE T'AIME !

Affectueusement,
Madiba

Nkosk Nobandla Mandela, 802 Phathakahle Location, PO Box Brandfort, 9400.

Au ministre des Prisons et de la Police

NELSON MANDELA 466/64

4 septembre 1979

L'officier commandant
Robben Island

À l'attention du général Botha

Je vous serais reconnaissant d'avoir l'amabilité d'approuver la lettre jointe au ministre des Prisons, qui parle d'elle-même, et de la lui transmettre par les canaux habituels.

[Signé NR Mandela]

4 septembre 1979

Monsieur L. Le Grange[1]
Ministre des Prisons et de la Police
Pretoria

Cher Monsieur,

À plusieurs occasions, lors des dix dernières années, nous, prisonniers politiques à Robben Island, avons fait des demandes de libération au gouvernement et dans l'attente de cette libération, d'être traités comme des prisonniers politiques.

Notre première demande a été faite par lettre du 22 avril 1969, adressée à M. Pelser, alors ministre des Prisons[2], dans laquelle nous exposions nos arguments. M. Pelser n'a même pas eu la courtoisie de répondre à notre lettre bien que nous la lui ayons rappelée en 1971.

1. Louis Le Grange (1928-1991), ministre des Prisons (1979-1980) ; et ministre de la Police (1979-1982) – voir Glossaire.

2. Voir cette lettre, p. 121.

Nous avons à nouveau abordé cette question avec votre prédécesseur, M. J. T. Kruger, mais comme M. Pelser il ne nous a pas répondu.

En 1973, nous avons ajouté à cette requête principale la demande d'introduction d'une administration non raciale dans le département des Prisons. Par cela nous voulions dire et nous le disons toujours, non pas que l'administration soit assurée par des Noirs, mais que la nomination du personnel de la prison soit faite au mérite et libre de tout préjugé racial.

Nous avons demandé en outre qu'on garantisse à tous les membres d'Umkhonto we Sizwe, qui ont été arrêtés au cours de leurs opérations, le statut de prisonniers de guerre aux termes de la convention de Genève de 1977 qui a été acceptée par les gouvernements civilisés dans différentes parties du monde. Nous exhortons également le gouvernement à accepter que tous les prisonniers, noirs et blancs, soient détenus ensemble dans une seule prison. Par l'exécution de cette requête, nous demandons le transfert immédiat des prisonniers blancs de Pretoria sur cette Île.

Notre demande d'être reconnus comme prisonniers politiques inclura les droits suivants :

1. Avoir des visites contact avec les membres de nos familles, nos amis et nos parents.

2. Être libérés sur remise de peine, sur parole ou sur probation.

3. Pouvoir nous mêler aux autres prisonniers politiques sur l'Île et, dans ce but, mettre fin à la ségrégation des prisonniers entre eux.

4. Être autorisés à acheter des radios et des journaux.

5. Écrire (à) et recevoir des membres de notre famille, de nos parents et de nos amis (sans tenir compte de leur couleur ou de leurs organisations politiques) un nombre illimité de lettres.

6. Étudier toute matière ou sujet avec une institution d'enseignement reconnue, locale ou à l'étranger.

7. Nous former à tout métier ou commerce.

8. Recevoir de l'argent de toute institution et toute personne charitables pour utilisation personnelle et être autorisés à nous en servir pour aider ceux qui n'en ont pas ou à leur en transférer.

9. Avoir accès aux livres et publications non interdits.

10. Écrire et publier des livres, des mémoires et des essais et tenir un journal.

11. Avoir des régimes alimentaires non raciaux et, jusqu'à l'introduction de tels régimes, être autorisés à acheter les genres et quantités que nous souhaitons.

12. Acheter de l'épicerie et des produits de toilette en fonction de nos moyens et de nos goûts personnels et, dans ce but, mettre un terme à la classification des prisonniers politiques en groupes qui l'interdit.

13. Nous déplacer librement sur l'Île.

14. Acheter des vêtements civils en accord avec nos goûts personnels.

15. Avoir accès à nos représentants légaux et pouvoir conduire les communications légales de manière à enlever toute suspicion selon laquelle le département des Prisons interférerait directement ou indirectement avec le droit ou le privilège de communication entre les prisonniers et leurs représentants légaux.

Il est bien connu que les prisonniers de droit commun, dont la plupart ont été condamnés pour des crimes odieux, sont autorisés à avoir des visites contact, des radios et des journaux. Ils sont libérés sur remise de peine, parole ou probation. Mais ces privilèges ne sont pas accordés aux prisonniers politiques dont le seul crime est d'avoir lutté contre une politique raciale et pour leur droit inhérent à la liberté et à la dignité humaine.

Notre combat pour la liberté et l'égalité n'est pas unique en Afrique du Sud. Dans notre lettre du 22 avril 1969, nous avons fait référence à la lutte du peuple afrikaner contre la domination britannique. Des changements politiques ont été recherchés par la violence mais, contrairement à nous, les coupables ont été traités comme des prisonniers politiques tout en ayant été condamnés pour crime de haute trahison.

L'incohérence du traitement est manifestement et clairement d'origine raciale. Peu de temps après que l'actuel gouvernement a pris ses fonctions, il a libéré Robey Leibbrandt[1] et d'autres condamnés pour haute trahison et complicité avec une puissance étrangère au cours de la guerre.

Le traitement discriminatoire des criminels noirs et blancs est encore plus évident. Les étudiants blancs qui ont été condamnés pour sabotage dans les années 60 ont été libérés avant d'avoir purgé la totalité de leur peine[2]. D'autre part, on n'a pas manifesté la même indulgence à l'égard des étudiants et des jeunes Noirs emprisonnés au cours des manifestations de 1976. Ces manifestations étaient spontanées et parfaitement justifiées, déclenchées par la mise en place par le gouvernement de mesures injustes et impopulaires dans les écoles africaines[3]. Que ces mesures aient été retirées ensuite est la reconnaissance tacite par l'État qu'il s'était trompé en les introduisant. De façon paradoxale, les jeunes qui ont été trompés sont toujours derrière les barreaux.

Nous sommes convaincus que la clémence manifestée à l'égard, d'une part, de ceux qui ont participé à la révolte de 1914 et d'autre part, de ceux qui se sont rendus coupables d'actes de trahison au cours de la Seconde Guerre mondiale était clairement due au fait qu'ils étaient blancs.

Depuis le début des années 60, à l'exception d'environ quarante Blancs, l'immense majorité des prisonniers politiques était composée de Noirs. Manifestement, le gouvernement est peu disposé à garantir le statut de prisonniers politiques aux Noirs qui défient la suprématie blanche et la discrimination qui en découle.

---

1. Sidney Robey Leibbrandt (1913-1966), le champion de boxe poids lourds sud-africain a été manipulé par les services secrets allemands sous le pseudonyme de « Robert Leibbrand ». Il s'agissait d'un Sud-Africain d'origine allemande et irlandaise.

2. Voir sa lettre du 22 avril 1969, p. 121.

3. Les étudiants manifestaient contre l'Afrikaans Medium Decree qui exigeait que toutes les écoles noires utilisent à 50 % l'afrikaans et l'anglais, et certaines matières étaient uniquement en afrikaans.

Nous sommes victimes d'une situation qui n'est pas de notre fait, et nous rendons le gouvernement entièrement responsable de la situation explosive qui prévaut aujourd'hui dans le pays. Lui, et lui seul, a le pouvoir d'empêcher la catastrophe nationale qui menace et il est de notre devoir sacré de vous conseiller de ne pas entraîner le pays dans une guerre civile simplement pour défendre l'oppression raciale.

Le temps est venu pour le gouvernement de revoir entièrement l'approche de la question des prisonniers politiques, en particulier à la lumière des récentes déclarations des porte-parole du gouvernement qui condamnent le racialisme et proclament l'égalité de tous les êtres humains sans tenir compte de leur couleur. Si notre information est correcte et si les intentions du gouvernement ne relèvent pas seulement de la propagande, cela marque un changement dans sa politique. Et cela renforce notre demande d'être considérés comme des prisonniers politiques.

En outre, il incombe à l'État de rouvrir le dossier de chaque prisonnier politique condamné par un tribunal de ce pays pour des affaires qui, fondamentalement, sont le fruit de politiques discriminatoires menées par le gouvernement et du déni des droits humains fondamentaux des Noirs. Les peines que l'on nous a infligées, qui vont de cinq ans à l'emprisonnement à vie, sont inhumaines pour ne pas dire plus. Condamner un opposant à la discrimination raciale à la prison est une parodie de justice. Nous vous demandons instamment de créer une commission de juristes pour revoir nos condamnations. Beaucoup d'entre nous sont en prison depuis plus de dix ans. Une seule année en prison dans une vie est une peine suffisante, que dire de dix-sept ans ?

Nous vous transmettons une nouvelle fois notre demande dans l'espoir que vous y prêterez une grande et sérieuse attention et que vous nous informerez de votre décision en temps voulu.

Salutations distinguées,

[Signé NR Mandela]
NELSON MANDELA

[Signé Raymond Mhlaba]
RAYMOND MHLABA

À l'officier commandant, Robben Island

Nelson Mandela 466/64

19 novembre 1979

L'officier commandant
Robben Island

À l'attention du général Botha

Je vous serais reconnaissant d'avoir l'amabilité d'approuver la lettre jointe au directeur de l'Administration pénitentiaire. Ladite lettre et l'annexe parlent d'elles-mêmes.

[Signé NR Mandela]
Nelson MANDELA 466/64

19 novembre 1979

L'Honorable M. Louis Le Grange
Ministre de la Police et des Prisons
Pretoria

Cher Monsieur,

1. Aux termes des règles et du règlement de la prison, j'ai droit à deux visites par mois. Au cours des deux années passées, ma femme a essayé sans succès de bénéficier de ce privilège. En mai 1977, elle a été assignée à résidence de Johannesburg à Brandfort où elle se trouve actuellement selon les dispositions de la loi de Sécurité intérieure de 1950. Bien que le département des Prisons lui donne l'autorisation de me rendre visite pendant deux jours, le magistrat de Brandfort lui interdit de quitter le district pendant plus d'une journée. Pour cette raison, il lui est impossible de venir sur l'Île deux jours de suite. Pensant que cette interdiction qu'on lui fait de venir

me voir pendant deux jours vient de la police sud-africaine, j'en ai parlé en février dernier avec le chef de la Police de sécurité, le général Coetzee. Il m'a assuré que cette interdiction ne venait pas de la SAP[1] mais qu'il s'agissait d'une décision prise indépendamment par le département de la Justice ; une affirmation que j'ai acceptée.

Il y a quatre mois j'ai porté l'affaire devant le directeur de l'Administration pénitentiaire dans l'espoir qu'il la réglerait avec le ministre de la Justice. En outre, dans l'attente d'une décision, j'ai demandé que chaque visite de ma femme passe d'une heure à une heure et demie. À ce jour, le directeur n'a pas répondu à ma demande.

Quand j'ai appris que ma femme avait l'intention de me rendre visite les 17 et 18 de ce mois, j'ai remis à l'officier commandant un télégramme urgent qui vous était adressé et dans lequel je vous redemandais de voir avec votre collègue, le ministre de la Justice, pour que le magistrat autorise ma femme à me rendre visite aux dates indiquées ci-dessus. Mais l'officier commandant n'a pas fait suivre le télégramme pour des raisons qu'on m'a expliquées. Comme je m'y attendais, le magistrat n'a autorisé ma femme à venir me voir que le 17. Mais, à ma demande, ce département a prolongé le temps de la visite à une heure et demie.

Je dois ajouter que l'allongement du temps de visite est une mesure extraordinaire qui crée des problèmes à l'administration, à ma femme et à moi, dans lesquels je ne souhaite pas entrer. En conséquence, j'apprécierais que vous parliez de cette affaire avec le ministre de la Justice le plus tôt qu'il vous sera possible. Dans cette attente, ma femme a demandé à venir me voir les 25 et 26 du mois prochain et j'ai très envie de la voir ces jours-là.

2. Je dois attirer votre attention sur une autre condition que le magistrat impose invariablement à ma femme quand elle me rend visite. Il insiste pour qu'elle voyage de Bloemfontein au Cap par avion. Il sait parfaitement bien qu'elle ne peut trouver d'emploi à Brandfort et que pendant les deux dernières années elle est restée sans tra-

1. Police sud-africaine.

vail. Dans ces circonstances, la condition imposée a pour effet de lui rendre difficile de venir me voir. Je serais donc heureux si vous pouviez parler de cette affaire avec votre collègue.

3. Le dernier point que j'aimerais que vous examiniez est la façon de transmettre les lettres que j'écris à ma femme. Elle m'informe que nombre de ces lettres lui parviennent dans des conditions totalement dégradées ou illisibles. D'après ma femme, certaines semblent avoir subi un traitement chimique. Je crois que c'est à cause des tests réalisés par la Police de sécurité pour s'assurer que les lettres ne contiennent pas d'encre invisible. J'écris des lettres à ma femme depuis dix-sept ans. Si, tout au long de cette période, la police n'a jamais rien trouvé dans ces lettres, cela signifie que je n'utilise pas ma correspondance pour envoyer des messages secrets. Dans ces circonstances, il ne me semble pas raisonnable que la police continue à rendre mes lettres illisibles. Cette pratique est appliquée aveuglément à notre correspondance privée mais aussi à la communication privilégiée entre les prisonniers et leurs représentants légaux. Dans la lettre qu'elle m'a envoyée le 25 octobre 1979, ma femme me dit que la lettre d'un avocat de Durban qui traitait d'une question semblable a été dégradée de la même façon. Je vous expose ces faits, persuadé que vous n'êtes même pas au courant de ces pratiques ; et dans l'espoir que vous allez y porter immédiatement attention.

Salutations distinguées,

[Signé NR Mandela]

P.-S. : Les demandes adressées au ministre de la Justice par le représentant légal de ma femme pour la suppression de cette restriction n'ont pas été suivies d'effet.

[Signé NR Mandela]

La lettre qui suit, adressée à la plus jeune fille de Nelson Mandela, Zindziswa, n'a jamais été envoyée. On l'a découverte dans les Archives nationales d'Afrique du Sud avec la note d'un fonctionnaire de la prison disant : « La lettre jointe que le prisonnier Mandela a incluse avec sa carte de Noël n'a pas été envoyée. La carte sera envoyée. Le prisonnier n'a pas été informé que cette lettre a été refusée. Il n'a pas l'autorisation d'y inclure une carte. J'en ai parlé le 20 décembre avec le général Du Plessis qui a été d'accord avec cette décision. À garder dans son dossier. »

À Zindzi Mandela, sa plus jeune fille

Nelson Mandela 466/64 — 9.12.79

Ma Zindzi chérie,

Je me demande parfois ce qui est arrivé à notre salle de boxe qu'on appelait Saint Joseph à Orlando East. Les murs de cette école et du DOCC[1] gardent encore les souvenirs qui ont fait mon bonheur pendant des années. Quand on s'entraînait au DOCC dans les années 50, le club accueillait des boxeurs amateurs et professionnels ainsi que des catcheurs. Le club était dirigé par Johannes (Skip Adonis) Molosi, ancien champion et bon entraîneur qui connaissait l'histoire, la théorie, la pratique et les à-côtés de la boxe.

Malheureusement, au milieu des années 50, il a commencé à négliger son travail et il est resté absent pendant de longues périodes.

À cause de ça, les boxeurs se sont révoltés, mais comme Skip n'en a tenu aucun compte les choses en sont arrivées à la rupture. Cette fois,

1. Donaldson Orlando Community Centre, lieu communautaire de Soweto qui accueillait des soirées dansantes, des concerts et des matches de boxe. Il a été construit par le Donaldson Trust, créé en 1936 par le lieutenant-colonel James Donaldson (médaille militaire) pour « faire progresser et améliorer les conditions de vie et lutter contre les infirmités dont souffre la population noire d'Afrique du Sud ; et généralement pour leur bénéfice et leur progrès ». Nelson Mandela y boxait dans les années 1940 et 1950 et y passait de nombreuses soirées d'entraînement avec son fils aîné Thembi.

j'ai été incapable de réconcilier les deux parties. Les boxeurs ont quitté le DOCC et ont ouvert leur propre gymnase à Saint Joseph. Thembi et moi, nous les avons suivis. Simon Tshabalala, qui vit maintenant à l'étranger, en est devenu le directeur et évidemment la star de la boxe était toujours Jerry (Uyinja) Moloi qui, plus tard, est devenu le champion des poids légers du Transvaal et prétendant au titre national. En plus de Jerry, nous avons produit trois autres champions : Eric (Étoffe noire) Ntsele qui a repris le titre de champion des poids coqs à Leslie Tanjee, Freddie (Tomahawk) Ngidi qui est devenu le champion des poids mouches du Transvaal, un titre qui, plus tard, a été remporté par un de nos copains du gymnase, Johannes Mokotedi. Il y avait d'autres espoirs comme Peter, le poids mouche qui a construit notre garage. Il arrivait de Bloemfontein et était étudiant à la Vacation School, à Dube. Thembi lui-même était un bon boxeur et parfois j'attendais tard dans la nuit qu'il rentre d'une rencontre à Randfontein, Vereeniging[1] ou d'autres villes. Mes copains du gymnase et moi nous formions une famille très unie et quand Maman est apparue dans le tableau, la famille a été encore plus unie. Jerry et Eric la conduisaient quand je ne pouvais pas le faire et tout le gymnase est venu à notre mariage.

Freddie travaillait comme assistant dans notre cabinet. Il était calme et fiable et toute l'équipe l'aimait beaucoup. Mais un soir de Noël, il est revenu au bureau et qui ai-je trouvé allongé et immobile dans le couloir ? Freddie. J'ai été tellement frappé que je l'ai conduit aussitôt chez le médecin. Le toubib l'a regardé vite fait et m'a assuré que le champion était OK mais qu'il avait besoin de sommeil. Il avait succombé aux festivités habituelles de Noël et s'était laissé aller. Je l'ai conduit chez lui à OE[2] très soulagé. Entre parenthèses, j'aurais dû te raconter que pendant sa dispute au DOCC, Skip avait accusé Jerry de l'avoir poignardé dans le dos, exactement comme Marc Antoine avait trahi son ami César. Thembi a demandé qui étaient Antoine et César. À l'époque, Thembi n'avait que neuf ans. Skip lui a expliqué* : « Ne nous parle pas de gens qui sont morts. » Si je n'avais pas été là, Skip lui aurait fait sortir les boyaux du ventre tellement il était

1. Deux villes, à 50 ou 60 kilomètres de Johannesburg.
2. Orlando East.

en colère. Il s'est plaint auprès de moi parce qu'il considérait que le garçon avait été malpoli envers lui. Je lui ai rappelé que j'étais le patriarche chez moi et que c'était moi qui dirigeais. Mais je n'avais pas autant de pouvoirs au gymnase ; Thembi avait payé sa carte de membre, nous étions parfaitement égaux et je ne pouvais lui donner aucune instruction.

Nous passions environ une heure et demie au gymnase et je rentrais à la maison vers 9 heures. Fatigué, avec à peine une goutte d'eau dans le corps. Maman me donnait un verre de jus d'orange bien frais, elle servait le souper avec du lait caillé bien préparé. Maman rayonnait à cette époque, en bonne santé et heureuse. La maison ressemblait à une ruche avec la famille, les copains d'école, quelques employées de Bara[1], des membres du gymnase et même quelques clients qui venaient chez nous pour parler avec elle. Pendant deux ans, elle et moi, nous avons littéralement vécu une lune de miel. Je refusais toute activité qui me tenait éloigné de la maison après les heures de bureau. Cependant, elle et moi nous savions que nous vivions nos plus belles années, que les temps difficiles frapperaient bientôt à notre porte. Mais la vie était belle avec les amis et ce n'était pas le moment de nous apitoyer sur nous-mêmes. Cela fait plus de vingt ans et pourtant je me souviens de cette époque comme si cela était hier.

Mais ma chérie, cela n'est pas une lettre sur les copains de la boxe, les amis d'école ou les assistantes sociales, ni même sur Maman. Elle est destinée à une adorable jeune fille dont l'image ne quitte jamais mon cerveau, une battante qui nous rend, Maman et moi, dangereusement fiers d'être ses parents. Alors que j'écris cette lettre, sa photo et celle de sa sœur sont sur la bibliothèque à gauche avec les cadres de deux photos qui se touchent nouées d'un simple ruban bleu comme ornement. Cela a une valeur sentimentale qui me rappelle votre relation avec l'école catholique « Notre-Dame des Douleurs[2] ». Cette jeune femme n'est autre que notre dame Mantu Nobutho Zindzi, toi Nkosazana.

1. Baragwanath Hospital à Soweto, Johannesburg, où Winnie Mandela travaillait comme assistante sociale.

2. Notre-Dame des Douleurs était le nom de l'école catholique au Swaziland où Zindziswa était élève.

Le 23/12 tu auras dix-neuf ans et je t'envoie mon amour et mes félicitations. Maman m'a annoncé que tu serais ici samedi et j'attends ce jour avec beaucoup d'espoir. Je croise les doigts. Quelqu'un a dit que les couples heureux avaient des enfants heureux et que les enfants heureux faisaient des familles heureuses et des nations heureuses. Que tous te bénissent, Mantu.

Une nouvelle fois, bon anniversaire et bonne santé.

Des tonnes et des tonnes d'amour et un million de baisers. Avec l'affection de Tata.

Mlle Zindzi Nobutho Mandela, 802 Phathakahle, PO Brandfort 9400, Orange Free State.

* Ton frère a répliqué.

Au directeur de la prison, Robben Island

NELSON MANDELA 466/64 23.12.79

Directeur de la prison
Robben Island

À l'attention du major Harding

La lettre jointe datée du 9.12.79, adressée à ma femme, m'a été retournée par le bureau de censure avec instruction de la réécrire et d'abandonner toute la première page. Je vous serais reconnaissant d'avoir l'amabilité d'intervenir pour que cette lettre soit envoyée à ma femme telle qu'elle est. La page contre laquelle le bureau a des objections ne contient pas un seul mot qui puisse raisonnablement être interprété comme opposé à la politique du gouvernement, au département des Prisons, ou comme une menace contre la sécurité de l'État ou contraire à la discipline.

La lettre parle de questions familiales relatives à notre beau-fils. C'est une réponse à la lettre de ma femme du 23.9.79. Le passage en question apparaît sur les pages 3 et 4 et il est souligné à l'encre rouge. Cette lettre et ce paragraphe en particulier ont été approuvés par les mêmes censeurs et elle m'a été remise. Comme vous vous en rendrez compte immédiatement en lisant ce paragraphe, mes remarques ont pour but de persuader ma femme de considérer le problème dans une perspective plus large et de ne pas juger trop durement les parties impliquées. Je la presse de se concentrer principalement sur l'aspect créatif et positif de ceux qui sont concernés.

Je ne sais pas si les censeurs de l'Île connaissent bien la langue dans laquelle la lettre de ma femme est écrite. Mais dans vos services il y a des hommes qui ont une excellente compréhension de cette langue et vous êtes libre de leur demander de la traduire pour vous.

Je dois attirer votre attention sur le fait qu'écrire une lettre est, à cause de mon état de santé actuel, une véritable torture. Malgré la rapidité de la guérison de mon talon, je ne peux rester assis confortablement devant une table. Chaque fois que j'essaie de le faire, mon talon commence à enfler. Dans ces circonstances, j'espère que vous ne m'obligerez pas à réécrire ma lettre.

Je dois en outre attirer votre attention sur le fait que je n'ai cessé de demander aux censeurs de ne pas marquer les lettres retournées avec un stylo-bille mais avec un crayon. L'avantage, c'est que lorsqu'un prisonnier gagne en appel auprès des officiers supérieurs, il n'a pas le souci ni la dépense qu'exige la réécriture de la même lettre. D'après ce que je sais et ce que je crois, presque tous les officiers commandants sur cette île ont reconnu que cette demande était raisonnable et juste, et ils l'ont immédiatement approuvée. Pendant un certain temps les censeurs ont suivi cette procédure, mais ils sont revenus à leur ancienne pratique.

Je suis persuadé que vous réglerez cette question rapidement. Je dois ajouter que ma femme est une personne responsable et expérimentée et vous n'aurez aucun problème supplémentaire si elle reçoit la lettre avec une ligne en travers de la première page. Tout ce que j'ai besoin

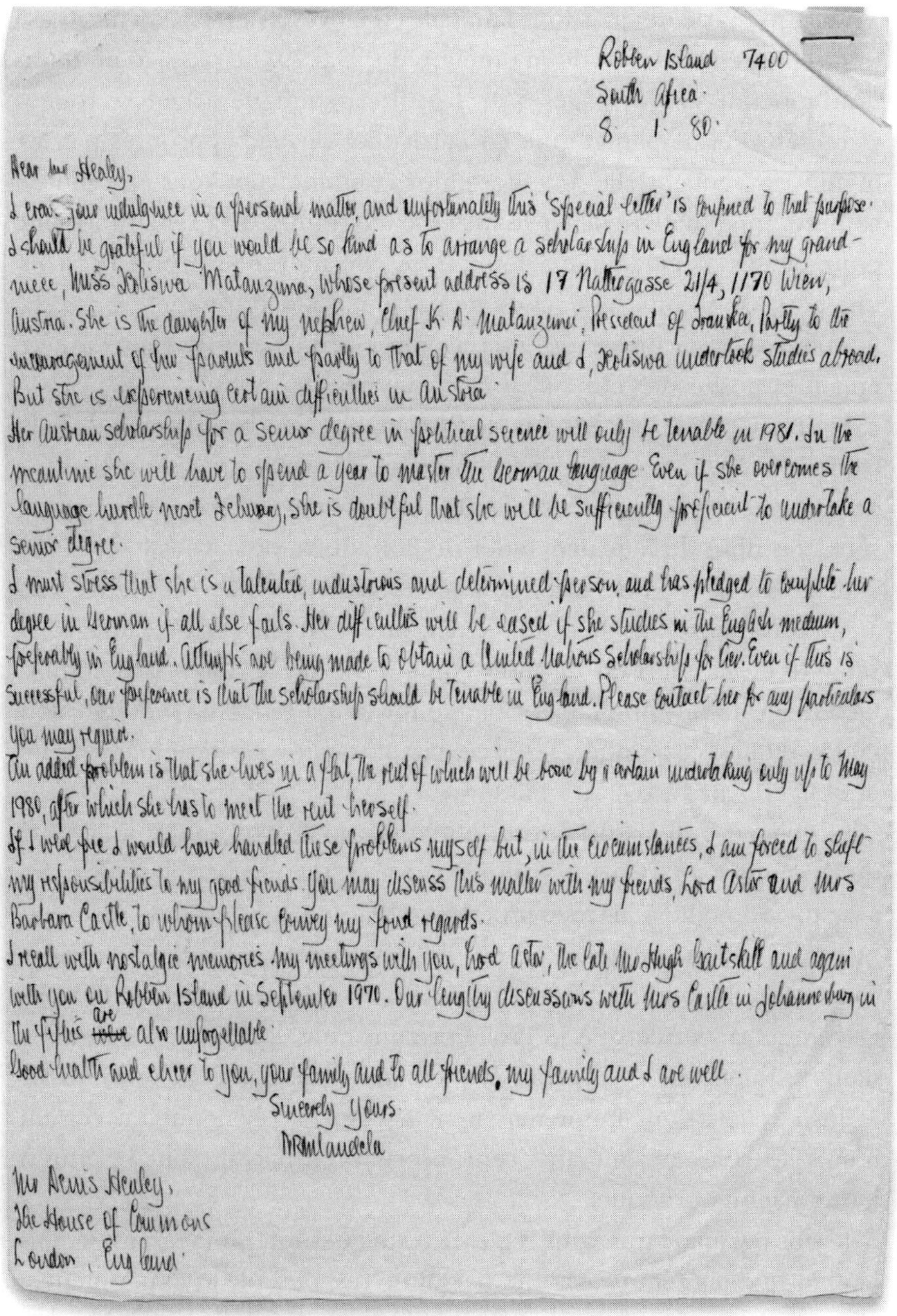

Robben Island 7400
South Africa.
8. 1. 80.

Dear Mr Healey,

I crave your indulgence in a personal matter, and unfortunately this 'Special letter' is confined to that purpose. I should be grateful if you would be so kind as to arrange a scholarship in England for my grand-niece, Miss Xoliswa Matanzima, whose present address is 17 Nattegasse 21/4, 1170 Wien, Austria. She is the daughter of my nephew, Chief K. D. Matanzima, President of Transkei. Partly to the encouragement of her parents and partly to that of my wife and I, Xoliswa undertook studies abroad. But she is experiencing certain difficulties in Austria.

Her Austrian scholarship for a senior degree in political science will only be tenable in 1981. In the meantime she will have to spend a year to master the German language. Even if she overcomes the language hurdle next February, she is doubtful that she will be sufficiently proficient to undertake a senior degree.

I must stress that she is a talented, industrious and determined person, and has pledged to complete her degree in German if all else fails. Her difficulties will be eased if she studies in the English medium, preferably in England. Attempts are being made to obtain a United Nations Scholarship for her. Even if this is successful, our preference is that the scholarship should be tenable in England. Please contact her for any particulars you may require.

An added problem is that she lives in a flat, the rent of which will be borne by a certain undertaking only up to May 1980, after which she has to meet the rent herself.

If I were free I would have handled these problems myself but, in the circumstances, I am forced to shift my responsibilities to my good friends. You may discuss this matter with my friends, Lord Astor and Mrs Barbara Castle, to whom please convey my fond regards.

I recall with nostalgic memories my meetings with you, Lord Astor, the late Mr Hugh Gaitskell and again with you on Robben Island in September 1970. Our lengthy discussions with Mrs Castle in Johannesburg in the fifties ~~were~~ are also unforgettable.

Good health and cheer to you, your family and to all friends. My family and I are well.

Sincerely yours
NRMandela

Mr Denis Healey,
The House of Commons
London, England.

Lettre à Denis Healey, 8 janvier 1980.

de lui dire, c'est que la page a été rayée de bonne foi et que ce n'est la faute de personne.

[Signé NR Mandela]

À Denis Healey, membre du Parti travailliste au Parlement de Grande-Bretagne[1]

8.1.80

Cher Monsieur Healey,

J'ai l'honneur de solliciter votre indulgence dans une question personnelle et malheureusement cette lettre « spéciale » est consacrée à ce sujet.

Je vous serais reconnaissant d'avoir l'amabilité d'obtenir une bourse pour ma petite-nièce, Mlle Xoliswa Matanzima, dont l'adresse actuelle est 17 Nattergrasse 21/4, 1170 Vienne, Autriche. C'est la fille de mon neveu, le chef K. D. Matanzima, président du Transkei. Encouragée en partie par ses parents et en partie par ma femme et par moi, Xoliswa a entrepris de faire ses études à l'étranger. Mais elle rencontre un certain nombre de difficultés en Autriche.

Elle ne pourra recevoir sa bourse autrichienne pour un diplôme en science politique qu'en 1981. En attendant, elle devra passer un an à maîtriser la langue allemande. Même si elle réussit à franchir cet obstacle en février prochain, il est peu probable qu'elle soit suffisamment compétente pour obtenir une licence.

J'insiste sur le fait que c'est une personne talentueuse, travailleuse et volontaire et qu'elle s'est engagée à terminer ses études d'allemand si elle échouait ailleurs. Ses difficultés seront simplifiées si elle étudie dans la langue anglaise et de préférence en Angleterre. On a essayé de lui obtenir une bourse des Nations unies. Même si cela réussissait, nous préférerions que cette bourse soit disponible en Angleterre. Je vous prie de la contacter pour tout renseignement supplémentaire dont vous auriez besoin.

1. Mandela a rencontré Denis Healey (1917-2015) la première fois lors d'une rapide visite à Londres en 1962. Plus tard, Healey lui a rendu visite en prison.

L'autre problème, c'est qu'elle habite un appartement dont le loyer ne sera pris en charge que jusqu'en mai 1980, date à partir de laquelle elle devra payer le loyer elle-même.

Si j'étais libre, j'aurais réglé ces problèmes moi-même mais étant donné les circonstances, je suis obligé de transmettre mes responsabilités à de bons amis.

Vous pouvez parler de la question avec mes amis, Lord Astor[1] et Mme Barbara Castle[2], à qui vous pouvez transmettre toute mon amitié.

Je me souviens avec nostalgie de mes rencontres avec vous, avec Lord Astor, avec le regretté Hugh Gaitskell[3] et une nouvelle fois avec vous à Robben Island en septembre 1970. Nos longues discussions avec Mme Castle à Johannesburg dans les années 50 sont inoubliables.

Bonne santé et meilleurs vœux à votre famille et à tous les amis. Ma famille et moi allons bien.

Sincèrement,

[Signé NR Mandela]

M. Denis Healey
Chambre des communes
Londres, Angleterre

À Zindzi Mandela, sa plus jeune fille

27.1.80

Nelson Mandela 466/64

Ma chérie,

Soixante-dix-neuf a été une bonne année pour moi. Les contraintes que Maman a endurées pendant si longtemps continuent à diminuer[4]. Aux

1. Pendant son incarcération, Mandela a reçu le soutien financier de personnes comme le directeur de journal David Astor (1912-2001).

2. Barbara Castle, membre du Parti travailliste.

3. Homme politique et leader du Parti travailliste (1955-1963).

4. En 1977, Winnie Mandela vivait toujours dans le township rural de Brandfort dans l'État libre d'Orange (aujourd'hui État libre) où elle avait été assignée à résidence

pires moments, elle a toujours pu me faire un sourire séducteur. Mais ce sourire a vacillé, une peau sans vigueur tendue sur des os et du cartilage. Cette fois, il y avait du sang dans ses joues, du feu dans ses yeux et elle a grandi de quelques centimètres quand elle a appris les résultats de l'Unisa. La voir en bonne santé et d'humeur joyeuse m'a fait un bien immense.

Au cours de cette année tu es venue me voir six fois et j'ai reçu neuf lettres de toi, chacune pleine d'amour et de bons souhaits. En plus des télégrammes, j'ai aussi reçu de toi des cartes d'anniversaire et de Noël. Tout cela m'a permis de chasser les rides de l'âge, de rendre mes membres plus souples et de faire circuler mon sang régulièrement.

Je me souviens encore quand je t'ai vue les 20 et 21/10, comme tu étais belle en pantalon et le tissu de tes vêtements semblait réclamer notre attention, exigeant qu'on note que « cette jeune fille de l'autre côté de la séparation est Mantu[1] ». J'ai gardé en mémoire le choc de ta visite du 23/12[2]. C'était un geste plein de signification pour une jeune dame de passer son dix-neuvième anniversaire en traversant et retraversant les eaux polluées de l'Atlantique. Tes visites ont apaisé la nostalgie que je ressentais brusquement quand je pensais comment toi et moi nous jouions à la maison et dans les autres repaires où je vivais. Comme d'habitude tu m'as laissé d'une humeur merveilleuse. Je n'oublierai jamais le souvenir de cette visite.

Le 14/1, je t'ai envoyé un télégramme de bons vœux pour tes examens et j'espère que tu l'as reçu. As-tu reçu ma lettre du 9/12[3] et la carte de Noël ? Je te souhaite à nouveau bonne chance, ma chérie. J'espère sincèrement que le jeune homme excentrique qui t'a gênée quand tu es entrée dans la salle d'examen en juin dernier a été emporté par l'ouragan et la marée et qu'il ne sera plus là cette fois.

Dis à Grand-père Mdingi[4] qu'en réponse à mes deux enquêtes, le GPO[5] m'a informé que le télégramme de condoléances que je lui ai

(*banished*). Elle y a vécu jusqu'en 1985.

1. Un des prénoms de Zindziswa Mandela.
2. Anniversaire de Zindziswa Mandela.
3. Voir cette lettre, p. 497.
4. Il s'agit vraisemblablement du chef Mndingi, un parent de Mandela et le chef thembu qui a donné leurs prénoms aux deux plus jeunes filles de Mandela. Il a prénommé l'aînée Zenani qui signifie « Qu'as-tu apporté ? » et la famille Madikizela (la famille de Winnie Mandela) l'a prénommée Nomadabi Noziswe, ce qui signifie « Bataille de la nation ». Le chef Mndingi a prénommé la plus jeune fille Mantu Nobutho Zindziswa.
5. General Post Office, service des Postes.

envoyé le 17/9 n'a pas pu être remis « pour raisons techniques ». Ce qui est étrange, c'est qu'un ami des Mdingi a envoyé un télégramme semblable le même jour à la même personne et à la même adresse. Son télégramme a traversé les « raisons techniques » et a été remis. J'ai fait d'autres enquêtes sur celui qui ne t'a pas été remis.

Je t'envoie également les résultats de Maki à FH et tu verras qu'elle a bien réussi. Montre-les, s'il te plaît, à Grand-mère Amina[1] dès que tu pourras et laisse-les à Ismail[2] sans doute pour le Memon Bursary Fund. Rennie est inquiète à propos de ses résultats, en particulier en biologie. Je la salue. Après tout ce qu'elle a vécu, elle mérite la moyenne.

Black as I Am s'est révélé très différent de ce que j'avais imaginé. Je ne sais pas dans quelle mesure toi et Maman contrôliez le projet. La couverture, l'importance de la biographie et le contenu de chaque note donnent l'impression que vous étiez dans les coulisses. Je ne savais pas non plus que la maison d'édition qui a publié *Black as I Am* a reçu le droit de publier *Black and Fourteen.* J'aurais aimé que vous me consultiez d'abord sur ce sujet parce que j'en aurais parlé avec toi et Maman et je vous aurais donné d'autres conseils.

Tu vas te rendre compte sans aucun doute de l'impact de la bonne littérature. Souviens-toi qu'Homère a écrit il y a environ mille deux cents ans av. J.-C. et que ses œuvres nous plaisent encore aujourd'hui. Mais cela ne doit pas t'inquiéter. Tout bien considéré, tu as mieux réussi que je ne l'attendais. Ce que Kenneth Rexroth dit à propos de ta poésie résume tout à fait ce que je pense[3]. Et j'avais craint que les excellentes photos qui sont dans le livre[4] n'éclipsent la poésie, et laissent à Maman et à Tata le soin de l'apprécier. J'avais l'impression

1. Amina Cachalia.

2. Ismail Ayob.

3. Dans sa critique du livre, le poète américain et essayiste Kenneth Rexroth (1905-1982) écrit : « Les poèmes de Zindzi Mandela sont étonnants. Ils sont non seulement profondément émouvants et poétiquement écrits avec une grande maîtrise – étonnante pour une jeune fille de seize ans – mais ils révèlent une grande assurance et une absence totale d'apitoiement sur soi. » Zindzi avait en fait dix-huit ans quand le livre a été publié.

4. Les photos du recueil montrent des images de la vie des Noirs en Afrique du Sud.

que c'était très bien qu'il s'agisse d'une œuvre collective et que lors de la préparation de l'édition, tu joues le second violon.

Il est même encore plus remarquable que les poèmes aient véritablement ravi la vedette aux photos et les dominent[1]. Ton stylo est loquace comme notre Mantu. Mais les idées révèlent une profondeur et une maturité qui devraient être réservées à des personnes plus âgées.

De bons vers et de bonnes photos peuvent même donner à la pauvreté, avec ses haillons, sa saleté et sa vermine, une dimension de divinité rarement visible dans la vie réelle. Le vieil homme de la page 29 semble véritablement fort et majestueux. J'ai du mal à oublier son calme et sa confiance. La dame en pleurs de la page 48 ressemble à notre voisine, Mme Mtimkulu. La seule différence, c'est qu'elle semble plus jeune que notre voisine doit l'être aujourd'hui.

Maman chérie était là ce matin et hier, et elle m'a dit que tu étais heureuse des papiers que tu as écrits, que tout se passe bien, Mantu. Est-ce que Nomfundo[2] travaille maintenant ? Je ne sais plus lesquels de mes vieux amis sont toujours à Bara[3]. Ils ont dû prendre leur retraite maintenant ou déménager dans d'autres coins. Donne-moi des nouvelles d'elle dans ta prochaine lettre.

Transmets à Nkosazana Mdingi, Mfundo, Violet, Kgomotso et son mari[4] mon amour et ma profonde amitié. Des tonnes et des tonnes d'amour et un million de baisers.

Affectueusement,
Tata

Mlle Zindzi Mantu Mandela, 8115 Orlando West, PO Phirima, 1848.

1. Les photos de *Black as I Am* représentent les townships des Sud-Africains noirs. Elles étaient l'œuvre de Peter Magubane, photographe sud-africain.

2. Il parle vraisemblablement d'Olive Nomfundo Mandela, la fille de la sœur de Mandela, Notancu.

3. Le Baragwanath Hospital, à Soweto.

4. Sans doute des membres de la famille.

Au ministre de l'Éducation, c/o le directeur de la prison

Nelson Mandela 466/64

Robben Island
1er février 1980

L'Honorable M. J. N. H. Jansen
Ministre de l'Éducation nationale

Cher Monsieur,

Ma fille Zindziswa a demandé cette année l'admission à l'université de Witwatersrand, pour préparer une licence de lettres. L'université a accepté son admission sous réserve de votre approbation.

En demandant votre approbation, j'aimerais attirer votre attention sur le fait qu'en 1977 ma femme a été assignée à résidence à Brandfort où elle se trouve actuellement. Quand ma femme a été assignée, ma fille était en vacances chez nous à Orlando et elle a été ensuite conduite près de sa mère à Brandfort. Elle a ainsi été contrainte d'abandonner l'école dans le Swaziland où elle a passé le certificat général d'éducation, afin de tenir compagnie à sa mère à Brandfort.

Depuis l'assignation de ma femme, nous avons eu d'énormes difficultés pour que quelqu'un garde notre maison. Finalement, ma fille a dû revenir pour s'en occuper. Si vous approuvez sa demande pour qu'elle fasse des études à l'université mentionnée ci-dessus, elle ne se sera pas en mesure de garder la maison et de poursuivre en même temps ses études. J'aimerais ajouter que ma fille n'a que dix-neuf ans et qu'elle a encore besoin des soins et des conseils de sa mère. Pour cette raison, elle se rend à Brandfort chaque week-end et revient à Orlando le lundi. L'université de Witwatersrand est donc pour elle l'institution la plus commode pour étudier. Aucune autre université du pays ne convient mieux.

Je vous soumets son cas dans l'espoir que vous ne prendrez en compte que son mérite et que vous donnerez à ma fille l'autorisation demandée.

Salutations distinguées,

[Signé NR Mandela]
NR MANDELA

À Zindzi Mandela, sa plus jeune fille[1]

Nelson Mandela 466/64 10.2.80

Ma Mantu chérie,

L'autre jour je regardais les notes que j'ai prises à la lecture de *Black as I Am*. Malheureusement, le livre lui-même n'est plus en ma possession et bien que je puisse lire le recueil plus attentivement, je n'ai plus l'avantage d'étudier chaque poème avec la photo qui l'accompagne. Cependant quand j'ai vu l'anthologie pour la première fois, j'ai pris la précaution nécessaire qui peut m'aider à me souvenir de la photo associée quel que soit le poème.

Si je lis qu'un arbre a été abattu[2] avec la photo de l'arbre sec au-dessus, c'est clair dans mon esprit, avec les cabanes et la chaîne de montagnes au loin, j'ai été immédiatement fasciné par le symbolisme qui clairement émane des vers. Ce type de contradictions est inhérent à presque chaque aspect de la vie. Dans la nature et dans la société, elles sont au centre de chaque phénomène et peuvent stimuler la nécessité d'une réflexion profonde et d'un progrès réel.

Sans les vers qui l'accompagnent, l'arbre serait quelque chose d'ordinaire. Personne ne le remarquerait. Il semblerait avoir été frappé par la foudre à l'âge de pierre et sa sève avoir été bue par un millier de vampires. Si les objets inanimés pouvaient devenir des fantômes, cet arbre aurait pu facilement en devenir un.

L'âge ou la maladie l'ont détruit. Il ne peut plus saisir l'énergie du soleil ni tirer l'eau vitale que lui fournit la terre. Ses branches et ses

1. Il existe plusieurs versions de cette lettre dans le dossier Mandela de la prison, y compris une lettre écrite le 20 mars 1980.

2. Un des poèmes du recueil, « L'arbre abattu », se réfère à la famille séparée de Zindzi. « Un arbre a été abattu / et les fruits se sont éparpillés / j'ai pleuré / parce que j'avais perdu une famille / le tronc, mon père / les branches, son support / les fruits, la femme et les enfants / si importants pour lui / savoureux / aimants comme ils le devaient / tous sur le sol / les racines, le bonheur / amputés de lui. »

feuilles, sa beauté et sa dignité qui autrefois retenaient le regard de l'amoureux de la nature et les gibiers de toute sorte, tout a disparu. L'arbre n'est plus que du bois à brûler sur racines. Il est stérile comme une terre de fer et peu de gens pourront croire qu'à certaines époques de son développement il a pu porter des fruits.

Cependant, la métaphore a transformé ce spectacle de mort en objet vivant d'une signification formidable, plus révélatrice qu'un arbre jeune et en bonne santé dans une vallée fertile et bien arrosée ; avec une portée aussi vaste que la fronde de David dans la Bible. Peu de choses doivent être dans la nature aussi mortes et mortelles que cet arbre misérable. Mais dans les vers, il cesse d'être un objet insignifiant et devient une possession de la famille, une partie du monde de l'art qui aide à pourvoir aux besoins spirituels des lecteurs de nombreux pays. L'utilisation adroite de la métaphore fait de l'arbre le centre d'un conflit aussi vieux que la société elle-même ; le point où deux mondes se rencontrent : le monde qui était et le monde qui est ; le symbole du rêve d'une maison érigée sur la terre, faite d'espoirs fracassés par la réalité véritable dans laquelle nous vivons nos vies.

L'art véritable est invariablement universel et éternel, et ceux qui liront ton recueil pourront retrouver leurs propres aspirations et leurs propres expériences. Je me demande quels conflits le recueil a pu éveiller dans les pensées et les sentiments de Maman. Le bonheur et la fierté sans doute en abondance. Mais il a dû y avoir des moments où ta plume a égratigné les endroits les plus sensibles de son corps, le laissant frémissant de douleur profonde et d'anxiété, rendant sa bile plus amère.

L'abattage de l'arbre et l'éparpillement de ses fruits lui rappelleront l'adorable pêcher qui était près de la fenêtre de notre chambre et ses pêches si bonnes. Ses rêves doivent l'avoir hantée avec l'image d'un bûcheron sans pitié dont le métier consiste à détruire ce que la nature a créé et dont le cœur reste insensible aux lamentations d'un arbre qui s'abat, au fracas des branches et à l'éparpillement de ses fruits.

Les enfants sur le sol et hors d'atteinte ! J'ai immédiatement pensé au regretté Thembi et au bébé Makaziwe[1] qui lui a succédé et qui dort

1. Thembekile, son fils aîné, né en 1945 et mort en 1969 et sa première fille, Makaziwe, née en 1947 et morte à neuf mois. Mandela et sa première femme, Evelyn, ont donné le même prénom à leur seconde fille.

à Croesus[1] depuis trente ans. Je pense à vous tous et à la misère dans laquelle vous avez grandi et dans laquelle vous devez vivre aujourd'hui. Mais je me demande si Maman vous a parlé de votre frère mort-né. Il était gros comme le poing quand je vous ai quittés. Il a failli la tuer.

Je me souviens encore d'un dimanche alors que le soleil se couchait. J'ai aidé Maman à sortir du lit et à aller aux toilettes. Elle avait à peine vingt-cinq ans et elle était adorable et délicieuse avec un corps dont la douceur était couverte d'une robe de chambre de soie rose. Mais quand nous sommes revenus dans la chambre, elle a chancelé et a failli tomber. J'ai remarqué qu'elle transpirait abondamment et je me suis rendu compte qu'elle était plus malade qu'elle ne l'avait dit. Je l'ai conduite aussitôt chez le médecin de famille qui l'a envoyée au Coronation Hospital[2] où elle est restée plusieurs jours. C'était sa première expérience épouvantable en tant qu'épouse ; le résultat de la tension causée par le procès de la trahison qui a duré plus de quatre ans. « On a abattu un arbre » m'a rappelé ces pénibles expériences.

Mais une bonne plume peut aussi rappeler les moments heureux de nos vies, apporter de nobles idées dans nos repaires, notre sang et nos âmes. Elle peut aussi transformer la tragédie en espoir et en victoire. C'est ce que j'ai ressenti quand je suis arrivé à la dernière page de ton recueil. Ton premier effort, ma chérie, fait naître l'espoir que tu veux produire dans une œuvre littéraire. Qu'il en soit ainsi ! Des tonnes et des tonnes d'amour et un million de baisers.

Avec mon affection,
Tata

Mlle Zindzi Nobutho Mantu Mandela, 8115 Orlando West, PO Orlando [1804] Johannesburg.

1. Le cimetière Croesus à Newlands, Johannesburg.

2. À Coronationville à Johannesburg. L'hôpital s'appelle aujourd'hui Moosa Mother and Child Hospital, d'après la militante Rahima Moosa (1922-1993), une des leaders de la Marche des femmes à Pretoria en 1956 pour protester contre l'extension aux femmes de la loi sur les *pass*.

À Dullah Omar[1], avocat et camarade

466/64 : Nelson Mandela 1.6.80

Mon cher Abdullah,

Nous avons été très inquiets quand nous avons appris ta maladie. Je t'avais vu à peine un mois avant que cette triste nouvelle nous parvienne et nous avons eu du mal à accepter l'idée que cette maladie puisse soudain briser un homme d'âge moyen qui semblait fort et en forme. Heureusement pour nous, quelques jours plus tard, nous avons reçu la nouvelle que tu n'étais plus à l'hôpital et le choc a été immédiatement tempéré par un sentiment de soulagement et de joie. Nous nous joignons à Farida, aux enfants[2] et à tes nombreux amis et clients qui te félicitent pour ta guérison.

L'hôpital et ton médecin ont dû te donner des conseils sur la façon de veiller sur toi pendant et après ta convalescence. Tout ce que je peux ajouter, c'est un conseil de bon sens que tous ceux qui sont concernés par ton bien-être doivent déjà t'avoir donné, c'est-à-dire *hamba kahle*[3] et de laisser tes collègues du cabinet s'occuper des tâches les plus astreignantes. Peut-être que de longues vacances à l'étranger te feraient un bien immense. En attendant, nous te souhaitons une guérison complète et rapide et de nombreuses années de prospérité et de bonheur.

En ce qui concerne le décès de Bennie[4], notre fille Zindzi est allée chez lui pour présenter nos condoléances à la famille. La malheureuse Helen[5] n'était pas là mais nous espérons qu'elle a reçu

1. Dullah Omar (1934-2004), militant antiapartheid et avocat – voir Glossaire.
2. L'épouse et les enfants de Dullah Omar.
3. « Porte-toi bien » en isiXhosa et en isiZulu.
4. Benjamin « Bennie » Kies (1917-1979), professeur et militant antiapartheid, membre du New Unity Movement, interdit d'enseignement en 1957 à cause de ses activités politiques.
5. Helen Kies (1926-), enseignante et membre de la Ligue des enseignants d'Afrique du Sud et du Non-European Unity Movement. Elle était l'épouse du professeur et militant antiapartheid Benjamin Kies.

le message. Au moment de sa mort, Bennie travaillait avec l'avocat Dison sur une motion dont j'étais le requérant. J'espérais le voir enfin. Mais cela ne devait pas être et j'ai été désolé quand j'ai appris la tragique nouvelle. Transmets-lui nos condoléances s'il te plaît. Nous pensons à elle et nous espérons que les mêmes messages de nombreux amis et sympathisants lui ont donné le courage de supporter ce choc cruel.

À propos de Sabata Dalindyebo, l'affaire qui le visait était en suspens quand je t'ai vu et j'espère que ton correspondant de Durban t'a déjà informé de l'issue du procès. Il a été reconnu non coupable et acquitté du premier chef d'accusation mais condamné à 700 rands pour le second. On m'a informé que son conseil lui avait recommandé de ne pas faire appel contre l'accusation et contre la sentence. Mais je viens de recevoir une lettre de Sabata dans laquelle il m'informe qu'il avait quand même vu le greffier de la Cour suprême à Umtata et avait personnellement fait appel. Il a aussi demandé à me voir et, si le département des Prisons lui accorde le permis requis, je parlerai de toute l'affaire avec lui quand il viendra.

Mais ce n'est pas tout. On m'a informé dans le même temps que le chef Matanzima prend des dispositions pour déposer Sabata comme chef suprême et que Sabata a l'intention de demander un ordre de la cour interdisant à Matanzima de le déposer. J'espère que tes correspondants de Durban me tiendront informé des développements ; en particulier qu'ils m'enverront une copie de la pétition plus l'affidavit de réponse.

Je dois avouer que cette affaire m'inquiète. La santé de Sabata n'est pas très bonne et j'ai peur que la pression qu'il a subie pendant si longtemps n'ait aggravé son état. Ce qui m'encourage, c'est qu'il s'est montré à la hauteur des espérances dans tous les sens du terme et qu'il s'en est très bien tiré. Nous vous sommes très reconnaissants, à toi et à tes correspondants, pour les services que vous nous rendez[1].

J'aimerais que l'avocat Mohamed le sache.

Une nouvelle fois je te souhaite beaucoup de chance.

1. Dullah Omar donnait des conseils juridiques.

Mon amour et ma profonde sympathie à Farida et aux enfants, à Fatima[1], Rahima[2] et Ike et à tous leurs enfants.

Sincèrement,
Nelson

Abdullah Omar, PO BOX 187, Salt River, 7925.

À Winnie Mandela, sa femme

466/64 : Nelson Mandela 30.7.80

Maman chérie,

Comment oses-tu m'envoyer un simple télégramme à l'occasion de mon soixante-deuxième anniversaire ! J'ai eu envie de le jeter au feu si seulement je pouvais détruire le papier sur lequel il est écrit sans détruire aussi le message et si seulement je pouvais te faire ressentir la douleur là-bas à Brandfort. Tu as oublié que j'ai toujours voulu nourrir ma vanité en exposant sur la bibliothèque les messages affectueux assez longs pour attirer mes codétenus sans autre forme d'invitation.

Te rends-tu compte que cette année je n'ai même pas reçu la carte de notre anniversaire de mariage que tu m'envoies parfois ? Bien sûr, les deux cartes, comme toutes tes lettres et télégrammes, sont soumis à la censure habituelle ; mais contrairement au genre de télégramme que je reçois cette fois, ils peuvent être conservés afin de rappeler à nos

1. Fatima Seedat (1922-2003), jumelle de Rahima Moosa, une des leaders de la Marche des femmes de 1956. Membre de l'Indian National Congress et de l'ANC, Fatima a été emprisonnée pour son rôle dans la Campagne de résistance passive organisée par les Transvaal and Natal Indian Congresses, de 1946 à 1948 contre l'Asiatic Land Tenure Act de 1946 qui voulait limiter la propriété de la terre par des Asiatiques à certaines zones. Elle a été emprisonnée en 1952 pour avoir participé à la Campagne de défi.

2. Rahima Moosa (1922-1993), militante antiapartheid et une des responsables de la Marche des femmes à Pretoria en 1956.

enfants ces jours mouvementés, en particulier tes pénibles problèmes dans le veld lointain.

Peu importe, Maman chérie, tes messages d'amour et d'affection me plaisent toujours quelle que soit leur forme. J'ai été enchanté de recevoir les télégrammes après avoir passé la journée du 19/7 avec Mantu. Arrivé en même temps que les visites des 13 et 19/7, il m'a fait sentir que les sources en toi, qui ont coulé si fort toutes ces années et dont les eaux sont si fraîches et si douces, ces sources ne tariront jamais. Cela est vrai même quand tu sembles ne pas te sentir bien. Le feu qui d'ordinaire brille si fort en toi n'était plus là. Peut-être que tes douleurs dans le dos ne se sont pas calmées et que la mer démontée t'a inconsciemment affectée. J'espère que tu fais régulièrement tes exercices, ma chérie. La seule réponse est de développer les muscles du dos pour qu'ils soient assez forts pour soutenir la colonne vertébrale. Vas-y doucement, en particulier si la douleur persiste.

En plus de ton télégramme, j'ai reçu deux cartes de Zeni et de Muzi, et de Zazi et de Swati[1]. Je crois que celle de Mantu est dans les tuyaux. Il y a trois autres télégrammes, un d'Ismail à JHB, un de Kentane Kepu[2] et un de Mangosuthu. Jusqu'ici je n'ai rien reçu de la multitude que m'ont envoyée des amis dans le monde entier. Quoi qu'il en soit, c'est très réconfortant de savoir que tant d'amis pensent encore à nous après tant d'années.

Quant à la maladie de Nali[3], j'espère sincèrement qu'il ne lui arrivera rien. Une telle tragédie ouvrirait une blessure difficile à guérir. Nous les aimons tant, elle et les enfants. J'aurais préféré qu'elle reste à JHB et qu'elle ait du travail. Au moins, elle serait sûre de trouver les meilleurs soins médicaux du pays et elle serait aussi plus près des enfants. S'il n'y avait pas ce manque de médecins et de travail à Brandfort, je lui aurais fortement conseillé de rester avec toi. La vie dans le Pondoland[4] serait

1. Les enfants de Zenani, Zaziwe (1977-) et Zamaswazi (1979-).
2. Kepu Mkentane, la femme de Lincoln Mkentane, ancien camarade d'université de Mandela qui est devenu avocat.
3. La sœur de Winnie Mandela.
4. Le district du Transkei où a grandi Winnie Mandela.

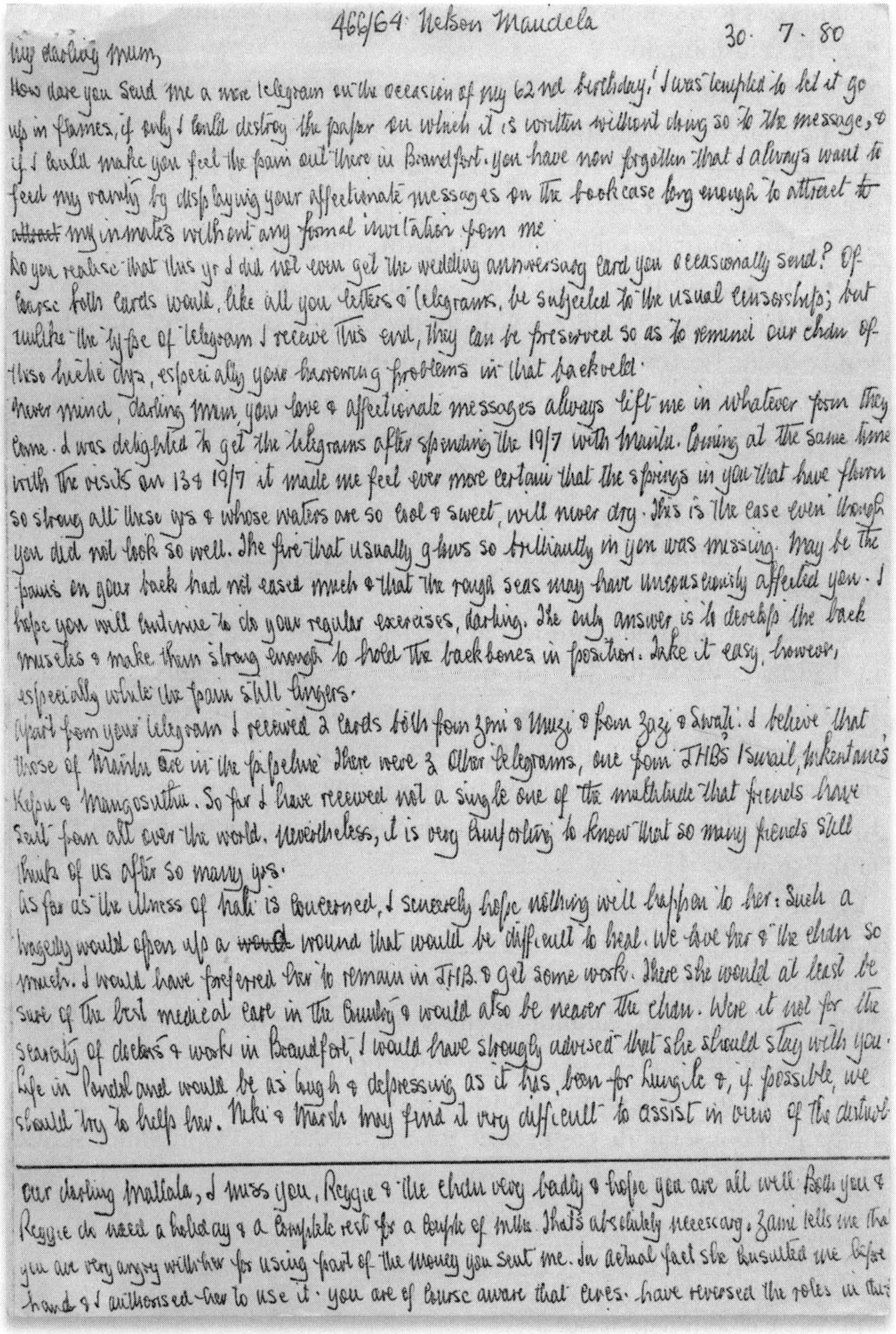

466/64: Nelson Mandela 30. 7. 80

My darling Mum,

How dare you send me a mere telegram on the occasion of my 62nd birthday! I was tempted to let it go up in flames, if only I could destroy the paper on which it is written without doing so to the message, & if I could make you feel the pain out there in Brandfort. You have now forgotten that I always want to feed my vanity by displaying your affectionate messages on the bookcase long enough to attract to ~~attract~~ my inmates without any formal invitation from me.

Do you realise that this yr I did not even get the wedding anniversary card you occasionally send? Of course both cards would, like all your letters & telegrams, be subjected to the usual censorship; but unlike the type of telegram I receive this end, they can be preserved so as to remind our chdn of these hectic dys, especially your harrowing problems in that backveld.

Never mind, darling Mum, your love & affectionate messages always lift me in whatever form they come. I was delighted to get the telegrams after spending the 19/7 with Maki. Coming at the same time with the visits on 13 & 19/7 it made me feel ever more certain that the springs in you that have flown so strong all these yrs & whose waters are so cool & sweet, will never dry. This is the case even though you did not look so well. The fire that usually glows so brilliantly in you was missing. May be the pains on your back had not eased much & that the rough seas may have unconsciously affected you. I hope you will continue to do your regular exercises, darling. The only answer is to develop the back muscles & make them strong enough to hold the backbones in position. Take it easy, however, especially while the pain still lingers.

Apart from your telegram I received 2 cards both from Zeni & Muzi & from Zazi & Swati. I believe that those of Maki are in the pipeline. There were 3 other telegrams, one from JHB's Ismail, Nkentanes Kepu & Mangosuthu. So far I have received not a single one of the multitude that friends have sent from all over the world. Nevertheless, it is very comforting to know that so many friends still think of us after so many yrs.

As far as the illness of Nali is concerned, I sincerely hope nothing will happen to her. Such a tragedy would open up a ~~wound~~ wound that would be difficult to heal. We love her & the chdn so much. I would have preferred her to remain in JHB. & get some work. There she would at least be sure of the best medical care in the country & would also be nearer the chdn. Were it not for the scarcity of doctors & work in Brandfort, I would have strongly advised that she should stay with you. Life in Pondoland would be as tough & depressing as it has been for Lungile &, if possible, we should try to help her. Niki & Marsh may find it very difficult to assist in view of the distrib

---

Our darling Mallala, I miss you, Reggie & the chdn very badly & hope you are all well. Both you & Reggie do need a holiday & a complete rest for a couple of mths. That's absolutely necessary. Zami tells me that you are very angry with her for using part of the money you sent me. In actual fact she consulted me before hand & I authorised her to use it. You are of course aware that circs. have reversed the roles in this

Lettre à Winnie du 30 juillet 1980.

ing report you gave me on what they recently went through. I would certainly have no objection to the 2 of them going over to Zeni. It would mean a great deal to her to have them nearby.
It pleased me to hear that Lungile is now in JHB for treatment, though Mantu thinks that he is a bit violent. Staying a while with his niece may alone benefit his health. But I think he probably would have been more happy with you & Nyanya. If you still have some of my clothing I wouldn't mind giving them to him as a present provided that you have no objection.
I would suggest that you do not worry yourself much about the effect our mother's genes & those of Sobhuza on the children. Medical science is advancing & conditions that were incurable yesterday can easily be controlled today & even healed altogether tomorrow.
You heard about the sudden death of Sanjay in a private plane accident & I do hope that you sent a message of condolence to his mother. Nothing could ever excuse our failure to do so. If you have not yet done so, Mum, I would suggest that you despatch a message immediately. It will also be proper for the children to lay a wreath on his "grave" when they go over for the presentation ceremony. I hope there will be coordination between you & Reggie about the proposed trip.
You will not believe me when I tell you that apart from the long letter I received from Muzi, he also followed with a beautiful post card sent from Mombasa. He says his ~~postponem~~ return has been postponed by 1½ wks. I am writing to him c/o Mbabane lest I should miss him if I direct it to Kenya. I am also writing to Zeni.
I forgot to tell you during the last visit that Mr. Phatudi visited the Island last month & asked to see me. I wrote him a short note in which I pointed out that I could not accede to his request. But I added that my refusal to see him should not be regarded as a discourtesy to him.
I came out empty-handed with Mantu. She suggested bringing Oupa along so that the 3 of us could put our heads together. But she added that it will not be so easy to discuss the problem with me in my present circ. I am, nevertheless, keen to see them & hope that they have applied.
The family is growing fast, Mum, & in spite of our present position, it is of some importance that we try to acquire a proper home. It is far better that we work on the idea of buying a house in Soweto & abandon the plan of extending the present one. The entire stand is too small for our purpose. There Mantu can never get the privacy needed for her studies & writing. My suggestion is that the R10,000 should be invested in such a project. I would have liked to exchange views on the matter with someone like Marsh or Ntatho if they could come down.
The other matter that worries me presently is the fact that you are now staying alone. I am racking my brains for a solution. It is something for which we should find a way out without delay. We both know how your being alone will be adversely exploited. Meantime, I miss you a lot & hope you will look far better when I see you again. I love you! Devotedly, Madiba. Nkosk. Nobandla Mandela, 802 Phathakahle.

family & Zeni ^not^ has established herself as the undisputed kraal-head, so much so that I doubt if, on my return, I will be able to dislodge her from that position. She is generally a frugal person & I depend entirely on her in matters of this kind. Again I miss you & even this pen that I am using is full of nostalgic memories. We all love you, Mat Lala. Very sincerely, Bhuti. P.S. A million thanks for the cash & for everything else. Bhuti

aussi dure et déprimante qu'elle l'a été pour Lungile[1] et, si possible, nous aurions essayé de l'aider. Niki et Marsh vont peut-être trouver cela difficile si j'en crois ton compte rendu de ce qu'ils ont traversé récemment. Je n'aurais sans doute aucune objection à ce que tous les deux viennent à côté de Zeni. Cela aurait beaucoup d'importance pour elle de les savoir tout près.

J'ai été content d'apprendre que Lungile est à JHB pour son traitement. Rester quelque temps avec sa nièce peut être positif pour sa santé. Mais je pense qu'il aurait été plus heureux avec toi et Nyanya[2]. S'il te reste quelques-uns de mes vêtements, tu peux les lui donner si tu n'as pas d'objections…

Tu as appris la mort brutale de Sanjay[3] dans un accident d'avion privé et j'espère vraiment que tu as envoyé un message de condoléances à sa mère[4]. Rien ne pourrait excuser que tu ne l'aies pas fait. Si c'est le cas, Maman, je te suggère de le lui envoyer immédiatement. Il serait bien aussi que les enfants déposent une couronne sur sa « tombe » quand ils iront à la cérémonie[5]. J'espère qu'il y aura une coordination entre toi et Reggie à propos du voyage.

Tu ne vas pas me croire si je te dis que la longue lettre que j'ai reçue de Muzi a été suivie d'une belle carte, envoyée de Mombasa[6]. Il me dit que son retour a été reporté d'une semaine et demie. Je lui écris via Mbabane[7] de peur de le rater si je lui écris directement au Kenya. J'écris aussi à Zeni. J'ai oublié de te dire que lors de ta dernière visite le docteur Phatudi[8], venu sur l'Île le mois dernier, avait demandé à me

---

1. Le frère de Winnie Mandela.

2. Nonyaniso (Nyanya) Madikizela, la plus jeune sœur de Winnie Mandela.

3. Sanjay Gandhi (1946-1980), un fils de la Première ministre de l'Inde Indira Gandhi, tué lors d'un accident d'avion le 13 juin 1980.

4. Mandela n'a pas rencontré Indira Gandhi mais il avait été impressionné par l'attitude de l'Inde devant l'apartheid depuis 1946.

5. Fatima Meer a écrit à Indira Gandhi en 1979 lui demandant qu'elle propose Mandela pour le prix Jawaharlal Nehru pour la compréhension internationale ; il a obtenu ce prix quand on a refusé un passeport à Winnie Mandela pour assister à la cérémonie du 14 novembre 1980, où il a été représenté par Oliver Tambo. La fille de Mandela, la princesse Zenani Thumbumuzi Dlamini, assistait elle aussi à la cérémonie.

6. Une ville sur la côte du Kenya.

7. La plus grande ville du Swaziland.

8. Cedric Phatudi, Premier ministre du homeland du Lebowa au Transvaal. Un article dans le journal *Citizen* daté du 28 juin 1980 rapporte qu'il avait demandé au

voir. Je lui avais écrit une courte lettre dans laquelle je lui expliquais que je n'avais pu accéder à sa demande. Mais j'ai ajouté que mon refus de le voir n'avait rien de discourtois à son égard[1].

Je suis sorti les mains vides de la rencontre avec Mantu. Elle m'a proposé de venir avec Oupa pour que nous puissions faire une photo de nos trois têtes. Mais elle a ajouté que ce ne serait pas facile de discuter du problème avec moi dans les circonstances actuelles. Malgré tout, j'ai très envie de les voir et j'espère qu'ils vont déposer une demande.

La famille s'agrandit vite, Maman, malgré nos situations actuelles. Il est très important qu'on essaie d'acheter notre propre maison. Il faut réfléchir à cette idée d'acheter une maison à Soweto et abandonner le projet d'agrandir celle-ci. La surface est trop petite. Mantu n'aura jamais l'intimité dont elle a besoin pour ses études et pour écrire. Ma suggestion, c'est qu'on pourrait investir 10 000 rands dans un tel projet. J'aimerais en parler avec quelqu'un comme Marsh ou Nthato[2] s'ils pouvaient descendre ici. L'autre question qui me soucie actuellement, c'est le fait que tu sois maintenant toute seule. Je me torture l'esprit pour savoir quoi faire. Nous devrions trouver une solution sans délai. Nous savons tous deux que si tu vis seule ce sera exploité par l'adversaire. En attendant, tu me manques beaucoup et j'espère que tu iras mieux quand je te reverrai. JE T'AIME !

Toute mon affection,
Madiba

Nkosk, Nobandla Mandela, 802 Phathakahle.

[En bas de chaque page de cette lettre, il y a une note pour Adelaide Tambo. Peut-être essayait-il de la faire passer en fraude dans une lettre

---

président P. W. Botha de libérer Nelson Mandela et qu'il avait visité Robben Island cette semaine-là mais n'avait pas rencontré Mandela (« Phatudi demande au Premier ministre de libérer Mandela », *The Citizen*, 28 juin 1980).

1. Comme Mandela avait refusé d'être libéré pour aller au Transkei, il a refusé également d'aller dans le homeland du Lebowa.

2. Nthato Motlana (1925-2008), ami, médecin, homme d'affaires et militant antiapartheid.

à sa femme.] « Chère Mtlala, vous me manquez beaucoup, toi, Reggie et les enfants et j'espère que vous allez bien. Toi et Reggie vous avez besoin de vacances et d'un repos absolu pendant deux mois. C'est absolument nécessaire. Zami me dit que tu es très en colère contre elle parce qu'elle a utilisé une partie de l'argent que tu m'avais envoyé. En réalité, elle m'a consulté avant et je lui ai donné l'autorisation. Tu es bien sûr au courant de la situation qui a renversé les rôles dans la famille et que Zami s'est autoproclamée kraal-hand[1], incontestée à tel point que je me demande si, à mon retour, il sera possible de la déloger de sa position. En général, c'est une personne économe et je dépends entièrement d'elle pour les questions de cette sorte. À nouveau, tu me manques et même ce stylo dont je me sers est plein de souvenirs et de nostalgie. Nous t'aimons tous, Matlala. Très sincèrement, Bhuti.

P.-S. : Un million de mercis pour l'argent et pour le reste,
Bhuti

À Amina Cachalia, amie et camarade

466/64 : Nelson Mandela 26.10.80

Ma chère Amina,

Eid Mubarak, ben[2] ! Comment vas-tu ? As-tu atteint le moment où tu ressens d'étranges douleurs lombaires ou es-tu obligée de porter des lunettes ? Je suppose que c'est le cas avec tous les hommes dans ma situation, il m'est difficile de t'imaginer différente physiquement de

1. Un *kraal* est un terme afrikaans désignant un groupe de huttes traditionnelles entouré d'une clôture pour garder le bétail. Un *kraal-hand* serait un travailleur qui fournit de l'aide.

2. « Heureux Aïd, sœur ! » en gujarati, référence à une des deux fêtes officielles musulmanes.

la dernière fois où nous nous sommes rencontrés. C'est toujours un choc quand je vois un de mes amis dans une publication disponible ici. Certains semblent manger vingt-quatre heures par jour tellement ils sont devenus bouffis, tandis que d'autres ressemblent à des oranges pressées. Comme je te l'ai dit dans ma dernière lettre, parmi les gens qui ont l'air étonnamment bien il y a Fatima et Ismail. Ils illuminent littéralement ma cellule.

Mais c'est à toi que je pense en ce moment et je répète : *Eid Mubarak !* Je peux presque sentir le biryani, le pilau et les samoussas que tu as préparés pour l'occasion, et la taille de Yusuf[1] qui s'arrondit chaque jour.

J'espère que tu as pu voyager en Inde, que tu as vu non seulement les lieux saints dans lesquels reposent les Asvats[2] mais aussi les lieux célèbres de ce pays, y compris le Taj Mahal. Mais j'espère que Yusuf n'investira pas sa fortune durement gagnée dans un projet semblable simplement pour t'immortaliser, ou comme un monument en mémoire des merveilleux moments que nous avons passés ensemble. Après tout ta mémoire ne sera pas seulement perpétuée par ceux qui ont eu l'honneur et le plaisir de te connaître mais aussi par les estrades et les places sur lesquelles tu es apparue, les rues dans lesquelles tu as marché et les enregistrements qui passeront à la postérité. Tout ce que je veux dire en ce moment, c'est que tu ne gardes pas tes expériences pour toi et tes impressions du peuple et du pays. Partage-les avec nous ! As-tu rencontré Indiraben[3] ?

J'ai littéralement harcelé Zami à propos du voyage en Inde et je lui ai suggéré que si elle et les enfants avaient des difficultés pour obtenir les papiers nécessaires au voyage, elles devaient laisser O.R.[4] prendre les dispositions nécessaires pour que quelqu'un assiste à la cérémonie. Malgré nos problèmes particuliers, il ne serait pas correct de les faire attendre aussi longtemps.

---

1. Yusuf Cachalia (1915-1995), mari d'Amina Cachalia, militant politique et secrétaire du South African Indian Congress.
2. Un des noms de famille des ancêtres d'Amina Cachalia.
3. Indira Gandhi.
4. Oliver Reginald Tambo.

Zindzi m'a dit pendant la visite de juillet que Zainub[1] était revenue voir ton frère qui était très malade. Je pensais que c'était Solly[2] qui était souffrant et ce n'est que lorsque je suis allé là-bas que j'ai découvert que tu avais plusieurs frères. Quel scandale que je sache si peu de choses sur ta famille après avoir été proche de vous pendant si longtemps ! Lequel est-ce ? Zainub est-elle encore dans le pays ou est-elle repartie en Angleterre ? J'espère qu'elle et Aziz[3] vont bien. Vois-tu encore Esackjee et sa famille, Farid[4] et la sienne ? Je n'ai pas beaucoup de nouvelles de Mota[5], Winnie[6], Shireen et le plus jeune des enfants[7] et je me demande si tu avais reçu la lettre que je lui avais envoyée il y a plusieurs années par ton intermédiaire[8]. Je t'en prie, sois patiente avec moi et ne m'en veux pas si je te pose des questions auxquelles tu as déjà essayé de me répondre. Tu écris très bien et je n'ai jamais raté ne serait-ce qu'une ponctuation dans tes lettres. Si j'ai déjà reçu tes commentaires sur tous les points je ne t'importunerai plus.

À propos de ma fille Maki, je me demande si tu as reçu ma lettre recommandée du 27/4 dans laquelle je t'informais qu'elle avait reçu une bourse mais qu'en tant qu'étudiante pour devenir assistante sociale elle a encore besoin de beaucoup d'argent. J'espérais que vous et l'autre Ismail[9] pourriez régler cette question. Je lui avais aussi écrit pour qu'elle attende peut-être de vos nouvelles.

Mais le 11/10, une lettre d'elle me disait qu'elle n'avait rien reçu de vous. Elle ajoute qu'elle avait dit à Helen[10] de ne plus se faire de souci parce qu'elle comprenait qu'elle (Helen) puisse connaître des

1. Zainub Kazi, la sœur d'Amina Cachalia.
2. Le frère d'Amina Cachalia.
3. Le mari de Zainub Kazi, le docteur Aziz Kazi.
4. Anciens accusés au procès de la trahison.
5. Yusuf Dadoo (1909-1983), médecin militant antiapartheid et orateur. Président du Parti communiste sud-africain. Ysuf Dadoo était connu sous le nom de Mota, abréviation de *Motabhai,* terme gujarati pour « grand frère ». Il a vécu en exil à Londres à partir de 1973.
6. La femme de Yusuf Dadoo.
7. Les enfants de Yusuf Dadoo.
8. Voir cette lettre à Yusuf Dadoo du 1er novembre 1975, p. 361.
9. Ismail Ayob (1942-), mandataire de Nelson Mandela.
10. Sans doute Helen Joseph.

difficultés. Avant même que tu me répondes, je suis certain que tu as une explication parfaite. Il se peut fort bien que la fermeture de Fort Hare, son admission à l'hôpital à cause des blessures qu'elle a reçues lors des manifestations de FH ou ton absence en Inde, peuvent avoir bouleversé tes plans. Mais je pensais que tu devais savoir qu'elle n'avait rien reçu de toi quand elle m'a écrit.

J'ai été désolé d'apprendre dans ta lettre qu'Ismail[1] avait été souffrant. Des gens comme lui ne devraient jamais être malades. Quand ils éternuent, nous attrapons tous un rhume. J'espère qu'il va mieux et que Jamilla et les enfants vont bien eux aussi. Dis-lui que j'ai demandé à Zami de trouver 400 rands pour mes études, même si je ne sais pas précisément qui elle pourra escroquer. Je n'ai pas eu le courage de lui dire que j'avais dépensé l'argent qu'elle m'avait envoyé cette année pour l'abonnement annuel au *Rand Daily Mail & Rapport*. J'envisage de m'inscrire à cinq sujets l'an prochain et les frais de l'Unisa sont devenus prohibitifs. Peu de gens peuvent payer 70 rands par sujet + 40 rands d'inscription. Je n'ai pas été autorisé à passer les quatre épreuves qui restaient et qui m'étaient nécessaires pour l'université de Londres[2]. On m'a autorisé à la place de m'inscrire à l'Unisa. Je ne sais même pas comment je vais me débrouiller pour les livres prescrits.

Mes plus sincères amitiés à tous nos amis et mon amour pour toi et Yusuf.

Sincèrement,
Nelson

Mme Amina Cachalia, PO 3625, Johannesburg.

4 janvier 1981

P.-S. : Amina,
Cette lettre m'est revenue par la PO de Johannesburg marquée « Non réclamée ». Je te la renvoie dans l'espoir que cette fois tu auras le cou-

1. Maulvi Cachalia.
2. Les autorités de la prison n'ont pas autorisé Mandela à poursuivre ses études pour une licence en droit à l'université de Londres.

rage de la réclamer. J'ai pensé qu'elle était arrivée à Johannesburg en ton absence. Je t'aime comme toujours.

Sincèrement,
Nelson

À Zindzi Mandela, sa plus jeune fille

[Note d'une autre écriture] Lettre originale censurée 10.2.81

466/64 : Nelson Mandela 1.3.81

Ma chérie,

La prison, en particulier pour ceux qui sont dans une cellule individuelle, offre beaucoup de moments de réflexion sur des problèmes trop nombreux pour que l'on en fasse la liste sur une feuille de papier. Souvent quand je marche de long en large dans ma cellule étroite ou quand je reste couché sur mon lit, mon esprit vagabonde et se rappelle tel épisode ou telle erreur. Et je me demande si, dans mes jours heureux en dehors de la prison, j'ai montré suffisamment d'amour et de bienveillance à ceux qui m'ont manifesté leur amitié et même leur aide quand j'étais pauvre et dans la lutte.

L'autre jour, je pensais aux Xhoma de 1946 – 7e Avenue, Township d'Alexandra, où j'ai vécu lors de mon arrivée à JHB[1]. À cette époque, je gagnais un salaire mensuel de 2 livres (400 rands)[2] et de cette somme je devais déduire un loyer mensuel de 13 rands (4 pence) plus 8 pence de transport quotidien, aller et retour. C'était dur et souvent j'avais du mal à payer le loyer et le bus. Mais le propriétaire et sa femme étaient

1. Mandela a fui un mariage arrangé en 1941 après son renvoi de l'université de Fort Hare et il est allé à Johannesburg où il a vécu avec la famille Xhoma à Alexandra.

2. Il était stagiaire au cabinet d'avocats Witkin, Sidelsky et Eidelman. La monnaie anglaise a cours jusqu'en 1961, année de l'indépendance de l'Afrique du Sud.

gentils. Non seulement ils m'accordaient un sursis quand je ne pouvais pas payer le loyer mais le dimanche ils m'offraient gratuitement un excellent déjeuner.

J'ai aussi habité chez le révérend Mabuto de l'Église anglicane, au 46 de la 8e Avenue du même township, et lui et Gogo[1], comme nous appelions affectueusement sa femme, étaient aussi très gentils, même si elle était assez stricte et si elle insistait pour que je ne sorte qu'avec des filles xhosa. Je n'avais pas encore d'idées politiques bien arrêtées même si Healdtown et Fort Hare[2] m'avaient mis en contact avec des étudiants venus d'autres groupes de notre peuple et j'avais au moins commencé à penser au-delà des conceptions ethniques. J'étais bien décidé à ne pas suivre ses conseils sur ce sujet. Mais elle et son mari jouaient pour moi le rôle de parents de façon assez admirable.

M. Schreiner Baduza[3], originaire de Sterkspruit[4], était locataire avec sa femme du 46 de la 7e Avenue. Lui et M. J. P. Mngoma[5], pourtant bien plus âgés que moi, en particulier ce dernier, comptaient parmi mes meilleurs amis à cette époque. M. Mngoma était propriétaire et le père de Tante Victoria, une des amies de Maman[6]. Plus tard, on m'a présenté à M. P. Joyana, le beau-père du frère du regretté chef Jongintaba Mdingi. Lui (M. Joyana) était employé de la Rand Lease Mine. J'y allais le samedi pour rapporter ses affaires – *samp*[7], *mealie meal*[8], maïs, viande, cacahuètes et autres choses.

Beaucoup plus tard, ma situation financière s'est légèrement améliorée mais je ne pensais plus à ceux qui m'avaient aidé dans les moments difficiles et je ne leur ai plus rendu visite sauf une fois ou deux. Par la suite,

---

1. « Grand-mère » en isiXhosa.
2. Mandela est allé au lycée d'Healdtown à Fort Beaufort en 1937, puis à l'université de Fort Hare, à Alice, en 1939.
3. Un des meilleurs amis de Mandela qui, avec sa femme, habitait dans la même maison à Alexandra. Après avoir déménagé à Soweto, il est devenu une figure importante des questions civiques.
4. Une petite ville dans le homeland du Transkei.
5. Un ami de Mandela à Alexandra. Propriétaire et le père de Tante Victoria, une amie de Winnie Mandela.
6. Winnie Mandela.
7. Un porridge à base de maïs écrasé.
8. Maïs écrasé auquel on ajoute de l'eau bouillante pour faire du porridge.

les Mabuto[1] et les Baduza sont venus habiter à Soweto et je suis allé les voir quelquefois. J'ai souvent rencontré MM. Joyana et Baduza mais je n'ai jamais pensé à leur rendre leur gentillesse. À la fin des années 40 et au début des années 50, M. Baduza est devenu une figure importante dans les affaires civiques de Soweto et notre relation s'est limitée à ces questions.

J'ai été profondément bouleversé un jour de 1953 quand la vieille dame, Mme Xhoma, autrefois jolie et pleine de vie, est entrée en traînant des pieds dans mon bureau de Chancellor House, âgée et brisée. Le vieil homme était mort et elle voulait que je liquide ses biens. J'avais à peine su qu'il était malade, pour ne rien dire de sa mort et de son enterrement que je n'avais pas le droit d'ignorer.

Je n'étais pas aussi attentif que j'aurais dû l'être même envers ma Vieille Dame[2] bien-aimée. Je lui écrivais rarement, sauf pour essayer de la persuader de venir vivre avec moi à JHB. Je pourrais donner beaucoup d'autres exemples.

Mon arrestation pour haute trahison le 5/12/56[3] et les procédures interminables qui ont suivi ont aggravé la situation. Le monde qui m'entourait s'effondrait littéralement, je n'avais plus de revenu et je ne pouvais plus honorer quantité d'obligations. Seule l'arrivée de Maman[4] dans le tableau m'a aidé à mettre un peu d'ordre dans mes affaires personnelles. Mais le chaos avait trop duré pour que même elle ramène un peu de stabilité et une vie facile auxquelles j'avais commencé à goûter quand la malchance a frappé.

Ce sont toutes ces choses qui ne cessent de me revenir quand je pense à cette période dans la Ville d'Or. Mais cette introspection disparaît quand je pense à Maman et aux enfants, à la fierté et à la joie que vous m'avez données. Parmi nous, il y a Nobutho[5], la belle Mantu dont l'amour et la loyauté, les visites, les lettres, les cartes d'anniversaire et de Noël ont été une part essentielle des efforts de la famille pour m'aider à endurer les défis des deux dernières décennies. Nobutho

1. Amis de Mandela.
2. Sa mère, Nosekeni Mandela.
3. Mandela parle du procès de la trahison (1956-1961).
4. Winnie Mandela, avec qui il se marie en 1958.
5. Un des prénoms de Zindzi.

est native du Capricorne et, d'après les astrologues, les étoiles du mois dernier prédisent une période de plaisir et de joie pour les natifs du Capricorne, tu devrais avoir beaucoup de visiteurs, des invitations et une santé excellente. C'est une superstition soigneusement mise au point et présentée de façon séduisante. Cela a fasciné l'humanité depuis les débuts de l'histoire et cela a même encouragé de nombreuses personnes qui y croient à se surpasser dans beaucoup de domaines. En fait, la plupart des Capricornes se sont peut-être sentis flattés en lisant ces prévisions fantastiques. Mais laissons là les superstitions et finissons cette lettre avec une observation basée sur des faits. C'est mon vrai message que je t'envoie, ma chérie – ta capacité à apprécier l'amour et la gentillesse des autres. C'est une vertu précieuse de rendre les autres heureux et de les aider à oublier leurs soucis. C'est une qualité que toi et Zeni semblez avoir héritée de votre mère. Je souhaite qu'elle s'approfondisse quand tu grandiras afin que de plus en plus de gens puissent en bénéficier. Mon amour à vous, Oupa et Zobuhle[1].

Avec mon affection,
Tata

Mlle Zindzi Mandela, 8115 Orlando West, JHB [1804].
Quelle est l'adresse de Nozizwe Mvembe ?

À Winnie Mandela, sa femme

466/64 26.4.81

Maman chérie,

Je continue à faire des rêves, certains plaisants, d'autres non. La veille du Vendredi saint, toi et moi nous étions dans une petite maison au sommet d'une colline surplombant une vallée profonde avec un grand

1. Un des prénoms de Zindzi.

fleuve et une forêt. Je te voyais descendre la colline, pas très droite comme tu te tiens d'ordinaire et le pas hésitant. Tu baissais la tête en cherchant apparemment quelque chose à tes pieds. Tu as traversé le fleuve et emporté tout mon amour en me laissant seul et mal à l'aise. Je te regardais attentivement tandis que tu errais sans but dans cette forêt en restant près des berges du fleuve. Juste au-dessus de toi, il y avait un couple, contraste frappant. Manifestement, ils étaient amoureux et concentrés sur eux-mêmes. Tout l'univers semblait être fixé sur ce point.

Mon inquiétude pour ta sécurité et mon désir de toi m'ont fait descendre la colline pour t'accueillir alors que tu retraversais le fleuve pour revenir à la maison. L'espoir de te rejoindre au-dehors et dans un si beau paysage évoquait de tendres souvenirs et j'attendais impatiemment de te prendre la main et de t'embrasser avec passion. À ma grande déception, je t'ai perdue dans les ravins qui entaillaient la colline et je ne t'ai retrouvée qu'en revenant à la maison. Cette fois l'endroit était plein de collègues qui nous ont privés de l'intimité que j'attendais pour régler beaucoup de choses.

Dans la dernière scène, tu étais allongée par terre dans un coin, endormie de découragement, d'ennui et de fatigue. Je me suis mis à genoux pour recouvrir les parties exposées de ton corps avec une couverture. Chaque fois que je fais des rêves semblables, je me réveille angoissé et très inquiet, mais je suis immédiatement soulagé quand je me rends compte que ce n'était qu'un rêve. Pourtant, cette fois, ma réaction a été différente.

Le 23/4 j'ai été convoqué par le directeur de la prison, une routine à laquelle je suis habitué. Brusquement, j'ai senti qu'il avait quelque chose de désagréable à m'annoncer. Quand je suis arrivé dans la salle, je l'ai vu qui parlait avec des membres du personnel dans le bureau de réception de l'autre côté du couloir, un télégramme à la main. J'ai été d'autant plus inquiet. Il n'est pas resté là pendant plus d'une minute quand il s'est dirigé vers moi, mais l'angoisse était tellement forte que j'ai eu l'impression d'avoir attendu une heure. « J'ai une mauvaise nouvelle pour vous », a-t-il dit en me donnant le télégramme. C'était Ismail[1] qui m'annonçait la mort de Samela. Ça a été un choc, bien sûr, parce que

1. Il parle sans doute d'Ismail Ayob (1942-), un de ses avocats quand il était en prison.

je l'avais toujours vue comme une jeune fille forte et en bonne santé. Si je me souviens bien, la dernière fois, c'était le jour où nous avons été condamnés, il y a dix-sept ans, et elle travaillait à NEH. Je me suis retrouvé en difficulté parce que je ne savais pas à qui envoyer un message de condoléances. Son père, Mehthafa, chef de Sithebe, est mort à la fin des années trente et il a enterré sa mère NoFrance. Son frère Zwelizolile est mort lui aussi. Sa sœur aînée qui était à l'école avec moi à Qokolweni[1] au milieu des années trente, s'est mariée mais j'ai oublié son adresse et même le nom de son mari. Ce qui est également regrettable, c'est que je ne savais même pas si Samela était mariée. Dans ces circonstances j'ai pensé qu'il valait mieux attendre en espérant apprendre plus de détails. Parfois, je pense au nombre incroyable de parents et d'amis que nous avons perdus au cours des dix-huit années de mon emprisonnement, et ce qui est tragique, c'est qu'on se retrouve incapable d'accompagner ceux qui comptaient tellement et de ne pas pouvoir présenter nos condoléances quand ils meurent. Les sentiments, le choc qu'on éprouve et la peine devant la mort d'un parent ou d'un ami proche sont tout à fait compréhensibles – C.K.[2], la Vieille Dame[3], Thembi, Nali[4], NoEngland[5], Nqonqi[6], Connie et plusieurs autres, trop nombreux pour les mentionner tous. Mais il y a aussi des quantités de connaissances qui n'ont jamais représenté quelque chose de significatif pour nous en dehors d'une poignée de main chaleureuse ou d'un sourire agréable quand on les rencontrait, mais dont la mort nous touche de la même façon. Quand il s'agit de proches parents comme Samela et quand on reçoit la nouvelle tragique dans la situation où je me trouve, sans la moindre indication sur la cause de la mort, le coup est particulièrement brutal. J'espère sincèrement que lorsque le choc l'a frappée, elle était entourée par ceux qui pouvaient lui manifester leur amour et dont la préoccupation lui assurerait que ses efforts étaient pleinement appréciés. J'obtiendrai peut-être un jour prochain quelques détails supplémentaires.

1. L'école primaire que Mandela a fréquentée à Qokolweni dans le Transkei.
2. Colombus Kokani Madikizela, le père de Winnie Mandela.
3. Sans doute sa mère, Nosekeni Fanny Mandela, décédée en 1968.
4. Nali Nancy Vutela, sœur de Winnie Mandela.
5. La femme du chef régent Jongintaba Dalindyebo.
6. Nqonki Mtirara, une cousine de Mandela.

Hier, j'ai aussi reçu une lettre toujours aussi belle d'Amina avec deux magnifiques photos. Elle et Yusuf portent très bien leur âge et ils ont tous deux l'air impressionnant. Elle a tout à fait raison de prétendre, comme elle le fait, que « Yusuf ne ressemble pas à une orange pressée, mais pas non plus à un bébé trop bien nourri. »...

Un jour, je pourrai peut-être savoir si Zindzi a bien reçu mon télégramme à propos de la pension de Durban dont Fatima a promis de s'occuper. Je pense lui envoyer un télégramme (à Fatima) pour savoir si Zindzi y est maintenant. L'âge semble affecter la capacité de Zindzi à écrire des lettres, même sur des questions aussi essentielles que ses études. C'est une fille gentille et responsable et je suis toujours prêt à lui accorder le bénéfice du doute.

Il semblerait qu'un ami ait fait une déclaration à la presse disant que ton mari souffrait d'un cancer. J'ai supposé que cette déclaration avait été faite de bonne foi par quelqu'un qui y croit. Pourtant je dois dissiper tes peurs parce que je n'ai aucune raison de suspecter qu'une partie de mon corps soit cancéreuse. Je pense simplement que la rumeur est née à la suite de l'opération de mon talon droit en novembre 79. Il a merveilleusement guéri et ne me donne plus de souci. Une douleur persiste derrière le genou gauche. Je ne la ressens que lorsque je monte ou descends des marches ou parfois, c'est assez douloureux la nuit ; pas au point de m'obliger à prendre des cachets antidouleur. Jusqu'à maintenant j'ai résisté et je me passe de ce genre de drogues. Au début de l'année, j'ai eu la précaution de faire un examen sanguin et le résultat était négatif. On surveille la douleur actuelle et, en dehors de courses à longue distance, cela n'a pas beaucoup affecté mon entraînement. Je fais toujours des exercices de jambes y compris la course sur place [*sic*]. S'il te plaît, dis aux enfants et à tous ceux qui poseraient des questions que je vais formidablement bien.

Affectueusement,
Madiba

JE T'AIME !

Nkosk, Nobandla Madela, 802 Phathakahle, PO Brandfort, 9400.

À Petronella Ferus, veuve de l'ancien prisonnier politique, Hennie Ferus[1]

466/64 : Nelson Mandela 3.5.81

Très chère Sussie[2],

La mort soudaine de ton mari bien-aimé, Hennie[3], m'a bouleversé, moi et ma famille, et je t'assure de ma plus profonde sympathie, à toi, Henshil, Wilna, Peter et Tante Stienie.

Je vis dans l'espoir qu'un jour j'aurai le privilège de te rencontrer, toi et ta famille, afin de parler plus librement et pleinement des aspects de la vie d'Hennie qui m'ont le plus impressionné. Tout ce que je peux te dire, c'est que j'ai passé trois ans avec lui sur cette île et je garde d'excellents souvenirs de cette période.

Je me souviens encore parfaitement de sa libération le 22 janvier, départ que j'ai accepté avec des sentiments mêlés. J'étais désolé de me séparer d'un bon camarade si loyal, mais je partageais le bonheur que sa liberté et le retour dans sa famille allaient lui apporter.

Au cours de ces trois années, Hennie a été très actif en sport, en musique et dans d'autres domaines qui avaient un rapport avec le bien-être de ses codétenus. Une année, il a été champion de tennis de table de la section des cellules individuelles et c'était un adversaire redoutable aux échecs. Il était membre du quartet et du chœur que nous avions formés dans cette section. Ces deux groupes musicaux jouaient un rôle important dans les distractions de ses codétenus.

Sa vie entière a été celle d'un homme qui vivait dans le monde réel, avait une pensée limpide et agissait correctement. À cet égard, il était très influencé par Tante Stienie, personne au caractère fort et

1. Hennie Ferus (1940-1981), militant antiapartheid, ancien prisonnier politique à Robben Island.
2. « Sœur » en afrikaans.
3. Il est mort dans un accident de voiture le 20 avril 1981.

à la vision claire, et on se souviendra toujours de son amour et de sa loyauté envers la famille et la communauté au sens large.

Ce n'est jamais facile de combler le vide laissé par un homme tel qu'Hennie, mais j'espère que cela a été pour vous un grand réconfort de voir qu'il a été accompagné à sa dernière demeure par une foule de plus de quatre mille personnes, quatre équipes de télévision et plusieurs journalistes[1]. Cette manifestation n'était qu'une faible image de la haute estime que lui portait le peuple.

À nouveau, ma famille et moi, nous t'envoyons notre profonde sympathie et notre amour, Sussie. Nous espérons que le temps finira par guérir tes douloureuses blessures et que les enfants suivront les pas de leur père en vous apportant fierté et joie, à toi, à Tante Stienie, à Joséphine ainsi qu'à sa grande sœur Suzan à qui s'adresse aussi ce message.

Sincèrement,

[Signé NR Mandela]

Mme Petronella Ferus, c/o Mme Hadjie, 45 Le Seur Street, Worcester, 6850.

À Camagwini Madikizela[2], fille de son neveu K. D. Matanzima

466/64 : Nelson Mandela 15.11.81

Ma chère Mzukulu[3],

J'espère que ton voyage à CT t'a plu, en particulier les quatre-vingt-dix minutes que tu as passées sur cette île.

1. Ceux qui assistaient à l'enterrement à Worcester portaient les couleurs de l'ANC, des uniformes kaki et le drapeau illégal de l'ANC. Cela a été perçu comme un « enterrement politique » qui a incité les militants à devenir plus méfiants (Pippa Green, *Choice not Fate. The Life and Times of Trevor Manuel*, Johannesburg Penguin Books, 2008, p. 166).

2. La fille de K. D. Matanzima. Elle a épousé le premier cousin de Winnie Mandela, Prince Madikizela.

3. « Petite-fille » en isiXhosa.

Comme tu le sais, je suis ici depuis plus de dix-neuf ans, pendant lesquels j'ai eu de nombreuses visites de la famille et des amis. Maman Nobandla de Brandfort et naturellement les enfants sont venus plus souvent que les autres et, pratiquement, chacune de leurs visites m'a apporté de la joie et de façon très spéciale elles ont rendu mon séjour ici beaucoup plus tolérable qu'il ne l'aurait été.

Ta visite a toujours signifié beaucoup de choses pour moi et je veux t'assurer, à toi et à Prince, que j'ai saisi le sens du moment choisi. Cela m'a permis de faire le point sur plusieurs questions importantes et m'a donné une meilleure compréhension de certains problèmes familiaux qui m'ont grandement perturbé pendant la plus grande partie de mon emprisonnement, en particulier ces trois dernières années.

J'ai été encore plus heureux de voir à quel point, Prince et toi, vous êtes attachés l'un à l'autre et ces quelques quatre-vingt-dix minutes m'ont donné une excellente impression de Prince et ont totalement confirmé ce qu'en avait dit Maman Nobandla. Mon seul regret, c'est que je n'ai pas pu voir les enfants mais j'espère que tu les as au moins assurés de mon amour. J'attends ta prochaine visite, quand cela te sera possible à toi et à Maman Nobandla[1]. En attendant, je pense aux 24 et 25 octobre avec de tendres souvenirs. Comme je te l'ai dit pendant la visite, j'ai passé beaucoup de temps avec Swelithambile au cours des trois mois où il a habité dans la Ville Mère en 1948 et nous avons forgé une solide amitié. Je ne lui ai jamais écrit après avoir quitté CT, pourtant je n'ai cessé de penser à lui et aux merveilleux moments que nous avons passés ensemble. Aussi j'ai été particulièrement affecté quand j'ai appris qu'il n'était plus. La mort de Mthetho[2] m'a aussi pris au dépourvu et je sais ce que cela signifiait exactement pour toi et pour tes parents. La mort est toujours un événement tragique quand il s'agit d'une personne âgée. Mais c'est bien pire quand elle frappe une personne jeune comme le regretté Mthetho. J'ai été heureux d'avoir des nouvelles de son fils et j'espère qu'il restera en bonne santé et qu'il aura de la chance.

1. Une des épouses de K. D. Matanzima.

2. Le chef Mthetho Matanzima (décédé en 1972), fils de K. D. Matanzima, neveu de Mandela et chef de la région de Noqayti. Il a été tué dans un accident de voiture.

Quel bonheur d'apprendre que Prince et toi vous attendiez un heureux événement à ajouter à la famille. Il/elle sera capable de se vanter auprès des autres enfants qu'il/elle a visité l'Île bien avant qu'ils puissent le faire, même si au moment de la visite il/elle n'en avait pas conscience. Peut-être sera-t-il/elle avec toi la prochaine fois que tu viendras. Comme tu le sais peut-être, tu as le droit d'amener des enfants au-dessous de l'âge de deux ans. Nous attendons sa visite et j'espère que tu nous préviendras quand ce jour merveilleux sera venu.

J'ai aussi été heureux d'apprendre que Maman Nobandla de Port Saint Johns a un travail, qu'elle va même jusqu'à Durban et qu'en général elle en est satisfaite. Pendant la visite, j'ai insisté auprès de toi sur le fait que je lui avais présenté Daliwonga[1] ainsi que certains détails secrets à propos du mariage à Qamata. Comme tu t'en souviendras, elle est venue à JHB vers 1958 et a commencé à travailler à Baragwanath, avant de retourner à Qamata peu de temps après. Elle venait très souvent chez nous à Orlando à cette époque. Je l'ai vue pour la dernière fois en 60 quand je suis descendu chercher Kgatho. Je pense très souvent à elle et je vais lui écrire bientôt.

C'était une coïncidence inhabituelle pour moi de recevoir une lettre de Maman Nosango[2] de Deckerts Hill[3] alors que je t'écrivais cette lettre. Contrairement à Maman Nobandla de Port Saint Johns, c'est une bonne correspondante et en général elle écrit des lettres pleines d'informations qui ont une grande valeur dans ma situation et je les attends toujours avec impatience. Elle m'a promis de venir dans un an exactement et elle m'a aussi confirmé que Xoli[4] est maintenant à l'université de York en Angleterre et qu'elle a prévu de venir en vacances en Afrique du Sud pendant trois semaines à partir du 20 décembre. Elle voudra probablement venir sur l'Île et j'espère que tu l'aideras à mettre tout ça sur pied.

J'ai oublié de te poser des questions à propos de mon neveu le chef Luvuyo Mtirara de Mpheko. Il est venu me voir plusieurs fois depuis 73. Dis-lui que je pense à lui. Je suis sûr que Prince s'occupe de tous les problèmes que j'ai placés dans ses mains expertes et que j'aurai

1. K. D. Matanzima. Son deuxième prénom était Daliwonga.
2. Une des épouses de K. D. Matanzima.
3. Une ville du Transkei.
4. Xoliswa Jozana, la fille de K. D. Matanzima – voir Glossaire.

bientôt de ses nouvelles. En attendant, je pense à toi et je t'envoie mon meilleur souvenir.

Des tonnes et des tonnes d'amour, un million de baisers, joyeux Noël et bonne année, Mzukulu.

Affectueusement,
Tatomkhulu[1].

Nkosazana Camagwini Madikizela, c/o Madilizela, Madala et Mdlulwa, PO 721, Umtata.

À Ayesha Arnold[2]

466/64 : Nelson Mandela 15.11.81

Très chère Ayesha,

Tu dois avoir ressenti cette odeur de culpabilité et de honte qui m'a saisi quand j'ai reçu ton invitation pour ton cinquantième anniversaire, avec la carte flatteuse et amusante que tu m'as envoyée.

Bien que j'aie reçu ta lettre très longtemps après le 6/8, j'aurais dû balayer d'un geste tout le reste et t'écrire cette lettre sur-le-champ pour que tu puisses avoir mes souhaits avant que les effets du champagne et du halal se soient dissipés. Peut-être sais-tu qu'au cours des trois ou quatre derniers mois j'ai été victime d'hypertension et cela m'a empêché d'écrire même à toi et à Zami – les deux femmes dont l'amour et l'affection ont été pour moi une force et qui ne me décevront jamais.

Dès que la tension a baissé, j'ai pris un stylo et du papier et voici ta lettre, Ayeshaben. Elle t'adresse mes sentiments chaleureux et mes félicitations pour avoir atteint le demi-siècle. Je souhaite que tu puisses

1. « Grand papa » en isiXhosa.
2. Ayesha Arnold, médecin au Cap. La femme et les enfants de Mandela habitaient chez elle quand ils allaient lui rendre visite en prison. C'était une amie de Fatima Meer.

vivre deux siècles et continues d'être une source de force et d'espoir pour Ameen[1], Shukri et Mymoena[2], et pour ta multitude d'amis. J'ai inclus la lettre du 6/8 dans la liste où ne cessent de s'accumuler les anniversaires de la famille que je ne dois pas oublier. À propos, la date du 5/8 est si remarquablement proche – le jour où j'ai été arrêté – que je considère que les deux dates n'en font qu'une. À nouveau, toutes mes félicitations, Ben.

La carte d'anniversaire était belle et j'ai même pensé qu'elle avait été dessinée et que son message avait été rédigé par Mohamed Ali, tellement elle était pleine de punch et d'esprit. Les sentiments affectueux que tu as ajoutés m'ont rendu fort comme un char d'assaut et plein d'attente comme une vierge la veille de son mariage. Tu pourras sans aucun doute me féliciter personnellement un jour que j'attends avec impatience.

Zami m'avait parlé de ton magnifique présent. Bien qu'elle me l'ait décrit de façon assez élaborée, je n'avais aucune idée de sa réelle beauté avant que je ne l'aie essayé. Il me va parfaitement et j'ai eu immédiatement l'impression d'être deux fois plus grand et deux fois plus jeune. Je te serre dans mes bras. Zami m'a dit aussi qu'Ameen avait abandonné la médecine générale et qu'il était retourné à l'hôpital comme pédiatre. Il va sans aucun doute manquer à ses patients et, malgré la différence de salaire, je pense que sa décision est tout à son honneur. Avec son passé, sa formation et son expérience, il devrait être un maître d'une valeur exceptionnelle. Le traitement des maladies infantiles est un domaine essentiel de la profession médicale. On finit par s'habituer aux maladies et à la souffrance des adultes, mais il est très troublant, pour ne pas dire plus, de voir un enfant innocent avec un handicap mental ou physique. Je ne suis pas très au courant de ces problèmes complexes mais je pense qu'en tant que médecin hospitalier et en dehors des études actuelles en pédiatrie, il aura plus de temps pour la théorie que comme généraliste très occupé.

L'autre jour, je feuilletais l'album familial et je me suis arrêté sur une photo où tu es avec Ameen et les enfants. Il a l'air précis et professionnel. Il porte sur le visage l'expression d'un homme endurci par le karaté et

1. Ameen Arnold, son mari qui était aussi médecin.
2. Les enfants des Arnold.

qui sait comment profiter des succès de la vie sans ostentation. Je lui souhaite de réussir dans cette nouvelle aventure et que sa décision apporte de la joie aux patients de l'hôpital de la Croix-Rouge[1]. Il travaillera sans doute avec Mme Monica Kobas, une vieille amie de Fort Hare. Si c'est le cas, dis-lui de lui transmettre, à elle et à sa famille, nos sincères amitiés.

Il y a quelques jours, tout en pensant que tu avais atteint le demi-siècle, j'écoutais une émission de radio enregistrée sur les gens qui avaient atteint cent ans. Le présentateur parlait de cela en Angleterre et insistait sur le nombre de centenaires qui avait augmenté de façon importante, en particulier après la mise en place du National Health Scheme dans le pays. J'ai été agréablement surpris de l'entendre dire que la sénilité est un problème qu'on peut médicalement contrôler même à un âge aussi avancé dans la vie d'un homme. Il n'a cessé de la mettre sur le même plan que le grand âge et a assuré que les facultés mentales doivent inévitablement se détériorer au fur et à mesure qu'on vieillit. Mais il ne me semble pas que ça se passe nécessairement ainsi.

Pour en revenir à notre Mère la Terre j'ai été content d'apprendre que Mymoena et Shukri font des progrès à l'école. D'après la photo, ils ont l'air de grandir très vite et la différence entre celle prise à Burnwood Road et celle que tu m'as envoyée est remarquable. J'aimerais les rencontrer et parler avec eux à leur âge actuel. Ce serait vraiment un grand plaisir et cela me manque énormément. Aie l'amitié de leur transmettre mon amour.

Je pensais t'avoir écrit cette année pour t'assurer que je me porte très bien, contrairement à ce que disent les articles de presse parus pendant les élections d'avril affirmant que j'étais malade. Mais après vérification, je n'ai rien trouvé qui me prouve que je l'ai effectivement fait.

Même quand je lisais les articles qui ont entretenu cette spéculation et inquiété Zami et les enfants, je me sentais presque submergé par un sentiment de bien-être, mais le docteur Coetzee, le chirurgien du secteur, m'a examiné d'une façon que, comme profane, je considère minutieuse. Peu de temps après, le docteur Le Roux, qui enseigne également à Tygerberg[2], m'a lui aussi ausculté de façon encore plus complète. Tous deux m'ont rassuré. Le [?] /8, le lendemain du jour où j'ai reçu ton invitation

1. Hôpital de la Croix-Rouge pour les enfants au Cap.
2. Le Tygerberg Hospital, au Cap.

et ta carte d'anniversaire, leur diagnostic m'a été confirmé par le docteur Jorg Nagel de l'ICR[1]. Je crois qu'une telle maladie peut agir en traître et vous dévorer, sans prévenir de sa présence ni le patient ni le toubib. Exposé à cette maladie, je me sens parfaitement bien et j'ai le moral.

Merci beaucoup pour les merveilleuses photos que tu m'as envoyées ; elles ont été très bien prises et je les aime toutes. Mais comment se fait-il qu'une personne aussi généreuse puisse se montrer aussi pingre ? Je croyais que tu allais m'en envoyer toute une fournée. À part celle où tu apparais avec Ameen et les enfants, elles ont toutes disparu. Je n'ai même pas pu sauver la seule sur laquelle tu es avec Zami.

Pour finir, Ayeshaben, je veux que tu saches que c'est toujours un plaisir de penser à toi, à Ameen et aux enfants. J'ai encore plus de plaisir et de joie à t'écrire. Des tonnes et des tonnes d'amour et un million de baisers.

Sincèrement,
Nelson

Dr Ayesha Ahmed, 39e Avenue & Connaught Rd, Elsies River, 7460.

Pendant la plus grande partie de son séjour en prison, Mandela a été obligé d'écrire aux divers services gouvernementaux, de la police au ministre de la Justice, pour tenter désespérément de protéger sa femme. Du début de son emprisonnement jusqu'à sa libération, Winnie Mandela a été l'objet d'une campagne continue de mauvais traitements de la part du gouvernement d'apartheid. Son mari ne pouvait apprendre les attaques dont elle était victime que dans certaines lettres qui lui parvenaient, des lettres qu'elle lui adressait ainsi que celles des avocats et, plus tard, dans la presse. Parfois un sentiment d'impuissance a dû l'envahir parce qu'il lui était impossible de faire grand-chose pour l'aider et il ne pouvait qu'imaginer ce qu'elle endurait. La question de la sécurité de ses enfants ne faisait qu'augmenter son angoisse.

1. Peut-être « Croix-Rouge internationale ».

Au major-général Coetzee, police sud-africaine

NELSON MANDELA 466/64

Robben Island
27 novembre 1981

Major-général Coetzee,
Quartier général de la police sud-africaine
Pretoria

Cher Monsieur,

Ma femme a été l'objet d'un harcèlement continu et même de persécutions par des membres de la Police de sécurité au cours des douze années passées et, au moins à trois occasions, elle a été agressée par cette même police.

À cause de ce traitement et à supposer qu'aucun officier supérieur du ministère de la Justice n'ait été informé, pour ne rien dire des sanctions ou des connivences, j'ai écrit à M. Pelser[1] alors ministre de la Justice, et plus tard à son successeur, M. Kruger[2], pour attirer leur attention sur ce problème. Je leur ai aussi demandé de donner ordre à la police de ne pas transgresser la loi dans l'exécution de ses tâches en ce qui concerne ma femme. On n'a jamais eu la courtoisie de me répondre et le harcèlement a continué.

Bien que j'aie déjà signalé le fait à deux ministres du gouvernement et sans tenir compte des demandes ponctuelles à votre ministère par les représentants légaux de la famille, ainsi que des efforts personnels de ma femme, je pense depuis longtemps que vous n'êtes même pas personnellement au courant de ces manquements de la police.

Mais le harcèlement de ma femme par la police de Brandfort[3] – en particulier les sergents Prinsloo, De Kock et Ramolohloane – est mon souci immédiat sur lequel je souhaite que vous portiez votre attention. Il

1. Voir ses lettres du 14 septembre 1970 et du 19 novembre 1970, p. 257 et 263.
2. Voir ses lettres du 13 mai et du 25 mai 1974, et du 12 février 1975, p. 326, 333 et 358.
3. Winnie Mandela vivait toujours dans la bourgade rurale de Brandfort dans l'État libre d'Orange (aujourd'hui État libre).

semblerait que l'hostilité de la police envers elle et la famille augmente en fonction des ordres de restriction aux termes de la loi de Sécurité intérieure de 1950, qui vont bientôt expirer. L'implication est claire. À ce propos, je joins à ma lettre la copie d'une déclaration que m'a envoyée ma femme le 26 septembre 1981 et qui se passe de tout commentaire.

La demande citée au paragraphe 3 des déclarations ci-jointes concerne la requête urgente que j'ai [présentée] devant la Cour suprême de Bloemfontein pour un ordre interdisant à la police d'empêcher ma fille de recevoir des visiteurs dans la maison occupée par ma famille à Brandfort.

En ce qui concerne le paragraphe II de la même déclaration, je dois vous informer que le 29 septembre 1981, M. Malefane[1] a été reconnu non coupable et a été acquitté par la cour.

Le 2 octobre 1981, j'ai reçu le télégramme suivant de ma femme :

> Ramolohloane, Mbanyane et De Kock ont enlevé morceaux de la voiture et ont dégonflé pneus. Affaire Malefane rejetée. Envisage action contre administration et police.

La policc est naturellement libre d'enlever des morceaux de la voiture et de dégonfler les pneus si elle croit raisonnablement que de telles mesures sont nécessaires du point de vue de la sécurité. Mais selon la loi, ils doivent laisser la voiture dans l'état où ils l'ont trouvée. La laisser démantelée et les pneus dégonflés va au-delà de l'exécution de leurs tâches selon la loi.

Je dois ajouter que la police de Brandfort, en particulier le sergent Prinsloo, a déposé toute une série de plaintes contre ma femme devant les tribunaux, plaintes qui ont toutes été rejetées. D'après ce qu'elle me dit, il est évident que son incapacité à convaincre pour l'accusation portée contre elle l'a rendu amer et vindicatif. Au cours des quatre dernières années, ma femme m'a décrit la conduite du sergent Prinsloo et cela montre qu'il a l'habitude de manifester un comportement agressif et d'utiliser un langage violent. À ce sujet, je vous renvoie au paragraphe 1 de sa déclaration dans lequel il est décrit ivre mort au cours des procédures judiciaires quand il a fait une descente chez ma famille.

Je dois ajouter en outre que, lors de la visite de ma femme le 21 novembre 1981, elle m'a informé que pendant la dernière perquisition de la maison

1. M. K. Malefane, ami de la famille.

par le sergent Prinsloo, il a fait des remarques qui indiquaient qu'il était au courant que nous nous préparions à rendre compte de sa conduite à ses supérieurs et il l'a menacée de façon agressive comme il en a l'habitude. Ma femme et moi-même ne savons pas exactement comment il a obtenu cette information ; j'avais déjà écrit au directeur de l'Administration pénitentiaire pour lui demander l'autorisation de communiquer avec vous, mais apparemment le sergent Prinsloo était au courant de ma correspondance avant même qu'on m'ait informé que je pouvais vous écrire.

Quoi qu'il en soit, je place toute cette affaire entre vos mains, dans l'espoir que vous considérerez comme très peu souhaitable que des policiers vindicatifs, qui doivent respecter la loi et dont la conduite est répugnante, se voient confier la tâche de maintenir la loi et l'ordre dans une petite communauté rurale isolée où pratiquement aucune sanction ne restreint le comportement désordonné de la police.

Je dois aussi attirer votre attention sur un autre problème. Aux termes des règlements de la prison, ma femme peut me rendre visite deux fois par mois. Cependant, il arrive que certains jours le bateau ne desserve pas l'Île à cause de conditions météorologiques défavorables. D'autres visiteurs peuvent attendre que le temps s'améliore, mais ma femme doit retourner à Brandfort le jour stipulé par le magistrat du district, qu'elle ait pu ou non me rendre visite.

À cela je dois ajouter qu'elle a l'intention de me rendre visite à l'époque de Noël et qu'elle a aussi demandé l'autorisation de revenir me voir le 2 et le 3 janvier 1982. Comme les deux périodes ne sont séparées que de six jours, elle aimerait passer la semaine qui suit Noël au Cap afin d'éviter des dépenses inutiles. J'espère que vous pourrez trouver un arrangement avec le ministère de la Justice pour qu'elle puisse rester au Cap comme elle l'a demandé.

Salutations,

[Signé NR Mandela]
NELSON MANDELA

[Cette déclaration, de l'écriture de NRM, est jointe à sa lettre]
Déclaration concernant certains problèmes de notre famille, comme demandée par mon mari le 26 septembre 1981, lors d'une visite à Robben Island.

1. Suite à l'affaire jugée le 24 août 1981, dans laquelle l'État a perdu, et après avoir expliqué à la cour que le sergent Gert Prinsloo était ivre mort quand il a dirigé une descente dans ma maison et que le harcèlement contre moi-même et contre des membres de ma famille a repris avec encore plus de zèle, la cour confirme que Matthews Mabitsela fait partie de ma maison.
2. Depuis lors, la police a fait une nouvelle descente aux premières heures du matin et m'a demandé une nouvelle fois d'identifier les visiteurs. J'ai été menacée qu'ils soient détenus par le sergent De Kock qui est aussi intervenu sur les gens qui réparaient ma voiture et qu'il avait découverts chez moi.
3. Au cours de ma dernière visite en août, le sergent De Kock et le sergent Ramolohloane, qui était cité dans la demande faite par mon mari au nom de notre fille Zindi, ont été vus en train de démonter une partie de la voiture avec comme résultat que le véhicule est resté bloqué à l'aéroport [pendant des heures]. À nouveau, à la date indiquée ci-dessus, la même chose s'est produite au cours de ma visite suivante.
4. Ce qui me cause beaucoup d'anxiété concerne notre fille Zindzi. Plusieurs étudiants de Bloemfontein qui ont été détenus et interrogés m'ont informé qu'on les avait questionnés à son propos, on leur a dit qu'on savait qu'elle les avait « empoisonnés » et qu'elle serait « déplacée ».
5. À la maison, Zindzi a reçu des coups de téléphone anonymes des plus vulgaires, en langue afrikaans, l'un d'eux l'a menacée « d'une balle entre tes deux yeux ».
6. Parce qu'on m'a refusé l'autorisation de lui faire faire ses papiers, j'ai sollicité l'aide de nombreux amis qui l'ont accompagnée dans différents bureaux pour qu'elle puisse retourner en classe. Ces gens ont réussi à lui obtenir un *pass* et un document de voyage. Elle est alors partie pour l'université du Swaziland.
7. Les membres de ma famille à Orlando me signalent qu'ils sont harcelés presque chaque jour à propos des papiers de voyage légaux de Zindzi : comment elle les a obtenus, ce qu'elle fait au Swaziland, quel week-end elle rendra visite à sa famille, où elle passera ses vacances. Seul un certain M. Claasen [était] poli au cours de ces enquêtes.

8. Les appels téléphoniques ont poursuivi ma fille au Swaziland où on l'appelle au milieu d'un cours pour l'insulter.
9. Le lieutenant général Coetzee m'a dit qu'il ne supportait pas la communication avec les avocats sur des questions familiales, parce que j'avais fait de nombreuses demandes et requêtes par l'intermédiaire de M. De Waal[1], M. Ismail Ayob et du magistrat local pour que le lieutenant général Coetzee trouve des solutions. On n'a même pas eu la courtoisie de me répondre.
10. J'ai souvent fait appel à mon mari pour qu'il essaie d'intervenir du fait de sa position de chef de famille. J'ai appris que lui-même avait de graves problèmes avec le directeur actuel du département des Prisons, on ne répond pas à sa correspondance à temps, mais il n'a pas de problème avec le personnel de Robben Island.
11. Matthews Malefane[2] est sous le coup d'accusations inventées de toutes pièces, venant de la Police de sécurité qui sont :
    a) Infraction au Code de la route.
    b) Lecture d'un message qui m'était destiné lors de l'enterrement de [L]efthy Smith[3] à Bloemfontein.
    c) Présence à Brandfort sans permis.
    d) Délit d'avoir donné comme adresse 802 New Location alors qu'il n'a aucun droit légal de s'y trouver.

    La première infraction sera jugée le 21 septembre 1981.
12. Des officiers de langue afrikaans ont téléphoné à la femme du commerçant local, Mme Phelane, pour lui demander de m'appeler. Les voix disaient : « Je suis Mandela. Téléphonez à ma femme. J'ai été libéré de l'Île. » Puis les voix l'ont insultée.
13. Selon de nombreux rapports, des amis et des inconnus dans tout le pays sont détenus, torturés et interrogés continûment à mon sujet.

(Signé NOMZAMO ZW MANDELA)

---

1. Piet De Waal de Brandfort, dont la femme, Alice, était devenue l'amie de Winnie Mandela.
2. M. K. Malefane.
3. L'écriture de Mandela ne nous permet pas de savoir s'il s'agit de « Lefty » ou « Jefty » Smith.

POLLSMOOR PRISON DE HAUTE SÉCURITÉ

IIIIIIIIIII

MARS 1982-AOÛT 1988

Le 31 mars 1982, Nelson Mandela, Walter Sisulu, Raymond Mhlaba et Andrew Mlangeni ont été transférés de Robben Island à la prison de haute sécurité de Pollsmoor, sur le continent, où ils étaient détenus dans une grande cellule commune. Peu de temps après leur arrivée, Mandela a écrit au « service de la cuisine » pour informer le personnel de ses exigences sur son régime alimentaire[1], puis à ses avocats au cas où ils ne seraient pas informés qu'il avait été transféré. Le 21 octobre 1982, ils furent rejoints par Ahmed Kathrada. Mandela affirme qu'on ne lui avait jamais dit pourquoi ils avaient tous été déplacés. Il a demandé à l'officier commandant qui a répondu ne rien pouvoir dire.

« J'étais troublé et inquiet. Qu'est-ce que cela signifiait ? Où allions-nous ? En prison, on peut poser une question et résister à un ordre jusqu'à un certain point, puis on doit se taire. Nous n'avions eu ni information ni préparation, j'avais passé plus de dix-huit ans sur l'Île et s'en aller aussi brutalement ?

« On nous a donné à chacun de grands cartons pour y ranger nos affaires. Tout ce que j'avais accumulé pendant près de deux décennies pouvait tenir dans ces quelques cartons. Nous avons tout emballé en à peine plus d'une demi-heure[2]. »

---

1. Mandela est très strict sur son alimentation et demande une nourriture sans sel.

2. Nelson Mandela, *Un long chemin vers la liberté*, *op. cit.*, p. 525.

D'une certaine façon, la vie à Pollsmoor, – grande prison à la façade de briques nichée au creux des montagnes, près du Cap, avec des lits et une meilleure nourriture – était plus dure pour les hommes. Fini le grand espace dans lequel ils marchaient de leur cellule à la carrière de chaux ; ou la descente vers les plages où ils récoltaient des algues. Séparés du reste de la population de la prison, ils étaient logés dans une cellule construite sur le toit et ne pouvaient voir le ciel que de la cour.

Au directeur de la prison de haute sécurité de Pollsmoor

D220/82[1] : NELSON MANDELA

Le directeur de la prison
Prison de haute sécurité de Pollsmoor
À l'attention du service des cuisines

Veuillez avoir l'amabilité de noter que pour des raisons médicales je suis un régime sans sel. Je ne mange pas d'œufs non plus.

[Signé NR Mandela]
[Sans date mais la date notée à la main par un fonctionnaire de la prison est 20/04/82]

[Signé] W/O[2] Venter

1. À Pollsmoor, Mandela reçut un nouveau numéro de prisonnier.
2. Officier gardien.

Au directeur, prison de haute sécurité de Pollsmoor

D220/82 : N MANDELA

21.1.83

Le directeur
Prison de haute sécurité de Pollsmoor
À l'attention du capitaine Zaayman

Je dois vous demander d'enquêter à nouveau sur la lettre que le professeur Carter[1] m'a écrite, la censure de la lettre de Mme Mgabela, ainsi que sur les trois autres sujets mentionnés ci-dessous. Je répète cette demande dans l'espoir que vous réexaminerez ces questions avec l'impartialité et la compréhension qu'elles méritent.

J'insiste sur le fait que la réponse que j'ai reçue aux questions posées laisse penser que, malgré le soin et la patience avec lesquels j'ai exprimé toute l'affaire, vous ne m'avez pas compris et que par conséquent vous avez mal orienté votre enquête.

1. Lettre du professeur Carter

   En deux occasions où j'ai soulevé cette question précise avec vous, j'ai insisté sur le fait que le professeur Carter m'avait écrit en mai de l'an dernier après avoir lu dans la presse que j'avais été transféré dans cette prison. Je vous ai aussi indiqué que la lettre devait se trouver dans un des bureaux de cet établissement et qu'il vous serait possible de la retrouver suite à une simple recherche.

   Mais l'autre jour, le gardien en charge de cette section m'a lu une note censée venir de vous, selon laquelle la prison de Robben Island vous avait informé qu'aucune lettre du professeur Carter n'était arrivée. Comme je vous avais expliqué que celle-ci m'avait été adressée dans cette prison, je n'ai pas compris pourquoi on avait sollicité la prison de Robben Island. En conséquence, je dois vous demander de

1. Professeur Gwendolen M. Carter (1906-1991), scientifique canadienne, spécialiste des questions africaines, bienfaitrice.

revoir cette question et de m'informer en temps voulu des résultats de votre enquête.

2. Lettre de Mme Mgabela
Vous n'avez pas du tout répondu à ma demande concernant cette question. Mais dans les notes qui m'ont été lues par le gardien en charge, il y avait un message de M. Magubela qui semblait être votre réponse à la question posée sur ce sujet.

Vous reconnaîtrez aisément qu'il n'est pas facile pour quelqu'un de commenter sans les mots exacts qui ont été jugés répréhensibles par la censure. Mais ce qui est parfaitement clair, c'est que soit votre réponse est insuffisante, soit l'erreur que vous faites prouve que vous n'avez pas accordé à ma question l'attention qu'elle mérite.

3. Lettre de Mme Njongwe[1]
Une semaine environ avant Noël, j'ai reçu une carte de Noël de Mme Njongwe dans laquelle elle me disait que j'allais recevoir une lettre d'elle. Je vous serais donc reconnaissant d'avoir la bonté de me dire si cette lettre est déjà arrivée.

4. Titres de l'argumentation dans le procès qui m'oppose au ministre des Prisons[2]
Une nouvelle fois, vous ne m'avez pas répondu sur cette question. Comme vous le savez, il s'agit d'une affaire différente de celle que vous avez signalée à Pretoria.

5. Lettres de Mme Mandela
Quand ma femme m'a rendu visite à Noël, elle m'a apporté une lettre que lui avait adressée une organisation de femmes des États-Unis. Quand on ne lui a pas donné la permission de me la montrer,

1. Connie Njongwe, femme de Jimmy Njongwe (1919-1976) médecin, leader ANC et organisatrice de la Campagne de défi dans le Cap-Oriental – pour Jimmy Njongwe, voir Glossaire.

2. Mandela a porté plainte contre le ministre des Prisons quand des documents qu'il destinait à son avocat lui ont été confisqués.

elle m'a promis de me la poster au Cap. Prévenez-moi s'il vous plaît quand cette lettre arrivera.

En conclusion, je tiens à vous indiquer que j'aimerais vraiment régler ces questions et autres sujets qui se trouvent dans votre juridiction, directement avec vous, et ne pas importuner l'officier commandant avec des affaires que vous pouvez régler facilement et de façon satisfaisante. C'est dans cet esprit que je vous demande de prendre ces affaires en main, en espérant que vous les réglerez dans le même esprit.

[Signé NR Mandela]

[D'une autre écriture] Officier gardien Gregory. En référer au capitaine Zaayman.
[Signé]
25/02/83

Au directeur de la prison de haute sécurité de Pollsmoor

D220/82 : N MANDELA

25.2.83

Le directeur
Prison de haute sécurité de Pollsmoor

À l'attention du major Van Sittert

Le gardien en charge de cette section m'informe que vous avez donné comme instruction de ne pas m'acheter de bonnet de laine, et que je suis autorisé à choisir un couvre-chef conforme parmi plusieurs modèles fournis par le département des Prisons.

Je suis persuadé qu'il vous sera possible de reconsidérer votre décision et que vous ne refuserez pas une recommandation faite par un médecin spécialiste et par un médecin généraliste attachés à cette prison ; recommandations fondées sur des considérations médicales et humanitaires et pour des questions de commodité.

Le plâtre et les agrafes ont été retirés de ma plaie[1] le 14 février et, depuis cette date, je me bats pour avoir un couvre-chef. M'interdire d'acheter un article qui faciliterait ma guérison est pour le moins une marque d'indifférence de la part du Département.

J'ai déjà essayé de porter un couvre-chef de la prison et cela s'est montré tout à fait inadapté. En outre, cela n'a fait que rendre la blessure plus sensible sans compter qu'il m'est impossible de dormir avec un chapeau.

Je suis persuadé que vous aurez la bonté de ne pas utiliser votre autorité en faisant de moi une caricature de moi-même, m'obligeant à voir ma famille et mes représentants légaux sans un couvre-chef convenable.

[Signé NR Mandela]

À Russel Piliso, son beau-frère et mari de sa sœur Leabie[2]

[Lettre traduite de l'isiXhosa]

D220/82 : N MANDELA

29.6.83

Mon cher beau-frère,

J'ai reçu la réponse de Mlle Leabie qui me parle des réactions au rôle que tu as joué pendant l'enterrement de ma sœur Baliwe. J'avais été informé de son décès par un télégramme de Bambilanga[3] auquel

1. Mandela écrit le 2 février 1983, sur son calendrier de prison, qu'il a été admis en chirurgie au Woodstock Hospital à cause de son orteil et de l'arrière de sa tête. Il ne donne pas d'autres détails.

2. Leabie Makhutswana Piliso (1930-1997), sœur de Mandela.

3. Bambilanga (aussi connu comme Nxeko), frère du roi Sabata Jonguhlanga Dalindyebo.

j'ai aussitôt répondu. La lettre de Mlle Leabie est arrivée après que j'ai envoyé ma lettre de remerciements à Bambilanga. La seule chose que j'aimerais te dire, et cela fait écho aux paroles de nos anciens, « je te remercie[1] ». Comme tu le sais, ma situation actuelle ne me permet pas d'en dire plus ; cependant, reçois mes plus sincères condoléances.

Merci encore.

Transmets mes plus sincères amitiés à Mlle Leabie, à Phathiswa[2] et au reste de la famille.

Fidèlement,
Madiba

9.3.84. Cette lettre a été écrite le 29.6.83

[Enveloppe]
M. Russel S. Piliso
SAP
Tsolo
PO Tsolo, TRANSKEI

À Adele De Waal, une amie de sa femme, Winnie Mandela

D220/82 : NELSON MANDELA

29.8.83

Chère Adele,

[Écrit en afrikaans] Ma connaissance de l'afrikaans est très mauvaise et mon vocabulaire laisse beaucoup à désirer. À mon âge je fais des efforts pour apprendre la grammaire et pour améliorer ma syntaxe.

1. Dans la lettre originale, Mandela emploie le mot isiXhisa *nangamso*, qui exprime une profonde gratitude envers une personne qui a fait plus que son devoir.
2. Il s'agit sans doute de la fille de Leabie Piliso.

Ce serait sans aucun doute désastreux si j'écrivais cette lettre en afrikaans. J'espère sincèrement que tu me comprendras si je passe à l'anglais.

[Écrit en anglais] Zami m'a parlé plusieurs fois de l'intérêt que toi et Piet avez porté à ses problèmes au cours des six dernières années. À chaque occasion, je lui ai demandé de vous exprimer ma reconnaissance mais les livres magnifiques et de valeur que vous m'avez envoyés me donnent l'occasion de vous écrire pour vous remercier directement de vos efforts.

Ce n'était sans doute pas très facile pour elle dans la cinquantaine de quitter sa maison et de recommencer sa vie dans un environnement inconnu sans aucun moyen de gagner sa vie. Sur ce point, la réponse des amis a été dans l'ensemble magnifique et cela lui a donné la force dont elle avait besoin pour supporter ce à quoi elle ne peut échapper. Nous avons eu beaucoup de chance de pouvoir compter sur l'amitié d'une famille qui se trouve au même endroit et vers qui elle peut se tourner pour résoudre ses problèmes immédiats. [Écrit en afrikaans] Toi et Piet, vous avez contribué de manière significative à ce qu'elle retrouve sécurité et bonheur. [Écrit en anglais] J'espère sincèrement qu'un jour je serai en mesure de vous rejoindre dans votre village pour vous serrer la main chaleureusement et pour que nous puissions bavarder.

[Écrit en afrikaans] Le livre de Schalk Piennar *Witness to Great Times* est un des livres qui se trouvent sur mon étagère. Page 13 il y a une référence à un fermier[1], Pieter De Waal, qui a participé au trek des chariots à bœufs de 1938 à Monument Hill. D'après l'histoire, il a réussi à calmer un groupe de trekkers en colère à Oggies, dans l'État libre. C'était peut-être le père ou le grand-père de Piet.

[Écrit en anglais] Chaque fois que le nom de Piet est mentionné, en particulier quand je reçois une lettre de lui, je pense instinctivement à un ami, M. Combrink, qui aujourd'hui doit certainement diriger une entreprise prospère. La dernière fois que je l'ai vu, il y a une trentaine d'années, il travaillait la nuit dans une laiterie et comme

1. Mandela utilise le terme de *uitsaaiman* qui peut signifier « fermier » ou « personnalité de la radio ».

apprenti le jour. Peut-être que Piet pourra lui transmettre mes amitiés s'il le rencontre.

Je vous envoie à toi, à Piet et aux enfants, mon meilleur souvenir et j'espère que votre fille va bien en Angleterre.

Sincèrement,
Nelson

Mme Adele De Waal, Duke Street, PO Brandfort, 9400.

Au directeur de l'Administration pénitentiaire

[Cette lettre est de l'écriture d'Ahmed Kathrada, mais signée par Nelson Mandela]

6 octobre 1983

Le directeur de l'Administration pénitentiaire
Pretoria

Monsieur,

Les autorités locales nous ont informés qu'en accord avec une instruction du quartier général des prisons, les prisonniers qui se rendent chez un médecin, à l'hôpital ou au tribunal, devront à l'avenir être menottés et les jambes entravées. On nous a dit que cela doit être appliqué à tous les prisonniers, c'est-à-dire aux prisonniers de sécurité[1] ainsi qu'aux prisonniers de droit commun.

Nous souhaitons vous adresser un appel pressant pour que vous reconsidériez votre décision concernant les prisonniers de sécurité et que vous permettiez de poursuivre la procédure actuelle.

Au cours des vingt années que nous avons passées en prison, on a apporté de nombreux changements à la façon dont nous avons été traités. Autrefois, nous étions menottés quand on nous emmenait de Robben

1. Prisonnier de sécurité est la même chose que prisonnier politique.

Island au Cap, mais pendant de nombreuses années cela a été abandonné. Ce que nous avons apprécié et bien accueilli, comme tous les changements qui avaient pour but d'alléger la dureté de la vie en prison et de rendre notre existence plus tolérable. Le retour à des pratiques, non seulement dépassées mais inutilement pénibles et humiliantes, nous soucie particulièrement. Nous ne voulons pas commenter les dispositions générales de sécurité du département des Prisons, mais nous ne souhaitons pas moins faire quelques observations pour renforcer notre présent appel.

1. D'après ce que nous savons, au cours de la période de notre incarcération, il n'y a pas eu un seul exemple de prisonnier de sécurité qui se soit évadé ni même qui ait tenté de le faire, lors d'un transport au Cap pour raisons médicales.

2. Depuis un an et demi que nous sommes à Pollsmoor, chaque fois que l'un de nous a été conduit à l'extérieur, quatre gardiens, voire davantage, l'accompagnaient invariablement et certains étaient armés. Souvent un membre de la Police de sécurité faisait partie de l'escorte.

3. Ces dispositions ont été strictement appliquées malgré notre âge avancé et notre condition physique.

4. Nous pensons que de telles dispositions convenaient et conviennent toujours et que les restrictions supplémentaires sont pénibles, humiliantes et injustifiées. Cela est aggravé par l'attention et la curiosité que cela fait naître parmi la population quand elle voit un prisonnier menotté.

5. Nous sommes certains que les autorités de Robben Island et de Pollsmoor sont capables de confirmer que les prisonniers de sécurité ne peuvent être accusés d'avoir abusé des « sorties médicales ».

6. On nous a fait remarquer – récemment avec beaucoup d'insistance – qu'il n'y avait aucune différence dans le traitement des prisonniers, qu'ils soient de droit commun ou de sécurité.

7. Nous nous permettons, monsieur le directeur, de vous rappeler respectueusement que cela n'est pas strictement en accord avec les faits. Par exemple, les prisonniers de sécurité n'ont pas le privilège de visites contact et, en général, même s'ils peuvent être classés dans le « groupe A », ils souffrent de restrictions dans leur vie quotidienne. Peut-être plus important, on refuse aux prisonniers de sécurité la possibilité de remise de peine ou de libération sur parole dont peuvent bénéficier les autres prisonniers. Nous croyons que les rares prisonniers pour qui on a étendu ces avantages ont vu leur peine réduite de quelques semaines ou de quelques mois.

8. Nous suggérons, puisque des traitements différents existent, qu'il n'y a aucune raison pour que les prisonniers politiques ne soient pas exemptés des instructions concernant les menottes et les entraves des pieds.

9. Enfin, sur le plan de la santé, nous considérons que ces nouvelles dispositions sont un désavantage évident. Beaucoup d'entre nous souffrent d'hypertension et il est important lorsqu'on nous conduit chez un spécialiste d'être calmes et non soumis à des pressions. Il est vraisemblable que l'humiliation et le ressentiment causés par les menottes ne fera qu'augmenter notre tension artérielle. Dans une certaine mesure, cela peut même annuler le but [de] la consultation de spécialistes.

C'est avec respect que nous constatons qu'il n'existe aucune raison valable pour que ces nouvelles dispositions nous soient appliquées et nous faisons appel à vous pour qu'elles soient abandonnées.

Merci,
Salutations distinguées,

[Signé NR Mandela]
NR Mandela

À Fatima Meer,

[Cachet de la poste 30.1.84]

Notre chère Fatimaben,

Arthur et Louise Glickman, c/o Glickman ferme RFD. 2, Clinton, Maine 04927, US, m'ont envoyé par deux fois un chèque mais sans lettre explicative. J'ai demandé à Zami de leur écrire pour les remercier en mon nom, mais je crois qu'il est mieux que j'ajoute quelque chose à ce qu'elle a écrit. Ma principale difficulté est que je n'ai aucune information sur eux, autre que les éléments qui figurent sur les chèques. Tu es la mieux à même de les contacter dès que cela te sera possible et de m'envoyer ensuite les renseignements. Notre nièce LWAZI VUTELA, la fille adolescente de la sœur aînée de Zami, est également là-bas. Elle est en seconde année à Wellesley College, PO 128, McAfee Hall, Wellesley MA 02181, USA. Je ne sais pas très bien si son université est loin de Swarthmore[1] mais je te serais reconnaissant si tu pouvais la voir et peut-être la présenter comme une de tes amies[2].

Elle me dit qu'elle m'a écrit plusieurs lettres depuis les États-Unis, mais je n'en ai reçu aucune. Elle ajoute que la plupart du temps elle est seule et elle a le mal du pays, ce qui est tout à fait compréhensible pour une personne de son âge. Elle appréciera tes conseils aussi bien universitaires que personnels.

À propos des États-Unis, j'ai été très troublé en lisant dans le *Time Magazine* que notre ami le sénateur Paul Tsongas du Massachusetts souffre d'une sorte de cancer et qu'à cause de cela il ne briguera pas un second mandat en novembre. Comme tu le sais, il a rendu visite à Zami à Brandfort et, à la suite de ça, il est devenu un très bon ami de la famille. J'ai été désolé d'apprendre sa maladie et j'espère sincèrement qu'elle a été détectée à temps et qu'il se remettra complètement. Comme tu le sais, je ne peux pas lui écrire et tout ce que je peux faire, c'est te demander de lui transmettre mes vœux de prompt

1. Swarthmore College, Pennsylvanie, États-Unis.
2. Fatima Meer était assistante invitée à Swarthmore College.

rétablissement et mon amitié. Espères-tu rencontrer les professeurs Gwen Carter et Karis[1] ?

J'espère qu'il te sera possible de visiter la ville sainte de La Mecque, Téhéran et New Delhi. J'aurais écrit à Indira autrefois mais, comme tu le sais, elle fait aujourd'hui partie des personnes qui sont hors d'atteinte dans ma situation actuelle[2]. De loin elle semble exceptionnellement réussir et je lirai toujours de ses nouvelles avec grand intérêt.

Envoie-lui mes sincères salutations.

Que fait Rashid[3] actuellement et où est-il ? Tu m'as tenu informé au sujet des filles mais très peu de l'héritier.

Inutile de te dire que, d'ici, il ne m'est pas facile d'apprécier exactement à quel jeu se livre Bansi[4]. Quoi que ce soit, il me semble qu'il a choisi de lancer et favoriser les batteurs George[5], Archie[6], Farouk[7] et les autres plutôt que lui-même, Pat[8], J.[9], B. et Y. S.[10].

La Chancellerie[11] ! J'ai déjà épuisé mon quota de 1983 de lettres pour l'extérieur quand ton télégramme est arrivé et ma réponse s'est limitée à la petite note d'acceptation que je t'ai envoyée à toi et au principal.

---

1. Thomas Karis (1919-2017), universitaire américain et écrivain auteur d'une histoire politique de l'Afrique du Sud.

2. Mandela n'était pas autorisé à écrire à des chefs d'État.

3. Le fils de Fatima et Ismail Meer.

4. Amichand Rajbansi (1942-2011), connu comme le « Tigre du Bengale ». Il a créé le Parti du peuple en 1981 et il a été désigné au Parlement tricaméral comme chef de la Chambre des délégués, une institution pour les Indiens sud-africains, par le président P. W. Botha en 1984. Les prisonniers n'avaient pas le droit d'écrire à propos d'événements politiques et c'est sans doute pourquoi Mandela utilise une métaphore de cricket.

5. George Sewpersahd (1936-2007), ancien président du Congrès national Indien.

6. Archie Gumede (1914-1998), fils de Josiah Gumede, président du South African Native National Congress (qui deviendra plus tard l'ANC), avocat et militant de l'ANC et du Front démocratique uni dont il était un vice-président avec Oscar Mpetha et Albertina Sisulu – pour Archie Gumede, voir Glossaire.

7. Le docteur Farouk Meer, frère de Fatima Meer et militant du Natal Indian Congress et du Front démocratique uni.

8. Pat Poovalingam (décédé en 2009) a accepté d'être nommé au South African Indian Council, mis en place par le régime d'apartheid.

9. Peut-être J. N. Reddy, président du South African Indian Council. Plus tard, Rajbansi a remplacé Reddy à la présidence.

10. Y. S. Chinsamy a aussi rejoint le South African Indian Council.

11. Mandela a été nommé pour le poste de chancelier de l'université du Natal.

C'est la toute première occasion que j'ai de te remercier, toi et tous ceux qui ont soutenu notre candidature pour le poste. Même si tout le monde avait confiance depuis le début, je connaissais les véritables problèmes impliqués et je savais qu'il est tout à fait irréaliste, à ce stade de l'histoire du pays, de s'attendre à ce qu'un candidat noir incarcéré soit élu chancelier d'une université pour Blancs, en particulier au Natal, où apparemment le Sénat et non les membres convoqués, a le dernier mot. Peut-être qu'à ton retour, il te sera possible de faire une enquête pour savoir quelle est l'importance de notre soutien. En attendant, transmets à tout le monde notre reconnaissance et nos remerciements.

Je n'ai pas de nouvelles de Maki depuis quelque temps. Mais elle m'a promis de commencer ce mois-ci et j'espère que tu donneras des instructions sur elle à Ismail[1] avant ton départ.

Pour en revenir à toi, j'ai l'impression que je dois te féliciter dans chaque lettre que je t'écris. Dans la dernière je te félicitais pour ta nomination comme professeur ; des articles de presse indiquent que Smarthmore va t'attribuer un doctorat, un honneur que d'après moi tu mérites. C'est plus qu'un triomphe de Women's Lib et j'ai peur que ce pauvre Ismail ait rejoint les maris qui sont connus grâce à leurs femmes. Ils doivent être nombreux à parler de lui comme du « mari de Fatima ». Il me manque beaucoup et j'ai été très heureux quand la presse indiquait qu'il était un des orateurs au service de commémoration de Mota[2]. C'est une très longue lettre et je dois m'arrêter pour que tu te reposes un peu. Des tonnes et des tonnes d'amour Fatimaben.

Sincèrement,
Nelson

Sois gentille d'envoyer tes lettres en recommandé.

1. Ismail Meer.
2. Yusuf Dadoo.

À Trevor Tutu, fils de Desmond et Leah Tutu[1]

[Cette lettre a été retapée sur un télex[2] et adressée au directeur de l'Administration pénitentiaire]
[Note en afrikaans] Confidentiel
913

Le directeur de l'Administration pénitentiaire
AK Sécurité

Pour envoi immédiat s'il vous plaît au général Venster.

1. Le prisonnier essaie toujours de prendre contact avec l'archevêque Desmond Tutu. Il écrit au fils de l'archevêque, Trevor Tutu, et par ce biais essaie de contacter l'archevêque.
2. Ci-dessous le contenu de la lettre.

D220/82 : NELSON MANDELA

Prison de haute sécurité Pollsmoor,
PO X 4
TOKAY
7966
08.06.84

Mon cher Trevor,

J'ai été bouleversé d'apprendre qu'on avait agressé et causé des dégâts à votre maison. Vous et vos parents êtes toujours dans nos pensées depuis que nous avons appris cette nouvelle et j'espère sincèrement que cela vous redonnera espoir et courage.

Nous aimons et respectons vos parents ; ils ne sont jamais très loin des remparts et la lampe qu'ils portent jette une forte lumière éclairant bien au-delà du cercle familial. Tout danger ou menace de danger

1. Desmond Tutu (1931-), premier archevêque noir du Cap, et sa femme Leah Tutu (1933-) – voir Glossaire pour ces deux personnes.

2. Un télex est une méthode de communication dans laquelle les opérateurs sont connectés à un réseau téléphonique pour envoyer des messages par signaux radio ou électriques.

contre eux devient un vrai souci pour nous. Dites-leur que nous les admirons et que nous leur souhaitons chance et bonheur. C'est une des raisons pour lesquelles cette attaque cruelle nous a autant inquiétés.

Au cours des dix dernières années, et plus particulièrement depuis 1979, j'ai tout essayé pour contacter votre père, mais tous mes efforts sont restés vains. Si vous recevez cette courte lettre, il doit savoir qu'il m'a été impossible de l'approcher.

Mais cette lettre vous est adressée et je veux vous dire qu'il y a quelques années, j'ai lu un article que vous aviez signé dans le *Sunday Express* je crois, et je l'ai trouvé très intéressant. J'ai pensé à ce moment-là, comme je le fais encore aujourd'hui, que vous avez quelque chose à dire. Aussi j'ai espéré que vous écririez régulièrement dans ce journal et j'ai été déçu de ne plus voir vos articles.

Il existe un large public qui attend des idées nouvelles de la part de jeunes gens qui pensent correctement et qui s'expriment très bien. C'est pour cela que j'espère voir bientôt vos articles. Dans cette attente, je vous adresse mes meilleurs sentiments et tous mes vœux, à vous, à Zanele[1] et au bébé, ainsi qu'à vos sœurs, Thandeka et Naomi et leurs maris et, bien sûr, à vos parents.

Sincèrement,
Oncle Nelson

M. Trevor Tutu, PO 31190 Braamfontein, 2017.

P.-S. : Toute réponse à cette lettre doit être en recommandé.

[Une note en afrikaans]

3. Le destinataire [Trevor Tutu] est encouragé à poursuivre sa propagande dans les journaux. Et il [Mandela] encourage et soutient aussi l'action de l'archevêque Tutu sur différents fronts.
4. Cette lettre ne doit pas être envoyée.
   L'officier commandant de la prison de Pollsmoor,
   Général FC Munro

1. La femme de Trevor.

La première offre de libération faite à Mandela a eu lieu en 1974, à la condition qu'il accepte de s'installer dans la région de sa naissance, le Transkei rural. Le refus de Mandela n'a pas été suffisant pour en faire oublier l'idée. Dix ans plus tard, son neveu Kaizer Matanzima lui fait la même proposition. Matanzima, connu par ses initiales K. D. ou par son nom d'initiation, Daliwonga, avait été avec son oncle un combattant pour la liberté à l'université de Fort Hare. Mandela a été très mécontent quand il a découvert quelques années plus tard que Matanzima s'était impliqué dans le programme des bantoustans du régime d'apartheid qui accordait une indépendance formelle aux prétendus homelands africains. Le régime d'apartheid avait comme objectif de débarrasser l'Afrique du Sud de tous les Noirs en créant dix homelands indépendants réservés aux Africains, et organisés par groupes ethniques. Quatre d'entre eux – Transkei, Ciskei, Bophuthatswana et Venda – furent déclarés « États indépendants », mais ne furent reconnus par aucun autre pays au monde. Les autres bantoustans n'avaient qu'une autonomie partielle. Le gouvernement réalisa des déplacements forcés et entassa littéralement des millions de personnes dans ces territoires. Elles vivaient dans le plus grand dénuement avec peu de perspectives. Par exemple, le Bophuthatswana se composait de territoires séparés et dispersés, et il fallait traverser l'Afrique du Sud pour aller d'un endroit à un autre.

Pendant les mois qui ont suivi le refus de la proposition de Matanzima par Mandela, le président d'Afrique du Sud P. W. Botha a utilisé son discours à la nation lors de l'ouverture de la session parlementaire pour suggérer que tous les prisonniers politiques pourraient être libérés s'ils dénonçaient la violence comme méthode pour atteindre la démocratie. Les réponses de Mandela étaient marquées par le mépris et la colère. La lettre écrite directement à Botha et un message lu par sa fille Zindzi lors d'un meeting politique montraient au monde un homme qui ne se laissait pas manipuler.

Les Noirs sud-africains s'affirmaient à nouveau et il ne se passait pas un jour sans que des manifestations aient lieu. Le Front démocratique uni, une vaste réunion d'organisations antiapartheid, apparut en 1983 pour devenir de facto *un ANC intérieur.*

À partir de 1985, la déclaration de Botha et une suite d'états d'urgence n'ont pas réussi à étouffer la colère du peuple mais ont au contraire renforcé sa détermination. L'Afrique du Sud a été soumise à la loi martiale, jetant en prison des dizaines de milliers de gens, dont des enfants, sans procès, pendant des années. Chaque manifestation entraînait des morts, tués par les forces de l'ordre. Et chaque enterrement entraînait d'autres morts.

La puissante combinaison de l'ANC en exil et du mouvement antiapartheid en général a réussi à faire connaître au monde l'inhumanité de l'apartheid. Les sanctions internationales, notamment économiques, ont commencé à toucher le régime d'apartheid.

À Winnie Mandela, sa femme

D220/82 : NELSON MANDELA 27.12.84

Maman chérie,

[Dcs extraits de] la lettre à Daliwonga, que j'ai remise ce matin pour qu'on l'envoie à Umtata ont été résumés en première page du *Burger* d'aujourd'hui, avec le titre suivant : *Matanzima deon aanbod* [Matanzima fait une offre] *Mandela verwerp vrylating* [Mandela refuse sa libération]. Voici la lettre :

> Ngubengcuka[1],
>
> Nobandla m'a informé que tu avais pardonné à mes neveux[2] et je te suis reconnaissant pour ce geste. Je suis plus particulièrement touché quand je pense aux sentiments de ma sœur à ce sujet, et je te remercie une nouvelle fois pour ton aimable décision.
>
> Nobandla m'informe aussi que tu as réussi à convaincre le gouvernement de libérer les prisonniers politiques et que tu as consulté les

1. Une référence à Matanzima en tant que descendant du roi Ngubengcuka qui était aussi l'arrière-grand-père de Mandela.

2. Mandela écrit « neveux » au pluriel mais il parle du roi Sabata Jonguhlanga Dalindyebo, lequel a fui en Zambie en 1980 après avoir été reconnu coupable de violation de dignité envers le président du Transkei, K. D. Matanzima.

autres chefs des « homelands » qui t'ont apporté leur total soutien sur cette question. D'après ce qu'elle me dit, le gouvernement et toi avez l'intention que mes collègues et moi, nous soyons libérés à Umtata.

Peut-être est-il nécessaire de te rappeler que lorsque tu as souhaité nous rendre visite en 1977, mes collègues et moi avons décidé qu'à cause de ta position dans la création du système des Bantoustans, nous ne pouvions accepter ta demande.

À nouveau, en février de cette année, quand tu as voulu venir discuter de la question de notre libération, nous avons réitéré notre position et nous avons refusé ton offre. Nous avons signalé que l'idée de notre libération reliée à un Bantoustan nous était totalement et définitivement inacceptable.

Si nous apprécions ton souci à propos de l'incarcération des prisonniers politiques, nous devons te dire que ton obstination à lier notre libération aux Bantoustans est hautement dérangeante, sinon provocatrice, et nous insistons pour que tu ne continues pas dans une voie qui, inévitablement, ne peut qu'aboutir à une pénible confrontation entre toi et nous.

En aucune circonstance nous n'accepterons d'être libérés dans le Transkei ou dans n'importe quel autre Bantoustan. Tu sais parfaitement bien que nous avons passé la meilleure part de notre vie en prison, exactement parce que nous sommes opposés à l'idée même de développement séparé qui fait de nous des étrangers dans notre propre pays et qui permet au gouvernement de perpétuer notre oppression jusqu'à ce jour.

En conséquence, nous te demandons d'abandonner ce plan dangereux et nous espérons que c'est la dernière fois que nous serons importunés à ce sujet.

Ozithobileyo[1],
Dalibunga.

1. « Votre dévoué » en isiXhosa.

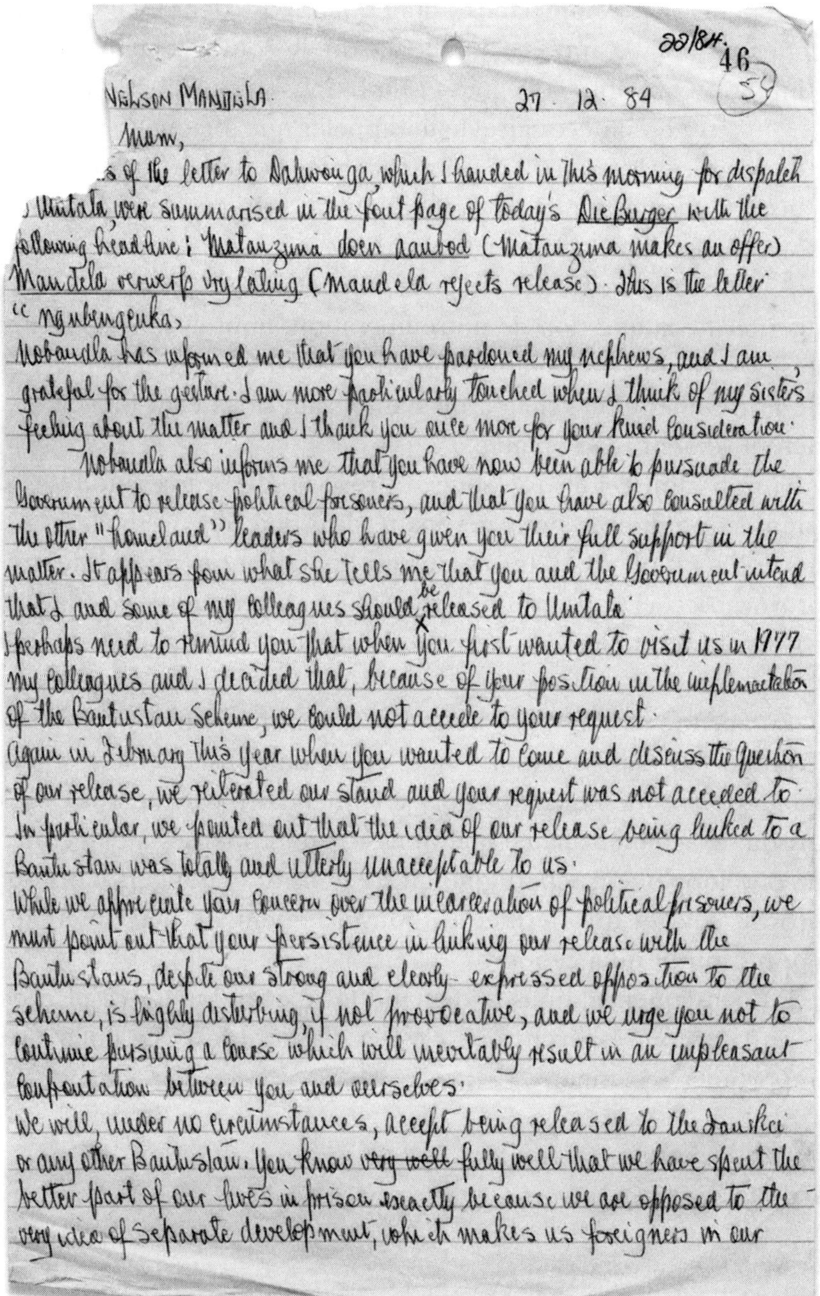

22/84. 46 (53)

NELSON MANDELA. 27.12.84

Mum,

…s of the letter to Daliwonga, which I handed in this morning for dispatch … Umtata, were summarised in the front page of today's <u>Die Burger</u> with the following headline: <u>Matanzima doen aanbod</u> (Matanzima makes an offer) <u>Mandela verwerp vrylating</u> (Mandela rejects release). This is the letter

" Ngubengcuka,

Nobandla has informed me that you have pardoned my nephews, and I am grateful for the gesture. I am more particularly touched when I think of my sister's feeling about the matter and I thank you once more for your kind consideration.

Nobandla also informs me that you have now been able to persuade the Government to release political prisoners, and that you have also consulted with the other "homeland" leaders who have given you their full support in the matter. It appears from what she tells me that you and the Government intend that I and some of my colleagues should be released to Umtata.

I perhaps need to remind you that when you first wanted to visit us in 1977 my colleagues and I decided that, because of your position in the implementation of the Bantustan Scheme, we could not accede to your request.

Again in February this year when you wanted to come and discuss the question of our release, we reiterated our stand and your request was not acceded to.

In particular, we pointed out that the idea of our release being linked to a Bantustan was totally and utterly unacceptable to us.

While we appreciate your concern over the incarceration of political prisoners, we must point out that your persistence in linking our release with the Bantustans, despite our strong and clearly expressed opposition to the scheme, is highly disturbing, if not provocative, and we urge you not to continue pursuing a course which will inevitably result in an unpleasant confrontation between you and ourselves.

We will, under no circumstances, accept being released to the Transkei or any other Bantustan. You know ~~very well~~ fully well that we have spent the better part of our lives in prison exactly because we are opposed to the very idea of separate development, which makes us foreigners in our

Lettre à Winnie Mandela, 27 décembre 1984.

own country, and which enables the Government to perpetuate our oppression to this very day.
We accordingly request you to desist from this explosive plan, and we sincerely hope that this is the last time we will ever be pestered with it.

Ozithobileyo,
Daliwonga. "

Purely as a matter of courtesy, I would have preferred that the contents of the letter should be published only after Daliwonga had received it. But publication was made without our consent and even knowledge.
I hope you will be able to make it on the 5th & 6th of next month. Our time was very short and we had so much to talk about.
About the Chairman's F. I can see no objection whatsoever in you accepting an unconditional offer which will enable you to feed those hungry mouths around you. But as I said, you must consult very fully but quickly on the matter. You now need a night watchman to look after the house and the complex; a reliable watchman, and you should be able to sort out the matter with the church leaders there.
With regard to the forthcoming clinic I suggest that you also include Dr Rachid Saloojee from Lenasia. He is a good fellow and Amina should be able to contact him on your behalf.
Thanks a lot for the visit, the nice things you said and for your love, darling Mum. Looking forward to seeing you soon. I love you!
Affectionately, Madiba.
Nkosk Nobandla Mandela, 802 Phathakahle, P.O. Brandfort.

Pour une simple question de courtoisie j'aurais préféré que le contenu de la lettre ne soit publié qu'après que Daliwonga l'eut reçue. Mais sa publication a été faite sans notre consentement et sans qu'on en soit informés.

J'espère que tu pourras venir les 5 et 6 du mois prochain. Nous avons peu de temps et nous devons parler de tellement de choses.

À propos de Charman, je ne vois aucune objection à ce que tu acceptes une offre inconditionnelle qui te permettra de nourrir les bouches affamées qui t'entourent. Mais comme je te l'ai dit, tu dois consulter de façon complète et rapide sur cette question. Tu as besoin d'un garde de confiance et tu pourras régler l'affaire avec les responsables de l'Église.

En ce qui concerne la prochaine clinique, je te suggère d'inclure le docteur Rachid Saloojee[1] de Lenasia. C'est un bon ami et Amina[2] devrait pouvoir te mettre en contact avec lui.

Merci beaucoup pour ta visite, pour les jolies choses que tu m'as dites et pour ton amour, Maman chérie. J'attends de te voir bientôt. JE T'AIME !

Affectueusement,
Madiba

Nkosk Nobandla Mandela, 802 Phathakahle, PO Brandfort.

1. Docteur Ahmed Mahmood Saloojee (1933-), vice-président du Congrès indien du Transvaal puis membre ANC du Parlement et de la législature provinciale de Gauteng depuis 1990.

2. Amina Cachalia.

À Ismail Meer, ami et camarade

D220/82 : NELSON MANDELA 29.1.85

Cher Ismail,

Tu m'as tellement manqué ces vingt-deux dernières années qu'à certaines occasions j'ai eu cet espoir fou qu'un beau matin on me dirait que tu m'attends dans la salle de consultation en bas.

En regardant le monde vieillir, des scènes de nos jeunes années à Kholvad House[1] et à Umgeni Road[2] me reviennent en mémoire de façon aussi présente que si elles avaient eu lieu la veille – bûchant sans trêve dans nos bouquins, allant et venant de Milner Park[3], créant un peu d'agitation parfois dans des camps opposés, parfois tous ensemble, dans des polémiques sans objet avec Bhoola[4] et Essack[5], qui traversaient ces années de vaches maigres avec une litanie de rêves et d'espoirs dont certains ont été réalisés mais dont la majorité nous échappe encore aujourd'hui.

En tout cas, peu de gens pourraient nier que la moisson n'a été que retardée mais pas du tout détruite. Elle est au-dehors, dans des terres irriguées et cela même si la récolte s'est montrée beaucoup plus éprouvante qu'on ne l'avait cru autrefois. Cependant pour le moment, tout ce que je veux te dire, c'est que tu me manques et que penser à toi me procure beaucoup de plaisir et rend ma vie plus riche et plus agréable même dans ces tristes conditions.

Ce dont je veux te parler, c'est de ce tragique 31 octobre[6]. Tu comprendras que ma situation actuelle ne me permet pas d'exprimer mes

1. Kholvad House, un bloc d'habitation au centre de Johannesburg où Ismail Meer avait un appartement.

2. Là où ont vécu Ismail et Fatima Meer dans les années 1960.

3. Université de Witwatersrand où Mandela et Ismail Meer se sont rencontrés.

4. Ahmed Bhoola, avocat de Durban, qui écrivait dans le journal *Leader*.

5. Abdul Karim Essack, leader de l'African People's Democratic Union of Southern Africa et du Natal Unity Movement, exilé dans les années 1950, mort en Tanzanie.

6. Indira Gandhi (1917-1984), la Première ministre indienne, a été assassinée le 31 octobre 1984.

sentiments et mes pensées aussi librement que je l'aimerais. Il me suffit de dire que quand la nouvelle nous est parvenue qu'Indiraben était morte, j'avais déjà épuisé mon quota de lettres. C'est l'unique raison pour laquelle j'ai mis aussi longtemps à te répondre.

Zami a déjà transmis nos condoléances (vérifie s'il te plaît) et je voudrais que Rajiv[1] sache que nous pensons à lui et à toute la famille dans leur deuil, que dans ces occasions il est bon de se rappeler les mots immortels qu'on ne cesse de répéter : Quand tu es seul, tu n'es pas seul, il y a toujours un abri avec des amis, tout près. Aujourd'hui, pour Rajiv, se sentir seul est tout à fait naturel. Mais en réalité il n'est pas seul. Nous sommes ses amis, nous sommes près de lui, et nous [partageons] la profonde douleur qui a frappé sa famille.

Indira était un bloc d'or pur et sa mort [nous] est un choc douloureux à supporter. Elle a été à la hauteur des attentes et elle a pris la mesure des innombrables défis qu'elle a dû affronter au cours des dix-huit dernières années.

Peu de leaders mondiaux sont, comme Indira, révérés, mais [appelés] avec amour par leur prénom, par des milliers de Sud-Africains. [Les gens] qui ont mené des vies différentes semblaient l'avoir acceptée comme une des [leurs] et, pour eux, elle aurait pu venir de Cato Manor[2], de Soweto[3], ou du District Six[4]. Cela explique pourquoi sa mort a été si éprouvante.

J'avais espéré qu'un jour, Zami et moi nous puissions faire le voyage jusqu'en Inde pour rencontrer Indira en personne. Cet espoir est devenu une résolution en particulier après 1979. Les années ont continué à passer et l'âge à devenir menaçant, mais l'espoir reste le même et ce voyage est un de mes rêves les plus chers.

[Nous] souhaitons que Rajiv réussisse dans sa nouvelle fonction[5] et nous espérons sincèrement que sa jeunesse et sa bonne santé, sa formation et le soutien de ses amis de partout vont lui permettre de supporter la lourde charge avec la même force et la même assu-

1. Rajiv Gandhi (1944-1991), un des fils d'Indira Gandhi.
2. Quartier ouvrier près de Durban, Natal, aujourd'hui KwaZulu-Natal.
3. Township de Johannesburg.
4. Quartier ouvrier du Cap.
5. Il a succédé à sa mère comme Premier ministre de l'Inde.

rance dont sa célèbre mère a fait preuve au cours des dix-huit années passées. À nouveau nos plus sincères félicitations à Rajiv, Sonia[1] et Maneka[2].

Je dois répéter que tu me manques vraiment, et j'espère que tu te portes bien. Je pense te voir un jour. En attendant, notre amour et nos plus sincères pensées à toi, Fatima, aux enfants, à tous. S'il te plaît, parle-moi de Nokhukhanya[3] et de ses enfants.

Très sincèrement,
Nelson

M. Ismail Meer, 148 Burnwood Rd, Sydenham, 4091.

À P. W. Botha, président d'Afrique du Sud

13 février 1985

Le directeur de l'Administration pénitentiaire
Pretoria

La lettre jointe est à l'attention du président de l'Afrique du Sud
M. P.W. Botha

Le président
Le Cap

Monsieur,

Des exemplaires du *Hansard* avec les textes parlementaires du 25 janvier au 1er février nous ont été fournis le 8 février.

Nous notons qu'au cours du débat au Parlement vous avez indiqué que vous étiez prêt à libérer des prisonniers de notre catégorie parti-

1. Sonia, la femme de Rajiv.
2. La veuve de Sanjay Gandhi, frère de Rajiv, mort dans un accident d'avion en 1980.
3. Nokhukhanya Luthuli, la veuve du chef Albert Luthuli.

culière à condition que nous renoncions de façon inconditionnelle à la violence comme moyen d'atteindre nos objectifs politiques.

Nous avons porté la plus sérieuse attention à votre offre mais nous avons le regret de vous informer qu'elle n'est pas acceptable sous sa forme actuelle. Nous hésitons à vous associer à un mouvement qui, correctement analysé, apparaît n'être rien d'autre qu'une tentative habile et calculée pour égarer le monde en lui faisant croire que vous nous avez offert avec magnanimité de nous libérer de prison, ce que nous avons refusé. Répondant à une demande sans précédent pour notre libération, vos remarques ne peuvent être vues que comme le sommet du cynisme politique.

Nous refusons de participer à une chose dont l'intention réelle est de créer la division, la confusion et l'incertitude à l'intérieur du Congrès national africain à un moment où l'unité de l'organisation est devenue une question d'importance cruciale pour l'ensemble du pays. Le refus de la direction des prisons de nous permettre de consulter nos camarades prisonniers dans d'autres prisons a confirmé notre point de vue.

Tout comme certains d'entre nous ont refusé la condition humiliante d'être libérés dans le Transkei[1], nous rejetons votre offre. Aucun être humain qui se respecte ne s'abaissera en demandant à être humilié et en acceptant un engagement de la nature de celui que vous exigez. Vous ne devriez pas prolonger notre emprisonnement par le simple expédient qui consiste à poser des conditions en sachant fort bien que nous ne les accepterons jamais.

Nos convictions politiques sont largement influencées par la Charte de la liberté[2], un programme dont le principal élément de base est l'égalité de tous les êtres humains. C'est non seulement le rejet le plus

1. Un homeland qui a été intégré à la province du Cap-Oriental, en 1994.

2. Il s'agit d'une déclaration des principes de l'Alliance des Congrès adoptée par le Congrès du peuple (voir Glossaire), à Kliptown, Soweto, le 26 juin 1955. L'Alliance des Congrès a réuni des milliers de volontaires de toute l'Afrique du Sud pour enregistrer les demandes du peuple. La Charte de la liberté reconnaît des droits égaux pour tous les Sud-Africains sans tenir compte de la race, et demande une réforme de la terre, l'amélioration des conditions de vie et de travail, une juste distribution de la richesse, l'éducation obligatoire et des lois plus justes. Il s'agissait d'un outil puissant utilisé dans la lutte contre l'apartheid.

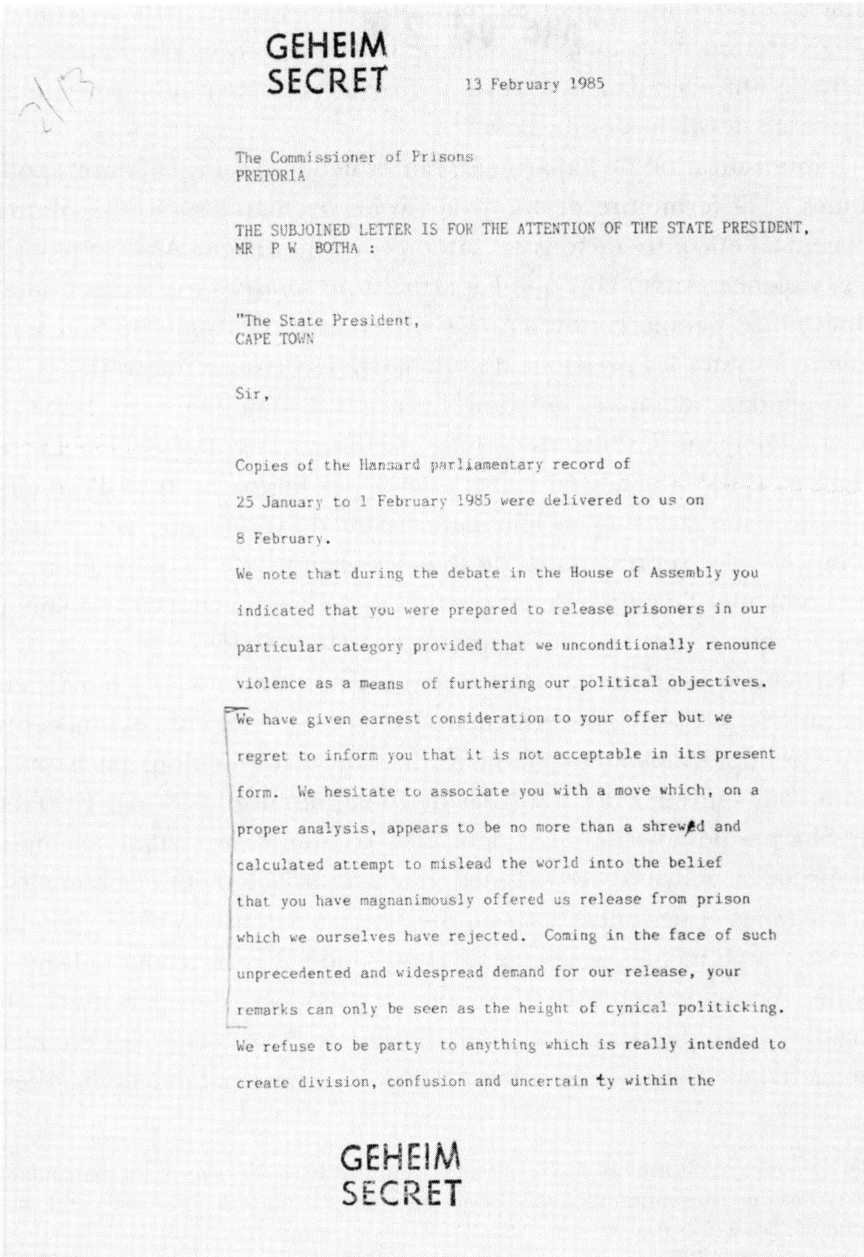

GEHEIM
SECRET

13 February 1985

The Commissioner of Prisons
PRETORIA

THE SUBJOINED LETTER IS FOR THE ATTENTION OF THE STATE PRESIDENT,
MR P W BOTHA :

"The State President,
CAPE TOWN

Sir,

Copies of the Hansard parliamentary record of 25 January to 1 February 1985 were delivered to us on 8 February.

We note that during the debate in the House of Assembly you indicated that you were prepared to release prisoners in our particular category provided that we unconditionally renounce violence as a means of furthering our political objectives.

We have given earnest consideration to your offer but we regret to inform you that it is not acceptable in its present form. We hesitate to associate you with a move which, on a proper analysis, appears to be no more than a shrewd and calculated attempt to mislead the world into the belief that you have magnanimously offered us release from prison which we ourselves have rejected. Coming in the face of such unprecedented and widespread demand for our release, your remarks can only be seen as the height of cynical politicking.

We refuse to be party to anything which is really intended to create division, confusion and uncertainty within the

GEHEIM
SECRET

Extrait d'une lettre à P.W. Botha, président d'Afrique du Sud, 13 février 1985.
Avec le tampon *Geheim* (secret).

clair de toutes les formes de discrimination raciale mais c'est aussi la déclaration de principes politique la plus avancée. Elle appelle au suffrage universel dans une Afrique du Sud unie et à une distribution équitable des richesses du pays.

L'intensification de l'apartheid, l'interdiction des organisations politiques et la fermeture de toutes les voies de manifestation pacifique allaient à l'encontre de tous ces principes et ont obligé l'ANC à recourir à la violence. Aussi, tant que l'apartheid ne sera pas totalement déraciné, notre peuple continuera à s'entretuer et l'Afrique du Sud sera sujette à toutes les pressions d'une guerre civile qui s'intensifie.

Cependant, depuis sa création il y a près de cinquante ans, l'ANC a suivi fidèlement des formes de lutte pacifiques et non violentes. Entre 1952 et 1961[1] il a fait en vain appel à pas moins de trois Premiers ministres sud-africains en leur demandant de réunir une conférence composée des représentants de tous les groupes de la population où les problèmes du pays seraient discutés et il n'a eu recours à la violence que lorsque toutes les autres options ont été bloquées.

La nature pacifique et non violente de notre lutte n'a jamais eu aucun effet sur votre gouvernement. Des gens sans défense et innocents ont été impitoyablement massacrés lors de manifestations pacifiques. Vous vous souvenez des fusillades de Johannesburg le 1er mai 1950[2] et de Sharpeville en 1960[3]. Les deux fois, comme dans chaque exemple de brutalité policière, les victimes étaient invariablement des hommes, des femmes et des enfants sans armes et sans défense. À cette époque, l'ANC n'avait même pas discuté de la possibilité d'avoir recours à la lutte armée. Vous étiez ministre de la Défense quand six cents personnes, en majorité des enfants, ont été tuées à Soweto en 1976. Vous étiez Premier ministre quand la police a tabassé des gens, à nouveau lors de manifes-

1. Mandela a écrit deux fois au Premier ministre H. F. Verwoerd, lui demandant de réunir une convention nationale pour créer une constitution non raciale et démocratique. Ses lettres ont été ignorées.

2. Le 1er mai 1950, dix-huit personnes ont été tuées par la police au cours d'une grève contre le projet du régime d'apartheid d'interdire le Parti communiste.

3. Le 21 mars 1960, à Sharpeville, la police a tué soixante-neuf personnes qui manifestaient contre l'obligation d'avoir une carte d'identité qui contrôlait où ils avaient le droit de vivre et de travailler.

tations disciplinées contre les élections d'Indiens et de métis de 1984[1], et sept mille soldats lourdement armés ont envahi le triangle du Vaal pour écraser une manifestation essentiellement pacifique des résidents[2].

L'apartheid qui est condamné non seulement par les Noirs mais aussi par une part importante des Blancs est la plus grande source de violence contre notre peuple. En tant que leader du Parti national qui cherche à maintenir l'apartheid par la force et la violence, nous sommes les premiers à vous demander de renoncer à la violence.

Mais il semble que vous n'ayez nulle intention d'utiliser des formes démocratiques et pacifiques pour traiter les injustices faites aux Noirs et que le véritable but en mettant des conditions à votre offre est de vous assurer que le Parti national continuera à jouir du monopole de la violence commise contre des gens sans défense. La création d'Umkhonto we Sizwe avait pour but de mettre fin à ce monopole et de faire comprendre aux responsables politiques que le peuple opprimé était prêt à se dresser pour se défendre et à répliquer si nécessaire par la force.

Page 312 du *Hansard* vous dites que vous êtes personnellement prêt à faire un long chemin pour apaiser les tensions dans les relations entre les différents groupes du pays mais que vous n'êtes pas préparé à amener les Blancs à l'abdication. En faisant cette déclaration, vous réaffirmez à nouveau et de façon catégorique que vous restez obsédé par la préservation de la domination de la minorité blanche. Aussi, vous ne serez pas surpris si, en dépit des supposées bonnes intentions du gouvernement, les immenses masses des opprimés continuent à vous considérer comme le simple courtier des intérêts de la tribu blanche et par conséquent inapte à traiter des affaires nationales.

---

1. Le Premier ministre P. W. Botha a créé un parlement à trois chambres séparées pour les Indiens, les métis et les Blancs. L'United Democratic Front, créé en 1983, a organisé des manifestations nationales contre ce parlement et ces élections. Toutes les manifestations ont été violemment réprimées par la police.

2. En septembre 1984, dans les townships de Boipatong, Bophelong, Evaton, Sebokeng, et Sharpeville dans la région du triangle du Vaal, des manifestations ont explosé contre l'augmentation des loyers proposée par des conseils municipaux noirs. Trois conseillers municipaux, dont le maire adjoint du triangle du Vaal, Kuzwayo Jacob Dlamini, ont été lynchés ce jour-là. Cinq hommes et une femme qui sont devenus internationalement connus comme les « six de Sharpeville » ont été jugés et condamnés à la pendaison pour ces meurtres.

À nouveau, pages 318-319, vous déclarez que vous ne pouvez pas parler avec des gens qui refusent de coopérer, que vous voulez bien parler avec tout responsable qui serait prêt à renoncer à la violence.

Venant du leader du Parti national, cette déclaration est une révélation choquante car elle montre, plus que toute autre chose, qu'il n'y a pas dans ce parti une seule personne suffisamment préparée pour comprendre les problèmes de fond de notre pays, qui ait mis à profit l'amère expérience des trente-sept années de gouvernement du Parti national et qui oserait faire un pas vers la construction d'une Afrique du Sud véritablement démocratique.

D'après cette déclaration, il est clair que vous préférez parler uniquement avec ceux qui acceptent l'apartheid, même s'ils sont énergiquement répudiés par la même communauté à qui vous voulez les imposer, par la violence si nécessaire.

Nous aurions pensé que la résistance chaque jour plus forte dans les townships noirs, et ce malgré le déploiement des Forces de défense, vous aurait fait comprendre la futilité absolue des structures inacceptables de l'apartheid utilisées par des individus serviles et égoïstes aux références douteuses. Mais votre gouvernement semble décidé à poursuivre dans cette voie coûteuse et, au lieu de tenir compte de la voix des véritables leaders des communautés, il les jette en prison. Si votre gouvernement veut parler sérieusement pour arrêter l'escalade de la violence, la seule méthode qui lui soit disponible, c'est de déclarer la fin du mal de l'apartheid et de montrer votre bonne volonté en négociant avec les véritables leaders sur les plans local et national.

Jamais les opprimés, en particulier la jeunesse, n'ont montré une telle unité d'action, une telle résistance à l'oppression raciale et de telles manifestations face à l'action brutale de l'armée et de la police. Les étudiants du secondaire et de l'université réclament à grands cris la fin de l'apartheid maintenant et des possibilités égales pour tous. Les hommes d'Église et les intellectuels, les associations civiques et les organisations des travailleurs et des femmes exigent de véritables changements politiques. Ceux qui « coopèrent » avec vous, qui vous ont servi loyalement tout au long de ces années troublées, ne vous ont absolument pas aidé à endiguer la rapide montée de la marée. La confrontation qui vient ne sera détournée que si les mesures suivantes sont prises sans délai.

1. Le gouvernement doit renoncer le premier à la violence.
2. Il doit mettre un terme à l'apartheid.
3. Il doit mettre fin à l'interdiction de l'ANC.
4. Il doit libérer tous ceux qui ont été emprisonnés, assignés à résidence, ou exilés pour leur opposition à l'apartheid.
5. Il doit garantir une activité politique libre.

Page 309, vous vous référez aux allégations régulièrement émises aux Nations unies et dans le monde selon lesquelles la santé de M. Mandela s'est détériorée en prison et qu'il est détenu dans des conditions inhumaines.

Il n'est pas utile de vous montrer moralisateur à ce sujet. Les Nations unies sont un organe important et responsable dans un monde de paix et, sous bien des aspects, l'organisation représente l'espoir de la communauté humaine. Ses affaires sont dirigées par les cerveaux les plus brillants de la terre, par des hommes dont l'intégrité est sans faille. S'ils émettent de telles allégations, c'est parce qu'ils croient honnêtement qu'elles sont vraies.

Si nous continuons à être en bonne santé et si notre moral est élevé, ce n'est pas dû à une prise en compte spéciale ni aux soins du département des Prisons. Il est bien connu que pendant notre très long emprisonnement, en particulier au cours des premières années, les autorités de la prison ont mis en place une politique destinée à nous briser. Nous avons été soumis à des traitements très durs pour ne pas dire brutaux, physiquement et moralement, dont quantité de prisonniers ont souffert.

Bien que les conditions se soient améliorées au cours des années soixante et soixante-dix, la vie en prison n'est pas si rose que vous pouvez l'imaginer et nous connaissons toujours de sérieux problèmes à plusieurs égards. La discrimination raciale existe toujours dans notre traitement ; nous n'avons pas encore acquis le droit d'être considérés comme des prisonniers politiques. Nous ne recevons plus la visite du ministre des Prisons, du directeur de l'Administration pénitentiaire et d'autres officiels des quartiers généraux, ni des juges et des magistrats. Ces conditions sont un sujet de préoccupation de l'ONU, de l'Organisation de l'unité africaine[1], du mouvement antiapartheid[2] et de nos nombreux amis.

Si l'on prend en compte le fonctionnement actuel du département des Prisons, nous devons rejeter l'idée qu'une condamnation à la prison à vie implique qu'on doive mourir en prison. En appliquant aux prisonniers le principe « la vie est la vie », on utilise un double critère, parce que les prisonniers de droit commun avec des dossiers de prison intacts font environ quinze ans pour une condamnation à vie. Nous devons aussi vous rappeler que c'est le Parti national dont le tout premier acte en arrivant au pouvoir a été de libérer le traître Robey Leibbrandt[3] (et d'autres) qui n'avait exécuté que deux ans de sa condamnation à vie. Ces hommes qui avaient trahi leur propre pays au profit de l'Allemagne nazie au cours de la Seconde Guerre mondiale dans laquelle l'Afrique du Sud était engagée.

En ce qui nous concerne, nous avons depuis longtemps fini d'exécuter notre condamnation à vie. Nous sommes actuellement en détention préventive sans avoir les droits dont bénéficie cette catégorie de prisonniers. La philosophie dépassée et universellement rejetée de

1. Formée en 1963 à Addis-Abeba, en Éthiopie, avec trente-deux gouvernements signataires et finalement incluant tous les États africains libres à l'exclusion du Maroc qui s'est retiré en 1984. Son but est d'éradiquer toute forme de colonialisme et de gouvernement de la minorité blanche de tout le continent africain. Elle a aussi pour but de coordonner et d'intensifier la coopération des États africains pour atteindre un niveau de vie meilleur pour les peuples d'Afrique et défendre leur souveraineté, leur intégrité territoriale et l'indépendance des États africains.

2. Appelé à l'origine le Boycott Movement, le British Anti-Apartheid Movement (AAM) a été créé à Londres en 1959 en opposition au système sud-africain d'apartheid. Il exigeait des sanctions internationales contre l'Afrique du Sud de l'apartheid et appelait à son isolement. En 1988, l'AAM a organisé un concert connu comme le Free Mandela Concert, au stade de Wembley à Londres, pour célébrer le soixante-dixième anniversaire de Nelson Mandela. Un second concert, Nelson Mandela : Tribute for a Free South Africa, a eu lieu en 1990, deux mois après la libération de Mandela, qui y assistait.

3. Sidney Robey Leibbrandt (1913-1966), boxeur, champion des poids lourds sud-africains, a été manipulé par les renseignements militaires allemands sous le pseudonyme de « Robert Leibbrand ». C'était un Sud-Africain d'ascendance allemande et irlandaise.

revanche nous est infligée et chaque jour que nous passons en prison est simplement un acte de vengeance contre nous.

Cependant, malgré votre engagement à maintenir la suprématie blanche, malgré vos tentatives de créer de nouvelles structures d'apartheid et malgré votre hostilité à un système de gouvernement non racial dans ce pays, et tout cela malgré notre détermination à résister jusqu'au bout à cette politique, c'est vous qui êtes à la tête du gouvernement sud-africain, vous bénéficiez du soutien de la majorité de la population blanche et vous pouvez aider à changer le cours de l'histoire sud-africaine. Un premier pas peut être fait si vous acceptez et donnez votre accord à la mise en place du programme en cinq points des pages 4 et 5 de ce document. Si vous acceptez ce programme, notre peuple sera prêt à collaborer avec vous pour régler tous les problèmes qui se poseront dans la mesure où cette mise en place se fera.

Dans cette perspective, nous avons pris note du fait que vous n'insistez plus sur la libération de certains d'entre nous au Transkei. Nous avons aussi noté le ton contenu que vous adoptez quand vous faites cette déclaration au Parlement. Nous espérons que vous montrerez la même souplesse et que vous examinerez ces propositions de façon objective. Cette souplesse et cette objectivité peuvent nous aider à créer un meilleur climat pour un débat national fructueux.

Salutations distinguées,

NELSON MANDELA

WALTER SISULU

RAYMOND MHLABA

AHMED KATHRADA

ANDREW MLANGENI

[Chacun a signé au-dessus de son nom]

De temps en temps, au cours des dernières années de son emprisonnement, Mandela recevait des lettres de gens qu'il n'avait jamais rencontrés – des gens du peuple qui le connaissaient et qui lui écrivaient pour lui montrer qu'il avait des soutiens en dehors du cercle de la famille et des amis. Mme Ray Carter, infirmière d'origine britannique, mariée à un évêque anglican, John Carter, est un exemple de ces soutiens. Cette lettre nous a été donnée par sa famille, nous disant qu'elle et Mandela avaient noué une relation par correspondance après qu'elle avait téléphoné à la direction de la prison de Pollsmoor pour dire qu'elle voulait lui offrir un cadeau d'anniversaire. Elle a aussitôt déposé un livre de poche, Daily Light, *contenant des extraits de la Bible pour deux lectures quotidiennes. Quelques mois plus tard, elle a reçu une lettre recommandée de Mandela.*

À Ray Carter, un soutien

D220/82 : NELSON MANDELA 4.3.85

Chère Ray,

L'illustration sur la couverture de *Daily Light* m'a touché au-delà de ce que je peux dire. Bien que j'aie passé pas moins de deux décennies dans le Rand avant d'être arrêté, je suis essentiellement un paysan dans ma façon de voir les choses. Je suis intrigué par ce qui est sauvage, la brousse, une feuille d'herbe, toutes les choses qui sont associées au *veld.*

Chaque fois que je regarde le livre – et j'essaie de le faire matin et soir – je commence invariablement par la couverture et immédiatement mon esprit s'éclaire. Des scènes depuis longtemps oubliées me reviennent aussi fraîches que la rosée. Les buissons impénétrables, les dix moutons gras dans une verte prairie me rappellent les jours de mon enfance à la campagne quand tout ce que je voyais me semblait doré, un endroit béni, une extension du paradis lui-même. Ce monde romantique est gravé en permanence dans ma mémoire et ne s'efface jamais, même si je sais aujourd'hui comme un fait établi qu'il ne reviendra jamais.

Quatorze ans après mon installation à Johannesburg je suis revenu chez moi[1] et je suis arrivé dans mon village en début de soirée. Au lever du soleil, j'ai quitté la voiture et j'ai marché dans le *veld*, à la recherche du monde de ma jeunesse, mais il n'existait plus.

Les buissons dans lesquels j'avais l'habitude de cueillir des fruits sauvages, d'arracher des racines comestibles et de prendre au piège du petit gibier étaient devenus un bosquet peu impressionnant de broussaille éparse et rabougrie. La rivière dans laquelle je nageais les jours de grande chaleur et où j'attrapais de grosses anguilles charriait de la boue et du sable. Je ne voyais plus les fleurs aux couleurs vives qui embellissaient le veld et parfumaient l'air.

Une pluie douce avait récemment lavé la région et la chaleur du soleil levant baignait tout le veld, mais pas d'oiseau-miel ni d'alouette pour m'accueillir. La surpopulation, un bétail trop nombreux et l'érosion du sol avaient fait des ravages et il semblait que tout tombait en ruine. Les blocs de terre eux-mêmes qui se dressaient depuis l'éternité semblaient succomber à la désolation générale qui enveloppait la région. Les bœufs et les moutons étaient maigres et indolents. La vie semblait s'éteindre lentement. Tel était le triste tableau auquel j'ai été confronté lors de mon retour il y a trente ans. Cela contrastait violemment avec l'endroit où j'étais né. Je n'étais jamais revenu et pourtant les années romantiques de ma jeunesse restent clairement imprimées dans mon esprit. L'illustration en couverture de *Daily Light* m'a rappelé ce temps merveilleux. D'où vient cette illustration ? Elle me semble familière.

Un colis ou un message de vous met un temps infini à me parvenir ! Je pense que c'est en 1982 que Zami (Winnie) m'a demandé si j'avais reçu votre carte postale. Ma demande auprès de l'officier commandant n'a rien donné. Il faut être condamné à la prison à vie pour savoir combien il peut être frustrant et douloureux de voir que les efforts des amis pour vous joindre et vous encourager restent bloqués quelque part.

1. Mandela fait référence à Qunu, Transkei, le village où il a grandi.

Mais quand je regarde en arrière, cette frustration n'est pas sans valeur. Vous en avez fait un triomphe. Votre détermination à forcer les barrières est à la mesure de la profondeur de votre amour et de votre inquiétude. Les trois mots écrits dans le livre en font un objet précieux. J'espère sincèrement que Zami et moi nous vous montrerons que nous sommes dignes de votre amour et de votre soutien. J'attends le jour où je vous verrai, vous et John[1]. Je vous adresse mon affection et mes vœux les meilleurs.

Sincèrement,
Nelson

Mme Ray Carter, 51 Dalene Rd, Bramley, 2192.

À Lionel Ngakane[2], un ami cinéaste

1.4.85

D220/82 : NELSON MANDELA

Cher Lionel,

Le monde que nous connaissions semble partir très vite à vau-l'eau et les hommes et les femmes qui autrefois pouvaient déplacer des quantités de personnes quittent la scène aussi rapidement. Luthuli[3], Dadoo[4], Matthews[5], Kotane[6], Harmel[7], Gomas, les Naicker[8], Marks[9], Molema[10],

1. Son mari, l'évêque anglican John Carter.
2. Lionel Ngakane (1928-2003), cinéaste et acteur. Il s'est exilé dans les années 1950 et est revenu en Afrique du Sud en 1994.
3. Le chef Albert Luthuli.
4. Yusuf Dadoo.
5. Le professeur Z. K. Matthews.
6. Moses Kotane.
7. Michael Harmel (1915-1974), un des responsables du Parti communiste. Il est mort en exil à Prague.
8. Monty Naicker.
9. J. B. Marks (1903-1972), membre et leader dans la Campagne de défi.
10. Docteur Silas Modiri Molema (1891-1965), médecin et militant ANC.

Letele[1], Ruth First[2], Njongwe[3], Catala[4], Ngoyi[5], Peake[6], Hodgson[7], Nokwe[8], et tant d'autres endormis dans la paix éternelle ; et tout cela en moins de deux décennies.

Nous ne les reverrons plus, nous n'échangerons plus avec eux quand des problèmes se poseront, et nous n'utiliserons plus leur immense influence dans la lutte pour l'Afrique du Sud de nos rêves. Mais peu de gens nieront qu'au cours de leur vie ils ont réalisé un exploit et ont créé une riche tradition donnant force et fierté à ceux qui suivent leurs pas.

Nous étions si occupés hors de la prison que nous avions à peine le temps de penser sérieusement à la mort. Mais il faut être enfermé dans une cellule pour prendre conscience de la douleur qui vous paralyse quand la mort frappe à côté de vous. Perdre une figure publique peut être un choc douloureux ; mais perdre un voisin, l'ami de toute une vie, est une expérience dévastatrice qui vous laisse sans voix.

C'est ce que j'ai ressenti quand Zami m'a annoncé la triste nouvelle de la mort de ta chère mère, ajoutant que ton père était en détention et qu'il avait assisté aux funérailles sous escorte policière. J'ai pensé à toi, Pascal[9], à Lindi, Sekele, Mpho, Thabo[10], et bien sûr à ton père. Je lui ai envoyé une lettre de condoléances et j'espère qu'il te l'a transmise.

---

1. Docteur Arthur Elias Letele (1916-1965), médecin et militant ANC. Accusé dans le procès de la trahison en 1956.

2. Ruth First (1925-1982), journaliste et membre du Parti communiste et de l'ANC. Accusée dans le procès de la trahison en 1956. Exilée au Mozambique en 1964, elle a été tuée par un colis piégé envoyé par des agents de l'apartheid.

3. Docteur James « Jimmy » Njongwe.

4. Révérend James Arthur Catala (1895-1983), enseignant et pasteur de l'Église Anglicane, leader de l'ANC.

5. Lilian Ngoyi.

6. George Edward Peake (1922-), membre fondateur du South African Coloured People's Organisation (métis). Accusé en 1956 au procès de la trahison. Emprisonné deux ans en 1962 pour son engagement dans un complot de sabotage. Obligé de partir en exil en 1968, où il est mort.

7. Percy John « Jack » Hodgson (1910-1977), accusé en 1956 au procès de la trahison et membre fondateur de la branche armée de l'ANC, Umkhonto we Sizwe. Il est mort en exil.

8. Duma Nokwe (1927-1978), avocat et militant politique.

9. Pascal Shaudi Ngakane (1930-2015), un frère de Lionel Ngakane qui était en prison avec Nelson Mandela.

10. William Barney (1902-1988), militant ANC et les enfants de Monzondeki Ngakane. Frères de Lionel Ngakane.

La mort de ton père a été tout aussi dévastatrice et en particulier parce que je l'ai apprise dans le journal alors que je m'apprêtais à répondre à sa dernière lettre que j'avais reçue le 31 décembre 1984. Ce choc a libéré quelque chose dans mon esprit et j'ai littéralement revécu les presque quarante années de notre amitié.

Je me suis souvenu surtout d'une soirée au Bantu Men's Social Centre[1] où nous avons écouté un discours du docteur Yergan[2] vers la fin de la Campagne de défi. L'entrée se faisait uniquement sur invitation et toutes les huiles de la ville étaient là – Xuma[3], Mosaka, Rathebe, Denelane, Madibane, Ntloana, Xorile, Twala, Rezant, Mali, Nobanda, Magagane, Mophiring, etc. Le public était hautement attentif à cause de la CD[4] et Yergan qui a fait un tour d'horizon extraordinaire des mouvements nationaux sur notre continent était en pleine forme. On aurait entendu une mouche voler. Il a terminé sa brillante intervention avec une attaque du communisme – et le public d'élite l'a longuement ovationné.

Il y a eu ensuite tout un chœur d'éloges pour Yergan jusqu'à ce que ton père prenne la parole. Il ne pouvait rivaliser en éloquence avec Yergan ni avec ses immenses connaissances scientifiques. Mais il a utilisé un langage très simple que nous comprenions tous et il a attiré notre attention sur des questions qui nous étaient chères. Il a fait de pertinentes observations sur le silence assourdissant de Yergan concernant notre lutte en général et, plus particulièrement, sur la Campagne de défi en cours. Il a précisé ses attaques et a demandé à notre hôte de parler des trusts américains géants et des sociétés multinationales qui créaient tant de misère et de souffrance dans le monde et il a critiqué la tentative de Yergan de nous entraîner dans la guerre froide. Les mêmes qui avaient

1. Le Bantu Men's Social Centre (BMSC) (Centre social pour les hommes bantous), créé à Sophiatown, Johannesburg, en 1924, important centre culturel, social et politique, lieu de réunion pour Sud-Africains noirs. Il abritait un gymnase, une bibliothèque et accueillait des matches de boxe, des meetings politiques et des soirées dansantes. Mandela et quatre amis y créèrent la Ligue de la jeunesse de l'ANC en 1944.

2. Docteur Max Yergan (1892-1975), petit-fils d'esclave aux États-Unis, passa dix-huit ans en Afrique du Sud après la Seconde Guerre mondiale comme secrétaire du comité international de YMCA.

3. Docteur Alfred Bitini Xuma (1893-1962), le premier Sud-Africain noir à devenir médecin ; il a été président général de l'ANC.

4. Campagne de défi.

fait une ovation prolongée à Yergan ont applaudi ton père avec le même enthousiasme. Je dois avouer que j'ai été plus qu'impressionné.

Au cours de l'état d'urgence de 1960[1], nous avons passé plusieurs mois avec lui dans la prison locale de Pretoria. Il nous a montré à nouveau ses qualités de chef et il nous a considérablement aidés à garder le moral et à maintenir la discipline. Beaucoup d'aspects de sa vie m'ont traversé l'esprit au cours de cette journée inoubliable où j'ai appris sa mort. Mais une lettre de prison contrôlée n'est pas une voie qui convienne pour s'exprimer franchement et pleinement sur ce genre de sujets. Il me suffit de te dire que Zami et moi, nous garderons toujours le souvenir de notre amitié avec tes parents. Transmets s'il te plaît ces sentiments à Pascal, Lindi, Sekele, Mpho et Thabo. L'article du *Sowetan* est désespérément insuffisant et inexact et j'espère vraiment que toi ou Lindi raconterez l'histoire de sa vie et la rendrez disponible pour un public plus vaste. C'est pour vous un défi, mais Lindi en particulier[2], universitaire, a les qualifications nécessaires, grâce à son rôle dans la lutte, pour entreprendre une tâche aussi importante.

Pour en venir à des sujets plus légers, je dois t'avouer que j'ai très envie que tu me parles de tes affaires personnelles. Je sais qu'une question directe ne t'effarouchera pas. Es-tu marié ? Si oui, qui est l'heureuse jeune dame ? Quel a été ton choix ? Je dois ajouter que je n'ai jamais oublié le jour passé ensemble à Londres, et j'ai été extrêmement heureux de voir que tant de jeunes gens talentueux de ton calibre étaient autour d'O.R.[3]. Tu ne sais peut-être pas que cette découverte m'a rendu encore plus proche de tes parents.

Pascal et moi nous nous sommes beaucoup vus et, quand je suis allé à Durban en 1955, j'ai tenu à le revoir. Mais ce sont les trois années que nous avons passées quelque part qui m'ont laissé une impression encore plus forte. Je n'ai plus entendu parler de lui depuis quelque temps et j'aimerais avoir son adresse. Cela a été une agréable surprise

---

1. Déclaré le 30 mars 1960 comme réponse au massacre de Sharpeville, l'état d'urgence s'est caractérisé par des arrestations en masse et l'emprisonnement des principaux leaders africains. Le 8 avril 1960, l'ANC et le Congrès panafricain ont été interdits d'après la loi contre les Organisations illégales.
2. Une des sœurs de Lionel Ngakane.
3. Oliver Reginald Tambo.

pour moi d'apprendre que Clifford[1] est ambassadeur du Lesotho à Rome[2]. Avant de le lire dans la presse, j'avais l'impression qu'il travaillait à l'ONU. Je serais vraiment heureux si ces articles étaient vrais. J'ai beaucoup d'admiration pour le chef Leabua et, de loin, il semble très bien jouer les cartes maîtresses.

Sekele[3] n'était qu'une adolescente la dernière fois où je l'ai vue, mais plus tard on m'a dit qu'elle s'était mariée avec un médecin de Maseru. J'espère vous revoir tous un jour. Dans cette attente, je t'envoie mon meilleur souvenir et tous mes vœux.

Sincèrement,
Madiba

M. Lionel Ngakane, c/o M. Paul Joseph, Londres.

P.-S. : Si tu as le temps de me répondre, écris-moi en recommandé.

À Sheena Duncan[4], présidente de Black Sash
D 220/82 : NELSON MANDELA 1.4.85

Chère madame Duncan,

Dans ma situation actuelle, il n'est pas facile de me tenir au courant des événements qui se déroulent hors de la prison. Il se peut que le nombre d'adhérents de B-Sash ait augmenté de façon significative au cours des trente dernières années, et que son rythme de développement ne soit pas différent dans les années à venir.

1. Clifford Morojele, marié à Lindi, la sœur de Lionel Ngakane.
2. Clifford Morojele travaillait pour les Nations unies à Addis-Abeba et à Rome, mais il n'était pas ambassadeur. Cela a été rapporté par erreur dans les journaux de l'époque (Sahm Venter dans une conversation avec son fils, Morabo Morojele, 14 octobre 2017).
3. Une des sœurs de Ngakane.
4. Sheena Duncan (1932-2010), membre de Black Sash, une organisation de femmes blanches des classes moyennes qui protestaient contre les lois d'apartheid et aidaient les victimes. La mère de Sheena, Jean Sinclair, en était un des membres fondateurs en 1955.

Mais peu de gens nieront que, en dépit de son relativement petit nombre de membres, l'impact de Sash est tout à fait formidable, et que cette organisation est apparue comme une des forces qui ont aidé à attirer l'attention sur ces questions sociales qui détruisent la vie de tant de gens. Elle donne un excellent exemple sur la façon d'aborder concrètement ces problèmes et ainsi elle apporte soulagement et espoir à de nombreuses victimes d'un ordre social dégradant.

Au cours de notre vie, nous ne réaliserons peut-être pas les idéaux que nous chérissons, nos rêves les plus secrets et nos fervents espoirs. Mais là n'est pas la question. Savoir qu'aujourd'hui vous avez fait votre devoir et que vous avez été fidèle aux espoirs de nos compatriotes est en soi une récompense et un exploit. La bonne image de Sash est peut-être due en grande partie au fait qu'elle répond à ces espoirs.

Parler des principales questions nationales d'une voix claire et ferme, sans la protection de l'immunité dont jouissent les membres des organes du gouvernement de ce pays, sans se laisser intimider par les répercussions innombrables du fait d'être ostracisé par une minorité privilégiée, montre bien votre engagement pour les droits de l'homme et pour le principe d'une justice pour tous. À cet égard, vos récents commentaires de Port Elizabeth, reflétant les convictions de ceux qui luttent pour un véritable progrès et une nouvelle Afrique du Sud, ont été de grande portée.

Malgré les immenses difficultés contre lesquelles vous devez agir, votre voix est entendue dans tout le pays. Même si cela déplaît à certains, la conscience des autres est éveillée et tous les hommes et les femmes de bonne volonté l'accueillent chaleureusement. Ceux qui sont prêts à affronter les problèmes qu'ils ont sous les yeux et qui acceptent les idées universelles, ceux-là ont changé le cours de l'histoire dans beaucoup de sociétés, et au bout du compte ils doivent bénéficier d'un soutien solide et d'une admiration qui va bien au-delà de leurs propres rangs.

Tout en vous félicitant pour votre trentième anniversaire[1], je dois ajouter que je partage avec vous cette idée que « vous pouvez regarder avec fierté les trois décennies d'efforts qui maintenant, enfin, commencent à porter leurs fruits ».

1. Le trentième anniversaire de Black Sash.

En conclusion, je dois vous signaler que je connais un si grand nombre de vos collègues que si je devais nommer chacun d'eux dans cette lettre, la liste serait trop longue. Tout ce que je peux faire, c'est vous assurer de mes sentiments profonds et de mes vœux les meilleurs.

Sincèrement,

[Signé NR Mandela]

Les deux lettres qui suivent, adressées à l'avocat et militant antiapartheid Archie Gumede, montrent les difficultés et les frustrations que représentent le fait d'écrire et de recevoir des lettres en prison et le manque d'informations sur le cheminement de ces lettres.

Soupçonnant que celle qu'il a écrite en 1975 à Gumede ne lui est jamais parvenue, Mandela la réécrit à partir de la copie qu'il prenait en note à l'époque et il la lui renvoie près de dix ans plus tard.

À Archie Gumede, camarade et ami
D220/82 : NELSON MANDELA

8.7.85

Phakathwayo ! Qwabe[1] !

L'autre jour, je feuilletais le carnet dans lequel je garde copie des lettres que j'ai envoyées et je suis tombé sur la copie de la lettre ci-jointe que je t'ai écrite le 1er janvier 1975. Comme tu ne m'as jamais répondu et étant donné les problèmes que nous avions à l'époque avec notre courrier, j'ai supposé que tu ne l'avais jamais reçue.

Plus de dix années sont passées depuis qu'elle a été écrite et une partie de son contenu n'est plus d'actualité aujourd'hui, cependant

1. Noms de clan d'Archie Gumede.

j'ai pensé qu'il fallait que tu la reçoives. Cette lettre a été écrite quand Mphephethe[1], Sibalukhulu, Danapathy[2] et le mari de Georgina, de Hammarsdale, étaient avec toi là-bas[3] et très actifs. Un des objectifs de cette lettre était de leur faire savoir qu'on appréciait beaucoup leur travail.

Tu te souviendras également qu'à cette époque, les relations entre *Khongolose*[4] et Shenge[5] étaient bonnes et il y avait une coopération dans beaucoup de secteurs. En outre, lui et moi avions été en contact depuis la fin des années 60 et il m'envoie toujours des messages d'amitié dans certaines occasions. Sur l'Île, nous en avons parlé lors d'une réunion spéciale de toutes les sections et on a conclu que ce serait une erreur d'ignorer ses gestes. J'ai donc continué à lui répondre.

L'année dernière, il m'a envoyé un télégramme à propos d'un problème personnel et mes collègues et moi nous nous sommes consultés. À nouveau, on a jugé que, en fonction de ton avis, je devais lui écrire pour le remercier. Mais quand la lettre est arrivée dans la famille tu ne pouvais plus être joint. En fin de compte on lui a fait suivre la lettre.

Maintenant j'aimerais changer un peu de sujet et parler d'une jeune dame, Mlle Nomsa Khanyeza, 3156, Nkwaz Rd, Imbali, dont j'ai reçu une lettre en novembre 82 et à laquelle j'ai répondu immédiatement. Je n'ai plus entendu parler d'elle. J'aimerais savoir si elle est toujours à l'école et si ses parents ont l'argent nécessaire pour ses études. D'après sa lettre, elle a l'air d'être une enfant capable.

Thozamile et Sisa sont peut-être au courant que *Between the Line : Conversations in SA*[6] d'Harriet Sergeant a été publié. Elle a des observa-

---

1. Peut-être s'agit-il de Bakwe (Joe) Matthews (1929-2010), militant politique, fils de Frieda et Z. K. Matthews.
2. Le second nom de M. D. Naidoo qui était à Robben Island avec Mandela.
3. Mandela doit parler du Natal.
4. Mandela parle de l'ANC – *khongolose* pour *congress.*
5. Le chef Mangosuthu Buthelezi.
6. Harriet Sergeant, *Between The Lines. Conversations in South Africa* (Londres, J. Cape, 1984) était un livre qui explorait les effets de l'apartheid sur les Sud-Africains des années 1980.

tions intéressantes à faire sur une large variété d'interviews. Mais une jeune femme de vingt-six ans peut souvent avoir son franc-parler et il semble qu'elle a exprimé des sentiments et des réactions intimes qui n'étaient pas destinés au public. Bien qu'à sa façon elle ne mâche pas ses mots, elle n'a rien dit de vraiment négatif sur les syndicalistes qu'elle a rencontrés. J'ai très envie de savoir qui est Connaugh. Apparemment, c'est le nom d'emprunt de l'homme blanc barbu avec un jean, des écouteurs sur les oreilles, un micro à la main et un magnétophone, au meeting syndical de EL[1]. S'il te plaît donne-moi cette information s'ils ont déjà le livre.

En conclusion, j'aimerais attirer ton attention sur une lettre dans un quotidien de JHB qui parle des neuf hommes condamnés à mort par la reine Victoria pour trahison. Suite aux protestations venant du monde entier, ils ont été exilés. Des années plus tard, la reine a appris que l'un d'eux avait été nommé PM[2] en Australie[3], qu'un autre était devenu général dans l'armée américaine[4], que le troisième était devenu procureur général en Australie[5], que le quatrième avait succédé au troisième comme procureur général[6], que le cinquième était devenu ministre de l'Agriculture au Canada[7], que le sixième était également devenu général aux États-Unis[8], que le septième avait été nommé gouverneur du Montana[9], que le huitième était devenu un homme politique new-yorkais de premier plan[10], et que le dernier avait été nommé gou-

1. Vraisemblablement East London, une ville de la province du Cap-Oriental.

2. Premier ministre.

3. Charles Duffy (1816-1903) n'a pas été Premier ministre d'Australie mais le huitième gouverneur de l'État de Victoria. L'information historique concernant Duffy n'indique pas qu'il a été exilé et l'article dont parle Mandela est peut-être incorrect.

4. Patrick Donahue.

5. Morris Leyne.

6. Michael Ireland a succédé à Morris Leyne comme procureur général d'Australie.

7. Thomas D'Arcy McGee (1825-1968) a été ministre de l'Agriculture, de l'Immigration et des Statistiques.

8. Thomas McManus.

9. Thomas Francis Meagher (1823-1967) est devenu un magnat de l'élevage de bétail et gouverneur du Montana après la guerre de Sécession.

10. John Mitchel (1815-1975), nationaliste irlandais, écrivain et journaliste ; il a soutenu la Conférence des États d'Amérique pendant la guerre de Sécession. Son fils, John Purroy Mitchel (1879-1918), a été maire de New York.

verneur général de Terre-Neuve[1]. C'est une histoire intéressante que tu connais sans doute, et qu'il est utile de te rappeler. Mon meilleur souvenir et tous mes vœux pour toi et tes collègues. Souviens-toi que tu es toujours dans nos pensées.

Sincèrement,
Madiba.

P.-S. : À l'époque où j'ai écrit cette lettre, Nomsa était élève au lycée de Georgetown.

[Lettre jointe]
À Archie Gumede, ami et camarade

D220/82 : NELSON MANDELA

P/B X4, TOKAI, 7966

1er janvier 1975 [renvoyée le 7 juillet 1985]

Phakathwayo Qwabe !

Je pensais t'écrire depuis la mort de A.J.[2]. Tu étais si proche de lui que, bien que j'aie écrit aussitôt à la Vieille Dame[3], j'ai senti que je devais envoyer mes condoléances à toi, à MB[4], à Zanu [ou Zami[5]], Sibalukhulu et Siphithiphithi. Vous avez été ensemble pendant très longtemps, vous avez réglé ensemble des problèmes importants et vous avez avancé en formation serrée comme Nodunehlezi l'avait fait il y a des années. Il est difficile de penser au chef sans penser en même temps à vous cinq.

1. Richard O'Gorman.
2. Le chef Albert Luthuli. Il a été tué par un train en juillet 1967.
3. Nokhukhanya Luthuli, la veuve du chef Albert Luthuli.
4. M. B. Yengwa (1923-), membre de l'ANC, syndicaliste et accusé au procès de la trahison.
5. Ce n'est pas Winnie Mandela.

Je me souviens encore du Drill Hall[1] quand vous vous retrouviez pour parler de la pluie et du beau temps devant un plat d'*amadumbe*[2], en ponctuant la conversation de « *ha-a-a-wu ! ha-a-a-a-wu*[3] *!* »

Tu as fini par être admis comme avocat et je ne t'écris que maintenant pour te dire : bravo ! Les gens qui ont à peine entendu parler de nous sont peut-être ceux en qui nous avons le plus confiance et que nous respectons le plus. Nous pouvons nous taire car nous sommes certains qu'ils comprennent que la pression d'autres engagements nous empêche de les joindre.

J'ai souvent pensé à toi pendant ces douze années, j'ai également ressenti la réalité accablante qui t'a saisi, en particulier en 63[4], et je me suis réjoui avec toi quand le soleil a brillé à nouveau. J'étais à Mgungundlovu[5] en mars 61[6] et je me demandais si je t'avais rencontré à cette occasion. J'habitais chez les parents de Mandla. En 55, j'avais passé une nuit à Boom Street[7] à parler avec Moses[8], Chota[9], Omar[10], et d'autres. Le lendemain, Mungal[11] et moi, nous sommes allés à Groutville où j'ai passé toute la journée avec A.J. À propos, je revenais de chez lui en août 62 quand j'ai rencontré tes compatriotes à Howick[12].

---

1. Le lieu de réunion pour le procès de la trahison en 1956.

2. Boulettes de pâte.

3. *Hawu,* expression en isiXhosa et en isiZulu de doute ou de condamnation. Cela se prononce « how ». Cela fait partie de la conversation et si des gens racontent des histoires il est naturel de répondre ainsi.

4. Archie Gumede a été proscrit cinq ans en 1963.

5. Un endroit du Natal.

6. Mandela parle de la All-In Africa Conference pendant laquelle il a pris la parole en mars 1961 et à laquelle assistait Archie Gumede.

7. La maison des militants Chata et Chti Motala dans Boom Street à Johannesburg.

8. Moses Mbheki Mncane (1923-1986), un leader du South African Congress of Trade Unions (syndicats) et de l'ANC. Il a rejoint la lutte armée et a travaillé pour MK en exil.

9. Le docteur Mahomed « Chota » Motala (1921-2005), militant du Natal Indian Congress, accusé en 1956 au procès de la trahison et ami de Mandela et de Walter Sisulu. Avec la démocratie, il est devenu ambassadeur d'Afrique du Sud au Maroc.

10. Docteur Omar Essack, membre du Natal Indian Congress qui exerçait la médecine avec le docteur Motala.

11. S. B. Mugal qui a voyagé avec Mandela pour voir le chef Luthuli.

12. Il fait référence à son arrestation en 1962 par la police du homeland du Natal d'où était originaire Gumede.

J'ai aussi beaucoup pensé à Mphephethe, Sibalukhulu, au petit mari de Georgina, à M.B., R.M. et Mutwana wa kwa Phindangene avec mon meilleur souvenir. Quand *New Age*[1] se sentait assez fort pour faire ses tournées hebdomadaires, Mphephethe avait un cheval très puissant et il pouvait nous rejoindre et nous savions ce qu'il pensait. De vieux chevaux célèbres tournaient de l'œil comme d'autres avant eux, certains sont oubliés et on se souvient d'eux comme des objets d'histoire qui n'intéressent plus que les académiciens. Mais la disparition de celui-ci a laissé un vide qu'ont ressenti également les propriétaires d'écurie, les jockeys, les joueurs et le grand public[2]. Il y aura toujours des courses ici mais pendant quelque temps on regrettera la tension et la violence de la compétition que NA[3] apportait dans ce genre de courses.

Dans ses histoires courtes, Mphephethe avait toujours quelque chose de nouveau et d'intéressant à dire, et son sujet, son style et sa simplicité me fascinaient. J'espère qu'avec l'âge et l'expérience accumulée au cours des huit années passées loin de Mgungundlovu, il a retrouvé avec sérieux son parchemin et sa plume, plus déterminé que jamais.

Il y a environ deux ans, j'ai eu le plaisir de lire une thèse qu'il avait préparée. J'aurais aimé discuter discrètement de certains éléments avec lui et mon seul regret, c'est que cela ne sera jamais possible. Ce sentiment n'en est que plus douloureux parce que sa façon de traiter des problèmes théoriques m'a fait une grosse impression. Ensuite, j'ai lu un autre de ses essais et j'ai été heureux d'apprendre que fondamentalement nous pensions la même chose. J'espère qu'il va bien maintenant et qu'il porte à nouveau l'*ibhetshu*[4], en laissant ses os se balancer au rythme du tambour en peau de bœuf et de l'*indlamu*[5].

J'ai rencontré beaucoup plus souvent Sibalukhulu que Mphephethe. Nous sommes allés plusieurs fois ensemble à Durban et à JHB. J'ai parlé avec lui pour la dernière fois en août 62. Il s'en souviendra très

1. *New Age*, journal antiapartheid interdit à cause de ses liens avec l'ANC. Chaque fois qu'il était interdit, il paraissait sous un nouveau titre.
2. Il parle de *New Age*.
3. *New Age*.
4. Peau traditionnelle portée par les hommes zoulous.
5. Danse traditionnelle zouloue.

bien. Milner, Selbourne, M.B., Mduduzi et Elias étaient là. Le champion inflexible d'Impabanga était, comme d'habitude, vêtu de façon stricte et ses cheveux étaient noirs et brillants. Je ne les ai pas suspectés d'être aussi blancs que les miens ni que Sibalukhulu les entretenait avec Nugget. À cette occasion, il a révélé une étonnante souplesse quand nous avons bavardé, et je me suis senti beaucoup plus proche de lui que je ne l'avais jamais été. C'est cette image de lui que j'ai gardée au cours des douze dernières années ; c'est pour cela qu'il me manque beaucoup et que j'espère vraiment le revoir un jour.

Il fut un temps où le petit mari de Georgina, Danapathy et moi étions comme des triplés et j'ai tendance à me sentir seul quand je pense à l'immense distance qui nous sépare. Mais c'est toujours le fait d'être des triplés qui domine mes pensées et mes sentiments.

Beaucoup de fils nous relient. Il y a des siècles, tes ancêtres et les miens ont gratté la vallée fertile de la Tukela[1] pour vivre et ils ont bu son eau fraîche. Mafukuzela[2], Lentanka[3], Rubusana[4] et d'autres étaient là en 1912 pour agrandir et approfondir ces liens, un développement auquel est étroitement associé le nom de ton Papa.

Tu as ajouté un autre fil et nous appartenons à cette tribu qui fournit des avocats, des magistrats et des juges. À nouveau bravo Mnguni. J'espère voir ta famille un jour ainsi que Sukthi, Sha, Sahdham[5] et leur Maman.

Fatima[6] est déjà venue ici et elle maintient un contact régulier. Alzena, Tryfina, Mabhala, Magoba et Gladys m'envoient une carte de Noël chaque année depuis 64 et, au cours des trois dernières années, Sukuthi et sa famille les ont rejointes. Ce sont toutes des dames dont j'apprécie beaucoup l'amour et l'amitié et je te demanderai de leur

1. Mandela parle certainement du fleuve Tugela, le plus important de la province du KwaZulu-Natal.

2. John Langalibale Dube.

3. Mandela fait peut-être référence à Daniel Simon Lentanka, journaliste et un des premiers leaders de l'ANC.

4. Walter Rubusana, cofondateur du journal en isiXhosa *Izwi Lbantu,* le premier Noir élu au conseil du Cap en 1909 et membre fondateur du South African Native National Congress en 1912.

5. Les enfants de Phyllis et M. D. Naidoo.

6. Fatima Meer.

transmettre mon meilleur souvenir. Un jour, je pourrai leur serrer chaleureusement la main.

Une nouvelle fois, ma profonde amitié à toi, à M.B., à Zanu [ou Zami], Sibalukhulu et Phithiphithi.

Sincèrement,
Nel

M. Archie Gumede, 30 Moodie Street, Pinetown [3600].

À Victoria Nonyamezelo Mxenge[1], avocate et militante politique

8.7.85

D220/82 : NELSON MANDELA

Notre chère Nonyamezelo,

Je crois que l'un de vous a déjà rendu visite à Ntobeko à Mgungundlovu[2], et j'espère sincèrement qu'il se prépare tranquillement. Car dans son procès, il y a plus de choses impliquées que les simples questions légales développées dans la plaidoirie et j'ai eu l'impression que lorsque toi, Pius[3], Louis, Boyce, Yunus et d'autres vous aurez pris sérieusement

1. Victoria Nonyamezelo (1942-1985), avocate et militante antiapartheid. Son mari et avocat associé, Griffiths Mxenge, a été assassiné en 1981 et elle-même a été assassinée le 1er août 1985. Le rapport de la commission Vérité et Réconciliation sur l'assassinat de Victoria Mxenge indique qu'un certain Marvin Sefako (alias Bongi Raymond Malinga) aurait été recruté par la Security Branch avec comme agent le général Peter Swanepoel. Malinga a avoué avoir assassiné Mxenge en lui tirant 5 balles dans la poitrine et il l'a poursuivie avec une hache avec laquelle il l'a frappée près de la porte de la salle à manger. Le rapport de la Commission ne dit pas si quelqu'un a demandé ou a obtenu une amnistie pour ce meurtre.

2. Dans le Natal.

3. Pius Nkonzo Langa (1939-2013), avocat, a été un membre fondateur de l'Association nationale des avocats démocrates. En 1994, Mandela le nomma juge en chef de la cour constitutionnelle d'Afrique du Sud. Puis il en devint vice-président en 2001 et président en 2005, sur nomination du président Thabo Mbeki. Il se retira en octobre 2009.

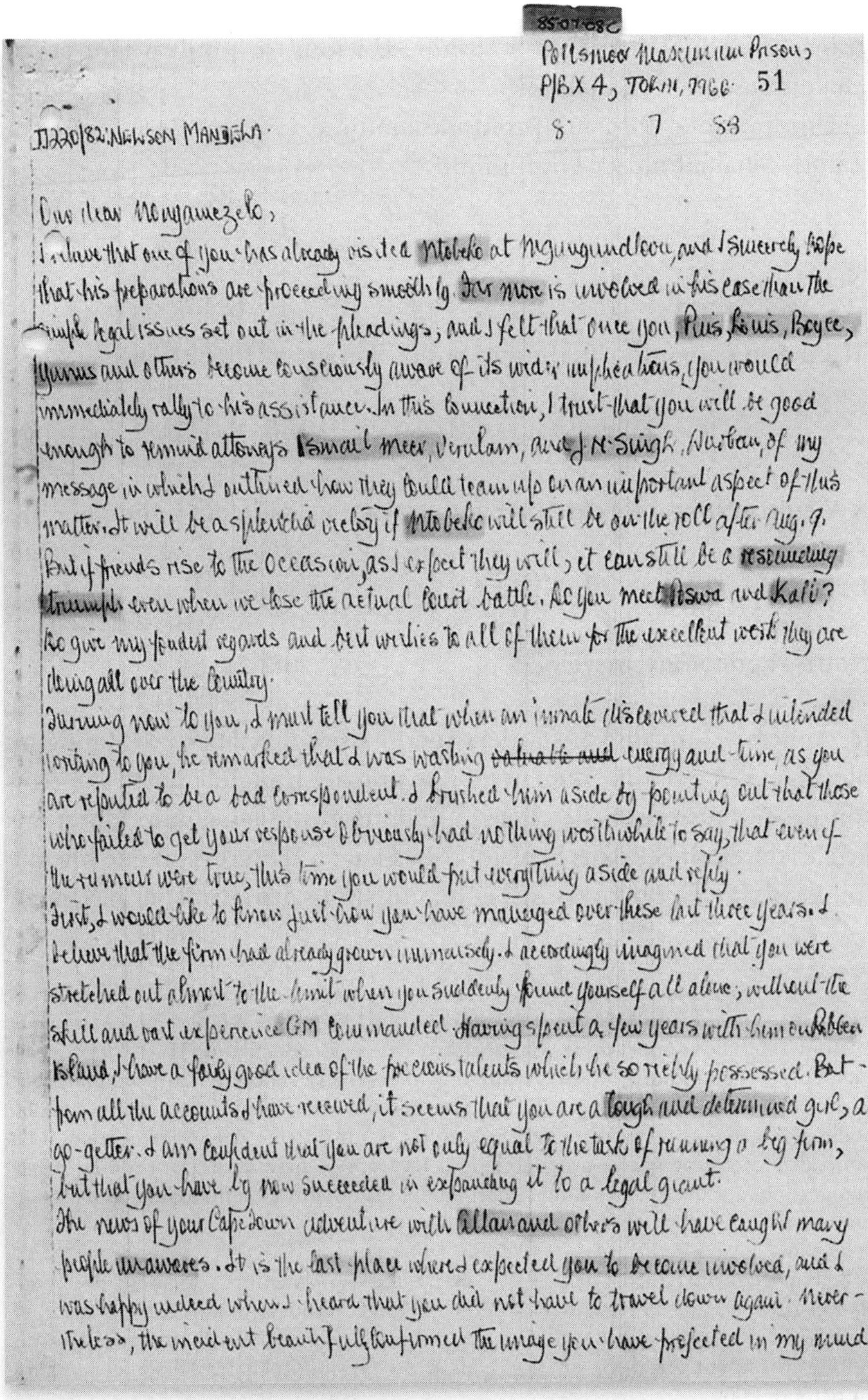

85-07-08C

Pollsmoor Maximum Prison,
P/B X 4, Tokai, 7966   51

D220/82: NELSON MANDELA   8 7 85

Our dear Nonyamezelo,

I believe that one of you has already visited Ntobeko at Mgungundlovu, and I sincerely hope that his preparations are proceeding smoothly. Far more is involved in his case than the simple legal issues set out in the pleadings, and I felt that once you, Pius, Louis, Boyce, Yunus and others become consciously aware of its wider implications, you would immediately rally to his assistance. In this connection, I trust that you will be good enough to remind attorneys Ismail Meer, Verulam, and J N Singh, Durban, of my message in which I outlined how they could team up on an important aspect of this matter. It will be a splendid victory if Ntobeko will still be on the roll after Aug. 9. But if friends rise to the occasion, as I expect they will, it can still be a resounding triumph even when we lose the actual court battle. Do you meet Aswa and Kali? Do give my fondest regards and best wishes to all of them for the excellent work they are doing all over the country.

Turning now to you, I must tell you that when an inmate discovered that I intended writing to you, he remarked that I was wasting ~~valuable and~~ energy and time, as you are reputed to be a bad correspondent. I brushed him aside by pointing out that those who failed to get your response obviously had nothing worthwhile to say, that even if the rumours were true, this time you would put everything aside and reply.

First, I would like to know just how you have managed over these last three years. I believe that the firm had already grown immensely. I accordingly imagined that you were stretched out almost to the limit when you suddenly found yourself all alone, without the skill and vast experience GM commanded. Having spent a few years with him on Robben Island, I have a fairly good idea of the precious talents which he so richly possessed. But from all the accounts I have received, it seems that you are a tough and determined girl, a go-getter. I am confident that you are not only equal to the task of running a big firm, but that you have by now succeeded in expanding it to a legal giant.

The news of your Cape Town adventure with Allan and others will have caught many people unawares. It is the last place where I expected you to become involved, and I was happy indeed when I heard that you did not have to travel down again. Nevertheless, the incident beautifully confirmed the image you have projected in my mind

Lettre à Victoria Nonyamezelo Mxenge, datée du 8 juillet 1985.
Différents noms cités dans cette lettre ont été surlignés en jaune
par une autre main que celle de Mandela.

over these years.
Are the children well, and how are they faring with their schoolwork? Where and when did you spend your last holiday? An overseas vacation, if you have a passport, would certainly be a refreshing experience both from the point of view of your own health and that of the firm. The batteries that keep you going require to be constantly charged and recharged, if you are going to maintain a high standard of performance on professional and wider issues. It would also be an unforgettable experience for you to visit some of the big USA legal firms, some of which have no less than 100 partners each, with computers and well-stocked libraries. Do consider that.
I notice that we now have several lawyers' organisations: Lawyers for Human Rights, Black Lawyers Association and the Democratic Lawyers' Association. To which do you belong? Can you give me some information on the DLA?
Now, I would like you to put a few telephone calls on my behalf to some friends over there: my sympathy to Chief Luthuli's son, Sibusiso, and his wife, Wilhelmina, who were attacked at their Blackhow store recently. We wish them a speedy and complete recovery. Last year I wrote to the old lady, Nokukhanya; I don't know whether she ever received the letter as she never responded. Fondest regards to Kiliza Msi, Senior, whose impressive contribution in the late 40s and early 50s can never be forgotten. The same sentiments to Kiliza Msi, Junior, in regard to his current efforts. We are particularly proud of him. Assure attorney Vahed that, although I have not seen him for 30 yrs, I think of him and his wife. To Billy Nair just say "Madiba sends warmest greetings to Dhambi and Elsie." and to attorney Bhengu I say "Halala Ndabazana!"
In conclusion, I want to tell you that Zami and I love you, and we often talk about you when she visits me. We sincerely look forward to seeing you one day. Hope and the future are always before us, mainly because S.A. has produced many men and women of your calibre, who will never allow the flames to die down. Our love and best wishes to you and the children.
Kindly register your reply. Sincerely, Madiba

Mrs Nonyamezelo Victoria Mxenge, 303 Lamjee Centre, 158 Victoria St, Durban, 4001

conscience des implications plus générales, vous viendrez aussitôt à son aide. À ce sujet, je suis sûr que tu voudras bien rappeler aux avocats Ismail Meer à Verulam[1] et J. N. Singh à Durban, mon message dans lequel je soulignais qu'ils pouvaient soutenir l'équipe sur un aspect important de l'affaire. Ce sera une magnifique victoire si Ntobeko est toujours dans le coup après le 9 août. Mais si des amis se manifestent à cette occasion, comme je l'espère, ce peut être un triomphe retentissant même si nous perdons la vraie bataille au tribunal. As-tu rencontré Poswa[2] et Kall ? Transmets-leur mon meilleur souvenir pour l'excellent travail qu'ils font dans tout le pays.

Je m'adresse maintenant à toi, car je dois te dire que lorsqu'un détenu a appris que j'allais t'écrire, il m'a dit que je perdais mon temps et mon énergie, parce que tu as la réputation d'être une mauvaise correspondante, je lui ai objecté que ceux qui n'avaient pas reçu de réponse de toi n'avaient manifestement pas grand-chose à dire et que même si la rumeur était vraie, cette fois, tu mettrais tout de côté pour me répondre.

Tout d'abord, j'aimerais savoir combien d'affaires tu as réglées ces trois dernières années. Je crois que le cabinet s'était déjà énormément développé. Et j'ai donc imaginé que tu étais presque à la limite quand tu t'étais brusquement retrouvée seule ; sans les capacités et la grande expérience de G.M[3]. Ayant passé quelques années avec lui à Robben Island, j'ai une très bonne idée des précieux talents qu'il possédait. Mais – d'après tout ce qu'on m'a dit, il me semble que tu es une fille dure et déterminée, une fonceuse. Je suis sûr que tu n'es pas seulement à la hauteur de la tâche qui consiste à diriger un grand cabinet d'avocats mais que tu as aussi réussi à l'agrandir pour en faire un cabinet géant.

Les nouvelles de tes aventures au Cap avec Allan et les autres ont dû surprendre beaucoup de gens. C'est l'endroit où j'attendais que tu t'impliques et j'ai été vraiment heureux d'apprendre que tu n'aurais

1. Une ville du KwaZulu-Natal où habitaient les amis de Mandela, Fatima et Ismail Meer.

2. Mandela fait sans doute référence à Ntsikelelo Poswa, un avocat devenu juge.

3. Le mari de Nonyamezelo, Griffiths Mxenge.

plus besoin de faire le voyage. Mais l'incident confirme merveilleusement l'image que j'ai gardée en mémoire pendant toutes ces années.

Est-ce que les enfants vont bien et est-ce qu'ils réussissent à l'école ? Où et quand as-tu passé tes dernières vacances ? Des vacances à l'étranger, si tu as un passeport, seraient assurément reposantes à la fois du point de vue de ta santé et de celle du cabinet. Les batteries qui te permettent de continuer ont besoin d'être chargées et rechargées constamment si tu veux maintenir un haut niveau de réussite sur tous les plans, professionnel et autres. Ce serait également inoubliable pour toi de rendre visite à quelques grands cabinets américains, dont certains ne comptent pas moins de cent associés avec des ordinateurs et des bibliothèques très bien fournies. Tu dois y penser.

Je remarque que nous avons plusieurs organisations d'avocats : Avocats pour les droits de l'homme[1], Association des avocats noirs[2] et Association des avocats démocrates[3]. À quelle association appartiens-tu ? Peux-tu me donner des informations sur AAD[4] ?

J'aimerais que tu passes des coups de téléphone en mon nom, à quelques amis : ma sympathie au fils du chef Lutuli[5], Sibusiso, et à sa femme Wilhemina, dont la boutique à Gledhow a été attaquée récemment. Nous leur souhaitons un prompt et complet rétablissement. L'an dernier, j'ai écrit à la Vieille Dame, Nokhukhanya[6] ; je ne sais pas si elle a reçu ma lettre car elle ne m'a pas répondu. Mes sentiments les meilleurs à Diliza Mji, Senior[7], dont on n'a jamais oublié l'impressionnante contribution à la fin des années 40 et au début des années 50. Les mêmes sentiments à Diliza Mji, Junior[8], pour ses efforts actuels. Nous sommes particulièrement fiers de lui. Assure l'avocat Vahed,

---

1. Association non gouvernementale et sans but lucratif créée en 1979.
2. Créée en 1976 pour s'opposer au système des permis d'habitat séparé (Group Areas Act).
3. L'Association des avocats démocrates a été créée en 1987 par l'Association des avocats noirs (la lettre de Mandela à Victoria Mxenge a été écrite en 1985).
4. Association des avocats démocrates.
5. Mandela écrit « Lutuli » au lieu de Luthuli.
6. Nokhukhanya, veuve du chef Albert Luthuli.
7. Dilizantaba Mji, médecin et président de la Ligue de la jeunesse de l'ANC du Transvaal au début des années 1950.
8. Le fils de Diliza Mji.

que, bien que ne l'ayant pas vu depuis trente ans, je pense à lui et à sa femme. À Billy Nair dis seulement « Madiba envoie ses sentiments chaleureux à Thambi et à Elsie ». Et à l'avocat Bhengu, je dis « *Halala Dlabazana*[1] *!* ».

En conclusion, je veux te dire que Zami et moi nous t'aimons et nous parlons souvent de toi quand elle me rend visite. Nous espérons te voir un jour. L'espoir et l'avenir sont toujours devant nous, surtout parce que l'Afrique du Sud a produit des hommes et des femmes de ton envergure qui ne laisseront jamais la flamme s'éteindre. Notre amour et tous nos souhaits à vous et aux enfants.

S'il te plaît envoie ta réponse en recommandé.

Sincèrement,
Madiba

Mme Nonyamezelo Victoria Mxenge, 503 Damje Center, 158 Victoria Street, Durban, 4001.

À Nolinda Mgabela

D220/82 : NELSON MANDELA 8.7.85

Ma chère Nolinda,

Ta lettre et la belle photo, dont je te remercie, sont arrivées quand je pensais écrire à Nongaye. Au début de l'année dernière, j'ai écrit à Khayalethu pour lui demander, entre autres, de me parler de l'enterrement de votre pauvre Maman, de la santé de votre père et de vos quelques amis. Je n'ai pas reçu de réponse et cela m'a surpris parce que je n'ai jamais pensé qu'il y avait un poltron dans la famille de Kwhalo. Je veux toujours ces informations et s'il ne peut me les envoyer, je suis sûr que toi ou Nongaye vous serez ravis de le faire.

1. *Halala* est une salutation, et Dlabazana est sans doute son nom de clan.

À propos de tes études, je te suggère d'adresser tout de suite une demande d'inscription dans une pension comme Lovedale[1] ou Clarkebury où tu pourras continuer tes études sans qu'on te dérange. Pour cela, je te propose de prendre contact avec une personne influente, comme le docteur Gilimamba Mahlati[2] afin qu'il t'aide pour ta demande d'admission.

En ce qui concerne les frais et ton argent de poche, je veux que tu écrives sans délai au docteur Beyers Naude, secrétaire du Conseil des Églises d'Afrique du Sud, PO 31190, Bramfontein, 2017. Dis-lui que tu m'as écrit et que j'aimerais qu'il t'aide pour ton bac et pour l'université.

Dans ta lettre tu dois lui dire que ta mère, qui a été détenue plusieurs fois, est décédée l'an dernier peu de temps après que ton père, Malcomess Mgabela, a été libéré après dix-huit années à Robben Island pour raisons politiques. À cause de ces dix-huit années et d'un harcèlement continuel, il a été incapable d'économiser suffisamment pour la scolarité de ses enfants. À son âge et avec ses idées, il lui est impossible de trouver un emploi. C'est pour ces raisons que tu n'as pas d'autre choix que de demander de l'aide au CEAS. Tu dois indiquer la classe dans laquelle tu es actuellement et l'école dans laquelle tu es élève. Que Khayalethu et Nongaye t'aident à écrire la lettre et assure-toi que tous les points mentionnés ci-dessus sont inclus.

Comment va Mkhozi Khwalo ? J'espère sincèrement qu'il est rentré chez lui et que sa tension est sous contrôle. Transmets-lui mes salutations.

Encore une fois, j'aimerais que tu saches que je te suis reconnaissant de m'avoir envoyé cette lettre adorable et cette jolie photo. J'espère avoir bientôt de tes nouvelles. D'après la photo, tu sembles être une jeune dame séduisante, et je pense que les garçons doivent t'ennuyer. Ce qui compte actuellement, ce sont tes études. Il serait bon que tu n'aies pas d'histoire d'amour sérieuse avant d'avoir fini tes études de droit.

---

1. Lovedale Missionary Institute, dans le homeland du Ciskei.
2. Gilimamba Mahlati, médecin et homme d'affaires.

Je t'envoie mon amour et mes tendres salutations, ainsi qu'à Nongaye, Khayaletu, Nosizwe et Ntomboyise.

Sincèrement,
Tata

Mlle Nolinda Mgabela, 8235, Mdantsane, 5219.

Envoie toutes tes lettres en recommandé pour moi et pour le docteur Naude.

Fin 1985, la santé de Nelson Mandela est devenue un sujet récurrent dans les conversations publiques ainsi qu'une grande inquiétude lorsqu'on apprit qu'il avait été hospitalisé au Cap pour une opération de la prostate. Au cours des vingt années précédentes, il était allé à l'hôpital pour des soins mineurs et brefs, mais cette fois, c'était différent. Il avait soixante-six ans et l'idée qu'il puisse mourir en prison inquiétait le pouvoir, ainsi que sa famille et ses partisans.

Il a été admis au Volks Hospital dans un quartier vert, proche du centre, le samedi 3 décembre. Sa famille et lui avaient réuni un impressionnant groupe de médecins de confiance pour le suivre.

Fait significatif : il a reçu « un visiteur inattendu et étonnant[1] », le ministre de la Justice d'alors, Kobie Coetsee. Mandela lui avait écrit pour lui demander une rencontre afin de discuter de pourparlers possibles entre le gouvernement et l'ANC, mais il ne s'attendait pas à le voir à l'hôpital. Leur première conversation se limita à un échange de civilités, mais Mandela aborda très vite le sujet de sa femme assignée à résidence à Brandfort, dont la maison avait été incendiée alors qu'elle se trouvait à Johannesburg pour un traitement médical. La maison avait été réparée et la police essayait de la faire revenir en dépit d'une situation dangereuse. Il demanda à Coetsee de permettre à Winnie de rester à Johannesburg.

Coetsee est devenu un personnage crucial dans les discussions que Mandela entama l'année suivante avec l'équipe gouvernementale. Des discussions explo-

1. *Un long chemin vers la liberté*, *op. cit.*, p. 540.

ratoires furent prévues pour savoir si le gouvernement devait entrer dans des négociations officielles avec l'ANC quant à la fin de l'autorité de la minorité blanche.

La rencontre avec Coetsee peut aussi avoir été le catalyseur de sa séparation d'avec ses camarades quand il est revenu à Pollsmoor le 23 novembre. À partir de cette date, ils durent faire des demandes officielles pour se voir, après avoir passé presque chaque journée ensemble pendant près de vingt-deux ans. Mandela soupçonna que c'était ainsi que les discussions avec le gouvernement pourraient commencer[1]*. Finalement, en mars 1986, il entama ce qui allait devenir une longue suite de rencontres avec Coetsee et d'autres membres du gouvernement – des rencontres qui annonçaient de véritables pourparlers entre le régime d'apartheid et l'ANC après sa libération de prison en 1990.*

À l'université d'Afrique du Sud
Étudiant n° 240-094-4

15.10.85

Le secrétaire général
Université d'Afrique du Sud
PO Box 392, Pretoria 0001

Cher Monsieur,

Je vous demande de m'autoriser à passer les examens d'octobre/novembre, en cinq parties, en janvier 1986.

J'avais prévu d'être opéré[2] immédiatement après avoir passé les examens. Mais selon un avis médical, on m'a conseillé de me faire opérer sans délai, avis que j'ai suivi.

En règle générale, et sans doute pour des raisons de sécurité, le département des Prisons ne prévient pas un prisonnier de la date à laquelle il devra subir une opération. Mais le 29 septembre, après

---

1. *Un long chemin vers la liberté*, *op. cit.*, p. 541.
2. Mandela a été admis au Volks Hospital, au Cap, le 3 novembre 1985 pour une opération de la prostate et il est retourné en prison le 23 novembre 1985.

consultation avec l'équipe médicale qui dirigera l'intervention, on m'a indiqué qu'elle aurait lieu au cours de la semaine qui commençait le 7 octobre. J'ai alors arrêté ma préparation aux examens dans l'espoir d'obtenir une équivalence.

Plus tard, on m'a informé que l'opération avait été reportée à la fin du même mois ou début novembre. J'ai alors repris ma préparation aux examens, mais en même temps j'ai dû subir toute une série de tests et de consultations qui m'ont empêché de me concentrer et ont perturbé mes révisions. [Pour] toutes ces raisons, je me vois dans l'obligation de vous demander de me permettre de passer les examens en janvier prochain.

Je vous prie de trouver ci-joint [un] certificat médical du docteur Stoch, chirurgien du district de Wynberg, qui confirme ma demande.

Avec mes salutations distinguées,
[Signé NR Mandela]

À Winnie Mandela, sa femme

D220/82 : NELSON MANDELA 5.12.85

Maman chérie,

Tu es restée dans mes pensées depuis ta dernière visite au Volks Hospital. Même alors, j'ai pu constater sur ton beau visage les ravages des tensions grandissantes et de la fatigue. En temps normal, j'aurais été à ton chevet, te tenant la main et soulageant tes douleurs. J'espère sincèrement que tu pourras te reposer pendant quelque temps. Tu t'es remarquablement débrouillée et personne ne peut te tenir rigueur de prendre parfois les choses à la légère. Souviens-toi que je t'aime et que je te souhaite un prompt rétablissement.

Des tonnes et des tonnes d'amour et un million de baisers. Avec mon affection, Madiba.

[Carte de vœux avec ces mots imprimés :]
Espère que chaque jour
T'apporte quelque chose d'heureux…
L'éclat du soleil à ta fenêtre,
Le sourire des amis,
Une nouvelle agréable,
Tout ce qui fera
Passer le temps plus vite
Jusqu'à ce que tu ailles bien !

Au docteur Dumisani Mzamane, médecin et ami

D220/82 : NELSON MANDELA

17.12.85

Cher Dumisani,

J'ai quitté le Volks Hospital en 23 novembre et je suis toujours un traitement postopératoire. Médicaments :
Acide folique.................. 1 × 3 fois par jour
Levure de bière............. 1 × 3 fois par jour
Sulfate ferreux............... 2 × 3 fois par jour
Bactrim........................ 1 × 2 fois par jour

Plus :
40 ml d'Isoptin.............. 2 fois par jour

L'incision est totalement guérie et la cicatrice à peine visible. La semaine dernière l'unité sang du Conradie State Hospital a analysé un échantillon de mon sang et les résultats sont les suivants :
Hémoglobine................. 13,0
Globules blancs............. 4,7

Pendant toute la durée de mon hospitalisation, l'urologue, le docteur Loubscher, m'a rendu visite deux fois par jour, et le spécialiste, le docteur Shapiro, une fois par jour. Ils prennent en coordination les dispositions pour un check-up et, s'il devait y avoir des suites inattendues (ce dont je doute), je te tiendrais informé.

Ton ami et chirurgien du district, le docteur Stoch, est toujours en congé pour trois mois. J'ai eu une longue consultation avec lui la veille de son départ et il m'a expliqué patiemment et le plus complètement possible le but du traitement actuel. Le docteur Brand, qui a quitté le service de chirurgie du district il y a quelques mois, interviendra en l'absence du docteur Stoch. Il a aussi passé un moment avec moi et nous restons en contact quotidiennement. C'est tout pour l'instant.

Je dois ajouter que j'ai été ravi de découvrir récemment que Woody était président du conseil d'administration de l'hôpital et sa position sur une question qui nous concernait tous a été réellement magnifique. Mes félicitations à lui et mes salutations à sa famille, ainsi qu'à la surveillante générale (africaine), même si je n'ai pas eu le plaisir de la rencontrer. Mais je dois conclure cette lettre en espérant que presque aucun de nous ne reste insensible quand elle/lui pense à Lesedi[1]. Cette institution présente, bien plus que des bâtiments, des installations et un équipement qui lui valent sa réputation. C'est un symbole et un rêve que nous aimons et on doit chaleureusement féliciter Nthato[2] pour cet excellent travail de pionnier. C'est aussi une source de fierté et de joie de savoir que tu es étroitement associé à une création aussi significative. Mes félicitations à toi, à ta surveillante générale et à toute l'équipe des soignants, de l'administration et du personnel.

Mon affection et mes sincères salutations à Sally[3] et à Nthato, au docteur Gecelter[4] et sa famille et, bien sûr, à toi et à ta famille.

Sincèrement,
Madiba

1. Le Lesedi Private Hospital à Soweto, Johannesburg, fondé par le docteur Nthato Motlana.

2. Nthato Motlana (1925-2008), ami, médecin, homme d'affaires et militant anti-apartheid – voir Glossaire.

3. Sally, la femme du docteur Motlana.

4. L'urologue de Mandela de Johannesburg.

P.-S. : S'il te plaît rappelle à Winnie qu'il y a beaucoup de visiteurs pour le jour de Noël et qu'elle doit arriver au plus tard à 8 h 45, pour faciliter les choses au gardien de service.

Salutations au docteur Matseke et à sa famille,

Madiba

[Enveloppe]
Docteur Dumisani Mzamane
Unité de néphrologie
Baragwanath Hospital
Potchefstroom Road
JOHANNESBURG
2001

Au directeur de l'Administration pénitentiaire

[Lettre traduite de l'afrikaans]

[Cachet du télex 1986-02-04]

Confidentiel
Directeur de l'Administration pénitentiaire
[AK ?] Services de sécurité
Lettres de remerciement 913[1]
913 a l'autorisation d'écrire des lettres de remerciement aux médecins qui ont pris soin de lui avant et après son hospitalisation.
Il aimerait écrire aux personnes suivantes :
Docteur Jack Baron : le médecin qui a fait les « scans ».
Docteur Nthato Motlana, un des médecins désignés.

1. Le numéro de dossier de prison de Mandela était le n° 913. Les gardiens l'appelaient souvent 913 entre eux.

Docteur L. Gecelter, urologue de Johannesburg qui a été présent comme observateur pendant l'opération.
Docteur Dumisani Mzamane, un des médecins désignés par la famille.
Docteur C. J. Dekenah, anesthésiste.
Professeur A. B. Bull, anesthésiste.
Professeur G. Chisholm et docteur Edenburg, d'Écosse, eux aussi présents comme observateurs.
Docteur W. M. Laubscher, l'urologue qui a dirigé l'opération.
Le docteur P. Turner, superintendant du Volks Hospital.
Le docteur Norman Shapiro, spécialiste des maladies organiques qui, d'après lui, l'a ausculté avant et après l'opération.
Docteur S. W. Stoch, chirurgien-chef du district de Wynberg.
Le contenu de la lettre est le suivant :

Cher...

J'ai tardé à écrire cette lettre dans l'espoir qu'elle serait accompagnée d'un cadeau convenable de ma part, en remerciement de votre présence lors de mon opération au Volks Hospital du Cap le 3 novembre 1985.

Malheureusement, j'ai rencontré des problèmes insurmontables et malgré mes efforts cet espoir n'a simplement pas pu être réalisé.

Mais je vous assure que mon sentiment de gratitude est profond et total et c'est toujours dans cet esprit que je penserai à vous.

Veuillez accepter mes plus sincères salutations à vous et à votre famille.

Sincèrement,
M. Mandela

Vrystelling van die brief word aanbevele[1]
Bevelvoerende offisier[2]
Brig. F. C. Munro

1. « La lettre peut être envoyée » en afrikaans.
2. « Officier commandant » en afrikaans.

Les deux premiers paragraphes de la lettre qui suit, une des plus riches des Lettres de prison, *montre la foi absolue de Mandela dans la voie du militantisme politique et du combat pour la liberté qu'il a choisie, afin d'apporter des changements dans le pays de son enfance. Il a écrit cette lettre à Joy Motsieloa dans sa petite cellule individuelle de la prison de Pollsmoor, conscient qu'à l'extérieur de ces quatre murs le pays était littéralement en feu dans beaucoup d'endroits.*

Depuis septembre 1980, ses camarades et lui avaient été autorisés à recevoir des journaux, à écouter des bulletins d'information à la radio et, au milieu des années 1980, ils étaient tout à fait informés des événements qui se déroulaient en Afrique du Sud. Une recrudescence d'activité contre l'apartheid en réponse à la création par le président Botha d'un parlement à trois chambres séparées pour Blancs, métis et Indiens – rien pour les Africains – en 1983 avait donné naissance à une puissante organisation nouvelle, le Front démocratique uni.

En 1985, l'ANC en exil a appelé les Sud-Africains à rendre les quartiers noirs « ingouvernables ». En juillet de la même année, une « Pollsmoor March » a été organisée pour que des militants « marchent » vers la prison et « libèrent » Nelson Mandela. Le 28 août 1985, des milliers de manifestants sont partis du Cap vers la prison de Pollsmoor, mais la poigne de fer du régime d'apartheid s'est abattue sur eux avant qu'ils aient pu s'approcher. Neuf personnes ont été tuées ce jour-là et dix-neuf autres avant la fin de la semaine. Cela a entraîné d'immenses manifestations dans la ville du Cap jusqu'à la fin de l'année.

Alors que Mandela écrivait cette lettre, des militants étaient détenus en masse, kidnappés et assassinés. Six mois plus tôt, Victoria Mxenge, une des amies à qui il écrivait de prison (voir sa lettre du 8 juillet 1985, p. 595) avait été assassinée par un homme payé par les forces de sécurité. Le pays était sous le coup d'un état de siège, en fait la loi martiale. De sévères restrictions mises en place empêchaient les médias de rendre compte de l'action de la Police de sécurité.

À Joy Motsieloa, une amie

D220/82 : NELSON MANDELA

17.2.86

Chère Joy,

Quand un homme s'engage dans le genre de vie qu'il va mener pendant quarante-cinq ans, même s'il sait peut-être quelle serait l'issue de tous les hasards impliqués, il lui est malgré tout impossible de prévoir le véritable cours des événements et la façon précise dont tout cela influencera sa vie.

Si j'avais été capable de prévoir tout ce qui s'est passé, j'aurais certainement pris les mêmes décisions, en tout cas, c'est ce que je crois. Mais cette décision aurait sans doute été bien plus décourageante et certaines des tragédies qui ont suivi auraient inévitablement fait fondre en moi les éléments d'acier qui s'y trouvaient. La mort de ceux qu'on aime et les amis intimes auxquels on est attaché par de multiples liens, certains remontant à plusieurs décennies, l'immense variété des problèmes auxquels votre famille serait exposée en votre absence, ce sont des catastrophes personnelles souvent difficiles à supporter et en de nombreuses occasions, on se demande si, dans ce genre de vie, on devrait avoir une famille, élever des enfants et nouer de solides amitiés.

De telles pensées m'ont souvent traversé l'esprit. La mort de ton frère, Gabula[1], a été un de ces douloureux moments. La nouvelle m'a littéralement paralysé ; j'aurais pu t'écrire à toi ou à Zozo[2], mais je ne savais pas si les vieilles gens étaient encore en vie et, si oui, quelle était leur adresse. Tout ce que je pouvais faire dans ma situation a été de me retirer dans la solitude de ma cellule, assommé de savoir que je ne le verrai plus jamais. Mais j'ai été soulagé quand j'ai repensé aux jours heureux que nous avions passés ensemble et à son merveilleux sens de l'humour.

1. Gabula Mahlasela, le frère de Joy Motsieloa, avait rendu visite à Mandela dans la prison du Fort, à Johannesburg, alors qu'il attendait son premier procès en 1962.
2. Sa petite-fille, Zoleka.

Plus tard, quand mon tourment a commencé à s'apaiser, j'ai réussi à rationnaliser la situation et je me suis consolé, persuadé qu'on se souviendrait d'un homme doué d'un tel optimisme, grâce à ses efforts constructifs et essentiels, grâce aussi à sa joie et à son rire. Il m'a manqué depuis ce temps-là.

Kepu[1], qui correspond avec moi depuis notre séjour à Robben Island, m'a informé par télégramme de la mort de Thandi[2] et j'ai envoyé un message de sympathie à sa famille.

L'année dernière, Vuyiswa[3] m'a envoyé un télégramme pour mon anniversaire et, en réponse à ma lettre de remerciements, elle m'a envoyé une [?] lettre à laquelle je tiens beaucoup. Elle l'a écrite sur un morceau de papier qui a été vraisemblablement trouvé dans une corbeille à papier. Le verso était couvert d'éléments ronéotés[4]. Mais malgré tout, la vraie lettre était chaleureuse et agréable et son manque total de présentation en a fait quelque chose d'unique. Ce doit être une personne extraordinaire et j'attends de la voir un jour en chair et en os.

Quand je suis allé à Londres en juin 1962, j'ai pensé à toi et à Jimmy[5], mais la visite était secrète et très organisée et j'ai été malheureusement incapable de contacter beaucoup de gens que j'aurais aimé voir. Avant d'avoir reçu la lettre de Vuyiswa je ne savais pas que tu étais à Mogadiscio[6] et Jimmy en Scandinavie. J'espère que tes différentes activités t'ont donné plaisir et satisfaction mais j'imagine que tu as dû beaucoup voyager. Combien d'enfants as-tu et que font-ils ? Quand reviendras-tu enfin chez nous ? Souviens-toi que nous pensons à toi et à ton Jimmy. Je t'envoie mes tendres pensées et toutes mes salutations.

Sincèrement,
Madiba

---

1. Kepu Mkentane, la femme de Lincoln Mkentane, une amie et ancienne camarade d'université de Mandela, qui est devenue avocate.
2. Un des parents de Joy Motsieloa.
3. Vuyiswa, la femme de Duma Nokwe, est décédée en 2008 en Afrique du Sud.
4. Une ronéo est un système de reproduction de textes par stencils.
5. Jimmy Njongwe (1919-1976), médecin, leader ANC, parent de Joy Motsieloa et organisateur de la Campagne de défi dans le Cap-Oriental.
6. Capitale de la Somalie.

P.-S. : Si tu devais oublier cette adresse ou si tu ne voulais pas l'utiliser, envoie tes lettres en recommandé à : PO 728 Johannesburg, 2000.

[Enveloppe]
Mme Joy Motsieloa
Haut-Commissariat aux réfugiés, Nations unies
PO 2925
MOGADISCIO
Somalie

À Tukwini, Dumani et Kweku, ses petis-enfants et enfants de sa fille aînée, Makaziwe Mandela

D220/82 : NELSON MANDELA

À Tukwini, Dumani et Kweku,

Vous me manquez beaucoup et je pense tout le temps à vous. Des tonnes et des tonnes d'amour et un million de baisers.

De Khulu

Prison de haute sécurité de Pollsmoor
P/B X4, Tokai, 7966

[Enveloppe]
Tukwini, Dumani et Kweku
429 North Pleasant Street
App # 108
Amherst, MA 01002,
USA

À Michael Dingake[1], ami, camarade et ancien compagnon de détention

D220/82

24.4.86

Cher Tlou[2],

Cette lettre pour Rakgadi[3] m'a été retournée par le bureau de poste de Gaborone[4] avec la mention « PO Box fermée ». Assure-toi, s'il te plaît, qu'elle l'a reçue et ensuite dis-moi par lettre recommandée les résultats de ta recherche.

Ceci est une lettre spéciale strictement limitée à ce qui précède. Mais je dois, au moins, te dire que toi, Edna[5] et la jeune dame[6] vous êtes toujours présents dans mes pensées. Quand Natho[7] est venu l'an dernier, je l'ai interrogé sur vous. J'espère sincèrement que vous êtes en bonne santé et que avez toujours du temps pour le jogging. Dans votre réponse, parlez-moi de l'université et de la jeune dame.

Toutes mes amitiés et mes meilleurs vœux à Quett[8], Gaositwe[9], Sefton[10], Tloome[11], Martha, Ishy[12], Nana et Huby[13], Dan, Edana et, le meilleur pour la fin, toi.

Très sincèrement,
Madiba

---

1. Michael Dingake (1928-), membre de l'ANC condamné pour sabotage et emprisonné à Robben Island – voir Glossaire.
2. Nom de clan de Michael Dingake.
3. « Sœur » en seTswana. Il fait référence à Frieda Matthews, amie, et femme de son professeur d'université, Z. K. Matthews.
4. Capitale du Botswana où vivait la famille Matthews.
5. Edna Dingake (décédée en 2009), femme de Michael Dingake.
6. La fille des Dingake, Goseo Dingake.
7. Nthato Motlana.
8. Ketumile Joni Masire, dit Quett Masire (1925-2017), second président du Botswana de 1980 à 1998.
9. Docteur Gaositwe Chiepe (1922-), ancien ministre du Botswana.
10. Sefton Vutela, beau-frère de Mandela qui travaillait au Botswana Book Centre à Gaborone.
11. Dan Tloome (1919-1992), leader de l'ANC et du Parti communiste sud-africain qui travaillait pour le bureau de l'ANC au Botswana et qui a passé de longues années en exil en Zambie.
12. Martha et Ishmael Matlhaku, militants ANC et amis. Ils ont été exilés au Botswana.
13. Euphenia et Solly Hlapane, militants ANC, réfugiés au Botswana.

À K. D. Matanzima, son neveu, chef thembu et président du Transkei

D220/82 : NELSON MANDELA

19.5.86

Ngubengcuka,

Le département des Prisons m'informe qu'en aucune circonstance tu ne te rendras au Cap pour me rendre visite parce que je t'ai grossièrement insulté quand j'ai refusé ta demande de visite l'an dernier.

À plusieurs reprises dans le passé je t'ai expressément mis en garde contre le fait d'utiliser notre relation pour m'impliquer, moi et mon organisation, dans la politique des bantoustans et je ne te permets pas de le faire.

Mais je suis troublé par de récents articles de presse qui signalent l'existence d'un bouleversement tragique dans les affaires de la famille[1]. J'ai été encore plus affligé en voyant que tu restais insensible à cet état de choses. J'espère vraiment que des conseils plus sages finiront par l'emporter et, qu'au bout du compte, tu reconsidéreras ta décision afin que nous puissions contenir notre colère et notre amertume. Si ma situation le permettait, je viendrais au Transkei, comme je l'ai fait en 1955, pour discuter de ces problèmes avec toi. Quand les conditions me le permettront, je m'arrangerai pour te voir et mon seul espoir est qu'une tentative pour régler cette affaire sera opportune et portera ses fruits.

Je n'ai pas besoin de te rappeler que nos convictions politiques sont radicalement différentes et il est de mon devoir de te le rappeler chaque fois que tu sembles l'oublier. Mais je te considère toujours comme un membre important de la famille dont l'amitié et la coopération sont essentielles pour la préservation de l'unité de la famille et la paix. Je ne t'insulterai ni te rabaisserai, toi ou n'importe qui d'autre. Mais je dois insister pour dire qu'un personnage public, qu'il soit – comme

1. Mandela fait référence aux actions de K. D. Matanzima à l'égard du roi Sabata Jonguhlanga Dalindyebo.

tu le dirais – un « dangereux révolutionnaire », ou un simple chef de bantoustan qui accepte que son image soit sévèrement écornée par la récrimination, la susceptibilité et la violence du langage, n'est pas un modèle pour mon approche des gens et des problèmes.

Sincères salutations et meilleurs vœux pour toi, pour Bambilanga[1], Mzimvubu[2], Ngangomhlaba[3] Zwelidumile, et Wonga. Vous me manquez tous. Ngubengcuka !

Très sincèrement,
Dalibunga

On pense que l'humidité de la cellule individuelle de Mandela, où le soleil ne donnait jamais, située sur le toit de la prison de Pollsmoor, a contribué à la maladie qui le faisait sortir continuellement de prison. Un an avant qu'il ne tombe malade de tuberculose, il mit en garde les autorités à propos de ce qu'il considérait comme une grave menace à sa santé.

Au directeur de la prison de haute sécurité de Pollsmoor

D220/82 : NELSON MANDELA

6.10.86

Le directeur
Prison de haute sécurité de Pollsmoor

À l'attention du major Van Sitter

J'aimerais être transféré, dès que cela sera possible, de ma cellule actuelle dans une cellule vide en face, de l'autre côté du couloir, et cela pour des raisons de santé.

1. Nxeko (aussi Bambilanga) est le frère du roi Sabata Jonguhlanga Dalindyebo.
2. George Matanzima.
3. Le chef Ngangomhlaba, un parent.

Ma cellule actuelle est très insalubre et, si j'y reste, ma santé sera gravement affaiblie. À aucun moment de la journée la lumière naturelle ne pénètre dans la cellule et je suis dans l'obligation de garder la lumière électrique en permanence.

Les vitres de la fenêtre intérieure sont opaques et épaisses et l'installation extérieure est faite de planches à claire-voie, ce qui rend la cellule sombre et déprimante. Six vitres ont été enlevées et quand il fait froid ou quand le vent souffle, c'est insupportable.

Des parties des murs et du sol sont humides en permanence et ce sont des conditions que j'ai dû endurer au cours des dix mois que j'ai passés ici. Vous comprendrez, j'en suis persuadé, qu'il n'est pas souhaitable que je sois obligé de vivre dans de telles conditions, alors qu'il y a juste en face, dans la même unité, une cellule beaucoup mieux exposée dans laquelle je serais dans un confort relatif.

Je dois ajouter que l'humidité et les éléments métalliques des murs affectent la réception de la radio et de la télévision, ce qui entraîne un tremblement incontrôlable des images sur l'écran[1]. Je pense que la réception serait de meilleure qualité dans une cellule sèche et correctement ventilée, et non parasitée par des éléments métalliques. En conséquence, je vous suggère de me permettre de déménager dans la cellule opposée.

Vous vous rappellerez que le 26 septembre 1986 j'ai demandé une intervention urgente de l'officier commandant et je vous prie instamment de lui rappeler une nouvelle fois cette requête. En conclusion, j'aimerais vous faire remarquer qu'aucune explication ne m'a été fournie concernant les conditions dans lesquelles cette télévision a été mise à disposition.

Tournez SVP

[La lettre se termine brusquement. Nous ne savons pas si la deuxième page a été copiée ou si elle n'a pas été détenue par les Archives nationales d'Afrique du Sud.]

1. En 1986, les prisonniers de Rivonia à Pollsmoor ont eu le droit d'avoir des postes de télévision. Mandela en a reçu un dans sa cellule le 1er octobre 1986.

À Mabel Nontancu Timakwe[1], sa sœur

[Traduite de l'isiXhosa]

18.2.87

Ma princesse chérie,

Les années passent. Il est difficile de croire que deux années se sont écoulées depuis que je t'ai vue[2].

Depuis quelque temps, j'avais l'intention de t'écrire pour te remercier de ta gentille visite pendant laquelle tu m'as donné d'extraordinaires nouvelles de chez nous. La population des visiteurs a augmenté ici ; certains viennent d'Afrique du Sud, d'autres du Swaziland et d'Amérique. La responsabilité qu'ils me confèrent (en m'apportant leurs problèmes) me rend difficile de t'écrire aussi souvent que mon cœur le désire. Le nombre de lettres que j'envoie par an est limité et je veille à ne pas dépasser le maximum. Puisque tel est le cas, je te dis en quelques lignes que je me porte bien. J'espère qu'il en est de même pour toi.

J'ai écrit à Kholeka[3] et à Leabie[4] et j'ai envoyé la lettre c/o Langa High School, Butterworth[5]. Je ne sais pas si elle arrivera à cette adresse. Je demande que toi et Notsasumbana rendiez visite à Mme Nobandla, Maison n° 8115, Orlando West, 1804, pendant quelques semaines, afin que tu puisses « prendre l'air ».

Nobandla est une personne très gentille qui a beaucoup d'amour pour la famille. Voici son numéro de téléphone 936-5402. C'est moi qui devrais lui demander l'autorisation pour que tu lui rendes visite mais je ne peux le faire. J'aimerais aussi que tu voies ma sœur aînée.

Salue mon beau-frère Daniel et le reste de la famille.

Ton frère,
Madiba

1. Mabel Nontancu Timakwe (1924-2002) – voir Glossaire.
2. Il était à Pollsmoor depuis près de cinq ans, aussi est-il possible qu'il parle des deux années où il a été en cellule individuelle, séparé de ses camarades.
3. La nièce de Mandela, la fille de sa sœur, Mabel.
4. Sa plus jeune sœur.
5. Une ville dans la province du Cap-Oriental.

À Frieda Matthews, amie, et femme du professeur d'université Z. K. Matthews

D220/82 : NELSON MANDELA 25.2.87

Notre chère Rakgadi[1],

Tu n'as aucune idée de ce que ta venue à Pollsmoor a signifié pour nous. Une visite à un prisonnier a toujours une signification difficile à exprimer avec des mots. La routine est la grande loi de la prison dans presque tous les pays du monde et chaque jour est semblable au précédent : même décor, mêmes visages, même dialogue, même odeur, des murs qui s'élèvent jusqu'au ciel et le sentiment toujours présent qu'en dehors des portes de la prison, il y a un monde passionnant auquel on n'a pas accès. Voir ceux qu'on aime, amis et même inconnus, est toujours inoubliable, quand la monotonie et la frustration sont rompues et que le monde entier pénètre littéralement dans la cellule.

Ta visite était de celles-là et on sent qu'après tout, on fait encore partie du monde dans lequel on est né et on a grandi. Elle a éclairé quelque chose en moi et beaucoup de souvenirs agréables, remontant jusqu'à 1939, me sont revenus en mémoire. Dans des circonstances différentes, nous aurions insisté pour que tu ailles à Robben Island, Pretoria, Diepkloof et Kroonstad[2] pour leur apporter directement les mêmes sentiments que tu m'as exprimés. Mais bien sûr, ce n'est pas possible…

J'ai été heureux d'apprendre que Kgosie, J.J. et compagnie t'ont rendu visite. C'est le domaine dans lequel un Matthews devrait être actif et nous avons été vraiment contents de savoir qu'il tient vivante la tradition familiale. J'espère qu'il a hérité du don de Bakwe[3] pour la lecture vaste et rigoureuse. Au cours du procès de la trahison, il a

1. « Sœur » en seTswana.

2. Des prisons dans lesquelles sont détenus d'autres militants politiques.

3. Bakwe (Joe) Matthews (1929-2010), militant politique et fils de Frieda et Z. K. Matthews – voir Glossaire.

mis au point un emploi du temps qu'il a presque toujours respecté. En revenant du tribunal, il bavardait avec sa famille pendant quelque temps, il soupait, il allait dans sa chambre et lisait pendant des heures. Ce qui était aussi important, c'est qu'il savait comment intégrer ce qu'il lisait et l'appliquer à son travail politique. Lui et Fiki me manquent depuis toutes ces années.

En ce qui concerne les autres petits-enfants, tu te trompes en pensant que parler d'eux m'ennuie. Bien au contraire, les progrès que font les enfants peuvent être tout à fait fascinants, même quand il s'agit de vos petits-enfants. Il faut le reconnaître et considérant le passé de ta famille, il n'y a rien de très étonnant à ce que tes petits-enfants veuillent atteindre les étoiles. Les réalisations de leurs parents et grands-parents sont pour eux un défi et une inspiration. Mais même en tenant compte de ça, ce qu'ils ont réussi donne à une personne en prison une image assez claire des changements spectaculaires qui ont lieu en ce moment en Afrique du Sud et cela met en perspective les troubles sociaux de cette région.

Il semblerait qu'une sorte de diaspora soit en mouvement et que les enfants des townships urbains et des simples villages de campagne se répandent dans le monde entier, ce qui agrandit l'horizon et permet d'acquérir de nouvelles idées ; avec ce bagage, ils reviennent chez eux dans un environnement qui n'est pas prêt à les accepter. Cela apparaît clairement dans les lettres que nous recevons et je suis heureux de noter que tes petits-enfants sont exactement au centre de ce phénomène. Je les félicite tous et je leur adresse mes plus sincères salutations et mes souhaits les meilleurs.

Je vois Walter et les autres[1] de temps en temps et la veille de Noël nous avons passé un très bon moment. Nous formons comme une famille et nous partageons tout ce que nous possédons. Naturellement tu nous manques et nous mourons d'envie du *veld*, de l'air frais et du grand soleil.

Mon affection, Rakgadi,

Très sincèrement,
Nelson

1. Walter Sisulu et les autres détenus du procès de Rivonia à Pollsmoor.

À Kepu Mkentane, un ami

D220/82 : NELSON MANDELA 25.2.87

Cher Kepu,

La dernière lettre que je t'ai écrite date du 17 février de l'an dernier. Le même jour, j'avais écrit à ta nièce, Joy[1], et je lui avais exprimé toute la sympathie de la famille pour la mort de Gabula[2] et de Thandi. La lettre a mis longtemps à lui parvenir ; je l'avais adressée à Mogadiscio pour découvrir qu'elle était partie en Suède... Mais bien qu'elle travaille ailleurs, sa base reste à Stockholm et je propose de lui écrire un peu après la fin de cette année.

Comme d'habitude, tu as répondu rapidement à ma lettre et tu m'as fourni les renseignements dont j'avais rudement besoin et je t'en remercie. Quand il s'agit de courrier tu as une idée de ce qui est arrivé à notre peuple au cours des dernières vingt-cinq années. Il y a peu de gens avec qui l'on peut correspondre. Les amis de longue date sont morts ou hors du pays. Beaucoup de ceux qui sont encore en Afrique du Sud ne peuvent être joints, à part peut-être de notables exceptions, les rares qu'on peut encore contacter semblent ignorer totalement que les lettres sont faites pour qu'on y réponde. Par comparaison, les femmes se sont montrées de meilleures correspondantes, plus au courant des besoins des prisonniers.

Ici, à part toi, je reçois régulièrement des lettres d'encouragement de mes sœurs, de mes petits-enfants, de Florence (Nosango) Matanzima[3], et de Connie Njongwe[4]. Les chefs Bambilanga[5] et Luvuyo Mtirara de

1. Voir cette lettre, p. 610.

2. Gabula Mahlasela, le frère de Joy Motsieloa, qui a rendu visite à Mandela dans la prison du Fort à Johannesburg alors qu'il attendait son procès en 1962.

3. Une des cinq femmes de K. D. Matanzima.

4. Connie Njongwe, la femme de Jimmy Njongwe, médecin, leader de l'ANC et organisatrice de la Campagne de défi dans le Cap-Oriental.

5. Nxeko (aussi connu sous le nom de Bambilanga) est le frère du roi Sabata Jonguhlanga Dalindyebo.

Mpheko m'ont rendu visite plusieurs fois. Le chef Zwelidumile Joyi de Baziya, deux fois, George Matanzima, son neveu Ngangomhlaba, Mtutuzeli Lujabe, une fois chacun. Plusieurs autres sont venus ici et ils m'ont rappelé les jours d'autrefois, mais aucun d'eux ne connaît la valeur d'une simple lettre à un ami avec des informations.

Sobhini Mgudlwa de Qumanco, marié avec une infirmière de Mesatywa, vivait avec nous à Orlando West à la fin des années quarante et au début des années cinquante. Les as-tu déjà rencontrés et sais-tu où ils sont à présent ? M. Mvambo, qui est maintenant à Pretoria, est-il le même homme, un inspecteur des écoles dans le Ciskei et qui était avec nous à Fort Hare ? Est-ce que je me trompe si je pense que c'est aussi ton frère ? Si c'est le cas, transmets-lui ainsi qu'à sa femme mes sincères salutations. Incidemment, le numéro de téléphone de Winnie est le 936-5402 et tu peux l'appeler quand tu t'ennuies.

Tante Frieda Matthews du Botswana m'a rendu visite le 22 novembre et elle m'a apporté quasiment toute une bibliothèque, ce dont je lui suis reconnaissant. Bien qu'elle ait plus de quatre-vingts ans, elle semble toujours jeune, forte avec un esprit alerte. Les quarante minutes que nous avons passées ensemble ont presque été joyeuses.

Merci beaucoup pour les belles cartes de Noël dans lesquelles tu te plains que je reste silencieux. Douze mois de silence justifient de telles plaintes mais je dois t'assurer qu'en dépit de l'agrandissement rapide de la famille et la quantité de problèmes qu'elle rencontre, toi et les enfants vous êtes toujours dans mes pensées. Toi et Kent vous vous êtes occupés de nous dans la période la plus difficile de notre emprisonnement quand de nombreux bons amis ne considéraient pas prudent de se souvenir de nous. Ma conscience me torturerait jusque dans ma tombe si, dans les jours meilleurs, je choisissais de vous oublier. Porte-toi bien, Kepu ; mes plus sincères salutations à toi et aux enfants.

Très sincèrement,
Nelson

À Helen Joseph, son amie

1.4.87

Notre chère Helen,

S'il te plaît ne me dis pas que l'an dernier j'ai oublié de te souhaiter ton anniversaire. Je garde invariablement des copies du courrier que j'envoie, sous forme de lettres, de cartes d'anniversaire ou de télégrammes. Je viens de vérifier, je croyais fermement t'avoir envoyé un message et je n'en ai trouvé aucune trace. Mais je veux t'assurer que l'an dernier tu étais en permanence dans mes pensées en particulier parce que c'était ton quatre-vingtième anniversaire.

Après tout, une carte est d'importance secondaire ; ce n'est que la simple expression de ce qu'une personne ressent pour un ami. L'amour et la loyauté envers toi seront toujours là, que la carte te parvienne ou non. Ils étaient là en avril dernier et c'est dans cet esprit que je t'envoie mes plus chaleureuses félicitations pour ton quatre-vingt-unième anniversaire. J'espère que les filles étaient toutes là pour se réjouir avec toi. Dans ma dernière lettre à Amina[1], je lui ai suggéré d'organiser une fête et d'inviter Muriel[2], Virgina, Catherine, Rahima[3], Bertha[4], Greta, Onica[5] et compagnie, pour commémorer les efforts méritoires et les précieuses contributions – les années impérissables. Peut-être peux-tu t'en occuper avec elle et Ntsiki ? La réponse peut excéder de loin votre attente. Qu'en penses-tu, Helen ? À propos, te souviens-tu de ma réponse quand tu m'as dit que le regretté docteur

1. Amina Cachalia.
2. Muriel Sodinda, militante antiapartheid et chanteuse.
3. Rahima Moosa (1922-1993), militante antiapartheid et une des leaders de la Marche des femmes à Pretoria en 1956 pour protester contre l'extension aux femmes de la loi sur les *pass*.
4. Bertha Mashaba (1934-2010), militante antiapartheid, féministe et syndicaliste. Ou peut-être parle-t-il de Bertha Mkhize (1889-1981), membre de la Ligue des femmes de l'ANC, vice-présidente de la Fédération des femmes sud-africaines.
5. Onica Mashobane Mashigo du township d'Alexandra, militante ANC qui a participé à ses nombreuses campagnes et aux boycotts.

Moroka[1] venait de fêter son quatre-vingt-douzième anniversaire ? La perspective de vivre jusqu'à cet âge-là te faisait horreur. Il semblerait que les dieux veuillent te faire boire cette coupe. Maintenant, c'est à mon tour de dire que j'espère ne pas vivre aussi longtemps qu'Helen. Comment la trouves-tu, celle-là ?

Caroline Mashaba m'a beaucoup déçu. Quand je lui ai envoyé une lettre de condoléances pour la mort d'Andrew, je lui ai demandé de me fournir certaine information sur lui dont j'avais un besoin urgent. Andrew a fait plus que ce que nous espérions à la fois à l'extérieur et sur l'Île, et nous avions le devoir de reconnaître sa contribution. Ce n'était pas possible sans cette information. Je ne peux pas comprendre pourquoi elle devait se montrer aussi maladroite dans une affaire de ce genre. L'an dernier en mai, j'ai aussi écrit à Esther Maleka[2] ; jusque-là, c'était une bonne correspondante, comme toi, mais je n'ai plus entendu parler d'elle. Onica elle non plus n'a pas répondu à ma lettre de condoléances après la mort de sa mère. Je ne voudrais pas que tu fasses le voyage pour savoir ce qui s'est passé. Mais si tu les rencontrais, essaie de savoir si elles ont reçu mes lettres. Comment vont Ruth[3], Sheila[4], et les autres ? Je suis sûr qu'elles vont veiller sur toi. Ruth et Sheila sont de très bons enfants et je suis toujours heureux de prendre de leurs nouvelles. Mais j'ai du mal à accepter que je ne verrai plus jamais leurs parents – Bram, Molly, Violet et Eli[5]. Quand tu verras Nadine[6], transmets-lui mes plus sincères salutations et tous mes vœux. Elle est devenue une formidable communicante dont les messages vont bien au-delà de l'horizon. Comme ces femmes sont devenues précieuses aujourd'hui !

Tu as dû apprendre que Tante Frieda Matthews du Botswana m'a rendu visite en novembre dernier et qu'elle m'a apporté une vraie

1. James Moroka, médecin, homme politique et militant antiapartheid, président de l'ANC de 1949 à 1952.

2. Sœur du militant ANC Tito Maleka, qui a joué un rôle en recevant des lettres de Mandela à sa famille pendant son voyage en Afrique.

3. Ruth Fischer.

4. Sheila Weinberg (1945-2004), fille des militants Violet et Eli Weinberg. Militante de son propre chef, elle a été détenue encore adolescente. Elle a vécu en exil avec ses parents. Au moment de sa mort elle était membre de Conseil provincial du Gauteng.

5. Violet et Eli Weinberg étaient membres du Parti communiste sud-africain et de l'ANC. Violet a quitté l'Afrique du Sud en 1977 pour rejoindre son mari en exil.

6. Nadine Gordimer, écrivaine sud-africaine.

bibliothèque. À part le fait qu'elle a rapetissé, elle est comme toi sous bien des aspects. Elle porte ses quatre-vingt-un ans avec beaucoup de grâce et de charme, et elle est forte et alerte. Sa visite m'a beaucoup plu. Mais je n'ai aucun espoir de vous voir, toi, Amina et Fatima[1]. Tous les efforts que j'ai faits de mon côté pour rendre possible une telle visite n'ont eu aucun succès. Mais nous resterons toujours en contact par la correspondance et vous serez toujours dans mes pensées.

Récemment, je dois te dire que j'ai mis de côté une part de gâteau aux fruits que j'espère goûter dans quelques jours quand tu fêteras ton anniversaire. J'ai des feuilles de thé et du lait condensé, cependant je ne pense pas que je serai capable de le préparer aussi bien que toi. Ce sera quand même un très bon moment pour moi. Passe un merveilleux anniversaire ! Mon amour et mes vœux les meilleurs.

Très sincèrement,
Nelson

Quand Nelson Mandela est allé en prison pour la première fois, il était père de cinq enfants âgés de vingt mois à dix-sept ans. Fin 1990, il était grand-père de douze petits-enfants dont certains vivaient à l'étranger. Leurs relations se réduisaient à des cartes d'anniversaire, de simples lettres et, pour les plus âgés, d'extraordinaires efforts pour les aider dans leurs études à l'école et à l'université. Dans cette lettre à son petit-fils Mandla, il lui parle d'aider sa mère et son beau-père. Mandela n'a jamais cessé de jouer son rôle de lointain éducateur pour ses enfants et leurs épouses, les cajolant et les encourageant et, dans certains cas, les réprimandant, même s'ils étaient grands et avaient eux-mêmes des enfants.

1. Fatima Meer – voir Glossaire.

À Mandla Mandela[1], son petit-fils, fils de son fils Makgatho

D220/82 : NELSON MANDELA

9.7.87

Mon cher Mzukulu,

Pourquoi ne m'écris-tu pas ? As-tu reçu la carte d'anniversaire que je t'ai envoyée ?

Comment se passent tes études ? Nous essayons de t'obtenir une bourse pour Waterford[2], et j'espère sincèrement que tu réussiras l'examen d'entrée.

J'ai très envie de te voir et j'ai dit à grand-mère de te prendre avec elle afin que nous puissions parler de ton travail scolaire.

Nos amis à Londres ont rencontré Maman Rennie et ils l'aident à se procurer des verres pour ses lunettes. Oncle Adrian[3] a trouvé du travail dans une entreprise de construction à Londres.

[Je] t'envoie 50 rands d'argent de poche[4]. Fais-y attention.

Mon amour et mon meilleur souvenir.

Affectueusement,
Tatomkhulu[5]

[Enveloppe]
Mandla Mandela
c/o Prince Kuzulwandle Dlamini
Minsitre de l'Éducation
MBABANE, Swaziland

1. Mandla Zwelivelile Mandela (1974-) – voir Glossaire.
2. École de Waterford Kamhlaba dans le Swaziland voisin.
3. Le beau-père de Mandla, Adrian Perry.
4. Mandela recevait de l'argent de sa famille, d'amis et de soutiens.
5. « Grand-papa » en isiXhosa.

À Nandi Mandela[1], sa petite-fille et seconde fille de son fils décédé, Thembi

D220/82 : NELSON MANDELA

17.8.87

Ma Mzukulu chérie,

Ta dernière visite m'a fait énormément plaisir et quel dommage qu'elle n'ait duré que quarante minutes. Ce qui est encore plus regrettable, c'est que nous ne pourrons pas nous revoir avant le début de l'année prochaine à cause du nombre de visites encore disponible. Mais il est possible que vers la fin de l'année il reste une occasion dont nous pourrons profiter. Je te propose donc de téléphoner à nouveau, disons, pendant la dernière semaine d'octobre, pour savoir si toi et Thumeka[2], vous pourrez venir. Souviens-toi que je t'aime et c'est toujours une fête quand tu entres dans la salle.

Comme je te l'ai dit la dernière fois, 43 % et 44 % en économie et comptabilité, si l'on garde à l'esprit tout le reste et qu'il s'agit de ta première année, ce n'est en aucun cas un mauvais résultat. Je suis sûr que si tu travailles dur pendant les deux prochains mois, tu peux être capable de surmonter tes difficultés et améliorer l'ensemble de tes résultats.

Zindzi aurait dû venir le 5 août mais je ne l'ai pas vue. J'espère sincèrement qu'elle le pourra un de ces jours. As-tu écrit à Mandla ? Dis à Mamphela[3] que je partage les sentiments qu'elle a exprimés et que j'ai très envie de la voir un jour prochain. Je lui adresse mes sincères salutations et tous mes vœux.

Il faut que tu m'en dises un peu plus sur ton petit ami. Jusqu'à la dernière visite, je ne savais pas qu'il était aussi à UCT[4]. Tout ce que tu m'as dit, il y a un an ou deux, c'est qu'il travaillait à Umtata et faisait ses études par Unisa.

1. Nandi Mandela (1968-) – voir Glossaire.

2. Tumeka Matanzima, la fille de K. D. Matanzima.

3. Mamphela Ramphele (1947-), militante antiapartheid et membre fondateur du mouvement Black Consciousness, médecin, universitaire et femme d'affaires – voir Glossaire.

4. Université du Cap.

Toutes mes salutations à Herbert[1] et Nono[2] et à ta compagne de chambre Pearl Ralei.

Des tonnes et des tonnes d'amour et un million de baisers, ma chérie !

Khulu

Mlle Nandi Mandela, 718 Tugwelle Hall, UCT, Rondebosch, 7700.

À Zindzi Mandela, sa plus jeune fille

D220/82 : NELSON MANDELA 31.8.87

Ma Mantu chérie,

Quelqu'un que je n'ai pas vu depuis vingt-cinq ans environ, et dont je respecte grandement les conceptions, a dit la chose suivante : « Zindzi est comme un petit rocher ; rien ne semble pouvoir la terrasser ! » C'est exactement le genre de remarque qu'un père aime entendre à propos de son enfant tant aimée. Cela me gonfle d'orgueil et de satisfaction.

Cette remarque m'est parvenue au bon moment, peu de temps après que tu as traversé une expérience déchirante. Comme tu peux t'en douter, il n'est pas toujours facile dans ma situation d'imaginer l'impact des événements à l'extérieur de la prison. Cette observation me rassure parfaitement. En fait, quand je t'ai vue après cet incident, je n'ai remarqué en toi aucune cicatrice ni aucun trouble.

Ressaisis-toi s'il te plaît, ma chérie, et redeviens le solide rocher qu'on sait que tu es. L'erreur tragique que tu pourrais commettre serait de rester paralysée et d'attendre que le désastre t'engloutisse. L'attitude correcte, c'est de continuer avec le programme que tu as établi – dans ce cas tes études – avant que tout t'échappe et qu'il te soit absolument impossible de continuer. D'après ce que tu m'as dit, et ce que j'ai appris de Maman et de la presse, tu ne seras sans doute pas capable de reprendre ton rythme de travail avant de trouver un nouvel environnement. C'est

1. Herbert Vilakazi (1943-2016), professeur de sociologie.
2. Noni Vilakazi. Il semble que Mandela a mal orthographié son nom.

pourquoi j'espère, même à cette heure tardive, que tu puisses trouver un arrangement sur le campus et préparer tes examens du 18 septembre.

Finalement, je souhaite te dire que je croise les doigts en espérant qu'il ne t'arrivera rien. Mais si quelque chose devait se passer et si tu considérais que tu n'es plus capable de poursuivre tes études, je risquerais tout et j'apporterais mon soutien à ma merveilleuse fille.

Des tonnes et des tonnes d'amour et un million de baisers.

Affectueusement,
Tata

À Mamphela Ramphele, universitaire et amie

D220/82 : NELSON MANDELA

1.3.88

Chère Mamphela,

Le département des Prisons a rejeté ta demande de visite. On ne donne jamais de raison pour ce genre de décision.

Je n'étais pas très optimiste mais je n'exclus jamais la possibilité que l'impossible puisse arriver, à tel point que ce refus m'a déçu et même choqué. Cependant je continuerai à demander l'autorisation d'une visite. Mais tu dois être patiente ; les roues du gouvernement grincent très lentement et il peut se passer plusieurs mois, voire une année ou plus, avant que nous obtenions une réponse favorable.

En ce qui concerne ton travail universitaire[1], j'ai informé Nandi que cela m'intéresse beaucoup. Mais en termes de police carcérale il se peut que je ne reçoive pas un tel travail. Toutefois je vais reposer la question.

L'appareil photo a la capacité de donner de la même personne des visages différents. Dans les années cinquante, j'ai élevé un petit-neveu[2]. Il a quitté Johannesburg à l'âge [de] six ans en donnant l'impression qu'il deviendrait grand et costaud. Par la suite, il a occupé une position importante dans les structures qui, depuis les années soixante-dix,

1. Ramphele était professeure à l'université du Cap où la petite-fille de Mandela, Nandi, faisait ses études.

2. Sans doute N. Mtirara.

ont proliféré autour de nous. De temps en temps, j'ai vu plusieurs de ses photos dans la presse, il a même fait une apparition à la télévision – et toutes semblaient confirmer ma première impression. Puis, en décembre dernier, il est entré dans la salle des visites et j'ai eu la stupéfaction de découvrir qu'il était petit et mince, un vrai poids mouche. Si je l'avais rencontré dans la rue, je ne l'aurais sans doute pas reconnu.

Je me demande combien de gens sont capables de vous reconnaître au premier regard si vous avez eu différents visages dans les médias. La photo de la Femme de l'année publiée par le *Star* diffère considérablement de celle prise par un photographe alors que tu bavardais avec Sally[1] pendant l'Assemblée nationale des femmes en 1986. Ces deux photos sont elles aussi tout à fait différentes de celle qui est sur la couverture du magazine *Leadership*. L'atmosphère dans laquelle la photo est prise laisserait penser que tu n'es même pas une parente lointaine des deux premières femmes. Mais le portrait semble être le travail d'un grand professionnel.

Vus d'ici, les comptes rendus sur Cry Tokoloho[2] sont déroutants. Malheureusement, dans ma situation actuelle, je n'ai pas accès à des publications sérieuses dont je peux croire les jugements. Il ne m'a donc pas été possible de me faire une opinion personnelle. Et ton avis ?

Meilleurs souvenirs et tous mes vœux.

Sincèrement,
Ntate[3]

P.-S. : Excuse-moi pour la faute d'orthographe de ton prénom. Ta valeur reste constante, que le *h* soit ajouté ou omis.

Ntate

Dr Mamphela Ramphele
c/o département d'anthropologie
Université du Cap
Lettre personnelle, Rondebosch
7700

1. Il semble que ce soit Sally Motlana, la femme du docteur Nthato Motlana.
2. Mandela parle sans doute du film sorti en 1987, *Cry Freedom*, sur le militant Biko.
3. « Oncle » en setswana, la langue de Mamphela Ramphele.

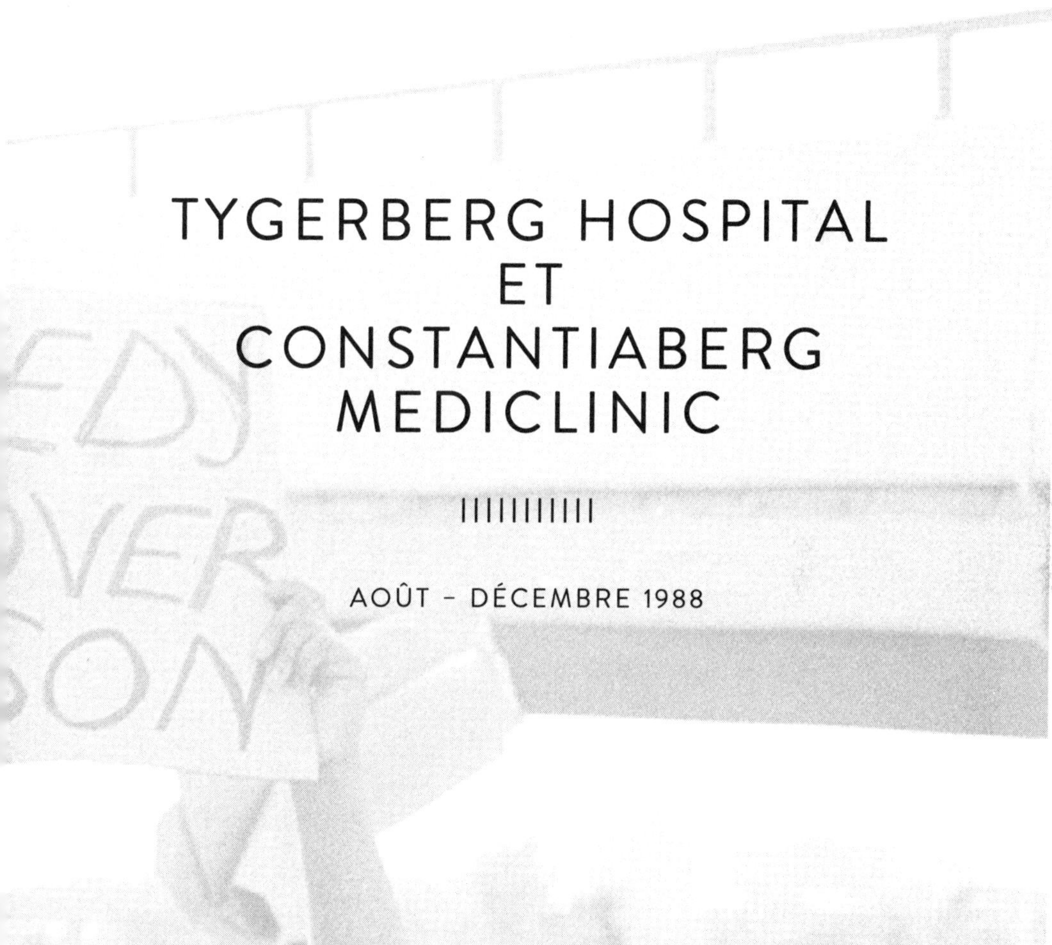

TYGERBERG HOSPITAL ET CONSTANTIABERG MEDICLINIC

AOÛT – DÉCEMBRE 1988

Le 12 août 1988, à l'âge de soixante-dix ans, Mandela a été conduit au Tygerberg Hospital où il a été admis pour une tuberculose. Tout en étant soigné à l'hôpital, il restait détenu de la prison de Pollsmoor au Cap, qui était son adresse postale et le point de contact pour les demandes et la correspondance. Il est arrivé de nuit, ce vendredi 12 août 1988, à l'hôpital gouvernemental de Bellville, connu sous le nom de Tygerberg Hospital, qui sert d'établissement d'enseignement pour l'université de Stellenbosch. Auparavant, il y avait passé quinze mois en chirurgie pour « décollement de la rétine » de l'œil droit. Cette admission n'était pas publique et n'a été connue qu'après sa libération grâce à son agenda personnel.

Le premier médecin qu'il vit en août 1988 déclara que son état ne présentait « rien de sérieux[1] ». Le lendemain matin, il fut examiné par le professeur De Kock, chef de médecine interne, qui l'envoya immédiatement en salle d'opération où on préleva deux litres de liquide dans ses poumons. On diagnostiqua la tuberculose[2]. Cette fois, la nouvelle de son hospitalisation fut universellement connue. Le prisonnier le plus célèbre du monde était soigné pour maladie grave tandis que l'Afrique du Sud chancelait sous les manifestations permanentes et la répression constante. C'était comme si l'univers retenait son souffle.

---

1. Nelson Mandela, entretien avec Richard Stengel, Johannesburg, 8 février 1993, CD 19, Fondation Nelson Mandela, Johannesburg.
2. *Un long chemin vers la liberté*, *op. cit.*, p. 557-558.

Près de trois semaines plus tard, le 31 août 1988, après dix-neuf nuits à l'hôpital, Mandela fut transféré à la Constantiaberg MediClinic, proche de la prison de Pollsmoor où on continua à le traiter pour tuberculose. Pendant qu'il se trouvait là, il reçut toute une série de visiteurs, dont sa femme et d'autres membres de sa famille ainsi que le ministre de la Justice Kobie Coetsee, le révérend Anthony Simons, son avocat et Helen Suzman, militante antiapartheid et députée.

Coetsee arriva le premier jour où Mandela se trouvait à la clinique et à l'instant même où il s'apprêtait à manger ses œufs-bacon au lieu du régime antidiabète qui lui était prescrit. « On m'a apporté deux œufs, du jambon et des céréales, et le major a dit… “Non Mandela vous n'avez pas le droit de manger ça – c'est contre la recommandation du médecin.” Je lui ai répondu : “Aujourd'hui, je suis prêt à mourir ; je vais manger ça.” Oui, je n'avais pas eu d'œufs et de bacon depuis longtemps, a-t-il dit en riant[1]. »

Il est aussi devenu l'ami de plusieurs infirmières qui le régalaient avec des histoires qui se passaient hors des murs de l'hôpital et de la prison.

À la clinique, Mandela continua à rencontrer Coetsee et le « comité secret » de responsables gouvernementaux. C'est au cours de ces discussions que Coetsee lui dit qu'il aimerait le rencontrer « dans une situation à mi-chemin entre liberté et détention[2] » sans expliquer ce qu'il entendait par là.

Il découvrit que Coetsee faisait référence au 7 décembre 1988 quand des mouvements inhabituels et d'intenses conversations avaient commencé entre membres du personnel de la prison dans sa section. « Je voyais bien qu'il se préparait quelque chose mais je ne savais pas de quoi il s'agissait. Finalement, le soir, le major est venu me trouver et il m'a dit : “Mandela, préparez vos affaires, on vous emmène à Paarl[3].” J'ai répondu : “Pour quoi faire ?” Il m'a dit : “Eh bien, c'est là-bas que vous allez maintenant.” Et à 9 heures du soir, nous sommes partis sous bonne escorte[4]. »

---

1. Nelson Mandela, entretien avec Richard Stengel, Johannesburg, 8 février 1993, CD 19, Fondation Nelson Mandela, Johannesburg.
2. *Un long chemin vers la liberté*, *op. cit.*, p. 558-559.
3. Une ville de la province du Cap (aujourd'hui province du Cap-Occidental).
4. Nelson Mandela, entretien avec Richard Stengel, Johannesburg, 2 et 3 février 1993, CD 17, *op. cit.*

Au directeur de Pollsmoor, prison de haute sécurité

Tygerberg Hospital

29 août 1988

Le directeur de Pollsmoor
Prison de haute sécurité

S'il vous plaît, achetez sur mon compte les vêtements suivants :
1 caleçon long et un maillot de corps en laine
1 tricot chaud
Une petite valise pour emmener des vêtements au lavage.

[Signé NR Mandela]

[D'une autre écriture] Approuvé par le major Van Sitter op 29.08 88.
Vu par G 365
N° 254/88
[Signé] Officier de garde
29.08.88

Tout au long de sa maladie et de son hospitalisation, Mandela a continué à préparer sa licence de droit et a fait des efforts considérables dans les derniers mois de son emprisonnement, insistant auprès de l'université d'Afrique du Sud pour qu'on reconnaisse les unités qu'il avait déjà obtenues. Il renonça à terminer les cours en afrikaans pratique et en isiXhosa pratique, sa langue maternelle, mais il voulait être crédité d'un cours qu'il avait déjà obtenu dans une autre langue d'Afrique du Sud, le seSotho, afin d'obtenir le diplôme.

Au professeur W. J. Hosten

Étudiant n° 240-094-4

25.11.88

[Cachet] censuré 26.11.88
Prof. W. J. Hosten
Doyen de la faculté de droit Unisa
PO 392
Pretoria
0001

Cher Monsieur,

J'espère qu'il me sera possible d'obtenir une dispense en afrikaans (PAF100-A) et en xhosa I (XHA100-F) pratiques, que je devrais passer en janvier 1989.

J'avais l'intention de rédiger les quatre sujets restants pour la licence en droit, au cours des épreuves d'octobre et de novembre 1988 mais je suis souffrant pour la préparation de ces examens.

Je suis tombé malade le 28 juillet 1988, j'ai été admis au Tygerberg Hospital le 12 août et j'ai dû arrêter ma préparation jusqu'au 15 septembre où j'ai pu reprendre. Cependant, j'ai déjà terminé les devoirs pour quatre sujets et j'ai obtenu des notes de passage pour chacun d'eux.

Je suis actuellement soigné par un cocktail de médicaments qui sera vraisemblablement maintenu jusqu'en février 1989. Le docteur Stoch, directeur du service chirurgie de Wynberg, dont la lettre est jointe, m'a rendu visite chaque matin depuis le 1er septembre pour différents examens indiqués dans le traitement de ma maladie. J'ai aussi reçu la visite régulière de trois spécialistes de Tygerberg qui sont à la tête de leurs services respectifs à l'hôpital.

Bien qu'aujourd'hui je me sente beaucoup mieux que lors du commencement du traitement, la possibilité que les médicaments puissent avoir des effets secondaires qui affectent la résistance et la concentration lors de l'examen continue à m'inquiéter.

Je dois ajouter qu'en ce qui concerne l'afrikaans pratique, si je termine la licence, je n'ai pas l'intention d'être juge ni avocat. J'ajoute enfin qu'en 1963, j'ai passé l'examen de l'université de Londres sur l'histoire du droit anglais et j'espère qu'il vous sera possible de prendre cet élément en compte en ce qui concerne l'exemption du xhosa I. L'université de Londres m'enverra rapidement une confirmation au cas où vous la demanderiez.

Il aurait mieux valu que je fasse cette demande après la publication des résultats des examens de décembre. Mais comme il très vraisemblable que vous serez en vacances à cette époque, j'ai pensé qu'il était bon de le faire maintenant.

Salutations distinguées,

[Signé NR Mandela]
NELSON MANDELA

À Nandi Mandela, sa petite-fille et plus jeune fille de son fils décédé Thembi

D220/82 : NELSON MANDELA 5.12.88

À Nandi,

Tu me manques beaucoup et je pense toujours à toi.

Des tonnes et des tonnes d'amour et un million de baisers !
Khulu

[Enveloppe]
Mlle Nandi Mandela,
Woolsack residence
Court 4, Room 11, UCT
RONDEBOSCH

À Zoleka et Zondwa Mandela[1], ses petit-fils et petite-fille, enfants de sa plus jeune fille Zindzi

D220/82 : NELSON MANDELA [ressemble à : 5.12.88]

À Zozo et Zondwa,

Vous me manquez et je pense toujours à vous.

Des tonnes et des tonnes d'amour et un million de baisers.

Khulu

À Zaziwe, Zamaswazi et Zinhle[2], ses petites-filles et petit-fils, enfants de sa fille Zenani

D220/82 : NELSON MANDELA 5.12.88

À Zaziwe, Zaswasi et Zinhle,

Vous me manquez beaucoup et je pense toujours à vous.

Des tonnes et des tonnes d'amour et un million de baisers.

Khulu

1. Zoleka (1980-) et Zondwa (1985-) Mandela – voir Glossaire.
2. Zaziwe (1977-) Zamaswazi (1979-) et Zinhle (1980) Mandela.

Au directeur de Pollsmoor, prison de haute sécurité

D 220/82 : NELSON MANDELA 5.12.88

Directeur de Pollsmoor
Prison de haute sécurité

Je vous serais reconnaissant de m'autoriser à téléphoner au doyen de la faculté de droit, le professeur W. J. Hosten, Unisa, pour l'informer que le télégramme suivant va bientôt lui arriver. Le coût de la communication téléphonique et celui du télégramme seront débités sur mon compte.
PROFESSEUR W. J. HOSTEN, FACULTÉ DE DROIT, Unisa, PO Box 392, PRETORIA

Étudiant n° 240-094-4 concernant demande d'exemption de xhosa I. J'ajoute que dans les années soixante-dix j'ai passé avec mention Unisa cours spécial en sotho.

NELSON MANDELA
PRISON DE POLLSMOOR

[Signé NR Mandela]
5.12.88

HUIS

PRISON VICTOR VERSTER

IIIIIIIIIII

DÉCEMBRE 1988 – FÉVRIER 1990

Le soir du 7 décembre 1988, Nelson Mandela fut transféré de la Constantiaberg MediClinic à la prison Victor Verster, à une heure de route, au nord du Cap. La destination était la maison d'un ancien gardien de prison avec mobilier moderne, grand jardin et piscine. Jack Swart, l'officier gardien qui avait rencontré Mandela dans les premiers temps de Robben Island, avait reçu l'ordre de lui faire la cuisine et de surveiller la maison.

Swart se souvient qu'à la prison Victor Verster, le nombre de lettres que Mandela pouvait écrire n'était plus limité et il se souvient aussi « des caisses et des caisses » de courrier reçu qui ne lui avait jamais été remis[1].

Le lendemain matin, le ministre de la Justice, Kobie Coetsee, vint voir Mandela avec un cadeau de pendaison de crémaillère – un carton de bouteilles de vin. Il dit à Mandela qu'on avait décidé qu'il resterait dans cette maison afin de poursuivre les discussions qui avaient commencé avec des membres du gouvernement en 1986.

Ces discussions avec le « groupe de contact » reprirent rapidement. Le calendrier dépendait d'une demande de rencontre émanant soit du gouvernement, soit de Mandela qui communiquerait par le biais de l'officier commandant de la prison[2]. Ces rencontres n'étaient pas des « négociations » mais plutôt une tentative de Mandela pour arriver au point où l'ANC et le gouvernement pourraient éventuelle-

---

1. Nelson Mandela, entretien avec Richard Stengel, Johannesburg, 2 et 3 février 1993, CD 17, Fondation Nelson Mandela, Johannesburg.

2. Jack Swart, entretien téléphonique avec Sahm Venter, 7 septembre 2017.

ment négocier la fin de l'apartheid. Il utilisa ces discussions avec les officiels pour organiser la libération des six camarades du procès de Rivonia toujours en prison. Le plus âgé, Govan Mbeki, avait été libéré en novembre 1987 et Denis Goldberg en 1985.

Les visiteurs devaient toujours présenter une demande d'autorisation pour le voir, autorisations parfois refusées par les autorités, mais Mandela reçut cependant de nombreuses visites de sa femme, Winnie Mandela, de leurs enfants, petits-enfants et autres membres de la famille, ainsi que d'amis et de camarades. Parallèlement, ses lettres étaient moins contrôlées et elles jouaient pour lui un rôle important, lui permettant de revenir dans un monde où il semblait progressivement habiter à nouveau.

En 1988, Mac Maharaj, son camarade de Robben Island, avait été infiltré en Afrique du Sud, ce qui faisait partie d'une stratégie clandestine, appelée opération Vula, destinée à faire revenir en fraude des responsables de MK, au cas où le gouvernement refuserait de négocier de bonne foi. Maharaj mit au point un système pour que Mandela puisse communiquer avec Oliver Tambo et d'autres membres de l'ANC en exil. Il confia à l'avocat de Mandela, Ismail Ayob, un surnom qu'ils avaient choisi avant la libération de Mandela et il lui dit de s'en servir lors d'une de ses visites. Ils avertirent Mandela qu'Ayob lui apportait un message de Maharaj. Le premier était une petite note roulée pour n'être pas plus grosse qu'une allumette. On lui demandait de participer à un échange secret de messages qui seraient dissimulés dans la couverture d'un livre. Mandela accepta. De cette façon, l'organisation et lui purent partager des informations sur les discussions qu'il avait avec l'équipe gouvernementale[1].

Un trait de caractère de Nelson Mandela a été sa détermination à ne pas abandonner ses études de droit. Quarante-six ans après sa première inscription à l'université de Witwatersrand quand il n'avait que vingt-quatre ans, il reçut notification qu'il avait obtenu une licence en droit. Les années en prison s'étaient éternisées mais il avait éliminé les obstacles destinés à broyer sa volonté afin de

1. Padraig O'Malley, *Shades of Difference : Mac Maharaj and the Struggle for South Africa*, New York, Viking, 2007, p. 312.

poursuivre ses études et il avait réussi. Finalement, à l'âge de soixante-dix ans, en sachant qu'il était hautement improbable qu'il pratiquerait à nouveau comme avocat, Mandela apprit qu'il était diplômé.

Au professeur W. J. Hosten, université d'Afrique du Sud

Étudiant n° : 240-094-4

23 décembre 1988

Professeur W. J. Hosten
Doyen de la faculté de droit
Unisa
PO Box 392
Pretoria
0001

Cher professeur Hosten,

Je vous remercie pour votre lettre du 5 décembre 1988 dans laquelle vous m'informez que j'ai terminé la licence en droit.

C'était parfait que vous soyez le premier à me féliciter. Je crois fermement que sans votre soutien ma demande d'exemption pour les langues n'aurait probablement pas été acceptée. Cette réussite renforcera mes liens avec Unisa et me permettra de rejoindre les très nombreux hommes et femmes, en Afrique du Sud et à l'étranger, dont la capacité à être au service de leurs différentes communautés a été considérablement renforcée en obtenant ce diplôme.

Transmettez s'il vous plaît mes remerciements au conseil de la faculté et au secrétaire général (Affaires universitaires et étudiants), au professeur Wiechers pour ses commentaires flatteurs dans la presse, au professeur P. A. K. Le Roux qui m'a fourni les textes recommandés et aux assistants qui m'ont si bien guidé dans mes études.

Sincèrement vôtre,

[Signé NR Mandela]

À Archie Gumede[1], ami et camarade

1335/88 : NELSON MANDELA

10 janvier 1989

Cher Qwabe,

L'envie de rejoindre la famille et les amis hors des murs me tourmente à chaque heure du jour. Mais la sortie de prison ne semble pas être très proche. Cependant, il y a une possibilité lointaine que, depuis ma résidence actuelle, je puisse vous voir, vous et les autres. Dans cette attente, je vous envoie mes plus sincères salutations et tous mes vœux pour toi, ta famille, George[2], Diliza (senior)[3], Curnick[4], Thabekhulu et les autres.

Fidèlement,
Madiba

Phakathwayo Archie Gumede
c/o Louis bar-restaurant
PO Box 96
CLERNERVILLE
3602

1. Archie Gumede (1914-1998), fils de Josiah Gumede, un président de l'ANC, avocat et militant de l'ANC et du Front démocratique uni dont il était président avec Oscar Mpetha et Albertina Sisulu.

2. Peut-être George Sewpersadh (1936-), militant politique, membre du Natal Indian Congress.

3. Diliza Mji, médecin et militante politique.

4. Curnick Ndlovu (1932-2000), syndicaliste et militant politique. Il a été condamné à vingt ans de prison pour sabotage et a purgé sa peine à Robben Island.

À l'archevêque Desmond Tutu et sa femme, Leah Tutu

1335/88 : NELSON MANDELA 17.1.89

Leah et Mpilo[1]

Je n'ai pas été étonné de recevoir votre carte de bon rétablissement quand j'étais au Tygerberg Hospital. Il est bien connu que votre couple prend soin des autres et vous avez servi notre peuple et notre pays avec une humilité et un courage remarquables. Ma guérison rapide et complète est due à l'excellent traitement que m'ont prodigué l'équipe médicale, les infirmières et les amis. Pour des raisons évidentes votre message a joué un rôle spécial dans ma guérison.

Salutations et meilleurs vœux à vous, à Trevor et ses sœurs.

Sincèrement,

[Signé NR Mandela]

Au révérend Austen Massey, secrétaire général, Église méthodiste d'Afrique du Sud

1335/88 : NELSON MANDELA

17.1.89

Révérend Austen Massey
Secrétaire général, Église méthodiste d'Afrique du Sud
114 Rissik Street
Braamfontein,
Johannesburg
2001

1. Prénom africain de Desmond Tutu.

Cher Moruti[1],

Les 6 000 rands que j'ai reçus de vous m'ont permis d'honorer des engagements pressants. Mes responsabilités familiales vont au-delà de ma femme, de mes enfants et petits-enfants.

Au cours de mes vingt-six années d'incarcération, l'incapacité de répondre de façon significative aux appels d'aide financière a été pour moi une expérience atroce. L'allocation que m'a accordée l'Église m'a permis de fournir cette aide.

Mes profonds remerciements et tous mes vœux à l'Église.

Sincèrement,

[Signé NR Mandela]

Prison Victor Verster, courrier personnel, X6005, Paarl South, 7624.

Mangosuthu Buthelezi, ami de longue date de Nelson Mandela et ancien membre de la Ligue de la jeunesse de l'ANC, a fondé l'Inkatha, National Cultural Liberation Movement (Mouvement national et culturel de libération) en 1975. Initialement proches, les deux organisations se sont éloignées après l'acceptation par Buthelezi du système des homelands auquel l'ANC était opposé. L'Inkatha était en faveur d'un changement non violent tandis que l'ANC avait sa branche armée (MK). Des milliers de Sud-Africains ont été tués lors d'affrontements violents entre les deux organisations, affrontements dont on a découvert plus tard qu'ils avaient été fomentés par le régime d'apartheid.

1. « Prêtre » ou « pasteur » en seSotho ou seTswana.

À Mangosuthu Buthelezi, président de l'Inkatha

1335/88 : NELSON MANDELA 3 février 1989

Cher Shenge[1],

Je te remercie pour le télex chaleureux et agréable que tu m'as envoyé au nom du roi Zwelithini[2] et de l'Inkatha à l'occasion de mon soixante-dixième anniversaire. J'ai aussi reçu ta lettre du 26 août dans laquelle tu me souhaitais un prompt rétablissement, et me disais tes efforts, à la fois en Afrique du Sud et à l'étranger, pour obtenir la libération des prisonniers politiques en Afrique du Sud.

En plus de ton télex et d'un télégramme de Mme Helen Suzman, des centaines de messages semblables m'ont été adressés par des soutiens dans le pays et dans le monde entier. Mais bien qu'en réalité aucun ne me soit parvenu, j'ai demandé à O.R.[3] de remercier ces amis en mon nom.

C'est le soutien de ces hommes et de ces femmes inébranlables, ainsi que les progrès et les résultats obtenus par notre organisation dans le pays et à l'extérieur qui ont donné aux prisonniers politiques tant de force et d'espoir.

J'espère que tu reconnaîtras sans difficulté qu'il ne m'est pas facile dans ma situation actuelle de commenter librement et totalement les sentiments que tu as exprimés avec tant d'éloquence dans ta correspondance citée ci-dessus. Il suffit de constater que ta demande persistante de libération sans condition des prisonniers politiques et ton refus de négocier avec le gouvernement tant que cette demande n'a pas reçu de réponse complète est une position que j'ai toujours accueillie comme une contribution positive à la lutte de libération dans ce pays.

Manifestement, mon plus fervent espoir est de voir, en temps voulu, la restauration des relations cordiales qui existaient dans les années

1. Nom de clan de Mangosuthu Buthelezi (1928-).

2. Le roi Goodwill Zwelithini kaBhekuzulu (1948-), roi de la nation zouloue. Il a été couronné le 3 décembre 1971.

3. Oliver Reginald Tambo.

soixante-dix entre toi et O.R. et entre les deux organisations. Une des tâches les plus stimulantes qui attendent la direction aujourd'hui, c'est l'unité nationale. À aucun moment de l'histoire du mouvement de libération il n'a été aussi crucial pour notre peuple de parler d'une seule voix et pour les combattants pour la liberté d'unir leurs efforts. Tout acte ou toute parole quelle que soit leur source, qui tendent à créer ou aggraver les divisions dans la situation présente est une erreur fatale qu'on doit éviter à tout prix.

Il me faudrait plus d'informations que je n'en possède actuellement pour pouvoir accuser une des parties impliquées dans les déplorables conflits qui ont lieu actuellement dans certaines parties du Natal[1]. Quoi qu'il en soit, je considère qu'il s'agit d'un acte d'accusation contre ceux d'entre nous qui sont incapables d'associer leurs forces pour arrêter le massacre de tant de vies innocentes.

La lutte est notre vie et même si le moment de la victoire n'est pas encore à notre portée, nous pouvons faire que la lutte pour la liberté soit immensément enrichissante ou absolument désastreuse. Au cours de ma carrière politique peu de choses m'ont attristé comme de voir notre peuple s'entretuer ainsi que cela se passe actuellement. Dans certaines régions affectées, le tissu de la communauté a été gravement déchiré, laissant un héritage de haine et d'amertume qui peut nous hanter pendant les années à venir. Cette question réclame l'attention de tous les combattants de la liberté sans tenir compte de leur affiliation politique. Rien ne me ferait plus plaisir que de savoir que mon inquiétude et mon appel ne sont pas tombés dans l'oreille d'un sourd.

Une fois encore, je vous remercie, toi, le roi et l'Inkatha, pour votre merveilleux message.

Mes salutations à toi et à Mdlunkulu[2].

Sincèrement,
Madiba

1. À la fin des années 1980, le conflit dans le KwaZulu-Natal entre partisans de l'Inkatha et de l'ANC avait atteint les proportions d'une guerre civile.

2. La femme du chef Mangosuthu Buthelezi, Irene Buthelezi.

À Elaine Kearns, une infirmière qui l'a soigné au Tygerberg Hospital

1335/88 : NELSON MANDELA

14.2.89

Chère Elaine,

Mon transfert du Tygerberg Hospital à la Constantiaberg MediClinic et de là dans cet endroit, a désorganisé la distribution du courrier. Aussi, votre lettre du 8 novembre ne m'est parvenue que la semaine dernière. Et je n'ai jamais reçu la carte postale que vous m'avez envoyée de Londres.

Je sais à quel point cela doit être décevant pour vous d'apprendre que tous vos efforts et vos messages sont restés vains. Mais je peux vous assurer que je suis moi aussi désolé de ne pas avoir reçu votre carte. Cependant votre lettre a tout remplacé. J'ai aussi reçu votre charmante carte de Noël, ce dont je vous remercie.

En ce qui concerne la santé, vous êtes bien placée pour savoir que le mois dernier j'ai reçu la visite de votre médecin-chef, le docteur Strauss, et du professeur De Kock. Après m'avoir examiné, ils ont conclu que l'affection avait totalement disparu et que le poumon s'était à nouveau dilaté. Ils se sont mis d'accord pour arrêter le traitement. Vous vous rappelez sans doute qu'après avoir drainé le liquide du poumon affecté mon poids est tombé à 68 kilos. Aujourd'hui, il varie entre 75 et 76 kilos. Je me sens si bien que je pourrais disputer le championnat du monde des poids lourds.

Je suis content de savoir que votre voyage à l'étranger vous a plu et que vous avez appris beaucoup de choses à la conférence de Burns. Ces connaissances ne bénéficieront pas qu'à vous mais aussi à vos patients. Vous restez silencieuse sur votre amie de Katmandu [*sic*]. J'espère que le désastre ne l'a pas concernée ni aucun autre de vos amis.

Je suis content également que vous vous souveniez encore de la légende et j'espère que vous aurez plus de chance la prochaine fois. Je dois vous rappeler que vous êtes quelqu'un qui n'a pas besoin de chance car la bonne fortune est inscrite sur toute votre personne. Pourquoi est-il si simple de mettre en pratique les leçons vitales contenues dans cette légende ? L'économie, en particulier de la part d'une jeune personne, est une vertu ; cependant si on la pousse à l'extrême beaucoup de gens peuvent la mettre sur le même plan que l'abnégation et la misère, aussi dangereuses que l'anorexie. Ce dont vous avez besoin n'est pas seulement de vous rappeler la morale de la légende mais aussi de la mettre en pratique.

Dans des conditions normales, je vous réprimanderais sévèrement [et] j'insisterais pour que vous normalisiez votre situation. Mais ce serait tout à fait déplacé, pour ne pas dire plus, de démêler de telles questions en les écrivant sur une feuille de papier. Il se peut qu'il y ait le temps nécessaire pour le faire.

En attendant assurez les infirmières Jansens, Orphen et Sœur De Waal, ainsi que les jeunes dames qui ont aidé à veiller sur moi, que je pense aussi à elles. Sœur De Waal passe-t-elle ses examens ?

Affectueuses salutations et tous mes vœux pour vous et votre Maman.

Sincèrement,

[Signé NR Mandela]

[Enveloppe]
Infirmière Elaine Kearns
38 Fourie Street
BELLVILLE
7530

À Dumani Mandela, son petit-fils, fils de sa fille aînée, Makaziwe

1335/88 : NELSON MANDELA 28.2.89

Mon cher Mzukulu,

On me dit que tu travailles bien à l'école en particulier en mathématiques. Cette matière est très difficile mais très importante. Si tu obtiens toujours les meilleures notes et si tu réussis à la fin, tu auras un bon métier où que tu sois.

Je crois que tu joues aussi de la trompette. Peut-être que dans ta lettre tu me diras qui t'enseigne la musique et si tu as un livre pour te guider. S'exercer est aussi très important. Faire du sport comme la course, la nage et le tennis te maintiendra en bonne santé, fort et éveillé. Mais la natation est aussi un sport très dangereux. Tu dois avoir un entraîneur et tu ne dois jamais nager en son absence jusqu'à ce que tu aies maîtrisé cette activité.

S'il te plaît dis à ta Maman que j'ai reçu sa lettre et que j'ai passé des années à tenter de persuader oncle Kgatho de retourner à l'école. Mais je ne peux absolument rien faire de plus. Les livres, les vêtements et les vidéos ne sont pas autorisés ici. En acheter pour me les envoyer serait une perte d'argent, parce qu'on ne me les donnerait pas.

Je suis remis de ma maladie et maintenant je me sens bien et fort. On parlera des autres sujets mentionnés dans la lettre de Maman quand elle reviendra au pays en juin prochain[1]. Vous me manquez beaucoup, toi, Tukwini et Kweku[2] et j'espère vous voir un jour prochain.

Mon amour et mes vœux les meilleurs pour vous tous.

Affectueusement,
Khulu

[Enveloppe]
M. Damani Mandela
108 University apartments
Amherst
Massachusetts
01002
USA

1. Makaziwe Mandela vivait à Boston, États-Unis.
2. La sœur et le frère de Dumani Mandela.

À Kwedi Mkalipi, ami et ancien prisonnier de Robben Island

1335/88 : NELSON MANDELA

28.2.89

Cher Dlamini[1],

J'ai été soulagé d'apprendre que toi et les deux Nyawuza[2], la cousine Grace Matsha et l'inspecteur Ndamase, vous avez été d'une grande aide pour ma nièce, Zukiswa, et je vous en suis très reconnaissant. Elle était totalement étrangère à CT et sans cette aide il lui aurait été tout à fait impossible d'arriver au Tygerberg Hospital. À vous tous, je dis *Nangomso* !

Nous avons été très heureux d'apprendre que Zeph[3], Harry[4] et Zwelakhe[5] ont été libérés. J'ai réussi à leur envoyer une carte de bienvenue. Harry et Zwelakhe ont reçu la leur mais je n'ai pas eu de retour en ce qui concerne la carte de Zeph.

L'avancement de l'installation de Buyelekhaya[6] à la place de son père est d'une lenteur inquiétante. J'avais invité mon petit-neveu, General Zondwa Mtirara, à venir me voir et le 31 décembre 1987 j'ai parlé de cette question avec lui dans la prison de Pollsmoor. Comme feu son père, Bambilanga, il s'est montré coopératif en me faisant remarquer au cours de la conversation qu'il n'agissait que pour Buyelekhaya. Je lui ai alors demandé d'amener le chef Mveleli[7] afin que nous puissions mettre un point final à l'affaire.

1. Nom de clan de Kwedi Mkalipi.

2. Nyawusa ou Mnayawusa se réfère aux membres du clan Nyawusa que Mandela a connus dans son enfance.

3. Zephania Mothopeng (1913-1990), leader du Congrès panafricain (PAC).

4. Harry Gwala (1920-1995), militant ANC, accusé de sabotage pour avoir recruté des membres de MK et condamné à huit ans de prison à Robben Island. Il a repris son militantisme à sa libération en 1972 et en 1977 il a été condamné à la prison à vie et il est retourné à Robben Island – voir Glossaire.

5. Zwelakhe Sisulu (1950-2012), journaliste sud-africain et condamné pour son travail de journaliste.

6. Buyelekhaya Dalindyebo (1964-), le fils de Sabata Jonguhlanga Dalindyebo. Il est revenu d'exil en 1989 et a été rétabli sur le trône.

7. Cousin de Mandela et chef thembu.

En décembre dernier, j'ai reçu la visite du général T. Matanzima[1], qui soutient entièrement la revendication de Buyelekhaya ; nous avons mis au point une stratégie. Mais il rencontre d'énormes problèmes et il semblerait que si l'action en justice actuelle – que j'ai essayé d'empêcher – échoue, rien de concret ne sortira avant que nous soyons là, en chair et en os. Contrairement à ce que pensent quantité de gens, d'après moi, ce moment est loin, très loin.

Mais je veux conclure en exprimant un espoir : maintenant que tu es heureusement marié, que toi et ta bien-aimée vous contribuiez généreusement à la descendance du pays. Mon meilleur souvenir et tous mes vœux.

Sincèrement,
Madiba

[Enveloppe]
M. Kwedi Mkalipi, c/o Mme Grace Matsha
5 Sandile Street
LANGA
7455

À Eddie Daniels[2], ami et ancien prisonnier de Robben Island

1335/88 : NELSON MANDELA 28.2.89

Cher Danie,

J'ai reçu plusieurs messages inoubliables de toi, le dernier le 24 février 1989. Ma difficulté a toujours été qu'aucune de tes cartes ne portait ton adresse, une difficulté qu'en fin de compte j'ai résolue en adressant cette

1. Sans doute un parent de K. D. Matanzima.
2. Eddie Daniels (1928-), membre de l'African Resistance Movement, il a passé quinze ans à Robben Island.

lettre à Dullah[1]. Sois assuré qu'Eleanor[2] et toi serez toujours dans mes pensées en espérant qu'un jour Winnie et moi nous serons en mesure de faire un pique-nique avec vous. Mon meilleur souvenir et tous mes vœux.

Sincèrement,
Dalibhunga

M. Eddie Daniels
c/o avocat Dullah Omar
31 Mabel Road ;
Ryland Estate, ATHLONE.
7764

Au révérend Allan Boesak[3], leader antiapartheid

135/88 : NELSON MANDELA 28.2.89

Cher Alan [*sic*],

Le solide soutien que j'ai reçu de vous et de Dorothy[4] en général et en particulier pendant ma maladie, m'a donné la force et la confiance nécessaires pour obtenir une guérison complète. Le traitement médical s'est arrêté vers la fin du mois dernier et je me sens à nouveau en pleine forme. Je vous suis particulièrement reconnaissant à tous deux et vous resterez dans ma pensée. Je vous envoie mon amour et mes vœux les meilleurs.

Sincèrement,
Oncle Nelson

1. Dullah Omar, avocat de Mandela – voir Glossaire.
2. La femme d'Eddie Daniels.
3. Allan Aubrey Boesak (1946-), ecclésiastique de l'Église réformée hollandaise d'Afrique du Sud, homme politique et militant antiapartheid. Il a été condamné à la prison pour escroquerie en 1999, mais par la suite il a bénéficié d'un non-lieu.
4. À l'époque, la femme de Boesak.

À Amina Cachalia, amie et camarade

1335/88 : NELSON MANDELA

28.2.89

Chère Aminaben,

Toi et Yusuf devez déposer sans délai une demande de visite. Tous deux, vous êtes venus me voir en juillet dernier et je n'imagine pas que vous ayez des difficultés avec le département des Prisons. Nous devons résoudre un problème qui demandera beaucoup à votre amour et à l'expérience de Yusuf. Si vous ne pouvez pas faire tous deux le voyage, je serai heureux de passer une heure ou deux avec l'un de vous.

Vous aurez le plaisir d'apprendre que, d'après les médecins qui me soignent, je suis complètement guéri de ma maladie et on a arrêté le traitement vers la fin du mois dernier. Heureusement, la bactérie a été détectée très tôt avant qu'il y ait des points ou une lésion sur le poumon et avant l'infection. Le poumon s'est maintenant regonflé et respirer de l'air pur exempt de la pollution des villes a considérablement bénéficié à ma santé.

Zami et la famille viennent souvent me voir et j'espère qu'elle pourra passer quelques jours ici quand certains problèmes auront été résolus.

En attendant, vous me manquez terriblement et j'attends de vous voir bientôt. Amour et meilleurs vœux.

Sincèrement,
Nelson

Victor Verster Prison, P/B X6005, Paarl South, 7624.

[Enveloppe]
Mme Amina Cachalia
PO Box 3265
JOHANNESBURG
2000

À Sipho Sepamla[1], poète et romancier sud-africain

1335/88 : NELSON MANDELA

4.4.89

Cher Sipho,

Il y a quelques années la radio a diffusé quelques vers frappants que vous aviez écrits, et j'ai été vraiment désolé, dans la situation où je me trouvais, de ne pas avoir le droit d'acheter vos livres.

L'an dernier, vous êtes brièvement apparu à la télévision et j'ai eu le plaisir de vous voir enfin en chair et en os. Bien sûr votre poésie a touché au cœur de nombreuses personnes, connues et inconnues de vous, dans le pays et à l'étranger. Vous comprendrez quand je vous dirai que je leur envie le privilège de pouvoir lire vos œuvres[2]. Vous, Don Mattera[3], Oswald Mtshali[4], Mongane Serote[5], Mzwakhe[6] et Nomsa Mbuli[7], et la constellation des poètes en herbe dans tout le pays à laquelle je pense. J'attends avec impatience de vous rencontrer pour vous remercier directement de l'impressionnante contribution à l'occasion de mon soixante-dixième anniversaire.

Je vous adresse, à vous et à votre famille, mes meilleurs vœux.

Sincèrement,
Madiba

1. Sipho Sepamla (1932-2007), militant culturel influencé par le Black Consciousness Movement. Il a protesté contre l'apartheid dans ses romans et sa poésie.

2. Plusieurs livres de Sipho Sepamla ont été interdits en Afrique du Sud, y compris son recueil de poèmes sur la révolte des étudiants de 1976, *The Soweto I Love*, publié en 1977.

3. Don Mattera, (1935-), écrivain sud-africain.

4. Oswald Mtshali (1940-), poète sud-africain.

5. Mongane Serote (1944-), poète et romancier sud-africain.

6. Mzwakhe Mbuli (1959-) poète, diacre et chanteur mbaqanga.

7. Nomsa Mbuli, la femme de Mzwakhe Mbuli. Tous les poètes cités ici appartiennent au mouvement littéraire sud-africain, le New Black Poetry des années 1970.

[Enveloppe]
M. Sipho Sepamla
c/o Zamila Ayob
PO Box 728
JOHANNESBURG
2000

À Candie Lawless, une infirmière qui l'a soigné à la Constantiaberg MediClinic

1335/88 : NELSON MANDELA

4.4.89

Chère Candie,

J'ai attendu votre lettre depuis mon départ de la Constantiaberg MediClinic. Je suis en effet très heureux que cela soit enfin terminé.

J'ai même eu encore plus de plaisir quand j'ai appris que vous et Trevor étiez fiancés. Mes plus sincères félicitations ! Je suis sûr qu'il fera un mari parfait ; une source de bonheur sans fin et de sécurité pour vous. S'il ne vous l'avait pas proposé maintenant, je vous aurais conseillé de prendre le taureau par les cornes et de le faire vous-même. Après tout, l'acceptation de l'égalité des sexes vous donne ce droit quand le jeune homme traîne des pieds.

D'après votre croquis, il semble que la bague de fiançailles ait quelque chose de très particulier et l'augmentation du salaire de Trevor devrait suffire à en couvrir le prix sans difficulté. À nouveau, mes plus sincères félicitations.

J'ai été désolé d'apprendre la mort de Kitty. Mais c'est la vie et il vaut bien mieux se montrer réaliste et accepter ce qui est arrivé. Toutes mes condoléances pour vous et Trevor.

Vous manquerez beaucoup à la clinique car ils vous considéraient comme une de leurs meilleures infirmières. Mais je serai heureux avec vous si votre nouvel emploi vous donne satisfaction. Je croise les doigts pour vous.

Je vous adresse mon meilleur souvenir, à vous, à Trevor, Dara, Tami (dont le succès aux examens m'enchante), Kim et vos parents.

Sincèrement,

[Signé NR Mandela]

À Sir Robin Renwick, ambassadeur de Grande-Bretagne, c/o le directeur de l'Administration pénitentiaire

1335/88 : NELSON MANDELA

10 avril 1989

Le directeur de l'Administration pénitentiaire
Le Cap

Je vous serais reconnaissant d'avoir l'amabilité de transmettre copie de la lettre ci-jointe adressée à l'ambassadeur de Grande-Bretagne et au ministre de la Justice pour publication.

[Signé NR Mandela]

L'ambassadeur
Ambassade de Grande-Bretagne
Pretoria
NELSON MANDELA

10 avril 1989

Sir Robin Renwick
Ambassadeur de Grande-Bretagne
Le Cap

Cher Sir Renwick,

Des articles de presse du 10 avril 1989 indiquent que j'ai écrit une lettre au Premier ministre Margaret Thatcher pour la remercier de l'action positive qu'elle accomplit sur le problème de l'Afrique du Sud.

Je tiens à affirmer que je n'ai jamais écrit ni dicté une telle lettre à aucun avocat comme il est prétendu dans ces articles. Si j'avais voulu exprimer mes conceptions sur l'action de Mme Thatcher ou sur la politique du gouvernement britannique ou sur tout sujet précis, j'aurais préféré le faire directement avec vous en personne.

Mais je suis satisfait d'avoir l'occasion de vous demander de transmettre mes vœux les plus sincères à madame le Premier ministre[1].

Sincèrement,

[Signé NR Mandela]

À Mike Tyson[2], boxeur américain, champion du monde poids lourds

1335/88 : NELSON MANDELA

10.5.89

Cher champion,

Ma famille et moi avons été ravis d'apprendre que la Central State University[3] vous avait décerné le titre de docteur *honoris causa*, honneur amplement mérité. Je vous prie d'accepter mes plus sincères félicitations.

Nous devons aussi vous remercier pour la paire de gants de boxe que vous m'avez envoyée pour mon soixante-dixième anniversaire.

Ce sont de tels messages de solidarité qui m'ont permis, à moi et à tant d'autres, de rester forts et pleins d'espoir dans ces temps douloureux. Mes salutations et mes vœux les meilleurs.

Sincèrement,

[Signé NR MANDELA]

1. Margaret Thatcher (1925-2013), Premier ministre du Royaume-Uni.
2. Mandela a rencontré Mike Tyson et d'autres boxeurs américains aux États-Unis le 22 juin 1990.
3. Université de Wilberforce, Ohio, États-Unis.

[Enveloppe]
Docteur Mike Tyson
Champion du monde poids lourds
c/o Président Arthur E. Thomas
Central State University
WILBERFORCE, OHIO 45384
USA

Au révérend Frank Chikane, secrétaire général du Conseil des Églises d'Afrique du Sud

1335/88 : NELSON MANDELA 10.5.89

Moruti wa sechaba[1],

Mon petit-fils, Mandla, m'a demandé de trouver une bourse pour sa cousine, Grace Foolo (quinze ans), 1373 B Mfolo Villages, PO Iketlo, 1805. Elle est actuellement en quatrième au collège de la Sainte-Croix, à Diepkloof[2]. Sa mère qui vivait seule est décédée dans des circonstances tragiques il y a quelques années. Elle vit maintenant avec sa grand-mère à l'adresse ci-dessus. Elle (sa grand-mère) se bat pour donner une bonne éducation à sa fille, qui est en troisième dans le même établissement. Je serais reconnaissant au Conseil sud-africain des Églises s'il avait la bonté de lui fournir une bourse.

Il se peut que la grand-mère ait déjà réglé les frais d'inscription de cette année. Si tel était le cas, et si vous êtes néanmoins en position de l'aider, je vous propose de la rembourser du montant de l'inscription.

Je vous adresse mon meilleur souvenir et mes vœux.

Sincèrement,
Ntate

1. « Prêtres de la nation » en seTswana et seSotho.
2. À Soweto, Johannesburg.

À Mme E. N. Mbekeni, une cousine

1335/88 : NELSON MANDELA

10.5.89

Bayethe[1] !

Récemment j'ai vécu une série d'intéressantes coïncidences. Le 27 avril 1989, j'ai reçu des lettres de plusieurs infirmières qui sont toutes femmes de médecin. Telly n'en faisait pas partie. Une semaine plus tard, une jeune femme que j'appelle « petite-fille » m'a écrit et m'a dit que son amie, Noelene, avec qui elle partageait un appartement, avait décidé de déménager à Plettenberg Bay[2]. C'était seulement la deuxième fois que j'entendais ce prénom. Le même jour, je lis dans le journal un article sur la femme d'un diplomate bien connu, dont le prénom est aussi Noelene. Le 4 mai 1989, je recevais la visite d'un leader important et ami du Natal, M. Harry Gwala, avec un compagnon et une compagne dont le prénom était Linda[3]. Quelques heures avant leur arrivée, deux bulletins d'information séparés à la radio, l'un sud-africain, l'autre américain, mentionnaient deux fois cette même Linda. Dans ta lettre, tu me dis que toi et *inkosi*[4] vous serez bientôt au Cap, toi pour participer à une réunion de guides et lui pour voir le cardiologue, le docteur Le Roux. Le docteur Le Roux est aussi mon cardiologue et il me suit depuis 1979. Je n'ai pas besoin de préciser que je n'attache aucune signification à des coïncidences de cette nature mais elles n'en sont pas moins assez intéressantes.

À propos de questions purement familiales, je veux que tu saches que ma sœur décédée a laissé trois filles, Nomfundo, infirmière à l'hôpital d'Umtata et soutien de famille ; Ntonto (environ quarante ans) et Zukiswa

1. Salut au roi en isiZulu.
2. Une ville de la province du Cap-Occidental.
3. L'avocate d'Harry Gwala, Linda Zama.
4. « Chef » en isiZulu et en isiXhosa.

(environ trente-deux ans). Les deux dernières ont quitté l'école après la quatrième. Au début de l'an dernier, elles m'ont informé qu'elles voulaient reprendre leurs études et elles m'ont demandé de leur trouver de l'argent, ce que j'ai fait. Cette année, elles sont en terminale, mais d'après leur scolarité, je ne pense pas qu'elles seront en mesure de réussir aux examens de novembre. Mais j'encourage quand même leur désir de progresser.

Elles veulent que je leur trouve un emploi à mi-temps au Cap, ce que je peux faire sans trop de difficultés. Mais je le leur ai déconseillé. Les frais de voyage d'Umtata au Cap, pour faire l'aller et retour de leur domicile à leur lieu de travail et le coût de la vie au Cap dévoreront une grande partie de ce qu'elles pourraient gagner. Aussi, je serais heureux si u-Mhlekazi[1] Wonga[2] pouvait leur trouver un travail à mi-temps à Umtata ou dans les environs pour les vacances de juin et de décembre. En ce qui concerne ta visite ici, il me faudra du temps pour m'en remettre. Cela a été un des moments les plus heureux de ma vie de prisonnier. Je n'avais pas vu Umhlekazi depuis plus de trente ans[3], et c'était incroyable que nous soyons enfin de nouveau ensemble. Il a toujours été aimable et chaleureux et je n'ai pas été surpris quand il m'a laissé littéralement nager dans la richesse selon les critères de la prison. J'ai également été ravi d'apprendre que toutes ces bonnes choses dont j'avais entendu parler à ton sujet au cours des années n'étaient pas exagérées. Tu le complètes parfaitement par la nature et le charme.

Tu as parlé de ton passé mais nous n'avons pas été très loin dans tes affaires de famille. J'aimerais apprendre des choses sur la maison de feu Wabana Makawula. À Healdtown[4] il était très populaire comme sportif, il jouait dans les équipes de football et de cricket de l'institution. Est-ce un de ses fils qui est maintenant chef suprême ? Si oui, dis-lui que si jamais il visite CT je serais heureux de le voir. Transmets-lui mes meilleurs vœux et donne-moi son nom complet.

---

1. Titre honorifique en isiXhosa, équivalent de « Monsieur ».
2. Peut-être Wonga Mbekeni, le mari de E. N. Mbekeni.
3. Le docteur Dotwana et le docteur Mbekeni et sa femme ont rendu visite à Mandela en mars 1989.
4. Le lycée Wesleyan à Fort Beaufort que Mandela a fréquenté quand il était jeune – voir Glossaire.

À propos, tu seras heureuse d'apprendre qu'immédiatement après la fin de votre visite, je suis allé dans la salle de bains où j'ai trouvé un billet de 5 rands. Je l'ai mis dans une enveloppe et je l'ai enfermé dans ma valise comme porte-bonheur.

Enfin, je t'adresse cette lettre bien que tu m'aies demandé d'écrire directement à Umhlekazi. Comme tu le sais, c'est un homme qui ne s'en fait pas trop et qui ne se précipite pas inutilement. J'ai craint que si je lui écrivais directement cela pourrait prendre des semaines avant qu'il te montre ma lettre. Amour et meilleurs vœux à toi, à Mhlekazi et aux enfants.

Sincèrement,
Madiba

P.-S. : C'est une chance que Mhlekazi ne se soit jamais impliqué dans la politique du bantoustan. C'est une des raisons pour lesquelles son nom et sa réputation sont sans tache et respectés comme lorsque je l'ai vu la dernière fois.

Je suis heureux d'apprendre que tu participes à l'écriture de l'histoire du Thembuland et que M. Kuse[1] y travaille aussi. Une personne influente et bien informée sur chaque lignée thembu devrait aussi y collaborer.

Je n'ai jamais reçu tes cartes de bon rétablissement. Il est toujours plus sûr de m'adresser tout le courrier en recommandé.

Madiba

[Enveloppe]
Nkosikazi E. N. Mbekeni
Emampondweni Store
PO Box 111
UMTATA

1. Wandile Kuse, professeur qui à partir de 1983 fut le directeur du Bureau de recherche et de documentation à l'université du Transkei.

À Helen Suzman, députée de l'opposition

1335/88 : NELSON MANDELA

22 mai 1989

Chère Helen,

La constance avec laquelle vous avez défendu les valeurs fondamentales de liberté et l'autorité de la loi au cours des trente dernières années vous a valu l'admiration de quantité de Sud-Africains.

Un vide existe encore entre le Mouvement démocratique de masse[1] et votre parti[2] quant à la méthode destinée à atteindre ces valeurs. Mais votre engagement pour une démocratie non raciale dans une Afrique du Sud unie vous a permis de gagner de nombreux amis dans le mouvement extraparlementaire.

Permettez-moi d'espérer que vous continuerez à bénéficier d'une excellente santé pendant les années à venir et que dans les jours qui nous attendent votre voix sera entendue dans tout le pays, libre des contraintes que la convention parlementaire impose.

Je vous embrasse et tous mes vœux pour vous et votre famille.

Sincèrement,
Nelson

[Enveloppe]
Mme la députée Helen Suzman
Parlement
Le Cap

1. Le Mouvement démocratique de masse était dans les années 1988-1990 la formation des forces antiapartheid qui réunissait l'United Democratic Front et le Congrès des syndicats sud-africains.

2. Le Parti fédéral progressiste.

Le mercredi 17 mai, le nom de Nelson Mandela a été lu lors d'une remise des diplômes à l'université d'Afrique du Sud, l'université qui avait la plus grande audience. Il n'a pas pu être présent pour recevoir son diplôme. Il était toujours incarcéré dans la prison de Victor Verster, en dehors de la ville de Paarl. Mais le fait que son nom soit lu à haute voix indiquait à tous que l'Afrique du Sud changeait et qu'il reviendrait bientôt.

À Richard Maponya[1], homme d'affaires et ami

1335/88 : NELSON MANDELA

Prison Victor Verster
P/B X6005
Paarl South
7620
3 février 1989

28 6 89

Cher Richard,

Cela fait près de trente ans que vous aviez organisé pour nous une fête extraordinaire pour la fin de l'état d'urgence de 1960[2]. Soyez assuré que ce geste et ceux qui l'ont suivi ne seront pas facilement oubliés. En fait, vous et Marina[3] avez souvent été dans mes pensées au cours des vingt-sept années de mon emprisonnement. J'espère vous voir un

1. Richard John Pelwana Maponya (1926-) est un entrepreneur et promoteur sud-africain bien connu pour avoir construit un empire malgré les restrictions de l'apartheid, et sa détermination à considérer le développement économique du township de Soweto. Il a organisé une fête après la libération de Mandela et l'acquittement des vingt-sept derniers accusés lors du procès de la trahison le 21 mars 1961.

2. Déclaré le 30 mars en réponse au massacre de Sharpeville, l'état d'urgence de 1960 s'est caractérisé par des arrestations de masse et l'emprisonnement de presque tous les leaders africains. Le 8 avril 1960, l'ANC et le Congrès panafricain ont été interdits en fonction de la loi sur les organisations illégales.

3. La femme de Maponya.

jour à Soweto quand je pourrai échanger avec vous une poignée de main très chaleureuse. Dans cette attente, je vous envoie mes vœux les plus sincères. Salutations au docteur Sam Motsuenyane[1] et sa famille.

Sincèrement,
Nelson

M. Richard Maponya
Soweto

Au chef suprême par intérim Mdayelwa Mtirara, son cousin

[Traduit de l'isiXhosa]

1335/88 : NELSON MANDELA

Prison Victor Verster
P/B X6005
Paarl South
7620

4.7.89

Ngubengenka[2],

J'ai été ravi d'apprendre que le clan thembu avait enfin conclu le problème de l'installation de Buyelekhaya[3] comme héritier légitime du trône.

Le retour d'exil de Buyelekhaya devrait être traité avec soin et sensibilité. On doit lui laisser le temps de connaître son peuple tandis qu'il est au

1. Homme d'affaires.
2. Une référence au descendant du roi Ngubenkuka, arrière-arrière-arrière-grand-père de Mandela.
3. Buyelekhaya Dalindyebo (1964-), le fils de Sabata Jonguhlanga Dalindyebo. Il est revenu d'exil en 1989 et a été rétabli sur son trône.

palais royal[1]. Nous avons besoin de discuter rapidement de ces questions en détail. J'espère que tu prendras les dispositions nécessaires pour me rendre visite afin que nous puissions parler sérieusement de tout cela.

Salutations,
Sincèrement,
Dalibunga

Chef suprême par intérim Mdayelwa Mtirara
Palais royal
Sithebe
Bityi, Umtata
TRANSKEI

Le 5 juillet 1989, Mandela fut sorti de prison pour rencontrer le président P. W. Botha. L'entrevue a été cordiale avec l'homme que précédait une réputation terrible, même parmi ses collègues du gouvernement, et appelé le « Grand Crocodile ».

C'était le troisième chef d'État depuis que Mandela avait été arrêté. H. F. Verwoerd, assassiné en 1966, avait été remplacé par B. J. Vorster, à qui avait succédé P. W. Botha. Quand Mandela fut libéré, F. W. De Klerk[2] était le nouveau président.

*Alors qu'ils étaient en prison, Mandela et ses camarades avaient appris l'arrivée au pouvoir du Parti national avec Botha. À Pollsmoor, Botha avait annoncé la création d'un parlement à trois chambres pour inclure les Indiens et ceux qu'on nommait métis (*coloured*) – une création que Mandela analysait ainsi : « Une tentative pour attirer les Indiens et les métis dans le système et les séparer des Africains. Mais l'offre n'était qu'un "jouet" car toute action des parlementaires indiens ou métis fut l'objet d'un veto. C'était aussi un moyen de tromper le monde extérieur en lui faisant croire que le gouvernement réformait l'apartheid[3]. »*

1. Il vivait en exil en Zambie depuis 1980 après que son père avait été condamné pour violation de la dignité de K. D. Matanzima.

2. F. W. De Klerk (1936-), avocat, président d'Afrique du Sud de 1989 à 1994 – voir Glossaire.

3. Padraig O'Malley, *Shades of Difference : Mac Maharaj and the Struggle for South Africa*, *op. cit.*, p. 312.

Mandela nota dans son calendrier de prison que le 5 juillet il avait un rendez-vous avec une « Très importante personne. Pas de discussion politique ». Mandela impressionna Botha par sa connaissance de l'histoire afrikaaner. Les années qu'il avait passées à étudier l'histoire des Afrikaans, leur culture et leur langue l'avaient récompensé.

Au directeur de l'Administration pénitentiaire

1335/88 : NELSON MANDELA

17.7.89

Personnelle et confidentielle

Le directeur de l'Administration pénitentiaire
Pretoria

Je pense que les photographies prises le 5 juillet 1989 ne seront pas publiées ni diffusées sans que soient consultées les parties concernées[1]. J'espère avoir une conversation approfondie sur ce sujet avec vous.

J'ai aussi le plaisir de vous informer que le 14 juillet j'ai eu l'occasion de parler des derniers développements avec mes collègues de Pollsmoor et de Robben Island. Malheureusement, et parce que c'était aussi à l'occasion d'un anniversaire, nous n'avons pas eu suffisamment de temps pour achever cette discussion. En conséquence, je vous serais reconnaissant de nous accorder d'autres réunions à votre convenance.

J'aimerais aussi être informé si je dois accepter que mon collègue, M. Walter Sisulu, ne soit pas libéré avant le 6 septembre.

Le 4 juillet, le ministre de la Justice a abordé le cas de M. Oscar Mpheta[2], un autre collègue. Le ministre est actuellement très occupé

1. Il doit s'agir de photos prises pendant la rencontre avec P. W. Botha au Cap. Alors qu'il était encore en prison, début 1986, on avait donné un costume à Mandela pour sa rencontre avec le leader du Nigeria et chef du Groupe des éminentes personnes et président du Commonwealth, le général Olusegun Obasanjo, dans la prison de Pollsmoor.

2. Oscar Mpetha (1909-1994), syndicaliste et membre de l'ANC, condamné à cinq ans de prison à Pollsmoor, a été libéré en 1989 – voir Glossaire.

par les élections et ne peut prêter attention à des questions de ce genre. J'apprécierais que vous le lui rappeliez.

[Signé NR Mandela]

À Tim Wilson, gendre de l'avocat Bram Fischer[1]

1335/88 : NELSON MANDELA

Prison Victor Verster
P/B X6005
Paarl South
7620

23.7.89

Cher Tim,

Le sens d'une institution ne réside pas seulement dans la taille de ses bâtiments, de son personnel ou de son budget, mais principalement dans la qualité de ses services rendus à la communauté. Sous cet angle, le centre médical d'Alexandra[2] est un projet unique à tous points de vue.

Tout d'abord, le centre apporte de l'espoir là où il y avait désespoir et même la vie là où la mort aurait dû triompher. Son indépendance par rapport au contrôle du gouvernement, la diversité de ses bienfaiteurs, ses objectifs et l'étendue de ses activités, tout cela représente un potentiel de grande portée ; un exemple de ce qui pourrait se passer dans la nouvelle Afrique du Sud que nous avons le désir de construire.

Soixante ans au service de la communauté sont une excellente occasion pour le fêter et j'envoie mes félicitations et mes vœux au centre.

1. Bram Fischer (1908-1975), avocat, militant politique et antiapartheid.
2. Le centre médical d'Alexandra et la clinique universitaire d'Alexandra, à Johannesburg, ont été créés en 1929 comme centre maternel et infantile avant d'évoluer en centre de soins.

J'ai passé quelques années passionnantes à Alex dans les années quarante[1], et la simple mention de ce célèbre township me rend plus que nostalgique. J'ai l'intention de visiter ces endroits dès que j'en aurai l'occasion, avec le retour de temps meilleurs.

Je pense à vous, à Ilse[2] et à Ruth[3], chaleureusement,

Sincèrement,
Oncle Nelson

À Adelaide Tambo, amie et militante antiapartheid, femme d'Oliver Tambo, président de l'ANC et ancien avocat associé de Mandela

14.8.89

Télégramme proposé pour Mme Tambo –
Winnie et moi profondément choqués par maladie Oliver. Lui souhaitons prompt et complet rétablissement. Toi et les enfants êtes dans nos pensées.

Affection

À Makhi Jomo Dalasile

1335/88 : NELSON MANDELA 14.8.89

Cher Makhi,

Le 8 août, j'ai eu une discussion agréable avec le chef Zanengqele[4] que j'ai trouvé chaleureux et sage.

1. Peu après son arrivée à Johannesburg en 1941, il s'est installé dans le township d'Alexandra où il a pris pension chez le révérend J. Mabutho de l'Église anglicane, 8e Avenue. Plus tard, il a déménagé dans une chambre située dans la cour de la famille Xhoma, dans la 46e Avenue.
2. Ilse Wilson, femme de Tim Wilson et fille de Bram Fischer.
3. Ruth Fischer, belle-sœur de Tim Wilson, et fille de Bram Fischer.
4. Un chef thembu qui lui a rendu visite en prison.

Le voir m'a rappelé le chef décédé Sakhela[1] qui a été bon envers moi après mon arrestation en 1962. Sakhela était un digne descendant du grand Dalasile devenu un héros du peuple quand quelques leaders traditionnels de cette époque ont choisi de ramper. Peut-être qu'un jour, je pourrai te donner d'intéressants détails sur ce sujet. Pour l'instant il suffit de dire que Dalasile est un martyr dont la jeunesse de ce pays pourrait s'inspirer pour construire sa vie.

D'après ce que je viens de dire tu seras d'accord je l'espère, pour reconnaître que le monde est plein de gens aux qualités naturelles de chef. Ces leaders traditionnels qui ont mené la lutte d'indépendance à partir du XVIe siècle faisaient partie de ces hommes-là.

Mais les temps ont changé et l'éducation est devenue une arme puissante dans la lutte pour créer une personne bien formée. C'est pourquoi j'ai été heureux d'apprendre que tu passais ta licence en droit. Je te souhaite bonne chance.

Sincères salutations à toi et à tes camarades étudiants.

Sincèrement,
Tata Madiba

[Enveloppe]
M. Makhi Jomo Dalasile
Université du Transkei
Personnelle
UMTATA

1. Chef thembu.

Au révérend Abel Hendricks, ancien président de l'Église méthodiste d'Afrique du Sud, et sa femme, Frieda

1335/88 : NELSON MANDELA

Prison Victor Verster
P/B X6005
Paarl South
7620

15.8.89

Chers Abel et Frieda,

J'ai été bouleversé en apprenant la mort de votre fils adoré, Andrew, et je vous assure de ma profonde sympathie. Winnie et moi, nous aurions aimé être à vos côtés pour vous soutenir quand le corps d'Andrew fut conduit à son dernier repos. Mais comme vous le savez, cela ne peut être. Cependant, je vous assure que vous ne quittez pas mes pensées. Une nouvelle fois, toutes nos condoléances.

Sincèrement,
Nelson

À l'archevêque Desmond Tutu et à sa femme, Leah Tutu

1335/88 : NELSON MANDELA

21.8.89

Chers Desmond et Leah,

Vous êtes si occupés à voyager dans et hors du pays que rares sont ceux qui s'attendent à ce que vous trouviez du temps pour les espoirs et les désespoirs, les rêves et les frustrations, les joies et les fêtes des autres ; cependant c'est un des rôles que vous jouez à merveille. Merci infiniment pour les fleurs et pour vos vœux.

Tout au long des siècles et dans tous les pays, la religion a été une des forces les plus puissantes de la société et il se peut bien qu'il en soit toujours ainsi. Mais il y a des hommes et des femmes qui ont la capacité de la rendre encore plus importante qu'elle ne l'a jamais été.

Ces réalisations, importantes ou modestes, seront toujours reconnues par de grands prix ou de simples récompenses. Certains déclinent de tels honneurs tandis que d'autres s'en servent de façon égoïste. Mais il y en a toujours qui les acceptent comme étant le résultat de services désintéressés rendus à la communauté et ils ont tendance à s'en servir comme des instruments efficaces dans notre recherche de justice et de dignité humaine. Trevor et ses sœurs[1] reconnaîtront facilement ceux à qui nous pensons.

Les Églises sud-africaines ont apporté une contribution substantielle à la lutte pour un réel changement dans ce pays, et l'Église de la Province[2] a une place d'honneur dans cette histoire. Sa constance et sa franchise nous ont stimulés. La résolution de Durban du 31 mai au 7 juin 1989[3] m'a donné une force et un espoir que je ne peux exprimer.

Je me suis senti très honoré d'avoir été invité pour patronner le Conseil William Wilberforce et de recevoir leur cravate tant convoitée. J'espère que vous remercierez le Conseil en mon nom.

Enfin, je dois vous informer qu'à plusieurs occasions dans le passé j'ai demandé sans succès au département des Prisons de vous autoriser à me rendre visite. Mais aujourd'hui, j'ai l'espoir que cela

1. Les enfants des Tutu.

2. Jusqu'en 2006, l'Église anglicane d'Afrique australe était connue comme l'Église de la Province. Alors que des prêtres importants, dont l'archevêque Desmond Tutu, prenaient parti contre l'apartheid, l'Église présentait des excuses en 1997 au peuple d'Afrique du Sud pour avoir contribué à l'oppression des Noirs pendant l'apartheid.

3. Le synode provincial dirigeant l'Église anglicane a appelé les évêques anglicans à lister une série de sanctions contre l'apartheid, y compris un arrêt du rééchelonnement de la dette extérieure, un refus des droits d'atterrissage à l'étranger pour African Airways et une interdiction des vols étrangers en Afrique du Sud.

est possible. Cependant la date sera soumise à des considérations particulières.

Nous croisons les doigts.

Salutations et mes meilleurs vœux,

Sincèrement,

Madiba

P.-S. : La mort de Stanley m'a profondément touché et j'espère que vous pourrez transmettre mes condoléances à la famille.

[Enveloppe]
Le très révérend Desmond Tutu
Évêché
CLAREMENT, LE CAP
700

À Adelaide Tambo, amie, militante antiapartheid et femme d'Oliver Tambo, président de l'ANC et ancien avocat associé de Mandela

1335/88 : NELSON MANDELA 21.8.89

Kgaitsedi[1],

Le télégramme que je t'ai envoyé le 15 août, c/o Mary[2] a dû te parvenir maintenant. C'est un soulagement d'apprendre dans la presse, ainsi que par Ismail[3], que la maladie d'O.R.[4] n'était pas grave comme on l'a dit d'abord et j'espère qu'il reprendra très vite ses activités.

1. « Ma sœur » en seSotho et en seTswana.
2. Mary Benson (1919-2000), amie, écrivain, journaliste et militante antiapartheid – voir Glossaire. Elle vivait à Londres.
3. Ismail Ayob.
4. Oliver Reginald Tambo. Il a eu une crise cardiaque en août 1989.

Mais il me semble qu'il doit prendre immédiatement certaines précautions pour s'assurer que sa charge quotidienne de travail n'est pas excessive, avec un repos quotidien en milieu de journée.

Il sera absolument inutile pour tout le monde, toi y compris, d'insister pour que O.R. n'en fasse pas trop. Il est incapable de le faire de lui-même. Dans le passé, je lui ai souvent répété d'être prudent, un conseil que, j'en suis sûr, toi et Thembi[1] lui avez donné.

Sauf si le Conseil national[2] en décide autrement, je te suggère, à partir de maintenant, de voyager avec lui pour t'assurer que ces précautions sont strictement observées. Ce sera bien sûr coûteux mais c'est la seule façon de vérifier que les instructions du médecin sont respectées. Quoi que vous en pensiez, O.R. et toi, je te demande d'informer le NE[3] de mes propositions.

Enfin, je veux vous dire que vous me manquez énormément, toi, O.R., les enfants et les autres camarades à qui j'adresse mes vœux les meilleurs.

Affection,

Sincèrement,
Nelson

À J. N. et Radhi Singh, des amis[4]

1335/88 : NELSON MANDELA

21.8.89

Chers J.N. et Radhi,

Mille mercis pour le télégramme d'anniversaire. Passer la journée avec presque toute la famille a été quelque chose d'extraordinaire dans tous

1. Une des filles des Tambo.
2. Conseil directeur national de l'ANC.
3. *Idem.*
4. J. N. Singh (décédé en 1996), membre du Congrès indien du Transvaal et du Natal Indian Congress. Il a fait ses études de droit avec Mandela à l'université de Witwatersrand. Sa femme Radhi Singh (décédée en 2013) étaient militante anti-apartheid, enseignante et avocate.

les sens du terme. Les nombreux messages des amis ont donné à cette journée une dimension spéciale.

Tu me parles de libération imminente ? Je ne suis pas prophète mais j'ai le privilège d'exprimer de sérieux doutes. Il serait sage que vous me rendiez visite comme les autres le font.

Dans cette attente, je vous envoie mon amour et mes vœux les meilleurs.

Sincèrement,
Nelson

[Enveloppe]
M. J. N. Singh
23 Elwork Rd
Durban

À Mary Benson[1], amie, journaliste, et militante antiapartheid

1335/88 : NELSON MANDELA 21.8.89

Chère Mary,

C'était très très difficile, sinon tout à fait impossible, de vous écrire depuis la prison de Pollsmoor. Plus j'échouais à vous joindre, plus vous me manquiez. Mais maintenant il y a quelque espoir que cette lettre vous arrive et que la correspondance qui est allée à vau-l'eau au cours des années passées coule régulièrement à nouveau. Puis-je dire que la balle est maintenant dans votre camp ?

Merci infiniment pour la merveilleuse carte d'anniversaire et son message chaleureux. C'était merveilleux d'être entouré de ma famille – les enfants, une belle-fille, neuf petits-enfants, un arrière-petit-fils et, bien sûr, Zami. Le mari de Maki, Isaac, Zeni et sa famille, un

1. Mandela ne l'a plus revue depuis son passage à Londres en 1962.

arrière-petit-fils n'ont pas pu venir. Mais ce fut un jour mémorable et j'aurais souhaité que vous soyez là pour ajouter une touche à cette réunion.

J'espère que plus Mandla restera en pension, plus il développera son aptitude à faire de vivantes descriptions. Il se peut que le simple fait de visiter ces lieux stimule ce talent. C'est, comme vous le dites justement, un endroit magnifique. Certains endroits du voisinage sont exceptionnels.

Lord Anthony Barber[1], un des membres du célèbre *Eminent Persons Group*[2], m'a promis un livre – l'histoire de son évasion d'un camp de prisonniers allemand pendant la dernière guerre. La tournure des événements avant qu'ils quittent l'Afrique du Sud l'a peut-être obligé à changer d'avis. Rappelez-lui que je pense toujours à lui.

Il est plutôt ironique que vous me parliez de vague de chaleur quand nous gelons dans le Boland. C'est vrai, Dieu se manifeste de bien des façons.

Apparemment Frances[3] est comme vous ; elle a du talent et j'aime sa peinture. Un peintre est indubitablement bon quand il peut transmettre quelque chose à un profane comme moi. Je lui adresse mes félicitations et à David mes chaleureuses salutations. Avec mon amour.

Sincèrement,
Nelson

---

1. Lord Anthony Barber (1920-2005), membre du Parti conservateur anglais.
2. Le Commonwealth a créé un *Eminent Persons Group* (Groupe de personnes éminentes) pour enquêter sur l'apartheid en 1985. Ils ont rendu visite à Mandela à Pollsmoor.
3. La fille de Mary Benson.

À Helen Joseph, son amie

1335/88 : NELSON MANDELA 21.8.89

Notre chère Helen,

J'ai été désolé d'apprendre que votre demande pour me rendre visite, à moi et à deux autres amis, a été rejetée pour la énième fois. Quel moment inoubliable cela aurait été de vous accueillir ici. Et de déjeuner ensemble comme au bon vieux temps. Je vais faire une nouvelle demande de visite de mon côté. Peut-être que quelques heures passées en votre compagnie me donneront un peu de votre longévité. En attendant, je vous remercie pour le merveilleux télégramme d'anniversaire. Amour et meilleurs vœux.

Sincèrement,
Nelson

À Cyril Ramaphosa[1], militant et responsable syndicaliste

21.8.89

Cher Cyril,

Tu portes extrêmement bien le manteau du leader syndical. Ton art et ta prudence pour traiter de problèmes délicats et compliqués t'ont valu le respect de tes amis mais aussi de tes ennemis.

Le camarade James Motlatsi[2] et d'autres responsables de l'Union nationale des mineurs te complètent très bien dans ton travail.

1. Premier secrétaire général de l'Union nationale des mineurs et actuel président de l'ANC (2017-). Mandela avait pensé en faire son successeur à la présidence de la République.

2. Premier président de l'Union nationale des mineurs.

C'est à la fois une source de fierté et d'humilité que d'être associé à un syndicat dont les racines sont fermement plantées dans notre sol mais dont la vision est globale.

Le dix-huit juillet[1] est un jour important dans l'album familial. Ta carte impressionnante et ton magnifique message y ajoutent une dimension supplémentaire et je t'en remercie.

Accepte mes vœux les meilleurs,

Sincèrement,
Madiba

Cyril Ramaphosa
c/o Ayob avocat et associés
PO Box 728
JOHANNESBURG
2000

À Amina et Peter Frense[2]

1335/88 : NELSON MANDELA

21.8.89

Chers Amina et Peter,

Vous avez fait entrer Mqhekezweni et tous les doux souvenirs de mon enfance à Victor Verster[3]. Je pourrais couper au couteau l'épaisseur de mon sentiment de nostalgie. Peu de choses réussissent à me convaincre que l'univers vieillit plus rapidement que les bâtiments imposants du Mqhekezweni de mon enfance, aujourd'hui délabrés. Des milliers d'histoires sont enfermés derrière ces murs silencieux. Peut-être qu'un jour nous pourrons aller tous ensemble à Umtata ; cela me sera comparativement facile de vous

1. Anniversaire de Mandela.

2. Amina Frense, journaliste de télévision et militante antapartheid. Son mari Peter était journaliste. Ils ne connaissaient pas Mandela.

3. Ils avaient envoyé à Mandela une photo de Mqhekezweni (la Great Place, la Grande Demeure) où il a grandi dans le homeland du Transkei.

dire d'où je viens vraiment. Dans cette attente, je vous envoie mon amour et mes vœux les meilleurs. Mille mercis pour le message d'anniversaire.

Sincèrement,
Nelson

Au directeur de l'Administration pénitentiaire

1335/88 : NELSON MANDELA

11.9.89

Le directeur de l'Administration pénitentiaire
Pretoria

La libération des prisonniers dont vous trouverez la liste ci-dessous, et qui tous purgent des peines d'emprisonnement à vie, sera énormément appréciée[1] :

1. Kathrada Ahmed,
2. Mhlaba Raymond,
3. Mlangeni Andrew,
4. Motsoaledi Elias,
5. Sisulu Walter[2].

Ils ont tous été condamnés en juin 1964 et ont tous plus de soixante ans : M. Sisulu a eu soixante-dix-sept ans en mai dernier, et M. Mhlaba a eu soixante-dix ans en février dernier.

6. M. Wilton Mkwayi[3] a été condamné en décembre 1964. Bien qu'il ait été arrêté après que les personnes citées ci-dessus ont été condamnées, il est

1. Cela fait partie des négociations secrètes entre Mandela et le gouvernement. Il écrira plus tard : « Je pressai le gouvernement de montrer des preuves de sa bonne volonté en libérant mes camarades prisonniers politiques à Pollsmoor et à Robben Island », *Un long chemin vers la liberté*, *op. cit.*, p 569.

2. Pour ces cinq personnes – voir Glossaire.

3. Wilton Mkwayi a été condamné à une peine de prison à vie dans le « petit procès de Rivonia ». Ce procès a eu lieu en novembre 1964, cinq mois après la fin du procès

pour toutes les raisons énoncées un coaccusé, la seule différence étant qu'il a échappé à la police quand les autres étaient arrêtés en juillet 1963.

7. MM. Meyiwa et Mdlalose*, qui tous deux sont détenus à Robben Island, ont été libérés dans les années 70 après avoir purgé une peine de huit années de prison. Ils ont été à nouveau arrêtés et cette fois condamnés à la prison à vie en même temps que M. Harry Gwala, libéré pour des raisons médicales.
8. M. Jeff Masemola[1], actuellement détenu à Diepkloof, a été condamné à la prison à vie en 1963. Tous ses coaccusés ont été libérés, certains depuis quatre ans. Mais le département des Prisons continue à le détenir malgré son état de santé déplorable et son âge.

J'aimerais ajouter que la libération de seulement un ou plusieurs de ces hommes n'aura plus aucun sens.

Si vous répondez favorablement à cette demande, comme je l'espère, j'aimerais les voir avant leur libération. Je peux voir M. Masemola immédiatement après sa libération.

[Signé NR Mandela]

* Les noms complets sont :

Matthews Meyiwa
Zakhele Mdlalose

[D'une autre écriture] Oscar Mpetha[2] – ajouté à la demande de M. Mandela[3].

---

de Rivonia. Laloo Chiba, Mac Maharaj, Wilton Mkwayi, Dave Kitson et John Matthews ont été accusés de sabotage pour leur action au nom de MK. Les trois derniers ont été envoyés à Robben Island et les deux autres, qui étaient des Blancs, ont été détenus à Pretoria.

1. Jafta Kgalabi (« Jeff ») Masemola (1929-1990), enseignant, membre de la Ligue de la jeunesse de l'ANC, membre du Congrès panafricain et prisonnier politique – voir Glossaire. Après avoir été arrêté en 1962 et accusé de sabotage pour avoir fait sauter des pylônes de lignes à haute tension et avoir fait sortir en fraude d'Afrique du Sud des combattants de la liberté, il a été condamné à la prison à vie en juillet 1963. Il a été libéré le 15 octobre 1989 et le 17 avril 1990 il a été tué dans un mystérieux accident de voiture.

2. Oscar Mpetha – voir Glossaire.

3. Tous, sauf Meyiwa et Mdlalose, ont été libérés le 15 octobre 1989.

À Frieda Matthews, amie et veuve de Z. K. Matthews, professeur d'université

1335/88 : NELSON MANDELA 18.9.89

Chère Rakgadi,

Tu n'as pas entendu parler de moi depuis plusieurs mois et pourtant tu es toujours dans mes pensées ; j'espère que tu vas bien et que les enfants et petits-enfants grandissent. Si mon silence t'a surprise et même choquée, je te demanderai de garder en mémoire que tu m'as manqué ainsi que tes lettres pleines d'informations. Il se peut même que quand cette lettre t'arrivera ton anniversaire sera passé, que la douceur du gâteau et le goût du champagne auront été oubliés. Pourtant, j'espère que cela a été le plus bel anniversaire de ta vie. Amour et meilleurs vœux,

Sincèrement,
Nelson

À Kepu Mkentane, une amie

1335/88 : NELSON MANDELA 18.9.89

Chère Kepu,

Le mois dernier j'ai reçu un télégramme de Kini[1] m'annonçant la mort de Leo Sihlali[2]. Je lui ai immédiatement envoyé un télégramme de

1. Kini Sihlali.
2. Leo Sihlali a été président du Neum (Mouvement de l'unité non européenne), une organisation trotskiste créée en Afrique du Sud en 1943. Elle soutenait un non-racialisme et sa tactique était la non-collaboration avec le régime d'apartheid. Le mouvement a explosé en 1957.

condoléances suivi d'une lettre. J'espère qu'elle les a reçus. Je suppose que Kini n'était ni sa femme ni sa fille. Comme tu le sais, un grand nombre de personnes sont venues me voir ces huit derniers mois. De ta région sont venus les frères Joyi, Xobololo, Fadana, l'avocat Phathekile Holomisa, le chef Ngangomhlala Matanzima et son frère, le général qui t'a fait peur quand il a frappé à ta porte au début de cette année, Stella Sigcau, mes sœurs, nièces, et bien sûr, les enfants et petits-enfants[1].

J'ai aussi passé toute une journée avec le chef Zanengqele Dalasile d'AmaQwati et il m'a beaucoup impressionné. Il est intelligent et bien informé et il abordé de nombreuses questions importantes. C'est ton voisin et la visite qu'il m'a rendue m'a fait penser à toi et aux enfants, et à la façon dont tu passes tes journées en ce moment.

Connais-tu Connie Njongwe[2] à Matatiele ? Vous partagez les mêmes vertus. Vous êtes de bonnes correspondantes, sérieuses, vous répondez rapidement avec des sentiments qui donnent de l'espoir. J'ai correspondu avec Connie et son mari, aujourd'hui décédé, Jimmy, depuis les années soixante, exactement comme je l'ai fait avec toi et Kent, et je suis toujours heureux d'avoir des nouvelles de vous tous.

Je t'embrasse et meilleurs vœux,

Sincèrement,
Nelson

[Enveloppe]
Mme Kepu Mkentane
PO Box 13
ENGCOBO
TRANSKEI

---

1. Tous des parents de Mandela.
2. Connie Njongwe, femme du docteur James « Jimmy » Njongwe (1919-1976), médecin, leader ANC et organisateur de la Campagne de défi.

À Connie Njongwe, une amie

1335/88 : NELSON MANDELA

Prison Victor Verster
P/B X6005,
Paarl South,
7620

18.9.89

Notre chère Connie,

Une lourde charge de travail au cours des huit derniers mois m'a obligé à reporter la lettre que je voulais t'écrire. Comme tu le sais, depuis les années soixante je t'ai écrit au moins chaque année en mai pour que tu saches que toi et les enfants vous êtes toujours dans mes pensées.

La charge de travail est plus lourde chaque jour mais cette fois j'ai décidé de tout écarter et de m'occuper de toi. J'espère que toi et les enfants, vous êtes en bonne santé et que les affaires vont bien.

Tu sais sans doute que beaucoup de gens de tout le pays viennent en visite à Victor Verster et si toi aussi tu voulais venir, tu serais plus que la bienvenue. Ce serait un événement mémorable qui me donnerait l'occasion de voir si l'âge a prise sur toi. J'en doute et il se pourrait que tu aies l'air si fort et si bien que les gens qui te verraient pour la première fois penseraient que tu es la sœur aînée de Zweli et de Phathi[1].

Si tu le voulais, tu pourrais venir avec Kepu Mkentane depuis Engcobo. Elle et son dernier mari, Lincoln[2], sont pour moi comme toi et Jimmy et j'ai reçu des cartes de Noël depuis les années soixante, une habitude que Kepu a maintenue jusqu'à aujourd'hui. Mon neveu, le général Themba Matanzima, des forces de défense du Transkei, organisera la visite pour toi. N'hésite pas à prendre contact avec lui ; c'est

1. La fille de Connie Njongwe, Phatiswa (Phati) et son fils Zwelinzima (Zweli).

2. Lincoln Mkentane, camarade de Mandela à l'université de Fort Hare. Tous deux faisaient partie d'un groupe théâtral et quand, à l'université, Mkentane a adapté une pièce sur Abraham Lincoln dans laquelle il jouait Lincoln lui-même, Mandela jouait le rôle de l'assassin, John Wilkes Booth. Mkentane est lui aussi devenu avocat.

un très bon jeune homme. Son numéro de téléphone personnel est le 24523, et au bureau 25946.

Mes salutations et mes meilleurs vœux,

Sincèrement,
Nel

[Enveloppe]
Mme Constance Njongwe
PO 122
Matatiele
4730

À Mamphela Ramphele, amie et universitaire

1335/88 : NELSON MANDELA

18.9.89

Chère Mamphela,

Une suite de coïncidences étonnantes est survenue à Victor Verster après ta visite, à tel point que depuis je me suis demandé si ces coïncidences en étaient vraiment.

Tu étais ici le 10 septembre. Le même soir, il y avait une émission de télévision sur des femmes qui ont réussi – Maponya[1], Lindi Myeza[2], Ronel Erwee[3], Mafuna, Tshabalala et, tu ne vas pas le croire, Mamphela qui a les pieds sur terre.

Parmi les sujets que tu as abordés au cours de l'entretien, il y a eu celui du sexisme. Dans cette émission, les préjugés des hommes à l'égard des femmes sont devenus la question centrale.

1. Marina Maponya (1934-1992), femme d'affaires sud-africaine et leader d'une communauté qui donnait aux pauvres.

2. Lindi Myeza, assistante sociale et membre important de l'Église méthodiste.

3. Ronel Erwee, professeure.

Cela aurait suffi pour illustrer le fait des rencontres imprévues, mais ce ne fut pas le cas. Peu de temps après ton départ, je feuilletais le travail d'ethnographie des enfants quand on a livré le *Star Nation*. Sur la page centrale, il y avait un article sur l'éducation des enfants en Afrique du Sud. Sue Valentine commentait les remarques de l'Anglo-Américain Michael O'Dowd lors d'une conférence du CSIR[1] à Pretoria. Il abordait des aspects traités dans le travail des enfants et la similitude d'approche était stupéfiante. Puis Nandi[2] m'a apporté ton message contenant des impressions que je m'apprêtais à t'envoyer. La télépathie était peut-être à l'œuvre. Mais c'est rassurant de voir que le monde a abandonné ou est en train d'abandonner les superstitions des siècles précédents. Sinon de nombreux gourous auraient considéré ces rencontres fortuites comme des relations de cause à effet.

Ton sens de la modestie ne doit pas être compromis par une observation faite dans un devoir d'élève. Il est même rendu plus impressionnant par l'habileté et l'expérience d'une chercheuse perspicace qui parle comme une initiée.

J'ai eu l'occasion de réfléchir sur l'article quand j'étais au lit et je n'ai pas du tout été flatté quand je me suis souvenu que pendant les deux décennies que j'ai passées sur le Rand avant mon arrestation, le seul foyer dans lequel je sois jamais allé deux fois était le foyer Denver pour hommes ; et deux fois pour des réunions politiques.

L'article sur les défis de la transformation est aussi impressionnant par sa pertinence et la nouveauté de sa pensée. C'est un plaisir de le lire. Les remarques de la page 8 risquent de bouleverser des intérêts acquis. Quoi qu'il en soit, ce sont des observations qui valent la peine d'être faites.

J'aurais aimé que toi, les professeurs Herbert Vilakazi[3] et Frances Wilson[4], et d'autres, vous me conseilliez sur un sujet qui risque de devenir bientôt très important. Mais, par expérience, je suis convaincu que Frances et Herbert ne seront pas autorisés à le faire.

---

1. Council for Scientific and Industrial Research (Conseil pour la recherche scientifique et industrielle).

2. Nandi Mandela (1968-), fille de Thembi Mandela.

3. Herbert Vilakazi (1943-2016), professeur de sociologie.

4. Frances Wilson, universitaire, collègue de Mamphela Ramphele à l'université du Cap. Elles ont écrit un livre ensemble, *Uprooting Poverty. The South African Challenge*, Le Cap, David Philip, 1989.

Peut-être que lorsque tu voudras te reposer un peu de ton travail universitaire, on pourra organiser une autre visite.

En attendant, je pense à vous et aux enfants.

Affection et meilleurs vœux,

Sincèrement,
Ntate

[Enveloppe]
Dr Mamphela Ramphele
Département d'anthropologie sociale
Université du Cap
Rondebosch
7700

Au Cheikh Nazeem Mohamed[1], leader du Conseil judiciaire musulman

1335/88 : NELSON MANDELA

21.09.89

Cher Cheikh Nazeem,

Le Conseil judiciaire musulman[2] est une des plus puissantes organisations d'Afrique du Sud qui s'est engagée dans le combat en faveur des droits de l'homme pour notre peuple. Pendant vingt-sept années d'emprisonnement, nous avons été considérablement encouragés par votre soutien intellectuel et matériel. Votre chaleureux message d'anniversaire nous a apporté, à moi et à ma famille, force et réconfort. Je vous prie d'accepter mes sincères salutations et mes souhaits les meilleurs.

Sincèrement,
Nelson

1. Le Cheikh Nazeem Mohamed était actif dans le mouvement antiapartheid.
2. Au milieu des années 1980, le Conseil judiciaire musulman s'est aligné sur le Front démocratique unifié, en déclarant l'apartheid illégal et en rejoignant les millions de Sud-Africains qui luttaient contre l'apartheid.

[Enveloppe]
Cheikh Nazeem Mohamed
PO Box 4118
Le Cap
8000

À Rashid et Ayesha Kola, des amis[1]

Chers Rashid et Ayesha,

Vous m'avez peut-être oublié maintenant mais pendant les vingt-sept dernières années j'ai souvent pensé à vous et à votre bel appartement de Jeppe[2].

La dernière fois que j'ai vu Ayesha, elle portait la vie dans son corps et elle était rayonnante et adorable. Elle le devait. Après tout, elle était et est toujours la femme de Rashid, un des jeunes hommes les plus impressionnants de cette ville à l'époque.

J'espère qu'il joue toujours au cricket et que le délicieux *breyani* et rôti qu'Ayesha prépare si bien ne lui ont pas déjà donné un gros ventre. J'atends de vous voir un jour, bien que ce ne soit pas aussi proche que beaucoup le croient. En attendant, j'aimerais que vous sachiez que vous êtes dans mes pensées et que je n'ai pas oublié votre hospitalité. Soyez bénis et le meilleur pour votre vie.

Meilleurs sentiments,

Sincèrement,
Nelson

Rashid et Ayesha Kola
c/o avocat Ismail Ayob
PO Box 728
Johannesburg
2000

---

1. Cette lettre n'est pas datée mais l'attestation du recommandé date du 25 septembre 1989.

2. Un quartier de Johannesburg.

Au secrétaire du Syndicat des travailleurs des Postes et Télécommunications (POTWA)[1]

25.9.89

Le secrétaire
POTWA

Cher Qabane[2],

Ton merveilleux message d'anniversaire a renforcé de façon considérable mes sentiments d'optimisme et d'espoir et a mis en lumière ton intérêt pour le bien-être de ceux qui pensent et agissent comme POTWA.

Je t'embrasse et meilleurs vœux,

Sincèrement,
Madiba

Secrétaire, POTWA
c/o avocat Ismail Ayob
Johannesburg
PO Box 728
Johannesburg
2000

1. Membre de l'Alliance des syndicats sud-africains.
2. « Camarade » en isiZulu.

À Fatima Meer, amie et camarade

1335/88 : NELSON MANDELA

28.9.89

Chère Fathu[1],

Tes lettres du 7 et du 14 septembre ne m'ont été remises qu'hier, et la nature des questions que tu poses dans ces correspondances exige une réponse rapide.

Je suis tout à fait d'accord avec la suggestion d'Iqbal[2] de retenir les services de M. Geoffrey Bindman[3].

En ce qui concerne l'édition sud-africaine, je joins à ma lettre un pouvoir afin de choisir l'éditeur. Malheureusement mes informations sur Mad Trust sont insuffisantes mais je respecterai ta décision si tu considères qu'il est sage d'y publier le livre. Est-ce que IBR[4] ne serait pas meilleur ? D'après moi, la distribution par CNA[5] serait un bon arrangement.

Je te soupçonne, ben, d'oublier facilement que tu es encore assez jeune et tout à fait vigilante. Tu n'as aucune raison de te conduire comme une sexagénaire. Nous avons parlé de la proposition d'Anant[6] de faire le film et je t'ai dit clairement que j'avais accepté l'offre[7]. Iqbal peut rédiger une acceptation formelle si nécessaire.

---

1. Surnom de Fatima Meer.
2. Iqbal Meer, le neveu de Fatima.
3. Avocat londonien qui a aidé la publication du livre de Fatima Meer sur Mandela *Higher Than Hope*, Londres, Hamish Hamilton, 1988 ; éd. en français *Plus haut que l'espoir*, trad. de l'anglais par Fatou Guèye, Paris, Dakar, Présence africaine, 1993.
4. Institute for Black Research.
5. Distributeur appelé Central New Agency.
6. Anant Singh, cinéaste sud-africain.
7. Anant Singh et Fatima Meer avaient envisagé de faire une version cinématographique de *Higher Than Hope*, ce que Mandela avait accepté. Singh l'a rencontré chez Fatima Meer deux semaines après sa libération et Mandela a indiqué qu'il avait écrit son autobiographie et qu'il allait la publier. « Nous nous sommes mis d'accord d'attendre qu'elle soit publiée pour faire le film » (Anant Singh, e-mail à Sahm Venter, 7 septembre 2017). Finalement, Singh a produit le film basé sur l'autobiographie de Mandela *Un long chemin vers la liberté* qui est sorti en anglais en 2013 (2015 en français).

Sydney Poitier[1] est une superstar et pour lui ce serait un stimulant de jouer dans ce film. Il est sans doute trop riche aujourd'hui pour accepter notre offre. Je fais une demande au département des Prisons pour que vous veniez me voir, toi et Iqbal. Comme tu le sais, il se passera quelque temps avant d'avoir une réponse.

La nouvelle couverture pour l'édition sud-africaine me semble parfaite et elle me convient. J'aurais préféré qu'on renouvelle le contrat avec Skotaville[2]. Tout en gardant en mémoire tes idées sur le sujet, je propose l'Institute for Black Research, le Mad Trust ou n'importe quel éditeur de votre choix capable d'assurer la publication.

En ce qui concerne la représentation légale, Krish[3] fait déjà du bon travail et je souhaite qu'il nous représente dans cette affaire.

Malheureusement, je n'ai aucune information sur la signification des mots « version autorisée ». Mais si cela doit contribuer au succès du projet, alors je donne mon approbation à la fois pour les éditions à l'étranger et en Afrique du Sud.

Amour et meilleurs vœux.

Sincèrement,
Nelson

1. Sydney Poitier (1927-), acteur américain originaire des Bahamas, metteur en scène, écrivain et diplomate. *Higher Than Hope* n'a jamais été adapté pour le cinéma mais plus tard Poitier a joué le rôle de Mandela dans un film de télévision en 1997, *Mandela and De Klerk*.

2. Le premier éditeur sud-africain de *Higher Than Hope*.

3. Krish Naidoo, un avocat.

À Madanjit et Marjorie Kapitan, propriétaires du restaurant indien Kapitan, Johannesburg

[Lettre recommandée datée du 28.9.89]

Madanjit et Marjorie Kapitan
c/o avocat Ismail Ayob
PO Box 728
Johannesburg
2000

Chers Madanjit et Marjorie,

C'est avec tristesse que j'ai appris la fermeture de votre célèbre restaurant oriental de Kort Street.

Au cours des vingt-sept dernières années, nous avons perdu tant d'amis très chers et tant d'établissements réputés que parfois j'ai peur que, lorsque je reviendrai, le monde lui-même ait disparu. Dans le pays et à l'étranger, il y a de nombreuses bouches et de nombreux ventres qui seront à juste titre indignés par ces désastreuses nouvelles.

Mais je penserai toujours au restaurant et plus particulièrement à vous, avec de tendres souvenirs. Tous mes vœux.

Sincèrement,
Nelson

À Winnie Mandela, sa femme

1335/88 : NELSON MANDELA 9.10.89

Maman chérie,

Merci beaucoup pour l'élégant costume. Je vais certainement le porter à l'occasion que tu as mentionnée[1]. À nouveau merci infiniment ! Mais je vais demander qu'on ne m'envoie pas d'autres vêtements. J'en ai plus que tu ne pourras en trouver dans les meilleures boutiques de la ville.

Daluxolo m'a fait un compte rendu de l'enterrement. J'ai beaucoup travaillé sur ces questions et parfois je suis tenté de croire que si je n'avais pas littéralement harcelé certains personnages clés de cette partie du pays, ce jour historique n'aurait jamais eu lieu.

En ce qui concerne la construction de la maison à Qunu, j'espère que Mdayelwa a été informé que je ne veux aucune contribution financière de quiconque, peu importe de qui il s'agit. Tout ce que je veux d'eux, c'est leur coopération afin de sécuriser le terrain pour la maison.

Makgatho a subi une intervention au Tygerberg Hospital le 6 octobre et il sortira probablement aujourd'hui.

Nous nous occupons du passeport de Zindzi sur lequel devront figurer les trois enfants[2]. J'en ai aussi demandé un pour Fathu et je croise les doigts. Bien que je traite actuellement un certain nombre de questions sensibles, je vais aussi me renseigner pour le tien.

Je serais très heureux si tu pouvais voyager à l'étranger à condition que le voyage soit accepté par la famille ici... Amour.

Affectueusement,
Madiba

1. Ce costume devait sans doute être celui qu'il porterait le jour de sa libération.
2. Les enfants de Zindzi et petits-enfants de Mandela.

À l'officier commandant, Victor Verster

1335/88 : NELSON MANDELA

9.10.89

L'officier commandant
Prison Victor Verster

À l'attention du général Keulder

Une rapide augmentation de mon poids m'a conduit à supprimer le déjeuner et le goûter de l'après-midi. J'ai expliqué le problème à l'équipe médicale qui contrôle de façon régulière différents aspects de ma santé.

En outre, j'ai décidé de prendre du sucre blanc afin de varier, il sera acheté sur mon propre compte[1].

[Signé NR Mandela]

Au cours de ses discussions en prison avec le gouvernement, qu'il espérait pouvoir conduire jusqu'à des négociations avec l'ANC, Mandela n'a cessé de demander la libération d'autres prisonniers. En particulier il tenait à ce que ses cinq derniers camarades du procès de Rivonia encore détenus sortent de prison avant que lui-même ne soit libéré, ainsi que des prisonniers de l'ANC, Oscar Mpetha, Wilton Mkwayi et Jafta Masemola du PAC (voir sa lettre du 11 septembre 1989, p. 682).

Le 10 octobre 1989, De Klerk fit une déclaration à la télévision. Ce jour-là, Mandela avait reçu la visite de ses camarades emprisonnés, Walter Sisulu, Ahmed Kathrada, Andrew Mlangeni et Raymond Mhlaba[2] *et à la fin il leur dit :*

1. À Victor Verster, Mandela recevait une ration de sucre brun. Quand Jack Swart lui faisait la cuisine, il achetait du sucre blanc. Mandela payait les produits quand il avait des invités, grâce à une somme que lui versait chaque mois son avocat, Ismail Ayob.

2. Ils étaient détenus à la prison de Pollsmoor. Elias Motsoaledi, le dernier prisonnier du procès de Rivonia, était toujours à Robben Island.

« Les gars, c'est un au revoir. » Puis au lieu de retourner en prison, les quatre hommes furent invités à un dîner à Victor Verster pendant lequel on apporta un poste de télévision. Ils entendirent l'annonce de leur prochaine libération. Cinq jours plus tard, ils étaient libres.

Au directeur de l'Administration pénitentiaire

[Lettre tapée]

DIRECTEUR DE L'ADMINISTRATION PÉNITENTIAIRE

Dans ma lettre datée du 11 septembre 1989, j'avais présenté une demande pour la libération de certains de mes camarades. On m'informe aujourd'hui que le gouvernement a décidé d'approuver la libération des huit camarades dont les noms suivent :

Ahmed Kathrada
Raymond Mhlaba
Andrew Mlangeni
Elias Motsoaledi
Walter Sisulu
Wilton Mkwayi
Jeff Masemola
Oscar Mpetha

J'ai l'espoir que leur libération contribuera à la création d'un climat propice au développement pacifique et à la normalisation de la situation dans notre pays. Comme indiqué précédemment, je n'ai pas soulevé la question de ma libération.

[Signé NR Mandela]

10.10.89

Au directeur de l'Administration pénitentiaire

1335/88 : NELSON MANDELA

16.10.89

Le directeur de l'Administration pénitentiaire
Pretoria

Cher général Willemse,

La rencontre fructueuse entre certains responsables du Mouvement démocratique populaire et l'auteur de la présente, le 10 octobre 1989, a mis en lumière l'urgence de telles rencontres avec les responsables d'autres organisations[1].

La rencontre du 10 octobre sera assurément suivie de discussions approfondies dans tout le pays et de rencontres semblables avec l'auteur de cette lettre, à condition qu'elles aient lieu rapidement et qu'elles puissent faciliter une approche commune de certains problèmes discutés avec les responsables à cette même date.

Une réponse rapide serait appréciée.

Avec mes sincères salutations.

[Signé NR Mandela]

1. Lors de ses derniers mois d'emprisonnement, Mandela a demandé des rencontres avec les militants de diverses organisations pour les tenir au courant des négociations avec le gouvernement.

Au révérend T. S. N. Gqubule[1], ami, pasteur et enseignant

1335/88 : NELSON MANDELA

23.10.89

Ngubengcuka,

Vous êtes dans mes pensées depuis fort longtemps, en particulier après que Nobandla m'a parlé, il y a quelques années, de votre visite à Brandfort[2] avec E.K.M.[3] et d'autres.

On m'a informé de la délégation que vous avez conduite auprès de l'ancien président d'Afrique du Sud[4] pour demander la libération des prisonniers politiques.

Vous devez avoir été heureux, comme nous tous, de la libération de mes huit collègues. Cet événement est sans aucun doute une avancée importante qui, je l'espère, sera suivie en son temps de développements encore plus significatifs.

Je sais aussi votre démarche pour me rendre visite et j'ai été vraiment très déçu que cela ait échoué. De mon côté j'ai aussi fait des efforts pour vous voir, sans succès. Mais le climat pour une telle visite s'est quelque peu amélioré et je vous suggère de réessayer.

J'espère que le jeune homme qui est à l'étranger[5] ainsi que Thandeka[6] se portent bien.

Chaleureuses salutations et meilleurs vœux pour toute la famille, E.K.M., L.D. et D.H.

Très sincèrement,
Madiba

1. Theocritus Simon Ndziweni Gqubule (1928-2016), enseignant, prêtre méthodiste et premier étudiant africain à passer un doctorat à la Rhodes University (à Grahamstown). C'était aussi un militant antiapartheid et membre du Front démocratique unifié. En 2016, le gouvernement sud-africain l'a décoré de l'ordre de Luthuli pour sa contribution à la lutte de libération.

2. Winnie Mandela vivait toujours dans le township de Brandfort dans l'État libre d'Orange (aujourd'hui État libre) où elle était assignée à résidence depuis 1985.

3. Elliot Khosa Mgojo (1932-), ancien responsable de l'Église méthodiste.

4. P. W. Botha (1916-2006).

5. Duma, le fils de T. S. N. Gqubule, qui étudiait l'économie à l'université d'Aberdeen en Écosse.

6. La fille de T. N. S. Gqubule.

[Enveloppe]
Révérend T. S. N. Gqubule
John Wesley College
PO Box 2283
Pietermaritzburg
3200

À Ntiski Sisulu, petite-fille de Walter Sisulu, son ami, camarade et ancien compagnon de prison, et de sa femme Albertina

1335/88 : NELSON MANDELA 23.10.89

Chère Ntsiki,

Quand ta Grand-mère m'a rendu visite récemment, je lui ai dit que j'avais répondu à ta lettre. Après son départ, j'ai décidé de vérifier et j'ai découvert que je m'étais trompé. En fait, je ne t'avais pas écrit. Excuse-moi pour ce retard.

Dans ta lettre, tu me dis : « Tu as trop de choses en tête… » C'est peut-être la raison pour laquelle j'ai oublié. La prochaine fois, j'essaierai de te répondre très vite.

Ton Grand-papa, Walter, est soigné pour hypertension. Il faut lui rappeler de se faire suivre régulièrement. Il devrait aussi continuer ses exercices à vélo au moins quatre fois par semaine et ta Grand-maman devrait l'accompagner. Tu leur téléphoneras pour leur passer le message ?

En conclusion, je veux que tu saches que j'ai été très heureux de recevoir ta lettre. Je sais que tu es occupée par ton travail scolaire et c'était très gentil de ta part de trouver le temps de m'écrire. J'espère que je te verrai quand moi aussi je reviendrai.

En attendant, je pense à toi.

Affection et tous mes vœux !

Sincèrement,
Oncle Nelson

[Enveloppe]
Ntsiki Sisulu
Saint Mark's College
PO Box 373
JANE FURSE
1085

À Len et Beryl Simelane[1], fille et gendre de Walter Sisulu, son ami, camarade et ancien prisonnier, et de sa femme Albertina

1335/88 : NELSON MANDELA

2.11.89

Chers Len et Beryl,

Vous avez souvent été dans mes pensées au cours des années passées, mais vous et vos enfants les avez occupées quasi quotidiennement depuis le 10 octobre 1989, quand l'annonce a été faite que votre oncle[2] Walter et sept autres prisonniers seraient libérés. On peut espérer que cet important événement a apporté joie et soulagement à vous tous. Amour et tous mes vœux.

Sincèrement,
Oncle Nelson

Len et Beryl Simelane
PO Box 308
CLERNAVILLE
3602

---

1. Len Simelane a épousé Beryl Lockman.
2. Peut-être Ahmed Kathrada (voir Glossaire) qu'on appelait « oncle Kathy ».

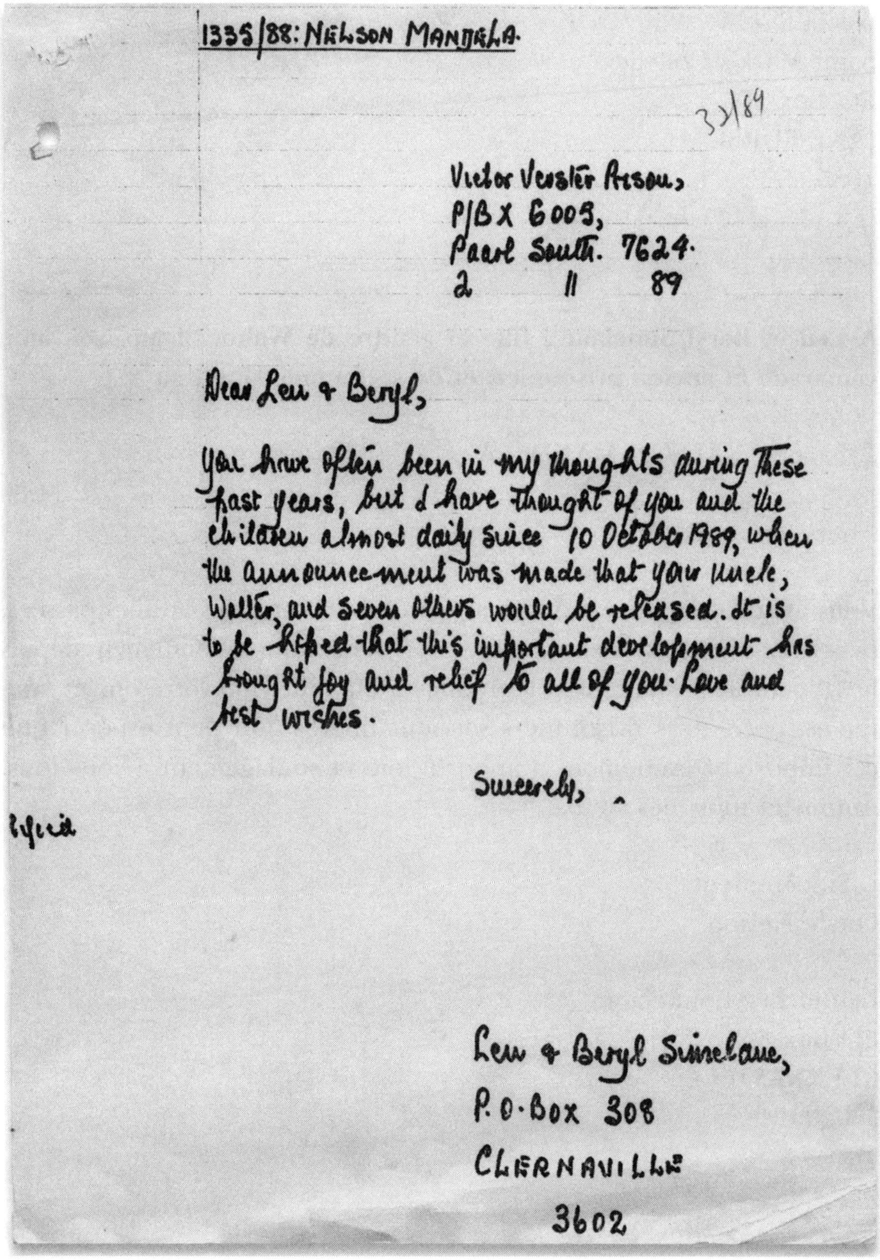

1335/88: NELSON MANDELA.

32/89

Victor Verster Prison,
P/B X 6005,
Paarl South. 7624.
2 11 89

Dear Len & Beryl,

You have often been in my thoughts during these past years, but I have thought of you and the children almost daily since 10 October 1989, when the announcement was made that your uncle, Walter, and seven others would be released. It is to be hoped that this important development has brought joy and relief to all of you. Love and best wishes.

Sincerely,

Len & Beryl Simelane,
P.O. Box 308
CLERNAVILLE
3602

Lettre à Len et Beryl Simelan, 2 novembre 1989.

Au chef Zonwabile Sandile Mtirara, un parent

6.11.89

Ngubengcuka,

Ma sœur Mabel m'informe que tu as confisqué illégalement son bétail et que tu refuses de le lui rendre. Tu as rejeté ses plaintes en disant que l'affaire avait été confiée à des avocats. Je te prie de lui retourner immédiatement son bien et de régler les frais d'avocat.

Je ne m'attends pas à ce que tu te comportes comme un lâche éhonté, ce qui serait pire encore, en prenant plaisir à ma situation actuelle. Plus douloureux encore, petit-fils de Jongintaba, c'est que ma famille souffre sous ta garde.

J'espère que ma requête sera bien reçue et que l'affaire se résoudra de façon juste et amicale. Récemment, j'ai été ravi de recevoir la visite des chefs abaThembu et du conseil. Ton absence évidente m'a déçu.

Mes salutations à la reine Nozozile, à la princesse Ntombizodwa et à ta femme.

Sincèrement,
Dalibunga

[Enveloppe]
Chef Zonwabile Sandile Mtirara
Palais royal
Mqhekezweni
PO Bityi
UMTATA
Transkei

À Fatima Meer, amie et camarade

1335/88 : NELSON MANDELA

6.11.89

Chère Fatu,

Je veux te confirmer que ta biographie *Higher Than Hope* est la seule biographie à laquelle j'ai collaboré et que je ne connais aucune autre biographie publiée me concernant[1].

Je confirme en outre que j'ai écrit une autobiographie en prison dans les années 70 mais je ne sais pas ce qu'est devenu le manuscrit[2].

Amour et meilleurs vœux,

Sincèrement,
Nelson

---

1. Mandela n'est peut-être pas au courant ou évite-t-il d'attirer l'attention des autorités sur le livre de son amie Mary Benson, publié en 1986, *Nelson Mandela. The Man and the Movement*, New York, W. W. Norton.

2. Mandela parle de son autobiographie écrite clandestinement en prison avec l'aide de ses camarades, qui forme la base de *A Long Walk to Freedom* (*Un long chemin vers la liberté*), publiée en 1994 avec la collaboration de l'écrivain américain Richard Stengel, *op. cit.*

Au directeur de l'Administration pénitentiaire

[Lettre tapée]

1335/88 : NELSON MANDELA

22.01.90

Général W. H. Willemse
Directeur de l'Administration pénitentiaire
PRETORIA

Cher général Willemse,

Je vous prie de trouver ci-joint la photocopie d'un article du journal *UmAfrika*[1] du 11 novembre 1989, ainsi que la traduction en anglais.

L'article confirme tout à fait le souci exprimé aux ministres Kobie Coetsee et au docteur Gerrit Viljoen[2] le 10 octobre 1989[3]. On peut espérer que tout sera fait pour que les quatre prisonniers soient libérés le plus rapidement possible. Comme dans les cas précédents, il serait bon que des dispositions soient prises pour qu'ils visitent les locaux avant d'être libérés.

Salutations distinguées,
NELSON MANDELA

UmAfrika
11 novembre 1989

1. Un journal en isiZulu. La lettre était une traduction libre en anglais de l'article en IsiZulu et sans doute faite pour cette lettre au directeur de l'Administration pénitentiaire.
2. Gerrit Viljoen (1926-2009), ministre du Développement constitutionnel.
3. Le jeudi 10 octobre 1989, Mandela a rencontré le directeur de l'Administration pénitentiaire, les ministres Gerrit Viljoen, Kobie Coetsee et C. J. Van der Merwe, et on l'a informé qu'on avait accepté sa demande de libération de huit prisonniers : Ahmed Kathrada, Raymond Mhlaba, Andrew Mlangeni, Elias Motsoaledi, Walter Sisulu, Wilton Mkwagi, Oscar Mpetha et Jafta Masemola.

ON NE PARLE ABSOLUMENT PAS DE CEUX (PRISONNIERS) DU NATAL QUI RESTENT INCARCÉRÉS PENDANT QUE LES SISULU ÉTAIENT LIBÉRÉS

Par Fred Khumalo

Au moment où le pays se réjouit de la libération de huit leaders de l'ANC relâchés il y a quelques semaines, une des familles les plus connues de Mpumalanga, Hammarsdale[1], ne se réjouit pas du tout parce que son chef n'a pas été libéré. Il purge toujours une peine de prison à vie à Robben Island.

La famille toujours dans la peine est celle de Matthews Makholeka Meyiwa, né à Hammarsdale, vétéran de l'ANC et du South African Congress of Trade Unions. Il a déjà purgé vingt-trois ans sur l'Île célèbre et il était aussi membre pour la région du Natal, d'Umkhonto we Sizwe, dans les rangs duquel M. Harry Gwala et Joseph Masobiya ont également servi.

« La libération des leaders de l'ANC nous a ravis, comme elle a ravi le pays tout entier, mais cet événement nous rappelle que notre père est toujours incarcéré. Ces événements nous ont beaucoup attristés », a déclaré Mme Sylvia Hlalelani, une Mazondi.

« La libération de M. Sisulu me rappelle le mauvais état de santé de mon mari la dernière fois que je lui ai rendu visite en juin de cette année », poursuit Mme Meyiwa, qui est née à Nadi. D'après elle, la dernière fois qu'elle a vu son mari, il avait tellement mal au ventre qu'il pouvait à peine bouger. La douleur se lisait clairement sur son visage.

M. Meyiwa a été arrêté en juillet 1963 pour terrorisme. Il a été condamné à huit ans de prison le 28 février 1964. Il a purgé l'essentiel de sa peine à Robben Island avant d'être libéré en 1972.

Il a été arrêté de nouveau en 1975 avec M. Harry Gwala de Pietermaritzburg, M. Joseph Masobiya Mdluli de Lamontville, M. Zakhele Mdlalose de Hammarsdale et six autres en différents endroits du Natal. Tous ont été condamnés à la prison à vie.

1. Township du Natal.

Le procès de M. Meyiwa et de ses coaccusés a été très différent parce qu'ils se plaignaient de persécution de la part de la police. Les autorités ont nié ces accusations mais la vérité est devenue évidente quand M. Masobiya est mort dans les mains de la police en mars 1986. Mme Meyiwa parle de son mari avec lequel elle a eu six enfants.

(Ici suivent plusieurs paragraphes qui parlent essentiellement du passé de M. Meyiwa avant son arrestation.)

M. Humphrey Meyiwa (trente et un ans) qui termine sa formation d'enseignant à la Primary Teacher's Diploma de l'école normale de Mpumalanga dit qu'« avoir grandi sans père a été un lourd fardeau pour notre mère et pour nous les enfants. Elle a eu la lourde tâche de nous élever – elle était à la fois notre mère et notre père, une tâche presque impossible dans une famille aussi nombreuse que la nôtre ».

Mme Meyiwa dit qu'elle a toujours eu l'espoir que son mari serait libéré mais cet espoir a encore faibli quand son nom n'a même pas été mentionné lorsque son coaccusé, M. Harry Gwala, a été libéré.

La joie reviendra dans la famille Meyiwa le jour où le chef de famille sera libéré sans conditions, conclut Mme Meyiwa qui parlait d'une voix digne mais pleine d'inquiétude.

D'autres personnes, condamnées à la prison à vie, sont toujours à Robben Island : Anthony Mfene Xaba (cinquante-six ans)[1], Zakhele Elphas Mdlalose (soixante-cinq ans)[2], Vusumzi Nene[3].

Mais le prisonnier, condamné à la prison à vie il y a vingt-sept ans, qui a vécu la plus longue incarcération, est Nelson Mandela.

1. David Anton Ndoda « Mfenendala » Xaba (1933-2009), militant ANC et membre de MK. Il a purgé dix ans à Robben Island de 1963 à 1973. Il a été condamné à la prison à vie en 1977 avec Harry Gwala, Matthews Meyiwa, Elphas Mdlalose, John Nene et Zakhele Mdlalose pour avoir tenté de relancer le mouvement syndical dans le Natal. Mandela a demandé leur libération au président De Klerk. Ils ont été libérés en 1990.

2. Elphas Mdlalose a été arrêté pour ses activités politiques avec Meyiwa et d'autres en 1975.

3. Vusumuzi John Nene, vice-président de la Transport and General Worker's Union du Natal. Il a été condamné à la prison à vie avec neuf autres accusés le 25 juillet 1977 pour leur appartenance à l'ANC, recrutement de membres pour MK et tentative de renversement du régime d'apartheid. Il avait déjà passé sept ans à Robben Island pour raisons politiques. Il a été libéré en 1990.

Alors que 1989 touchait à sa fin, les rumeurs sur la libération de Nelson Mandela se firent chaque jour plus insistantes. Elles avaient atteint un premier niveau le 5 juillet 1989 quand on l'avait sorti de prison avant l'aube pour lui faire rencontrer le président F. W. De Klerk qui avait assuré la direction du Parti national et du pays après P. W. Botha, victime d'une attaque cérébrale.

Le nouveau président avait dit clairement, lors de sa première déclaration à la nation à l'ouverture de la session parlementaire en 1990, qu'il serait un président différent. Le vendredi 2 février 1990, des manifestations réclamant la libération de Nelson Mandela se transformèrent en joyeuses fêtes quand De Klerk annonça qu'à terme il finirait par être libéré. Il légalisa aussi immédiatement l'ANC, le Congrès panafricain et toutes les organisations politiques interdites – d'autres étapes que Mandela avait exigées pour aplanir le terrain.

La lettre qui suit a été écrite le jour où le président F. W. De Klerk a annoncé qu'il avait légalisé l'ANC et les autres organisations politiques. Elle concerne un article relatant un meeting de l'ANC en exil, article que Mandela voulait envoyer au ministre Gerrit Viljoen. À l'époque, ce dernier avait fait partie de l'équipe gouvernementale qui avait parlé avec Mandela. Maintenant que tous ses camarades du procès de Rivonia n'étaient plus en prison, la libération de Mandela était imminente. Cette lettre révèle aussi que, onze jours avant le discours historique de De Klerk, il avait eu une conversation téléphonique avec une figure de premier plan de l'ANC en exil, Thabo Mbeki.

Au directeur de l'Administration pénitentiaire

1335/88 : NELSON MANDELA

2.2.90

Général W. H. Willemse
Directeur de l'Administration pénitentiaire
Le Cap

Cher général Willemse,

Veuillez, s'il vous plaît, vous assurer que le document ci-joint puisse parvenir le plus tôt possible au docteur Gerrit Viljoen.

Salutations distinguées,
[Signé NR Mandela]

[Toute la déclaration est écrite de la main de Mandela.]

Résolution adoptée lors d'une réunion du Comité exécutif de l'African National Congress, auquel assistaient les leaders libérés de prison[1].

La réunion a réaffirmé la signification des déclarations d'Harare et des Nations unies[2], cette dernière ayant été adoptée à l'unanimité par l'Assemblée générale pour un règlement politique dans notre pays. Elle a souligné l'importance du fait que ces documents ont été soutenus par l'immense majorité du peuple sud-africain, du reste de l'Afrique et de la communauté internationale.

1. Cette réunion a eu lieu à Lusaka en Zambie.

2. Lors d'une réunion à Harare au Zimbabwe, le 21 août 1989, l'Organisation de l'unité africaine a reconnu une déclaration de l'ANC soulignant les conditions préalables à une négociation avec le gouvernement sud-africain. Elles comprennent la libération de tous les prisonniers politiques, la fin de l'interdiction des partis politiques, le retrait des soldats des townships, la fin des exécutions politiques et la fin de l'état d'urgence. C'est ce qui est connu sous le nom de Harare Commonwealth Declaration. Le 14 décembre 1989, l'Assemblée générale des Nations unies a adopté la « Déclaration sur l'apartheid et ses conséquences destructrices en Afrique du Sud » qui appelait à la fin de l'apartheid et à l'établissement d'une démocratie non raciale.

Elle a réitéré qu'en accord avec les dispositions de ces déclarations, aucune négociation ne peut avoir lieu avant que le climat nécessaire pour de telles négociations ait été créé. Le refus du régime de Pretoria[1] de prendre les mesures appropriées à cet égard est même un élément supplémentaire qui confirme sa mauvaise volonté de considérer la fin de l'apartheid avec le moins de bains de sang et destructions possible.

À cet égard, la réunion a réaffirmé l'importance de la libération immédiate et sans conditions de Nelson Mandela et des autres prisonniers politiques. Elle rend hommage à notre cher camarade et leader, Nelson Mandela, et elle exprime son total soutien à la poursuite de son action y compris depuis la prison, qui est en parfait accord avec la politique et les objectifs de notre mouvement, de [continuer] la lutte pour mettre un terme à l'apartheid.

La réunion a également réaffirmé la préférence de l'ANC pour un règlement mis en place par des moyens politiques. L'ANC a affirmé cette position depuis sa fondation. Tout au long de ses soixante-dix-huit années d'existence, il a fait tout ce qui était en son pouvoir pour convaincre les régimes blancs minoritaires d'adopter la même position, mais en vain. La réunion a réaffirmé que notre engagement envers ces positions ne peut être mis en doute. Cela est essentiel à la nature même de l'ANC en tant que mouvement qui recherche la démocratie, la paix et la justice pour tous. En même temps, le processus permettant de mettre fin à l'apartheid par des négociations exige que le régime de Pretoria démontre son engagement envers une solution politique en mettant en œuvre l'action nécessaire qui puisse rendre cette solution possible.

La réunion a averti qu'on ne peut arriver à aucune solution tant que le régime d'apartheid cherchera à imposer sa volonté à la majorité de notre peuple et à ses représentants. Une solution négociée doit répondre aux aspirations fondamentales de tout le peuple de notre pays, aspirations exprimées par les gens eux-mêmes par une activité et les débats politiques ouverts.

1. Une référence au gouvernement du régime d'apartheid. Pretoria est la capitale de l'administration du gouvernement sud-africain.

En conséquence, le Parti national et son gouvernement doivent faire un pas décisif en réunissant les conditions nécessaires à la création d'un climat qui conduise à des négociations et à reconnaître l'importance décisive des véritables représentants du peuple de notre pays.

La déclaration ci-dessus m'a été lue par M. Thabo Mbeki[1] le 22 janvier 1990[2], et ne contient aucune référence à la violence.

[Signé NR Mandela]
2.2.90

[Note en afrikaans du général Willemse]
Ministre G. Viljoen
Information demandée suite à notre conversation d'hier.

[Signé]
W. H. Willemse
09/02/90

Le 10 février 1990, lors d'une conférence de presse, le président De Klerk a informé les médias que Mandela sortirait libre de la prison Victor Verster le lendemain à 15 heures. Il a effectivement franchi les portes de la prison le lendemain, quatre-vingt-dix minutes après l'horaire prévu et après 10 052 jours de prison. Mis en état d'arrestation à quarante-quatre ans, alors qu'il était père de cinq enfants, il est sorti de prison, grand-père, âgé de soixante-et-onze ans.

Il est vraisemblable qu'il s'agit de la dernière lettre de prison de Nelson Mandela. Le dimanche 11 février 1990, avant de franchir les murs de

1. Thabo Mbeki (1942-), chef du département des affaires internes de l'ANC qui vivait alors en exil. Il a été vice-président d'Afrique du Sud, avec l'ancien président F. W. De Klerk, de 1994 à 1999, puis il a succédé à Mandela en tant que deuxième président d'une Afrique du Sud démocratique, en poste de 1999 à 2008.

2. La lecture a été faite par téléphone. Mandela ne l'avait pas dans la maison de Victor Verster, il devait aller dans le bureau voisin pour recevoir des appels (Sahm Venter dans une conversation avec Jack Swart, 28 juin 2017).

la prison, le futur président a écrit au directeur de l'Administration pénitentiaire à propos d'une photo qui avait été prise la nuit précédente avec des officiels. Peut-être confond-il avec des photos prises avec De Klerk deux nuits auparavant, ou bien reste-t-il quelque part une photo que le monde n'a jamais vue.

Au directeur de l'Administration pénitentiaire

1335/88 : NELSON MANDELA 11 février 1990

Général W. H. Willemse
Directeur de l'Administration pénitentiaire
Le Cap

Cher général,

J'accuse réception de votre lettre du 10 février 1990, dont le contenu a été noté et dont je vous remercie.

Hier soir, on a pris une série de photos de moi[1] et de quelques officiels. L'identité de certaines de ces personnes ne m'a été fournie par le général Gillingham qu'après la séance de photos. Je lui ai alors demandé d'informer le docteur Roux[2] que je préférerais que ces photos ne soient publiées en aucune circonstance sans que l'on m'ait consulté

1. Jack Swart (1947-), le gardien de prison de Mandela et son cuisinier dans la prison de Victor Verster, ne se souvient d'aucune rencontre avec des officiels la nuit qui a précédé la libération de Nelson Mandela ni qu'on ait pris des photos. Mandela n'a rencontré que son avocat, Dullah Omar, et ses camarades. Des photos prises avec le président De Klerk le soir du 9 février ont été publiées. Swart et Mandela avaient de bonnes relations, et Mandela l'a invité, lui et sa femme, Marietha, lors de son intronisation le 10 mai 1994 et son premier discours à la nation lors de l'ouverture de la session parlementaire le 24 mai 1994. Il l'a aussi invité, lui et sa femme, à prendre le thé à plusieurs occasions après la fin de son mandat de président.

2. Peut-être le général Jamie Roux, un responsable de la prison et psychiatre, qui avait participé à une visite de journalistes à Robben Island en 1975. Plus tard, il a été directeur général de la présidence sous Mandela.

auparavant. J'espère que le nécessaire sera fait pour que cette demande soit respectée. Je dois ajouter que j'avais espéré qu'on me donnerait quelques photos que nous avons prises en juillet et [à la rencontre de cette] année[1].

Sincèrement vôtre,

[Signé NR Mandela][2]

1. Mandela fait peut-être référence à sa rencontre avec P. W. Botha en juillet 1989 et avec F. W. De Klerk le 9 février 1990.

2. Le même jour, le directeur de l'Administration pénitentiaire, W. H Willemse, répondit : « Merci pour votre lettre datée du 11-2-1990. Les photos dont vous parlez ne sont pas encore tirées et sont en de bonnes mains. Elles seront traitées de façon à respecter votre demande. Certaines des photos dont vous parlez devront d'abord avoir l'accord des parties impliquées. Je vous recontacterai ensuite. »

ANNEXES

GLOSSAIRE

Alexander, Dr Neville (1936-2012)
Universitaire et militant politique et antiapartheid. Fondateur du Front national de libération contre le gouvernement d'apartheid. Accusé de sabotage en 1962, et emprisonné à Robben Island pendant dix ans. Récompensé par le Linguapax Award pour sa contribution à la promotion du multilinguisme dans l'Afrique du Sud postapartheid.

Alliance des Congrès (Congress Alliance)
Créée dans les années 1950 par l'ANC, elle regroupe le Congrès sud-africain indien, le Congrès des démocrates et l'Organisation des métis d'Afrique du Sud. Quand le Congrès des syndicats d'Afrique du Sud fut créé en 1955, il est devenu le cinquième membre de l'Alliance. L'Alliance a contribué à l'organisation du Congrès du peuple et a permis l'introduction de clauses dans la Charte de la liberté.

ANC
Créé en tant que South African Native National Congress (SANNC) en 1912. Rebaptisé en African National Congress (Congrès national africain), ANC, en 1923. Après le massacre de Sharpeville en mars 1960, l'ANC a été interdit par le gouvernement sud-africain et est passé dans la clandestinité jusqu'à ce que l'interdiction soit levée en 1990. Sa branche militaire, Umkhonto we Sizwe (MK) a été créée en 1961, avec Mandela comme commandant en chef. L'ANC est devenu le parti du gouvernement après les premières élections démocratiques de la nation le 27 avril 1994.

Aucamp (général)
Basé à Pretoria, il avait en charge la sécurité de toutes les prisons détenant des prisonniers politiques. Il visitait la prison de haute sécurité de Robben Island plusieurs fois par an. Il était aussi membre du Prison Board qui avait la tâche de suivre les prisonniers et de les recommander pour un grade supérieur. Dans son autobiographie écrite en prison, Mandela écrit : « Le général Aucamp : *a*) faisait bien son travail en tant qu'officier commandant, *b*) poste d'officier de sécurité difficile – change la personnalité d'un homme, *c*) avait un accès direct au ministre, *d*) devint très impopulaire, *e*) a autorisé la correspondance entre moi et Zami [Winnie Mandela]. »

Ayob, Ismail (1942-)
Diplôme d'avocat à Londres, revenu en Afrique du Sud où il a exercé à partir de 1969, défendant principalement des opposants au régime d'apartheid. Il a été l'avocat de Mandela quand il était en prison et pendant quelque temps après sa libération. Ils se sont séparés en mauvais termes en 2004.

Benson, Mary (1919-2000)
Amie de Mandela, Mary Benson était journaliste, écrivaine et militante antiapartheid. Après avoir été assistante de différents généraux pendant la Seconde Guerre mondiale, elle s'est établie en Grande-Bretagne. Elle est revenue en Afrique du Sud en 1957 et a travaillé pour lever des fonds pour la défense de Mandela et des 155 autres accusés du procès de la trahison. Mandela lui a rendu visite à Londres lors de son voyage clandestin hors d'Afrique du Sud en 1962. Parmi ses livres : *Nelson Mandela. The Man and the Movement* (New York, W. W. Norton, 1986).

Bernstein, Lionel (Rusty) (1920-2002)
Architecte et militant antiapartheid. Membre de la direction du Parti communiste sud-africain. Membre fondateur et dirigeant du Congrès sud-africain des Démocrates, une des organisations qui ont participé au Congrès du peuple en 1955, où la Charte de la liberté a été adoptée. Prévenu dans le procès de la trahison en 1956. Après qu'il a été acquitté dans le procès de Rivonia, lui et sa femme Hilda sont partis en exil (ils ont traversé à pied la frontière avec le Bostwana). Il est resté membre dirigeant de l'ANC tout en exerçant son métier d'architecte.

Bizos, George (1927-)
Grec de naissance. Avocat des droits de l'homme. Membre et cofondateur du National Council of Lawyers for Human Rigths (Conseil national des avocats pour les droits de l'homme). Membre du Comité constitutionnel et légal de l'ANC. Conseiller juridique de la Convention pour une Afrique du Sud démocratique. Avocat de la défense lors du procès de Rivonia. Il a également défendu des militants antiapartheid très connus, y compris les familles de Steve Biko, Chris Hanni et Cradocks Four pendant les audiences de la commission Vérité et Réconciliation. Nommé par Mandela à la Commission des services judiciaires d'Afrique du Sud.

Botha, Pieter Willem (1916-2006)
Premier ministre d'Afrique du Sud (1978-1984). Président d'Afrique du Sud (1984-1989). Avocat du système d'apartheid. En 1985, Mandela a rejeté son offre de libération, soumise à la condition qu'il renonce à la violence. Botha a refusé de témoigner devant la commission Vérité et Réconciliation en 1998 à propos des crimes de l'apartheid.

Brandfort
Petite ville de la province de l'État libre créée au milieu du XIXe siècle en l'honneur du président Brand de l'État libre d'Orange (actuellement État libre) après qu'il a visité une église dans une ferme. Au cours de la Seconde Guerre des Boers (1899-1902), un camp de concentration britannique pour femmes et enfants boers y a été installé. Le Premier ministre H. F. Verwoerd a terminé ses études dans cette ville. Winnie Mandela y a été assignée à résidence (*banished*) par le régime d'apartheid en 1977 et elle y a vécu jusqu'en 1985.

Buthelezi (née Mzila), Irene
Une amie de la famille et femme du chef Mangosuthu Buthelezi, Mandela l'appelle également Mndhlunkulu et Umdlunkulu, terme royal. Quand Mandela avait un emploi dans des mines en 1942 et 1943, il habitait dans le Witwatersrand Native Labour Association Compound. C'est là qu'il a connu Irene Mzila, fille du directeur du Compound.

Buthelezi, Mangosuthu « Gatsha » (également appelé par son nom de clan Shenge ; Mandela écrit parfois son nom Butelezi, et son prénom parfois Mangosutu) (1928-)
Homme politique sud-africain et prince zoulou. Fondateur et président de l'Inkatha Freedom Party en 1975. Premier ministre du bantoustan du KwaZulu. Nommé ministre de l'Intérieur d'Afrique du Sud (1994-2004), il a remplacé plusieurs fois Mandela à la présidence.

Cachalia (née Asvat), Amina (également Aminabhen ou Aminaben – *ben* signifie « sœur » en gujarati) (1930-2013)
Militante antiapartheid et du droit des femmes. Membre de l'ANC et du Congrès indien du Transvaal. Cofondatrice et trésorière de la Fédération sud-africaine des femmes. Fondatrice de l'Union progressiste des femmes. Mariée avec Yusuf Cachalia. De 1963 à 1978, des ordres d'interdiction l'ont empêchée d'assister à des réunions sociales, à des meetings politiques et d'entrer dans tout endroit d'enseignement ou d'édition. Cela l'a obligée à quitter le district de Johannesburg.

Cachalia, Ismail Ahmed (Maulvi) (1908-2003)
Militant antiapartheid. Membre dirigeant du Congrès sud-africain indien, du Congrès indien du Transvaal et de l'ANC. Participant clé dans la Campagne de résistance passive de 1946. Adjoint de Mandela, volontaire en chef dans la Campagne de défi de 1952 et parmi les vingt accusés du procès de la Campagne de défi. Avec Moses Kotane, il a assisté en 1955 à la conférence de Bandung, en Indonésie, réunion d'États d'Afrique et d'Asie centrée sur la paix, la décolonisation et le développement économique de l'Afrique et de l'Asie. Il a fui au Botswana en 1964 et a créé des bureaux de l'ANC à New Delhi. Son père, Ahmed Mohamed Cachalia, très proche de Gandhi, a été président de la Transvaal British Indian Association (1908-1918).

Cachalia, Yusuf (1915-1995)
Militant politique. Secrétaire du Congrès sud-africain indien. Frère de Maulvi Cachalia. Mari d'Amina Cachalia. Coaccusé avec Mandela et dix-huit autres lors du procès de la Campagne de défi de 1952. Ils ont été condamnés à neuf mois de prison avec deux ans de sursis. Assigné à résidence à partir de 1953.

Campagne de défi contre les lois injustes (Mandela parle aussi de Campagne de défi)
Initiée par l'ANC en décembre 1951 et lancée avec le Congrès sud-africain indien, le 26 juin 1952, contre six lois d'apartheid. La campagne impliquait des individus qui ne respectaient pas les lois racistes en entrant dans des bâtiments réservés aux Blancs (*White only*), en ne respectant pas le couvre-feu et en recherchant l'arrestation. Mandela avait été nommé volontaire en chef national et Maulvi Cachalia, son adjoint. Plus de 8 500 volontaires ont été emprisonnés pour leur participation à la Campagne de défi.

Carlson, Joel (1926-2001)
Un des avocats de Mandela qui a commencé à défendre des opposants à l'apartheid après son exposé violent de 1957 sur les conditions de travail brutales imposées aux ouvriers agricoles. Il a présenté près de cent cas de torture devant les tribunaux. On a plusieurs fois attenté à sa vie ; il a quitté l'Afrique du Sud en 1971 et a vécu aux États-Unis.

Charte de la liberté
Une déclaration des principes de l'Alliance des Congrès, adoptée au Congrès du peuple, à Klipton, Soweto, le 26 juin 1955. L'Alliance des Congrès a rallié des milliers de volontaires dans toute l'Afrique du Sud pour enregistrer les demandes du peuple. La Charte de la liberté exigeait l'égalité des droits pour tous les citoyens d'Afrique du Sud sans tenir compte de la race, la réforme de la terre, l'amélioration des conditions de travail et de vie, une distribution juste de la richesse, l'éducation obligatoire et des Lois justes. La Charte de la liberté a été une arme puissante dans la lutte contre l'apartheid.

Chiba, Laloo (Isu) (1930-2017)
Militant antiapartheid, membre du Parti communiste sud-africain et du Congrès indien du Transvaal. Chef de section de MK. Torturé par les forces de police sud-africaines, il a perdu l'ouïe d'une oreille. Membre de la deuxième direction nationale de MK, il a été condamné pour cela à dix-huit ans de prison qu'il a purgés à Robben Island. Il a aidé Mandela à transcrire le manuscrit de son autobiographie écrite en prison. Libéré en 1982, membre de l'Union Democratic Front, député (1994-2004). Il a reçu l'ordre d'argent de Luthuli en 2004 pour une vie de contribution à un combat pour une Afrique du Sud non raciale, non sexiste, juste et démocratique.

Coetsee, Hendrick (Kobie) (1931-2000)
Homme politique sud-africain, avocat, administrateur et négociateur. Adjoint du ministre de la Défense et des services secrets, en 1978. Ministre de la Justice en 1980. Il a organisé des rencontres avec Mandela à partir de 1985 pour créer les conditions de dialogue entre le Parti national et l'ANC. Élu président du Sénat en 1994, après les premières élections démocratiques d'Afrique du Sud.

Congrès du peuple
Le Congrès du peuple a été le point culminant d'une campagne d'une année au cours de laquelle des membres de l'Alliance des Congrès ont parcouru toute l'Afrique du Sud et ont recueilli les demandes du peuple pour une Afrique du Sud libre, incluses dans la Charte de la liberté. Le Congrès du peuple s'est tenu les 25 et 26 juin 1955 à Kliptown, Johannesburg. Trois mille délégués y ont participé. La Charte de la liberté a été adoptée le deuxième jour.

Congrès panafricain (PAC)
Organisation née d'une scission de l'ANC, créée en 1959 par Robert Sobukwe, qui défendait la philosophie « l'Afrique aux Africains ». Les campagnes du PAC comprenaient des manifestations nationales contre les lois des *pass*, dix jours avant que l'ANC lance sa propre campagne. Cela a culminé lors du massacre de Sharpeville le 21 mars 1960, au cours duquel la police a tué soixante-neuf manifestants non armés. Le PAC a été interdit en même temps que l'ANC en avril 1960. Interdiction levée le 2 février 1990.

Congrès sud-africain indien
Créé en 1923 pour s'opposer aux lois de discrimination. Il comprenait les Congrès indiens du Cap, du Natal, et du Transvaal. À l'origine, il s'agissait d'une organisation conservatrice dont les actions se limitaient à des pétitions et à l'envoi de délégations auprès des autorités. Une direction plus radicale favorisant une résistance militante non violente est arrivée à la direction dans les années 1940 sous la direction de Yusuf Dadoo et de Monty Naicker.

Cyprian Bhekuzulu Nyangayezizwe kaSolomon (1924-1968)
Roi de la nation zouloue de 1948 à sa mort en 1968. Il a succédé à son père, le roi Solomon kaDinizulu. C'était le père du roi actuel des Zoulous, Goodwill Zwelithini.

Dadoo, Dr Yusuf (1909-1983)
Médecin, militant antiapartheid et orateur. Président du Congrès sud-africain indien. Adjoint d'Oliver Tambo au Conseil révolutionnaire de MK. Président du Parti communiste d'Afrique du Sud (1972-1983). Membre dirigeant de l'ANC. Emprisonné une première fois en 1940 pour ses activités contre la guerre, puis durant six mois pendant la Campagne de résistance passive de 1946. Il était parmi les vingt accusés avec Mandela au procès de la Campagne de défi de 1952. Il est passé dans la clandestinité pendant l'état d'urgence de 1960 et il est parti en exil pour échapper à l'arrestation. Récompensé par la plus haute décoration de l'ANC, l'Isitwaladwe Seaparankoe, en 1955, au Congrès du peuple.

Dalindyebo, Buyelekhaya Zwelinbanzi a Sabata (1964-)
Fils de Sabata Jonguhlanga Dalindyebo, il a régné comme roi des Thembu de 1989 jusqu'en décembre 2015. Quand il a été emprisonné pour crimes, y compris homicide, kidnapping, incendie volontaire et agression, il a été détrôné selon la coutume.

Dalindyebo, Jongintaba (décédé en 1942)
Chef et régent du peuple thembu. Il est devenu le tuteur de Mandela après la mort de son père. Mandela est allé vivre avec lui à la Great Place, à Mqhekezweni, à l'âge de douze ans.

Dalindyebo, Sabata Jonguhlanga (1928-1986)
Chef suprême du Transkei (1954-1980). Leader du Parti progressiste et démocratique. Neveu du chef Jongintaba Dalindyebo. Il a fui en Zambie en 1980 après avoir été déclaré coupable d'avoir porté atteinte à la dignité du président Matanzima du Transkei. Sabata était l'arrière-petit-fils du roi Ngangelizwe.

Daniels, Edward (Eddie ; Mandela l'appelle parfois Danie) (1928-2017)
Militant politique. Membre du Parti libéral d'Afrique du Sud. Membre du Mouvement de résistance africain qui sabotait des cibles non humaines contre le gouvernement. Il a passé quinze ans à Robben Island, en section B avec Mandela. Il a été proscrit après sa libération en 1979. Il a été décoré de l'ordre d'argent de Luthuli par le gouvernement sud-africain en 2005.

De Klerk, Frederik Willem (F.W.) (1936-)
Avocat. Président d'Afrique du Sud de 1989 à 1994. Leader du Parti national, de 1987 à 1997. En février 1990, il légalisa l'ANC ainsi que d'autres organisations et libéra Mandela de prison. Vice-président avec Thabo Mbeki pendant la présidence de Mandela de 1994 à

1996. Leader du Nouveau Parti national en 1997. Il a reçu le prix Prince des Asturies en 1992 et le prix Nobel de la Paix en 1993 avec Nelson Mandela pour son rôle dans la fin pacifique de l'apartheid.

Dingake, Michael Kitso (1928-)
Il a rejoint l'ANC en 1952 et s'est caché après les arrestations à Rivonia en 1963. Il a quitté l'Afrique du Sud pour travailler dans la clandestinité. Il était né dans le protectorat britannique du Bechuanaland (Botswana), pourtant, en 1965, il a été arrêté dans un train en Rhodésie du Sud et remis illégalement à la police sud-africaine. En Afrique du Sud, il a été torturé, accusé de sabotage. Il a été condamné à quinze ans de prison, une peine qu'il a purgée à Robben Island dans la même section que Mandela. Fin 1967, il a été transféré à Pretoria où il a été à nouveau torturé pour obtenir des informations. Quelques semaines plus tard, il est revenu à Robben Island. Après sa libération en 1981, il a été rapatrié au Botswana.

Eprile, Cecil L. (1914-1993)
Journaliste et rédacteur en chef. Il écrivait dans *Arthur Barlow's Weekly*, le *Sunday Times* et le *Sunday Express*. Lorsqu'il était rédacteur en chef du *Golden City Post* (proche du magazine *Drum*) de 1955 à 1967, il a formé beaucoup d'importants journalistes sud-africains noirs.

État d'urgence (1960)
Décrété le 30 mars 1960, en réponse au massacre de Sharpeville. Caractérisé par des arrestations de masse et l'emprisonnement de la plupart des leaders africains. Le 8 avril 1960, l'ANC et le PAC ont été interdits d'après la loi sur les Organisations illégales.

Fischer, Abram (Bram) (1908-1975)
Avocat, militant politique et antiapartheid. Leader du Parti communiste sud-africain. Membre du Congrès des démocrates. Accusé d'incitation lors de la grève des mineurs africains pour de meilleurs salaires en 1946, il a défendu avec succès Mandela et d'autres responsables de l'ANC dans le procès de la trahison. Il a conduit la défense dans le procès de Rivonia entre 1963 et 1964. Continuellement soumis à des ordres d'assignation à résidence (*banishment*), il a été condamné à la prison à vie en 1966 pour avoir violé la loi sur l'Interdiction du communisme et avoir conspiré pour commettre des sabotages. Il a reçu le prix Lénine de la Paix en 1967.

Goldberg, Denis (1933-)
Militant politique et antiapartheid. Membre du Parti communiste sud-africain, cofondateur et dirigeant du Congrès des démocrates. Officier technique dans MK. Arrêté à Rivonia en 1963, il a été condamné à la prison à vie dans la prison locale de Pretoria. Lors de sa libération en 1985, il s'est exilé en Grande-Bretagne où il a représenté l'ANC au Comité antiapartheid des Nations unies. Il a fondé la communauté HEART en 1995 pour aider les Sud-Africains noirs pauvres. Il est revenu en Afrique du Sud en 2002 et a été nommé conseiller spécial du ministre de l'Eau et des Forêts, Ronnie Kasrils, qui avait été accusé d'être un coconspirateur lors du procès de Rivonia.

Gumede, Archibald Jacob (Archie) (1914-1998)
Fils de Josiah Tshangana Gumede, un des fondateurs de la Conférence nationale des métis sud-africains (SANNC), précurseur de l'ANC, Jacob Gumede, avocat et militant antiapartheid,

a rejoint l'ANC en 1949. En 1956, il a été accusé avec Mandela et cent cinquante-quatre autres dans l'infâme procès de la trahison qui a duré quatre ans et demi et qui s'est terminé par un acquittement général. En 1983, il a été élu vice-président, avec Albertina Sisulu et Oscar Mpeha, du Front démocratique uni. Lui et un groupe de militants ont cherché refuge au consulat britannique à Durban en 1984 quand les forces de police ont menacé de les arrêter, ce qu'elles firent quand ils quittèrent l'immeuble au bout de quatre-vingt-dix jours. Ils furent accusés de haute trahison. Les charges contre Gumede et onze autres ont été levées en décembre 1985 et en juin 1986 pour les quatre accusés restants.

Guzana, Knowledge (Mandela l'appelle Dambisa) (1916-)
Camarade de Mandela à l'université de Fort Hare, il a mené une carrière politique au Transkei après s'être qualifié comme avocat. Il a été le leader du Nouveau Parti démocrate dans le Transkei qui rejetait « l'indépendance » des homelands noirs ou bantoustans. Il a dirigé le parti jusqu'en 1976 et a été remplacé par Hector Ncokazi.

Gwala, Harry (aussi appelé par son nom de clan Mphemphetwa) Themba (1920-1995)
Connu comme « le Lion des Midlands », il était instituteur et militant du Parti communiste d'Afrique du Sud et de la Ligue de la jeunesse de l'ANC. Il a été arrêté en 1964 et accusé de sabotage pour avoir recruté des membres de MK. Il a été condamné à huit ans de prison et a purgé sa peine à Robben Island jusqu'en 1972. Il a été arrêté une nouvelle fois en 1975, condamné à la prison à vie et renvoyé à Robben Island. Une sclérose latérale amyotrophique a entraîné la perte de l'usage de ses bras. En raison de sa maladie, il a été libéré en 1988. En 1972, il a reçu la plus haute distinction de l'ANC, l'Isitwalandwe Seaparankoe.

Healdtown
Pension à Fort Beaufort, dirigée par l'Église méthodiste. Nelson Mandela y a été inscrit en 1937, et y a passé le bac en 1938. Il y a débuté la course de fond, et dans sa seconde année il est devenu surveillant.

Hepple, Bob (1934-2015)
Avocat, universitaire et militant antiapartheid. Membre du Congrès des démocrates et du congrès des syndicats d'Afrique du Sud. Il a assisté Mandela qui se défendait lui-même en 1962, après son arrestation pour être sorti du pays illégalement et avoir incité des ouvriers à faire grève. Il fut arrêté à la ferme de Liliesleaf, quartier général de MK en 1963, mais les charges ont été abandonnées à condition qu'il comparaisse comme témoin de l'État. Cité comme conspirateur au procès de Rivonia. Il a aussitôt fui l'Afrique du Sud. Décoré pour services rendus en 2004.

Joseph (née Fennell), Helen (1905-1992)
Enseignante, assistante sociale, militante antiapartheid et du droit des femmes. Membre fondateur du Congrès des démocrates. Secrétaire nationale de la Fédération des femmes sud-africaines. Principale organisatrice en 1956 de la Marche de vingt mille femmes sur Union Buildings (siège du gouvernement) à Pretoria. Accusée en 1956 dans le procès de la trahison. Placée en résidence surveillée à son domicile en 1962. Elle a pris soin de Zindziswa et Zenani Mandela quand leurs parents étaient tous deux en prison. Elle a reçu la plus haute décoration de l'ANC, l'Isitwalandwe Seaparankoe, en 1992.

Jozana, Xoliswa (1952-)
Une fille de K. D. Matanzima et de la princesse Nosango. En 2017, elle s'est retirée du Département de développement rural et de réforme de la terre d'Afrique du Sud, où elle était directrice responsable de la coopération et du développement.

Kantor, James (1927-1975)
Avocat. Bien que n'étant pas membre de l'ANC ni de MK, il a été jugé au procès de Rivonia, sans doute parce que son beau-frère et associé, Harold Wolpe, avait été arrêté dans la ferme de Liliesleaf, et accusé d'être conspirateur dans le procès de Rivonia. Acquitté plus tard, il a fui l'Afrique du Sud.

Kathrada, Ahmed (1929-2017)
Militant antiapartheid, homme politique, prisonnier politique et député. Membre dirigeant de l'ANC et du Parti communiste sud-africain. Membre fondateur du Corps des volontaires indiens du Transvaal et de son successeur : le Congrès de la jeunesse indienne du Transvaal. Coaccusé avec Mandela dans le procès de la Campagne de défi en 1952, il est l'un des vingt-huit accusés dans le procès de la trahison qui ont été acquittés en 1961. Assigné à résidence en 1962. Arrêté dans la ferme de Liliesleaf en 1963 et accusé de sabotage dans le procès de Rivonia. Emprisonné à Robben Island de 1964 à 1982, puis à Pollsmoor jusqu'à sa libération, le 15 octobre 1989. Député à partir de 1994, après les premières élections libres d'Afrique du Sud, il fut conseiller politique du président Mandela. Président du Conseil de Robben Island (1994-2006). Il a reçu la plus haute décoration de l'ANC : l'Isitwalandwe Seaparankoe en 1992 ; le Pravasi Bharatiya Samman des mains du président de l'Inde ; plusieurs fois docteur *honoris causa.*

Kente, Gibson (1932-2004)
Considéré par beaucoup comme le père du théâtre noir sud-africain, entre 1960 et 1990, il a produit plus de vingt pièces dans un genre qui sera connu sous le nom de *township musical.* Il a composé des musiques pour Miriam Makeba dans les années 1950. Mandela parle de lui comme d'un « neveu » dans la lettre qu'il lui adresse car ils appartenaient tous deux au clan Madiba.

Kruger, James (Jimmy) (1917-1987)
Homme politique. Ministre de la Justice et de la police de 1974 à 1979. Président du Sénat de 1979 à 1980. Membre du Parti national. Fit une remarque infamante, déclarant que la mort de Steve Biko, en détention en 1977 le laissait « froid ».

Le Grange, Louis (1928-1991)
Il a rejoint la direction du Parti national en 1975. En 1979 et 1980, il a été ministre des Prisons et de 1979 à 1982, ministre de la Police. De 1982 à 1986, ministre de la Loi et de l'Ordre.

Loi sur l'interdiction du communisme, n° 44 (1950)
Loi votée le 26 juin 1950 selon laquelle l'État interdisait le Parti communiste sud-africain, en définissant le « communisme » dans des termes si larges que toute personne protestant contre l'apartheid serait en infraction.

Lukhele, Douglas (Duggie)
Ancien collègue juriste. Parti au Swaziland où il est devenu procureur général. Il a été stagiaire au cabinet d'avocats de Mandela et Tambo dans les années 1950.

Luthuli, chef Albert John Mvumbi (1898-1967)
Enseignant, militant antiapartheid et pasteur. Chef de la réserve de Groutville. Président-général de l'ANC de 1952 à 1967. À partir de 1953, il a été assigné à résidence chez lui par un ordre du gouvernement. Avocat de la défense dans le procès de la trahison de 1956. Condamné à six mois (avec sursis) en 1960 pour avoir brûlé publiquement son *pass* et avoir appelé à un jour national de deuil après le massacre de Sharpeville. Prix Nobel de la Paix en 1960 pour son rôle non violent dans la lutte contre l'apartheid. Il a reçu la plus haute décoration de l'ANC, l'Isitwalandwe Seaparankoe, en 1955, au Congrès du peuple.

Luthuli, Nokukhanya
Femme du chef Albert Luthuli. Quand Mandela écrit Nkosikazi Luthuli, cela signifie « Madame Luthuli ».

Madikizela, Colombus Kokani
Connu aussi comme C.K., père de Winnie Mandela. Dans les lettres à sa femme, Mandela parle de lui avec respect et l'appelle Bawo. Professeur d'histoire, il est devenu plus tard ministre des Eaux et Forêts et de l'Agriculture dans le gouvernement du Transkei sous K. D. Matanzima.

Madikizela-Mandela, Nomzamo, Winifred (Winnie, Nobandla, Mhlope, Zami et Ngutyana) (1936-2018)
Assistante sociale, militante antiapartheid et du droit des femmes. Membre de l'ANC. Mariée avec Nelson Mandela de 1958 à 1996 (séparés en 1992). Mère de Zenani et de Zindziswa Mandela. Première assistante sociale noire diplômée du Baragwanath Hospital à Johannesburg. Emprisonnée en cellule individuelle en 1969 pendant dix-sept mois. Assignée à résidence à partir de 1970 et soumise à toute une série d'ordres d'interdiction de 1962 à 1987. Elle a créé la Fédération des femmes noires en 1975, et l'Association des parents noirs en 1976 en réponse au soulèvement de Soweto. Présidente de la Ligue des femmes de l'ANC (1993-2003). Députée de l'ANC.

Maharaj, Sathyandranath (Mac) (1935-)
Universitaire, militant politique et antiapartheid, prisonnier politique et député. Membre dirigeant de l'ANC, du Parti communiste d'Afrique du Sud et de MK. Accusé de sabotage en 1964 et condamné à douze ans d'emprisonnement qu'il a purgés à Robben Island. Il a secrètement aidé à transcrire l'autobiographie de Nelson Mandela, *Un long chemin vers la liberté*, et l'a fait sortir clandestinement de prison quand il a été libéré en 1976. Il a dirigé l'opération Vulindlela (Vula), opération clandestine de l'ANC ayant pour but de créer une direction interne secrète. Maharaj a été secrétaire de la Convention pour une Afrique du Sud démocratique. Ministre des Transports (1994-1999). Représentant du président Jacob Zuma.

Maki
(Voir *Mandela, Makaziwe.*)

Mandela (née Mase), Evelyn Ntoko (également appelée Mqwati ou Ntoko) (1922-2004)
Infirmière. Mariée avec Nelson Mandela de 1944 à 1957. Mère de Madiba Thembekile (1945-1969), Makaziwe (1947), morte à neuf mois, Makgatho (1950-2005) et Makaziwe (1954-). Cousine de Walter Sisulu qui la présenta à Nelson Mandela. Mariée à un homme d'affaires retraité de Soweto, Simon Rakeepile, en 1998.

Mandela, Madiba Thembekile (Thembi ; Mandela écrit parfois Tembi) (1945-1969)
Fils aîné de Mandela avec sa première femme, Evelyn. Tué dans un accident de voiture.

Mandela, Makaziwe (1947-)
Première fille de Mandela avec sa première femme Evelyn. Morte à neuf mois.

Mandela, Makaziwe (Maki) (1954-)
Fille aînée de Mandela avec sa première femme Evelyn. Elle a été nommée ainsi en mémoire de sa sœur aînée, morte à neuf mois.

Mandela, Makgatho (Kgatho) (1950-2005)
Second fils de Mandela avec sa première femme Evelyn. Avocat. Mort des suites du sida le 6 janvier 2005 à Johannesburg, après le décès de sa seconde femme, Zondi Mandela, morte d'une pneumonie des suites du sida en juillet 2003.

Mandela, Mandla Zwelivelile (1974-)
Le plus âgé des petits-fils de Mandela et fils aîné de Makgatho Mandela. Il est aujourd'hui chef du Conseil traditionnel de Mvezo.

Mandela, Nandi (1968-)
Second petit-enfant de Mandela et plus jeune fille de Thembekile et de Thoko Mandela. Elle avait un an quand son père a été tué dans un accident de voiture.

Mandela, Ndileka (1965-)
Premier petit-enfant de Mandela et fille aînée de Thembekile et Thoko Mandela. Elle avait quatre ans quand son père a été tué dans un accident de voiture.

Mandela, Nkosi Mphakanyiswa Gadla (décédé en 1928)
Chef, conseiller, consultant. Descendant de l'ixhiba (maison secondaire). Père de Mandela. Privé de sa fonction de chef de clan après une dispute avec un magistrat local blanc.

Mandela, Nolusapho, née Rose Rayne (appelée « Rennie »)
La mère du petit-fils de Mandela, Mandla Mandela. Mariée avec le second fils de Mandela, Makgatho.

Mandela, Nosekeni Fanny (décédée en 1968)
La mère de Mandela. Troisième épouse de Nkosi Mphakanyiswa Gadla Mandela.

Mandela, Thoko (aussi connue sous le nom de Molly De Jager)
La femme de Thembekile Mandela et la mère de leurs deux filles. Elle était dans la voiture dont l'accident a causé la mort de son mari et de sa sœur, Irene Simelane. Son frère a été

blessé dans ce même accident. Des articles de presse consacrés à l'accident l'appellent Molly De Jager, nom qu'elle a emprunté à un membre de sa famille et qui signifie que, d'après les lois d'apartheid, elle pouvait être classée métis (*coloured*) et habiter dans un meilleur quartier. Mandela l'appelle aussi *molokozana*, « belle-fille ». Après la mort de son mari, elle a repris son nom de jeune fille Mhlanga.

Mandela, Winnie
(Voir *Madikizela-Mandela, Nomzamo Winifred.*)

Mandela, Zenani (Zeni) Nomadabi Nosizwe (1959-)
Première fille de Mandela avec sa seconde femme, Winnie. Son premier nom signifie « Qu'as-tu apporté ? » et « Bataille de la Nation ». Elle est ambassadrice d'Afrique du Sud à l'île Maurice.

Mandela, Zindziswa (Zindzi) (1960-)
Seconde fille de Mandela avec sa seconde femme Winnie. Son premier prénom signifie « Solide » ; elle porte le prénom de la fille du poète xhosa Mqhayi. Elle est ambassadrice de l'Afrique du Sud au Danemark.

Mandela, Zoleka (1980-)
Petite-fille de Mandela et seule fille de Zindziswa Mandela.

Mandela, Zondwa (1985-)
Petit-fils de Mandela et fils aîné de Zindziswa Mandela.

Masemola, Jafta Kgalabi (Jeff) (1928-1990)
Connu comme « le Tigre d'Azanie », il était membre de la Ligue de la jeunesse de l'ANC et fondateur de la branche armée du Pan Africanist Congress. Arrêté en 1962 et accusé de sabotage pour avoir fait exploser des lignes à haute tension et fait sortir en fraude des combattants pour la liberté d'Afrique du Sud, il a été condamné à la prison à vie en juillet 1963. Le 3 octobre 1989, toujours en prison, il a rencontré Nelson Mandela dans la prison de Victor Verster. On dit qu'ils ont parlé de l'unité de l'ANC et du PAC. Il a été libéré le 15 octobre 1989 et, le 17 avril 1990, il a été tué dans un mystérieux accident de voiture.

Matanzima, Kaizer Daliwonga (K.D.) (également appelé Wonga) (1915-2003)
Chef thembu et homme politique. Neveu de Mandela. Membre du Conseil territorial du Transkei uni (1955), et membre directeur de l'Autorité territoriale du Transkei (1956). Ministre-chef du Transkei (1963). Il a créé et dirigé le Parti de l'indépendance nationale du Transkei avec son frère George Matanzima. Premier ministre du bantoustan du Transkei lors de l'indépendance du territoire en 1976. Président de l'État du Transkei de 1979 à 1986. C'était le petit-fils du roi Matanzima.

Matanzima, Mthetho (décédé en 1972)
Fils de K. D. Matanzima avec la princesse Dade. Il a suivi des études à l'université de Fort Hare et a passé ses examens de droit en 1968. Chef de la région de Noqayi.

Matthews, Frieda Deborah Bokwe (1905-1998)
Fille du révérend John Knox Bokwe, intellectuelle xhosa de premier plan et auteure de cantiques dans les années 1880. Une des premières femmes noires à obtenir un diplôme universitaire en Afrique du Sud. Enseignante, elle a épousé le pédagogue Z. K. Matthews. Elle a publié *Remembrances* en 1984.

Matthews, Vincent Joseph Gaobakwe (Bakwe) (1929-2010)
Fils du professeur Z. K. Matthews et de Frieda Matthews. Son père et lui ont été accusés de trahison en 1956 avec cent cinquante-quatre autres militants antiapartheid. Avocat, il est devenu vice-procureur général du Botswana pendant son exil. Il est revenu en Afrique du Sud en 1992, et a quitté l'ANC la même année. Député de l'Inkatha Freedoom Party à partir de 1994 et ministre de la Sécurité de 1994 à 1999.

Matthews, Pr Zachariah Keodirelang (Z. K.) (1901-1968)
Universitaire, homme politique et militant antiapartheid. Membre de l'ANC. Premier Noir sud-africain à obtenir le bac dans une institution sud-africaine en 1923. Premier Noir sud-africain à obtenir une licence en 1930. Il a conçu le Congrès du peuple et la Charte de la liberté. Après le massacre de Sharpeville, il a organisé un « jour de grève », jour de deuil national, le 28 mars 1960. En 1965, il s'est retiré au Botswana dont il est devenu l'ambassadeur aux États-Unis.

Mbeki, Archibald Mvuyelwa Govan (nom de clan, Zizi) (1910-2001)
Historien et militant antiapartheid. Membre dirigeant de l'ANC et du Parti communiste sud-africain. Membre du haut commandement de MK. Père de Thabo Mbeki (président d'Afrique du Sud de 1999 à 2008). Accusé au procès de Rivonia et condamné à la prison à vie. Libéré de Robben Island en 1987. Président député de 1994 à 1997, du Sénat post-apartheid, devenu Conseil national des provinces (1997-1999). Il a reçu la plus haute décoration de l'ANC, l'Isitwalandwe Seaparankoe, en 1980.

Meer, Pr Fatima (également appelée Fatimabehn et Fatimaben – *ben* siginifie « sœur » en gujarati) (1928-2010)
Écrivaine, universitaire et militante antiapartheid et du droit des femmes. Mariée avec Ismail Meer en 1950. Elle a créé le Comité de résistance passive des étudiants en soutien à la Campagne de résistance passive contre l'apartheid de 1946. Membre fondateur de la Fédération des femmes sud-africaines. Première femme indienne à avoir été nommée assistante dans une université sud-africaine blanche (université du Natal) en 1956. Proscrite depuis 1953, elle a échappé à une tentative d'assassinat. Elle a adopté l'idéologie de la Black Consciousness. Elle a fondé l'Institute of Black Research en 1975 ; première présidente de la Fédération des femmes noires, créée en 1975. Auteure de *Higher Than Hope. The Authorized Bigraphy of Nelson Mandela*, la première biographie autorisée de Mandela (publiée en 1988).

Meer, Ismail Chota (I.C.) (1918-2000)
Avocat et militant antiapartheid. En 1946, il a rencontré Nelson Mandela dont il est devenu l'ami, alors qu'ils étaient étudiants en droit à l'université de Witwatersrand à Johannesburg. Il a rejoint le Parti communiste d'Afrique du Sud lorsqu'il était à l'université et a joué un

rôle essentiel dans la Campagne de résistance passive de 1946 et dans la Campagne de défi de 1952 et il a participé à la rédaction de la Charte de la liberté. Marié au professeur Fatima Meer.

Mhlaba, Raymond (nom de clan, Ndobe) (1920-2005)
Militant antiapartheid, homme politique, diplomate et prisonnier politique. Membre dirigeant de l'ANC et du Parti communiste sud-africain. Commandant en chef de MK. Arrêté en 1963 à Rivonia et condamné à la prison à vie lors du procès de Rivonia. Emprisonné à Robben Island jusqu'à son transfert dans la prison de Pollsmoor en 1982. Libéré en 1989. Il a participé aux négociations avec le Parti national qui ont conduit à la démocratisation de l'Afrique du Sud. Membre du Comité directeur national de l'ANC en 1991. Président du Cap-Oriental en 1994, haut-commissaire sud-africain en Ouganda en 1997. Il a reçu la plus haute décoration de l'ANC, l'Isitwalandwe Seaparankoe, en 1992.

MK
(Voir *Umkhonto we Sizwe*.)

Mkwayi, Wilton Zimasile (nom de clan, Mbona ; surnom, Bri Bri) (1923-2004)
Syndicaliste, militant politique, et prisonnier politique. Membre de l'ANC et du Congrès des syndicats sud-africains. Organisateur du Syndicat des travailleurs du textile de Port Elizabeth. Volontaire dans la Campagne de défi en 1952 et, plus tard, actif dans la campagne pour le Congrès du peuple. Échappé au cours du procès de la trahison en 1956 et parti au Lesotho. Il a rejoint MK et suivi un entraînement militaire en Chine. Devenu commandant en chef de MK après les arrestations à la ferme de Liliesleaf. Condamné à la prison à vie dans ce qui est connu comme le procès de Rivonia ; il a purgé sa peine à Robben Island. Libéré en octobre 1989. Élu sénateur à l'Assemblée nationale en 1994, puis dans la législature de la province du Cap-Oriental jusqu'à son retrait de la vie publique en 1999. Il a reçu la plus haute décoration de l'ANC, l'Isitwalandwe Seaparankoe, en 1992.

Mlangeni, Andrew Mokete (nom de clan, Motlokwa ; surnom, Mpandla) (1926-)
Militant antiapartheid, prisonnier politique et député ; membre de la Ligue de la jeunesse de l'ANC et de MK. Condamné à la prison à vie au procès de Rivonia en 1963. Après dix-huit années à Robben Island, il a été transféré à la prison de Pollsmoor en 1982. Il a reçu la plus haute décoration de l'ANC, l'Isitwalandwe Seaparankoe, en 1992.

Motlana, Dr Nthato Harrison (1925-2008)
Médecin, leader de la communauté, participant aux campagnes politiques, homme d'affaires, proche ami de Nelson et de Winnie Mandela. Il est entré en politique extraparlementaire dans les années 1940 et a été nommé secrétaire de la Ligue de la jeunesse de l'ANC en 1949. Accusé avec Mandela et dix-huit autres dans le procès de la Campagne de défi en 1952. Il a connu deux périodes d'assignation à résidence et une peine d'emprisonnement. Dans les années 1970, il a aidé à la création de l'Association des parents d'élèves noirs pour aider ceux qui étaient touchés par la révolte des étudiants de 1976. Il a aussi fondé le Comité des Dix, organisation influente des résidents de Soweto. Dans les années 1990, il a dirigé l'Association civique de Soweto, organisation affiliée au Front démocratique uni, dont la base était plus large.

Motsoaledi, Elias (nom de clan, Mokoni) (1924-1994).
Syndicaliste, militant antiapartheid et prisonnier politique. Membre de l'ANC, du Parti communiste sud-africain et du Conseil des syndicats non européens. Proscrit après la Campagne de défi de 1952. Il a aidé à créer le Congrès sud-africain des syndicats en 1955. Emprisonné quatre mois pendant l'état d'urgence de 1960 et détenu à nouveau sous les lois de détention de quatre-vingt-dix jours de 1963. Condamné à la prison à vie au procès de Rivonia et détenu à Robben Island de 1964 à 1989. Élu au Comité directeur national après sa libération. Il a reçu la plus haute décoration de l'ANC, l'Isitwalandwe Seaparankoe, en 1992.

Mpetha, Oscar (1909-1994)
Syndicaliste et militant politique au Transkei, il a rejoint l'ANC en 1951 et, en 1958, il est devenu président de l'ANC pour la ville du Cap. En 1983, il a été condamné à cinq ans de prison pour avoir provoqué une émeute dans laquelle deux Blancs ont été tués. La même année, il a été élu comme un des trois coprésidents du Front démocratique uni nouvellement créé. Il a purgé la plus grande partie de sa peine à l'hôpital, dans un fauteuil roulant, après qu'on l'a amputé des deux jambes à cause du diabète. Il a été libéré le 15 octobre 1989 avec un groupe de prisonniers dans lequel se trouvaient les derniers prisonniers du procès de Rivonia.

Naicker, Dr Gangathura Mohambry (Monty) (1910-1978)
Médecin, homme politique, et militant antiapartheid. Cofondateur et premier président du Conseil antiségrégation. Président du Natal Indian Congress, 1945-1963. Signataire du « pacte des Docteurs » de mars 1947, une déclaration de coopération entre l'ANC, le Congrès indien du Transvaal et le Natal Indian Congress, signé également par le docteur Alfred Bathini Xuma (président de l'ANC) et le docteur Yusuf Dadoo (président du Congrès indien du Transvaal).

Naidoo, Indres Elatchininathan (1936-2016)
Membre du Parti communiste sud-africain et du Congrès indien du Transvaal, il a passé dix ans à Robben Island pour ses activités dans MK. Après sa libération, il a publié *Island in Chains : Prisoner 885/63.* Fils de Ama et Thambi « Naran » Naidoo et frère de Shanti Naidoo.

Naidoo, « Shanti » Shantavothie (1935-)
Aînée des cinq enfants de Ama et Thambi « Naran » Naidoo, elle est devenue militante politique alors qu'elle était encore à l'école. Membre du Congrès indien du Transvaal et de la Fédération des femmes sud-africaines. Proscrite à partir des années 1960, elle a été détenue en 1969. Elle a été condamnée à deux mois de prison pour avoir refusé de témoigner contre Winnie Mandela. Ses ordres d'interdiction signifiaient que, pendant dix ans à partir de 1963, elle ne pouvait rendre visite à son frère Indres Naidoo, emprisonné à Robben Island. On lui a refusé l'autorisation de sortir d'Afrique du Sud jusqu'en 1972, et elle lui a rendu visite en prison pour la première fois juste avant de pouvoir quitter l'Afrique du Sud. Elle a vécu en Grande-Bretagne et à l'école de l'ANC en Tanzanie. Elle est revenue en Afrique du Sud avec son mari, Dominic Tweedie, en 1991.

Nair, Billy (1929-2008)
Homme politique, militant antiapartheid, prisonnier politique, et député. Membre de l'ANC, du Natal Indian Congress, du Parti communiste sud-africain, du Congrès sud-africain des syndicats et de MK. Désigné comme coconspirateur au procès de Rivonia, il a été accusé

de sabotage en 1963 et emprisonné à Robben Island pendant vingt ans. À sa libération, il a rejoint le Front démocratique uni. Arrêté en 1990 et accusé de faire partie de l'opération Vula, opération clandestine destinée à faire entrer des combattants de la liberté en Afrique du Sud et de rester en contact direct avec les leaders de l'ANC en prison, dans le pays ou en exil. Député dans la nouvelle Afrique du Sud démocratique.

National (Parti)
Parti politique sud-africain conservateur créé à Bloemfontein en 1914 par des nationalistes afrikaners. Il a gouverné l'Afrique du Sud de juin 1948 à mai 1994. Il a mis en application l'apartheid, un système fondé sur la ségrégation raciale légale qui favorisait la minorité blanche du pays. Ce parti a été dissous en 2004.

Ngoyi, Lilian Masediba (1911-1980)
Femme politique, militante antiapartheid et du droit des femmes et oratrice. Membre dirigeant de l'ANC. Première femme élue au comité directeur de l'ANC en 1956. Présidente de la Ligue des femmes de l'ANC. Présidente de la Fédération des femmes sud-africaines en 1956. Elle a conduit la Marche des femmes contre les *pass* en 1956. Accusée et acquittée au procès de la trahison. Détenue pendant l'état d'urgence de 1960. Détenue en cellule individuelle pendant soixante-et-onze jours en 1963 sous la loi des quatre-vingt-dix jours de détention. Perpétuellement soumise à des ordres d'interdiction. Elle a reçu la plus haute décoration de l'ANC, l'Isitwalandwe Seaparankoe, en 1982.

Njongwe, James « Jimmy » Lowell Zwelinzima (1919-1976)
Un des deux premiers hommes noirs diplômés de l'école de médecine de l'université de Witwatersrand, en 1946, il a été le premier médecin noir à ouvrir un cabinet à Port Elizabeth dans le Cap-Oriental. Il appartenait à la direction de la Ligue de la jeunesse de l'ANC et devint plus tard président de l'ANC au Cap. Sous le coup d'une interdiction, il a dû démissionner. Il a quitté Port Elizabeth et a ouvert un cabinet à Matatiele dans le Transkei. Il a été détenu en 1960 pendant l'état d'urgence.

Nokwe, Philemon Pearce Dumasile (Duma) (1927-1978)
Militant politique et avocat. Lorsqu'il était étudiant, il a été élu au comité directeur de la Ligue de la jeunesse de l'ANC. En 1956, dans le procès de la trahison, il était dans le dernier groupe des accusés ave Mandela. Il a assisté au mariage de Mandela avec Winnie Madikizela. Nokwe a été secrétaire général de l'ANC de 1958 à 1969. Accusé d'être coconspirateur dans le procès de Rivonia. Il s'est exilé en 1963 et il est mort en Zambie.

Omar, Abdulla « Dullah » (1934-2004)
Militant antiapartheid et avocat qui a assisté Mandela dans certains travaux de droit quand il était en prison. Il a été membre de l'Unity Movement avant de rejoindre l'United Democratic Front en 1983 et de devenir un de ses dirigeants. Il a été soumis à une interdiction et détenu par le régime d'apartheid qui a aussi tenté de l'assassiner. Il a été le premier ministre de la Justice sous la présidence de Mandela en 1994. En 1999, sous la présidence de Thabo Mbeki, il est devenu ministre des Transports.

O.R.
(Voir *Tambo, Oliver.*)

Parti communiste sud-africain (également appelé Parti communiste d'Afrique du Sud)
Créé en 1921 comme Parti communiste d'Afrique du Sud, pour s'opposer à l'impérialisme et à la domination raciste. Après son interdiction en 1950, il a changé de nom en 1953 pour devenir le Parti communiste sud-africain. Il n'a été légalisé qu'en 1990. Le Parti communiste sud-africain forme un tiers de la triple alliance avec l'ANC et le Congrès des syndicats sud-africains.

Paton, Alan (1903-1988)
Professeur et auteur du célèbre roman sud-africain, *Pleure, ô pays bien-aimé* (publié en 1948). Directeur du centre d'éducation surveillée de Diepkloof de 1935 à 1949. En 1953, il a fondé le Parti libéral d'Afrique du Sud qui combattait les lois d'apartheid du Parti national au pouvoir. Il a témoigné au procès de Rivonia en faveur de Mandela et de ses camarades.

Pogrund, Benjamin (1933-)
Journaliste et ami de Mandela, il a travaillé au *Rand Daily Mail* à partir de 1958 et a couvert le massacre de Sharpeville le 21 mars 1960. Mandela lui a dit très tôt qu'il pensait que le temps des manifestations non violentes était terminé. Pogrund s'est installé à Londres en 1986.

Pollsmoor, prison de haute sécurité
Prison dans la banlieue de Tokai, au Cap. Mandela y a été transféré avec Walter Sisulu, Raymond Mhlaba, Andrew Mlangeni et, plus tard, Ahmed Kathrada en 1982.

Procès de la trahison
Tentative du gouvernement d'apartheid d'étouffer le pouvoir de l'Alliance des Congrès. À partir du 5 décembre 1956, cent cinquante-six personnes ont été arrêtées et accusées de haute trahison. À la fin du procès en mars 1961, tous les accusés ont vu leurs charges levées, les vingt-huit derniers accusés, y compris Mandela, ont été acquittés.

Procès de Rivonia
Procès qui s'est déroulé en 1963 et 1964, dans lequel onze membres dirigeants de l'Alliance des Congrès ont été accusés de sabotage et risquaient la peine de mort. Nommé d'après le nom de Rivonia, ville de la banlieue de Johannesburg où six membres du haut commandement de MK ont été arrêtés dans leur planque, la ferme de Liliesleaf, le 11 juillet 1963. Des documents compromettants, y compris une proposition de guérilla insurrectionnelle appelée « opération Mayibuye », ont été saisis. Mandela qui purgeait déjà une peine de prison pour incitation à la grève et pour avoir quitté l'Afrique du Sud illégalement, était impliqué et ses notes sur la guerre de guérilla et le journal de son voyage en Afrique en 1962 ont été également saisis. Plutôt que de subir un contre-interrogatoire, Mandela fit une déclaration depuis le box des accusés, le 20 avril 1964. Cela est devenu son célèbre discours « Je suis prêt à mourir ». Le 11 juin 1964, huit accusés furent reconnus coupables par Justice Qartus De Wet, au palais de justice de Pretoria et, le lendemain, ils furent condamnés à la prison à vie.

Qunu
Village rural d'Afrique du Sud, dans la province du Cap-Oriental où Mandela a vécu avec sa famille, après avoir quitté son village natal, Mvezo.

Ramphele, Mamphela Aletta (1947-)
Militante antiapartheid et membre fondateur du Black Consciouness Movement, médecin, universitaire et femme d'affaires. Quand elle était l'associée de Steve Biko, en 1977, elle a été assignée à résidence par le régime d'apartheid, à Tzaneen dans le nord du Transvaal (aujourd'hui province du Limpopo) où elle resta jusqu'en 1984. En 1986, elle a rejoint l'université du Cap comme chercheuse et fut vice-chancelière en 1991. En 2000, elle a été nommée une des quatre P-DG de la Banque mondiale.

Robben Island
Île située dans la baie de la Table, à 7 kilomètres de la côte de la ville du Cap. Elle mesure approximativement 3,3 kilomètres de long sur 1,9 kilomètre de large. Elle a été principalement utilisée comme lieu de relégation et d'emprisonnement, surtout pour les prisonniers politiques depuis l'arrivée des Hollandais au XVIIe siècle. Trois hommes qui plus tard sont devenus présidents d'Afrique du Sud y ont été emprisonnés : Nelson Mandela (1964-1982), Kgalema Motlanthe (1977-1987) et Jacob Zuma (1963-1973). Aujourd'hui, l'île, devenue musée, appartient au patrimoine mondial de l'UNESCO.

Sikhakhane, Joyce Nomafa (1943-)
Journaliste et militante antiapartheid. Elle a écrit sur les familles des prisonniers, dont Albertina Sisulu et Winnie Mandela, ce qui a entraîné son arrestation d'après la Loi sur la protection contre le communisme, puis elle a de nouveau été détenue d'après la Loi contre le terrorisme et obligée de passer dix-huit mois en cellule solitaire. Interdite professionnellement après sa libération. Elle a fui l'Afrique du Sud en 1973. Employée par le Service des renseignements dans l'Afrique du Sud démocratique. Dans sa lettre, Mandela l'appelle Nomvula car elle était liée avec un de ses parents, John Fadana. Ils n'ont jamais été mariés car après avoir enregistré leur mariage au tribunal, la Police de sécurité l'a accusée de ne pas avoir respecté son ordre d'interdiction et, en conséquence, le mariage fut invalidé. John Fadana a été assigné à résidence dans le Ciskei où il a épousé une autre femme et où il est mort plus tard.

Sisulu (née Thethiwe) Nontsikelelo (Ntsiki) Albertina (1918-2001)
Infirmière, sage-femme, militante antiapartheid et du droit des femmes, députée. Membre dirigeante de l'ANC. Mariée à Walter Sisulu, qu'elle a rencontré par l'intermédiaire de son amie infirmière, Evelyn Mase (première femme de Mandela), en 1944. Membre de la Ligue des femmes de l'ANC et de la Fédération des femmes d'Afrique du Sud. Elle a joué un rôle majeur en 1956 dans la manifestation des femmes contre le *pass*. Première femme à avoir été arrêtée sous la General Law Amendement, 1963. Elle est restée seule dans une cellule pendant quatre-vingt-dix jours. Continuellement soumise à des ordres d'interdiction et harcelée par la police à partir de 1963. Elle a été élue une des trois présidents du Front démocratique uni lors de sa formation en août 1983. En 1985, avec quinze autres responsables du Front et de syndicats, elle a été accusée de trahison dans ce qui est connu sous le nom de « Procès de la trahison » de Pietermaritzburg. Députée de 1994 à 1999 quand elle s'est retirée. Présidente du Conseil mondial pour la paix 1993-1996. En 2003, elle a reçu le South African Women for Women Woman of Distinction Award en reconnaissance d'une vie de lutte courageuse pour les droits et la dignité de l'homme.

Sisulu, Walter Ulyate Max (noms de clan, Xhamela – parfois écrit Xamela – et Tyopho par Mandela) (1912-2003)
Militant antiapartheid et prisonnier politique. Mari d'Albertina Sisulu. Il a rencontré Mandela en 1941 et l'a présenté à Lazar Sidelsky qui l'a engagé comme clerc stagiaire. Leader de l'ANC et généralement considéré comme le « père de la lutte ». Cofondateur de la Ligue de la jeunesse de l'ANC en 1944. Accusé avec Mandela et dix-huit autres sous la loi sur l'Interdiction du communisme, pour avoir joué un rôle de premier plan dans la Campagne de défi en 1952. Arrêté et ensuite acquitté dans le procès de la trahison en 1956. Continuellement sous le coup d'ordres d'interdiction et assigné à résidence après la mise hors la loi de l'ANC et du PAC. Il a aidé à la création de MK dont il a été membre du haut commandement. Il est passé dans la clandestinité en 1963 et s'est caché dans la ferme de Liliesleaf, à Rivonia, où il a été arrêté le 11 juillet 1963. Convaincu de sabotage dans le procès de Rivonia, il a été condamné à la prison à vie le 12 juin 1964. Il a purgé sa peine à Robben Island et dans la prison de Pollsmoor. Libéré le 15 octobre 1989. Membre de la délégation de l'ANC qui a négocié avec le gouvernement d'apartheid la fin de l'autorité des Blancs. Il a reçu la plus haute distinction de l'ANC, l'Isitwalandwe Seaparankoe, en 1992.

Sobukwe, Robert Mangaliso (1924-1978)
Avocat, militant antiapartheid et prisonnier politique. Membre de la Ligue de la jeunesse jusqu'à la création du Congrès panafricain, fondé sur la vision « l'Afrique aux Africains ». Directeur du journal l'*Africanist*. Arrêté et détenu après le massacre de Sharpeville en 1960. Accusé d'incitation à la violence et condamné à trois ans d'emprisonnement. Avant sa libération, le General Law Amendement Act n° 37 de 1963 a été voté. Il permettait que les peines d'emprisonnement de gens déjà condamnés pour crimes politiques soit renouvelées – il a été connu comme « l'amendement Sobukwe » – et il a dû passer six années supplémentaires à Robben Island. Il a été libéré en 1969 et a rejoint sa famille à Kimberley, où il a été assigné à résidence pendant douze heures quotidiennes avec l'interdiction de toute activité politique suite à l'ordre d'interdiction du PAC. En prison, il a fait des études de droit et a créé son propre cabinet d'avocat en 1975.

Suzman, Helen (1917-2009)
Universitaire, militante antiapartheid, femme politique et députée. Professeure d'histoire de l'économie à l'université de Witwatersrand. Elle a créé une branche du Parti uni à l'université de Witwatersrand en réponse aux politiques racistes de l'État d'apartheid. Députée du Parti uni (1953-1959), puis plus tard du Parti progressiste antiapartheid (1961-1974). La seule responsable politique autorisée à visiter Robben Island. Au Parlement, elle n'a cessé d'évoquer le problème des prisonniers politiques. Elle a rencontré Mandela et ses camarades pour la première fois à Robben Island en 1967.

Tambo (née Tshukudu), Matlala Adelaide Frances (également appelée Matlala, écrit parfois Mtlale) (1929-2007)
Infirmière, animatrice socioculturelle et militante antiapartheid et du droit des femmes. Mariée avec Oliver Tambo en 1956. Membre de la Ligue de la jeunesse de l'ANC. Elle a participé à la Marche des femmes en 1956. Elle a vécu en exil à Londres, en Grande-Bretagne, jusqu'en 1990. Elle a reçu de nombreuses décorations dont l'ordre de Simon de Cyrène en juillet 1997, la plus haute distinction décernée par l'Église anglicane pour services rendus par des laïcs ; et l'ordre du Baobab d'or, en 2002.

Tambo, Oliver Reginald (O.R.) (également appelé Reggie) (1917-1993)
Avocat, homme politique et militant antiapartheid. Membre dirigeant de l'ANC et fondateur de la Ligue de la jeunesse de l'ANC. Cofondateur avec Mandela de l'un des premiers cabinets d'avocats noirs d'Afrique du Sud. Il est devenu secrétaire général de l'ANC après l'interdiction de Walter Sisulu, et président adjoint de l'ANC en 1958. Il a été soumis à un ordre d'interdiction de cinq ans en 1959. Accusé d'être coconspirateur dans le procès de Rivonia. Il a quitté l'Afrique du Sud dans les années 1960 pour organiser les activités extérieures de l'ANC et mobiliser l'opposition contre l'apartheid. Il a créé des camps d'entraînement militaire hors de l'Afrique du Sud. Il est à l'origine de la campagne Free Mandela dans les années 1980. Il a vécu en exil à Londres, en Grande-Bretagne, jusqu'en 1990. Président de l'ANC en 1967, après la mort du chef Albert Luthuli. Il a été élu président en 1969 à la conférence de Morogoro en Tanzanie, poste qu'il a conservé jusqu'en 1991 quand il est devenu président national de l'ANC. Il a reçu la plus haute distinction de l'ANC, l'Isitwalandwe Seaparankoe, en 1992.

Thembu (famille royale)
Nelson Mandela était membre de la famille royale des Thembu, descendant du roi Ngubencuka (1790-1830) qui a uni la nation thembu avant qu'elle ne soit soumise à la loi coloniale britannique.

Timakwe, Nontancu Mabel (1924-2002)
Sœur de Nelson Mandela.

Transkei
Une région d'Afrique du Sud qui se trouve maintenant dans la province du Cap-Oriental. À l'époque de l'apartheid, sous sa présidence, K. D. Matanzima, neveu de Mandela, a accepté l'indépendance de pure forme avec le Ciskei voisin, comme homeland ou bantoustan du peuple d'origine xhosa.

Tutu, archevêque Desmond (1931-)
Archevêque émérite et militant antiapartheid et des Droits de l'homme. Évêque du Lesotho (1976-1978). Premier secrétaire général noir du Conseil sud-africain des Églises, en 1978. Après les élections de 1994, il a présidé la commission Vérité et Réconciliation, chargée d'enquêter sur les crimes de la période de l'apartheid. En 1984, il a reçu le prix Nobel de la Paix pour avoir recherché une issue non violente à l'apartheid ; en 1986, le prix Albert-Schweitzer pour humanitarisme ; et le prix Gandhi pour la Paix en 2005.

Tutu (née Shenxane), Nomalizo Leah (1933-)
Femme de l'archevêque Desmond Tutu. Ils ont commencé à se fréquenter quand ils étaient élèves à l'école de formation des maîtres Saint Thomas de Johannesburg. Ils se sont mariés le 2 juillet 1955. Fille d'un domestique, elle est devenue militante pour les droits des domestiques sud-africains. La fondation Desmond et Leah Tutu a été créée en 2007 pour soutenir les initiatives qui luttent pour la paix, la réconciliation et Ubuntu.

Umkhonto we Zizwe (MK)
Umkhonto we Zizwe, « La lance de la nation », a été créée en 1961 et est couramment connue par ses initiales MK. Nelson Mandela a été son premier commandant en chef.

MK est devenue la branche armée de l'ANC. Après les élections de 1994, MK a été dissoute et ses soldats ont été incorporés dans les Forces nationales sud-africaines de défense nouvellement créées, avec les soldats de la Force de défense sud-africaine de l'apartheid, La Force de défense des bantoustans, les unités d'autoprotection de l'Inkatha Freedom Party et l'Armée de libération du peuple de l'Azanie, aile militaire du PAC.

Université de Fort Hare (University College of Fort Hare, UFH)
À l'origine South African Native College (université pour indigènes sud-africains), l'université de Fort Hare a été fondée sur le site d'un ancien fort, à l'initiative de l'Église unie libre d'Écosse. Jusqu'en 1960, c'était la seule université du pays pour les Noirs. Elle offrait une formation à tous les étudiants d'Afrique australe, jusqu'au Kenya et à l'Ouganda. Le gouvernement du Parti national a pris la direction de l'université et l'a transformée en établissement ethnique pour étudiants de langue xhosa. Des leaders comme Nelson Mandela, Robert Mugabe, Robert Sobukwe, Mangosuthu Buthelezi et Oliver Tambo y ont fait leurs études.

Université d'Afrique du Sud (Unisa)
L'Unisa est une des institutions d'enseignement au rayon d'action le plus grand du monde et c'est l'université dans laquelle Mandela a passé sa licence en droit. Ensuite, après avoir dû terminer ses études à l'université de Londres, il a continué à l'Unisa et a été diplômé *in absentia* en 1989. Il a pu exercer comme avocat avant d'être emprisonné car, à l'époque, un simple diplôme de droit était suffisant.

Victor Verster, prison
Prison au régime normal, située entre Paarl et Franschhoek dans la province du Cap-Occidental. Mandela y a été transféré en 1988, et il a habité une maison privée dans l'enceinte de la prison. Il y a une statue de Mandela devant les portes. Elle porte aujourd'hui le nom de « Centre correctionnel du Drakenstein ».

Wolsey Hall
Situé à Oxford, en Grande-Bretagne, et créé en 1894, Wolsey Hall est un centre d'enseignement à distance pour étudiants de différents niveaux et par l'intermédiaire de l'université de Londres. Mandela y a commencé ses études de licence de droit par correspondance.

Xaba, Niki Iris Jane Nondyebo (1932-1985)
Sœur aînée de Winnie Mandela qui a été détenue en même temps qu'elle en 1969. Puis, célibataire et sous le nom d'Iris Madikizela, elle a porté plainte contre le gouvernement pour elle et son compagnon, accusés d'agression.

Zami
(Voir *Madikizela-Mandela, Nomzamo Winifred).*

Zeni
(Voir *Mandela Zenani*).

Zindzi
(Voir *Mandela Zindziswa*).

8115 Orlando West

En 1944, quand Mandela a épousé sa première femme, Evelyn Mase, on leur a attribué une maison de deux pièces à Orlando East, Soweto et, au début de 1947, ils ont emménagé dans une maison « boîte d'allumettes » de trois pièces en briques rouges au 8115 Orlando West. Mandela y a aussi habité avec sa deuxième femme, Winnie Mandela. Le gouvernement sud-africain l'a déclarée patrimoine national en 1999 et c'est maintenant un musée.

CALENDRIER CARCÉRAL

5 août 1962	Nelson Mandela, vêtu d'un manteau et d'une casquette et portant des lunettes noires, est arrêté avec son ami Cecil Williams, à un barrage routier à Cedara, ville après Howick au KwaZulu-Natal. Ses vingt-sept années et demie de détention commencent.
6 août 1962	Il comparaît devant le tribunal de Pietermaritzburg, la ville proche, et il est déféré à Johannesburg.
8 août 1962	Il comparaît menotté devant les magistrats de Johannesburg. Il est défendu par l'avocat James Kantor. Aucune charge n'est retenue. Il reconnaît son identité et l'affaire est renvoyée au 16 août.
16 août 1962	Il se présente devant les juges de Johannesburg vêtu d'un kaross en peau de chacal et son procès est renvoyé au tribunal régional de Johannesburg.
15 octobre 1962	Transféré à la prison locale de Pretoria. Il comparaît dans l'ancienne synagogue, à Pretoria, transformée en « tribunal spécial régional » pour son procès. Mandela est toujours vêtu de son kaross en peau de chacal, une chemise et un pantalon kaki, des sandales, et il porte un collier vert et jaune aux couleurs de l'ANC. Il proteste en disant que ce changement de lieu de Johannesburg à Pretoria à la dernière minute est une tentative délibérée du gouvernement pour le priver de son avocat Joe Slovo, qui ne peut quitter Johannesburg.
22 octobre 1962	Il fait une déclaration d'une heure depuis le box pour récuser le magistrat, affirmant qu'en tant qu'« homme noir dans une cour de Blancs », il ne pourrait avoir un procès juste. Il plaide non coupable pour incitation en relation avec un appel à la grève les 29, 30, et 31 mai 1961, et pour avoir quitté le pays sans passeport. Mandela assure sa propre défense avec l'assistance de l'avocat Bob Hepple.
7 novembre 1962	Il est accusé d'avoir incité des travailleurs à rester chez eux et à quitter le pays sans passeport. Il est condamné à cinq ans de prison. Il commence à purger sa peine dans la prison locale de Pretoria.

27 mai 1963	Il est transféré sans raison ni avertissement et arrive dans la prison de haute sécurité de Robben Island.
12 juin 1963	Retransféré dans la prison locale de Pretoria.
11 juillet 1963	La police fait une descente dans son ancienne planque, la ferme de Liliesleaf, à Rivonia, banlieue de Johannesburg. Beaucoup de ses camarades y sont arrêtés et détenus dans des cellules individuelles.
9 octobre 1963	Mandela comparaît au palais de justice de Pretoria pour la première fois avec dix autres accusés en relation avec les 222 accusations de sabotage commis entre 1961 et 1965, dans ce qui va devenir le procès de Rivonia. L'affaire est reportée au 29 octobre.
29 octobre 1963	Mandela et dix autres personnes sont accusés de 199 actes de sabotage dans le procès de Rivonia. La défense demande que l'acte d'accusation soit cassé.
30 octobre 1963	On annonce qu'un des accusés, Bob Hepple, sera appelé comme témoin de l'accusation. Les charges contre lui sont retirées et il est libéré. Il ne témoigne pas et s'enfuit d'Afrique du Sud. L'acte d'accusation contre les dix accusés restants est cassé, mais ils sont immédiatement réarrêtés au tribunal et accusés de 199 actes de sabotage.
12 novembre 1963	Un nouvel acte d'accusation séparant les actes de sabotage en deux parties est présenté au procès de Rivonia par le procureur Percy Yutar à M. Justice Galgut. L'affaire est reportée au 25 novembre.
26 novembre 1963	Les 199 actes de sabotage sont réduits à 193 et la défense demande que le nouvel acte d'accusation soit cassé. Justice De Wet rejette cette demande.
3 décembre 1963	Mandela et neuf camarades accusés plaident non coupables de sabotage et la première déposition est entendue. L'acte d'accusation fait la liste de vingt-quatre conspirateurs, dont vingt-trois ont quitté le pays et le vingt-quatrième est mort dans les locaux de la police.
2 mars 1964	L'acte d'accusation arrive à son terme.
4 mars 1964	Son camarade, l'accusé James Kantor, est acquitté.
20 avril 1964	La déposition de la défense commence. Vêtu d'un costume bleu, Mandela parle pendant près de quatre heures et termine par la phrase célèbre disant qu'il est « prêt à mourir » pour une Afrique du Sud non raciale et démocratique.
11 juin 1964	Dans un jugement bref, le juge Quartus De Wet déclare coupables de sabotage Nelson Mandela, Walter Sisulu, Govan Mbeki, Ahmed Kathrada, Denis Goldberg, Raymond Mhlaba, Elias Motsoaledi, et Andrew Mlangeni. Rusty Bernstein est acquitté mais immédiatement réarrêté pour une autre charge.

12 juin 1964	Alan Paton, président du Parti libéral, dépose en faveur des accusés. Le juge Quartus De Wet condamne Mandela et sept autres accusés à la prison à vie. Il dit que les délits étaient de « trahison » mais que ce chef d'accusation n'a pas été retenu.
13 juin 1964	Nelson Mandela, Walter Sisulu, Govan Mbeki, Ahmed Kathrada, Raymond Mhlaba, Elias Motsoaledi, et Andrew Mlangeni arrivent à Robben Island. (Parce qu'il est blanc, Denis Goldberg est envoyé dans la prison centrale de Pretoria.)
24 septembre 1968	La mère de Mandela meurt. Sa demande pour assister à l'enterrement est rejetée.
13 juillet 1969	Son fils aîné, Madiba Thembekile, meurt dans un accident de voiture. Sa lettre aux autorités de la prison demandant l'autorisation d'assister à l'enterrement est ignorée.
31 mars 1982	Après dix-huit ans passés dans la prison de haute sécurité de Robben Island, Mandela est transféré avec Walter Sisulu, Raymond Mhlaba, et Andrew Mlangeni dans la prison de haute sécurité de Pollsmoor, au pied de la montagne, près de la ville du Cap. Ils habitent ensemble dans une grande cellule. Le 21 octobre, Ahmed Kathrada les rejoint.
10 février 1985	Après avoir rejeté une offre du président P. W. Botha d'être libéré s'il renonce à la violence comme stratégie politique, sa déclaration est lue lors d'un rassemblement à Soweto par sa fille Zindziswa.
3 novembre 1985	Mandela est admis au Volks Hospital du Cap pour une opération de la prostate.
17 novembre 1985	Le ministre de la Justice, Kobie Coetsee, et le directeur de l'Administration pénitentiaire lui rendent visite à l'hôpital.
23 novembre 1985	Il quitte le Volks Hospital et retourne à Pollsmoor, mais il est tenu séparé de ses camarades. Pendant cette période, il commence des discussions exploratoires avec des membres du gouvernement sur la création de conditions favorables pour des négociations avec l'ANC.
11 juin 1988	Un concert de douze heures a lieu dans le stade Wembley à Londres, pour célébrer le soixante-dixième anniversaire de Mandela. Il est retransmis dans soixante-sept pays.
12 août 1988	Il est admis au Tygerberg Hospital à Bellville, au Cap.
13 août 1988	Tuberculose et effusion pleurale diagnostiquées.
31 août 1988	Transféré du Tygerberg Hospital à la Constantiaberg MediClinic au Cap où le traitement de sa tuberculose continue.
7 décembre 1988	Il quitte la Constantiaberg MediClinic et il est transféré dans la prison Victor Verster près de Paarl où il est logé dans la maison d'un ancien gardien de prison.
8 décembre 1988	Il reçoit la visite du ministre de la Justice, Kobie Coetsee, qui lui annonce qu'il restera dans cette maison afin de reprendre les discussions commencées avec des responsables du gouvernement en 1986.

17 mai 1989	Licence de droit *in absentia* à l'université d'Afrique du Sud.
5 juillet 1989	Rencontre avec le président P. W. Botha dans sa résidence du Cap.
15 octobre 1989	Les derniers prisonniers du procès de Rivonia, sauf Mandela, sont libérés.
13 décembre 1989	De la prison, il est conduit, avant l'aube, pour rencontrer le président F. W. De Klerk dans sa résidence du Cap.
9 février 1990	Il est une nouvelle fois conduit à Tuynhuys, au Cap, pour rencontrer le président F. W. De Klerk.
11 février 1990	Il est libéré de la prison Victor Verster à 16 h 22. Depuis le balcon de l'hôtel de ville du Cap, il s'adresse la foule et il passe la nuit dans la résidence officielle de l'évêché de l'archevêque Desmond Tutu.

CARTE D'AFRIQUE DU SUD
1996

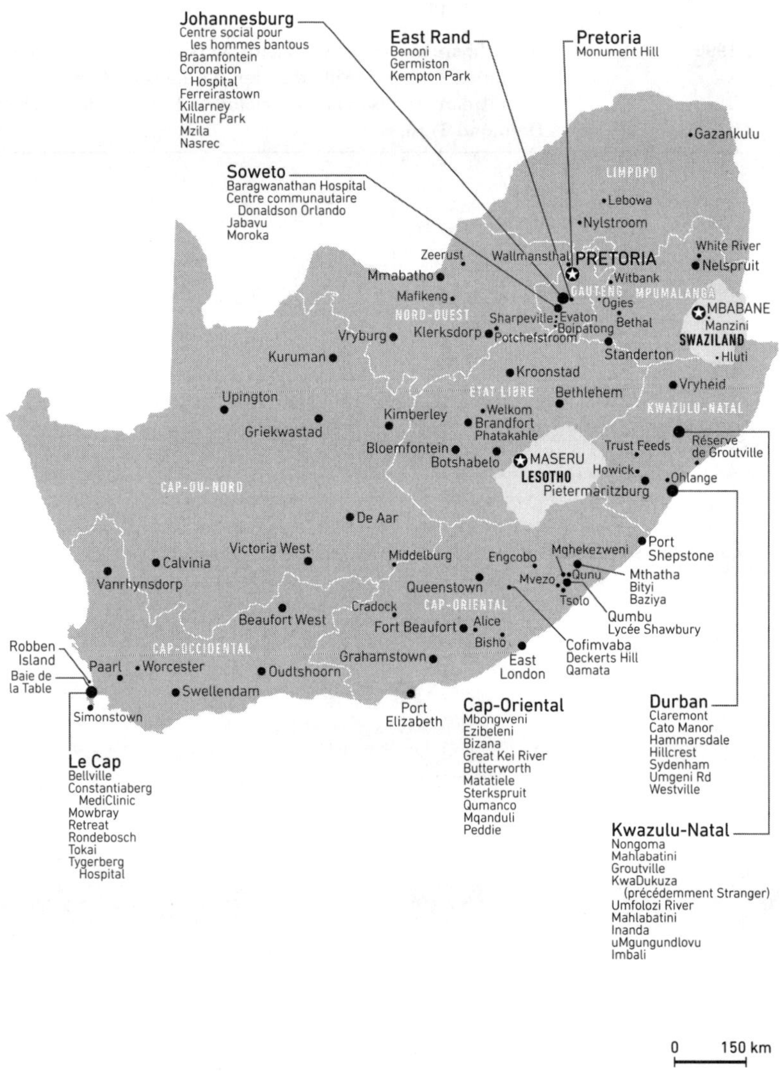

PROVINCE	VILLE/VILLAGE	DESCRIPTION
Cap-Oriental	Mvezo	Village natal de Mandela
	Qunu	Village où il a vécu enfant et où il a fait construire une maison après sa libération.
	Mqhekezweni	Grande Demeure (résidence royale) où Mandela a vécu à partir de ses neuf ans.
	Engcobo	Collège de Clarkebury où il a obtenu son premier diplôme.
	Fort Beaufort	Lycée de Healtown.
	Alice	Université de Fort Hare.
Gauteng	Johannesburg	Arrivée à Johannesburg en avril 1941.
		Habite à Alexandra et à Soweto avant son emprisonnement.
		Habite à Soweto et Houghton à sa libération.
	Pretoria	Prison centrale 1962-1963, 1963-1964.
		Lieu de son procès de 1962 et du procès de Rivonia.
	Sharpeville	Massacre de Sharpeville, 21 mars 1960.
	Rivonia	Ferme de Liliesleaf, planque et quartier clandestin de MK.
KwaZulu Natal	Pietermaritzburg	Conférence All-In African, 22 mars 1961.
	Howick	Arrestation, 5 août 1962.
Cap-Occidental	Robben Island	Emprisonné deux semaines sur l'Île à partir de mai 1963 et pendant dix-huit ans du 13 juin 1964 au 30 mars 1982.
	Le Cap	Prison de Pollsmoor (mars 1982 à août 1988).
		Soigné au Tygerberg Hospital, 1988.
		Soigné à la Constantiaberg MediClinic, 1988.
	Paarl	Prison Victor Verster (décembre 1988-février 1990).

Quand le premier gouvernement sud-africain démocratiquement élu est arrivé au pouvoir en 1994, il a réorganisé les dix bantoustans (ou homelands) existants et les quatre provinces en neuf provinces plus petites, comme le montre la carte ci-contre. Les quatre provinces qui existaient de 1910 à 1994 ont été réorganisées comme suit :

ANCIENNES	NOUVELLES
Province du Cap	Cap-Oriental
	Cap-du-Nord
	Cap-Occidental
Natal	KwaZulu Natal
État libre d'Orange	État libre
Transvaal	Nord-Ouest
	Limpopo
	Mpumalanga
	Gauteng

LETTRES ET COLLECTIONS

Les lettres de ce livre proviennent de différentes collections, incluant les carnets où Mandela transcrivait ses lettres et la collection Himan Bernadt, comme suit :

Archives pénitentiaires de Nelson Mandela, service des archives d'Afrique du Sud : officier commandant, Pretoria Local – 23 septembre 1963 ; officier commandant, Pretoria Local – 8 octobre 1963 ; officier commandant, Pretoria Local – 25 octobre 1963 ; Frank, Bernadt & Joffe – 15 juin 1964 ; Bram Fischer – 2 août 1964 ; officier commandant, Robben Island – 30 novembre 1964 ; major Visser – 25 août 1965 ; commissaire des prisons – 10 octobre 1965 ; Winnie Mandela – 17 février 1966 ; université d'Afrique du Sud – 22 août 1966 ; Société américaine de droit international – 31 août 1966 ; officier commandant, Robben Island – 8 septembre 1966 ; Cecil Eprile – 11 février 1967 ; officier commandant – 27 février 1967 ; Frank, Bernadt & Joffe – 21 mars 1967 ; Joel Carlson [1967] ; greffier de la Cour suprême – 6 décembre 1967 ; Adelaide Tambo – 5 mars 1968 ; officier commandant – 29 avril 1967 ; ambassade britannique – 29 avril 1968 ; officier commandant, Robben Island –16 septembre 1968 ; K. D. Matanzima – 14 octobre 1968 ; Knowledge Guzana – 14 octobre 1968 ; Mangosuthu Buthelezi – 4 novembre 1968 ; officier commandant, Robben Island – 28 février 1969 ; ministre de la Justice – 22 avril 1969 ; général Aucamp – 5 août 1969 ; université de Londres – 1er octobre 1969 ; officier commandant, Robben Island – 9 octobre 1969 ; université de Londres – 18 novembre 1969 ; officier commandant, Robben Island – 2 avril 1970 ; officier commandant, Robben Island – 20 avril 1970 ; officier commandant, Robben Island – 29 mai 1970 ; officier commandant, Robben Island – 2 juin 1970 ; Nkosikazi Nokukhanya Luthuli – 8 juin 1970 ; Winnie Mandela – 20 juin 1970 ; officier commandant, Robben Island – 24 décembre 1970 ; médecin, Robben Island – 24 décembre 1970 ; officier commandant – 31 mars 1971 ; officier commandant, Robben Island – 4 avril 1971 ; officier commandant, Robben Island – 14 juin 1971 ; librairie Vanguard – 26 septembre 1971 ; officier commandant, Robben Island – 27 mars 1972 ; Winnie Mandela – 1er juin 1972 ; officier commandant, Robben Island – 7 mars 1973 ; officier commandant, Robben Island – 7 mars 1973 ; Helen Suzman – 1er mars 1974 ; ministre de la Justice – 13 mai 1974 ; ministre de la Justice – 25 mai 1974 ; Conseil de West Rand – 18 juin 1974 ; officier commandant, Robben Island – 26 juin 1974 ; officier commandant, Robben Island – 1er décembre 1974 ; Winnie Mandela

– 1er février 1975 ; ministre de la Justice – 12 février 1975 ; Yusuf Dadoo – 1er novembre 1975 ; officier commandant, Robben Island – 15 décembre 1975 ; commissaire des prisons – 23 janvier 1976 ; D. B. Alexander – 1er mars 1976 ; Felicity Kentridge – 9 mai 1976 ; officier commandant, Robben Island – 12 juillet 1976 ; commissaire des prisons – 12 juillet 1976 ; officier commandant, Robben Island – 18 août 1976 ; Winnie Mandela – 18 août 1976 ; Winnie Mandela – 19 août 1976 ; Winnie Mandela – 1er septembre 1976 ; Winnie Mandela – 1er octobre 1976 ; officier commandant, Robben Island – 7 octobre 1976 ; officier commandant, Robben Island – 12 octobre 1976 ; Thorobetsane Tshukudu (Adelaide Tambo) – 1er janvier 1977 ; directeur de la prison – 19 mai 1977 ; Nobulile Thulare – 19 juillet 1977 ; Duma Nokwe (Gcwanini Miya) – 1er juillet 1977 ; Zenani et Muzi Dlamini – 24 juillet 1977 ; Zindzi Mandela et Oupa Seakamela – 24 juillet 1977 ; directeur de la prison, Robben Island – 18 septembre 1977 ; Winnie Mandela – 4 décembre 1977 ; commissaire des prisons – 6 décembre 1977 ; directeur de la prison – 16 janvier 1978 ; Marie Naicker – 1er octobre 1978 ; Mangosuthu Buthelezi – 1er octobre 1978 ; directeur de la prison – 2 octobre 1978 ; ministre de la Justice – 23 octobre 1978 ; Zindzi Mandela – 26 novembre 1978 ; Ndileka Mandela – 21 janvier 1979 ; Winnie Mandela – 21 janvier 1979 ; Makaziwe Mandela – 13 mai 1979 ; directeur de la prison, Robben Island – 20 mai 1979 ; Alan Paton – 29 juillet 1979 ; Winnie Mandela – 2 septembre 1979 ; ministre de la Police et des Prisons – 4 septembre 1979 ; officier commandant, Robben Island – 19 novembre 1979 ; Zindzi Mandela – 9 décembre 1979 ; directeur de la prison, Robben Island – 23 décembre 1979 ; Denis Healey – 8 janvier 1980 ; Zindzi Mandela – 27 janvier 1980 ; ministre de l'Éducation – 1er février 1980 ; Zindzi Mandela – 10 février 1980 ; Dullah Omar – 1er juin 1980 ; Winnie Mandela – 30 juillet 1980 ; Winnie Mandela – 9 octobre 1980 ; Zindzi Mandela – 1er mars 1981 ; Winnie Mandela – 26 avril 1981 ; Petronella Ferus – 3 mai 1981 ; Camagwini Madikizela – 15 novembre 1981 ; Dr Ayesha Arnold – 15 novembre 1981 ; major général Coetzee – 27 novembre 1981 ; directeur de la prison, Pollsmoor – 20 avril 1982 ; directeur de la prison, Pollsmoor – 21 janvier 1983 ; directeur de la prison, Pollsmoor – 25 février 1983 ; Russel Piliso – 29 juin 1983 ; directeur de l'administration pénitentiaire – 6 octobre 1983 ; Trevor Tutu – 6 août 1984 ; Winnie Mandela – 29 décembre 1984 ; Ismail Meer – 29 janvier 1985 ; P. W. Botha – 13 février 1985 ; Sheena Duncan – 1er avril 1985 ; Archie Gumede – 1er juillet 1985 (à partie de 1975) ; Archie Gumede – 8 juillet 1975 ; Victoria Mxenge – 8 juillet 1985 ; Nolinda Mgabela – 8 juillet 1985 ; université d'Afrique du Sud – 15 octobre 1985 ; Winnie Mandela – 5 décembre 1985 ; Dr Dumisane Mzamane – 17 décembre 1985 ; directeur de l'administration pénitentiaire – 4 février 1986 ; Joy Motsieloa – 17 février 1986 ; Tukwini, Dumani et Kweku – date inconnue ; K. D. Matanzima – 19 mai 1986 ; directeur de la prison, Pollsmoor – 6 octobre 1986 ; Nontancu Mabel Timakwe – 18 février 1987 ; Frieda Matthews – 25 février 1987 ; Kepu Mkentane – 25 février 1987 ; Mandla Mandela – 9 juillet 1987 ; Nandi Mandela – 17 août 1987 ; Zindzi Mandela – 31 août 1987 ; Mamphela Ramphele – 1er mars 1988 ; directeur de la prison, Pollsmoor – 29 août 1988 ; professeur W. J. Hosten – 25 novembre 1988 ; Nandi Mandela – 5 décembre 1988 ; Zoleka et Zondwa Mandela – 5 décembre 1988 ; Zaziwe, Zamaswazi et Zinhle – 5 décembre 1988 ; directeur de la prison – 5 décembre 1988 ; professeur W. J. Hosten – 23 décembre 1988 ; Archie Gumede – 10 janvier 1989 ; l'archevêque Tutu et sa femme – 17 janvier 1989 ; révérend Austen Massey – 17 janvier 1989 ; Mangosuthu Buthelezi – 3 février 1989 ; Elaine Kearns –14 février 1989 ; Dumani Mandela – 28 février 1989 ; Kwedi Mkalipi – 28 février 1989 ; Eddie Daniels – 28 février 1989 ; Alan Boesak – 28 février 1989 ; Amina Cachalia – 28 février 1989 ; Sipho Sepamla

– 28 février 1989 ; Candie Lawless – 4 avril 1989 ; Sir Robin Renwick – 10 avril 1989 ; Mike Tyson – 10 mai 1989 ; révérend Frank Chikane – 10 mai 1989 ; Mme E. N. Mbekeni – 10 mai 1989 ; Helen Suzman – 22 mai 1989 ; Richard Maponya – 28 juin 1989 ; chef suprême intérimaire ; Mdayelwa Mtirara – 4 juillet 1989 ; directeur de l'administration pénitentiaire – 17 juillet 1989 ; Tim Wilson – 23 juillet 1989 ; Adelaide Tambo – 14 août 1989 ; Makhi Dalasile – 14 août 1989 ; révérend Abel & Freda Hendricks – 15 août 1989 ; Desmond et Leah Tutu – 21 août 1989 ; Adelaide Tambo – 21 août 1989 ; J. N. et Radhi Singh – 21 août 1989 ; Mary Benson – 21 août 1989 ; Helen Joseph – 21 août 1989 ; Cyril Ramaphosa – 21 août 1989 ; Amina et Peter Frense – 21 août 1989 ; directeur de l'administration pénitentiaire – 11 septembre 1989 ; Connie Njongwe – 18 septembre 1989 ; Frieda Matthews – 18 septembre 1989 ; Kepu Mkentane – 18 septembre 1989 ; Mamphela Ramphele – 18 septembre 1989 ; Rashid et Ayesha Kola – 25 septembre 1989 ; le secrétaire POTWA – 25 septembre 1989 ; Fatima Meer – 28 septembre 1989 ; Madanjit et Marjorie Kapitan – 28 septembre 1989 ; officier commandant, Victor Verster – 9 octobre 1989 ; officier commandant – 10 octobre 1989 ; directeur de l'administration pénitentiaire – 16 octobre 1989 ; Cheikh Nazeem Mohamed – 23 octobre 1989 ; révérend T. S. N. Gqubule – 23 octobre 1989 ; Ntsiki Sisulu – 23 octobre 1989 ; Len et Beryl Simelane – 21 novembre 1989 ; chef Zonwabile Sandile Mtirara – 6 novembre 1989 ; Fatima Meer – 6 novembre 1989 ; directeur de l'administration pénitentiaire – 22 janvier 1990 ; directeur de l'administration pénitentiaire – 2 février 1990 ; directeur de l'administration pénitentiaire – 11 février 1990.

Les livres dans lesquels Mandela transcrivait ses lettres (The Donald Card Collection abritée à la Fondation Nelson Mandela) : Zenani et Zindzi Mandela – 4 février 1969 ; Makaziwe Mandela – 16 février 1969 ; Lilian Ngoyi – 3 mars 1969 ; Gibson Kente – 3 mars 1969 ; chef Mthetho Matanzima – 17 mars 1969 ; Winnie Mandela – 2 avril 1969 ; P. K. Madikizela – 4 mai 1969 ; Zenani et Zindzi Mandela – 23 juin 1969 ; Winnie Mandela – 23 juin 1969 ; Niki Xaba – 15 juillet 1969 ; Tellie Mtirara – 15 juillet 1969 ; Winnie Mandela – 16 juillet 1969 ; Evelyn Mandela – 16 juillet 1969 ; colonel Van Aarde – 22 juillet 1969 ; Makgatho Mandela – 28 juillet 1969 ; Sefton Vutela – 28 juillet 1969 ; Zenani et Zindzi Mandela – 3 août 1969 ; Irene Buthelezi – 3 août 1969 ; Nomfundo Mandela – 8 septembre 1969 ; Nolusapho Irene Mkwayi – 29 septembre 1969 ; Adelaide Sam Mase – 3 novembre 1969 ; Winnie Mandela – 16 novembre 1969 ; Paul Mzaidume – 19 novembre 1969 ; Thoko Mandela – 29 novembre 1969 ; chef Nkosiyane – 1er janvier 1970 ; Winnie Mandela – 21 janvier 1970 ; Adelaide Tambo – 31 janvier 1970 ; Marshall Xaba – 3 février 1970 ; Tellie Mandela – 6 mars 1970 ; Makgatho Mandela – 31 mars 1970 ; Makaziwe Mandela – 1er mai 1970 ; Leabie Piliso – 1er mai 1970 ; Winnie Mandela – 20 juin 1970 ; Winnie Mandela – 1er août 1970 ; sénateur Douglas Lukhele – 1er août 1970 ; Winnie Mandela – 31 août 1970 ; Makgatho Mandela – 31 août 1970 ; ministre de la Justice – 14 septembre 1970 ; Winnie Mandela – 1er octobre 1970 ; ministre de la Justice – 19 novembre 1970 ; Sanna Teyise – 1er décembre 1970 ; Winnie Mandela – 28 décembre 1970 ; Joyce Sikhakhane – 1er janvier 1971 ; Nomabutho Bhala – 1er janvier 1971 ; officier commandant, Robben Island – 2 janvier 1971 ; Tim Maharaj – 1er février 1971 ; Ishmail et Mohla Matlakhu – 1er février 1971 ; Zenani Mandela – 1er mars 1971 ; Christine Scholtz – 1er mars 1971 ; Thoko Mandela – 1er avril 1971 ; « Sisi » – 1er avril 1971.

The Himan Bernadt Collection abritée à la Fondation Nelson Mandela : The Liquidator – 23 octobre 1967 ; Frank, Bernadt & Joffe – 20 mai 1969 ; Frank, Bernadt & Joffe – 21 janvier 1977.

Les collections privées d'Amnesty International : le secrétaire d'Amnesty – 6 novembre 1962 ; Amina Cachalia : Amina Cachalia – 12 décembre 1977, Amina Cachalia – 26 octobre 1980 ; Nick Carter : Ray Carter – 4 mars 1985 ; Meyer De Waal : Adele De Waal – 29 août 1983 ; Michael Dingake : Michael Dingake – 24 avril 1986 ; Fatima Meer : Fatima Meer – Fatima Meer – 1er mars 1971, 1er novembre 1974, Fatima Meer – 1er janvier 1976, Fatima Meer – 30 janvier 1984 ; Morabo Morojele : Lionel Ngakane – 1er avril 1985 ; Coen Stork : Coen Stork – 11 juin 1964 ; Emily Wellman : Peter Wellman – 27 mai 1979.

REMERCIEMENTS

Nous sommes reconnaissants à Zamaswazi Dlamini-Mandela de l'aide inestimable qu'elle nous a apportée pour ce livre et pour sa magnifique préface. Comme elle l'écrit, *Les Lettres de prison de Nelson Mandela* nous aident à comprendre comment des gens tels que son grand-père, « arrêtés parce qu'ils s'opposaient au système du gouvernement d'apartheid et à l'oppression d'une partie entière de la population, subissaient de terribles châtiments ».

C'est beaucoup plus que les textes réunis d'un combattant de la liberté emprisonné et icône mondiale et plus important que le travail d'un éditeur et d'un éditeur associé. C'est le résultat d'un effort collectif de plusieurs années.

Le long voyage de cette publication a commencé en 2006 quand Verne Harris, directeur de la Fondation Nelson Mandela, des archives et du dialogue, a contacté Nelson Mandela pour lui demander son autorisation d'accéder aux lettres écrites pendant ses vingt-sept années de prison dans la perspective de les publier un jour. Il a confié à Anthea Josias la tâche d'établir un fichier de tout ce qui se trouvait dans les nombreux cartons contenant le dossier de prison de Mandela aux Archives nationales d'Afrique du Sud. À l'étape suivante, j'ai dépouillé toute la correspondance pour identifier les lettres à sa famille et à ses amis. Pendant cette recherche, j'ai découvert tout un ensemble de courriers officiels reçus et adressés aux responsables des prisons et à différentes institutions, dont beaucoup sont présents dans ce choix.

Gerrit Wagenaar, Natalie Skomolo et Zahira Adam ont travaillé infatigablement pour aider à la copie des lettres.

La tâche consistant à collecter et à transcrire les lettres a pris des années, et au cours de ce travail d'autres lettres ont été découvertes, à la fois dans les archives personnelles de Mandela à la Fondation Nelson Mandela mais aussi dans des collections privées. Nos remerciements s'adressent particulièrement à Nicolas Carter, Meyer De Waal, Michael et Sithembile Dingake, Emily Wellman et Morabo Morojele qui nous ont offert des lettres que nous n'avions pas vues auparavant. Amnesty International nous a donné la copie d'une lettre que nous ne connaissions pas, écrite par Mandela en 1962 et qui se trouve dans ses archives à Londres. Le regretté Coen Stork nous a donné la lettre que Mandela lui a écrite en 1964. Le regretté Hymie Bernadt, qui a été un des avocats de Mandela quand il était en prison, a fait don de ses papiers à la Fondation Nelson Mandela. En 2004, un ancien membre de la Police de sécurité, Donald Card, a rendu à Mandela les trois carnets à couverture rigide contenant les copies de ses lettres, carnets qu'il avait conservés pendant des décennies après qu'ils avaient été subtilisés dans sa cellule.

Nous avons aussi énormément apprécié l'aide de l'archevêque émérite Desmond Tutu, du chef Mangosuthu Buthelezi, du révérend Frank Chikane, du docteur Richard Maponya, de Tumeka Matanzima, Xoliswa Matanzima Jozana, Nqaba Ngoyi, Vicky Kente, Duma et Thandeka Gqubule, Trevor Tutu, Anant Singh, Shamin Meer, Nomvuyo Nokwe, Joyse Sikhakhane Rabkin et de Nosizwe Macamo.

Mandela n'écrivait pas qu'en anglais, certaines des lettres présentes dans cette collection ont été écrites dans sa langue maternelle, l'isiXhosa, et certaines en afrikaans. Nous remercions les personnes suivantes pour leur talent de traducteurs : Pumeza Gwija, Luzuko Koti, Diketso Mufamadi, Vukile Pokwana, Benjamin Harris, Nosisa Tiso et Jeannie Adams. Merci également à ceux qui ont traduit les différents termes d'autres langues ainsi que ceux qui ont identifié des personnes et expliqué certaines pratiques culturelles et différents événements historiques : Zanale Riba, Florence Garishe, Razia Saleh, Ramni Dinath,

Fred Khumalo, Zubeida Jaffer, Siraj Desai, Jimy Matthews et Zohra Kathrada Areington.

Identifier les individus et certains détails dans les lettres a représenté une tâche énorme et sans l'aide de nombreuses personnes les informations supplémentaires n'auraient pas été aussi riches. Mac Maharaj n'a jamais refusé de répondre à une demande d'information et il a passé un temps considérable à nous donner quantité de détails sur la vie individuelle en prison.

D'autres n'ont pas hésité à nous aider quand nous leur avons demandé leur soutien comme John Allen, Edwin Arrison, Christo Brand, Belinda Bozzoli, Laloo Chiba, Tony Eprile, Dali Tambo, Sharon Gelman, Bobby Heaney, Carmen Heydenreich, Willie Hofmeyer, Stanley Kawalsky, Libby Lloyd, Sam Mabale, Mosie Moola, Salem Mowzer, Ntabiseng Msomi, Bruce Murray, Prema Naidoo, Shiron Patel, Greta Soggot, Faiza Sujee, Jack Swart, et Lyndith Waller. Nous sommes aussi redevables à Zodwa Zwane, Lucia Raadschelders, Claude Colart, Zandile Myeka, Lerato Tshabalala, Khalil Goga, Joe Ditabo, Mongezi Njaju, Sophia Molelekoa, Kerinleng Marumo, Tshwarelo Mphatudi, Mark Seftel, Ntsiki Sisulu, Beryl Lockman et Effie Seftel.

Robert Weil, de W. W. Norton & Company, a patiemment attendu des années après avoir exprimé son premier désir de publier les lettres. Ruth Hobday et Geoff Blackwell, de Blackwell & Ruth, se sont associés à la publication de ce livre et lui ont donné des ailes. Nous sommes aussi redevables à Rachel Clare pour son travail exceptionnel et complet de mise au point du livre et à Cameron Gibb pour l'élégance de la mise en pages.

Sello Hatang, le directeur de la Fondation Nelson Mandela, a encouragé la publication de ce livre dès le début et il continue à utiliser toute occasion pour le promouvoir. Nous serions coupables de ne pas remercier le reste de l'équipe de la Fondation Nelson Mandela qui a tout entière contribué de différents façons à cette publication : Ethel Arends, Victoria Collis-Buthelezi, Lee Davies, Maeline Engelbrecht, Fikile Gama, Yase Godlo, Heather Henriques, Lungelo Khanyile, Gregory Katsoras, Lesego Maforah, Ann-Young Maharaj, Alleta Makgaleng, Clive Maluleke, Palesa Manare, Namile Mchunu, Kokestso

Mdawo, Limpho Monyamane, Kholofelo Monyela, Lunga Nene, Eric Nhlengetwa, Buyi Sishuba, Lindiwe Skhosana, Given Tuck, Noreen Wahome et Louisa Zondo.

Des membres de la famille Mandela nous ont généreusement aidés à identifier les gens mentionnés dans les lettres. La regrettée Winnie Madikizela-Mandela a été exceptionnelle et a passé de longues heures à nous assister. Zenani Dlamini-Mandela, Zindzi Mandela et Ndileka Mandela nous ont aussi donné des informations essentielles. Nous aimerions aussi remercier d'autres membres de la famille Mandela, Nandi Mandela, Makaziwe Mandela, Tukwini Mandela, Kweku Mandela, Dumani Mandela, Zinhle Dlamini, Zaziwe Manaway, Zoleka Mandela, chef Zwelivelile Mandela et Nolusapho Rayne Rose Mandela.

La douleur qu'a éprouvée Nelson Mandela d'être séparé de sa famille chemine et émerge tout au long de cette précieuse chronique, autant que sa conscience de leur propre souffrance tout au long de ces vingt-sept années. Nous leur devons à tous notre profonde gratitude.

Sahm Venter, éditrice

Sahm Venter a coécrit et coédité plusieurs livres, dont *491 Days* de Winnie Madikizela-Mandela, qu'elle a édité avec **Zamaswazi Dlamini-Mandela**, conférencière et entrepreneure, et petite-fille de Nelson Mandela et Winnie Madikizela-Mandela.

AUTORISATIONS

Nous exprimons notre reconnaissance pour les autorisations de reproductions suivantes :

Extraits de « Entretien avec Mac Maharaj », *Nelson Mandela : The Struggle is My Life* (Fonds international d'aide et de défense pour l'Afrique du Sud, Londres, 1978), avec l'autorisation de Mac Maharaj. Extraits de « Comrade Madiba », *Nelson Mandela : The Struggle is My Life* (Fonds international d'aide et de défense pour l'Afrique du Sud, Londres, 1978), avec l'autorisation de Michael Dingake. Extraits de *Young Man With a Red Tie : A Memoir of Mandela and the Failed Revolution, 1960-1963* par Bob Hepple (Jacana Media, Johannesburg, 2013), avec l'autorisation de Bob Hepple. Extraits de l'article « Shouts, Clenched Fists, Songs, as Mandela is Gaoled » du *Cape Times* en date du 8 novembre 1962, avec l'autorisation du journal. Extraits de *The State vs. Nelson Mandela : The Trial that Changed South Africa* par Joel Joffe (One World Publications, Londres, 2007), avec l'autorisation de Joel Joffe. Extraits de *Island in Chains : Ten Years on Robben Island by Prisoner 885/63* par Indres Naidoo (Penguin Books, Johannesburg, 2012), avec l'autorisation d'Indres Naidoo. Extraits de *Saving Nelson Mandela : The Rivonia Trial and the Fate of South Africa* par Kenneth S. Braun (Oxford University Press, États-Unis, 2012), avec l'autorisation de Kenneth S. Braun. Extraits de *Black as I Am* par Zindzi Mandela (Guild of Tutors Press, Los Angeles, 1978), avec l'autorisation de Zindzi Mandela. Extraits d'enregistrements de conversation entre Nelson Mandela et Richard Stengel (Fondation Nelson Mandela, Johannesburg, 1992–1993), copyright © Nelson R. Mandela, avec l'autorisation de la Fondation Nelson Mandela. Extraits de *Long Walk to Freedom* par Nelson Mandela (Abacus, Londres, 2013), copyright © Nelson R. Mandela, avec l'autorisation de la Fondation Nelson Mandela, Johannesburg. Extraits de *491 Days : Prisoner Number 1323/69* par Winnie Madikizela-Mandela

INDEX

8115 Orlando West, 137, 146, 151, 159, 161, 172-174, 192, 194, 210-211, 214-215, 223, 244, 325, 327, 329, 341-344, 617, 621, 737

Abdurahman, Abdullah, 282
Addis-Abeba, 81
Ahmed, Ayesha, 459-460
Alberti, Ludwig, 320-321
Alexander, Dimbiti Bisho, 370-372
Alexander, Neville, 370-371, 717
Alexander, Ray, 324
Ali, Mohamed, 536
Allemagne, 65, 80, 126-127, 176, 578
Alwyn, John, 296
Ambassade britannique, Pretoria, 54, 65, 87-88, 660
Angleterre. *Voir* Grande-Bretagne
Anthony, Frank, 437
April, James E., 437
Arnold, Ameen, 536, 538
Arnold, Ayesha, 535-538
Astor, David, 69, 208, 504
Asvat, Zainab, 282
Aucamp, général, 89-90, 142, 146, 170, 180, 192, 194, 204, 224, 233, 235-236, 242, 247-248, 305, 313, 315, 319, 328, 352, 717
Australie, 590
Autriche, 503
Autshumao, chef des Khoikhoi, 280
Ayob, Ismail, 422, 447, 476, 522, 528, 543, 644, 676, 681, 690-691, 694, 696, 718
Baduza, Schreiner, 525-526
Bam, Nondyebo Jane, 178
Barber, Anthony, 679
Baron, Jack, 607
Barreau de Johannesburg, 383, 418, 432
Beethoven, Ludwig van, 295
Benson, Mary, 118, 209, 676, 678-679, 704, 718
Bernstein, Hilda Watts, 80, 107
Bernstein, Lionel « Rusty », 36-38, 80, 365, 718
Bhala, Nomabutho, 279-283
Bhoola, Ahmed, 301, 569
Bhoola, Ismail, 385
Bikitsha, Doc, 278
Birley, Elinor, 69, 243, 347, 467, 473
Birley, Robert, 69, 467
Bizana, 119, 134, 138, 141-143, 205, 212, 239, 251, 270, 355, 468
Bizos, George, 416, 418, 432, 447, 718
Bloemfontein, 495, 498, 540, 542-543
Blom-Cooper, Louis, 29-30, 563
Boesak, Allan et Dorothy, 656
Bophuthatswana, 563
Bosch, D. J., 27-28
Botha, P. W., 55, 519, 563-564, 571-572, 574-579, 609, 669-670, 699, 708, 713, 718
Botswana, 80, 191, 260, 265, 289, 320, 390, 613, 621, 623
Brandfort, 424, 443, 449, 465-466, 469, 473, 483-484, 494-495, 504, 508, 514-515, 533, 539-541, 543, 558, 602, 699, 718

Bull, A. B., 608
Buthelezi, Irene (née Mzila), 97, 167, 169-170, 191, 461, 463, 650, 719
Buthelezi, Mangosuthu Gatsha, 95-97, 167, 461-462, 464, 515, 589, 648-650, 719
Butterworth, 617
Buza, Joseph, 297

Cachalia, Amina (née Asvat), 142, 147, 191, 282, 301, 348, 453-456, 506, 520-523, 530, 568, 622, 657, 719
Cachalia, Ismail Ahmed « Maulvi », 53, 282, 301, 362, 523, 719
Cachalia, Yusuf, 301, 454-455, 521-523, 530, 657, 719
Calata, James Arthur, 583
Caluza, R. T., 295
Canada, 590
Carlson, Joel, 71, 151, 184, 200, 213, 215, 720
Carmichael, Stokely, 110
Carter, Gwendolen M., 347, 549, 559
Carter, Ray et John, 580-582
Carter, Rosalynn et Jimmy, 487
Castle, Barbara, 504
Catherine II la Grande, impératrice de Russie, 487
Central State University, 661
Centre communautaire Donaldson Orlando (DOCC), 111-112, 245, 253, 497-498
Centre de santé Alexandra, 671-672
Centre social pour les hommes bantous (BMSC), 111, 169, 240, 265, 584
Chiba, Isu « Laloo », 50, 346, 437, 450, 453, 683, 720
Chiepe, Gaositwe, 613
Chikane, Frank, 662
Chine, 36
Chinsamy, Y. S., 559
Chisholm, G., 608
Cholo, Theophilus T., 381, 438
Cholokhov, Mikhaïl Alexandre, 255
Chuene, Maggie, 246
Cimetière de Croesus, 511
Ciskei, 563, 621
Claremont, 470
Clarkebury Boarding Institute, 310, 348, 601
Coetsee, Hendrik « Kobie », 602-603, 634, 643, 705, 720
Collins, Colin, 209
Conseil municipal de Johannesburg, 327, 329-330, 332, 351, 353, 422
Constantiaberg MediClinic, 631-639, 643, 651, 659
Corbett, Michael, 397
Cours suprême, Pretoria, 29, 69, 82, 184, 294, 431
Cradock, 371
Cungwa, chef des Amagqunukhwebe, 178, 281
Cyprian, roi Bhekuzulu Nyangayezizwe kaSolomon, 95-97, 114, 117, 721

Dadoo, Yusuf, 301, 361-365, 456-458, 522, 560, 582, 721
Dalasile, chef Zanengqele, 672, 685
Dalasile, Makhi Jomo, 672-673
Dalindyebo, Buyelekhaya Zwelibanzi a Sabata, 654-655, 668, 721
Dalindyebo, chef Jongintaba, 113, 149, 183, 204-205, 226, 271, 308-310, 354-355, 407, 440, 529, 703, 721
Dalindyebo, Noengland, 149, 226, 407, 529
Dalindyebo, roi Sabata Jonguhlanga, 92, 94, 100, 113, 115, 118, 148-149, 205, 223, 225, 312, 354-355, 389, 407, 416, 485, 513, 552, 564, 614-615, 620, 654, 668, 721
Dangala, Johannes, 125
Daniels, Edward « Eddie », 126, 438, 655-656, 721
Daniels, Eleanor, 656
Daubeney, Peter, 429
Daweti, Thompson L., 438
Dawood, Ayesha, 297
De Keller, David « Spike », 126-127
De Klerk, Frederik Willem « F. W. », 669, 696, 707-708, 711-713, 721
De Waal, Adele, 543, 553-555, 652
De Waal, Piet, 443, 543, 554-555
De Wet, Christiaan, 123-124, 127-128, 130
De Wet, Quartus, 41
Deckerts Hill, 372, 534
Dekenah, C. J., 608
Diepkloof, 306, 618, 662, 683
Dinath, Moosa, 118, 145, 148
Dingake, Edna, 292, 613
Dingake, Michael Kitso, 438, 613, 722
Dingane, Meisie, 289

Dlamini, prince Thumbumuzi « Muzi », 442-443, 469, 473, 477, 515, 518
Dotwane, Mafu, 169
Du Toit, J. H., 83
Dube, John Langalibalele, 251, 282, 594
Dube Village, 498
Dukuza, 462
Duncan, Sheena, 586-588
Durban, 115, 241, 283-284, 286-287, 347-348, 432, 458-459, 461, 463, 476, 483, 486, 496, 513, 530, 534, 585, 593, 598, 675
Voir aussi Sydenham
Dyantyi, Benson, 277

École de service social Jan Hofmeyr, 475
École Waterford Kamhlaba, 243, 301, 625
Écosse, 608
Egnos, Bertha, 428-429
Elizabeth Ire, reine d'Angleterre, 487
Engcobo, 181, 191, 310, 685-686
Eprile, Cecil L., 63-65, 277, 722
Eprile, Liesl, 65
Erwee, Ronel, 687
Essack, Abdul Karrim, 569
Essop, Mohamed Salim, 438
État libre, 123, 207, 245, 323, 326, 424, 465, 504, 539, 554, 699
État libre d'Orange. *Voir* État libre
États-Unis, 62-64, 110-111, 347, 373, 477, 485, 550, 558, 584, 617
Éthiopie, 25-26, 578
Eybers, Elizabeth, 324

Fadana, Samson John, 125, 274-276, 278, 685
Ferme de Liliesleaf, 36, 162
Ferreirastown, 456
Ferus, Hennie, 531-532
Ferus, Petronella, 531-532
First, Ruth, 278, 363, 583
Fischer, Abram « Bram », 51-52, 80, 360, 623, 671-672, 722
Fischer, Ruth, 623
Fonteyn, Margot, 428
Foolo, Grace, 662
Fordsburg, 454
Fort Hare, collège universitaire de (UFH), 94, 194-195, 197, 212, 214, 216-217, 226, 234, 282, 372, 440, 475-476, 483, 486, 506, 523-525, 537, 563, 621, 736
Fourie, Jopie, 402
France, 79
Frank, Bernadt & Joffe (avocats), 50, 68, 72, 135-136, 171, 233-234, 432-433
Voir aussi Joffe, Joel
Freedom Square, 454
Frense, Amina et Peter, 681
Fuzile, Mxolisi Jackson, 125, 438

Gabushane, Emily, 289
Gaitskell, Hugh, 504
Gandhi Hall, 288
Gandhi, Indira, 487, 518, 521, 559, 569-570
Gandhi, Mahatma, 75, 261, 457
Gandhi, Maneka, 571
Gandhi, Rajiv et Sonia, 570-571
Gandhi, Sanjay, 518, 571
Gecelter, L., 606, 608
Glickman, Arthur et Louise, 558
Gogosoa, chef des Goringhaiqua, 281
Goldberg, Denis, 36-37, 47, 50, 644, 722
Gool, Cissie, 282, 323
Gordimer, Nadine, 623
Gosani, Bob, 278
Gqabi, Joe, 125
Gqubule, Theocritus Simon Ndziweni, 699-700
Grande-Bretagne, 65, 87, 176, 260, 368, 416, 428, 467, 487, 503, 522, 534, 537, 555
Griquatown, 266, 467
Groutville, 458
Gumede, Archibald Jacob « Archie », 559, 588-595, 646, 722
Guzana, Knowledge, 92-93, 95, 226, 723
Gwala, Harry Themba, 654, 663, 683, 706-707, 723

Handelsman, Gordon, 39
Harmel, Michael, 463, 582
Harrison, Rex, 428
Hassim, Kader, 438
Healdtown, 183, 525, 664
Healey, Denis, 260, 376, 502-504
Hemingway, Ernest, 316
Hendricks, Abel et Frieda, 674
Hepple, Bob, 27-28, 36-37, 723
Herbans, Gopal, 301
Hlapane, Euphenia et Solly, 613
Hodgson, Percy John « Jack », 583
Holm, Eric, 125
Hôpital Coronation, 511

Hôpital de Baragwanath, 64, 131, 138, 293, 499, 507, 534, 607
Hôpital de Tygerberg, 537, 631-639, 647, 651, 654, 695
Hôpital d'État de Conradie, 605-606
Hôpital d'Oppenheimer, 486
Hôpital pour enfants de la Croix-Rouge, 537
Hôpital Volks, 602-605, 608
Hosten, W. J., 636-637, 639, 645
Hôtel Helping Hand, 84, 119, 356
Howick, 26, 592

Inde, 75, 79, 176, 368, 521, 523, 570
Isabelle la Catholique, reine d'Espagne, 487
Italie, 79, 165

Jabavu, 148
Jabavu, Davidson Don Tengo, 282
Jabavu, John Tengo, 282
Jackman, Alan et Thembi, 109
Jeppe, 425, 455, 690
Joffe, Joel, 37, 50, 52, 124
Johannesburg, 26-28, 63, 76, 84, 131, 135-138, 145, 152-155, 157, 159, 163-165, 169, 172, 195, 198, 204-205, 212-213, 226-227, 253, 263-264, 273, 297, 301, 306, 327-328, 330-331, 336-337, 342, 344-345, 417, 422, 467, 473, 480-481, 483, 486, 494, 504, 515, 518, 526, 534, 569, 574, 581, 584, 590, 593, 602, 628
Voir aussi Soweto
Joseph, Helen (née Fennell), 106-107, 260-261, 316, 420, 471, 475-477, 522, 622-624, 680, 723
Joseph, Paul, 118, 385
Joyana, P., 525-526
Jozana, Xoliswa, 372-373, 383, 417, 503, 534, 724

Kantor, James « Jimmy », 37-38, 724
Kapitan, Madanjit et Marjorie, 694
Karel, chef des Abatwa, 281-283
Karis, Thomas, 559
Kathrada, Ahmed M., 36-37, 50, 54, 80, 364, 385, 434, 438, 449-450, 547, 555, 579, 682, 696-697, 705, 724
Katzenellenbogen, Maud, 118, 148, 150
Kawalsky, Stanley, 431, 447
Kazi, Zainub et Aziz, 522
Kearns, Elaine, 651-652
Keitsing, Fish, 292
Kemp, J. C. G., 123
Kemp, Stephanie, 126-128
Kente, Gibson, 109-110, 112, 118, 142, 146-147, 429, 724
Kentridge, Felicity, 372-374, 383
Kentridge, Sydney, 372-374
Kenya, 518
Kgaje, Sydney, 291
Khama, Seretse, 265
Khanyeza, Nomsa, 589
Kholvad House, 301, 569
Khoza, Rufus, 111
Khumalo, Fred, 706
Khwalo, Mkhozi, 600-601
Kies, Benjamin et Helen, 512-513
Killarney, 148-149
Kleinschmidt, Ilona, 476
Kola, Rashid et Ayesha, 690
Kotane, Moses, 79, 582
Kruger, James « Jimmy », 326, 333-334, 336, 338, 340-341, 358-359, 378, 405-406, 447, 490, 539, 724
Kuper, Hilda et Leo, 482-483
Kuse, Wandile, 665

La Mecque, 368, 559
Langa, Pius Nkonzo, 595
Langenhoven, C. J., 201-203
Laubscher, W. M., 608
Lawless, Candie, 659
Le Cap, 35, 59, 63, 72, 76, 98, 110, 121-130, 147, 150-153, 156-157, 159, 163, 165, 181, 198, 218, 220, 234, 241, 281-282, 287, 296-297, 306, 308, 320, 390-391, 459, 495, 535, 537, 541, 548, 551, 556, 561, 598, 602, 608-609, 614, 633, 654, 660, 663-664, 670
Le Cap, université du, 460, 626
Le Grange, Louis L., 49, 489, 494, 724
Leibbrandt, Sidney Robey, 125, 127-128, 492, 578
Leibrandt, Sidney Robey. *Voir* Leibbrandt, Sidney Robey
Lenasia, 568
Lentanka, Daniel Simon, 594
Levin, Mendel, 150, 153, 158
Lipman, Alan et Beata, 304
Lollan, Stanley, 246
Londres, 25-26, 50, 52, 63, 81, 83, 85, 87-88, 111, 138, 207-209, 253, 297, 347,

361, 363, 370, 372, 381, 385, 429, 503-504, 578, 585, 611, 625, 651
Londres, université de, 53-54, 68, 87-88, 103, 179-180, 193, 314, 369-370, 404, 477, 523, 637
Lovedale Missionary Institute, 601
Lukhele, Douglas « Duggie », 241-242, 244-246, 320, 473, 725
Luthuli, chef Albert John Mvumbi, 26, 96, 228, 230, 363, 458-459, 482, 571, 582, 591-592, 599, 725
Luthuli, Nokhukhanya, 60, 96, 228-231, 459, 571, 591, 599, 725
Luthuli, Sibusiso et Wilhelmina, 599
Lycée de Georgetown, 591
Lycée de Shawbury, 354
Lycée d'Orlando, 196, 207
Lycée Holy Cross, 662
Lycée Langa, 617
Lycée Mditshwa, 354

Mabuya, Gordon et Nontobeko, 119
MacLeish, Liz, 429
Madikizela, Camagwini, 532-535
Madikizela, Cameron, 164, 191
Madikizela, Columbus Kokani « C. K. », 60, 131-134, 197, 354-355, 468, 529, 725
Madikizela, Mafu, 356
Madikizela, Msuthu Thanduxolo, 132-133, 327, 329-331, 341, 343-344, 405-406, 408
Madikizela, Nonyaniso « Nyanya », 60, 108, 143-145, 148, 162-163, 191, 222, 238, 253, 264, 271, 320, 330, 343, 518
Madikizela, Nophikela Hilda, 131-134, 142-144, 212, 239, 270, 355
Madikizela-Mandela, Nomzamo Winifred « Winnie », 38-39, 49, 58-61, 63, 65, 84, 92, 97-98, 100, 109, 115-119, 131-135, 137-145, 147-150, 152-153, 156-157, 161-166, 168, 172-174, 177-178, 184, 189-192, 194, 196-197, 199-216, 222-223, 225-227, 231-245, 247-252, 257-260, 262, 270-275, 277-278, 287-289, 291-294, 296, 299, 303-304, 307-308, 318-321, 326-330, 333, 340-344, 346-348, 350-360, 367-369, 403-410, 412-417, 424-426, 432-433, 443, 448-449, 454, 458, 460, 465-476, 479-480, 485-488, 494-496, 498-501, 504-508, 510-511, 514-516, 518-521, 525-530, 535-536, 539-540, 543, 553-554, 558, 564-565, 568, 570, 581-583, 585, 600, 604, 607, 617, 621, 644, 656-657, 674, 678, 695, 699, 725
Magame, Joe, 245
Magubane, Peter, 326, 507
Maharaj, Ompragash « Tim », 284-288
Maharaj, Sathyandranath « Mac », 48, 50, 109-110, 120-121, 284-287, 450, 644, 683, 725
Mahlasela, Gabula, 610, 620
Mahlati, Gilimamba, 601
Maimane, Arthur, 277
Maison du chancelier, 85, 119, 207, 244, 526
Maison royale thembu, 94, 735
Makeba, Zenzile Miriam, 110-111, 253, 265, 295
Makgatho, Sefako Mapogo, 251
Makgothi, Henry, 178
Maleka, Esther, 266, 356, 623
Mandela, Dumani, 612, 652-653
Mandela, Evelyn « Ntoko » (née Mase), 53, 58, 150, 152-154, 156-158, 181-184, 191, 205, 210-211, 726
Mandela, Kweku, 612, 653
Mandela, Madiba Thembekile « Thembi », 49, 58, 61, 65, 100-102, 108, 150-153, 156-161, 165-167, 175-177, 181, 183, 196-200, 203-205, 210, 216, 220, 223, 226, 235-236, 306, 354, 469-470, 497-499, 510, 529, 626, 637, 688, 726
Mandela, Makaziwe « Maki », 58, 61, 97-102, 118, 142, 146-147, 152-153, 156, 158-159, 161, 173-174, 196, 199, 207, 218, 221-224, 239, 296, 317, 319, 356, 389, 473-477, 486, 506, 522, 560, 612, 652-653, 678, 726
Mandela, Makgatho « Kgatho », 58, 61, 64-65, 97-102, 118, 120, 142, 145-148, 151-153, 156, 158-161, 165-166, 168, 173-174, 191, 194-195, 197, 205-206, 211-218, 221-223, 234, 239, 246, 248, 252-255, 271, 296, 300, 306, 316, 320, 347-348, 355-356, 413-415, 417, 473, 486, 534, 625, 653, 695, 726
Mandela, Mandla Zwelivelile, 625-626, 662, 679, 726
Mandela, Mphakanyiswa Gadla, 192, 439-440, 726
Mandela, Nandi, 150, 161, 200, 306-307, 356, 469-470, 626-628, 637, 688, 726

Mandela, Ndileka, 150, 161, 200, 354, 356, 469-470, 726
Mandela, Nosekeni Fanny, 49, 90-92, 100, 102, 151, 159, 210, 216, 225-226, 271, 355, 439, 526, 529, 726
Mandela, Olive Nomfundo, 98, 101, 120, 149, 172-174, 177
Mandela, Sidumo, 142, 227
Mandela, Thoko, 102, 150, 156, 161, 197-200, 203, 205, 220, 235-236, 248, 262, 276, 306-308, 320, 356, 470, 726
Mandela, Tukwini, 612, 653
Mandela, Winnie. *Voir* Madikizela-Mandela, Nomzamo Winifred
Mandela, Zaziwe, 442, 515, 638
Mandela, Zenani Nomadabi Nosizwe « Zeni », 58, 61, 97-102, 118, 137-139, 142, 146-147, 152, 159, 165-166, 173-174, 196, 207, 211-212, 214, 226-227, 233-234, 238-239, 242, 244, 249, 259-260, 271-272, 293-296, 301, 308, 321, 341-343, 347, 354, 368, 407, 412, 415-416, 442-443, 466-469, 473, 476-478, 515, 518, 527, 638, 678, 727
Mandela, Zindziswa « Zindzi », 58, 61, 97-102, 118, 137-139, 142, 146-147, 152, 159, 165-166, 173-174, 196, 207, 211-212, 214, 226-227, 234, 239, 242, 249, 260, 271-272, 294, 296, 301, 308, 321, 341-343, 347, 368, 379-380, 382, 407, 412, 415-416, 424, 443-444, 460, 465-469, 472-474, 476-478, 484, 497-500, 504-509, 511-512, 515, 519, 522, 524-527, 530, 542-543, 563, 626-628, 638, 695, 727
Mandela, Zinhle, 638
Mandela, Zoleka, 638
Mandela, Zondwa, 205, 638, 727
Mandela-Dlamini, Zamaswazi, 515, 638
Mandela-Perry, Nolusapho Rose Rayne « Rennie », 356, 413-414, 483, 506, 625, 726
Manthatisi, reine des Tlôkwa, 323
Manyosi, Ronnie, 278
Maponya, Marina, 687
Maponya, Richard, 667-668
Marks, J. B., 79, 582
Maroc, 26, 578, 592
Marx, Karl, 77, 79, 260
Mase, Adelaide Sam, 181-184, 191, 223
Masekela, Hugh Ramopolo, 111, 253, 265
Masemola, Jafta Kgalabi « Jeff », 436, 438, 683, 696-697, 705, 727
Mashaba, Bertha, 622
Mashaba, Caroline et Andrew, 623
Mashabela, Harry, 278
Mashifane, Thomas, 36
Mashigo, Onica Mashohlane, 622-623
Masire, Quett Ketumile Joni, 613
Masondo, Andrew, 125, 204
Masondo, Vuyo, 204
Massey, Austen, 647-648
Matanzima, chef Ngangomhlala, 685
Matanzima, Florence Nsango, 354, 620
Matanzima, George, 355, 615, 621
Matanzima, Kaiser Daliwonga « K. D. », 91-93, 113-115, 118, 142, 226, 309, 372, 417, 503, 513, 532-534, 563-565, 614-615, 620, 626, 655, 669, 727
Matanzima, Lungile, 518
Matanzima, Mthetho, 92, 113-114, 142, 223, 533, 727
Matji, Robert, 391
Matlhaku, Ishmael et Martha, 289-292, 390-391, 613
Matsha, Grace, 654-655
Matshikiza, Esme, 86, 208-209
Matshikiza, Todd, 86, 208, 253, 277
Mattera, Don, 658
Matthews, Frieda Deborah Bokwe, 86, 209, 320, 463, 589, 613, 618-619, 621, 623, 684-685, 728
Matthews, Vincent Joseph Gaobakwe « Bakwe », 86, 208-209, 320, 430, 589, 618, 728
Matthews, Zachariah Keodirelang « Z. K. », 86, 209, 320, 363, 582, 589, 613, 618, 728
Mbabane, 518
Mbandzeni, Ingwenyama, 246
Mbekeni, Dumalisile, 183
Mbekeni, E. N., 663-665
Mbekeni, Nozipho, 148
Mbekeni, Wonga, 148, 226, 664
Mbeki, Archibald Mvuyelwa Govan, 36-37, 75-76, 438, 644, 728
Mbeki, Thabo, 708, 711
Mbuli, Mziwakhe et Nomsa, 658
Mbuzo, Sibali Timothy, 91, 93-94, 131-132, 225-227
Mdaka, Temba et Nomayeza, 183
Mdingi, chef Jongintaba, 204, 223, 525
Mdlalose, Zakhele, 683, 706-707
Mdledle, Nathan « Dambuza », 111

Mdluli, Joseph Masobiya, 706-707
Meer, Farouk, 559
Meer, Fatima, 94, 119, 241, 300-304, 324, 346-349, 356, 364, 366-369, 413, 432-433, 476, 518, 521, 530, 535, 558-560, 569, 571, 594, 598, 624, 692-693, 695, 704, 728
Meer, Iqbal, 692-693
Meer, Ismail Chota I. C., 300-301, 346, 348-349, 363-364, 368-369, 459, 473, 521, 560, 569, 571, 598, 728
Meer, Rashid, 300, 559
Meiring, Piet, 361, 378, 465
Meyiwa, Humphrey, 707
Meyiwa, Matthews Makholeka, 683, 706-707
Mgabela, Nolinda, 388, 549-550, 600-602
Mgabela, Patrick, 550
Mgudwla, chef Msungulwa, 205
Mgudwla, Lulama « Lulu », 157, 198, 200, 211, 214, 218, 223, 234
Mgudwla, Sobhini, 621
Mgulwa, Alfred, 145, 148
Mgungundlovu, 593, 595
Mhlaba, Raymond, 36-37, 76, 208, 438, 493, 547, 579, 682, 696-697, 705, 729
Mji, Diliza, 428, 599, 646
Mkalipi, Kwedi, 438, 654-655
Mkentane, Kepu, 515, 611, 620-621, 684-686
Mkentane, Lincoln, 611, 686
Mkwayi, Nolusapho Irene, 158, 175-177, 248
Mkwayi, Wilton Zimasile, 175, 438, 682, 696-697, 729
Mlangeni, Andrew Mokete, 36-37, 438, 547, 579, 682, 696-697, 705, 729
Mlyekisana, G., 391
Mngoma, J. P., 525
Mngoma, Thoko, 276
Mngoma, Virginia, 525
Mniki, Earl, 132, 352, 356, 414
Mniki, Nobantu « Bantu », 60, 132, 146, 178, 212, 352, 355-356, 406, 413
Modisane, Bloke, 277
Mogapi, Simon, 277
Mogotski, Joe « Kolie », 111
Mohamed, Sheikh Nazeem, 689-690
Mohapeloa, Joshua Pulumo, 110, 295
Moiloa, David, 292
Mokotedi, Johannes, 253, 498
Molema, Silas Modiri, 582
Moloi, Jerry, 253, 498
Mombasa, 518
Mompati, Ruth, 209, 244
Mondlane, Eduardo, 265
Montana, 590
Moosa, Rahima, 458, 511, 514, 622
Morojele, Clifford, 586
Moroka, James, 623
Mosenyi, Florence, 289
Motala, Mahomed « Chota », 368, 592
Motala, Rabia « Choti », 368, 592
Mothopeng, Zephania, 654
Motlana, Nthato Harrison, 355, 413, 416, 519, 606-607, 613, 729
Motlana, Sally, 413, 606, 629
Motlatsi, James, 680
Motsamayi, David, 25-26, 291
Motsepe, Joe, 253
Motsieloa, Joy, 609-612, 620
Motsisi, Casey, 278
Motsoaledi, Elias, 36-37, 76, 438, 682, 696-697, 705, 730
Motsuenyane, Sam, 668
Mpanza, Justice, 438
Mpetha, Oscar, 559, 646, 670, 683, 696-697, 705, 730
Mphoza, Joseph, 297
Mrwebi, Gwigwi, 111
Msimang, Maindy, 86, 244
Msimang, Selby, 253
Mswati II, roi du Swaziland, 246
Mthembu, Peter, 439
Mtirara, chef Luvuyo, 114, 534, 620
Mtirara, chef Mdayelwa, 668-669
Mtirara, chef Vulindlela, 115, 149, 204, 214
Mtirara, Nombulelo Judith, 148, 354, 356
Mtirara, Nqonqi, 148, 529, 628
Mtirara, Samela, 149
Mtirara, Telia « Tellie », 142, 146-149, 160, 174, 181, 191, 198, 211, 213-215, 222, 226, 234, 239, 271, 356, 663
Mtirara, Zondwa, 654
Mtirara, Zonwabile Sandile, 703
Mtshali, Oswald, 658
Mugal, S. B., 592
Mvambo, Q., 386, 621
Mvezo, 309
Mxenge, Griffiths, 595, 598
Mxenge, Victoria Nonyamezelo, 595-596, 598-600, 609

Myeza, Lindi, 687
Mzaidume, Nomthamsanqa Gertrude, 270
Mzaidume, Paul, 194-197, 214, 234, 239
Mzaidume, Phyllis, 293
Mzamane, Dumisani, 605-608

Nagel, Jorg, 538
Naicker, Gangathura Mohambry « Monty », 288, 301, 304, 364, 456-458, 463, 582, 730
Naicker, M. P., 301, 582
Naicker, Marie, 456-459, 463
Naidoo, G. R., 304
Naidoo, Indres Elatchininatha, 48, 260, 730
Naidoo, Krish, 693
Naidoo, M. D., 288, 348, 589
Naidoo, Naransamy Roy et Ama, 260-262, 301
Naidoo, Phyllis, 288
Naidoo, Shanthivathie « Shanti », 260-262, 730
Nair, Billy, 125, 302, 395, 439, 600, 730
Nakasa, Nat, 64, 277
Natal, 55, 304, 458, 463, 559-560, 650, 663, 706-707
Naude, Beyers, 601-602
Ncambele, 354
Ncapayi, Greta, 107, 622
Ndlovu, Curnick, 646
Ndzanga, Lawrence, 276
Ndzanga, Rita, 276
Nehru, Jawaharlal, 158, 176-177
Nehru, Pandit, 75, 176
New Delhi, 559
New York, 277, 590
Ngakane, Lionel, 582-586
Ngakane, Pascal Shaudi, 583, 585
Ngidi, Freddie, 498
Ngoyi, Lilian Masediba, 105, 108, 118, 142, 146-147, 191, 320, 355, 388, 583, 731
Njongwe, Connie, 227, 413, 550, 620, 685-687
Njongwe, James « Jimmy » Lowell Zwelinzima, 227, 413, 550, 583, 611, 731
Nkomo, Joshua, 265
Nkosi, Lewis, 277
Nkosiyane, chef Ntambozenqanawa, 204-205, 214-215
Nokwe, Nomvuyo Vuyiswa, 430, 611
Nokwe, Philemon Pearce Dumasile « Duma », 86, 266, 425, 427-430, 583, 731
Nongxa, Dorcas, 355
Notre-Dame des Douleurs, 207, 242, 499
Ntisa, Edith, 289
Ntoeli, Cecil, 291
Ntsele, Eric, 253, 498
Ntu, Zika, 282
Nxumalo, Allen, 207
Nxumalo, Henry, 277
Nyisani, Mlahleni et Mpumi, 86

Odasoa, chef des Cochoqua, 281
O'Dowd, Michael, 688
Omar, Abdulla « Dullah », 512-514, 656, 712, 731
O.R. *Voir* Tambo, Oliver Reginald « O.R. » « Reggie »

Pahad, Essop, 301, 385
Pahad, Goolam, 301
Parker, Ida, 435
Patel, Zubeida, 244
Paton, Alan, 230, 356, 420, 482-485, 732
Peake, George Edward, 583
Peale, Norman Vincent, 117
Pelser, Petrus Cornelius, 256-257, 263, 328, 344, 405, 489-490, 539
Perry, Adrian, 625
Phango, Peggy, 111
Phathakahle, 424
Phatudi, Cedric, 518-519
Phomolong, 289, 292
Pietermaritzburg, 26, 80, 368, 486, 700
Pietersburg, 286-287
Piliso, Leabie Makhutshwana, 225-227, 356, 552-553, 617
Piliso, Russel S., 356, 552-553
Pintasilgo, Maria, 487
Pitje, Godfrey, 244
Plata, Layton, 278
Pogrund, Anne, 356
Pogrund, Benjamin « Benjie », 277, 356, 420, 423, 432, 732
Poitier, Sidney, 428, 693
Pokela, John N., 395, 439
Pondoland, 192, 515
Poonan, George et Vera, 302
Poovalingam, Pat, 559
Portugal, 487
Poshuli's Hoek, 281

Poswa, Ntsikelelo, 598
Presley, Elvis, 295
Pretoria, 54, 56-57, 65, 70, 72-82, 87-88, 90, 121, 257-260, 263-267, 270, 288, 320, 326-341, 358-362, 369, 373, 375-406, 417, 441, 450-453, 511, 514, 539, 555-557, 621-622, 660, 670, 682-683, 688, 698, 705, 710
Pretorius, Marjorie, 289
Prinsloo, Gert, 539-542
Prison de haute sécurité de Pollsmoor, 545, 547-549, 551-552, 556, 603, 609, 615-618, 633-635, 639, 643, 654, 669-670, 678-679, 682, 732
Prison de haute sécurité de Robben Island, 33-43, 45, 47-48, 50-51, 54-56, 63-66, 72, 76, 82, 87, 89-91, 102-103, 105, 122, 135, 157, 165-166, 168, 170, 180, 218-220, 224, 268-269, 281, 283-284, 305-306, 317, 319-322, 345, 350-353, 365-366, 372, 374-404, 406, 418-423, 430-437, 439, 444-448, 450-451, 459, 461, 464, 466, 478, 487, 489-504, 508, 539, 541, 543, 547, 549, 555-556, 598, 601, 611, 613, 618, 643-644, 646, 654-655, 669-670, 682-683, 706-707, 733
Prison de Kroonstad, 326, 354, 358, 385, 415, 618
Prison d'Old Fort, 27, 291
Prison locale de Pretoria, 23-31, 35-36, 38-40, 47, 52-53, 139, 490, 585
Prison Victor Verster, 641, 643, 648, 657, 667-668, 671, 674, 681, 686-687, 696-697, 711-712, 736

Qamata, 253, 372-373, 534
Qunu, 92, 243, 309, 311, 485, 581, 695, 732
Qupe, Dorothy, 289

Rajbansi, Amichand, 559
Rakale, Leon, 234
Ralei, Pearl, 627
Ramaphosa, Cyril, 680-681
Ramotse, Benjamin, 260
Ramphele, Mamphela Aletta, 626, 628-629, 687-689, 733
Rand, le. *Voir* Witwatersrand
Rathebe, Dolly, 111
Reef, le, 131, 200, 244, 275
Renwick, Robin, 660
Resha, Robert, 277
Restaurant Blue Lagoon, 264-266, 467
Restaurant indien Kapitan, 694
Rexroth, Kenneth, 506
Robeson, Paul, 295
Rome, 201-203, 586
Rubusana, Walter, 251, 594

Saloojee, Rachid, 568
Schlachters Nek, 401
Schoeman, P. J., 153, 391
Scholtz, Christine, 296-299
Scholtz, Pieter, 429
Schreiner, Olive, 323
Schultz, Effie, 85, 455
Seakamela, Oupa, 443, 466-467, 474, 519, 527
Seedat, Dawood, 302, 304
Seedat, Fatima, 304, 458, 514
Seftel, Harry, 455
Sehume, Leslie, 277
Sejake, Joe Joseph, 208
Sejake, Sandi, 381
Sekhukhune, Godfrey Mogaramedi, 107
Selby, 148
Seme, Pixley ka Isaka, 251
Sénégal, 25
Senghor, Leopold, 114
Sepamla, Sipho, 658-659
Sergeant, Harriet, 589
Serote, Mongane, 658
Sewpersahd, George, 559
Shakespeare, William, 151, 231, 428
Shapiro, N., 605, 608
Sharpeville, 29, 106, 111, 574-575, 585, 667
Sibeko, Archie, 297
Siège de la police sud-africaine, 539-543
Sihlali, Kini et Leo, 684-685
Sijake, Sandi, 439
Sikhakhane, Joyce Nomafa, 273-275, 278, 733
Simelane, Beryl Lockman, 198, 200, 220, 701-702
Simelane, Leonard, 198, 307-308, 701-702
Simons, Anthony, 634
Sinclair, Upton, 316
Singh, Anant, 692
Singh, J. N., 301-302, 304, 459, 598, 677-678
Singh, Radhi, 301-302, 304, 459, 677
Sisulu, Nontsikelelo Albertina (née Thethiwe) « Ntsiki », 107, 559, 646, 700-701, 733-734

Sisulu, Walter Ulyate Max, 36-37, 50, 85, 150, 198, 220, 244, 290, 374, 439, 449-450, 547, 579, 592, 619, 670, 682, 696-697, 700-701, 705-706, 734
Sisulu, Zwelakhe, 654
Sitimela, Nomvula, 289-290
Sitsheketshe, But', 101
Siyothula, Mannert M., 439
Smuts, Jan, 124-125, 457
Sneddon, Elizabeth, 429
Sobukwe, Robert Mangaliso, 29, 734
Sodinda, Muriel, 622
Soweto, 35, 78, 111, 134, 172, 174, 206, 210, 253, 327, 342, 365, 374, 480, 497, 519, 525-526, 570, 572, 662, 667-668
Voir aussi 8115 Orlando West
Stade de Wembley, 578
Steinbeck, John, 317
Stengel, Richard, 26, 28-29, 35-36, 70-71, 263, 359, 465, 704
Sterkspruit, 525
Steyn, J. C., 103, 257-258, 305, 319, 325, 352, 376, 397, 404
Stoch, S. W., 604, 606, 608, 636
Stockholm, 620
Stork, Coen, 41, 43
Street, Leon et Zelda, 65
Stuurman, Klaas, 281
Suède, 620
Suzman, Helen, 322-325, 350, 353, 634, 649, 666, 734
Swart, Jack, 643, 696, 711-712
Swaziland, 98, 199, 207, 241-243, 477-478, 499, 508, 542-543, 617
Sydenham, 303-304, 432, 476

Taj Mahal, 521
Tambo, Matlala Adelaide Frances (née Tshukudu), 26, 83-85, 87, 206-210, 248, 363, 424-427, 487, 519-520, 672, 676-677, 734
Tambo, Oliver Reginald « O.R. » « Reggie », 26, 83-87, 118, 206-207, 209-210, 241, 244, 265, 301, 363-364, 424-426, 486, 518, 520-521, 585, 644, 649-650, 672, 676-677, 734-735
Tanjee, Leslie, 498
Tchaïkovski, Piotr Ilyich, 295
Tefu, Steve, 47
Téhéran, 559
Terre-Neuve, 591
Teyise, Elizabeth, 467
Teyise, Sanna, 264, 266-267, 467
Thatcher, Margaret, 487, 660-661
Thema, Selope, 282
Themba, Can, 277
Thomas, Arthur E., 662
Thomas, I. Glyn, 53
Thompson, D. C., 80
Thulare, Nobulile, 439-442
Timakwe, Daniel, 93, 131, 226
Timakwe, Nontancu Mabel, 355, 617, 735
Tloome, Dan, 79, 430, 613
Toivo, Andimba Toivo ya, 438
Transkei, 38, 91-93, 115, 119, 131, 138, 141, 148, 164, 181, 183, 226, 251, 253, 274, 297-298, 310, 348, 359, 372-373, 503, 515, 519, 529, 534, 563-565, 572, 579, 581, 614, 681, 686, 735
Trew, Tony, 126-127
Tshabalala, Simon, 253, 498
Tsongas, Paul, 558
Turner, P., 608
Tutu, archevêque Desmond, 561-562, 647, 674-676, 735
Tutu, Nomalizo Leah (née Shenxane), 561, 647, 674-675, 735
Tutu, Trevor, 561-562
Tutu, Zanele, 562
Twala, Regina, 246, 265, 584
Tyalara, 309
Tyamzashe, Benjamin, 295
Tyson, Mike, 661-662

Umhlekazi, 664-665
Umtata, 100, 131, 157, 168, 204, 214, 309, 513, 564-565, 626, 663-664, 681
Université autochtone sud-africaine. *Voir* Université de Fort Hare (UFH)
Université d'Afrique du Sud (Unisa), 53, 56-57, 60-61, 89, 180, 217, 369, 405, 523, 603, 626, 635, 667, 736
Université de Swarthmore, 558, 560
Université du Natal, 429, 476
Ustinov, Peter, 428

Valentine, Sue, 688
Van Helsdingen, W. A., 27-29
Vanqa, Owen, 278
Veil, Simone, 486-487
Venda, 563
Vereeniging, 290, 498
Verulam, 598
Verwoerd, H. F., 574, 669

Vilakazi, Herbert, 476, 627, 688
Vilakazi, Nono, 627
Viljoen, Gerrit, 705, 708-709, 711
Vorster, B. J., 464-465, 669
Vusani, Joseph Bransby, 395, 439
Vutela, Lwazi, 558
Vutela, Nancy « Nali », 60, 132, 144, 146-147, 161-164, 212, 273, 292, 321, 529
Vutela, Sefton, 60, 132, 142, 161-164, 292, 321, 613

Wartski, Sheila, 429
Weinberg, Sheila, 623
Weinberg, Violet et Eli, 623
Wellman, Peter, 478-481, 486
Westcliffe, 292
Wilcox, Robert C., 439
Willemse, W. H., 353, 389, 698, 705, 709, 711-713
Williams, Cecil, 26
Wilson, Frances, 688
Wilson, Ilse, 672
Wilson, Tim, 671-672
Witkin, Sidelsky & Eidelman (avocats), 53, 524
Witwatersrand, 71-72, 132, 253, 277, 291, 688
Witwatersrand, université de, 53, 69, 243, 301, 369, 467, 508, 569, 644, 677
Wolsey Hall, 52, 736
Worcester, 296-299
Wordsworth, William, 462
Wynberg, 604, 608, 636

Xaba, Marshall, 60, 132, 142-143, 146, 174, 196, 205, 211-214, 218, 223-224, 234, 239, 248, 414, 518
Xaba, Niki Iris Jane Nondyebo, 60, 132, 139, 142-143, 145-149, 164, 166, 174, 181, 196-197, 211-213, 222, 224, 227, 234-235, 271, 413, 736
Xuma, Albert, 364
Xuma, Alfred Bitini, 457, 584
Xundu, Danile, 184

Yengwa, M. B., 591
Yergan, Max, 584-585
York, université de, 534

Zama, Linda, 663
Zwelithini, roi Goodwill, 462, 649

TABLE

PRÉFACE DE ZAMASWAZI DLAMINI-MANDELA 7
INTRODUCTION 11
NOTE SUR LES LETTRES 17
LES NUMÉROS DU PRISONNIER NELSON MANDELA 21

Pretoria, prison locale,
novembre 1962-mai 1963 23

Robben Island, prison de haute sécurité,
mai 1963-juin 1963 33

Robben Island, prison de haute sécurité,
juin 1964-mars 1982 45

Pollsmoor, prison de haute sécurité,
mars 1982-août 1988 545

Tygerberg Hospital et Constantiaberg MediClinic,
août-décembre 1988 631

Prison Victor Verster,
décembre 1988-février 1990 717

ANNEXES 715
Glossaire 717
Calendrier carcéral 738
Carte d'Afrique du Sud, 1996 742
Lettres et collections 745

REMERCIEMENTS 749
AUTORISATIONS 753
INDEX 755

Composition et mise en pages
Nord Compo à Villeneuve-d'Ascq

MIXTE
Papier issu de
sources responsables
FSC® C003309

L'Éditeur de cet ouvrage s'engage
pour la préservation de son environnement
et utilise du papier issu de forêts gérées de manière responsable.

Cet ouvrage a été achevé d'imprimer en juin 2018
dans les ateliers de Normandie Roto Impression s.a.s.
61250 Lonrai
N° d'édition : 57033/01 – N° d'impression : 1802090

Imprimé en France